Xi story 내신 한국사

1 쉬운 개념 이해와 출제 0순위 특강

- 9종 교과서 개념을 총정리하여 풍부한 자료를 통해 쉽게 이해할 수 있습니다.
- 핵심 개념을 정확히 이해했는지 다양한 유형의 개념 체크 문제로 확인할 수 있습니다.
- 시험에 자주 출제되는 개념과 자료를 엄선하여 출제 0순위 특강에서 자세히 설명했습니다.

2 내신 대비 1등급을 위한 3단계 문제

- **내신 대비 필수 문제** – 학교 시험 100점을 위한 내신 기출 문제, 1등급 문제, 서술형, 학평 문제로 구성했습니다.
- **대단원 마무리 문제** – 단원 대표 문제로 실전에 대비하고, 응용하는 능력을 키울 수 있습니다.
- **단원별 TEST** – 중간고사와 기말고사를 대비할 수 있는 실전 문제입니다. 학교 시험 진도에 맞게 선택할 수 있습니다.

3 고1부터 수능 유형 익히기 – 수능 유형 특강+수능 대비 기출 문제

- **수능 대표 유형 분석** – 수능 대표 유형을 철저하게 분석해 문제에 접근하는 단서와 발상, 적용법을 알려줍니다.
- **수능 대비 기출 문제** – 수능, 모의평가 문제로 수능 유형을 익힐 수 있습니다.

자이스토리

story

Xistory stands for e**X**tra **I**ntensive story for the University Entrance Examination.

내신 한국사 1

구성과 특징

9종 교과서 완벽 총정리로
학교 시험과 수능을 대비한다!

1 개념 정리 – 9종 교과서 수록 개념 총정리

2022 개정 교육과정의 9종 교과서를 분석하여 풍부한 자료를 통해 핵심 개념을 완벽하게 이해할 수 있습니다.

- **개념 강의 동영상** : 생생한 개념 강의를 통해 쉽게 개념 학습을 할 수 있습니다.

- **개념 체크 문제** : 개념을 정확히 이해했는지 다양한 유형의 기본 문제로 확인할 수 있습니다.
- **중요도** : 난이도와 빈출 정도를 중요도로 나타냈습니다.
- **개념 및 용어 풀이** : 어렵거나 중요한 개념 및 용어를 쉽게 풀어서 알려 줍니다.

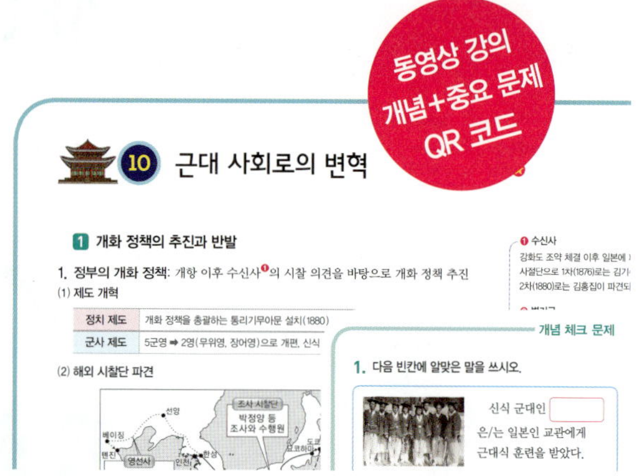

2 출제 0순위 특강 – 시험에 꼭 출제되는 개념, 자료 특강

- **핵심 개념, 자료** : 시험에 자주 출제되는 핵심 개념, 자료를 분석하여 이해하기 쉽게 설명하였습니다.
- **확인 문제** : 특강 내용에서 꼭 알아야 하는 핵심 포인트를 제대로 이해했는지 확인합니다.

3 내신 대비 필수 문제 + 대단원 마무리 문제 + (내신 + 수능 대비) 단원별 TEST

- **내신 대비 필수 문제** : 학교 시험 100점을 위한 실전 문제와 학력평가/모의평가 기출 문제로 구성했습니다.
- **대단원 마무리 문제** : 대단원별 대표 문제로 구성하여 개념을 적용하고 응용하는 실력을 키울 수 있습니다.
- **단원별 TEST** (내신 + 수능 대비) : 학교 시험과 수능 대비를 할 수 있는 유형의 문제로 구성하여 실력을 테스트 할 수 있습니다.

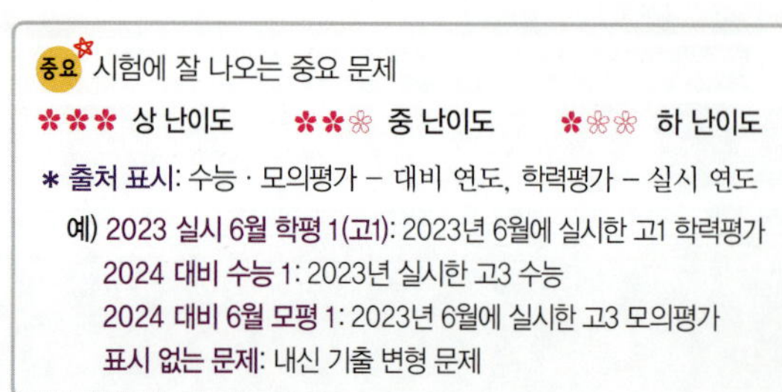

중요 시험에 잘 나오는 중요 문제

✿✿✿ 상 난이도 ✿✿❀ 중 난이도 ✿❀❀ 하 난이도

＊ 출처 표시: 수능 · 모의평가 – 대비 연도, 학력평가 – 실시 연도

예) 2023 실시 6월 학평 1(고1): 2023년 6월에 실시한 고1 학력평가
2024 대비 수능 1: 2023년 실시한 고3 수능
2024 대비 6월 모평 1: 2023년 6월에 실시한 고3 모의평가
표시 없는 문제: 내신 기출 변형 문제

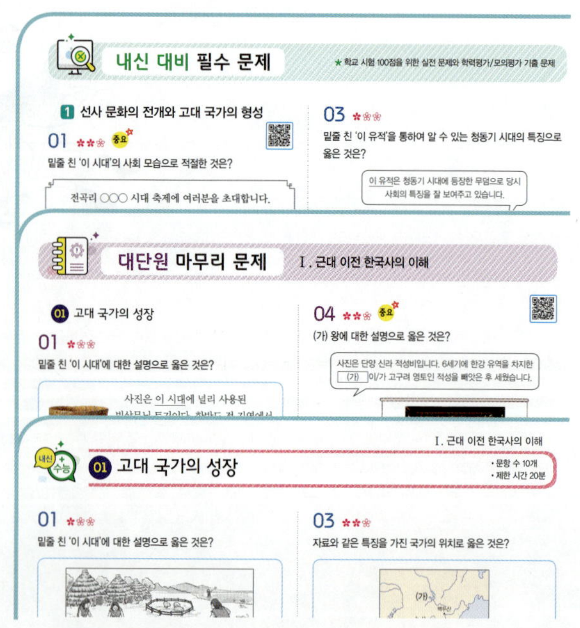

4 수능 대표 유형 분석+수능 대비 기출 문제 – 고1부터 수능 유형 익히기

• **수능 대표 유형 분석**

– 해당 단원에서 수능에 출제되는 대표 유형이 어떤 것인지 기출 문제를 통해 알려줍니다.

– 단서–발상–적용의 과정을 통해 어떻게 해결해 나가야 하는지 알려줍니다.

– 모든 수능 대표 유형의 문제에 QR 코드(동영상 강의)를 수록하여 완벽히 이해할 수 있도록 하였습니다.

• **수능 대비 기출 문제**

– 고3 모의평가, 수능 기출 문제를 풀어 보면서 수능 문제에 대한 감을 익힐 수 있습니다.

– 고1 학생들에게 적합한 난이도의 수능 대비 기출 문제를 선별하여 수록했습니다.

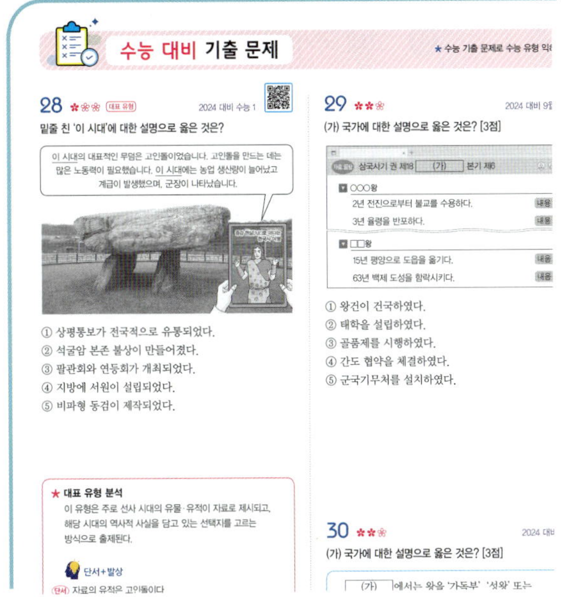

5 정답 및 해설 – 정확하고 명쾌한 해설

• **입체 첨삭** 중요한 내신 문제와 수능 대비 기출 문제는 자료의 입체 첨삭을 통해 더욱 쉽고 명쾌하게 알려줍니다.

| 문제+자료 분석 | 제시된 자료를 분석하고 정답을 도출하기까지의 과정을 제시해 줍니다.

| 선택지 분석 | 선택지별로 정답과 오답인 이유를 알기 쉽고 자세하게 설명해 줍니다.

• **핵심 개념 요약** 시험에 자주 출제되는 중요한 개념은 표로 정리하여 다시 한번 복습을 할 수 있도록 하였습니다.

모범 답안 서술형 문제에서 만점을 맞을 수 있는 모범적인 답안을 알려줍니다.

• **채점 기준** 서술형 문제를 채점할 때의 기준을 알려줍니다. 자신이 쓴 정답이 몇 점에 해당하는지 스스로 확인할 수 있습니다.

차 례

내신+수능 대비 단원별 TEST

자이스토리 내신 한국사 1 강의

QR코드를 통한 생생 강의
- 중요 개념 강의
- 중요 문항 해설 강의

내신 한국사 2 미리보기

Ⅰ 일제 식민 통치와 민족 운동

01 일제의 식민지 통치 정책
02 3·1 운동과 대한민국 임시 정부
03 민족 운동의 전개와 분화
04 사회·문화의 변화와 대중 운동
05 독립 국가 건설 노력

Ⅱ 대한민국의 발전

06 냉전 체제와 대한민국 정부 수립
07 6·25 전쟁과 남북 분단의 고착화
08 민주화를 위한 노력
09 산업화의 성과와 사회·문화의 변화

Ⅲ 오늘날의 대한민국

10 6월 민주 항쟁 이후의 민주화 과정
11 외환 위기 극복과 사회·문화의 변동
12 한반도 분단 극복과 동아시아 평화를 위한 노력

내신+수능 대비 단원별 TEST

빠르게 확인할 수 있는

내 교과서와 자이스토리 단원 비교

• **자이스토리 내신 한국사 1**은 9종 교과서 개념을 모두 완벽히 총정리하여,
학습 순서에 알맞게 배치하였습니다.

• 학교 교과서 단원에 맞춰서 공부하면 더욱 빠르게 실력이 향상됩니다.

동아	미래엔	비상	지학사	천재 교과서	씨마스	해냄에듀	한국학력 평가원	리베르 스쿨
14~25	10~19	8~17	10~21	10~19	10~21	8~21	9~24	10~21
26~35	20~31	18~27	22~33	20~26	22~31	22~33	25~32	22~29
36~43	32~41	28~35	34~43	27~34	32~41	34~41	33~38	30~37
44~51	42~49	36~43	44~51	35~41	42~49	42~53	39~45	38~47
56~65	54~63	48~57	56~67	48~59	58~63	60~67	51~64	50~59
66~75	64~75	58~65	68~77	60~71	64~73	78~87	65~74	60~67
76~85	76~85	66~73	78~83	72~83	74~81	88~95	75~82	68~77
86~101	86~97	74~85	84~97	84~99	82~91	68~77	83~96	78~89
106~111	102~109	96~105	110~117	110~116	106~113	108~111	107~116	104~111
112~119	110~115	106~111	118~133	117~122	114~131	112~121	117~125	112~118
120~131	116~127	112~125		123~134		122~135	126~138	119~131
146~157	138~149	126~141	134~145	146~158	132~143	148~151	139~150	132~143
132~145	128~137	142~153	146~157	135~145	144~157	136~147	151~165	144~157

내신 + 수능 1등급을 위한 학습 계획표 19일

DAY	학습 내용	틀린 문제 / 헷갈리는 문제 번호 적기	학습 날짜	복습 날짜
1	01 고대 국가의 성장		월 일	월 일
2	02 고려의 통치 체제와 정치 변동		월 일	월 일
3	03 조선 사회의 성립과 발전		월 일	월 일
4	04 조선 후기 새로운 흐름과 변화		월 일	월 일
5	▪ **대단원 마무리 문제**		월 일	월 일
6	05 국제 관계와 대외 교류		월 일	월 일
7	06 수취 체제와 경제생활		월 일	월 일
8	07 신분제와 사회 구조		월 일	월 일
9	08 사상과 문화		월 일	월 일
10	▪ **대단원 마무리 문제**		월 일	월 일
11	09 국제 질서의 변동과 개항		월 일	월 일
12	10 근대 사회로의 변혁		월 일	월 일
13	11 근대 국가 수립을 위한 노력		월 일	월 일
14	12 사회·경제 변화와 문화 변동		월 일	월 일
15	13 일제의 국권 침탈과 국권 수호 운동		월 일	월 일
16	▪ **대단원 마무리 문제**		월 일	월 일
17	단원별 TEST 01~04강		월 일	월 일
18	단원별 TEST 05~08강		월 일	월 일
19	단원별 TEST 09~13강		월 일	월 일

I 근대 이전 한국사의 이해

01 고대 국가의 성장

02 고려의 통치 체제와 정치 변동

03 조선 사회의 성립과 발전

04 조선 후기 새로운 흐름과 변화

01 고대 국가의 성장

중요도 ★★★

1 선사 문화의 전개와 고대 국가의 형성

1. 구석기 시대와 신석기 시대

구분	구석기 시대	신석기 시대
시기	약 70만 년 전 시작	약 1만 년 전 시작
도구	뗀석기(주먹 도끼❶, 슴베찌르개 등)	간석기(갈돌과 갈판 등), 빗살무늬 토기❶, 가락바퀴와 뼈바늘 등
경제	채집, 사냥	농경과 목축 시작
주거	동굴, 바위 그늘, 막집	움집(강가나 바닷가)
사회	이동 생활, 평등 사회	정착 생활, 부족 형성, 평등 사회

❶ 주먹 도끼와 빗살무늬 토기

▲ 주먹 도끼

▲ 빗살무늬 토기

- **주먹 도끼**: 사냥, 가죽 벗기기 등 다양한 용도로 사용되었다.
- **빗살무늬 토기**: 신석기 시대의 대표적인 토기이다.

2. 청동기 시대와 철기 시대

구분	청동기 시대	철기 시대
시기	기원전 2000년~기원전 1500년 무렵 시작	기원전 5세기경 시작
도구	• 청동기: 비파형 동검❷, 거친무늬 거울 등 • 간석기: 반달 돌칼(곡식 수확 도구) 등	• 철제 농기구 ➡ 농업 생산력 증대 • 철제 무기 ➡ 정복 전쟁 활발
사회	• 사유 재산, 빈부 차이, 계급 발생(군장 등장 – 고인돌❷) • 국가 출현(고조선)	국가 성립(부여, 고구려, 옥저, 동예, 삼한 등)

❷ 비파형 동검과 고인돌

▲ 비파형 동검 ▲ 고인돌

- **비파형 동검**: 만주와 한반도 등에서 출토되는 청동검이다.
- **고인돌**: 지배층인 군장의 무덤이다.

3. 고조선의 성립과 발전

(1) **성립**: 청동기 문화와 농경 문화를 기반으로 성립 자료 ①

(2) **발전**: 랴오닝 지방과 한반도 서북부를 중심으로 성장 ➡ 중국의 연과 대립(기원전 4세기) ➡ 왕위 세습(부왕 ➡ 준왕) 및 관직 마련(상, 대부, 장군 등)

(3) **사회**: 8조법을 통해 사회 모습을 짐작할 수 있음

> 사람을 죽인 자는 즉시 죽이고, 남에게 상처를 입힌 자는 곡식으로 갚는다. (생명과 노동력 중시)
> 도둑질을 한 자는(사유 재산 보호) 노비로(계급 사회) 삼는다. 용서를 받으려면 50만 전을(화폐 사용) 내야 한다. – 8조법

(4) **위만 조선**: 진·한 교체기에 위만이 망명, 준왕을 몰아내고 왕이 됨 ➡ 철기 문화를 본격 수용, 중계 무역 전개 ➡ 한의 침입과 내분으로 멸망(기원전 108)
└ 이후 한은 고조선의 옛 땅에 낙랑군 등 군현을 설치하였다.

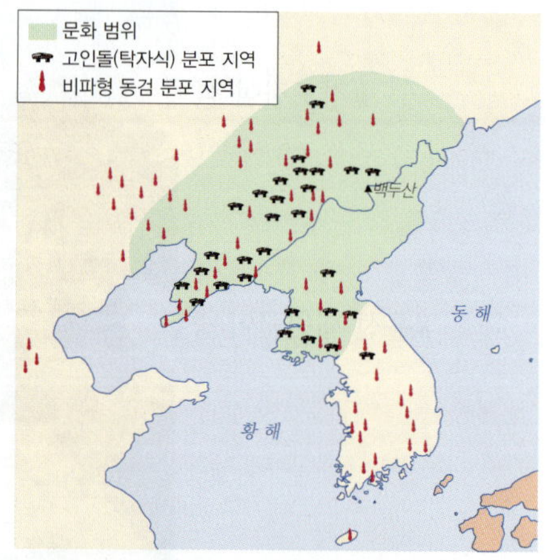

▲ 고조선의 문화 범위

4. 여러 나라의 성장 자료 ② 자료 ③

(1) **등장**: 고조선 멸망을 전후하여 철기 문화를 기반으로 여러 나라가 출현함

(2) **여러 나라의 성장**

부여	5부족 연맹 왕국, 왕이 중앙 통치, 왕 아래 제가들이 사출도 통치, 순장의 풍습
고구려	• 5부족 연맹 왕국, 제가 회의에서 중대사 협의 • 서옥제: 혼인 후 사위가 처가에 일정 기간 머무르는 풍습
옥저, 동예	• 왕이 없고 군장인 읍군·삼로가 통치, 고구려의 간섭으로 정치적 성장이 늦음 • 동예: 책화(다른 부족의 영역을 침범하면 소나 말, 노비로 변상하는 풍습), 족외혼 • 옥저: 민며느리제(여성이 결혼할 남자의 집에서 살다가 성인이 되면 혼인), 가족 공동 무덤
삼한	• 마한·진한·변한으로 구성, 수십 개의 소국이 존재 • 군장(신지, 읍차)과 제사장(천군)이 따로 존재(제정분리 사회), 천군은 소도를 다스림(천군이 다스리던 곳으로 정치적 지배자의 권한이 미치지 않았음)

▲ 여러 나라의 성장

자료 1 고조선의 건국 이야기

㉠ 환인의 아들 환웅이 하늘 아래에 자주 뜻을 두고 인간 세상을 다스리고자 하였다. 환인이 아들의 뜻을 알고 ㉡ 인간 세상을 내려다보니 널리 이롭게 할 만 하였다. … 환웅은 무리 삼천을 거느리고 태백산 신단수 아래에 내려왔다. ㉢ 환웅은 풍백·우사·운사를 거느리고 곡식, 수명, 형벌, 선악 등을 주관하였다. 이 때 곰 한 마리와 호랑이 한 마리가 같은 굴에서 살았는데, … ㉣ 환웅이 임시로 변하여 웅녀와 결혼하였다. 아들을 낳으니 이름을 ㉤ 단군왕검(檀君王儉)이라 하였다. … 단군왕검은 평양성에 도읍하고 조선이라고 불렀다. – 일연, 『삼국유사』

*** 자료 분석**
- 『삼국유사』에는 고조선의 건국 이야기가 수록되어 있다.
- ㉠은 천손 사상, ㉡은 홍익인간의 건국 이념, ㉢은 농경 사회의 면모, 지배 체제 및 질서의 성립, ㉣은 환웅 부족과 곰 숭배 부족의 결합, ㉤은 제정일치 사회임을 보여준다.

자료 2 여러 나라의 정치 체제

◎ **부여** 나라에는 왕이 있다. 가축의 이름으로 관직명을 정하여 마가, 우가, 구가, 저가 등이 있었다. 제가들은 별도로 사출도를 주관하였다.
◎ **삼한** 국읍에 각각 한 사람씩을 세워 천신에 대한 제사를 주관하게 하는데, 이를 천군이라고 부른다. 또한, 여러 나라에는 각기 별읍이 있으니 이를 소도라고 한다.

*** 자료 분석**
- 부여의 사출도는 마가, 우가, 저가, 구가가 독자적으로 다스리는 지방 행정 구역을 의미한다.
- 삼한은 제정분리 사회로 천군(제사장)이 따로 존재하였는데, 소도는 천군이 지배하는 지역이었다.

자료 3 여러 나라의 제천 행사

◎ **부여** 은력(殷曆) 정월(= 음력 12월)에 하늘에 제사하고 나라 사람들이 도성에서 크게 모여 연일 마시고 먹고 노래하고 춤추니, 이름하여 영고라고 한다.
◎ **고구려** 10월에 하늘에 제사 지낼 때 도성에서 큰 모임을 여는데, 동맹이라고 한다.
◎ **동예** 해마다 10월이면 하늘에 제사를 지내고, 밤낮으로 술 마시며 노래하고 춤추는데, 이를 무천이라고 부른다.
◎ **삼한** 5월이면 씨뿌리기를 마치고 귀신에게 제사를 지낸다. 떼를 지어 모여서 노래와 춤을 즐기며 술 마시고 노는데 … 10월에 농사일을 마치고 나서도 이렇게 한다.

*** 자료 분석**
- 부여는 영고(12월), 고구려는 동맹(10월), 동예는 무천(10월)이라는 제천 행사를 열었다.
- 삼한은 씨를 뿌리고 난 5월과 농사를 마친 10월에 계절제를 열었다.

개념 체크 문제

1. 다음 빈칸에 알맞은 말을 쓰시오.

(1) [ ] 은/는 구석기 시대에 사냥, 가죽 벗기기 등 다양한 용도로 사용되었다.
(2) 신석기 시대에는 [ ] 을/를 시작하면서 식량을 생산할 수 있게 되었다. 하지만 여전히 사냥과 채집, 물고기잡이 등이 경제생활의 중요한 부분을 차지하였다.
(3) 청동기 시대에는 [ ] 을/를 이용하여 곡식을 수확하였다.
(4) 청동기 시대에는 우리 역사상 최초의 국가인 [ ] 이/가 성립되었다.
(5) 철기 시대는 [ ] 에 시작되었다.

2. 다음 빈칸에 알맞은 말을 쓰시오.

[ ] 은/는 청동기 시대 지배층의 무덤이다. 이는 청동기 시대에 계급이 발생하였음을 보여주는 유적이다.

3. 다음 빈칸에 알맞은 말을 쓰시오.

고조선은 [ ] (이)라는 법을 만들어 사회 질서를 유지하였다. 그러나 고조선의 멸망과 한 군현 설치 후에는 법이 60여 개 조항으로 늘어났다.

4. 밑줄 친 '이곳'에 해당하는 용어를 쓰시오.

부여는 5부족 연맹 왕국이었다. 왕은 중앙을 다스리고 왕 아래의 마가, 우가, 구가, 저가가 독자적으로 이곳을 다스렸다.

5. 다음 각 나라에 해당하는 내용을 바르게 연결하시오.

(1) 부여 •	• ㉠ 서옥제
(2) 고구려 •	• ㉡ 책화
(3) 옥저 •	• ㉢ 영고
(4) 동예 •	• ㉣ 소도
(5) 삼한 •	• ㉤ 민며느리제

❖ 정답 – 문제편 208p

2 삼국과 가야의 성장과 경쟁

1. 삼국의 중앙 집권적 고대 국가로 발전

(1) **초기**: 왕이 외교·군사 담당, 국가의 중요한 일은 왕과 부의 대표들이 협의·결정❶

(2) **통치 체제 정비**: 왕위 세습, 율령 반포, 관등제 정비, 공복 제정, 신분제 정비(신라의 골품제❷ 등), 불교 수용, 지방 통치 체제 정비(지방관 파견 등)

- 관등제: 관리의 등급을 나누어 서열화한 제도
- 공복: 관리들이 조정에 나아갈 때 입는 의복

2. 삼국의 경쟁과 발전 출제 1순위 특강 p.16

(1) **고구려**: 주몽이 졸본에 건국

태조왕(1~2세기)	옥저 복속, 계루부 고씨 왕위 세습	**고국천왕**(2세기)	부족적 5부 ➡ 행정적 5부
미천왕(4세기)	낙랑군 축출, 대동강 유역 확보		
소수림왕(4세기)	불교 수용, 태학 설립, 율령 반포		
광개토 대왕(4~5세기)	백제 공격(한강 이북 차지), 신라를 도와 왜와 가야 격퇴 ➡ 금관가야 공격, 요동과 만주 지역 장악 자료 ①		
장수왕(5세기)❹	평양 천도, 남진 정책(백제의 한성 점령, 한강 유역 전체 장악) ➡ 충주 고구려비 건립		

(2) **백제**: 마한의 한 소국에서 출발

고이왕(3세기)	한강 유역 대부분 장악, 관등제 정비, 공복 마련
근초고왕(4세기)❸	마한 남은 세력 복속, 고구려의 평양성 공격(고국원왕 전사), 요서 지방 진출 (사실인지에 대해서는 여러 의견이 있음)
침류왕(4세기)	동진으로부터 불교 수용
5세기	나·제 동맹 체결(433) ➡ 고구려에 한강 유역 빼앗기고 웅진(공주) 천도 자료 ②
무령왕(6세기)	22담로에 왕족을 파견하여 지방 통제 강화
성왕(6세기)	사비(부여) 천도(웅진보다 넓은 평야가 있었다.), 중앙과 지방의 통치 체제 정비, 신라와 함께 고구려 공격 ➡ 한강 하류 지역 회복 ➡ 신라에 빼앗김(나·제 동맹 결렬) ➡ 관산성 전투에서 전사

(3) **신라**: 진한의 사로국에서 출발

- 신라의 왕호 변천: 거서간(귀인) → 차차웅(제사장) → 이사금(연장자) → 마립간(대군장) → 왕

내물왕(4세기)	'마립간' 왕호 사용, 김씨 왕위 세습권 확립(이전에는 박·석·김씨 중에서 이사금을 선출함), 고구려 도움으로 왜의 침략 격퇴
지증왕(6세기)	국호를 '신라', 왕호를 '왕'으로 정함, 우산국(울릉도) 점령
법흥왕(6세기)	율령 반포, 불교 공인(이차돈 순교), 병부와 상대등 설치, 금관가야 흡수
진흥왕(6세기)❺	화랑도를 국가적 조직으로 개편, 한강 유역 장악, 대가야 정복, 함경도 지방까지 영토 확장 ➡ 4개의 순수비, 단양 신라 적성비 건립

3. 가야의 성립과 변천: 변한의 여러 소국에서 성장

전기 가야 연맹	• 3세기경 금관가야(김해, 철기 문화 발달, 중계 무역으로 번성) 중심으로 형성 • 5세기경 고구려군의 공격으로 큰 타격을 입음, 신라 법흥왕 때 금관가야 멸망
후기 가야 연맹	• 5세기 후반 대가야(고령) 중심으로 형성 • 신라 진흥왕 때 대가야 멸망

4. 고구려와 수·당의 전쟁

수	고구려의 을지문덕이 수의 침입을 살수에서 격퇴(살수 대첩, 612)
당	고구려는 당의 침입에 대비해 천리장성 축조 ➡ 당의 침입을 안시성에서 격퇴(안시성 전투, 645)

5. 신라의 삼국 통일 자료 ③

(1) 나·당 동맹(648) ➡ 백제 멸망(660)과 부흥 운동(주류성·임존성을 거점으로 저항, 백강 전투) ➡ 고구려 멸망(668)과 부흥 운동(한성을 거점으로 저항)

(2) **나·당 전쟁**: 신라가 매소성과 기벌포에서 당군 격파 ➡ 삼국 통일 완성(676)

(3) **의의**: 자주적 성격, 민족 문화 발전의 기틀 마련

(4) **한계**: 외세의 지원, 대동강 이남의 영토 확보

---

❶ 삼국의 회의 제도

삼국에서는 고구려의 제가 회의, 백제의 정사암 회의, 신라의 화백 회의와 같은 회의 제도가 발달하였다.

❷ 골품제

신라의 골품제는 폐쇄적 신분 제도로 정치뿐만 아니라 일상생활 전반에 영향을 미쳤다.

❸ 백제 전성기(4세기)

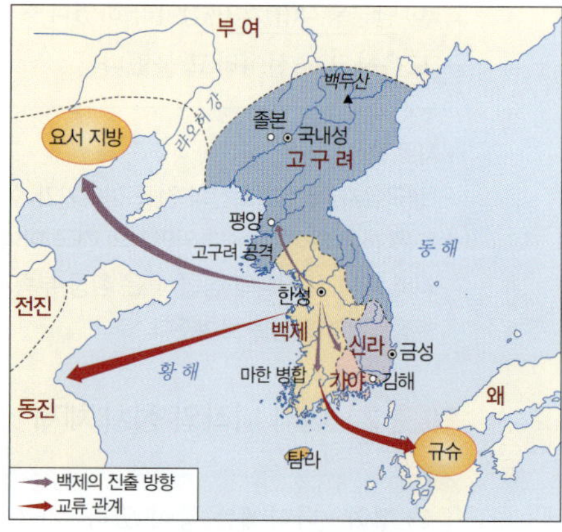

❹ 고구려 전성기(5세기)

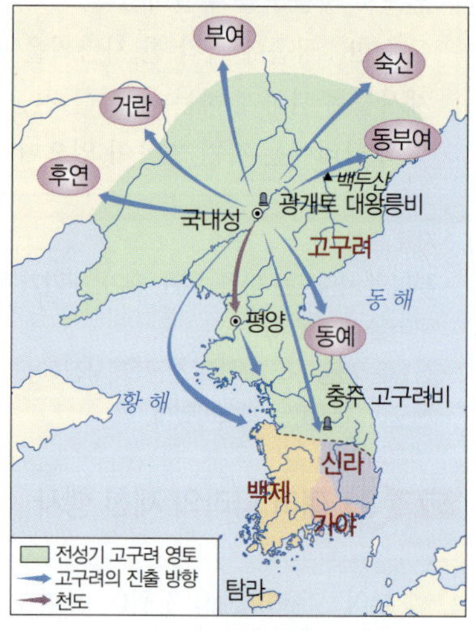

❺ 신라 전성기(6세기)

자료 1 4세기 말~5세기 고구려와 신라의 관계

▲ 광개토 대왕릉비

▲ 호우명 그릇

*** 자료 분석**
- 왜가 침입해 오자 신라의 내물왕은 고구려에 지원을 요청하였고, 고구려 광개토 대왕은 군사를 보내 왜와 가야를 격퇴하였다. 이러한 사실은 중국 지린성 지안에 남아 있는 광개토 대왕릉비에 기록되어 있다.
- 호우명 그릇은 광개토 대왕의 이름이 새겨진 청동 그릇으로, 경주 호우총에서 발견되었다. 이를 통해 5세기에 신라가 고구려의 정치적 간섭을 받았음을 짐작할 수 있다.

자료 2 백제의 수도 이전

*** 자료 분석**
- 백제는 고구려 장수왕의 공격을 받아 수도 한성이 함락되어 웅진(공주)으로 천도를 단행하였다.
- 웅진은 외적 방어에는 효과적이었으나, 공간이 협소하였다.
- 성왕은 넓은 평야가 있는 사비(부여)로 천도하였다.

자료 3 신라의 삼국 통일

*** 자료 분석**
- 당은 고구려와 백제의 옛 땅은 물론 신라까지 지배하려고 하였다.
- 신라는 고구려·백제 유민과 힘을 합쳐 당에 맞섰다.
- 신라는 매소성과 기벌포에서 당의 군대를 격파하고 삼국 통일을 완수하였다.

개념 체크 문제

1. 다음 사건을 일어난 순서대로 바르게 나열하시오.

ㄱ. 장수왕의 평양 천도
ㄴ. 백제의 웅진 천도
ㄷ. 근초고왕의 평양성 공격
ㄹ. 진흥왕의 한강 유역 확보

2. 다음 빈칸에 알맞은 말을 쓰시오.

처음 가야 연맹의 맹주는 김해에 위치한 금관가야였다. 그러나 5세기경 고구려군의 침입으로 금관가야가 쇠퇴하자 고령의 (　　　) 이/가 맹주가 되어 후기 가야 연맹을 이끌었다.

3. 다음 내용이 맞으면 ○, 틀리면 ×표 하시오.

(1) 고구려의 광개토 대왕은 요동과 만주의 대부분 지역을 차지하였으며, 신라에 침입한 왜를 격퇴하였다. (　　　)
(2) 백제의 성왕은 마한의 남은 세력을 정복하였다. (　　　)
(3) 백제는 한성 – 웅진(공주) – 사비(부여) 순으로 수도를 삼았다. (　　　)
(4) 신라의 내물왕은 마립간의 칭호를 사용하였다. (　　　)
(5) 신라의 법흥왕은 화랑도를 국가적 조직으로 개편하였다. (　　　)
(6) 신라 진흥왕 때 단양 신라 적성비가 건립되었다. (　　　)

4. 다음 빈칸에 알맞은 말을 쓰시오.

(1) 을지문덕이 고구려에 침입한 수의 대군을 격퇴한 전투를 (　　　)(이)라고 한다.
(2) 고구려는 당의 침입을 (　　　) 에서 격퇴하였다.

5. 다음 사건을 일어난 순서대로 바르게 나열하시오.

ㄱ. 매소성 전투　　ㄴ. 고구려 멸망
ㄷ. 나·당 동맹 결성　　ㄹ. 백제 멸망

❖ 정답 – 문제편 208p

3 통일 신라와 발해의 발전

1. 통일 신라의 발전과 변화

(1) 왕권 강화

무열왕	최초의 진골 출신 왕, 통일 전쟁 시작, 무열왕계 직계 자손의 왕위 세습권 확립
문무왕	삼국 통일 달성
신문왕	• **강력한 왕권 확립**: 김흠돌의 난을 계기로 귀족을 대거 숙청 • **국학 설립**: 유학 교육 실시, 유교적 소양을 갖춘 인재 양성 • **귀족들의 경제적 기반 약화**: 관리들에게 관료전 지급, 녹읍 폐지

관료전: 조세 징수만 가능
녹읍: 조세 징수, 노동력 징발 가능

(2) 통치 체제 정비

왕명을 받들고 기밀 사무를 관장하는 기관

구분	내용
중앙 정치	• 집사부 중심의 국정 운영(집사부의 장관인 중시(시중)의 권한 강화) • 감찰 기구인 사정부 강화 • 6두품의 비중 강화(왕의 정치적 조언자 역할, 행정 실무 담당)
지방 정비❶	전국을 9주로 나누고, 요충지에 5소경 설치
교육 기관	중앙 교육 기관으로 국학 설립
군사 제도	9서당❷(중앙군), 10정(지방군)

(3) 신라 말의 사회 변화

① 왕위 쟁탈전 전개: 8세기 후반 혜공왕 피살 이후 150여 년간 진골 귀족들의 치열한 왕위 쟁탈전 전개 ➡ 왕권 약화, 상대등 권한 강화, 지방 통제력 약화

② 지방에서의 반란: 김헌창의 난, 장보고의 난

③ 농민 봉기 발생: 귀족의 대토지 소유 확대, 농민들에 대한 강압적인 수취 ➡ 농민이 노비나 초적으로 전락, 전국 각지에서 봉기 발생(원종·애노의 난 등) 자료 ①

④ 호족 등장: 지방에서 독자적인 경제력과 군사력을 갖춘 호족 등장, 지방의 행정 및 군사권 장악, 스스로 성주나 장군이라 칭함

⑤ 선종 승려, 6두품 세력 ➡ 호족 세력과 연계

⑥ 후삼국의 성립
- 후백제: 견훤이 완산주(전주)에 도읍을 정하고 후백제 건국(900)
- 후고구려: 궁예가 송악(개성)에 도읍을 정하고 후고구려 건국(901)

2. 발해의 건국과 발전

발해의 건국으로 남쪽의 통일 신라와 북쪽의 발해가 공존하는 남북국 시대가 열림

(1) **건국**(698): 고구려 장군 출신 대조영이 동모산에서 건국 (고구려 유민+말갈인), 고구려 계승 의식 드러냄 자료 ②

(2) 성장

무왕 (8세기 초)	활발한 정복 활동으로 영토 크게 확장 ➡ 당이 발해 압박 ➡ 무왕이 장문휴를 보내 당의 산동 지방 선제공격
문왕 (8세기)	• 당과 친선 관계 ➡ 당의 선진 문물과 제도 수용 • 3성 6부의 중앙 관제 정비
선왕 (9세기 초)	• 말갈 세력 대부분 복속, 요동과 연해주까지 진출(옛 고구려 땅을 대부분 차지) • 5경 15부 62주의 지방 행정 체제 확립 • 전성기 이룩('해동성국'❸ 으로 불림)

(3) 통치 체제 정비

구분	내용		
중앙	• 3성 6부제 운영(당의 제도 수용) ➡ 명칭과 운영은 독자적 자료 ③ • 3성 중 정당성의 장관인 대내상이 국정 총괄		
지방	5경 15부 62주로 정비❹		
교육	주자감(중앙 교육 기관)	군사	10위(중앙군)

(4) **멸망**: 지배층의 내분 속에 거란의 침입으로 멸망(926)

❶ 통일 신라의 지방 제도

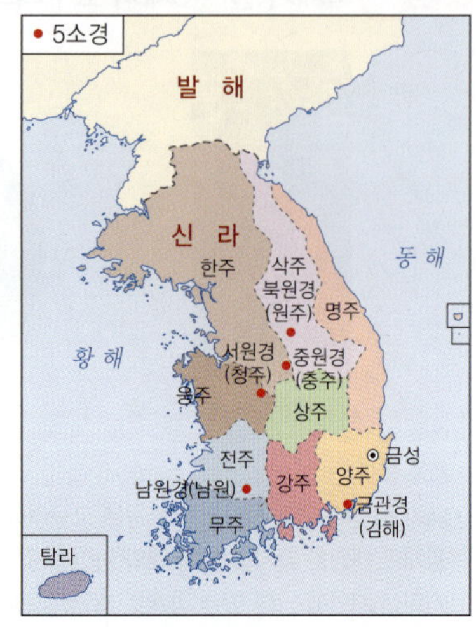

• 통일 신라는 옛 신라·고구려·백제 땅에 각각 3주를 설치하여 9주로 편성하였다.
• 주 아래에는 군과 현을 두어 지방관을 파견하였고, 군현 아래의 촌은 토착 세력인 촌주가 다스리게 하였다.
• 수도의 지리적 치우침을 보완하고 균형 있는 발전을 위해 지방의 요충지에 5소경을 설치하였다. 그리고 고구려, 백제, 가야의 유민을 이주시켜 통제하였다.
• 지방 세력을 견제하기 위해 촌주 등 지방 토착 세력을 일정 기간 수도에 올라와 근무하게 하는 상수리 제도를 시행하였다.

❷ 9서당
신라인 뿐만 아니라 고구려인·백제인·말갈인을 포함하여 국가적 통합을 도모하였다.

❸ 해동성국
발해는 전성기 때 '바다 동쪽의 융성한 나라'라는 뜻인 해동성국으로 불렸다.

❹ 발해의 지방 제도

• 발해는 전략적 요충지에 5경을 두었으며, 지방 행정의 중심지나 교통의 요지에 15부와 62주를 두고 지방관을 파견하였다.
• 말단 행정 구역인 촌락은 토착 세력인 촌장이 관리하게 하였다.

자료 1 신라 말의 농민 봉기

진성 여왕 3년(889), 나라 안의 모든 주·군에서 조세와 공물을 바치지 않아 창고가 텅 비고, 나라 재정이 궁핍하게 되었다. 왕이 사자를 보내 독촉하니 곳곳에서 도적들이 벌떼처럼 일어났다. 이때 원종과 애노 등은 사벌주(상주)에서 반란을 일으켰다. -『삼국사기』

* 자료 분석
- 신라 말에는 중앙 정부와 지방 세력가의 수탈, 흉년, 전염병 등으로 농민들의 삶이 크게 어려워졌다.
- 이러한 상황에서 진성 여왕은 각 지방에 관리를 보내 세금 납부를 독촉하였다. 이에 사벌주(상주)에서 원종과 애노의 난이 일어난 것을 시작으로 곳곳에서 농민들이 봉기하였다.

자료 2 발해의 고구려 계승 의식

- 우리나라는 고(구)려의 옛 땅을 회복하였으며 부여의 습속을 가지고 있다. – 발해가 일본에 보낸 국서
- 대조영은 본래 고(구)려의 별종이다. -『구당서』

▲ 고구려 치미

▲ 발해 치미

▲ 고구려 기와

▲ 발해 기와

* 자료 분석
- 발해는 고구려 계승 의식을 내세웠는데, 이러한 사실은 발해가 일본에 보낸 국서와 일본 및 중국 측 발해 기록에서 확인할 수 있다.
- 발해의 유물·유적에는 불상, 치미, 기와, 온돌 장치 등 고구려 양식을 계승한 것이 많이 남아 있다.

자료 3 발해의 중앙 행정 기구

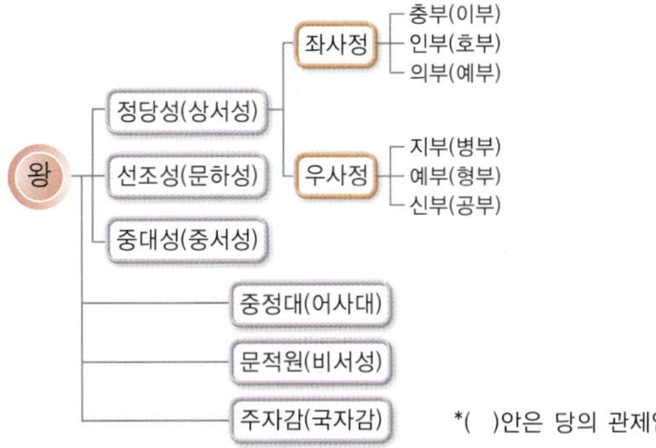

* 자료 분석
- 발해는 당의 3성 6부제를 수용하였지만 독자적으로 운영하였다.
- 정당성이 6부를 둘로 나누어 관할하였고, 6부에 유교적 명칭을 사용하였다.

개념 체크 문제

1. 다음 설명에 해당하는 용어를 쓰시오.

신문왕이 관리들에게 지급한 것으로 녹읍과 달리 노동력 징발이 불가능하였으며, 조세 수취만 가능하였다.

2. 다음 빈칸에 알맞은 말을 쓰시오.

삼국 통일 후 신라는 넓어진 영토, 늘어난 인구를 관리하기 위하여 전국을 9주로 나누고, 수도의 지리적 치우침을 보완하기 위하여 (　　　)을/를 설치하였다.

3. 다음 빈칸에 알맞은 말을 쓰시오.

(1) 통일 신라 말 진골 귀족 간 (　　　)의 발생은 사회 혼란을 가중시켰으며, 지방 통제력 약화를 초래하였다.

(2) 통일 신라 말 지방에서는 독자적인 경제력과 군사력을 갖춘 (　　　)이/가 등장하였다.

(3) (　　　)은/는 완산주에 도읍을 정하고 후백제를 건국하였다.

(4) (　　　)은/는 송악에 도읍을 정하고 후고구려를 건국하였다.

4. 다음 빈칸에 알맞은 말을 쓰시오.

발해는 선왕 시기 전성기를 맞이하였다. 중국은 이 시기의 발해를 '바다 동쪽의 융성한 나라'라는 의미인 (　　　)(이)라고 불렀다.

5. 발해와 관련된 다음 내용을 순서대로 바르게 나열하시오.

ㄱ. 3성 6부의 중앙 관제를 마련하였다.
ㄴ. 5경 15부 62주의 지방 행정 체제가 확립되었다.
ㄷ. 대조영이 동모산에서 발해를 건국하였다.
ㄹ. 당의 산둥반도를 선제공격하였다.

❖ 정답 – 문제편 208p

✪ 삼국의 전성기 

백제 (4세기)

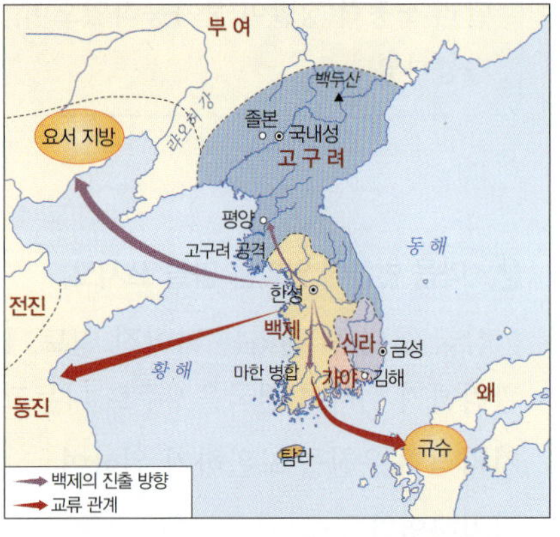

- 4세기에 근초고왕은 마한의 잔여 세력을 정복하고, 고구려의 평양을 공격하는 등 영토를 확장하였다.
- 근초고왕은 중국의 동진 및 왜와 외교 관계를 맺고, 중국의 요서 지방에 진출하는 등 활발한 대외 활동을 전개하였다.
- 근초고왕은 중국의 동진, 가야, 왜를 연결하는 해상 교역을 주도하였다.

▲ 칠지도

4세기에 백제가 만들어 일본에 전해준 칼이다.

고구려 (5세기)

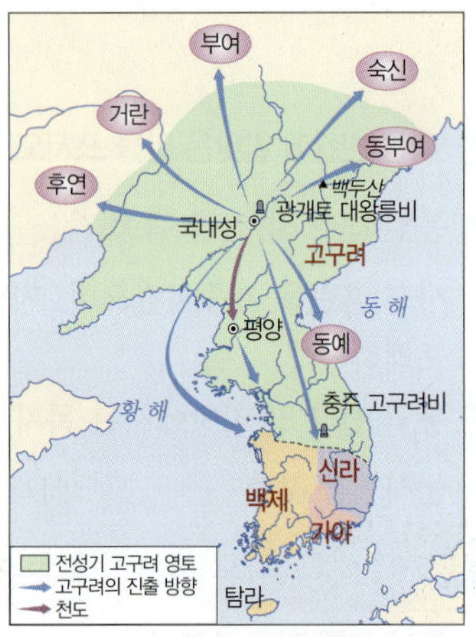

- 4세기 말에 즉위한 광개토 대왕은 거란과 후연 등을 격파하여 만주 일대를 차지하였다. 신라를 구원하고 금관가야까지 공격하기도 하였다.
- 5세기에 장수왕은 평양 천도를 단행하고, 백제의 한성을 함락시켰으며 한강 이남까지 진출하였다. 이러한 사실은 충주 고구려비를 통해 알 수 있다.

▲ 충주 고구려비

신라 (6세기)

- 6세기에 신라 진흥왕은 백제 성왕과 연합하여 고구려가 점령하고 있던 한강 상류 지역을 차지하였고, 이후 백제로부터 한강 하류 지역을 빼앗아 한강 유역을 모두 차지하였다.
- 진흥왕은 대가야를 정복하였고, 함경도 지방까지 영토를 확장하였다.
- 진흥왕은 단양 신라 적성비와 4개의 순수비를 세웠다.

▲ 서울 북한산 신라 진흥왕 순수비

확인 문제

▶ 정답 – 문제편 209p

빈칸에 알맞은 용어를 쓰시오.

01 백제는 전성기에 중국의 (   ) 지방에 진출하는 등 활발한 대외 활동을 전개하였다.

02 장수왕은 (   )(으)로 천도하였고 백제의 한성을 함락시켰다.

03 (   )은/는 영토 확장 사실을 대내외에 알리기 위해 단양 신라 적성비 등의 비석을 세웠다.

내신 대비 필수 문제

★ 학교 시험 100점을 위한 실전 문제와 학력평가/모의평가 기출 문제

1 선사 문화의 전개와 고대 국가의 형성

01

밑줄 친 '이 시대'의 사회 모습으로 적절한 것은?

> 전곡리 ○○○ 시대 축제에 여러분을 초대합니다.
>
> 연천 전곡리 유적에서 펼쳐지는 체험 축제입니다.
> 이 시대의 여러 체험 프로그램을 즐겨 보세요.
>
> | 체험 1관 | 찍개로 고기 자르기 |
> |---|---|
> | 체험 2관 | 재현된 막집 둘러보기 |
> | 체험 3관 | 주먹 도끼 모형 제작하기 |
>
> 
>
> 기간: 2025년 △△월 △△일 ~ △△일
> 장소: 경기도 연천 전곡리 일대

① 고인돌을 제작하였다.
② 농경과 목축을 시작하였다.
③ 빗살무늬 토기를 제작하였다.
④ 금속으로 만든 화폐를 사용하였다.
⑤ 사냥과 채집을 통해 식량을 획득하였다.

02

모의평가 기출(변형)

다음 도구가 제작되기 시작했던 시기의 사회 모습으로 옳은 것은?

① 율령이 반포되었다.
② 농경 생활을 하였다.
③ 고인돌이 만들어졌다.
④ 비파형 동검이 사용되었다.
⑤ 주로 동굴과 막집에 거주하였다.

03

밑줄 친 '이 유적'을 통하여 알 수 있는 청동기 시대의 특징으로 옳은 것은?

이 유적은 청동기 시대에 등장한 무덤으로 당시 사회의 특징을 잘 보여주고 있습니다.

① 계급이 발생하였다.
② 불교가 전파되었다.
③ 뗀석기를 사용하였다.
④ 정착 생활이 시작되었다.
⑤ 농경과 목축이 시작되었다.

04

밑줄 친 '이 국가'에 대한 설명으로 옳은 것을 〈보기〉에서 고른 것은?

> 이 국가는 8조의 법을 운영하였는데, 『한서』「지리지」에는 그중 세 가지 조항을 기록하고 있다.
> • 사람을 죽인 자는 사형에 처한다.
> • 남에게 상처를 입힌 자는 곡식으로 갚는다.
> • 남의 물건을 훔친 자는 노비로 삼고, 만약 용서를 받으려면 50만 전을 내야 한다.

[보기]
ㄱ. 제정일치 사회였다.
ㄴ. 당(唐)의 공격을 받아 멸망하였다.
ㄷ. 『삼국유사』에 건국 이야기가 기록되어 있다.
ㄹ. 철기 및 농경 문화를 바탕으로 건국되었다.

① ㄱ, ㄴ ② ㄱ, ㄷ ③ ㄴ, ㄷ ④ ㄴ, ㄹ ⑤ ㄷ, ㄹ

❖ 정답 및 해설 4p

05 ✿✿✿

(가), (나) 국가에 대한 설명으로 옳은 것은?

① (가): 천군이 소도를 관리하였다.
② (가): 제가들이 사출도를 통치하였다.
③ (나): 동맹이라는 제천 행사를 열었다.
④ (나): 위만이 집권하며 세력을 확장하였다.
⑤ (가), (나): 왕을 중심으로 하는 연맹 왕국이었다.

2 삼국과 가야의 성장과 경쟁

06 ✿✿✿ 서술형

가야 연맹의 중심이 아래와 같이 변화하게 된 계기가 무엇인지 서술하시오.

07 ✿✿✿

다음 대화의 소재가 되는 국왕에 대한 탐구 활동으로 가장 적절한 것은?

① 불교를 수용한 목적을 파악한다.
② 광개토 대왕릉비의 내용을 분석한다.
③ 호우명 그릇이 갖는 의미를 알아본다.
④ 평양 천도를 단행한 이유를 살펴본다.
⑤ 위만의 이동이 끼친 영향을 탐구한다.

08 ✿✿✿

다음 왕에 대한 설명으로 옳은 것은?

- 사비(지금의 부여)로 천도
- 중앙과 지방의 통치 체제 정비

① 불교를 수용하였다.
② 왕의 칭호를 마립간으로 고쳤다.
③ 한이 설치한 낙랑군을 축출하였다.
④ 중국 동진과 통교하고 왜의 규슈와 교류하였다.
⑤ 신라와 연합하여 한강 하류 지역을 일시적으로 되찾았다.

09 ✿✿✿ 중요

(가), (나) 국가에 대한 설명으로 옳은 것은?

문화유산	소개
	중국 지린성에 있는 왕릉비다. (가) 의 국왕이 보병과 기병을 보내어 (나) 을/를 도와 왜를 격퇴하였다는 내용이 기록되어 있다.
	경주의 호우총에서 발견된 청동 그릇이다. 밑바닥에 '을묘년국강상광개토지호태왕'이라는 글씨가 새겨져 있다. 이를 통해 5세기경 (가) 와/과 (나) 의 관계를 짐작할 수 있다.

① (가)-수도를 평양으로 옮겼다.
② (가)-울릉도 일대의 우산국을 정복하였다.
③ (나)-완산주를 도읍으로 하였다.
④ (나)-22담로에 왕족을 파견하였다.
⑤ (가), (나)-나·당 연합군의 공격으로 멸망하였다.

10 ✽✽✽

백제가 (가)에서 (나)로 수도를 옮긴 원인에 대한 설명으로 옳은 것은?

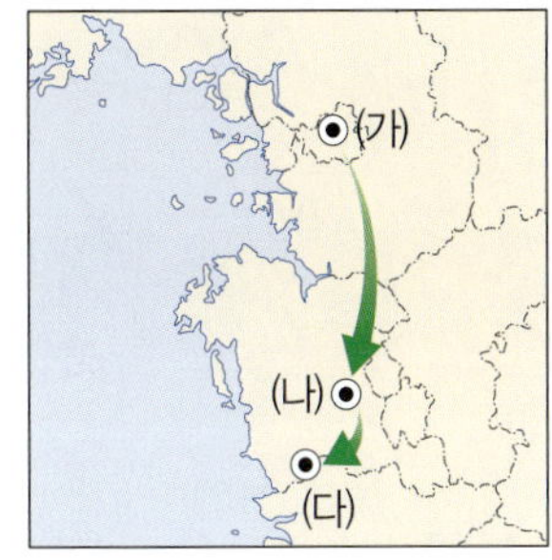

① 나·제 동맹 강화
② 성왕의 부흥 노력
③ 장수왕의 남진 정책
④ 나·당 연합군의 공격
⑤ 진흥왕의 세력 확대

11 ✽✽✽

밑줄 친 '왕'의 업적으로 옳은 것을 〈보기〉에서 고른 것은?

> 조정의 신하들은 왕의 깊은 뜻을 헤아리지 못한 채 오직 나라를 다스리는 대의만을 지키고 절을 세우려는 신성한 계획은 따르지 않았다. … 이차돈이 왕에게 아뢰기를 "나라를 위해 몸을 바치는 것은 신하의 큰 절개이고, 임금을 위해 목숨을 바치는 것은 백성의 바른 의리입니다. 거짓된 말을 전한 죄로 신을 문책하여 목을 베시면 모든 백성이 복종하여 감히 왕명을 거역하지 못할 것입니다."라고 하였다. … 이차돈의 목을 베니 흰 젖 같은 피가 한 길이나 솟구쳤다.
>
> – 김부식, 『삼국사기』

[보기]

ㄱ. 율령을 반포하였다.
ㄴ. 태학을 설립하였다.
ㄷ. 금관가야를 병합하였다.
ㄹ. 마립간 칭호를 사용하였다.

① ㄱ, ㄴ
② ㄱ, ㄷ
③ ㄴ, ㄷ
④ ㄴ, ㄹ
⑤ ㄷ, ㄹ

12 ✽✽✽

밑줄 친 내용에 해당하는 사실로 옳은 것은?

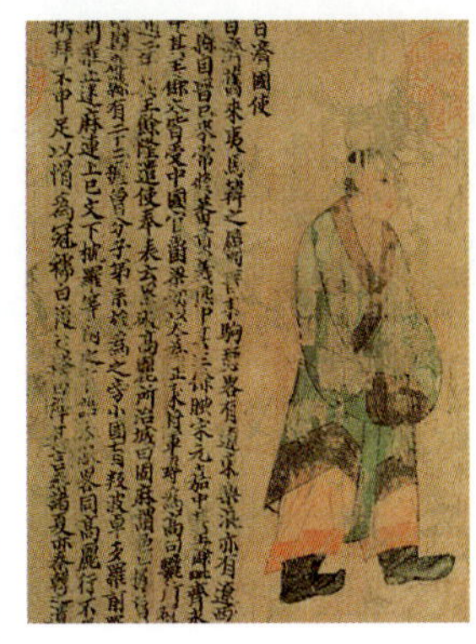

> 백제는 고구려에 한강 유역을 잃고 수도를 옮긴 후 한동안 혼란을 겪었지만, 6세기에 국력을 회복하였다. 양직공도에는 이 무렵 백제가 중국 양나라에 파견한 사신의 모습과 백제 관련 글이 기록되어 있다.

① 침류왕이 불교를 수용하였다.
② 22담로에 왕족을 파견하였다.
③ 계루부 고씨가 왕위를 세습하게 되었다.
④ 좌평 등 16등급의 관등제가 마련되었다.
⑤ 부족적 전통의 5부가 행정적 5부로 개편되었다.

13 ✽✽✽ (출제 0순위 특강)

다음과 같이 신라가 영토를 확장하던 시기 삼국의 정세에 대한 설명으로 옳은 것은?

① 나·제 동맹이 체결되었다.
② 백제가 웅진으로 천도하였다.
③ 성왕이 관산성에서 전사하였다.
④ 소수림왕이 율령을 반포하였다.
⑤ 내물왕이 마립간의 칭호를 사용하였다.

❖ 정답 및 해설 4~6p

14 ✿✿❀

(가)~(라)를 순서대로 바르게 배열한 것은?

(가) 신라군이 기벌포 전투에서 승리하였다.
(나) 당 태종의 군대가 고구려를 침략하였다.
(다) 나·당 연합군에 의해 백제가 멸망하였다.
(라) 을지문덕이 살수에서 수의 군대를 격파하였다.

① (가) – (다) – (라) – (나)
② (나) – (다) – (가) – (라)
③ (나) – (라) – (다) – (가)
④ (라) – (나) – (다) – (가)
⑤ (라) – (다) – (가) – (나)

15 ✿✿❀ 서술형

(가)에 들어갈 수 있는 적절한 내용을 두 가지만 서술하시오.

신라의 삼국 통일은 당이라는 외세를 끌어들였고, 대동강 이남의 영토만을 차지했다는 점에서 많은 아쉬움을 가지고 있습니다.

하지만 아쉬움만 있는 것은 아니에요. 신라의 삼국 통일은 (가) 와 같은 의의를 갖는다는 점도 기억해야 해요.

3 통일 신라와 발해의 발전

16 ✿✿❀ 서술형

다음은 발해가 고구려를 계승했음을 알 수 있는 자료이다. 발해가 고구려 계승국임을 주장할 수 있는 문화적인 근거를 서술하시오.

우리나라는 고(구)려의 옛 땅을 회복하였으며 부여의 습속을 가지고 있다.

– 발해가 일본에 보낸 국서

17 ✿✿❀

지도의 (가), (나) 국가에 대한 설명으로 옳은 것을 〈보기〉에서 고른 것은?

[보기]

ㄱ. (가): 9서당을 중앙군으로, 10정을 지방군으로 두었다.
ㄴ. (가): 5경 15부 62주의 지방 행정 제도를 운영하였다.
ㄷ. (나): 정당성을 중심으로 국정을 운영하였다.
ㄹ. (나): 5소경을 두어 수도의 지리적 단점을 보완하였다.

① ㄱ, ㄴ ② ㄱ, ㄷ ③ ㄴ, ㄷ
④ ㄴ, ㄹ ⑤ ㄷ, ㄹ

18 ✿✿❀ 서술형

신문왕이 왕권 및 중앙 집권 체제를 강화하기 위해 실시한 정책을 두 가지만 서술하시오.

19 ✿❀❀ 단답형

밑줄 친 '이 세력'을 지칭하는 용어를 쓰시오.

이 세력은 통일 신라 말 중앙 정부의 통제력이 약화된 틈을 타 성장한 지방 세력으로 자신의 근거지에 성을 쌓고 사병을 보유하며 스스로 성주 혹은 장군이라 칭하였다. 이들 중 일부는 국가를 건설하기도 하였는데 견훤과 궁예가 대표적이다. 고려의 태조인 왕건 또한 송악의 이 세력 출신이었다.

20 ✿❀❀

(가) 봉기에 대한 설명으로 옳은 것은?

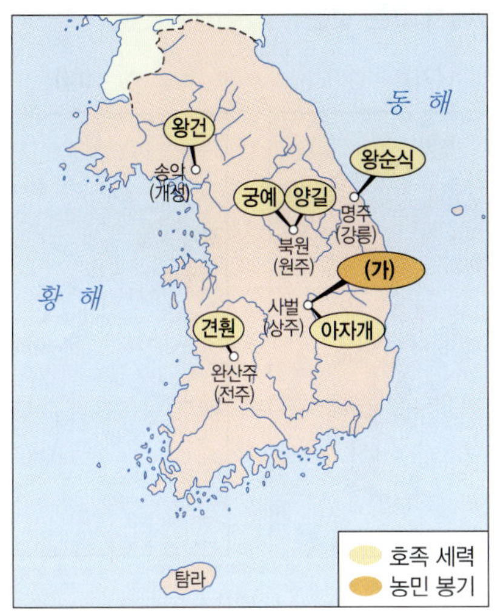

① 신라 말기에 일어났다.
② 신분 해방을 요구하였다.
③ 외세의 침략을 유발하였다.
④ 삼정의 문란을 비판하였다.
⑤ 무신 정권의 붕괴를 초래하였다.

21 ✿✿❀ 중요

다음 자료가 나타내는 시기에 대한 설명으로 옳지 않은 것은?

> 진성 여왕 3년에 나라 안의 여러 주와 군에서 부세를 바치지 않으니, 나라의 창고가 비어 나라의 쓰임이 궁핍해졌다. 왕이 세금을 징수하고자 사신을 자주 보내어 독촉하였다. 이로 인해 곳곳에서 도적이 벌떼같이 일어났다. 원종, 애노 등이 사벌주에서 봉기하였다. 왕이 나마 벼슬의 영기에게 명해 이들을 붙잡게 하였다. 하지만 영기는 적진을 쳐다보고는 두려워하여 나아가지 못하였다.
>
> –『삼국사기』

① 국가 재정이 악화되었다.
② 지방에서 독립적인 호족이 성장하였다.
③ 중앙 귀족들의 왕위 쟁탈전이 치열하였다.
④ 6두품 세력이 국왕과 결탁하여 개혁을 주도하였다.
⑤ 과도한 수탈로 농민들이 노비나 초적으로 몰락하였다.

22 ✿✿❀

밑줄 그은 '이 왕'에 대한 설명으로 옳은 것을 〈보기〉에서 고른 것은?

[보기]

ㄱ. 국학을 설립하였다.
ㄴ. 우산국을 점령하였다.
ㄷ. 9주 5소경의 지방 제도를 완비하였다.
ㄹ. 화랑도를 국가적인 조직으로 개편하였다.

① ㄱ, ㄴ　② ㄱ, ㄷ　③ ㄴ, ㄷ
④ ㄴ, ㄹ　⑤ ㄷ, ㄹ

23 ✿✿✿

㉠, ㉡에 해당하는 구체적인 내용으로 옳은 것을 〈보기〉에서 고른 것은?

> 흑수말갈이 당의 벼슬을 청하였다 하여 그들을 바로 치고자 한다면 이는 당을 저버리는 것입니다. 지난날 ㉠ 고구려가 번성할 때에 당과 맞서서 복종을 하지 않다가, 당의 군대가 한번 덮치매 땅을 쓴 듯이 다 멸망하였습니다. 나라를 세운 지 얼마 되지 않아 우리의 인구가 고구려의 몇 분의 일도 못 되는데, 지금에 이르러 ㉡ 당을 저버리려 하니, 옳지 못합니다.
>
> –『신당서』

[보기]

ㄱ. ㉠ – 을지문덕이 살수에서 대승을 거두었다.
ㄴ. ㉠ – 고구려가 국경 지방에 천리장성을 쌓았다.
ㄷ. ㉡ – 대조영이 당군을 격퇴하고 발해를 세웠다.
ㄹ. ㉡ – 장문휴의 수군이 산둥반도를 공격하였다.

① ㄱ, ㄴ　② ㄱ, ㄷ　③ ㄴ, ㄷ
④ ㄴ, ㄹ　⑤ ㄷ, ㄹ

❖ 정답 및 해설 6~7p

내신 1등급 문제

24 ✽✽✽

(가), (나)에 대한 설명으로 옳은 것을 〈보기〉에서 고른 것은?

(가) 나라에는 왕이 있으며 벼슬은 여섯 가축의 이름을 따라 마가, 우가, 구가, 저가, 대사자, 사자라 칭했다. …(중략)… 형이 죽으면 형수를 아내로 삼는다. 사람이 죽으면 얼음을 채워 두고 또 순장을 한다.

(나) 요동 동쪽 1,000리 밖에 있다. 남쪽은 낙랑, 예맥과 동쪽은 옥저, 북쪽은 부여와 국경을 마주한다. … 큰 산과 깊은 골짜기가 많고 넓은 들은 없다. 좋은 논이 없어 부지런히 농사를 지어도 식량이 넉넉하지 못하다.

– 『삼국지』「위서 동이전」

[보기]

ㄱ. (가) – 천군이라는 제사장이 있었다.
ㄴ. (나) – (가)에서 갈라져 나온 세력이 건국하였다.
ㄷ. (나) – 제가 회의를 통해 중대사를 처리하였다.
ㄹ. (가), (나) – 주변 지역의 압박으로 연맹 왕국으로 성장하지 못하였다.

① ㄱ, ㄴ ② ㄱ, ㄷ ③ ㄴ, ㄷ ④ ㄴ, ㄹ ⑤ ㄷ, ㄹ

25 ✽✽✽

학력평가 기출(변형)

다음에서 설명하는 군사 조직이 정비된 시기의 정치 상황으로 옳은 내용을 〈보기〉에서 고른 것은?

1은 녹금서당으로서 처음으로 설치하여 서당(誓幢)으로만 부르다가 녹금서당으로 고쳤는데 띠의 색깔은 녹자색이다. 2는 자금서당으로 띠의 색깔은 자녹색이다. …(중략)… 8은 적금서당으로서 보덕성 사람으로 당을 만들었는데 띠의 색깔은 적흑색이다. 9는 청금서당으로서 백제의 남은 백성으로 당을 만들었는데 띠의 색깔은 청백색이다.

– 『삼국사기』

[보기]

ㄱ. 마립간에서 왕으로 칭호를 변경하였다.
ㄴ. 집사부의 장관인 시중의 권한이 강화되었다.
ㄷ. 무열왕의 직계 자손들이 왕위를 계승하였다.
ㄹ. 지방 통제력이 약화되며 호족이 성장하였다.

① ㄱ, ㄴ ② ㄱ, ㄷ ③ ㄴ, ㄷ ④ ㄴ, ㄹ ⑤ ㄷ, ㄹ

26 ✽✽✽

출제 0순위 특강

(가), (나)와 같은 정세가 형성된 시기와 관련된 설명으로 옳은 것을 〈보기〉에서 고른 것은?

(가)

(나)

[보기]

ㄱ. (가) – 신라와 백제가 동맹을 유지하였다.
ㄴ. (가) – 을지문덕이 수의 침입을 살수에서 격퇴하였다.
ㄷ. (나) – 근초고왕은 중국의 동진, 왜와 우호적인 관계를 맺었다.
ㄹ. (나)보다 (가)가 앞선 시기에 해당한다.

① ㄱ, ㄴ ② ㄱ, ㄷ ③ ㄴ, ㄷ ④ ㄴ, ㄹ ⑤ ㄷ, ㄹ

27 ✽✽✽

자료와 같은 시기에 볼 수 있는 모습으로 옳은 것은?

- 헌덕왕 14년(822) 웅천주 도독 김헌창은 그의 아버지가 왕위에 오르지 못한 것을 이유로 반란을 일으켜 국호를 장안이라 하였다.
- 전쟁과 흉년의 두 재앙이 … 동쪽에 와서 나쁜 중에 더욱 나쁘지 않은 곳이 없다. 굶어 죽고 싸우다 죽은 시체가 들에 즐비하였다.

① 가야 연맹을 주도하는 대가야
② 왕위 쟁탈전을 벌이는 진골 귀족들
③ 살수에서 수나라를 격퇴하는 을지문덕
④ 불법적으로 농장을 확대하는 권문세족
⑤ 매소성 전투에서 당군을 물리치는 신라군

수능 대비 기출 문제

★ 수능 기출 문제로 수능 유형 익히기

28 (대표 유형) 2024 대비 수능 1

밑줄 친 '이 시대'에 대한 설명으로 옳은 것은?

이 시대의 대표적인 무덤은 고인돌이었습니다. 고인돌을 만드는 데는 많은 노동력이 필요했습니다. 이 시대에는 농업 생산량이 늘어났고 계급이 발생했으며, 군장이 나타났습니다.

① 상평통보가 전국적으로 유통되었다.
② 석굴암 본존 불상이 만들어졌다.
③ 팔관회와 연등회가 개최되었다.
④ 지방에 서원이 설립되었다.
⑤ 비파형 동검이 제작되었다.

★ 대표 유형 분석

이 유형은 주로 선사 시대의 유물·유적이 자료로 제시되고, 해당 시대의 역사적 사실을 담고 있는 선택지를 고르는 방식으로 출제된다.

단서+발상

(단서) 자료의 유적은 고인돌이다.
(발상) 고인돌은 청동기 시대를 대표하는 유적이다.
(적용) 청동기 시대에는 청동으로 무기, 제사용 도구 등을 제작하였다.

29 2024 대비 9월 모평 3

(가) 국가에 대한 설명으로 옳은 것은? [3점]

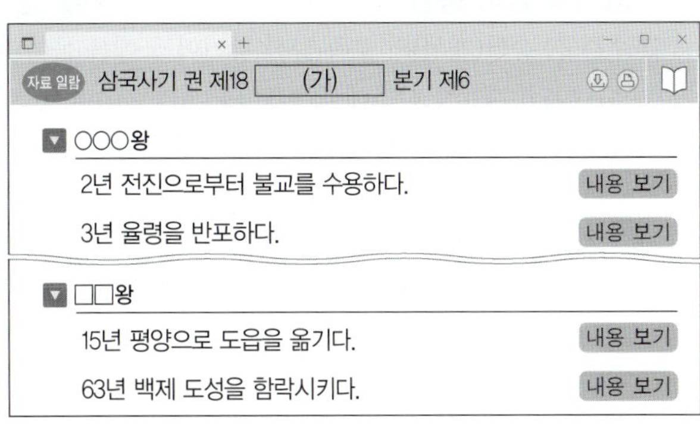

자료 일람 삼국사기 권 제18 (가) 본기 제6

▼ ○○○왕
- 2년 전진으로부터 불교를 수용하다. 내용 보기
- 3년 율령을 반포하다. 내용 보기

▼ □□왕
- 15년 평양으로 도읍을 옮기다. 내용 보기
- 63년 백제 도성을 함락시키다. 내용 보기

① 왕건이 건국하였다.
② 태학을 설립하였다.
③ 골품제를 시행하였다.
④ 간도 협약을 체결하였다.
⑤ 군국기무처를 설치하였다.

30 2024 대비 수능 2

(가) 국가에 대한 설명으로 옳은 것은? [3점]

(가) 에서는 왕을 '가독부', '성왕' 또는 '기하'라고도 부른다. 왕의 명령은 '교'라고 한다. 주요 관청으로는 선조성, 정당성 등이 있다. … (중략) … (가) 의 땅에는 5경 15부 62주가 있다.

① 골품제를 운영하였다.
② 주자감을 설립하였다.
③ 수원 화성을 건설하였다.
④ 대한국 국제를 제정하였다.
⑤ 향·부곡·소를 설치하였다.

❖ 정답 및 해설 7~9p

02 고려의 통치 체제와 정치 변동

중요도 ★★

1 고려 전기의 통치 체제와 지배 세력

1. 고려의 후삼국 통일

(1) **고려 건국**: 송악(개성)의 호족 출신 왕건이 궁예를 몰아내고 건국(918), 송악 천도(919)

- 궁예: 호족을 탄압하고 스스로 미륵이라 칭하며 권력을 강화하였다.

(2) **후삼국 통일(936)**[1]: 신라에 우호적 ➡ 신라 경순왕이 항복(935) ➡ 후백제 멸망(936), 발해 유민 포용

2. 국가의 기틀 마련

- 사심관 제도: 중앙의 고위 관리를 출신 지역의 사심관으로 임명하여 통제하게 한 제도
- 기인 제도: 지방 호족의 자제를 수도에 두고 인질로 삼은 제도
- 사성 정책: 호족에게 왕씨 성을 비롯한 성을 하사한 정책

태조 왕건	• **민생 안정**: 흑창 설치(빈민 구제), 조세를 줄여줌 • **호족 정책**: 사심관 제도, 기인 제도, 사성 정책, 호족 집안과 혼인 • **북진 정책**: 고구려 계승 의식, 평양을 서경으로 삼아 중시, 영토 확장(청천강에서 영흥만까지) • **훈요 10조**: 자손들에게 남긴 유훈
광종	• **노비안검법**: 본래 양인이었으나 억울하게 노비가 된 자를 해방 ➡ 호족 세력 약화, 국가 재정 기반 확충 • **과거제 실시**: 쌍기의 건의로 시행 ➡ 왕권을 뒷받침할 신진 관료 양성 • 황제를 칭하고 독자적인 연호 사용(광덕·준풍), 호족과 공신 대거 숙청, 공복 제정
성종	• 최승로의 '시무 28조' 수용 ➡ 유교 정치 이념을 바탕으로 통치 체제 정비 자료 1 • **제도 정비**: 중앙(2성 6부제), 지방(12목 설치 및 지방관 파견), 유학 교육(중앙에 국자감 설립, 지방에 경학박사 파견)

3. 제도 정비

중앙 자료 2	• **2성 6부제**: 중서문하성(최고 기구, 정책 총괄), 상서성과 6부(정책 집행) • **고려의 독자적인 회의 기구**: 도병마사(국방), 식목도감(법제·격식)[2] • 중추원(군사 기밀, 왕명 출납), 어사대(관리 감찰, 대간[3]), 삼사(곡식과 화폐 출납)
지방 자료 2	• **12목**: 성종 때 설치, 지방관 파견 • **조직**: 경기, 5도(일반 행정 구역, 안찰사 파견), 양계(군사 행정 구역, 병마사 파견) • **특징**: 향·부곡·소[4] 존재, 주현(지방관 파견 ○)보다 속현(지방관 파견 ×)의 수가 더 많음 • **향리**: 지방 호족이 점차 향리로 변화, 지방 행정 실무 담당, 호장 등 여러 직급으로 구분
군사	• **중앙군**: 2군 6위 • **지방군**: 주현군(5도), 주진군(양계)
관리 선발	• **과거**: 문과(문관)·잡과(기술관)·승과(승려 대상), 무과는 거의 시행되지 않음 자료 3 • **음서**: 왕족이나 공신의 후손, 5품 이상 고위 관료의 자손 등이 과거 없이 관직 진출
교육	국자감(개경), 향교(지방) ➡ 유교적 소양을 갖춘 인재 양성

- 국자감: 기술 교육도 실시함

4. 문벌 사회의 성립과 동요

(1) **문벌**: 여러 대에 걸쳐 고위 관리를 배출한 가문, 과거와 음서를 통해 관직 진출, 과전과 공음전을 받아 경제적 기반 확대, 왕실 및 다른 문벌 가문과 혼인

(2) **이자겸의 난(1126)**

- 이자겸: 경원 이씨 가문으로 예종과 인종에게 딸을 시집보냈다.

① 과정: 이자겸의 권력 확대 ➡ 인종의 이자겸 제거 시도 ➡ 이자겸이 척준경과 함께 반란 일으킴 ➡ 변심한 척준경이 이자겸 제거 ➡ 척준경 축출

② 결과: 국왕의 권위 실추, 문벌 사회의 분열 심화

(3) **묘청의 서경 천도 운동**

① 배경: 인종이 묘청, 정지상 등 서경 세력을 이용하여 개혁 추진

② 과정: 개경 세력(김부식)과 서경 세력(묘청)[5]의 대립 ➡ 서경 천도 좌절 ➡ 묘청 등이 서경에서 반란을 일으킴(1135)[6] ➡ 김부식이 이끄는 관군이 진압

③ 결과: 문벌 사회의 모순 지속 ➡ 무신 정변으로 문벌 사회 붕괴

❶ 고려의 후삼국 통일

❷ 도병마사와 식목도감
중서문하성의 고위 관리인 재신과 중추원의 고위 관리인 추밀(추신)이 모여 국가 중대사를 결정하였다.

❸ 대간
대간은 중서문하성의 낭사와 어사대의 관리로 구성되었다. 왕의 잘못을 비판하고(간쟁), 관리 임명이나 법령의 개정·폐지에 대한 동의권(서경)을 행사하면서 정치 운영에서의 견제·균형을 이루는 역할을 하였다.

❹ 향·부곡·소
특수 행정 구역으로 일반 군현에 비해 차별 대우를 받았다. 대개 향·부곡은 농업, 소는 수공업을 담당하였다.

❺ 서경 세력과 개경 세력
묘청 등 서경 세력은 풍수지리설을 바탕으로 서경 천도를 추진하였고, 금 정벌, 칭제건원(황제 칭호 사용 및 연호 제정)을 주장하였다. 김부식 등 개경 세력은 서경 천도에 반대하였다.

❻ 묘청의 난(1135)

자료 1 최승로의 「시무 28조」

제7조 국왕이 백성을 다스리는 것은 집집마다 가서 돌보고 날마다 살피는 것이 아닙니다.… 청컨대 외관을 두소서. → 지방관 파견 건의

제13조 봄에는 연등을 설치하고, 겨울에는 팔관을 베풀어 사람들을 많이 동원하고 노역이 심히 번거로우니, 바라건대 이를 감하여 백성이 힘 펴게 하소서.

→ 연등회와 팔관회 폐지 건의 －『고려사』

* 자료 분석

제7조의 외관(지방관) 파견 건의는 12목 설치와 지방관 파견으로 이어졌으며, 제13조에 따라 연등회와 팔관회가 일시적으로 폐지되었다.

자료 2 고려의 통치 제도

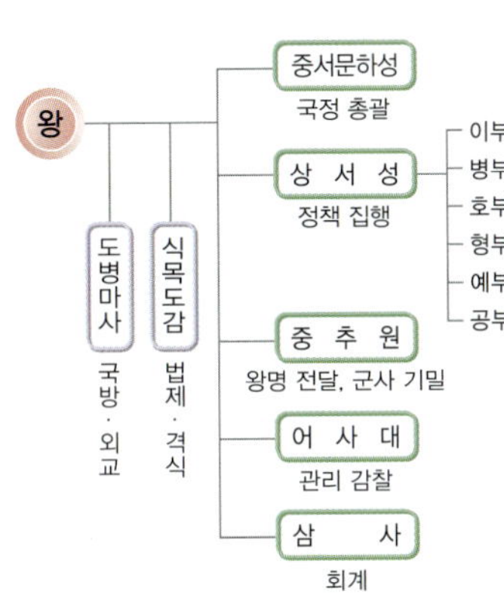

▲ 중앙 관제

▲ 지방 행정 구역

* 자료 분석

• 고려는 당의 3성 6부제를 받아들이되 고려의 실정에 맞게 2성 6부제로 운영하였다. 도병마사와 식목도감은 고려의 독자적 기구이다.

• 고려는 전국을 경기(수도 인근 지역), 5도, 양계로 구분하였다. 5도 아래에는 주·군·현을 두었고 양계 아래에는 국방상 요충지를 중심으로 진을 설치하였다.

자료 3 고려의 과거제

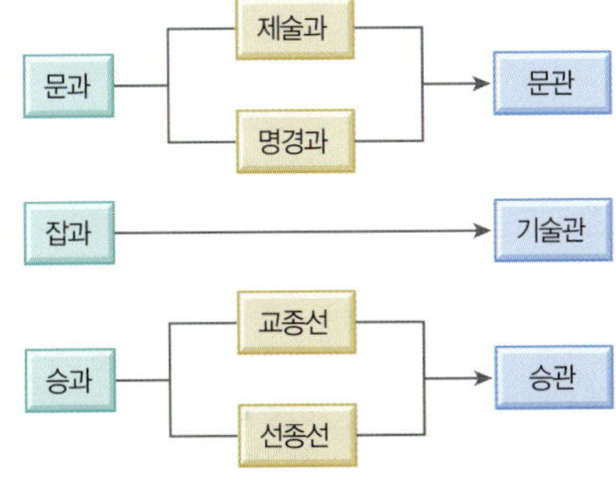

* 자료 분석

• 고려 시대의 과거제는 제술과(문학적 재능과 정책 시험), 명경과(유교 경전 이해 능력 시험), 잡과, 승과로 구분되었다.

• 문과에는 주로 중앙 관리나 일부 향리 및 그 자제가 응시하였고, 잡과에는 일반 백성도 응시하였다.

개념 체크 문제

1. 다음에서 설명하는 제도를 쓰시오.

> 태조 왕건이 시행한 것으로 호족의 자제를 뽑아 수도에 올라와 살게 하여 인질로 삼고 지방 세력을 견제하는 제도

2. 밑줄 친 '이 정책'의 명칭을 쓰시오.

> 이 정책은 광종이 시행한 것으로 본래 양인이었으나 억울하게 노비가 된 자를 해방시키는 것이다. 이를 계기로 호족 세력이 약화되고 왕권이 강화되었다.

3. 다음 빈칸에 알맞은 말을 쓰시오.

고려의 중앙 정치 제도는 당의 3성 6부제를 고려의 실정에 맞게 바꾼 (　　　)을/를 중심으로 하였다.

4. 다음에서 설명하는 용어를 쓰시오.

> • 과거 제도와 함께 대표적인 고려의 관리 등용 방식
> • 왕족이나 공신의 후손, 5품 이상 고위 관료의 자손 등을 과거 없이 등용

5. 다음 빈칸에 알맞은 말을 쓰시오.

(1) (　　　)은/는 지방관이 파견된 군현을 말하고, (　　　)은/는 지방관이 파견되지 않은 군현을 말한다.

(2) (　　　)은/는 일반 행정 구역으로 안찰사가 파견되었고, (　　　)은/는 군사 행정 구역으로 병마사가 파견되었다.

(3) (　　　)이/가 난을 일으켜 인종의 측근 세력을 제거하였다.

(4) (　　　)은/는 풍수지리설을 토대로 서경 천도를 주장하였다.

❖ 정답 – 문제편 208p

2 고려 후기의 정치 변동과 지배 세력의 변화

1. 무신 정권의 성립 자료 ①

(1) 무신 정변(1170)

배경	문벌 사회의 모순, 문신 우대와 무신 차별, 하급 군인들의 불만, 의종의 실정
내용	• 정중부, 이의방 등의 무신이 정변을 일으켜 문신 제거, 왕 교체 • 무신들이 중방을 중심으로 국정 주도 • 권력 다툼으로 최고 집권자가 빈번하게 교체됨

(하급 군인들의 불만: 토지를 제대로 지급받지 못하고 각종 공사에 동원되었다.)

(2) 최씨 무신 정권의 성립

① 최충헌의 권력 장악: 교정도감(최고 권력 기구) 설치, 도방(사병 조직) 확대

② 최우의 집권: 자신의 집에 정방 설치(인사권 장악), 서방 설치(문신 등용), 삼별초❶ 조직, 몽골의 침입에 맞서 강화도로 천도하고 항쟁을 이어나감

(3) 농민과 천민의 봉기❷

① 배경: 정부의 지방 통제력 약화, 무신의 가혹한 수탈, 신분 상승 기대감

(신분 상승 기대감: 무신 집권기에는 천민 출신 권력자가 등장하는 등 신분 질서가 흔들렸다.)

② 봉기: 망이·망소이(공주 명학소), 전주 관노비, 김사미와 효심(경상도 일대), 만적(사노비, 신분 해방 운동의 성격, 사전에 발각되어 실패)

2. 원의 내정 간섭과 권문세족

(1) 내정 간섭: 몽골(원)과 강화를 맺고 개경으로 환도(1270)한 이후 내정 간섭을 받음

① 일본 원정 동원: 정동행성❸ 설치, 2차례 진행 ➡ 실패

② 원의 부마국이 되어 관제 및 왕실 용어 격하❹

③ 인적, 물적 수탈: 공녀, 환관, 금, 은, 인삼, 매 등

④ 영토 상실: 원이 쌍성총관부(화주), 동녕부(서경), 탐라총관부(제주도) 설치

(2) 권문세족의 등장

① 권문세족: 원 간섭기에 등장한 지배 세력, 기존의 권력층 + 원과의 관계 속에서 새롭게 등장한 세력(원 황실의 외척, 몽골어 통역관, 응방 관리 등)

② 특징: 친원적 성향, 도평의사사❺ 장악, 불법으로 농장과 노비 확대

(불법으로 농장과 노비 확대: 농민의 삶은 어려워지고, 국가 재정은 악화되었다.)

3. 공민왕의 개혁

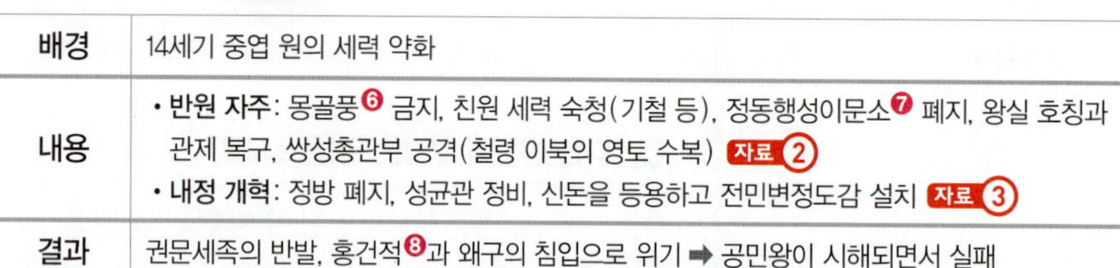

배경	14세기 중엽 원의 세력 약화
내용	• **반원 자주**: 몽골풍❻ 금지, 친원 세력 숙청(기철 등), 정동행성이문소❼ 폐지, 왕실 호칭과 관제 복구, 쌍성총관부 공격(철령 이북의 영토 수복) 자료 ② • **내정 개혁**: 정방 폐지, 성균관 정비, 신돈을 등용하고 전민변정도감 설치 자료 ③
결과	권문세족의 반발, 홍건적❽과 왜구의 침입으로 위기 ➡ 공민왕이 시해되면서 실패

4. 신진 사대부와 신흥 무인 세력의 성장

신진 사대부	• 성리학을 바탕으로 현실 문제를 해결하려 함 ➡ 개혁적·실천적 성향 • 과거로 중앙 진출, 공민왕의 개혁 지지, 권문세족과 불교 폐단 비판, 친명 외교 주장
신흥 무인 세력	고려 말 홍건적과 왜구를 토벌하며 성장, 최영과 이성계가 대표적

(성리학: 남송의 주희가 집대성한 신유학)

5. 위화도 회군과 조선 건국

(1) 전개: 명이 고려에 철령 이북의 영토를 요구(철령위 설치 통보) ➡ 우왕과 최영의 요동 정벌 추진 ➡ 이성계의 위화도 회군(최영과 우왕 축출, 이성계와 신진 사대부가 권력 장악, 1388) ➡ 과전법 시행(1391)

(2) 신진 사대부의 분화: 급진파(정도전, 새 왕조 수립 주장)와 온건파(정몽주, 고려 왕조 유지 주장)로 분화 ➡ 급진파가 이성계를 왕으로 추대하여 조선 건국(1392)

---

❶ 삼별초
최우가 설치한 야별초에서 분화된 좌별초, 우별초와 몽골에 포로가 되었다가 탈출한 신의군으로 이루어진 부대이다. 최씨 무신 정권의 사병 역할을 하였다.

❷ 무신 집권기에 일어난 봉기

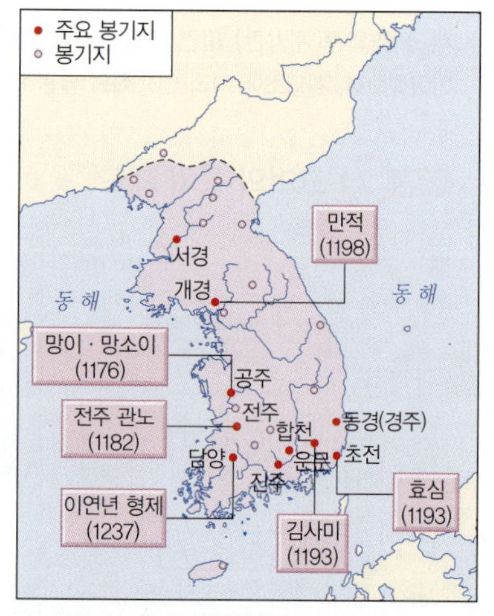

❸ 정동행성
원이 일본 원정을 위하여 고려에 설치한 관청이었다. 일본 원정 실패 후에는 내정 간섭 기구로 남겨 두었다.

❹ 관제 및 왕실 용어 격하
중서문하성, 상서성 ➡ 첨의부
중추원 ➡ 밀직사
6부 ➡ 4사
폐하 ➡ 전하 태자 ➡ 세자
'충○왕' 칭호 사용

❺ 도평의사사
도병마사가 개편된 기구로 원 간섭기 최고 권력 기구였다.

❻ 몽골풍과 고려양
몽골풍은 고려에서 유행한 몽골의 풍습(의복, 변발 등)이고, 고려양은 원에서 유행한 고려의 풍습이다.

❼ 정동행성이문소
정동행성에 속한 관청으로 원과 관계된 사건을 조사하고 판결하였다.

❽ 홍건적
원에 저항한 한족(漢族)의 농민 반란 세력으로 원에 쫓긴 무리가 고려에 두 차례 침입하였다.

자료 1 무신 집권자의 변화와 지배 기구

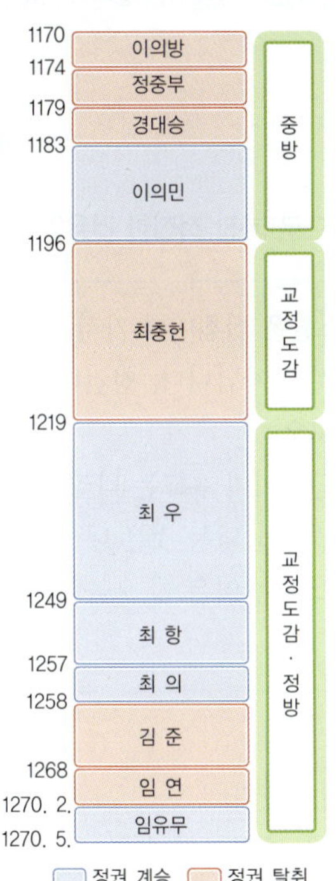

- **중방**: 상장군, 대장군 등 고위 무신들로 구성된 회의 기구로, 무신 정변 이후 최고의 권력 기구가 되었다.
- **교정도감**: 최충헌이 설치한 기구로 인사, 재정, 감찰 등 국가의 중요한 사무를 총괄하였다.
- **정방**: 최우가 자기 집에 설치한 기구로, 정부의 인사 행정을 처리하였다.

자료 2 공민왕의 영토 수복

* 자료 분석

공민왕은 원의 쌍성총관부를 공격해 철령 이북의 영토를 되찾았고, 북쪽으로 영토를 넓혔다.

자료 3 전민변정도감

> 신돈이 전민변정도감을 둘 것을 청원하고 스스로 판사가 되어 각 처에 알리는 포고문을 붙였다. "부유하고 힘 있는 자들이 종묘, 학교, 창고, 사찰과 같은 나라의 토지와 힘없는 백성들의 토지를 모두 강탈하였다. … 이제 도감을 설치하여 이를 바로잡고 …." 이 명령이 발표되자 권세가 중 다수가 빼앗은 토지와 백성을 그 주인에게 돌려주니 전국에서 기뻐하였다. -『고려사』

* 자료 분석

- 전민변정도감은 권문세족 등이 불법으로 빼앗은 토지를 원래 주인에게 돌려주고, 억울하게 노비로 전락한 양민의 신분을 회복시켜 주었다.
- 공민왕은 이를 통하여 권문세족의 세력을 약화시키고 국가 재정을 확보하여 왕권을 강화하려 하였다.

개념 체크 문제

1. 다음 사건을 일어난 순서대로 바르게 나열하시오.

ㄱ. 무신 정변	ㄴ. 만적의 봉기
ㄷ. 이자겸의 난	ㄹ. 서경 천도 운동
ㅁ. 탐라총관부 설치	

2. 밑줄 친 '그'의 이름을 쓰시오.

> 그는 이의민을 제거하고 집권한 인물이다. 교정도감이라는 독자적 기구를 설치하여 권력을 장악하였으며, 사병 집단인 도방을 강화하여 최씨 무신 정권의 기반을 마련하였다.

3. 다음 빈칸에 들어갈 인물의 이름을 쓰시오.

(1) 무신 집권기에 공주 명학소에서는 (   )와/과 (   )이/가 봉기를 일으켰다.

(2) 무신 집권기에 경상도 일대에서는 (   )와/과 효심이 봉기를 일으켰다.

(3) 무신 집권기에 사노비였던 (   )은/는 봉기를 계획하였으나 실패하였다.

4. 다음 빈칸에 들어갈 용어를 쓰시오.

(1) 원은 고려군을 일본 원정에 동원하기 위해 (   )을/를 설치하였다.

(2) 공민왕은 신돈을 등용하고 (   )을/를 설치하였다. 이는 권문세족 등이 소유하고 있는 불법적인 토지와 노비 문제를 해결하기 위함이었다.

5. 다음 (가)에 들어갈 수 있는 사건을 고르시오.

> 명의 철령 이북 영토 요구 → (가) → 과전법 시행

ㄱ. 조선 건국	ㄴ. 위화도 회군
ㄷ. 쌍성총관부 수복	ㄹ. 묘청의 반란 진압

❖ 정답 – 문제편 208p

내신 대비 필수 문제

★ 학교 시험 100점을 위한 실전 문제와 학력평가/모의평가 기출 문제

1 고려 전기의 통치 체제와 지배 세력

01 서술형

다음 인물이 추진한 호족 정책을 세 가지 이상 서술하시오.

역사 인물 탐구: ○○
- 출생·사망: 877 ~ 943
- 출신: 한주 송악군
- 주요 활동: 고려 건국, 후삼국 통일, 훈요 10조 제시

02

다음 두 정책을 실시한 공통된 목적으로 가장 적절한 것은?

- 신라 왕 김부가 항복해 오니 그를 경주의 사심관으로 임명하여 부호장 이하 직책의 일을 살피도록 하였다.
- 광종이 노비의 신분을 자세히 조사하여 원래 노비였는지 여부를 따지게 하니, 자기 주인을 배반한 노비들이 이루 헤아릴 수 없었다.

① 국가 재정을 확보하고자 하였다.
② 행정 구역을 효율적으로 관리하고자 하였다.
③ 권문세족의 경제적 기반에 도움을 주고자 하였다.
④ 호족 세력을 통제하여 왕권을 강화하고자 하였다.
⑤ 신진 인사를 등용하여 정치 세력을 교체하려 하였다.

03 서술형

광종이 시행한 (가), (나) 정책의 공통적인 목적을 서술하시오.

(가) 과거를 처음 설치하고 한림학사 쌍기에게 명하여 진사를 선발하게 했다. … 최섬(崔暹) 등의 과거 급제를 알리는 방목을 붙이게 했다.
(나) 노비를 조사해서 옳고 그름을 분명히 밝히도록 명령하였다. 이 때문에 주인을 배반하는 노비들을 도저히 억누를 수 없었으므로, 주인을 업신여기는 풍속이 크게 유행하였다.

04 중요

다음 건의에 따라 실시된 정책으로 가장 적절한 것은?

제7조 국왕이 백성을 다스림은 집집마다 가서 보고, 날마다 이를 보는 것은 아닙니다. 청컨대 외관(外官)을 두십시오.
제11조 불교는 몸을 닦는 근본이며 유교는 나라를 다스리는 근원이니, 몸을 닦는 것은 내생을 위한 것이며, 나라를 다스리는 일은 곧 오늘의 할 일입니다.

① 과거제를 도입하였다.
② 사심관 제도를 처음 시행하였다.
③ 12목을 설치하고 지방관을 파견하였다.
④ 광덕, 준풍 등 독자적 연호를 사용하였다.
⑤ 지방 호족의 자제를 수도에 볼모로 삼았다.

05

(가), (나)에 대한 설명으로 옳은 것은?

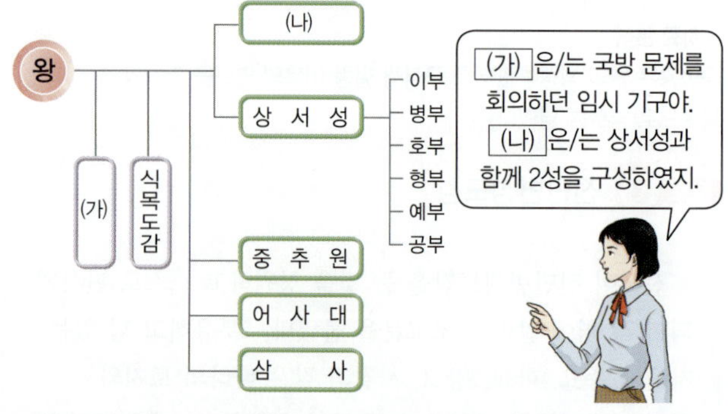

① (가): 재신과 추밀이 의논하여 결정하였다.
② (가): 최씨 무신 정권의 핵심 통치 기구였다.
③ (나): 군사 기밀과 왕명 출납을 담당하였다.
④ (나): 명칭은 정당성으로 장관은 대내상이었다.
⑤ (가), (나): 당나라 제도의 영향을 받아 설치되었다.

06 ✿✿✿

다음 지방 행정 조직이 있었던 국가에 대한 설명으로 옳은 것은?

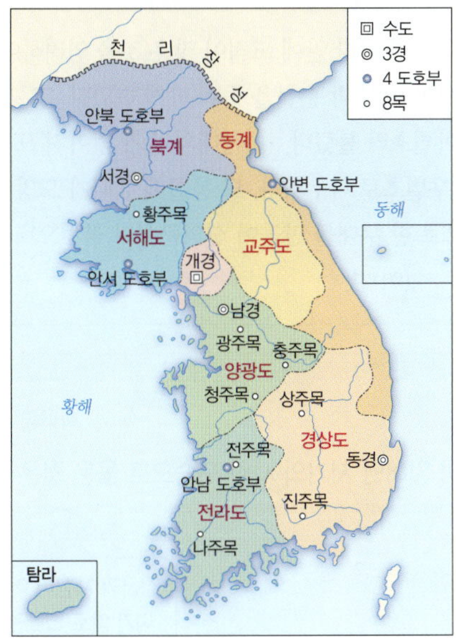

① 완도에 청해진을 설치하였다.
② 22담로에 왕족을 파견하였다.
③ 제가들이 사출도를 나누어 다스렸다.
④ 특수 행정 구역인 향·부곡·소가 있었다.
⑤ 신지와 읍차가 다스리는 지역이 존재하였다.

07 ✿✿✿ 모의평가 기출(변형)

(가), (나) 행정 구역에 대한 설명으로 옳지 않은 것은?

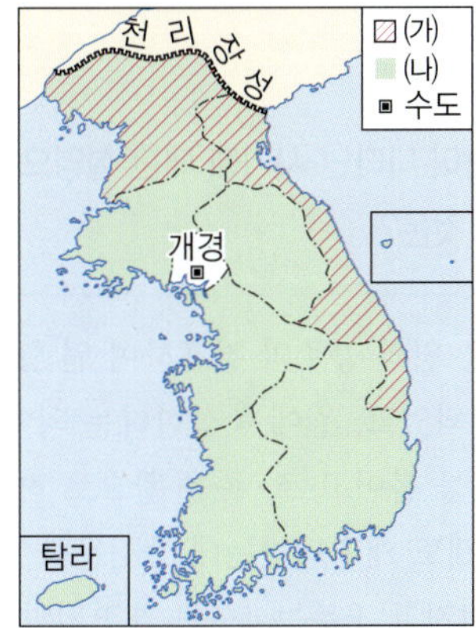

① (가)에는 중앙에서 병마사를 파견하였다.
② (가)의 국방상 요충지에 진을 설치하였다.
③ (나)에는 중앙에서 안찰사를 파견하였다.
④ (나)의 일반 군현에는 주현군이 주둔하였다.
⑤ (가), (나)의 모든 군현에 지방관을 파견하였다.

08 ✿✿✿

다음 자료를 보고 나눈 대화 내용으로 옳은 것을 〈보기〉에서 고른 것은?

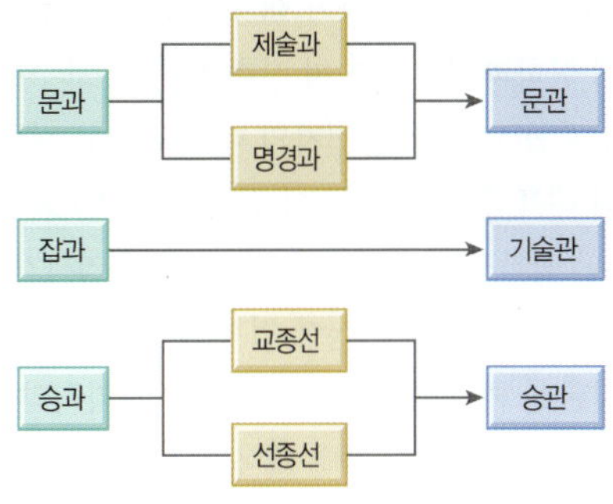

▲ 고려 시대의 과거 제도

[보기]

ㄱ. 갑: 무과는 거의 실시되지 않았어.
ㄴ. 을: 승려를 대상으로 한 과거도 시행되었어.
ㄷ. 병: 과거에 합격하지 않고는 관직에 진출할 수 없었어.
ㄹ. 정: 제술과는 유교 경전의 이해 능력을, 명경과는 문학적 재능을 시험하였어.

① ㄱ, ㄴ ② ㄱ, ㄷ ③ ㄴ, ㄷ ④ ㄴ, ㄹ ⑤ ㄷ, ㄹ

[09~10] 다음 자료를 읽고 물음에 답하시오.

• 예종이 (가) 의 둘째 딸을 왕비로 삼은 후 급속히 벼슬이 올라 … (가) 은/는 왕위를 빼앗으려고 계획하여 독을 떡에 넣어 인종에게 먹게 하려 했다. 왕비가 몰래 왕에게 알리고 그 떡을 까마귀에게 던져 주었더니 까마귀가 그 자리에서 죽었다. -『고려사』

• 승려 (나) 이/가 "서경 임원역의 땅에 궁궐을 세워 옮기시면 가히 천하를 합칠 수 있습니다. 금이 폐백을 바치고 스스로 항복할 것이며, 주변 36개국이 모두 신하가 될 것입니다."라고 주장하였다. -『고려사』

09 ✿✿✿ 단답형

(가), (나) 인물의 이름을 쓰시오.

10 ✿✿✿ 서술형

(가), (나) 인물과 관련된 사건이 고려 사회에 공통적으로 끼친 영향을 서술하시오.

❖ 정답 및 해설 9~11p

11 ✽✽✽

다음 (가), (나) 인물에 대한 설명으로 옳은 것은?

> 서경 전투는 곧 낭·불 양가 대 유가의 싸움이며, 국풍파 대 한학파의 싸움이며 진취 사상 대 보수 사상의 싸움이니, (가) 묘청이 곧 전자의 대표요, (나) 김부식은 곧 후자의 대표였던 것이다. 이 전쟁에서 (가) 묘청 등이 패하고 (나) 김부식이 승리하였으므로 조선 역사가 사대적, 보수적, 속박적인 유교 사상에 정복되었으니, 이 전쟁을 어찌 일천년래 제일 대사건이라 하지 아니하랴.
>
> – 신채호, 『조선사 연구초』

① (가): 문벌 세력의 입장을 대변하였다.
② (가): 몽골과 강화하는 것에 반대하였다.
③ (가): 전민변정도감의 설치를 주도하였다.
④ (나): 금과의 사대 관계 유지를 주장하였다.
⑤ (나): 시무 28조를 올려 유교 통치 이념을 강조하였다.

2 고려 후기의 정치 변동과 지배 세력의 변화

12 ✽✽✽ 서술형

다음 사건이 발생한 원인을 두 가지만 서술하시오.

> 왕이 탄 수레가 보현원 근처에 이르렀을 때 이고와 이의방이 앞질러 가서 왕의 명령을 위조하여 순검군을 모았다. 왕이 보현원 문에 막 들어가고 여러 신하들이 물러나려는데 이고 등이 임종식, 이복기, 한뢰를 죽였으며 왕을 모시던 문관과 여러 신하 및 환관들도 모두 살해되었다.

13 ✽✽✽

밑줄 친 '정권' 시기에 있었던 일로 옳지 않은 것은?

> 무신들이 문신에 비해 차별 대우를 받았으며, 이는 무신을 비롯한 군인들의 불만을 증폭시켰다. 결국 폭발한 무신들은 1170년 정변을 일으켰고, 이는 이후 1세기에 걸쳐 고려를 지배한 정권이 수립되는 계기가 되었다.

① 정방이 설치되었다.
② 삼별초가 조직되었다.
③ 강화도로 천도하였다.
④ 이자겸의 난이 발생하였다.
⑤ 망이·망소이가 봉기를 일으켰다.

14 ✽✽✽ 단답형

(가) 부대의 명칭을 쓰시오.

> 처음 최우가 나라 안에 도적이 많은 것을 염려하여, 용사를 모아 매일 밤 순찰을 돌며 막게 하였다. 그 까닭으로 이들을 야별초라 불렀다. … 군대의 수가 많아져 드디어 좌별초, 우별초로 나누었다. 또 몽골에 갔다가 도망해 온 고려인으로 한 부대를 만들어 신의군이라 불렀으니 이것이 ((가))(이)다.

15 ✽✽✽

학력평가 기출(변형)

다음 사건이 일어난 시기의 사회 모습으로 옳은 것은?

① 6두품 세력이 사회 개혁을 주장하였다.
② 공명첩의 발급으로 신분제가 동요하였다.
③ 삼정의 문란으로 농촌 경제가 피폐해졌다.
④ 동학, 천주교 등 새로운 사상이 확산되었다.
⑤ 무신들이 권력을 장악하고 백성을 수탈하였다.

16 ✽✽✽ 중요

자료와 같은 모습이 나타난 시기에 대한 설명으로 옳은 것을 〈보기〉에서 고른 것은?

> 고려 국왕은 원의 공주와 결혼하여 원 황제의 부마(사위)가 되었고, 원에 충성한다는 의미로 묘호 앞에 충(忠)자를 붙이고 조·종을 왕으로 격하하였다. 이와 함께 관제도 개편되었는데 중서문하성과 상서성은 첨의부로 합쳐지고, 6부는 4사로 개편되었다.

[보기]

ㄱ. 과전법을 시행하였다.
ㄴ. 정동행성이 설치되었다.
ㄷ. 팔만대장경이 제작되었다.
ㄹ. 여성들이 공녀로 끌려갔다.

① ㄱ, ㄴ ② ㄱ, ㄷ ③ ㄴ, ㄷ ④ ㄴ, ㄹ ⑤ ㄷ, ㄹ

17 ✿✿✿

다음과 같은 가상 대화가 이루어진 시기의 사실로 옳지 않은 것은?

> 갑: 원나라를 등에 업은 세력가들이 너무 많은 땅을 소유하고 있어서 살기가 여간 어렵지 않아.
> 을: 맞아. 여기부터 저 뒷산 너머 강까지 모두 한 사람 땅이라는군.

① 몽골풍이 유행하였다.
② 왕실 호칭이 격하되었다.
③ 농장이 확대되면서 국가 재정이 악화되었다.
④ 경상도 일대에서 김사미와 효심이 봉기를 일으켰다.
⑤ 친원적 성향을 가진 세력들이 고위 관직을 독점하였다.

18 ✿✿✿ 중요

밑줄 친 '나'가 추진한 정책으로 옳은 것은?

> ○○○○년 ○월 ○일
> 나는 선대 여섯 왕들의 칭호에 붙여진 '충성 충(忠)'자를 떼어내고 싶다. 연경에 머물던 10년 동안 왕이 왕 노릇을 못하는 고려의 굴욕을 들여다보며 개혁의 의지를 키웠다. 왕위에 오른 뒤 부딪친 최대의 문제는 원나라에 빌붙어 권세를 누리는 친원파들이다. 내일 신돈을 불러 대책을 논의해 보아야겠다.

① 천리장성을 축조하였다.
② 전민변정도감을 설치하였다.
③ 중앙군을 10위로 정비하였다.
④ 마립간이라는 왕호를 사용하였다.
⑤ 전국을 5경 15부 62주로 편성하였다.

19 ✿✿✿

다음에 정치 세력에 대한 설명으로 옳은 것은?

> • 권문세족의 비리를 비판하였다.
> • 주로 과거를 통해 정계에 진출하였다.
> • 고려 말기에 급진파와 온건파로 나뉘었다.

① 성리학을 사상적 기반으로 하였다.
② 친원적 성향의 외교를 추진하였다.
③ 교정도감을 통해 정권을 장악하였다.
④ 홍건적과 왜구를 토벌하며 성장하였다.
⑤ 녹읍을 통해 경제적 지위를 세습하였다.

20 ✿✿✿

(가), (나) 인물에 대한 설명으로 옳은 것을 〈보기〉에서 고른 것은?

> • (가) 은/는 관리들이 철령 이북의 땅을 명에게 떼어 주는 데 반대하자 우왕과 비밀리에 요동을 공격하기로 정하였다.
> • (나) 은/는 처음부터 요동 정벌에 반대하여, 요동 정벌이 불가능한 이유를 네 가지로 정리하여 왕에게 올렸다.

[보기]

ㄱ. (가) – 원의 세력을 배경으로 대농장을 차지하였다.
ㄴ. (나) – 정도전 등 일부 신진 사대부와 손잡았다.
ㄷ. (가), (나) – 왜구를 격퇴하면서 성장하였다.
ㄹ. (가), (나) – 중방을 중심으로 권력을 행사하였다.

① ㄱ, ㄴ ② ㄱ, ㄷ ③ ㄴ, ㄷ
④ ㄴ, ㄹ ⑤ ㄷ, ㄹ

21 ✿✿✿

(가)에 들어갈 내용으로 적절한 것은?

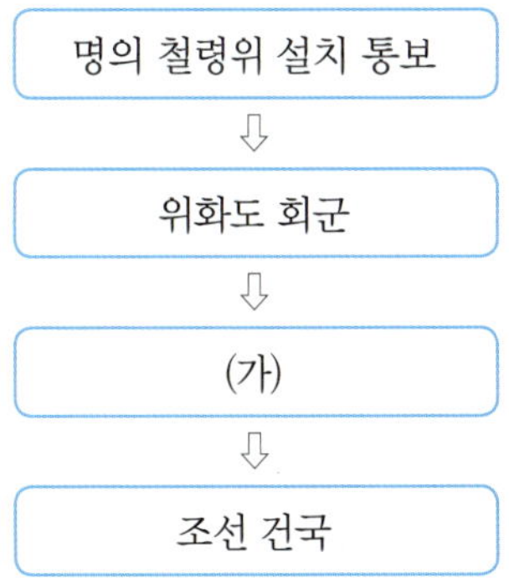

① 원의 일본 원정에 동원되었다.
② 고려 조정이 요동 정벌을 추진하였다.
③ 묘청의 서경 천도 운동이 전개되었다.
④ 정중부, 이의방 등 무신 세력이 집권하였다.
⑤ 개혁 방향을 두고 신진 사대부가 분열되었다.

❖ 정답 및 해설 11~13p

내신 1등급 문제

22 ✿✿✿

(가)~(마)에 대한 설명으로 옳은 것은?

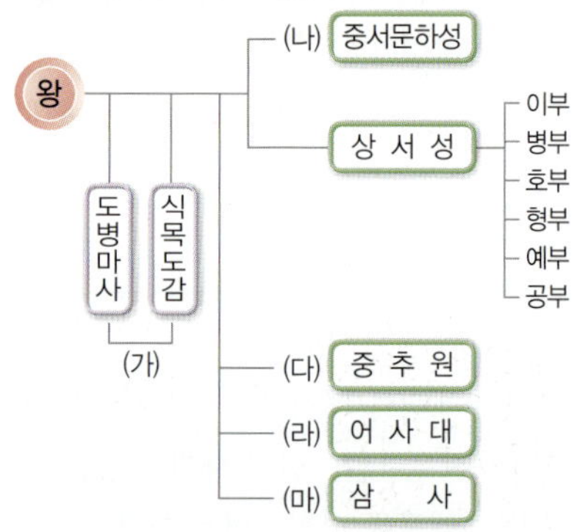

① (가)는 재신과 추밀이 모인 회의 기구이다.
② (나)는 정책을 집행하는 기구이다.
③ (다)는 국정을 총괄하고 정책을 심의·결정하였다.
④ (라)는 (마)와 함께 권력의 남용을 견제하는 기구이다.
⑤ (마)는 관리의 비리를 감찰하였다.

23 ✿✿✿

(가), (나)와 같은 주장을 펼친 세력에 대한 설명으로 옳은 것은?

> (가) 제가 보건대 서경 임원역의 땅은 풍수지리를 하는 사람들이 말하는 아주 좋은 땅입니다. 만약 이곳에 궁궐을 짓고 옮겨 앉으시면 천하를 다스릴 수 있습니다. 또한 금이 선물을 바치고 스스로 항복할 것이요, 주변의 36국이 모두 머리를 조아릴 것입니다.
>
> (나) 금년 여름 서경 대화궁에 30여 군데나 벼락이 떨어졌습니다. 서경이 만약 좋은 땅이라면 하늘이 이렇게 하였을리 없습니다. 또 서경은 아직 추수가 끝나지 않았습니다. 지금 거동하시면 농작물을 짓밟을 것입니다. 이는 백성을 사랑하고 물건을 아끼는 뜻과 어긋납니다.

① (가): 문벌 세력은 주로 이와 같은 입장이었다.
② (가): 반란을 일으켰으나 (나) 세력에게 진압되었다.
③ (나): 대표적인 인물은 묘청과 정지상이다.
④ (나): 황제를 칭하고 연호를 사용할 것을 주장하였다.
⑤ (가), (나): 금에 대한 사대를 반대하였다.

24 ✿✿✿

모의평가 기출(변형)

다음 글을 쓴 인물에 대한 설명으로 옳은 것은?

> 적신 이의민은 성품이 사납고 잔인하여 윗사람을 업신여기고 임금 자리를 흔들려 하였으므로, 신 등이 폐하의 위엄에 힘입어 일거에 소탕하였습니다. 원컨대 폐하께서는 옛 정치를 혁신하여 새로운 정치를 도모하시고 태조의 바른 법만을 행하여 빛나게 중흥하소서. 이에 열 가지 일을 조목으로 아룁니다.

① 국정을 총괄하는 교정도감을 설치하였다.
② 위화도에서 회군하여 권력을 장악하였다.
③ 풍수지리설을 내세워 서경 천도를 추진하였다.
④ 수도를 강화도로 옮겨 대몽 항쟁을 주도하였다.
⑤ 자손들에게 훈계하기 위해 훈요 10조를 남겼다.

25 ✿✿✿

다음과 같이 영토를 수복한 왕에 대한 설명으로 옳은 것은?

① 과전법을 실시하였다.
② 노비안검법을 단행하였다.
③ 병부와 상대등을 설치하였다.
④ 정방을 폐지해 인사권을 장악하였다.
⑤ 빈민 구제를 목적으로 흑창을 설치하였다.

수능 대비 기출 문제

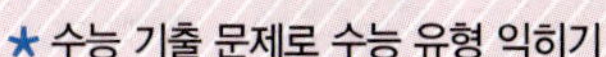
★ 수능 기출 문제로 수능 유형 익히기

26 ✿✿✿ 대표 유형 2024 대비 수능 3

(가), (나) 시기 사이에 있었던 사실로 옳은 것은?

> (가) 이의방과 이고가 몰래 정중부에게 말하기를, "문신은 우대받아 배부르나, 무신은 모두 굶주리고 피곤하니, 이것을 어찌 참겠습니까?"라고 하였다. … (중략) … 정중부가 마침내 의종과 태자를 쫓아내고 어린 태손을 죽였다.
>
> (나) 군사가 위화도에 머물면서 좌·우군도통사가 글을 올려 회군을 요청하니 최영이 말하기를, "두 도통사가 있으니 스스로 와서 아뢰는 것이 옳다. 군사를 물리자는 말을 감히 내 입으로 하지 못하겠다."라고 하였다.

① 조선책략이 소개되었다.
② 한성 조약이 체결되었다.
③ 홍경래의 난이 일어났다.
④ 사비 천도가 이루어졌다.
⑤ 전민변정도감이 설치되었다.

★ 대표 유형 분석

이 유형은 주로 특정 시대의 두 역사적 사건이 글로 제시되고, 사건 사이에 발생했던 사실을 고르는 방식으로 출제된다. 제시된 사건과 모든 선택지의 대략적인 시대를 파악하고 있어야 하므로, 난이도가 높은 유형이다.

단서+발상

단서 • 이의방, 이고, 정중부는 무신 정변의 주역이다.
• 고려 말 이성계가 위화도에서 회군하여 권력을 장악하였다.

발상 • (가)는 무신 정변이다.
• (나)는 위화도 회군이다.

적용 고려 시대 무신 정변(1170)과 위화도 회군(1388) 사이에 몽골(원)의 간섭을 받던 시기가 있었다.

27 ✿✿✿ 2024 대비 6월 모평 3

(가) 왕에 대한 설명으로 옳은 것은?

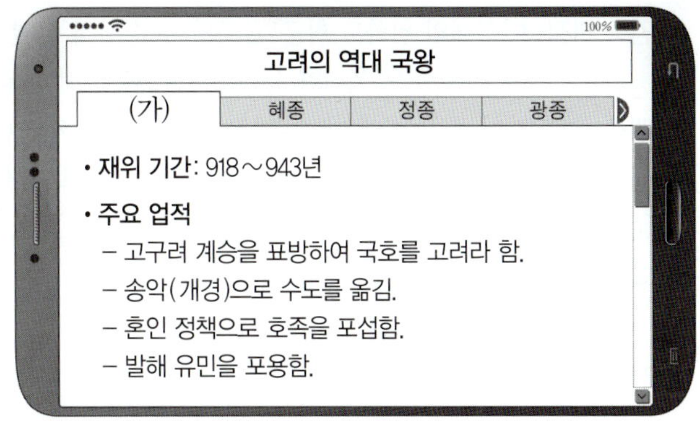

① 교육 입국 조서를 반포하였다.
② 전국에 척화비를 건립하였다.
③ 치안 유지법을 제정하였다.
④ 경국대전을 편찬하였다.
⑤ 후삼국을 통일하였다.

28 ✿✿✿ 2022 대비 9월 모평 6

밑줄 친 '왕'에 대한 설명으로 옳은 것은? [3점]

> • 기철이 원 황실과 연결되어 권세를 부리면서 토지와 노비를 빼앗는 등 불법을 저질렀다. 또한 반역을 도모할 목적으로 사사로이 무기를 제조하였다. 이에 왕은 기철을 비롯한 역적들을 모조리 죽이고 다시 사직을 안정시켰다.
> • 왕이 도감을 설치하고 신돈을 판사로 삼으니, 신돈은 억울하게 노비가 된 사람들을 양인으로 만들었다. 이에 신돈을 성인이라고 칭송하는 사람들이 있었다.

① 과전법을 실시하였다.
② 의정부를 설치하였다.
③ 규장각을 운영하였다.
④ 쌍성총관부를 공격하였다.
⑤ 최승로의 시무 28조를 채택하였다.

❖ 정답 및 해설 13~14p

03 조선 사회의 성립과 발전

중요도 ★★★

1 조선의 건국과 통치 체제 정비

1. 조선의 건국

(1) **건국 과정**: 이성계의 위화도 회군[1](1388) ➡ 정치적 실권 장악 ➡ 과전법 실시(1391) ➡ 정몽주 등 온건파 사대부 제거 ➡ 조선 건국(1392) ➡ 한양[2] 천도(1394)

(2) **태조**: 정도전이 통치 체제 마련, 재상 중심의 정치 강조(『조선경국전』)

(3) **태종**: 왕자의 난[3]을 통해 정도전 등 반대 세력을 제거하고 이후에 즉위

① 왕권 강화: 사병 혁파, 6조 직계제[4] 채택 자료 ①

② 경제 기반 확보: 양전 사업 실시, 호패법[5] 시행

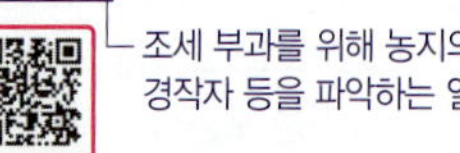

2. 유교 정치의 실현

세종	경연 활성화, 집현전 설치(학문과 정책 연구), 의정부 서사제[4] 실시(왕권과 신권의 조화 추구) 자료 ①, 4군과 6진 개척, 훈민정음 창제·반포, 『삼강행실도』 편찬
단종	김종서 등의 재상이 정치적 실권 장악 ➡ 왕권 약화 ➡ 수양 대군(훗날 세조)이 정변을 일으킴
세조	6조 직계제 실시, 집현전과 경연 폐지(언론 활동 제한) ➡ 왕권 강화, 『경국대전』 편찬 시작
성종	홍문관 설치(집현전 계승), 경연 재개, 『경국대전』 완성(이전·호전·예전·병전·형전·공전의 6전으로 구성, 유교적 통치 체제 확립), 『국조오례의』 간행

3. 중앙 정치 조직

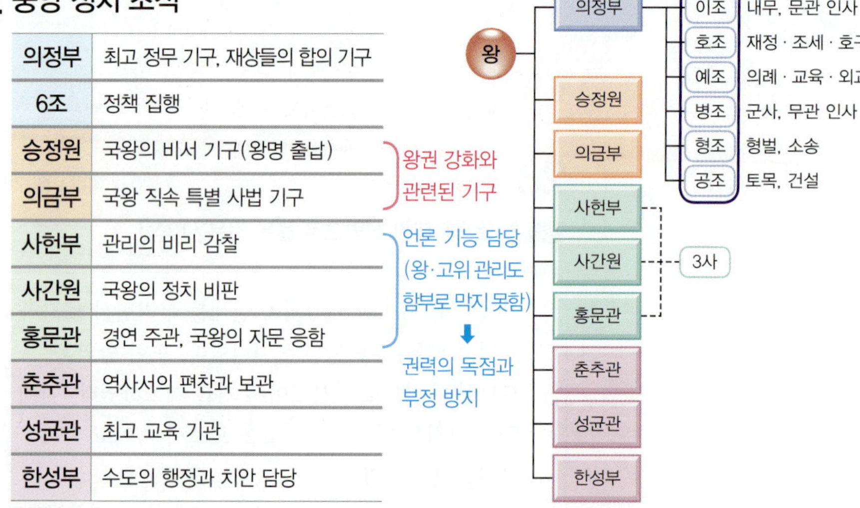

의정부	최고 정무 기구, 재상들의 합의 기구
6조	정책 집행
승정원	국왕의 비서 기구(왕명 출납)
의금부	국왕 직속 특별 사법 기구
사헌부	관리의 비리 감찰
사간원	국왕의 정치 비판
홍문관	경연 주관, 국왕의 자문 응함
춘추관	역사서의 편찬과 보관
성균관	최고 교육 기관
한성부	수도의 행정과 치안 담당

4. 지방 행정 제도

(1) **조직**: 전국을 8도로 나누고 그 아래에 부·목·군·현 설치 자료 ②

① 관찰사: 각 도에 파견, 도의 행정 총괄, 관할 지역의 수령 지휘·감독

② 수령: 국왕의 대리인으로 행정·사법·군사권 행사[6]

③ 향리: 수령을 보좌하는 실무자로 격하(고려에 비해 지위 하락), 지방 관아에 소속되어 행정 실무 담당

(2) **특징**: 향·부곡·소가 사라짐, 모든 군현에 지방관 파견

(3) **유향소와 경재소**

유향소	지방의 양반들로 구성 ➡ 수령 보좌, 향리의 비리 감시, 백성 교화
경재소	서울에 설치, 유향소와 정부와의 연락 기능 담당 ➡ 유향소에 대한 중앙의 직접 통제 가능

---

❶ 위화도 회군

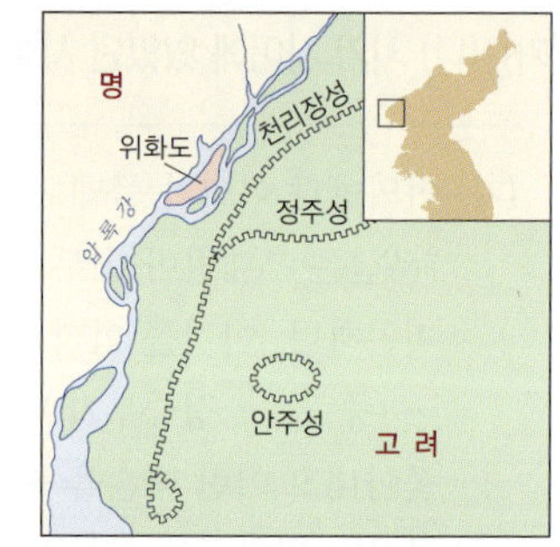

우왕의 명을 받아 요동 정벌을 위해 군대를 이끌고 출발한 이성계는 위화도에서 군대를 돌려 개경으로 돌아왔다. 그는 최영을 제거하고 우왕을 폐위시킨 뒤 신진 사대부 세력과 손잡고 토지 제도를 개혁하였다.

❷ 조선의 수도 한양

한양은 유교 사상을 바탕으로 건설된 계획도시였다. 경복궁의 동쪽에는 종묘, 서쪽에는 사직단을 두었고, 한양의 사대문 이름은 유교 덕목인 인·의·예·지에서 따왔다.

❸ 왕자의 난

조선 건국 초 왕위 계승을 둘러싼 왕자들 간의 싸움으로, 두 차례 발생하였다.

❹ 6조 직계제와 의정부 서사제

6조 직계제는 6조에서 왕에게 곧바로 사안을 보고하도록 한 제도이고, 의정부 서사제는 6조에서 올린 사안을 의정부가 검토한 후 왕에게 올리도록 한 제도이다. 6조 직계제 하에서는 왕의 권한이 강화되었다.

❺ 호패법

16세 이상의 남성들에게 일종의 신분증인 호패를 차고 다니게 한 법이다. 조세 징수와 군역 부과에 이용하였다.

❻ 수령의 일곱 가지 임무

1. 농사와 양잠을 발전시킨다.
2. 학교를 크게 일으킨다.
3. 소송을 간소하고 공정하게 한다.
4. 간사함과 교활함을 없게 한다.
5. 군사 관련 업무를 잘 다스린다.
6. 가호와 인구를 늘린다.
7. 세금과 부역을 고르게 매긴다.

자료 1 6조 직계제와 의정부 서사제

6조 직계제를 시행한 이후, 모든 업무가 6조에 집중되어 있다. 업무의 크고 작음과 가볍고 무거움이 제대로 구별되지 않으며, 의정부는 사형수를 심판하는 일만 하게 되므로, 재상을 임명한 뜻에 어긋난다. 6조는 모든 업무를 먼저 의정부에 보고하고, 의정부는 협의를 거쳐 나에게 보고하여 명령을 받고, 그 내용을 다시 6조에 내려 보내 시행하도록 하라. －『세종실록』

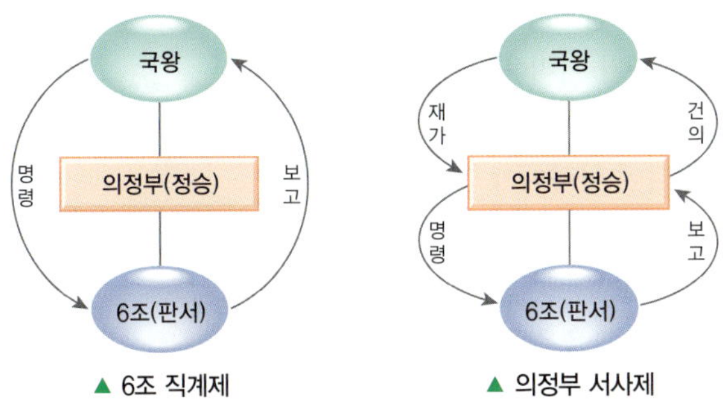

▲ 6조 직계제 ▲ 의정부 서사제

＊자료 분석
- **태종**은 의정부의 재상들을 견제하고 왕권을 강화하고자 6조가 직접 왕에게 업무를 보고하는 6조 직계제를 실시하였다.
- **세종**은 의정부 서사제로 바꾸어 재상에게 많은 권한을 부여하면서도, 군사와 인사에 관한 일은 직접 주관하여 왕권과 신권의 조화를 추구하였다.

자료 2 조선의 지방 행정 조직

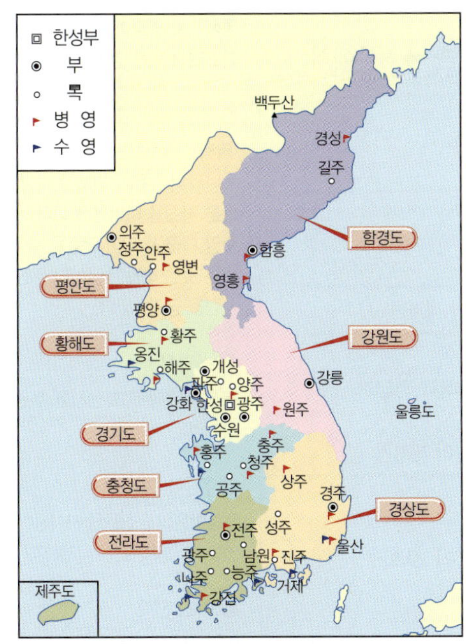

＊자료 분석
- 전국을 8도로 나누고, 산하에 부·목·군·현을 두었다.
- 8도에는 관찰사를 파견하여 수령을 지휘·감독하게 하였고, 부·목·군·현에는 수령을 파견하여 국왕의 대리인으로서 백성을 통치하게 하였다.
- 고려와는 달리, 모든 군현에 지방관을 파견하였고, 특수 행정 구역이었던 향·부곡·소를 일반 군현으로 승격하거나 주변 군현에 통합하였다.

개념 체크 문제

1. 다음 빈칸에 알맞은 말을 쓰시오.

(1) 태종은 왕권 강화를 위해 6조가 직접 왕에게 업무를 보고하는 ( ) 을/를 실시하였다.

(2) 세종은 ( ) 을/를 실시해 왕권과 신권의 조화를 꾀하였다.

(3) 조선은 각 도에 ( ) 을/를 파견하여 수령을 지휘, 감독하게 하였다.

(4) 사간원, 사헌부, ( ) 은/는 3사로 권력의 독점과 부정을 방지하는 기능을 하였다.

(5) ( ) 은/는 국왕의 비서 기관으로 왕권의 강화와 유지를 위한 핵심적인 역할을 수행하였다.

2. 다음 정치 기구와 그 역할을 바르게 연결하시오.

(1) 6조 •	• ㉠ 국왕 직속 특별 사법 기구
(2) 사헌부 •	• ㉡ 역사서의 편찬과 보관
(3) 의금부 •	• ㉢ 정책 집행
(4) 홍문관 •	• ㉣ 관리의 감찰
(5) 춘추관 •	• ㉤ 왕의 자문에 응함

3. 다음 내용이 옳으면 ○, 틀린 것은 ×표 하시오.

(1) 세종은 훈민정음을 반포하였다. (○, ×)

(2) 조선은 모든 군현에 지방관을 파견하였다. (○, ×)

(3) 의정부는 재상의 합의 기구로 국정을 총괄하였다. (○, ×)

(4) 조선은 특수 행정 구역인 향·부곡·소를 운영하였다. (○, ×)

(5) 조선은 전국을 크게 경기와 5도 양계로 나누었다. (○, ×)

4. 다음 설명에 해당하는 기구를 쓰시오.

지방의 유력 양반들로 구성되어 수령을 보좌하고, 향리의 비리를 감시하였으며, 백성을 교화하였다.

❖ 정답 – 문제편 208p

5. 군사 제도

(1) **군역의 부과**: 16~60세의 모든 양인 남자에게 부과, 정군(현역 군인)과 보인(정군의 비용 부담)으로 편성

(2) **군사 조직**

중앙군	5위 ➡ 궁궐과 수도 방어
지방군	육군과 수군으로 나뉨, 국방상 중요 지역인 영과 진을 지킴

6. 관리 등용 제도와 교육 제도

(1) **과거**: 문과(문관 선발), 무과(무관 선발), 잡과(기술관 선발)로 구분 자료 ①

① 시험 종류: 3년마다 시행하는 정기 시험(식년시), 수시로 실시하는 특별 시험

② 과거 응시 자격: 양인 이상 가능(천인 제외) ➡ 일반 백성들은 응시하기 어려움 (과거 준비에 시간과 비용이 많이 들었기 때문이다.)

(2) **천거**: 고위 관리가 추천한 인물 등용

(3) **음서**: 고려에 비해 혜택을 받는 대상 축소, 고위직으로 승진하려면 문과에 합격해야 함

(4) **인사 관리 제도**: 상피제❶ 실시(권력의 집중과 부정 방지), 서경❶ 실시(인사 검증), 관리의 근무 성적을 평가하여 승진이나 좌천(낮은 관직이나 지위로 떨어짐)의 자료로 활용

(5) **교육 제도**: 유학 교육 강조(성균관, 4부 학당, 향교, 서원, 서당)❷, 기술 교육은 각 해당 관청에서 담당

2 조선의 정치 운영 변화와 양난

1. 훈구와 사림

(1) **훈구**: 15세기에 세조의 즉위를 돕고 정치권력 장악, 고위 관직 독점, 막대한 재산 축적, 각종 비리와 부정을 저지름

(2) **사림**: 정몽주와 길재 등의 학통을 이어받은 지방 사족, 왕도 정치❸ 강조, 향촌 자치 주장

(3) **사림의 진출**: 성종 때 김종직과 그 문인들이 중앙 정치 무대에 본격 진출 ➡ 3사에서 훈구 세력 비판

2. 사화의 극복과 사림의 집권

(1) **사화의 발생**

무오사화(1498)	연산군	김종직의 「조의제문」❹을 문제 삼아 사림 축출
갑자사화(1504)	연산군	왕의 생모(폐비 윤씨)와 관련된 사림과 일부 훈구 세력이 제거됨
기묘사화(1519)	중종	• 중종반정 이후 훈구 세력의 권력 장악 • 조광조가 급진적인 개혁 추진: 현량과 실시, 소격서❺ 폐지, 경연과 언론 활성화, 위훈 삭제❻ 등 자료 ② • 훈구 세력과 중종에 의해 조광조를 비롯한 다수의 사림이 제거됨
을사사화(1545)	명종	외척 간의 권력 갈등 ➡ 사림도 피해를 봄

(2) **사림의 집권**: 서원과 향약을 기반으로 세력 확대 ➡ 선조 때 정치 주도권 장악

3. 붕당의 형성

(1) **배경**: 사림이 척신 정치(외척에 의해 주도된 정치 형태)의 청산 문제와 이조 전랑❼의 임명 문제로 갈등 격화 자료 ③

(2) **동인과 서인의 분당**

동인	신진 사림, 척신 정치 청산에 적극적, 이황과 조식의 학문 계승, 영남 지역의 사림
서인	기성 사림, 척신 정치 청산에 소극적, 이이와 성혼의 학문 계승, 경기와 충청 지방의 사림

(3) **붕당 정치**: 각 붕당은 상호 비판과 견제, 공론❽에 따른 정치 추구

❶ 상피제와 서경

상피제는 출신 지역의 지방관으로 임명하지 않거나, 가까운 친인척과 같은 부서에서 근무하지 않도록 하는 제도이다.
서경은 5품 이하 관리의 임명 등에 있어 대간의 서명을 거치도록 한 제도이다.

❷ 조선 시대의 교육 제도와 관리 진출

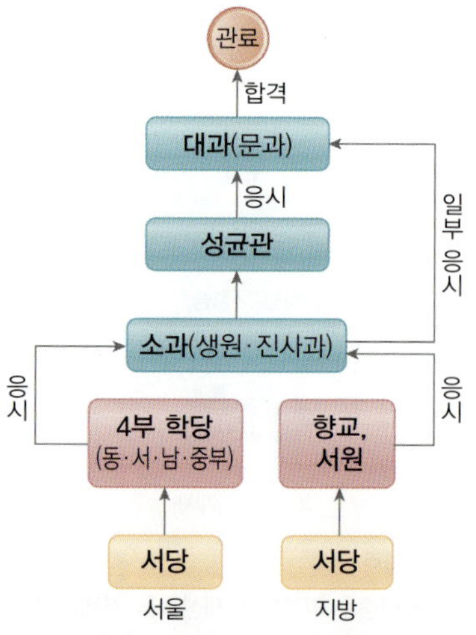

조선 시대의 교육 제도는 관리 선발 제도와 연결하여 운영하였다. 공립 교육 기관으로는 중앙에 성균관과 4부 학당을 두었고, 지방에 향교를 두었다. 사립 교육 기관으로는 서원과 서당이 있었다.

❸ 왕도 정치

유교에서 이상으로 여기는 정치 형태로, 통치자가 인격과 덕으로 천하를 다스려야 함을 강조하였다.

❹ 김종직의 「조의제문」

'의제를 애도하는 글'이라는 뜻으로, 중국 초나라의 항우가 의제를 죽이고 왕위에 오른 사실을 비판한 것이다. 훈구 세력은 수양 대군(세조)이 단종을 죽이고 왕위에 오른 것을 비판한 글이라 주장하며 사림을 공격하였다.

❺ 소격서

조선 시대에 도교 행사를 주관하던 관청이다.

❻ 위훈 삭제

중종반정의 공신들을 조사하여 자격이 없는 사람의 공훈을 삭제하자는 주장이다.

❼ 이조 전랑

이조 정랑(정5품)과 이조 좌랑(정6품)을 합쳐 부르던 말로 품계는 낮았지만, 3사의 관리 추천권, 후임자 천거권 등을 가지고 있었다.

❽ 공론

붕당, 서원 등에서 형성된 사족의 여론을 의미한다.

자료 1 조선의 과거제

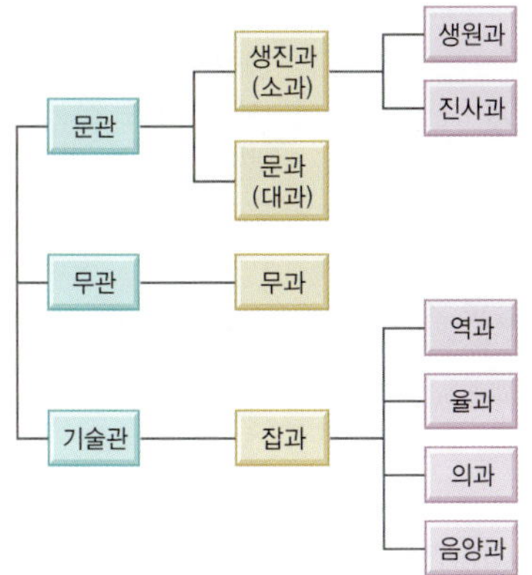

*자료 분석
- 조선 시대의 관리는 주로 과거를 통해 선발하였다.
- 과거 시험에는 문관을 뽑는 문과, 무관을 뽑는 무과, 기술관을 뽑는 잡과가 있었는데 문과를 가장 중시하였다.

자료 2 조광조의 개혁(현량과 실시)

능력 있는 사람을 천거하게 하십시오. 그 후 대궐에 모아 놓고 친히 여러 정책과 관련된 대책 시험을 치르게 한다면 인물을 많이 얻을 수 있을 것입니다. 이는 … 중국 한에서 실시한 현량과의 뜻을 이은 것입니다.

–『중종실록』

*자료 분석
- 중종은 훈구 세력을 견제하기 위해 조광조를 비롯한 신진 사림들을 등용하였다.
- 이들은 현량과 실시, 위훈 삭제 등 급진적인 개혁을 추진하였는데, 기묘사화로 제거되었다.

자료 3 이조 전랑 문제와 붕당의 형성

김효원이 과거에 장원으로 합격하여 이조 전랑의 물망에 올랐지만, 그가 윤원형(당시 외척 중 한 명)의 문객이었다 하여 심의겸이 반대하였다. 그 후에 심충겸(심의겸의 동생)이 장원 급제를 하여 이조 전랑으로 천거되었으나, 외척이라 하여 김효원이 반대하였다. …… 동인과 서인의 말이 여기서 비롯되었으니, 김효원의 집이 동쪽 건천동에 있고, 심의겸의 집이 서쪽 정릉동에 있었기 때문이다.

–『연려실기술』

*자료 분석
- 선조 때 정치의 주도권을 장악한 사림은 척신 정치의 청산 문제와 이조 전랑의 임명 문제를 두고 갈등하였고, 동인과 서인으로 갈라졌다.
- 붕당 간에는 정치적 입장과 학문적 견해에 차이가 있었지만, 이를 인정하고 상호 비판과 견제를 통해 정치를 운영하였다.

개념 체크 문제

1 조선의 건국과 통치 체제 정비

1. 다음 설명이 옳으면 ○, 틀리면 ×표를 하시오.

(1) 조선 시대에는 원칙적으로 16세~60세의 모든 양인 남자에게 군역이 부과되었다. ( )

(2) 중앙군은 육군과 수군으로 나뉘어 영과 진에서 복무하였다. ( )

(3) 과거는 천인을 포함한 모든 신분 계층이 응시할 수 있었다. ( )

(4) 고려에 비해 음서의 혜택을 받는 대상이 축소되었다. ( )

2. 다음 빈칸에 알맞은 말을 쓰시오.

(1) 과거는 문관을 뽑는 [ ], 무관을 뽑는 [ ], 기술관을 뽑는 [ ](으)로 구분되었다.

(2) 조선은 권력의 집중과 부정을 막기 위해 [ ]을/를 실시하였다.

(3) [ ]은/는 고위 관리가 추천한 인물을 등용하는 제도이다.

2 조선의 정치 운영 변화와 양난

3. 사림에 관한 설명으로 옳으면 ○, 틀리면 ×표를 하시오.

(1) 왕도 정치와 향촌 자치를 주장하였다. ( )

(2) 3사에서 주로 활동하였으며, 훈구 세력을 비판하였다. ( )

(3) 서원과 향약을 기반으로 세력을 확대하여 성종 때 정치 주도권을 장악하였다. ( )

4. 다음 사건을 일어난 순서대로 나열하시오.

ㄱ. 갑자사화　　ㄴ. 을사사화
ㄷ. 무오사화　　ㄹ. 기묘사화

5. 다음 설명에 해당하는 용어를 쓰시오.

이조 정랑(정5품)과 이조 좌랑(정6품)을 합쳐 부르던 말로 품계는 낮았지만, 3사의 관리 추천권 등을 가지고 있어 붕당 형성의 배경으로 작용하였다.

❖ 정답 – 문제편 208p

4. 임진왜란(1592~1598)

출제 0순위 특강 p.40

(1) **왜란 전의 국내 상황**: 군역 제도의 문란 등으로 국방력 약화

(2) **왜란의 발발**: 도요토미 히데요시의 전국 시대 통일, 대륙 침략 도모 ➡ 조선 침략(임진왜란, 1592) ➡ 수도 한성 함락, 선조의 의주 피난, 명에 원군 요청

(3) **수군과 의병의 활약**❶

① 수군의 활약: 이순신이 이끄는 수군이 옥포, 당항포, 한산도 등에서 일본의 수군 격파 ➡ 전라도 지방의 곡창 지대 보호, 일본군의 물자 보급로 차단

② 의병의 활약: 전직 관리, 유학자, 승려 등이 중심이 되어 조직 자료 ① ➡ 일본군에게 큰 타격을 줌

③ 관군의 활약: 조·명 연합군의 평양성 탈환, 권율의 행주 대첩

(4) **전란의 극복**: 일본의 휴전 제의 ➡ 3년에 걸친 휴전 협상 결렬 ➡ 정유재란(1597) ➡ 명량 대첩 ➡ 도요토미 히데요시 사망 ➡ 전쟁 종결(1598)

(5) **왜란의 영향**

① 조선: 인구 감소, 토지 황폐화, 문화유산 소실, 국가 재정 궁핍, 숭명 의식❷ 강화

② 중국: 명은 무리한 지원군 파견으로 국력 약화, 누르하치의 여진족 세력 확대(1616년 후금 건국)

③ 일본: 문화 발전(도자기, 성리학 등), 정권 교체(도쿠가와 이에야스가 에도 막부 수립)

— 유학자 강항이 일본 성리학 발전에 영향을 줌

— 조선 도공 이삼평이 일본 아리타 자기의 시조가 됨

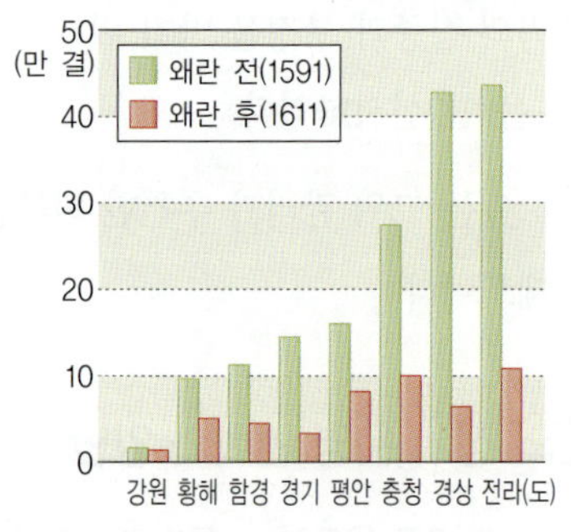

▲ 임진왜란 전후 조선의 농경지 변화

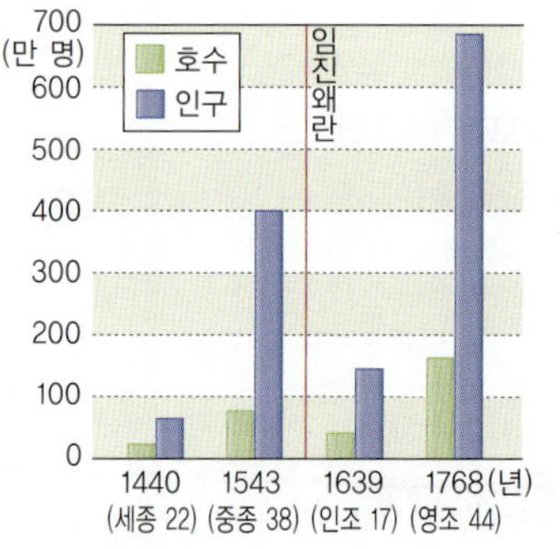

▲ 임진왜란 전후 조선의 인구 변화

❶ **수군과 의병의 활약**

이순신이 이끄는 수군은 옥포, 한산도 등에서 일본군을 격파하며 남해의 제해권을 장악하였고, 의병은 향토 지리에 걸맞는 전술을 펼쳐 적은 병력으로 일본군에게 큰 피해를 주었다.

▲ 왜란의 전개

❷ **숭명 의식**

명을 숭상하는 의식이다. 임진왜란 이후 조선에서는 지배층을 중심으로 '나라를 다시 세워 준 은혜'를 입었다며 명을 숭상하는 의식이 확산되었다.

5. 광해군의 중립 외교와 호란

(1) **광해군의 중립 외교와 인조반정**

① 광해군의 전후 복구 노력: 토지 대장과 호적 정비, 성곽과 무기 수리, 경기도에 대동법 시행

② 중립 외교: 후금과 대립하던 명이 조선에 지원병 요청 ➡ 강홍립이 이끄는 지원군 파병(광해군이 상황에 따른 유연한 대처 지시) ➡ 조·명 연합군의 패배, 강홍립이 후금에 항복

③ 인조반정(1623): 광해군의 중립 외교, 인목 대비 폐위, 영창 대군 살해 ➡ 서인이 광해군을 몰아내고 인조를 새 왕으로 추대 자료 ②

(2) **호란의 발발**

구분	정묘호란(1627)	병자호란(1636)
배경	• 서인과 인조 정권의 친명배금 정책 • 평안도의 가도에 주둔한 명군의 활동(후금에 위협이 됨)	후금이 국호를 청으로 바꾸고 조선에 군신 관계 요구 ➡ 주화론과 척화론의 대립 자료 ③ ➡ 조선의 거절
전개	후금 침략 ➡ 인조가 강화도로 피신 ➡ 관군과 의병의 항전	청 태종(홍타이지)의 침략 ➡ 인조가 남한산성으로 피신 ➡ 청군의 남한산성 포위
결과	형제의 맹약 체결	항복(삼전도의 굴욕) ➡ 군신 관계 수립

— 명과의 관계는 단절되었다.

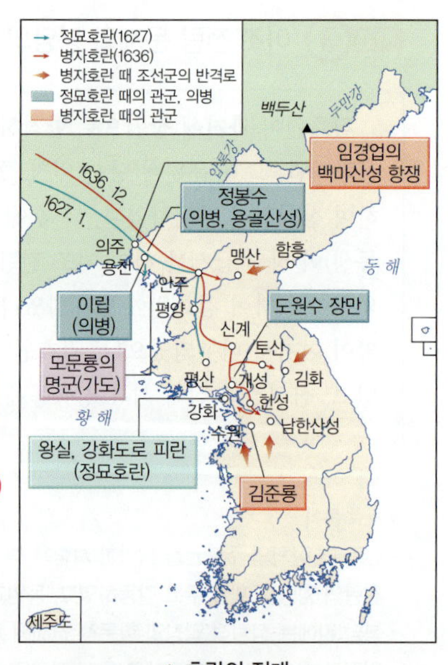

▲ 호란의 전개

자료 ① 왜군과 맞서 싸운 의병

> 여러 도에서 의병이 일어났다. 경상, 전라, 충청 3도의 병마절도사들은 모두 인심을 잃어서 왜란이 일어난 뒤에 군인과 양곡을 독촉하자 백성들은 다 이들을 미워하여 왜적을 만나면 흩어져 도망가 버렸다. 마침내 도내의 거족으로 명망 있는 사람과 유생 등이 조정의 명을 받들어 의를 부르짖고 일어나니 소문을 들은 자들은 격동하여 이에 응모하였다. -『선조수정실록』

＊자료 분석
- 조선은 임진왜란 초기 군사력의 열세로 일본군에 밀리는 모습을 보였다.
- 그러나 전직 관료, 유생, 승려 등이 중심이 되어 자발적으로 조직한 의병이 매복과 기습 등의 전술을 통해 일본군에게 큰 피해를 주었고, 전세 역전의 기반을 마련하였다.

자료 ② 인조반정

> 우리나라가 중국 조정을 섬겨온 것이 2백여 년이라, 의리로는 곧 군신이며 은혜로는 부자와 같다. 그리고 임진년에 재조(再造)해 준 그 은혜는 만세토록 잊을 수 없는 것이다. … 광해군은 배은망덕하여 천명을 두려워하지 않고, 속으로 다른 뜻을 품고 오랑캐에게 성의를 베풀었다. … 어찌 그 통분함을 이루 다 말할 수 있겠는가? -『인조실록』

＊자료 분석
- 서인 세력은 임진왜란 때 지원군을 파견한 명에게 의리를 지킬 것을 강조하였으며, 광해군의 중립 외교 정책을 비판하였다.
- 서인은 광해군의 폐모살제(인목 대비를 폐위하고 영창 대군을 죽임)를 명분으로 반정을 일으켜 광해군을 몰아내고 인조를 옹립하였다.

자료 ③ 주화론과 척화론(주전론)

> (가) 자신의 힘을 헤아리지 아니하고 경망하게 큰소리를 쳐서 오랑캐의 노여움을 사서 백성이 도탄에 빠지고 종묘와 사직에 제사를 지내지 못하게 된다면 그 허물이 이보다 더 클 수 있겠습니까? -『지천집』
> (나) 중국(명)은 우리나라에 있어서 곧 부모요, 오랑캐(청)는 곧 부모의 원수입니다. 신하된 자로서 부모의 원수와 형제가 되어 부모를 저버리겠습니까? -『인조실록』

＊자료 분석
- 후금이 국호를 청으로 바꾸고 황제를 칭하며 군신 관계를 요구하자, 조선에서는 이를 수용하여 평화를 유지하자는 (가)의 주화론과 무력으로 대응하자는 (나)의 척화론(주전론)이 대립하였다.
- 치열한 논쟁 끝에 척화론이 우세해져 조선은 청의 군신 관계 요구를 거절하였다. 그 결과는 병자호란이었다. 청 태종 홍타이지가 이끄는 대군이 침입하였고, 결국 조선은 굴욕적으로 항복한 후 청과 군신 관계를 맺었다.

개념 체크 문제

1. 다음 빈칸에 알맞은 말을 쓰시오.

(1) 일본의 [　　　　] 은/는 전국 시대를 통일하고 조선을 침략하였다.

(2) 명은 임진왜란 때 조선에 무리한 지원군을 파견하면서 국력이 약화되었다. 이는 [　　　] 이/가 이끄는 여진족 세력이 성장하는 결과를 낳았다.

(3) 인조반정 이후 조선이 [　　　] 정책을 추진하자 후금이 조선을 침략하였다.

(4) 병자호란 당시 [　　　] (으)로 피신하여 항전하던 인조는 결국 삼전도에서 청에게 항복하였다.

2. 왜란과 관련된 다음 사건을 일어난 순서대로 바르게 나열하시오.

ㄱ. 행주 대첩	ㄴ. 휴전 협상 결렬
ㄷ. 정유재란 발발	ㄹ. 조·명 연합군의 평양 탈환

3. 다음 설명이 옳으면 ○, 틀리면 ×표를 하시오.

(1) 임진왜란 이후 일본에서는 도쿠가와 이에야스가 에도 막부를 수립하면서 정권이 교체되었다. (　　)

(2) 북인은 광해군의 중립 외교 정책에 반발하여 인조반정을 일으켰다. (　　)

(3) 정묘호란의 결과 조선은 후금과 형제의 맹약을 체결하였다. (　　)

(4) 후금이 국호를 청으로 바꾸고 황제를 칭하며 조선에 군신 관계를 요구하였다. (　　)

4. 다음 설명이 임진왜란에 해당하면 '임', 병자호란에 해당하면 '병'이라 쓰시오.

(1) 청과 군신 관계가 성립되었다. (　　)

(2) 국왕이 남한산성으로 피신하였다. (　　)

(3) 곽재우, 정문부 등의 의병장이 활약하였다. (　　)

(4) 이순신이 한산도 대첩에서 승리하였다. (　　)

(5) 권율이 행주산성에서 일본군을 물리쳤다. (　　)

❖ 정답 – 문제편 208p

동아시아를 뒤흔든 임진왜란

1592년 도요토미 히데요시의 야욕으로 시작된 임진왜란은 동아시아 전체에 거대한 파급력을 몰고 왔고, 세 나라의 역사를 뒤흔들어 놓았다. 임진왜란의 전개 과정과 영향을 자세히 알아보자.

1. 임진왜란의 전개

1592. 4.	1592. 5.	1592. 7.	1593. 1.	1593. 2.	1596.	1597.	1598.
일본군, 침략 시작	일본군, 한성 점령	이순신, 한산도 대첩 승리	조·명 연합군의 평양성 탈환	권율, 행주 대첩 승리	강화 협상 결렬	정유재란 발발	도요토미 히데요시 사망, 일본군 철수

- 1592. 5.: 선조는 의주까지 피난
- 1592. 7.: 이순신이 학익진 전법을 펼쳐 크게 승리하고 남해 해상권 장악
- 1593. 1.: 명의 지원군 파견 ➡ 국제전 양상, 평양성 탈환으로 전세 역전
- 1596.: 일본의 무리한 요구로 협상 결렬
- 1598.: 이순신이 철수하는 일본군을 쫓다가 노량 해전에서 전사 (노량 해전: 임진왜란의 마지막 전투)

2. 임진왜란의 영향

조선	▲ 경복궁 (임진왜란 때 불탄 경복궁을 19세기 흥선 대원군이 중건하였음)	• 조선은 전쟁으로 막대한 피해를 입었다. 경복궁이 불타는 등 수도 한성이 폐허가 되었으며, 군인과 민간인을 막론하고 수많은 인명 피해가 발생하였다. • 150만 결에 달했던 농지는 전쟁을 겪으며 30만 결로 줄었다.
중국	▲ 누르하치	• 이미 국력이 기울고 있었던 명은 임진왜란이 일어나자 조선에 대군을 파견하고 쌀을 지원하기도 하였다. • 이 과정에서 국력의 쇠퇴는 더욱 가속화되었고, 명의 관심이 조선과 일본에 쏠려 있는 틈을 타 만주에서 누르하치가 이끄는 여진족의 세력이 급격히 커져 후금이 건국되는 결과를 초래하였다.
일본	▲ 도쿠가와 이에야스	• 일본은 임진왜란 때 잡아 간 조선인 포로들을 통해 문화적 발전을 이루었으나 정치적으로는 격변을 맞이하였다. (조선인 포로: 도공 이삼평, 성리학자 강항이 대표적이다.) • 조선 정벌 실패로 도요토미 가문의 위신이 추락하였으며, 도쿠가와 이에야스가 성장하여 1603년에 에도 막부를 수립하였다.

확인 문제

▶ 정답 – 문제편 209p

빈칸에 알맞은 용어를 쓰시오.

01 1592년 도요토미 히데요시의 야욕으로 시작된 (   )은/는 한국, 중국, 일본의 역사를 뒤흔들어 놓았다.

02 이순신은 (   )에서 학익진 전법을 펼쳐 크게 승리하고 남해 제해권을 장악하였다.

03 임진왜란으로 명의 관심이 조선과 일본에 쏠려 있는 틈을 타 만주에서 (   )의 세력이 급격히 커졌다.

내신 대비 필수 문제

★ 학교 시험 100점을 위한 실전 문제와 학력평가/모의평가 기출 문제

1 조선의 건국과 통치 체제 정비

01

(가) 왕의 정책으로 옳은 것은?

> (가) 은/는 군사를 일으켜 정도전을 제거하고 이후 왕위에 올랐다. 공신과 왕족들이 소유한 사병을 혁파하여 군사권을 장악하였으며, 재상들의 권한을 약화시켰다. 또한, 조세 확보를 위해 양전 사업을 실시하였다.

① 호패법 시행 ② 집현전 설치
③ 『경국대전』 반포 ④ 『조선경국전』 편찬
⑤ 의정부 서사제 실시

02

다음과 같이 주장한 인물로 옳은 것은?

> 임금의 직책은 한 사람의 재상을 정하는 데 있다. 재상은 위로는 임금을 받들고 아래로는 백관을 통솔하며 만민을 다스리는 것이니, 그 직책이 매우 큰 것이다. –『조선경국전』

① 강홍립 ② 김종직 ③ 조광조
④ 김종서 ⑤ 정도전

03

(가)에 대한 설명으로 옳은 것은?

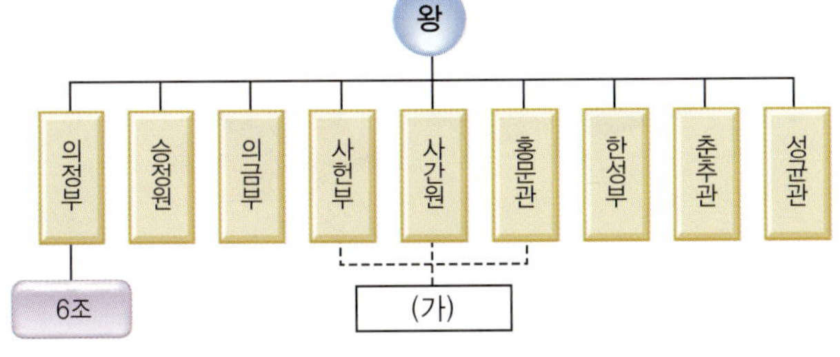

① 정책을 집행하였다.
② 언론의 역할을 하였다.
③ 국왕의 비서 기구였다.
④ 국가의 큰 죄인을 다스렸다.
⑤ 역사서의 편찬을 담당하였다.

04

(가), (나)에 들어갈 내용으로 옳은 것은?

> **조선의 중앙 통치 체제**
> - 의정부: 국정 총괄
> - 6조: 정책 집행
> - 3사: 언론 기능 → 왕권 견제, 비리 감찰
> - 승정원: (가)
> - 의금부: (나)

① (가) – 역사 편찬 ② (가) – 학술 연구
③ (가) – 왕명 출납 ④ (나) – 국왕 자문
⑤ (나) – 수도의 행정·치안 담당

05

밑줄 친 ㉠에 의해 시행된 정책으로 옳은 것은?

> 왕이 말하기를, "지난 갑오년(태종 14) 국가의 중대사가 아닌 일에 한해 육조가 국왕에게 직접 보고하여 시행토록 하였는데, 이때 이후로 대부분의 일이 육조로 넘어가 의정부는 관여하지 않고 있다. 이는 재상을 임용하는 본래의 뜻에 어긋나니 ㉠ 이를 시정하라."라고 하였다.

① 도병마사를 두었다.
② 교정도감을 설치하였다.
③ 독서삼품과를 마련하였다.
④ 비변사를 축소·격하하였다.
⑤ 의정부 서사제를 실시하였다.

06 중요

(가), (나) 제도에 대한 설명으로 옳은 것은?

> (가) 6조의 판서는 정무를 왕에게 곧바로 보고하였으며, 왕은 6조에 직접 명령을 하달하였다.
> (나) 의정부가 최고 합의 기관으로서 6조의 업무 보고를 받았으며, 이를 검토 및 선별하여 왕에게 보고하였다.

① (가) – 세조에 의해 부활하였다.
② (가) – 재상들의 권한이 강화되었다.
③ (가) – 정도전의 정치 이념이 반영되었다.
④ (나) – 의정부의 역할이 축소되었다.
⑤ (나) – 왕권 강화를 위해 시행되었다.

❖ 정답 및 해설 15p

07 ✿✿✿ 서술형

(가)에 들어갈 수 있는 내용을 두 가지 쓰시오.

학습 주제: 조선 시대의 관리 선발

1. 종류: 과거, 천거, 음서 등
2. 과거: 정기 시험인 식년시와 특별 시험 실시
3. 천거: 고위 관리가 추천하는 인물 등용
4. 특징: 고려 시대와 비교하여 (가) (이)라는 특징을 가짐

08 ✿✿✿

밑줄 친 '이 법전'으로 옳은 것은?

① 속대전 ② 대전통편 ③ 대전회통
④ 경국대전 ⑤ 조선경국전

09 ✿✿✿ 서술형

다음 법전의 편찬이 갖는 의미를 쓰시오.

조선 왕조의 기본 법전이다. 고려 말 이래의 각종 법령 및 판례법, 관습법을 반영하였고 6전으로 구성되었다.

10 ✿✿✿ 중요

다음 지방 제도를 실시한 국가에 대한 설명으로 옳지 않은 것은?

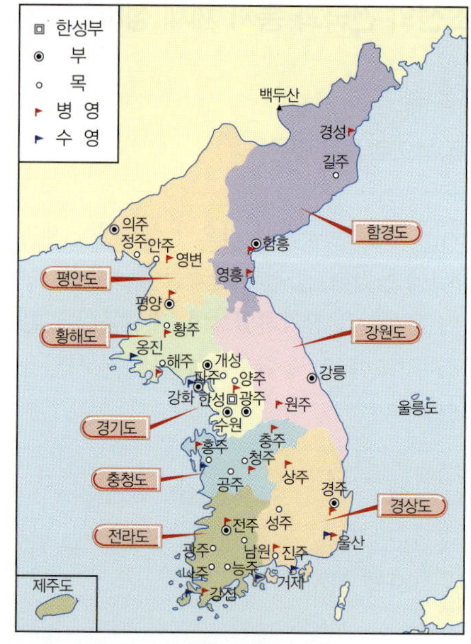

① 모든 군현에 수령을 파견하였다.
② 지방 양반이 유향소를 조직하였다.
③ 주로 과거를 통해 관리를 선발하였다.
④ 국가 최고 교육 기관으로 성균관을 두었다.
⑤ 향·부곡·소의 특수 행정 구역이 유지되었다.

11 ✿✿✿

다음 대화의 내용과 가장 관련이 깊은 조선 시대의 관리는?

① 지방에 파견된 수령
② 홍문관에 소속된 관리
③ 승정원에 소속된 관리
④ 6조에서 정책을 집행하는 관리
⑤ 의정부에서 국정을 총괄하는 재상

12 ✿✿✿

조선의 지방 제도에 대한 설명으로 옳은 것은?

① 전국을 5도와 양계로 나누었다.
② 주요 군현에만 지방관이 파견되었다.
③ 안찰사는 도에 파견되어 지방을 순찰하는 역할이었다.
④ 향촌 자치와 중앙 집권의 조화를 위해 유향소와 경재소를 설치하였다.
⑤ 향·부곡은 일반 군현으로 승격되었으나, 소는 특수 행정 구역으로 유지되었다.

2 조선의 정치 운영 변화와 양난

13 ✿✿✿

학력평가 기출(변형)

밑줄 친 '이들'의 활동으로 옳은 것을 〈보기〉에서 고른 것은?

이들은 정몽주, 길재 등의 학통을 이은 사람들로 본래 향촌 사회에 기반을 둔 세력이었다. 성종 때 김종직을 필두로 중앙 정계에 진출하였으며, 훈구 세력의 비리를 비판함으로써 그들의 일방적인 독주를 견제하고자 하였다.

이들은 네 차례에 걸친 사화를 통해 중앙 정계에서 밀려났지만 꾸준히 정계에 진출하여 마침내 선조 때에는 중앙 정치의 주도권을 장악하였다.

[보기]

ㄱ. 서원 설립　　ㄴ. 향약 보급
ㄷ. 집현전 설치　　ㄹ. 별무반 편성

① ㄱ, ㄴ ② ㄱ, ㄷ ③ ㄴ, ㄷ ④ ㄴ, ㄹ ⑤ ㄷ, ㄹ

14 ✿✿✿ 서술형 중요

밑줄 친 '개혁'의 구체적인 내용을 세 가지 이상 서술하시오.

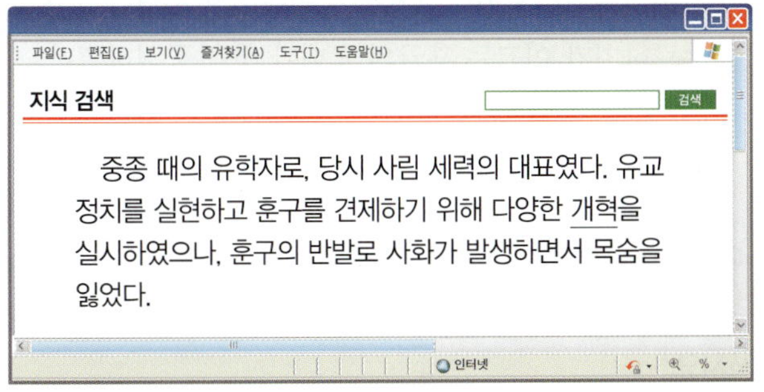

중종 때의 유학자로, 당시 사림 세력의 대표였다. 유교 정치를 실현하고 훈구를 견제하기 위해 다양한 개혁을 실시하였으나, 훈구의 반발로 사화가 발생하면서 목숨을 잃었다.

15 ✿✿✿

다음은 사화의 발생을 정리한 것이다. (가)에 들어갈 사실로 옳은 것은?

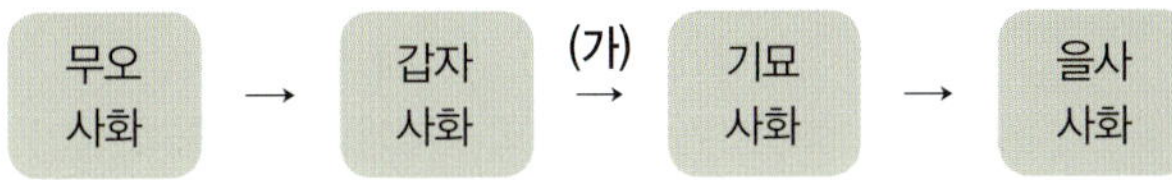

① 일당 전제화가 나타났다.
② 조광조가 개혁을 추진하였다.
③ 세조가 정변을 일으켜 즉위하였다.
④ 동인이 남인과 북인으로 갈라졌다.
⑤ 사림이 동인과 서인으로 나뉘어졌다.

16 ✿✿✿

다음 신문이 작성된 시기에 볼 수 있었던 모습으로 적절한 것은?

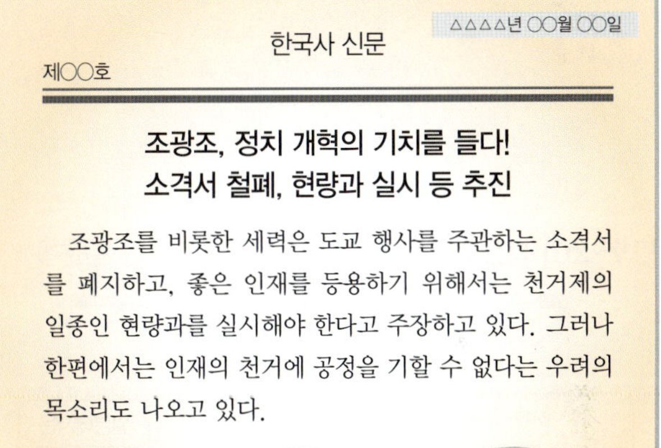
한국사 신문
△△△△년 ○○월 ○○일
제○○호

조광조, 정치 개혁의 기치를 들다!
소격서 철폐, 현량과 실시 등 추진

조광조를 비롯한 세력은 도교 행사를 주관하는 소격서를 폐지하고, 좋은 인재를 등용하기 위해서는 천거제의 일종인 현량과를 실시해야 한다고 주장하고 있다. 그러나 한편에서는 인재의 천거에 공정을 기할 수 없다는 우려의 목소리도 나오고 있다.

① 대동법 실시를 환영하는 경기도의 농민들
② 거중기를 이용하여 화성을 건설하는 백성들
③ 사림의 위훈 삭제 주장에 반발하는 훈구 세력
④ 일본으로 끌려가는 성리학자와 도자기 기술자들
⑤ 이조 전랑의 임명을 둘러싸고 대립하는 동인과 서인

17 ✿✿✿ 서술형

사림 세력이 동인과 서인으로 분화한 직접적인 계기를 서술하시오.

❖ 정답 및 해설 15~17p

18 ✿✿✿

다음 요구 조건이 제시된 전쟁에서 활약한 인물로 보기 어려운 사람은?

▲ 일본 장수

① 권율　　② 이순신
③ 김종서　　④ 곽재우
⑤ 사명대사(유정)

[19~20] 다음 자료를 읽고 물음에 답하시오. 출제 0순위 특강

19 ✿✿✿ 단답형

(가)에 들어갈 전쟁의 명칭을 쓰시오.

20 ✿✿✿ 서술형

(나)에 들어갈 내용을 정치적, 문화적 측면으로 나누어 서술하시오.

21 ✿✿✿ 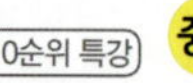 중요

(가), (나) 사이 시기에 있었던 일로 옳은 것은?

> (가) 조·명 연합군이 고니시 유키나가가 이끄는 군대를 격파하고 마침내 평양을 탈환하였다. 일본군은 한성으로 후퇴하였다.
> (나) 명과 일본은 휴전 협상을 전개하였으나, 일본은 무리한 휴전 조건을 내걸었다. 이에 협상은 결렬되었다.

① 정유재란이 발생하였다.
② 선조가 의주로 피난하였다.
③ 권율이 행주 대첩을 승리로 이끌었다.
④ 이순신의 수군이 명량에서 대승을 거두었다.
⑤ 도요토미 히데요시가 전국 시대를 통일하였다.

[22~23] 다음 자료를 읽고 물음에 답하시오.

> 왕이 말하길, "어제 강홍립의 글을 보니 적이 우리를 침범할 계획을 알아볼 수 있었다. 전후에 여러 번 명을 내렸는데, 시간만 보내고 결국 잘 처리되지 않아 종묘사직을 위태하고 망할 지경에 이르게 하니, 경들은 과연 안심이 되는가? … 홍립 등의 죄가 중하지만, 만일 군사를 멈추게 하여 화를 면할 수 있다면 또한 불쌍하고 가엾게 여길 만하다." - 『대동야승』

22 ✿✿✿

위 자료에 나타난 국왕이 통치하던 시기에 있었던 일로 옳은 것은?

① 청이 조선에 군신 관계를 요구하였다.
② 경연을 주관하는 홍문관이 설치되었다.
③ 조광조의 주도로 현량과가 실시되었다.
④ 김종서 등의 재상이 정치적 실권을 장악하였다.
⑤ 누르하치가 이끄는 후금의 군대가 명을 공격하였다.

23 ✿✿✿ 서술형

위 자료에 나타난 국왕이 시행한 전후 복구 노력을 세 가지 이상 쓰시오.

24 ✿✿✿

다음과 같이 주장한 정치 세력에 대한 설명으로 옳은 것을 〈보기〉에서 고른 것은?

> 우리나라가 중국 조정을 섬겨온 것이 2백여 년이라, 의리로는 곧 군신이며 은혜로는 부자와 같다. 그리고 임진년에 재조(再造)해 준 그 은혜는 만세토록 잊을 수 없는 것이다.

[보기]

ㄱ. 인조반정을 일으켰다.
ㄴ. 북벌론을 주장하였다.
ㄷ. 중립 외교 정책을 전개하였다.
ㄹ. 사림과 정치적으로 대립하였다.

① ㄱ, ㄴ ② ㄱ, ㄷ ③ ㄴ, ㄷ ④ ㄴ, ㄹ ⑤ ㄷ, ㄹ

25 ✿✿✿

밑줄 친 '이 전쟁'에 대한 설명으로 옳은 것은?

> 경기도 광주시에 위치한 남한산성은 2014년 유네스코 세계 유산으로 등재되었다. 신라 때 만들어진 산성인 주장성의 옛터를 이용하여 축성되었으며, <u>이 전쟁</u> 때에 인조가 피난하여 40여 일 간 항전하기도 하였다.

① 명이 지원군을 파견하였다.
② 이순신의 수군이 활약하였다.
③ 정봉수와 이립 등이 항전하였다.
④ 청과 군신 관계를 맺는 계기가 되었다.
⑤ 후금과 형제의 맹약을 체결하면서 종결되었다.

26 ✿✿✿

다음 자료를 활용한 탐구 활동으로 적절한 것은?

> 청의 군대가 개성을 지나자 세자빈과 봉림 대군 등은 강화도로 피하였다. 임금도 뒤따르기 위해 숭례문으로 이동하였으나, 강화도로 가는 길이 청의 군대에 막혀 남한산성으로 들어갔다. 그러자 청의 대군이 뒤따라와 남한산성을 포위하였다.

① 무신 정변의 원인을 파악한다.
② 척화비 건립의 계기를 조사한다.
③ 호포제 실시의 목적을 분석한다.
④ 병자호란의 전개 과정을 알아본다.
⑤ 강동 6주의 확보 배경을 찾아본다.

[27~28] 다음 자료를 읽고 물음에 답하시오.

> (가) 화친을 맺어 국가를 보존하는 것보다 차라리 의를 지켜 망하는 것이 옳다고 하였으나, 이것은 신하가 절개를 지키는 데 쓰는 말입니다. … 자기의 힘을 헤아리지 아니하고 경망하게 큰소리를 쳐서 오랑캐들의 노여움을 도발, 마침내는 백성이 도탄에 빠지고 종묘와 사직에 제사를 지내지 못하게 된다면 그 허물이 이보다 클 수 있겠습니까?
>
> (나) 화의로 백성과 나라를 망치기가 … 오늘날과 같이 심한 적이 없습니다. 중국(명)은 우리나라에 있어서 곧 부모요, 오랑캐(청)는 우리나라에 있어서 곧 부모의 원수입니다. 신하된 자로서 부모의 원수와 형제가 되어서 부모를 저버리겠습니까.

27 ✿✿✿ 단답형

(가)와 (나)에 해당하는 입장을 각각 쓰시오.

28 ✿✿✿ 중요

위의 논쟁이 배경이 되어 발발한 전쟁으로 옳은 것은?

① 임진왜란 ② 정유재란
③ 병인양요 ④ 병자호란
⑤ 신미양요

29 ✿✿✿

다음 조건으로 강화가 이루어진 전쟁에 대한 설명으로 옳은 것은?

> 1. 조선은 청에게 군신의 예를 지킬 것
> 2. 명의 연호를 폐하고 관계를 끊을 것
> 3. 왕의 장자와 차남 및 대신의 자제를 인질로 보낼 것

① 정봉수와 이립 등이 활약하였다.
② 국왕이 남한산성에서 항전하였다.
③ 명이 조선에 지원군을 파견하였다.
④ 에도 막부가 수립되는 배경이 되었다.
⑤ 전쟁 후 조선과 일본의 국교가 회복되었다.

❖ 정답 및 해설 17~19p

내신 1등급 문제

30 ✻✻✻

학력평가 기출(변형)

자료의 국왕이 실시한 정책으로 옳은 것은?

> "짐이 일찍이 개경에 있을 때 의정부를 없애자는 의논이 있었으나, 지금까지 겨를이 없었다. 지난 겨울에 대간에서 의정부를 없앨 것을 청하였으나 윤허하지 않았는데, 좌정승이 '중국에도 승상부가 없으니 의정부를 폐지해야 합니다.'라고 건의하였다. 짐이 골똘히 생각해 보니, 모든 일이 짐 한 몸에 모이면 결재하기가 힘은 들겠지만, 임금이 어찌 고생스러움을 피하겠는가."… 의정부가 관장하는 것은 오직 사대 문서와 중죄인을 다시 심사하는 것뿐이었다.

① 경국대전을 반포하여 통치 규범을 확립하였다.
② 사병을 없애고 군사 지휘권을 장악하였다.
③ 정책 연구를 위해 집현전을 설치하였다.
④ 현량과를 실시하여 인재를 등용하였다.
⑤ 조선을 건국하고 한양으로 천도하였다.

31 ✻✻✻

다음 표의 (가)~(아)에 대한 설명으로 옳지 않은 것은?

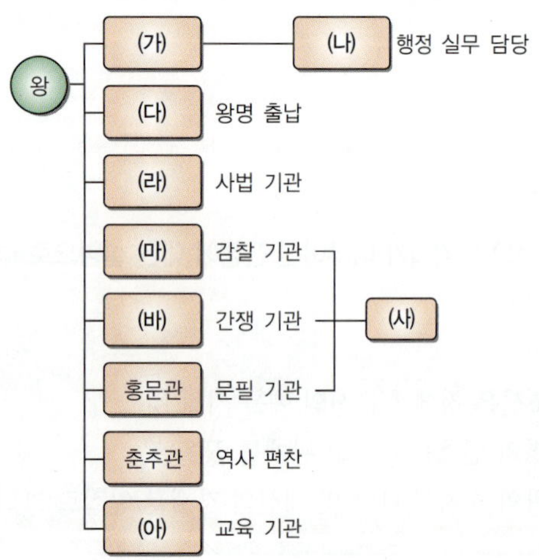

① (가), (나) – 국정 운영의 핵심 기구였다.
② (다), (라) – 신권의 강화를 뒷받침하였다.
③ (마), (바) – 대간으로서 서경권을 가지고 있었다.
④ (사) – 왕이나 고위 관리도 함부로 막지 못했다.
⑤ (아) – 조선의 최고 교육 기관인 성균관이다.

32 ✻✻✻

모의평가 기출(변형)

다음 가상의 전란 일지에서 손상된 부분에 들어갈 내용으로 볼 수 없는 것은?

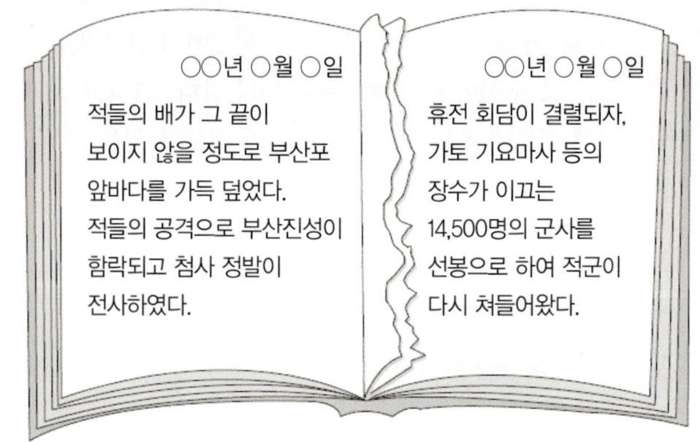

① 임금의 행차가 의주에 도착하였다.
② 조·명 연합군이 평양성을 탈환하였다.
③ 일본에서 도요토미 히데요시가 사망하였다.
④ 권율이 행주산성에서 적군의 공격을 물리쳤다.
⑤ 정문부가 함경도에서 의병을 일으켜 활약하였다.

33 ✻✻✻

(가), (나) 사이 시기에 있었던 사실로 옳지 않은 것은?

> (가) 권율이 군사를 이끌고 행주산성에 진을 쳤다. 일본군이 공격해 오자 우리 군사들은 활을 쏘고 돌을 던지며, 각종 화기를 연달아 쏘았다. 마침내 적이 달아났다.
> (나) 임금과 신하가 청의 군대에 의해 남한산성에 포위된 지 엿새째가 되었다. 외부의 구원병은 오지 않고 문서로 알릴 길도 끊어졌다.

① 청이 건국되었다.
② 인조반정이 일어났다.
③ 에도 막부가 수립되었다.
④ 강홍립이 후금에 항복하였다.
⑤ 한성이 일본군에 함락되었다.

수능 대비 기출 문제

34 (대표 유형) 2024 대비 수능 5

(가)에 들어갈 내용으로 가장 적절한 것은?

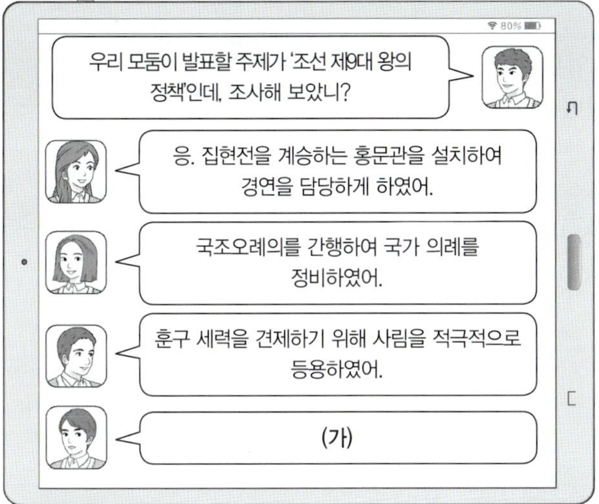

① 대가야를 정복하였어.
② 경국대전을 반포하였어.
③ 노비안검법을 실시하였어.
④ 전국에 척화비를 건립하였어.
⑤ 한성 사범 학교를 설립하였어.

★ 대표 유형 분석

이 유형은 주로 국왕의 정책을 나열하고 이를 바탕으로 해당 국왕이 누구인지 파악한 뒤, 국왕이 시행한 다른 정책을 선택지에서 고르는 방식으로 출제된다.

단서+발상

(단서) 홍문관 설치, 국조오례의 간행, 사림 등용 등의 업적을 남긴 조선의 왕은 성종이다.
(발상) 성종은 조선의 유교적 통치 체제를 확립하였다.
(적용) 통치 체제 확립을 위해서는 법전이 완성되어야 한다.

35 2023 대비 6월 모평 4

다음 일기에 나타난 전쟁 중에 있었던 사실로 옳은 것은?

(선조 25년) 4월 16일
왜선 수백 척이 부산에 나타났다는 소문이 돌더니 저녁나절에는 부산과 동래가 함락되었다는 말이 들려와 경악을 금치 못했다.
(선조 25년) 날짜 미상
전라 좌수사가 적선 42척을 불태우니 적들이 너나 할 것 없이 물속으로 뛰어들었다고 한다.

(선조 26년) 4월 8일
내가 병에 걸려 몹시 고생할 때 들었는데, 지난 1월에 명나라 장수 이여송이 평양의 왜군을 공격해 섬멸했다고 한다.
(선조 26년) 7월 8일
전라도에 온 명나라 군사들이 민가에서 끝도 없이 재물을 약탈하여 마치 왜적에게 봉변을 당한 것 같다고 한다. 전주에 사는 송영구의 집에도 명나라 군사들이 난입해 재산을 빼앗았다고 한다.

① 별무반이 편성되었다.
② 김원봉이 의열단을 조직하였다.
③ 곽재우, 조헌 등의 의병이 활약하였다.
④ 강감찬이 귀주에서 적군을 대파하였다.
⑤ 삼별초가 근거지를 옮겨 가며 항쟁하였다.

36 2022 대비 6월 모평 9

(가) 전쟁 중에 있었던 사실로 옳은 것은? [3점]

① 이성계가 위화도에서 회군하였다.
② 인조가 남한산성에서 항전하였다.
③ 이순신이 한산도에서 대승을 거두었다.
④ 을지문덕이 살수에서 적군을 격파하였다.
⑤ 김좌진이 청산리 전투를 승리로 이끌었다.

❖ 정답 및 해설 19~21p

04 조선 후기 새로운 흐름과 변화

중요도 ★★

1 양난 이후 통치 체제의 변화와 붕당 정치

1. 통치 체제의 변화

(1) **비변사의 기능 강화** 자료 ①

① 기능 강화: 양난을 거치며 최고 정치 기구로 발전(모든 국가 업무 총괄)

② 영향: 왕권 약화, 의정부와 6조의 기능 축소, 집권 붕당이 비변사의 요직 독점

(2) **중앙군의 개편**

① 훈련도감: 임진왜란 중에 설치, 직업 군인인 삼수병(포수, 사수, 살수)으로 구성

② 5군영 체제 확립: 어영청, 총융청, 수어청, 금위영이 차례로 설치됨

(3) **지방군의 개편**: 모든 신분을 속오군으로 편성, 평상시에는 생업에 종사, 적이 침입해 오면 동원
└ 양반에서부터 노비까지 포함되었다.

2. 붕당 정치의 전개와 변질 자료 ②

(1) **붕당 정치의 전개**

선조	동인 우세 ➡ 동인이 남인과 북인으로 분화 ➡ 왜란 이후 북인이 정권 장악
광해군	북인의 주도로 전후 복구 사업과 제도 개편 추진 ➡ 인조반정(1623)으로 몰락
인조	서인 주도, 남인 참여 ➡ 상대방의 학문적 견해 인정, 정책 비판·견제 등 붕당 간 공존 관계 유지
현종	두 차례의 예송[1] 발생 ➡ 서인과 남인의 대립 심화

(2) **붕당 정치의 변질**

① 환국[2] 발생: 숙종이 집권 붕당을 수시로 교체 ➡ 상대방에 대한 가혹한 탄압이 이어짐

② 환국의 영향: 특정 붕당이 권력 독점(일당 전제화), 3사의 언론 기능 변질, 붕당 간 대립이 왕위 계승 문제로 이어짐 ➡ 숙종이 탕평책 제기
└ 공론이 아닌 자기 붕당의 이해관계를 대변하였다.

3. 영조의 탕평책 자료 ③

(1) **탕평 정치**: 노론과 소론의 온건파를 탕평파로 육성, 탕평비[3] 건립, 붕당의 기반인 서원을 대폭 정리, 이조 전랑의 권한 축소, 산림[4] 부정

(2) **개혁 정책**: 신문고 부활, 균역법 실시, 가혹한 형벌 금지, 『속대전』 편찬
└ 1인당 2필씩 내던 군포를 1필로 줄여준 제도이다.

4. 정조의 개혁 정치

(1) **국왕이 주도하는 탕평 정치**: 외척 세력 제거, 노론·소론·남인을 고루 관직에 기용

(2) **왕권 강화**

① 규장각 설치: 정책을 뒷받침하는 기구로 삼음, 젊고 유능한 인재를 배치

② 초계문신제 실시: 젊고 유능한 관리를 재교육하여 개혁 세력으로 육성

③ 장용영 설치: 국왕의 친위 부대(왕권을 뒷받침하는 군사 기반)

④ 수원 화성 건설: 정치적·군사적 기능을 갖춘 새로운 도시로 육성

(3) **개혁 정책**

① 수령의 권한 강화: 수령이 향약을 직접 주관 ➡ 백성에 대한 통치력 강화

② 차별 개선: 서얼 출신을 규장각 검서관으로 기용(박제가 등), 공노비 해방 추진

③ 통공 정책(1791): 육의전을 제외한 시전 상인의 특권 폐지

④ 문물제도 정비: 『대전통편』(법령 재정비), 『무예도보통지』(무예책)

5. 탕평 정치의 한계: 강력한 왕권으로 붕당 간의 대립을 억누른 것에 불과, 왕과 그 주변의 소수 집단에 권력 집중 ➡ 정조가 죽은 후 세도 정치 전개

---

❶ 예송

효종과 효종비가 죽은 후 효종의 계모였던 자의대비의 상복 기간 문제로 발생한 논쟁이다. 효종의 정통성과도 관련된 심각한 논쟁이었다.

	서인	남인
1차 예송	1년(수용)	3년
2차 예송	9개월	1년(수용)
입장	신권 중시	왕의 권위 중시

❷ 환국

집권 붕당이 바뀌어 정국이 급격하게 변화하는 현상이다.

경신환국	남인 몰락, 서인 집권 ➡ 서인이 노론과 소론으로 분화
기사환국	서인 몰락, 남인 집권
갑술환국	남인 몰락, 서인 집권

❸ 탕평비

영조가 성균관 앞에 세운 비석으로, "편당을 짓지 않고 두루 화합함은 군자의 공평한 마음이요, 두루 화합하지 아니하고 편당을 지음은 소인의 사사로운 마음이다."라는 내용이 새겨져 있다.

❹ 산림

관직은 없으나 학식과 덕망을 갖추고 각 붕당에서 공론을 주도하던 사람이다.

▲ 수원 화성
1997년 유네스코 세계 유산으로 등재되었다.

자료 1 비변사의 기능 강화

김익희가 상소하였다. "임시로 비변사를 설치하였는데 … 오늘에 와서는 큰 일이건 작은 일이건 중요한 것으로 취급하지 않는 것이 없는데, (의)정부는 한갓 이름만 지니고 6조는 모두 그 직임을 상실하였습니다." -『효종실록』

* 자료 분석

비변사는 16세기 초에 여진과 왜구의 침입에 대비하기 위해 설치한 임시 회의 기구였는데 명종 때 상설 기구가 되었다. 양난을 거치면서 비변사에 참여하는 인원이 늘어났고, 국방뿐 아니라 외교, 재정, 인사 등 모든 업무를 총괄하는 최고 정치 기구로 자리 잡았다.

자료 2 붕당 정치의 전개와 변질

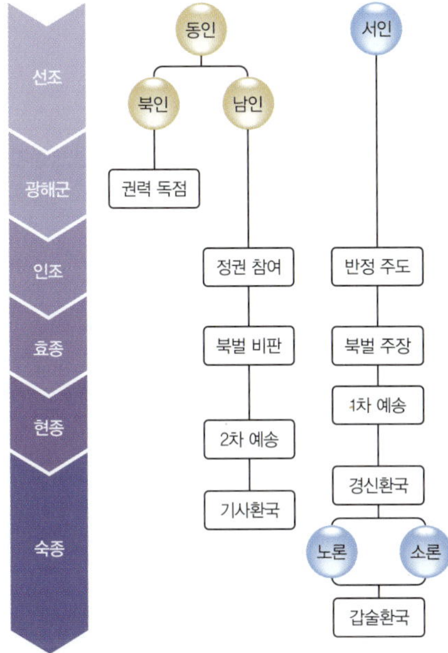

* 자료 분석

- 동인은 서인과 경쟁하는 과정에서 선조 때 북인과 남인으로 나뉘었다.
- 현종 때 효종의 왕위 계승의 정통성과 관련하여 두 차례의 예송이 발생하였는데, 이를 계기로 서인과 남인의 대립이 격화되었다.
- 숙종 때는 환국이 발생하여 서인과 남인이 번갈아 집권하였다. 환국을 거치면서 서인은 남인에 대한 대응 문제를 두고 노론과 소론으로 나뉘었다.

자료 3 영조의 탕평책

붕당의 폐해가 요즘보다 심한 적이 없었다. 처음에는 학문에 대한 해석이 달라 소란스럽더니, 지금에는 한 편 사람을 모조리 반역하는 당으로 몰고 있다. … 한 조정에서 공격을 일삼고 한 집안에서 싸움만 계속하고 있으니, 장차 나라가 어떻게 되겠는가? … 이조는 탕평의 정신을 수용토록 하라. -『영조실록』

* 자료 분석

- 영조는 각 붕당의 온건한 인물들을 골고루 등용하여 자신의 정책을 뒷받침할 탕평파를 육성하였다.
- 또한, 서원을 대폭 정리하고 3사 관리와 후임자 추천권을 없애는 등 이조 전랑의 권한을 약화시키는 조치를 취하였다.

개념 체크 문제

1. (가)와 (나)에 들어갈 명칭을 쓰시오.

> 현종 때 효종과 효종비의 상을 치르며 효종의 계모인 자의대비의 상복 착용 기간을 두고 서인과 남인 간 [(가)]이/가 발생하였다. 이로써 붕당 사이의 갈등이 심화되었다.
>
> 숙종 때에는 국왕 주도로 집권 붕당을 교체하는 [(나)]이/가 발생하여 특정 붕당이 권력을 독점하는 일당 전제화 현상이 나타났다.

2. 다음 설명이 옳으면 ○, 틀리면 ×표를 하시오.

(1) 비변사는 양난을 거치며 최고 통치 기구로 발전하였다. ( )

(2) 조선 후기의 중앙군은 5위로 정비되었다. ( )

(3) 양반부터 노비까지 신분의 구분 없이 속오군으로 편성하였다. ( )

(4) 자의대비의 상복 착용 기간과 관련하여 예송이 발생하였다. ( )

(5) 숙종 때 붕당 정치가 시작되었다. ( )

(6) 영조는 왕권 강화를 위해 장용영을 설치하였다. ( )

(7) 정조는 서얼 출신을 규장각 검서관으로 기용하였다. ( )

3. 다음 빈칸에 알맞은 말을 쓰시오.

영조와 정조는 [ ] 정치를 실시하였다. 그로 인해 왕에게 권력이 집중되었던 상황은 정조가 죽은 이후 19세기 [ ] 정치의 빌미가 되어 정치 집단의 기반이 축소되는 결과를 초래하였다.

4. 다음 정책들을 관련된 국왕에 따라 바르게 분류하시오.

> (가) 서원 정리　　(나) 장용영 설치
> (다) 초계문신제　　(라)『속대전』 편찬
> (마) 가혹한 형벌 폐지　　(바) 수원 화성 건설

(1) 영조:　　(2) 정조:

❖ 정답 – 문제편 208p

2 세도 정치와 흥선 대원군의 개혁 정치

1. 세도 정치와 정치 기강의 문란

(1) 세도 정치

① 배경: 정조가 죽은 후 어린 순조가 즉위 ➡ 소수 유력 가문에 권력 집중

② 전개: 순조, 헌종, 철종으로 이어진 60여 년간 소수의 외척 가문(안동 김씨, 풍양 조씨 등)이 권력 독점 ➡ 세도 가문이 비변사의 요직 독점, 5군영의 지휘권 장악

(2) 정치 기강의 문란: 왕권 약화, 3사의 언론 기능 상실, 과거 시험에서의 부정 성행, 매관매직 성행, 탐관오리의 수탈 심화(삼정의 문란)

(3) 삼정의 문란

전정	토지 대장에도 없는 토지와 황폐한 토지에 세금 부과, 지주가 소작인에게 세금 전가 등
군정	어린아이와 죽은 사람에게도 군포 부과, 도망자가 발생하였을 경우 이웃이나 친족에게 군포 부과 등
환곡	강제로 환곡을 떠맡기거나 곡식을 빌려 주지 않고도 이자를 내게 함 등

▲ 19세기 농민 봉기

2. 농민 봉기의 발생

(1) 사회 불안 고조: 탐관오리의 수탈, 삼정의 문란, 각종 자연재해와 질병 발생

(2) 농민 봉기의 발생❶

홍경래의 난 (1811)	평안도에 대한 지역 차별과 지배층의 수탈에 저항하여 홍경래 등의 주도로 발생 ➡ 청천강 이북 지역 장악 ➡ 관군에 의해 진압 자료 ①
임술 농민 봉기(1862)	경상 우병사 백낙신의 수탈에 항거하며 진주 농민 봉기 발생 ➡ 전국으로 봉기 확산 ➡ 정부는 삼정이정청을 설치하여 개혁을 시도하였으나 근본적 대책 마련 실패 자료 ②

❶ **농민 봉기의 발생**
농민들은 처음에 소청(관청에 가서 억울함을 호소하는 일), 벽서(억울한 일을 벽에 쓰거나 종이에 써 붙이는 일)와 같은 소극적인 저항을 하였으나, 점차 농민 봉기라는 적극적인 저항을 해나갔다.

3. 19세기 중엽 조선의 정세

(1) 대내: 세도 정치로 정치 기강 문란, 농민 수탈 심화 ➡ 농민 봉기 발발

(2) 대외: 이양선❷ 출몰(해안 측량·탐사·통상 요구)

❷ **이양선**
조선 후기 우리나라 연해에 나타난 서양 선박으로, 우리 선박과 모양새가 달라 이양선(異樣船)이라고 불렸다.

4. 흥선 대원군의 개혁 정책 

(1) 흥선 대원군의 집권: 철종 사후 어린 고종 즉위, 고종의 아버지인 흥선 대원군이 집권

(2) 통치 체제의 정비

① 인사 개혁: 안동 김씨 축출, 능력에 따른 인재 등용

② 정치 기구 정비: 비변사 축소·폐지 ➡ 의정부(정치)와 삼군부(군사)의 기능 부활

③ 법전 정비: 『대전회통』과 『육전조례』 편찬 ➡ 통치 규범 정리

(3) 수취 체제의 개편(삼정의 개혁): 민생 안정과 국가 재정 확충이 목적

전정	**양전 사업 실시**: 조세 부과 대상에서 빠진 토지를 적발해 세금 징수, 불법적 토지 겸병 금지
군정	**호포제 실시**: 군포를 호(戶, 집) 단위로 부과, 양반에게도 군포 징수 자료 ③
환곡	**사창제 시행**: 지역민들이 자치적으로 운영 ➡ 지방관의 횡포 감소, 농민 부담 감소

(4) 서원 철폐❸: 붕당의 근거지이자 면세·면역의 혜택을 누리며 농민을 수탈하던 서원을 대폭 정리(47개만 남김) ➡ 민생 안정 및 국가 재정 확충

(5) 경복궁 중건❸: 왕실의 권위와 위엄 회복이 목적 ➡ 많은 농민을 공사에 동원, 부족한 자금 마련을 위해 원납전과 통행세 징수, 당백전❹ 발행(물가 급등), 양반의 묘지림 벌목

└ 경복궁은 임진왜란 때 불탔다.

└ 묘지림: 무덤 근처에 있는 나무 숲

❸ **서원 철폐와 경복궁 중건에 대한 반응**
서원 철폐에 대해 양반 유생은 강력하게 반발하였으나 농민은 환영하였다. 경복궁 중건에 대해서는 양반과 백성 모두의 불만이 고조되었다.

❹ **당백전**

명목 가치는 상평통보의 100배에 해당하였지만, 실제 가치는 5~6배에 불과하였다. 물가 폭등과 유통 질서의 혼란을 가져왔다.

자료 1 홍경래의 난

평서대원수는 급히 격문을 띄우노니 관서(평안도이다.)의 부로(父老)와 자제, 공사 천민들은 모두 이 격문을 들으라. 무릇 관서는 성인 기자의 옛 터요, 단군 시조의 옛 근거지로서 의관이 뚜렷하고 문물이 아울러 발달한 곳이다. … 그러나 조정에서는 관서를 버림이 분토(糞土)와 다름없다.

–『패림』

＊자료 분석

- 19세기 초 홍경래는 세도 정치 아래에서의 고통과 서북 지역에 대한 차별 대우로 불만을 가지고 있던 가난한 농민, 신흥 상공업자, 광부, 품팔이꾼 등을 끌어들여 평안도에서 봉기를 일으켰다.
- 이들은 청천강 이북의 여러 고을을 점령하기도 하였으나 정주성 싸움에서 패배하면서 진압되었다.

자료 2 임술 농민 봉기

이번에 난민들이 소동을 일으킨 것은 전 우병사 백낙신이 탐욕을 부려 수탈하였기 때문입니다. 병영에서 포탈한 환곡과 전세 6만 냥을 모든 집마다 배정하여 강제로 징수하려 하였습니다. 이에 민심이 들끓고 많은 사람의 분노가 폭발하여 전에 듣지 못한 변란이 일어난 것입니다.

–『철종실록』

＊자료 분석

- 1862년 경상도 진주에서는 경상 우병사 백낙신의 부정부패에 항의하는 농민 봉기가 일어나 진주성을 점령하였다. 곧이어 전국적으로 봉기가 확산되면서 임술 농민 봉기로 발전하였다.
- 정부는 진주 안핵사로 파견되었던 박규수의 건의에 따라 삼정이정청을 설치하여 삼정을 개혁하고자 하였지만, 큰 성과를 거두지는 못하였다.

자료 3 호포제 실시로 나타난 군포 납부층의 변화

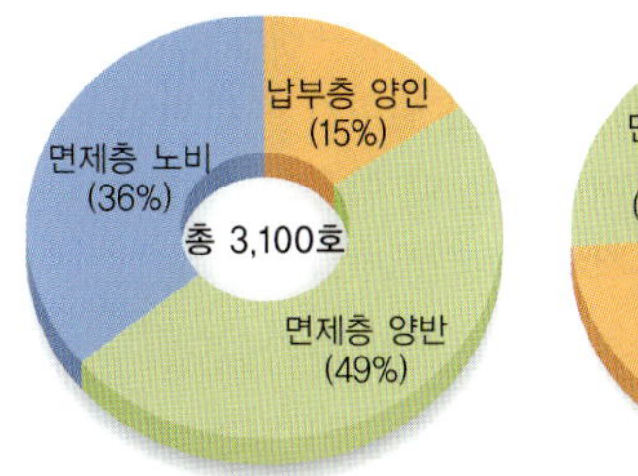

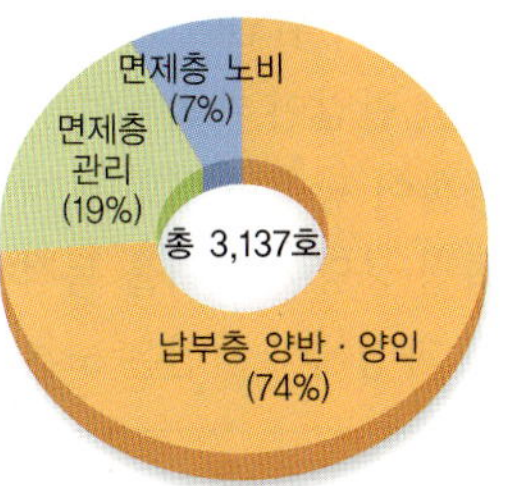

▲ 군포 납부층의 변화

＊자료 분석

- 흥선 대원군은 군정을 개혁하기 위해 양반에게도 군포를 거두는 호포제를 실시하였다.
- 호포제의 실시로 군포 납부층이 크게 늘어났다.

개념 체크 문제

1. 다음 빈칸에 알맞은 말을 쓰시오.

(1) 19세기 조선 사회는 [　　　](으)로 인한 정치 기강의 문란과 농민 수탈의 심화라는 문제에 처해 있었다.

(2) 세도 정치 시기에 세도 가문이 [　　　]의 요직을 독점하였다.

(3) 19세기 초 [　　　]은/는 평안도에 대한 차별과 지배층의 수탈에 저항하여 반란을 일으켰다.

(4) [　　　]에서 경상 우병사 백낙신의 수탈에 항거하여 농민 봉기가 발생하였다.

2. 다음 설명에 해당하는 용어를 쓰시오.

진주 안핵사로 파견되었던 박규수의 건의에 따라 임시로 설치된 관청이다. 삼정의 폐단을 개혁하고자 하였으나, 개혁안을 실천에 옮기지 못하고 폐지되었다.

3. 흥선 대원군의 개혁 정치에 관한 설명이 옳으면 ○, 틀리면 ×표를 하시오.

(1) 의정부를 축소·폐지하고 비변사의 기능을 회복시켰다. (　　)

(2)『대전통편』을 편찬하여 통치 규범을 정리하였다. (　　)

(3) 세도 정치를 펴던 안동 김씨 일족을 몰아내고 정치 질서를 재정비하였다. (　　)

(4) 붕당의 근거지이자 농민을 수탈하던 서원을 대폭 정리하였다. (　　)

(5) 왕실의 권위와 위엄 회복을 목적으로 창덕궁을 중건하였다. (　　)

4. 다음 설명에 해당하는 것을 고르시오.

ㄱ. 호포제　　ㄴ. 사창제　　ㄷ. 양전 사업

(1) 환곡을 백성들이 스스로 운영하도록 하였다. (　　)

(2) 상민에게만 부과하던 군포를 양반에게도 부과하였다. (　　)

❖ 정답 – 문제편 208p

내신 대비 필수 문제

★ 학교 시험 100점을 위한 실전 문제와 학력평가/모의평가 기출 문제

1 양난 이후 통치 체제의 변화와 붕당 정치

[01~02] 다음 자료를 읽고 물음에 답하시오.

> 이 기구는 16세기 초에 여진족과 왜구에 대비하기 위하여 설치되었다. 이때에는 국방 문제에 정통한 재상을 중심으로 운영되던 임시 회의 기구였다. 그후 임진왜란을 맞아 국가적인 위기를 타개하기 위한 대책을 수립하기 위하여 고위 관원들이 합의하는 기구의 필요성이 증대되자 구성원이 확대되고 기능이 강화되었다.

01 (단답형)

밑줄 친 '이 기구'의 명칭을 쓰시오.

02 (서술형) 중요

밑줄 친 '이 기구'의 기능 강화가 끼친 영향을 두 가지 서술하시오.

03

밑줄 친 '도감'에 대한 설명으로 옳은 것은?

> 선조 26년 10월 국왕의 행차가 서울로 돌아왔으나 성 안은 타다 남은 건물 잔해와 시체로 가득하였다. … 이때 상께서 도감을 설치하여 군사를 훈련시키라고 명하시고 나(유성룡)를 도제조로 삼으시므로, 나는 청하기를 "당속미 1천 석을 군량으로 하되 한 사람당 하루에 2승씩 준다하여 군인을 모집하면 응하는 자가 사방에서 모여들 것입니다."라고 하였다.
>
> -『서애집』

① 흥선 대원군이 폐지하였다.
② 농민이 군역으로 동원되었다.
③ 직업적 상비군으로 운영되었다.
④ 난전을 금지할 수 있는 권리를 가지고 있었다.
⑤ 생업에 종사하다가 적이 침입하면 동원되었다.

04 (서술형)

다음과 같은 대립이 일어난 배경과 그 결과에 대해 서술하시오.

> (가): 효종께서는 장남이 아니니,『주자가례』에 따라 1년만 상복을 입어야 합니다.
> (나): 효종께서는 왕위를 이으셨으니 장남과 다를 바 없습니다. 3년 상복을 입어야 합니다.

05

(가)에 들어갈 내용으로 옳은 것은?

〈붕당 정치의 변화〉

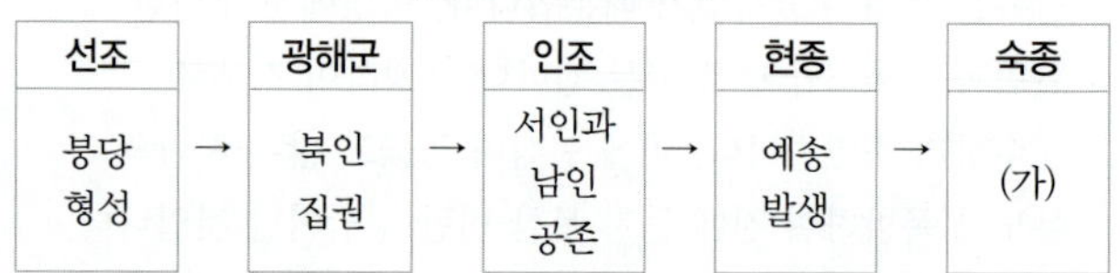

① 사화 발생
② 탕평비 건립
③ 세도 정치 전개
④ 국왕이 환국 주도
⑤ 훈구 견제 위해 사림 등용

06

다음과 같은 변화가 나타나던 시기의 상황으로 옳은 것은?

> 서인과 남인이 번갈아 집권하면서, 그때마다 상대방에 대한 탄압이 계속되었다. 공존의 원리가 무너지면서 공론이 당파의 이익을 대변하는 데 이용되었으며, 특정 붕당이 권력을 독점하는 현상이 나타났다. 이 과정에서 서인은 노론과 소론으로 갈라섰다.

① 초계문신제가 실시되었다.
② 환국의 정국이 거듭되었다.
③ 탕평파가 정국을 주도하였다.
④ 사화로 사림이 타격을 받았다.
⑤ 2차례에 걸친 왕자의 난이 발생하였다.

07 ✿✿✿

(가) 시기에 볼 수 있는 사회 모습으로 가장 적절한 것은?

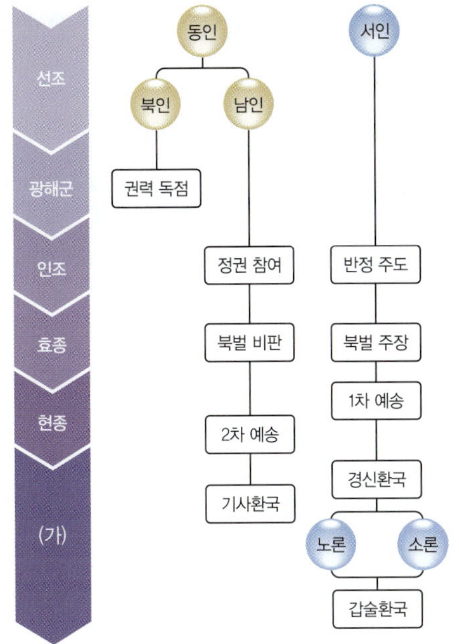

① 장용영을 통제하는 국왕
② 전후 복구를 추진하는 북인
③ 남인을 철저하게 탄압하는 서인
④ 사화로 인해 정계에서 쫓겨난 사림
⑤ 비변사의 기능 축소를 명하는 흥선 대원군

08 ✿✿✿

다음 비석이 건립된 시기에 볼 수 있었던 모습으로 옳은 것은?

왕은 무신년에 일어난 이인좌의 난을 진압한 후 붕당 간의 다툼을 금하고자, "신의가 있고 아첨하지 않는 것은 군자의 마음이요, 아첨하고 신의가 없는 것은 소인의 사사로운 마음이다."라는 내용의 친필 비석을 성균관에 세웠다.

▲ 탕평비

① 장용영에서 훈련하는 군인들
② 대동법 시행에 기뻐하는 경기도 농민
③ 신문고를 울려 억울함을 호소하는 백성
④ 홍경래가 주도하는 봉기에 참여한 상인과 수공업자
⑤ 자의대비의 상복 문제를 둘러싸고 대립하는 서인과 남인

09 ✿✿✿ 중요

다음 교서를 내린 국왕의 정책으로 옳은 것을 〈보기〉에서 고른 것은?

붕당의 폐해가 요즘보다 심한 적이 없었다. 처음에는 학문에 대한 해석이 달라 소란스럽더니, 지금에는 한 편 사람을 모조리 반역하는 당으로 몰고 있다. … (중략) … 이조는 탕평의 정신을 수용토록 하라.

[보기]

ㄱ. 경연을 폐지하였다.
ㄴ. 서원을 정리하였다.
ㄷ. 홍문관을 설치하였다.
ㄹ. 이조 전랑의 권한을 약화시켰다.

① ㄱ, ㄴ ② ㄱ, ㄷ ③ ㄴ, ㄷ ④ ㄴ, ㄹ ⑤ ㄷ, ㄹ

10 ✿✿✿ 중요

밑줄 친 '이 왕'에 대한 설명으로 옳은 것은?

수원 화성은 세계 최초의 계획된 신도시로, <u>이 왕</u>이 아버지인 사도 세자의 무덤을 옮기는 과정에서 만들어졌다.

① 서원을 철폐하였다.
② 쓰시마섬을 정벌하였다.
③ 삼정이정청을 설치하였다.
④ 삼전도에서 항복 의식을 치렀다.
⑤ 규장각을 정책 뒷받침 기구로 육성하였다.

11 ✿✿✿

다음 문화유산이 만들어진 시기의 왕이 추진한 정책으로 옳지 <u>않은</u> 것은?

▲ 수원 화성

① 규장각 설치 ② 장용영 설치
③ 균역법 마련 ④『대전통편』 편찬
⑤ 초계문신제 실시

2 세도 정치와 흥선 대원군의 개혁 정치

12 ✽✽✽ 학력평가 기출(변형)

(가)에 들어갈 내용으로 옳은 것은?

○○ 정치의 전개

1. 시기: 순조 ~ 철종
2. 특징: (가)
3. 폐단
   - 삼정의 문란
   - 매관매직의 만연
   - 과거 시험에서의 부정 성행

① 경연의 정치적 기능 강화
② 훈구와 사림 간의 갈등 심화
③ 소수 외척 가문의 비변사 장악
④ 환국의 발생으로 인한 정국의 혼란
⑤ 서인과 남인 간의 연합을 통한 정국 운영

13 ✽✽✽ 서술형

다음과 같은 시기에 나타난 문제점을 정치적인 면에서 서술하시오.

> 정조가 갑자기 세상을 떠나고 순조가 어린 나이에 즉위하면서 왕에게 집중되었던 권력은 외척 세력에게 넘어가고 말았다. 이후 헌종과 철종으로 이어진 3대 60여 년 동안 안동 김씨와 풍양 조씨 등 몇몇 가문이 권력을 독점하였다.

14 ✽✽✽

자료가 작성되었을 시기에 있었던 일로 옳은 것은?

> 조정에서는 관서 지역을 쓸모없는 땅으로 여긴다. 심지어 권세 있는 집의 노비들도 서쪽 땅의 사람을 보면 '평안도 놈'이라 일컫는다. … 지금 임금이 나이가 어린 까닭으로 권세 있는 간신배가 그 세를 날로 떨치고, 김조순·박종경의 무리가 권력을 갖고 노니, …

① 탕평 정치가 전개되었다.
② 삼정의 문란이 심화되었다.
③ 일본인들이 3포에서 난을 일으켰다.
④ 사림이 중앙 정치에 진출하기 시작하였다.
⑤ 토지세를 풍흉 정도에 따라 차등 부과하였다.

15 ✽✽✽ 모의평가 기출(변형)

다음 자료에 밑줄 친 '봉기'에 대한 설명으로 옳은 것은?

〈봉기의 특징〉

- 원인: 세도 정치의 모순, 평안도 사람에 대한 차별
- 참여 계층: 몰락 양반, 영세 농민, 중소 상인, 광산 노동자 등
- 전개: 한때 청천강 이북 점령 → 정부군에 의해 진압

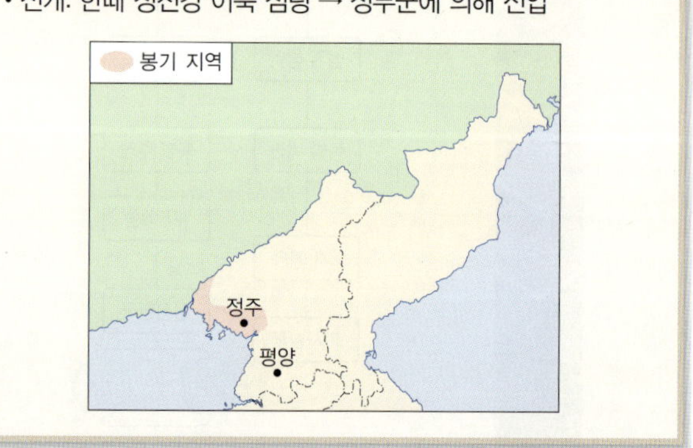

① 홍경래가 주도하였다.
② 서경 천도를 요구하였다.
③ 무신 정권에 저항하였다.
④ 노비 해방을 지향하였다.
⑤ 문신들을 죽이고 권력을 장악하였다.

16 ✽✽✽

다음과 같은 시기에 볼 수 있는 모습으로 가장 적절한 것은?

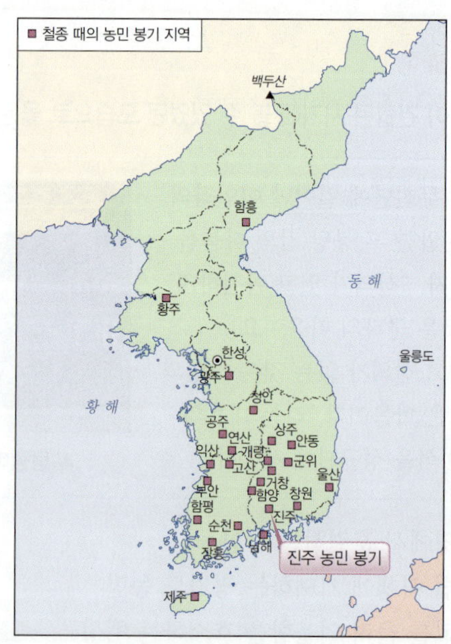

① 스스로 장군이라 칭하는 호족
② 정변을 통해 정권을 장악한 무신
③ 불교 배척을 주장하는 신진 사대부
④ 삼정을 이용하여 농민을 수탈하는 수령
⑤ 공신으로서 고위 관직을 독점한 훈구파

17 ✽✽✽

(가)에 들어갈 내용으로 옳은 것을 〈보기〉에서 고른 것은?

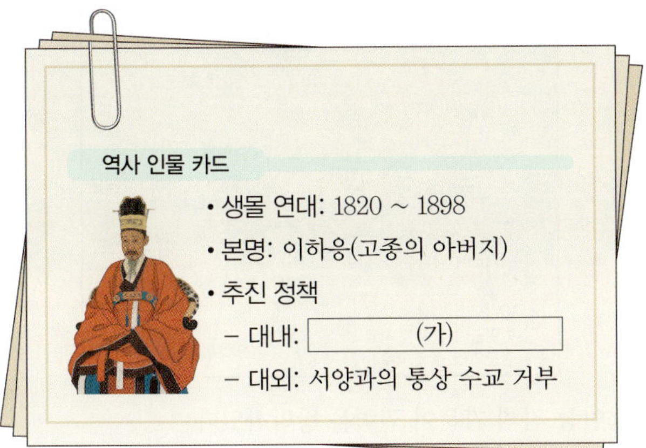

[보기]

ㄱ. 서원 철폐　　ㄴ. 경복궁 중건
ㄷ. 수원 화성 건설　　ㄹ. 삼정이정청 설치

① ㄱ, ㄴ　② ㄱ, ㄷ　③ ㄴ, ㄷ
④ ㄴ, ㄹ　⑤ ㄷ, ㄹ

18 ✽✽✽

다음 자료를 활용한 전시회 제목으로 가장 적절한 것은?

▲ 경복궁 근정전

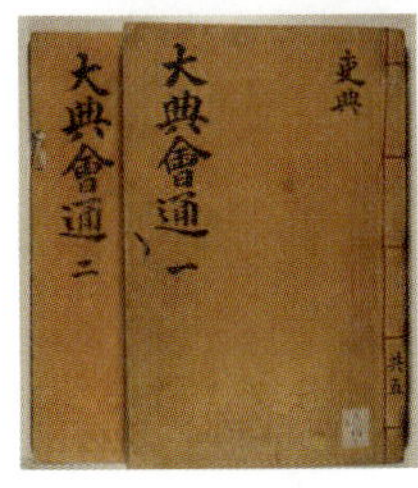
▲ 대전회통

▲ 육전조례

① 근대화를 위한 노력
② 국권 수호 운동의 전개
③ 급진 개화파와 정변의 추진
④ 동학 농민 운동의 발생 배경
⑤ 흥선 대원군의 대내 개혁 정치

19 ✽✽✽ 중요

밑줄 친 ㉠과 관련된 것으로 옳은 내용을 〈보기〉에서 고른 것은?

조선이 안으로 사회적 동요가 일어나고, 밖으로 외세의 통상 수교 요구가 거세지고 있던 시기에, 철종이 죽고 고종이 어린 나이로 왕위에 올랐다. 그러자 국왕의 생부 이하응이 대원군으로 정권을 잡고 왕권 강화와 정치 질서 재정비를 위해 ㉠ 통치 체제 정비에 나섰다.

[보기]

ㄱ. 『대전회통』, 『육전조례』 등의 법전을 편찬하였다.
ㄴ. 금위영을 설치해 중앙군을 5군영으로 정비하였다.
ㄷ. 비변사를 축소·격하시키고 의정부를 부활시켰다.
ㄹ. 향약을 보급하여 향촌 자치와 교화 기능을 맡도록 하였다.

① ㄱ, ㄴ　② ㄱ, ㄷ　③ ㄴ, ㄷ
④ ㄴ, ㄹ　⑤ ㄷ, ㄹ

[20~21] 다음 자료를 참고하여 물음에 답하시오.

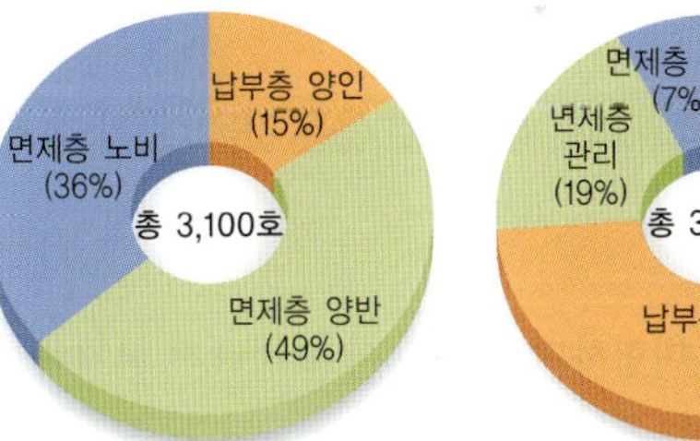

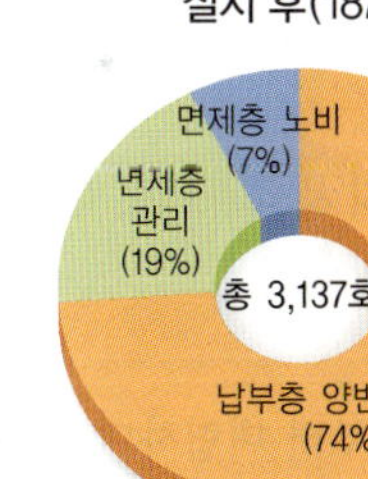

▲ 군포 납부층의 변화

20 ✽✽✽ 단답형

위와 같은 변화를 가져온 정책의 명칭을 쓰시오.

21 ✽✽✽ 서술형

위의 정책을 실시한 목적과 이에 대한 양반과 농민의 반응을 각각 서술하시오.

내신 1등급 문제

22 ✿✿✿

밑줄 친 ㉠ 기구의 (가)~(마) 시기 모습으로 옳지 않은 것은?

> 여진을 정벌할 때 임시로 설치하였는데, 재신으로서 이 일을 맡긴 사람을 지변 재상이라고 불렀습니다. … 명칭은 ㉠'변방 방비를 담당하는 것'이라고 하면서 과거 시험에 대한 판정이나 왕비나 세자빈을 간택하는 등의 일까지도 모두 여기를 경유하여 나옵니다.

	(가)		(나)		(다)		(라)		(마)	
대마도 토벌		3포 왜란		임진 왜란		순조 즉위		고종 즉위		갑오 개혁

① (가) – 의정부의 기능을 대신하였다.
② (나) – 국방 문제를 담당하였다.
③ (다) – 국가 최고 회의 기구로 성장하였다.
④ (라) – 세도 가문의 권력 기반 역할을 하였다.
⑤ (마) – 기능이 축소되면서 폐지되었다.

23 ✿✿✿

(가), (나) 정치 세력에 대한 설명으로 옳은 것을 〈보기〉에서 고른 것은?

> 선조 초부터 대립하던 사림은 이조 전랑직 천거에 대한 의견 대립을 계기로 기성 사림이 결집한 (가) 와/과 신진 사림이 결집한 동인으로 분화하였다. 이후 동인은 다시 온건 세력인 남인과 급진 세력인 (나) (으)로 나누어졌다. 왜란 이후 (나) 이/가 집권하였으나, 인조반정을 계기로 몰락하고 (가) 와/과 남인이 공동 정권을 형성하였다.

[보기]

ㄱ. (가) – 현종 때 남인과 두 차례의 예송을 겪었다.
ㄴ. (가) – 영창대군을 죽이고 인목대비를 폐위시켰다.
ㄷ. (나) – 광해군 때에 국정을 이끈 집권 세력이었다.
ㄹ. (나) – 어영청, 수어청 등의 군영을 장악하였다.

① ㄱ, ㄴ　② ㄱ, ㄷ　③ ㄴ, ㄷ
④ ㄴ, ㄹ　⑤ ㄷ, ㄹ

24 ✿✿✿

지도에 나타난 반란이 일어났던 시기의 모습으로 옳은 것은?

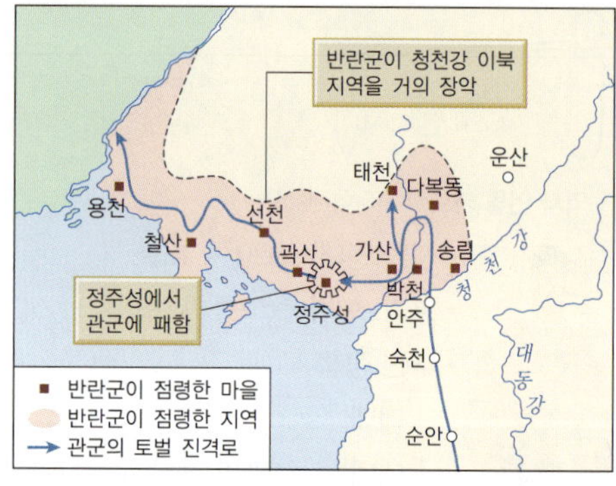

① 안동 김씨 가문이 권력을 장악하였다.
② 사림이 등장하여 향촌 자치와 왕도 정치를 주장하였다.
③ 특정 붕당이 정권을 독점하는 일당 전제화 현상이 나타났다.
④ 거짓으로 공신이 된 사람들의 지위를 박탈하는 사건이 일어났다.
⑤ 강력한 왕권을 바탕으로 붕당의 대립을 해소하려는 정책이 시행되었다.

25 ✿✿✿

모의평가 기출(변형)

다음 자료의 정책을 추진한 목적으로 가장 적절한 것은?

> (가) 선유(先儒) 1인에 대하여 2개 이상 건립된 서원은 비록 사액 서원이라 하더라도 모두 철폐하라.
> – 『승정원 일기』
>
> (나) 충신과 공신이 이룩한 사업도 나라와 백성을 위한 것이었다. 지금 그 후손이 면세를 받기 때문에 일반 평민이 법에서 정한 세금보다 무거운 부담을 지게 된다면 충신의 본뜻이 아닐 것이다.
> – 『근세조선정감』

① (가) – 국가의 재정 확충
② (가) – 신분 차별 없는 인재 등용
③ (나) – 토지 대장에 누락된 은결 색출
④ (나) – 환곡의 문란 시정과 민생 안정
⑤ (가), (나) – 양반과 평민의 균등 과세 실현

수능 대비 기출 문제

★ 수능 기출 문제로 수능 유형 익히기

26 ✿✿❀ 대표 유형 2023 대비 수능 5

(가), (나) 시기 사이에 있었던 사실로 옳은 것은?

(가) 심의겸과 김효원의 대립이 더욱 심해져서 심의겸을 지지하는 무리는 서인이 되고 김효원을 지지하는 무리는 동인이 되었다. 이로써 조정 신하 가운데 주관이 뚜렷하여 독자적으로 행동하는 사람이 아니면 모두 동인이나 서인으로 나눠지게 되었다.

(나) 임금께서 탕평책을 실시하여, "두루 화합하고 편당을 짓지 않는 것은 군자의 공정한 마음이요, 편당만 짓고 두루 화합하지 않는 것은 소인의 사사로운 뜻이다."라는 글을 써서 내리고 이를 새긴 탕평비를 세우도록 하였다.

① 환국이 일어났다.
② 무신 정권이 성립되었다.
③ 위화도 회군이 단행되었다.
④ 성왕이 사비로 천도하였다.
⑤ 제너럴 셔먼호 사건이 발생하였다.

★ **대표 유형 분석**

이 유형은 주로 특정 시대의 두 역사적 사건이 글로 제시되고, 사건 사이에 발생했던 사실을 담고 있는 선택지를 고르는 방식으로 출제된다.

단서+발상

단서
- (가): 정치적 대립이 발생하여 사림이 동인과 서인으로 나뉘었다.
- (나): 임금이 탕평책을 실시하고 탕평비를 건립하였다.

발상
- (가)는 선조 때 사림이 동인과 서인으로 나뉘어지는 동서분당이다.
- (나)는 영조의 탕평 정치이다.

적용 조선 시대 사림의 동서분당(16세기 후반)과 영조의 탕평 정치(18세기) 사이에 집권 붕당이 바뀌어 정국이 급변하는 현상이 발생하였다.

27 ✿✿❀ 2022 대비 9월 모평 10

밑줄 친 '민란'에 대한 정부의 대책으로 옳은 것은? [3점]

진주 안핵사 박규수가 상소하기를, "백성들이 민란을 일으킨 데에는 반드시 이유가 있습니다. …(중략)… 진주에서 문서를 거짓으로 꾸며서 환곡을 착복한 사실은 이미 조사하여 보고하였습니다. 단성현도 수천 호에 불과하여 정상적인 방법으로는 수만 석에 달하는 환곡과 향곡*을 부담할 수 없습니다. 결국, 피해를 입는 것은 우리 백성들뿐입니다."라고 하였다.

*향곡(餉穀) : 군량으로 쓰던 곡식

① 녹읍을 폐지하였다.
② 교정도감을 두었다.
③ 전시과를 실시하였다.
④ 홍범 14조를 반포하였다.
⑤ 삼정이정청을 설치하였다.

28 ✿✿❀ 2024 대비 6월 모평 7

(가) 인물이 실시한 정책으로 옳은 것은?

저는 지금 경복궁에 나와 있습니다. 경복궁은 임진왜란 때 불타 버렸는데 고종의 아버지인 (가) 이/가 왕실의 권위를 높이기 위해 중건하였습니다. 이 과정에서 원납전을 징수하고 당백전을 발행하여 백성의 원망을 사기도 하였습니다.

① 정동행성이문소를 폐지하였다.
② 독서삼품과를 운영하였다.
③ 4군 6진을 개척하였다.
④ 호포제를 시행하였다.
⑤ 마한을 복속하였다.

❖ 정답 및 해설 25~27p

대단원 마무리 문제 Ⅰ. 근대 이전 한국사의 이해

01 고대 국가의 성장

01

밑줄 친 '이 시대'에 대한 설명으로 옳은 것은?

사진은 이 시대에 널리 사용된 빗살무늬 토기이다. 한반도 전 지역에서 발견되며, 간결한 V자 형태의 몸체에 기하학적 무늬로 장식하였다. 뾰족한 바닥을 땅바닥에 꽂아 사용하였던 것으로 보인다. 주로 음식물을 저장하는 데에 사용되었다.

① 이동 생활을 하였다.
② 목축이 이루어졌다.
③ 고인돌을 제작하였다.
④ 고조선이 연과 대립하였다.
⑤ 거친무늬 거울을 사용하였다.

[02~03] 다음 자료를 읽고 물음에 답하시오.

(가) 나라에는 왕이 있다. 가축의 이름으로 관직명을 정하여 마가, 우가, 구가, 저가 등이 있었다. 제가들은 별도로 사출도를 주관하였다.
(나) 국읍에 각각 한 사람씩을 세워 천신에 대한 제사를 주관하게 하는데, 이를 천군이라고 부른다. 또한, 여러 나라에는 각기 별읍이 있으니 이를 소도라고 한다.

02 단답형

(가), (나) 국가의 명칭을 쓰시오.

03

(가), (나) 국가에 대한 설명으로 옳은 것은?

① (가) – 책화라는 풍습이 있었다.
② (가) – 영고라는 제천 행사를 개최하였다.
③ (나) – 제가 회의에서 중대사를 협의하였다.
④ (나) – 8조법을 통해 사회 질서를 유지하였다.
⑤ (나) – 왕이 없고 읍군과 삼로가 부족을 다스렸다.

04 중요

(가) 왕에 대한 설명으로 옳은 것은?

사진은 단양 신라 적성비입니다. 6세기에 한강 유역을 차지한 (가) 이/가 고구려 영토인 적성을 빼앗은 후 세웠습니다.

① 불교를 공인하였다.
② 대가야를 정복하였다.
③ 22담로를 설치하고 왕족을 파견하였다.
④ 최고 지도자의 명칭을 왕으로 바꾸었다.
⑤ 평양성을 공격하여 고국원왕을 전사시켰다.

05 중요

(가), (나) 사건 사이 시기에 있었던 사실로 옳은 것은?

(가) 7월 18일, 백제 의자왕이 태자와 웅진방의 병사 등을 거느리고 웅진성으로부터 와서 항복하였다. 무열왕은 의자왕이 항복했다는 소식을 듣고 29일에 금돌성으로부터 소부리성에 당도하여, 제감 천복을 당나라에 보내 싸움에서 이겼음을 알렸다.
– 『삼국사기』

(나) 무진년에 문무왕이 군사를 이끌고 인문, 흠순 등과 함께 평양에 이르러 당나라 군사와 합세하여 고구려를 멸망시켰다. 당나라 장수 이적이 보장왕을 사로잡아 본국으로 돌아갔다.
– 『삼국유사』

① 최승로가 시무 28조를 건의하였다.
② 장보고가 완도에 청해진을 설치하였다.
③ 홍경래가 평안도 지역에서 봉기하였다.
④ 주류성 등에서 백제 부흥 운동이 전개되었다.
⑤ 대조영이 동모산을 중심으로 발해를 건국하였다.

06 ✿✿✿

(가) 왕에 대한 설명으로 옳은 것은?

> (가) 은/는 즉위한지 한 달 만에 반역을 꾀한 죄로 김흠돌 등의 귀족들을 처형하였다. 이후 관료전을 지급하고 녹읍을 폐지함으로써 귀족들의 경제적 기반을 약화시키고 왕권을 강화하였다.

① 국학을 설립하였다.
② 우산국을 정벌하였다.
③ 삼국 통일을 완수하였다.
④ 독서삼품과를 시행하였다.
⑤ 진골 출신으로는 최초로 왕위에 올랐다.

07 ✿✿✿

다음 정치 제도를 운영한 국가에 대한 설명으로 옳은 것을 〈보기〉에서 고른 것은?

*( )안은 당의 관제임

[보기]
ㄱ. 시중이 국정을 총괄하였다.
ㄴ. 당의 산둥반도를 공격하였다.
ㄷ. 전성기에 해동성국이라 불렸다.
ㄹ. 9주 5소경의 지방 제도를 실시하였다.

① ㄱ, ㄴ ② ㄱ, ㄷ ③ ㄴ, ㄷ
④ ㄴ, ㄹ ⑤ ㄷ, ㄹ

08 ✿✿✿ 서술형

(가)에 들어갈 내용을 두 가지 이상 서술하시오.

02 고려의 통치 체제와 정치 변동

09 ✿✿✿

모의평가 기출(변형)

다음 글을 남긴 왕에 대한 설명으로 옳은 것은?

> 짐은 평범한 가문 출신으로서 분에 넘치게 사람들의 추대를 받아 왕위에 올랐다. 재위 19년 만에 삼한을 통일하였고, 이제 왕위에 오른 지도 25년이 되었다. 몸이 이미 늙어지니, 후손들이 사사로운 인정과 욕심을 함부로 부려 나라의 기강을 어지럽게 할까 크게 걱정이 된다. 이에 가르침의 요체를 지어 후대의 왕들에게 전하고자 하니, 바라건대 아침 저녁으로 펼쳐 보아 영원토록 귀감으로 삼을지어다.

① 흑창을 설치하여 빈민을 구제하였다.
② 광덕·준풍이라는 독자적인 연호를 사용하였다.
③ 묘청 등 서경 세력을 이용하여 개혁 정치를 추진하였다.
④ 정동행성이문소를 폐지하고 쌍성총관부를 수복하였다.
⑤ 과도한 경비 지출을 이유로 연등회와 팔관회를 폐지하였다.

10 ✿✿✿ 중요

밑줄 친 '이 국왕'에 대한 설명으로 옳은 것은?

> 이 국왕이 즉위한 해로부터 8년간 정치와 교화가 깨끗하고 공평하였고, 형벌과 표창을 남용하지 않았습니다. 그러나 쌍기를 등용하여 과거를 시행한 후로부터 문사(文士)를 존중하고 대우하는 것이 지나치게 후하였습니다. … 말년에 이르러 죄 없는 사람을 많이 죽였습니다. … 항상 공손하고 검소하며 처음과 같이 정치에 힘썼더라면 어찌 그 녹과 수명이 겨우 향년 50으로 그쳤겠습니까?

① 훈요 10조를 남겼다.
② 사성 정책을 시행하였다.
③ 노비안검법을 실시하였다.
④ 지방에 12목을 설치하였다.
⑤ 최승로의 시무 28조를 수용하였다.

❖ 정답 및 해설 27~29p

11 ✿❀❀

다음 건의문을 수용한 국왕의 활동으로 옳은 것은?

> 제7조 지방의 토호들이 공무를 빙자하여 백성들을 침탈·억압하고 있으니 사람들이 살아갈 수가 없습니다. 청하옵건대 외관을 두소서.
>
> –「시무 28조」

① 흑창을 설치하였다.
② 교정도감을 설치하였다.
③ 노비안검법을 시행하였다.
④ 12목을 설치하고 지방관을 파견하였다.
⑤ 신돈을 등용하여 전민변정도감을 설치하였다.

12 ✿✿❀

(가), (나) 제도에 대한 설명으로 옳은 것은?

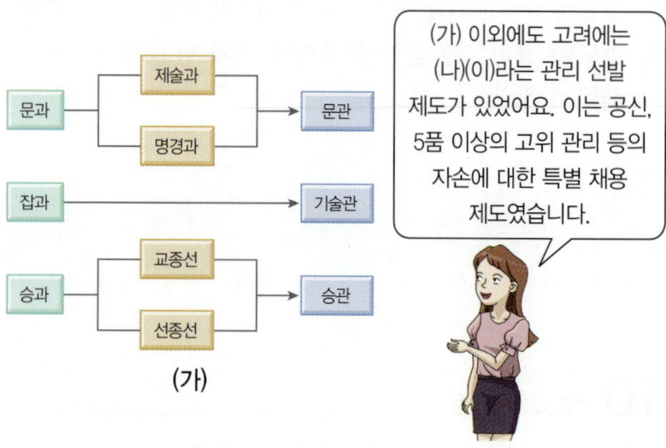

[보기]

ㄱ. (가): 쌍기의 건의로 시행되었다.
ㄴ. (가): 고려 시대 백정은 응시가 금지되었다.
ㄷ. (나): 외손자에게도 적용되었다.
ㄹ. (나): 신진 사대부의 주된 관직 진출 통로였다.

① ㄱ, ㄴ ② ㄱ, ㄷ ③ ㄴ, ㄷ
④ ㄴ, ㄹ ⑤ ㄷ, ㄹ

13 ✿❀❀ 서술형

밑줄 친 '묘청'이 주장한 내용을 두 가지 이상 서술하시오.

> <u>묘청</u> 등이 왕에게 건의하기를, "저희가 보니 서경 임원역의 땅은 음양가들이 말하는 대화세(大華勢)입니다. 만약 이곳에 궁궐을 세우고 수도를 옮기면 … 금이 공물을 바치고 스스로 항복할 것이며, 36개 나라가 모두 신하가 될 것입니다."라고 하였다.
>
> –『고려사』

14 ✿✿✿

학력평가 기출(변형)

다음에서 설명하는 기구가 운영된 시기의 정치 상황으로 옳은 것은?

> 일본 원정을 준비하기 위해 설치되어 군대와 물자를 징발하였다. 두 차례의 원정을 실시하였으나 태풍으로 인하여 모두 실패하였다. 일반 행정을 담당한 좌우사(左右司)와 사법 사무를 담당한 이문소(理問所), 군무를 담당한 도진무사(都鎭撫司) 등 여러 부속 기구를 두었다. 원정이 실패한 이후에도 계속 남아 정치에 간섭하였는데, 특히 이문소의 횡포가 극심하였다.

① 전주에서 관노비들이 봉기를 일으켰다.
② 위화도 회군으로 지배 세력이 교체되었다.
③ 부마국이 되어 왕실의 호칭과 격이 낮아졌다.
④ 금국 정벌을 주장하며 서경 천도 운동이 일어났다.
⑤ 지방에 12목을 설치하고, 12목에 지방관을 파견하였다.

15 ✿✿❀ 중요

밑줄 친 '왕'의 업적으로 옳은 것을 〈보기〉에서 고른 것은?

> 신돈은 <u>왕</u>에게 전민변정도감을 둘 것을 청원하고 스스로 판사 자리에 앉아 개혁을 추진하였다. 백성의 재산을 함부로 탈취한 자에게 경고하는 방을 붙인 결과, 많은 농장주들이 빼앗은 토지 등을 본래 주인에게 돌려주었다. 농민들은 신돈을 찬양하였지만, 지배층의 불만은 심화되었다.

[보기]

ㄱ. 쌍성총관부를 공격하였다.
ㄴ. 중앙에 국자감을 설립하였다.
ㄷ. 기철 등 친원 세력을 숙청하였다.
ㄹ. 광덕, 준풍 등 독자적 연호를 사용하였다.

① ㄱ, ㄴ ② ㄱ, ㄷ ③ ㄴ, ㄷ
④ ㄴ, ㄹ ⑤ ㄷ, ㄹ

03 조선 사회의 성립과 발전

16 ✽✽❀

밑줄 친 '왕'에 대한 설명으로 옳은 것은?

삭풍(朔風)은 나무 끝에 불고
명월(明月)은 눈 속에 찬데
만리변성(萬里邊城)에
일장검(一長劍) 짚고 서서
긴파람 큰 한소리에
거칠 것이 없어라.

① 사병을 혁파하였다.
② 집현전을 폐지하였다.
③ 홍문관을 설치하였다.
④ 경연을 활성화하였다.
⑤ 경국대전을 완성하였다.

17 ✽✽❀ 중요

(가), (나) 정치 제도에 대한 설명으로 옳은 것은?

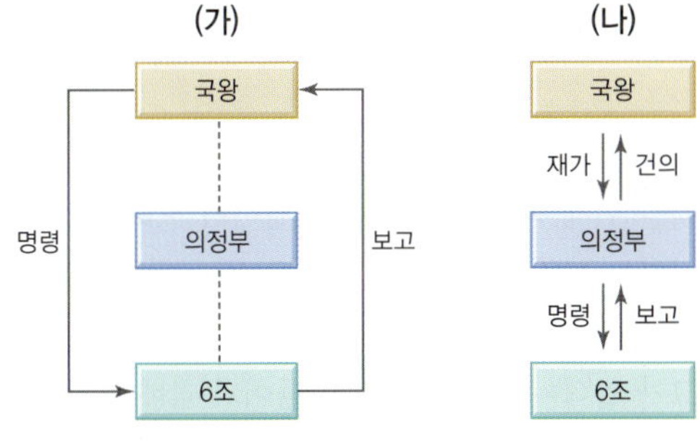

① (가) – 경연이 활성화되었다.
② (가) – 재상의 합의를 중시하였다.
③ (가) – 의정부의 권한이 강화되었다.
④ (나) – 태종과 세조 시기에 시행되었다.
⑤ (나) – 왕권과 신권의 조화를 추구하였다.

18 ✽✽❀ 서술형

(가)에 알맞은 내용을 서술하시오.

〈사림의 세력 확대와 정권 장악〉

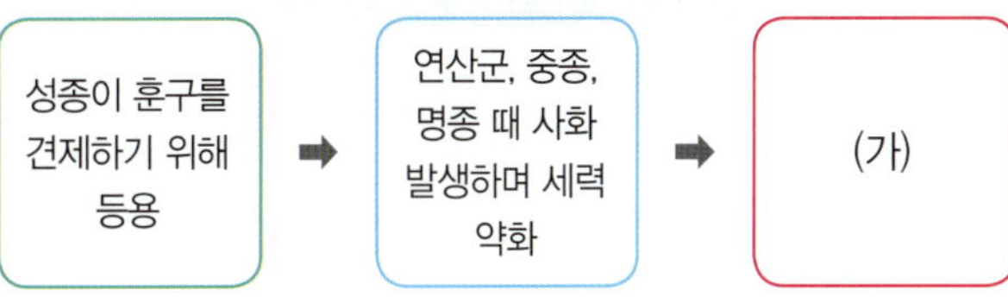

19 ✽❀❀

밑줄 친 '전쟁'에 대한 설명으로 옳은 것을 〈보기〉에서 고른 것은?

일본의 전국 시대를 통일한 도요토미 히데요시는 지방 영주(다이묘)의 불만을 무마하고 대륙으로 진출하기 위해 <u>전쟁</u>을 일으켰다.

[보기]

ㄱ. 국왕이 강화도로 피신하였다.
ㄴ. 조선이 삼전도에서 항복 의식을 치렀다.
ㄷ. 이순신의 수군과 각지의 의병이 활약하였다.
ㄹ. 누르하치의 세력이 확대되는 계기가 되었다.

① ㄱ, ㄴ ② ㄱ, ㄷ ③ ㄴ, ㄷ ④ ㄴ, ㄹ ⑤ ㄷ, ㄹ

20 ✽✽❀

다음 대화의 왕이 재위하였던 시기의 역사적 사실로 옳은 것은?

① 두 차례의 예송이 일어났다.
② 북인 세력이 전후 복구를 추진하였다.
③ 대동법이 전국으로 확대 실시되었다.
④ 서인이 권력을 잡고 친명 정책을 폈다.
⑤ 왕의 친위 부대인 장용영이 설치되었다.

❖ 정답 및 해설 29~30 p

04 조선 후기 새로운 흐름과 변화

21 ✿✿✿

(가), (나) 사이 시기에 있었던 일로 옳은 것은?

(가) 효종이 사망하자, 서인과 남인은 자의대비의 상복 착용 기간을 두고 각각 기년설(1년)과 3년설(3년)을 주장하며 대립하였다.
(나) 왕명에 의해 이조 전랑이 갖고 있던 3사 관리 추천권이 사라졌다. 이로써 이조 전랑의 권한이 약화되었다.

① 환국이 발생하였다.
② 현량과가 시행되었다.
③ 3포 왜란이 일어났다.
④ 수원 화성이 건립되었다.
⑤ 초계문신제가 실시되었다.

22 ✿✿✿

밑줄 친 '임금'에 대한 탐구 활동으로 적절하지 않은 것은?

… 임금에게는 오랫동안 후계자가 없다가 세자가 탄생하였다. 자질이 탁월하여 임금이 매우 사랑하였는데, 10여 세 이후에는 점차 학문에 태만하게 되었고, … 임금이 세자를 폐하여 서인으로 삼고, 안에다 엄히 가두었다. … 사도 세자가 사망하였다.

① 균역법의 내용을 조사한다.
② 탕평파가 형성되는 과정을 정리한다.
③ 경복궁, 종묘, 사직을 설치한 원리를 찾아본다.
④ 이조 전랑의 권한을 약화시킨 목적을 알아본다.
⑤ 『속대전』의 편찬 과정과 체제에 대해 조사한다.

23 ✿✿✿

밑줄 친 '그'가 실시한 정책에 대한 설명으로 옳지 않은 것은?

그는 18세기 말에 신도시를 건설하였다. 그리고 정치·군사적 기능을 부여함과 동시에, 상공인을 유치하여 자신의 정치적 이상을 실현하는 상징적 도시로 육성하고자 하였다.

① 군대를 양성하여 북벌을 준비하였다.
② 장용영을 설치하여 왕권을 뒷받침하였다.
③ 수령이 군현 단위의 향약을 직접 주관하게 하였다.
④ 초계문신제를 실시하여 유능한 인사를 재교육하였다.
⑤ 적극적인 탕평책을 추진하여 노론·소론·남인을 고루 등용하였다.

[24~25] 다음 자료를 읽고 물음에 답하시오.

이번에 난민들이 소동을 일으킨 것은 전 우병사 백낙신이 탐욕을 부려 수탈하였기 때문입니다. 병영에서 포탈한 환곡과 전세 6만 냥을 모든 집마다 배정하여 강제로 징수하려 하였습니다. 이에 민심이 들끓고 많은 사람의 분노가 폭발하여 전에 듣지 못한 변란이 일어난 것입니다. –『철종실록』

24 ✿✿✿ 단답형

밑줄 친 '변란'의 명칭을 쓰시오.

25 ✿✿✿ 서술형

밑줄 친 '변란'을 수습하기 위해 정부가 시행한 정책과 그 결과를 서술하시오.

26 ✿✿✿ 중요

밑줄 친 '그'가 추진한 정책으로 옳은 것은?

숙종 30년에 권상하는 명나라 의종이 종묘와 사직을 위해 목숨 바친 것을 기념하기 위해 뜻을 같이하는 선비들과 화양동에 사당을 세웠다. 선조의 친필 '만절필동'을 위해 그 이름을 '만동'이라 했다.
그가 일찍이 만동묘 안으로 들어가 참배하는데 불경스럽다고 사당지기에게 굴욕을 당했다. 마음에 원한을 품고 있다가 이때 만동묘를 헐어버렸다. 그는 또한 전국의 서원을 훼철하라는 명을 내렸다.
–『대한계년사』

① 신분제를 폐지하였다.
② 대전통편을 완성하였다.
③ 초계문신제를 시행하였다.
④ 양반에게도 군포를 부과하였다.
⑤ 속대전을 편찬해 법전 체계를 정리하였다.

❖ 정답 및 해설 31p

Ⅱ 근대 이전 한국사의 탐구

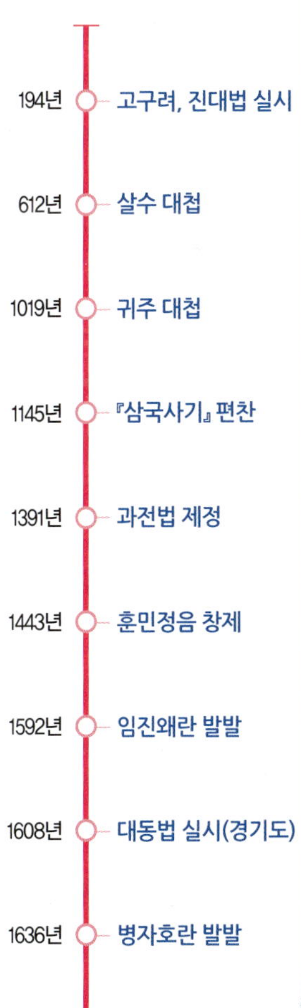

국제 관계와 대외 교류

중요도 

1 동아시아 국제 질서와 고대 국가의 대외 관계

1. 동아시아 국제 질서의 형성

(1) 조공·책봉 관계❶

① 의미: 조공은 주변국이 중국 왕조에 예물을 바치는 것, 책봉은 중국 왕조가 주변국의 통치자에게 관직을 내려 통치를 인정해 주는 행위

② 평가: 전근대 동아시아의 형식적인 외교 틀

(2) **고조선의 대외 관계**: 중국의 제, 연 등과 교류, 한 무제의 침략으로 멸망(기원전 108)

(3) 삼국의 대외 관계와 교류

고구려	장수왕 때 중국의 남·북조 및 북방 민족과 교류, 독자적 천하관❷을 내세움
백제	근초고왕 때 중국의 동진과 외교 관계를 맺음, 주로 중국의 남조와 외교 관계 유지, 왜와 긴밀한 교류
신라	백제와 고구려를 통해 중국에 사신 파견 ➡ 한강 유역 점령 후 중국과 직접 외교 관계를 맺음
가야	5세기 후반 중국 남조에 사신 파견

❶ **조공·책봉 관계의 효과**
중국의 황제는 주변국의 통치자에게 조공을 받아 권위를 높일 수 있었다. 주변국의 통치자는 통치의 정당성을 인정받고 중국과 정치·경제·문화적으로 교류할 수 있었다.

❷ **삼국의 독자적 천하관**
삼국은 저마다 독자적인 천하관을 가지고 있었다. 고구려는 왕을 '태왕'이라 하였고, '영락'(광개토 대왕 때 연호)이라는 독자적인 연호를 사용하였으며, 백제와 신라를 속국으로 인식하였다. 백제는 '대왕' 칭호를 사용하였고, 탐라의 조공을 받았다. 신라도 '건원'(법흥왕 때 연호)이라는 독자적인 연호를 사용하였다.

2. 동아시아 국제 정세의 변화

(1) 6세기 말 ~ 7세기의 국제 정세❸

① 남북 세력: 수의 중국 통일로 압박을 받은 고구려는 돌궐, 백제, 왜와 연합

② 동서 세력: 고구려와 백제의 공격을 받아 위기에 처한 신라가 당과 연합

(2) 고구려와 수·당의 전쟁

수 자료 1	수가 고구려에 복속 요구 ➡ 고구려가 거절, 수의 요서 지방 공격 ➡ 수가 여러 차례 고구려 침입 ➡ 을지문덕이 이끄는 고구려군이 수의 군대를 살수에서 크게 물리침(살수 대첩, 612)
당	고구려가 국경에 천리장성 축조, 권력을 장악한 연개소문이 당에 강경한 태도를 보임 ➡ 당 태종이 군대를 이끌고 침입 ➡ 안시성에서 당군을 격퇴함(안시성 전투, 645)

(3) 나·당 동맹과 나·당 전쟁

나·당 동맹	백제 의자왕의 공격으로 신라가 위기에 처함 ➡ 신라의 김춘추가 당에 동맹을 제의하여(그 이전에 고구려에 동맹을 제의했다가 거절당하였다.) 나·당 동맹이 성사됨(648) ➡ 나·당 연합군이 백제를 멸망시키고(660) 백강 전투(663)❹에서 승리를 거둠 ➡ 나·당 연합군이 고구려를 멸망시킴(668)
나·당 전쟁	당의 한반도 지배 야욕❺ ➡ 신라가 매소성, 기벌포 전투에서 당군에 승리 ➡ 삼국 통일(676)(당은 서쪽의 토번을 상대하느라 신라와의 전쟁에 집중할 수 없었다.)

❸ **6세기 말~7세기의 국제 정세**

남북 세력과 동서 세력의 대결 구도로 이어졌다.

3. 남북국의 대외 교류 자료 2

(1) 통일 신라

당과의 교류	사절단·유학생·승려 등이 자주 왕래(당의 선진 문물과 사상 수입), 당의 산둥반도와 창장강 하류 지역에 신라방(마을)·신라소(감독 관청)·신라원(절)·신라관(숙박 시설) 설치
일본과의 교류	당과 일본 사이에서 중계 무역 전개
서역과의 교류	울산항에서 이슬람(아라비아) 상인과 교류

(2) 발해

당과의 교류	• 무왕 때 대립, 문왕 이후 조공·책봉 관계를 맺고 문물 수용 • 유학생·승려·상인 등이 왕래 ➡ 당이 산둥반도의 등주에 발해관(숙박 시설) 설치
일본과의 교류	건국 초부터 활발히 교류, 모피·인삼 등을 수출하고 비단·귀금속 등을 수입
신라와의 교류	신라도를 통해 교류

❹ **백강 전투**
백제 멸망 후인 663년에 백강(오늘날의 금강으로 추정) 일대에서 백제 부흥군과 왜의 연합군, 그리고 신라와 당의 연합군 사이에 벌어진 전투이다. 당시 왜는 백제 부흥군에 4만여 명의 병력을 지원하였으나, 나·당 연합군에 크게 패하였다.

❺ **당의 한반도 지배 야욕**
당은 백제의 옛 땅에 웅진도독부, 고구려의 옛 땅에 안동도호부를 설치하였고, 신라의 금성(경주)에도 계림도독부를 설치하였다.

자료 1 고구려와 수의 전쟁

＊자료 분석

- 중국의 남북조를 통일한 수가 동북쪽으로 세력을 넓히면서 고구려와 충돌하였다.
- 특히 수 양제 때 100만이 넘는 대군이 고구려를 공격하였는데, 고구려의 거센 저항에 가로막혔다.
- 이에 수가 30만의 별동대로 고구려의 수도인 평양성을 공격하려 하자, 을지문덕이 유인책을 펼쳐 수의 군대를 곤경에 빠뜨렸고, 퇴각하는 수의 군대를 살수에서 크게 무찔렀다(살수 대첩, 612).

자료 2 통일 신라와 발해의 무역 활동

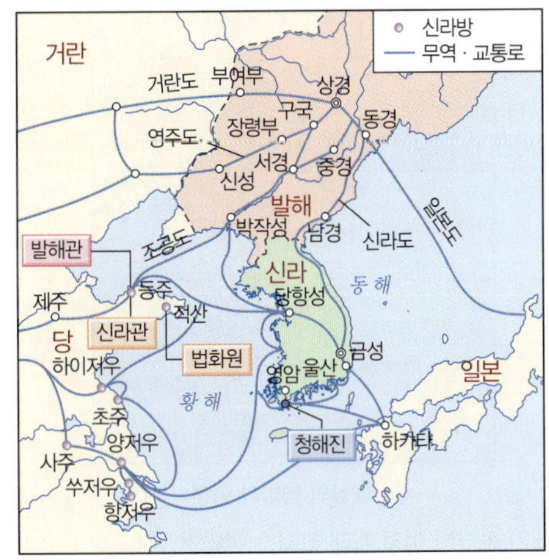

＊자료 분석

- 신라는 통일 이후 당을 비롯하여 일본, 동남아시아, 아라비아와 활발히 교류하였다.
- 울산항, 청해진, 영암, 당항성 등의 무역항이 크게 번성하였고, 울산항에는 이슬람 상인도 왕래하였다.
- 신라 출신으로 당에서 장군을 지낸 장보고는 신라로 귀국하여 완도에 청해진(828)을 설치하고 동아시아 해상 무역의 맹주로 성장하였다.
- 청해진은 해적 소탕 등 군사 기지로서의 역할과 신라, 당, 일본을 연결하는 무역 거점으로서의 역할을 동시에 수행하였다.
- 한편, 발해는 신라도 등 여러 교통로를 두고 주변 국가와 교류하였다.

개념 체크 문제

1. 다음 빈칸에 알맞은 말을 쓰시오.

(1) [　　　　]은/는 중국 왕조가 주변국의 통치자에게 관직을 내려 통치를 인정해 주는 행위이다.

(2) 고구려는 중국과 구별되는 [　　　　]을/를 내세웠다.

(3) 백제는 4세기 [　　　　] 때 중국의 동진과 외교 관계를 맺었다.

(4) 나·당 연합군은 백제 멸망 이후에 벌어진 [　　　　]에서 백제 부흥군과 왜의 연합군에 승리를 거두었다.

2. 다음 설명이 맞으면 ○, 틀리면 ×표를 하시오.

(1) 고구려는 주로 중국의 남조와 교류하였다. (　　　)

(2) 신라는 한강 유역을 점령한 후 중국과 직접 외교 관계를 맺었다. (　　　)

(3) 백제의 공격으로 신라가 위기에 처하자, 김춘추가 당에 동맹을 제의하였다. (　　　)

(4) 고구려는 매소성, 기벌포 전투에서 당에 승리하였다. (　　　)

(5) 당은 산둥반도 덩저우에 발해관을 설치하여 발해인들이 이용할 수 있도록 하였다. (　　　)

3. 다음 중 통일 신라와 당의 교류 내용을 모두 고르시오.

ㄱ. 신라는 당의 선진 문물과 사상을 들여왔다.
ㄴ. 사절단, 유학생, 승려가 자주 왕래하였다.
ㄷ. 신라도를 통해 교류하였다.
ㄹ. 당의 해안 지역에 신라방이 마련되었다.

4. 다음 자료와 관련된 인물을 쓰시오.

> 귀국하여 대왕을 뵙고 아뢰기를, "중국을 두루 돌아보니 우리나라 사람들을 노비로 삼고 있습니다. 청해(清海)에 진영(鎭營)을 설치하여 도적들이 사람을 붙잡아 서쪽으로 데려가지 못하게 하기를 바랍니다."라고 하였다. －『삼국사기』

❖ 정답 – 문제편 208p

2 국제 질서의 변화와 고려의 대응

1. 다원적 국제 질서와 천하관

(1) 10~12세기경 고려, 송, 거란(요), 여진(금) 등이 다원적 국제 질서 형성 ➡ 실리 추구

(2) 송, 요, 금과 조공·책봉 관계를 수립하면서도 고려 중심의 독자적 세계관[1] 구축

> **❶ 해동 천하**
> 고려를 중심으로 한 독자적 세계관이다. 고려는 내부적으로 국왕을 '해동 천자'라고 칭하였으며 황제국 체제를 지향하였다. 탐라와 여진의 지배층에게 조공을 받고 관직을 하사하기도 하였다.

2. 고려 전기의 대외 관계 

구분	내용
송	친밀한 관계 유지 ➡ 다양한 문물 수용
거란	• 고려의 친송 반거란 정책 ➡ 거란이 3차에 걸쳐 침입 (고려는 발해를 멸망시킨 거란을 적대시하였다.) • **1차 침입**(993): 거란이 고려와 송의 관계를 끊기 위해 침입 ➡ 서희가 강동 6주 확보 • **2차 침입**(1010~1011): 거란이 강조의 정변[2]을 구실로 침입 → 개경 함락, 양규의 활약 • **3차 침입**(1018~1019): 강감찬이 귀주에서 거란군 격파(귀주 대첩) • **영향**: 고려·송·거란의 세력 균형이 형성, 고려는 북쪽 국경에 천리장성, 개경에 나성 축조
여진	12세기 초 여진이 성장하며 고려와 마찰 ➡ 윤관의 건의에 따라 별무반 편성 ➡ 여진을 몰아내고 동북 9성 축조(1107~1108) ➡ 동북 9성 반환 ➡ 여진이 세력을 강화하며 금 건국(1115) ➡ 거란을 멸망시키고 고려에 군신 관계 요구 ➡ 이자겸의 수용

별무반: 신기군(기병), 신보군(보병), 항마군(승병)으로 편성된 군대

> **❷ 강조의 정변(1009)**
> 신하였던 강조가 목종을 폐위하고 현종을 옹립한 사건이다.

3. 몽골의 침입과 항전

구분	내용
배경	몽골의 과도한 공물 요구[3], 몽골 사신 피살 사건 발생
항전	강화도 천도(최우), 처인성 전투(김윤후), 충주성 전투(노비 중심), 팔만대장경 조판
피해	국토 황폐화, 인명 피해, 문화재 소실(초조대장경, 황룡사 9층 목탑 등)
강화	전쟁 장기화로 인한 어려움 증가 ➡ 최씨 무신 정권 붕괴, 몽골과 강화 ➡ 개경 환도(1270) ➡ 삼별초의 항쟁[4] ➡ 고려와 몽골 연합군에게 진압

> **❸ 고려와 몽골의 접촉**
> 고려는 몽골에 쫓겨 고려 영토로 밀려온 거란족을 함께 격퇴하면서 몽골과 외교 관계를 맺었다. 이후 몽골은 고려에 과도한 공물을 요구하였다.

> **❹ 삼별초의 항쟁**
> 삼별초는 고려 정부의 개경 환도에 반발하여 강화도에서 봉기하였다. 이후 진도, 제주도로 근거지를 옮겨가며 몽골에 저항하였으나, 결국 고려 정부와 몽골 연합군에게 진압되었다.

✪ 거란과 몽골의 침입

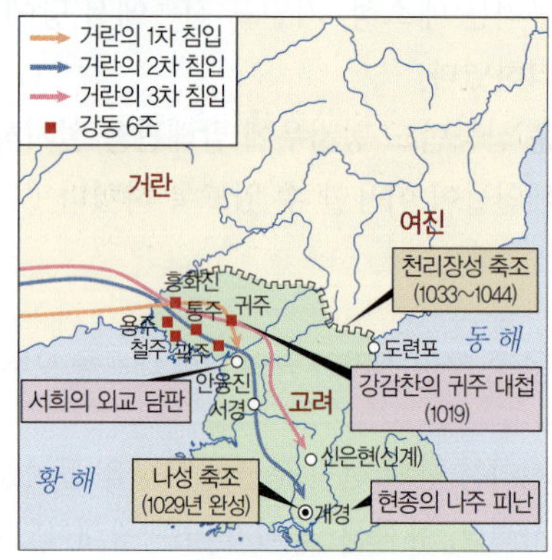

▲ 거란의 침입

▲ 몽골의 침입과 항전

• 거란은 10세기 말부터 11세기 초까지 3차례 고려를 침입하였다.

• 고려는 서희(1차 침입), 양규(2차 침입), 강감찬(3차 침입) 등의 활약으로 거란을 물리칠 수 있었다.

• 몽골은 13세기 초부터 여러 차례 고려를 침입하였다.

• 무신 정권은 수도를 강화도로 옮기면서 저항하였고, 민중의 항쟁도 이어졌다.

4. 고려 말의 대외 관계: 명과 외교 관계를 맺음, 우왕 때 명의 철령위 설치 통보에 반발하여 요동 정벌 추진, 홍건적과 왜구의 침입으로 큰 피해를 입음

5. 고려의 대외 무역

(1) **송과 교류**: 고려는 송의 선진 문물을 받아들이고자 하였고, 송은 고려를 통해 요와 금을 견제하고자 함

(2) **벽란도**: 개경과 가까운 예성강 하구에 위치, 송·일본·아라비아 상인들이 왕래하는 국제 무역항으로 번성

고려를 '코리아'라는 이름으로 서역 세계에 알림

3 조선 전기의 대외 관계

1. 명과의 관계: 사대 관계[5]

(1) **변천**: 건국 초기 갈등(태조 때 정도전의 요동 정벌 추진) ➡ 태종 때 사대 관계 확립

(2) **특징**: 조선이 명에 사절을 보내 조공을 바치고 답례품 수령, 왕이 교체될 경우 명의 책봉을 받아 왕의 지위를 국제적으로 인정받음, 명의 연호 사용
└ 공무역의 성격을 지녔다.

(3) **효과**: 조선은 경제적·문화적 실리를 취함

2. 일본 및 여진과의 관계: 교린 정책

여진	• **강경책**: 세종 때 최윤덕·김종서를 파견하여 4군과 6진을 개척하고 압록강·두만강을 경계로 하는 국경선 확정, 남부 지방의 주민을 이주시킴(사민 정책) • **회유책**: 귀순하는 여진인에게 토지와 관직 제공, 경성·경원에 무역소 개설
일본	• **강경책**: 세종 때 이종무가 쓰시마섬 토벌(1419), 일본인들이 무역 통제 강화에 반발하여 일으킨 난을 진압(3포 왜란(1510), 을묘왜변(1555) 등) ➡ 무역량 제한 • **회유책**: 세종 때 3포(부산포, 제포, 염포) 개항

3. 기타: 류큐(오키나와), 시암(태국), 자와(인도네시아) 등과 교류

▲ 조선 전기의 대외 관계

5 사대 관계
주변국들이 중국에 조공을 보내고, 중국은 이들 나라의 통치자를 책봉해 줌으로써 우호를 유지하는 관계를 일컫는다. 조선은 명과의 사대 외교로 경제적·문화적 실리를 취하였다. 내정이나 외교에서 명의 간섭을 받지는 않았다.

4 양난 이후 조선의 대외 관계

1. 청과의 관계

(1) **북벌 운동**

① 의미: 청을 정벌하고 명에 대한 의리를 지키자는 운동

② 추진: 효종 때 활발하게 추진됨(무기 개량, 군대 양성 등), 서인이 효종의 북벌 지지

③ 결과: 청의 국력 성장, 효종의 사망 ➡ 북벌을 실행하지는 못함

(2) **조선 중화주의**: 명 멸망 이후 조선이 중화 문명의 후계자라고 자부하는 사상이 대두함

(3) **북학론**

① 등장 배경: 청의 국력 신장과 문화 융성, 연행사[6]로 청에 다녀온 사신들이 청의 발달된 문물 소개

② 주장: 박지원[7], 박제가 등이 청의 문물을 수용하여 나라를 부강하게 만들자는 북학론 제기

6 연행사
조선이 청의 수도인 연경(베이징)에 보낸 사신이다. 연행사는 청에서 청과 서양 문물을 접하였고, 이를 조선에 소개하였다.

7 박지원의 북학론

> 대개 천하를 위해 일하는 자는 진실로 백성에게 이롭고 나라에 도움이 될 일이라면, 그 법이 비록 오랑캐에게서 나온 것일지라도 마땅히 이를 수용해 본받아야만 한다. -『열하일기』

연행사로 청에 다녀온 박지원은 청의 선진 문물을 배우고 실천하려 하였다.

2. 일본과의 관계

(1) **국교 재개**

① 왜란 이후 에도 막부의 요청으로 국교 재개(1607)

② 기유약조 체결(1609): 제한된 범위 내에서 무역 허용

(2) **통신사 파견**[8]: 일본의 에도 막부가 쇼군이 바뀔 때마다 조선 정부에 사절 파견 요청 ➡ 1607년부터 1811년까지 총 12차례에 걸쳐 통신사 파견

3. 대외 무역의 발달: 개시(공무역)와 후시(사무역) 발달

(1) **청과의 무역**: 압록강·두만강 유역의 국경 지대에서 이루어짐(의주의 만상이 주도) ➡ 수출(금, 은, 인삼), 수입(비단, 약재, 문방구)

(2) **일본과의 무역**: 부산포에 설치한 왜관에서 이루어짐(동래의 내상이 주도) ➡ 수출(인삼, 쌀, 무명), 수입(은, 구리, 황, 후추)

(3) **새로운 작물의 전래**: 담배, 고구마, 감자, 고추 등

8 통신사 파견

▲ 통신사 행렬도

일본 에도 막부의 쇼군은 통신사를 통해 쇼군의 권위를 인정받고자 했다. 통신사는 외교 사절의 의미를 넘어 일본에 문화를 전파하는 역할도 하였다.

2 국제 질서의 변화와 고려의 대응

1. (가)와 (나)에 들어갈 민족의 이름과 (다)에 들어갈 국가의 이름을 쓰시오.

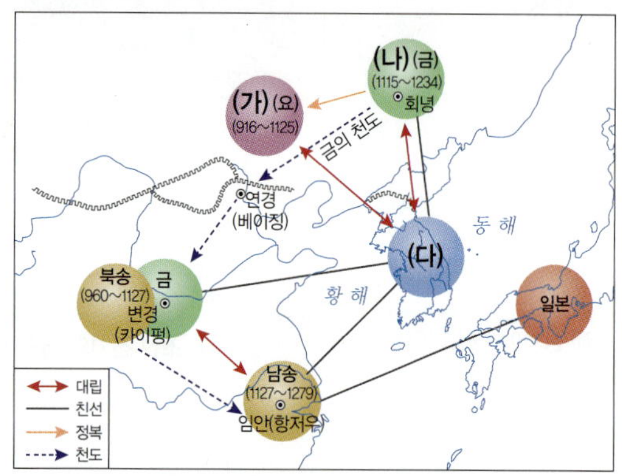

▲ 10~13세기 동아시아의 정세

2. 다음 빈칸에 들어갈 사람의 이름을 쓰시오.

(1) 거란의 1차 침입 때 [ ] 이/가 외교 담판에 나섰고, 그 결과 강동 6주를 확보하였다.

(2) 거란의 3차 침입 때 [ ] 이/가 이끈 고려군이 귀주에서 거란군을 크게 물리쳤다.

(3) 고려는 12세기 초에 [ ] 의 건의에 따라 별무반을 편성하였다. 이후 그는 여진을 몰아낸 뒤 동북 9성을 축조하였다.

3. 다음 사건을 일어난 순서대로 바르게 나열하시오.

ㄱ. 귀주 대첩	ㄴ. 강화도 천도
ㄷ. 강조의 정변	ㄹ. 별무반 편성

4. 고려 시대 몽골의 침입과 관련된 설명으로 맞으면 ○, 틀리면 ×표를 하시오.

(1) 고려가 나성을 축조하는 배경이 되었다. ( )

(2) 몽골의 침입으로 초조대장경과 황룡사 9층 목탑이 소실되었다. ( )

(3) 고려 정부는 결국 몽골과 강화하고 개경으로 환도하였다. ( )

(4) 고려의 삼별초는 개경 환도에 반발하여 서경에서 난을 일으켰다. ( )

(5) 고려는 몽골의 철령위 설치 통보에 반발하여 요동 정벌을 추진하였다. ( )

(6) 고려는 몽골의 침입을 매소성과 기벌포에서 물리쳤다. ( )

3 조선 전기의 대외 관계

5. 다음 빈칸에 알맞은 말을 쓰시오.

(1) 조선은 명과 [ ] 외교를 전개하였으며, 여진 및 일본에게는 [ ] 정책을 추진하였다.

(2) 세종은 최윤덕, 김종서를 파견하여 [ ] 와/과 [ ] 을/를 개척하였다.

6. 각 나라(민족)와 관계 있는 내용을 바르게 연결하시오.

(1) 명 • • ㉠ 이종무의 쓰시마섬 토벌
(2) 여진 • • ㉡ 정도전의 요동 정벌 추진
(3) 일본 • • ㉢ 경성과 경원에 무역소 개설

4 양난 이후 조선의 대외 관계

7. 다음 빈칸에 알맞은 말을 쓰시오.

(1) 병자호란 이후 청을 정벌하고 명에 대한 의리를 지키자는 [ ] 운동이 추진되었다.

(2) 조선이 청에 파견한 사절인 [ ] 은/는 청과 서양의 문물을 조선에 소개하였다.

(3) 조선은 일본 에도 막부의 요청으로 국교를 재개하였고, [ ] 을/를 체결해 제한된 범위 내에서 무역을 허용하였다.

(4) 조선은 에도 막부의 요청으로 일본에 [ ] 을/를 파견하였다. 이들은 외교 사절뿐 아니라 선진 문물을 전파하는 역할을 하였다.

8. 다음 설명이 맞으면 ○, 틀리면 ×표를 하시오.

(1) 박지원, 박제가 등 청에 다녀온 일부 사람들이 북학론을 제기하였다. ( )

(2) 개시는 사무역의 형태로, 후시는 공무역의 형태로 이루어졌다. ( )

(3) 조선 후기에는 담배, 고구마, 감자, 고추 등의 새로운 작물이 전래되었다. ( )

❖ 정답 – 문제편 208p

내신 대비 필수 문제

★ 학교 시험 100점을 위한 실전 문제와 학력평가/모의평가 기출 문제

1 동아시아 국제 질서와 고대 국가의 대외 관계

01 ✿✿✿

지도와 같은 형세에 대한 설명으로 옳지 않은 것은?

① 당은 연개소문의 정변을 구실로 고구려를 공격하였다.
② 고구려는 천리장성을 축조하여 당의 침략에 대비하였다.
③ 고구려의 전성기인 5세기경의 형세를 보여주고 있다.
④ 신라는 백제의 공격을 받아 어려움에 처하자 당과 동맹을 맺었다.
⑤ 수·당과 신라를 동서 세력, 돌궐, 고구려, 백제, 왜를 남북 세력이라 한다.

02 ✿✿✿ 중요

자료와 같은 상황이 발생한 시기를 연표에서 옳게 고른 것은?

> 적군이 강을 반쯤 건널 무렵 을지문덕은 총공격을 시도했다. 수나라 군대는 우왕좌왕하며 서로들 뒤엉켜 강물에서 허우적거리고, 고구려군의 화살에 맞아 죽고, 칼과 창에 찔려 죽었다. 30만 5천의 수나라 *별동대는 살수에서 무참히 패배하여 요동 지역까지 살아 돌아간 자가 2,700명에 불과했다.
>
> * 별동대: 작전을 위하여 본대에서 따로 떨어져 나와 독자적으로 행동하는 부대

장수왕 즉위	(가)	진흥왕 즉위	(나)	당의 고구려 침입	(다)	나·당 동맹 결성	(라)	황산벌 전투	(마)	나·당 전쟁 발생

① (가) ② (나) ③ (다)
④ (라) ⑤ (마)

03 ✿✿✿ 서술형

밑줄 친 내용에 해당하는 사례를 두 가지 이상 서술하시오.

> 고구려의 광개토 대왕은 활발한 정복 활동을 통해 영토를 크게 넓혔다. 뒤를 이은 장수왕은 중국의 남조와 북조 양측과 교류하였고, 북방 유목 민족과도 외교 관계를 유지하였다. <u>이 무렵 고구려는 중국과 구별되는 독자적인 천하관을 내세웠다.</u>

04 ✿✿✿

자료와 관련된 탐구 주제로 가장 적절한 것은?

> 겨울 11월에 *사찬 시득이 수군을 거느리고 설인귀와 소부리주 기벌포에서 싸웠는데 연이어 패배하였다. 다시 나아가 크고 작은 22번의 싸움을 벌여 이기고서 4천여 명을 목베었다.
>
> * 사찬: 신라의 17관등 가운데 제8위의 관

① 나·당 동맹 결성 ② 나·당 전쟁의 전개
③ 발해와 당의 갈등 ④ 고구려와 수·당의 전쟁
⑤ 백제 부흥 운동의 전개

05 ✿✿✿

남북국의 대외 교류에 대한 설명으로 옳지 않은 것은?

① 발해와 신라는 신라도를 통해 교류하였다.
② 신라와 당의 무역은 주로 해로를 이용하였다.
③ 신라는 울산항을 통해 이슬람 상인과도 교류하였다.
④ 발해와 일본의 무역은 발해관이라는 관청에서 맡았다.
⑤ 산둥반도와 창장강 하류 일대에 신라인의 집단 거주지가 형성되었다.

❖ 정답 및 해설 32p

2 국제 질서의 변화와 고려의 대응

06

다음 지도의 (가) 지역에 대한 설명으로 옳은 것은?

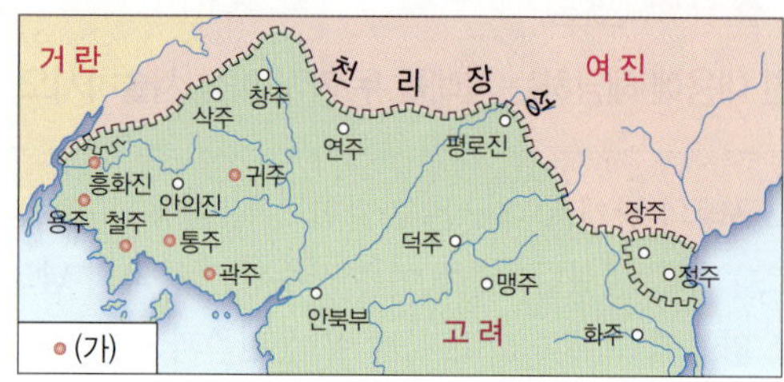

① 서희의 활약으로 확보한 영토이다.
② 윤관이 여진족을 몰아내고 9성을 쌓았던 지역이다.
③ 몽골이 쌍성총관부를 설치하여 차지하였던 지역이다.
④ 북방 민족의 침입을 막기 위해 나성을 쌓았던 지역이다.
⑤ 북진 정책의 추진으로 태조 말년에 확보한 영토이다.

07 서술형

(가)의 대외 활동을 밑줄 친 '이 부대'와 연결하여 서술하시오.

왼쪽의 그림은 척경입비도입니다. (가) 의 건의에 따라 신기군, 신보군, 항마군으로 편성된 이 부대가 영토를 넓힌 뒤 비석을 세우는 장면을 그린 그림입니다.

08

고려 시대의 국제 교류와 관련된 설명으로 적절하지 않은 것은?

① 국제 무역항인 벽란도가 크게 번성하였다.
② 일본은 고려에서 수은과 황을 주로 수입하였다.
③ 송과 적극적으로 교류하면서 선진 문물을 받아들였다.
④ 아라비아 상인들은 주로 향료와 수은 등을 판매하였다.
⑤ 요·금과는 주로 농기구나 식량을 내어 주고 말, 모피 등을 받았다.

09

2023 실시 6월 학평 9(고1)

다음 자료를 활용한 탐구 활동으로 가장 적절한 것은?

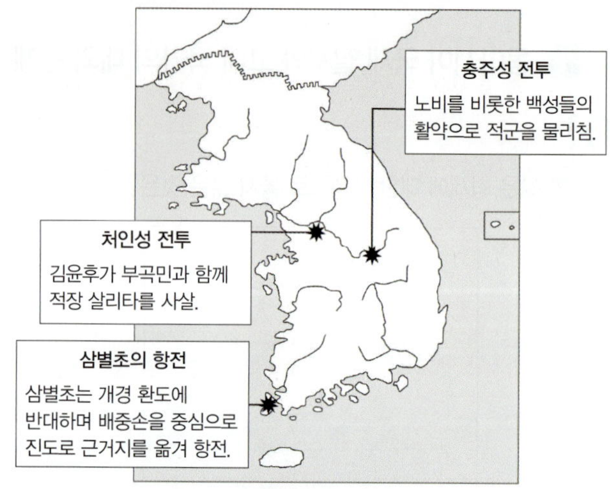

① 정묘호란의 발생 배경을 파악한다.
② 나·당 전쟁의 전개 과정을 살펴본다.
③ 홍건적과 왜구의 침입 경로를 알아본다.
④ 몽골의 침입과 고려의 항쟁을 조사한다.
⑤ 서구 열강의 침략과 관련된 사건을 찾아본다.

10

밑줄 친 '이곳'에서 볼 수 있던 모습으로 적절한 것을 <보기>에서 고른 것은?

> 조류를 따라 예성강의 이곳에 이르자, 송의 사신들은 큰 배로 옮겨 탔다. 낮 12시쯤 정사와 부사가 송 황제의 조서를 봉안하고 지위에 따라 나뉘어 잠시 휴식을 취하였다. 다음날 육로를 따라 개경으로 들어갔다.

[보기]

ㄱ. 발해관을 설치하는 당의 관리
ㄴ. 해적을 소탕하는 청해진의 군인
ㄷ. 수은과 향료를 판매하는 아라비아 상인
ㄹ. 중국 등주로 가는 배를 기다리는 유학생

① ㄱ, ㄴ ② ㄱ, ㄷ ③ ㄴ, ㄷ
④ ㄴ, ㄹ ⑤ ㄷ, ㄹ

3 조선 전기의 대외 관계

11 ✿✿✿

조선 전기의 대외 관계에 관한 설명으로 옳은 것은?

① 명 – 귀순을 장려하고 관직을 주거나 정착을 도왔다.
② 여진 – 사대 정책을 유지하였으나 내정 간섭은 없었다.
③ 동남아시아 – 우리 주민으로 동화시키고자 노력하였다.
④ 일본 – 3포를 개방하여 제한된 범위 내에서 교역을 허용하였다.
⑤ 거란 – 이들을 물리치고 확보한 지역에 백성을 이주시키는 사민 정책을 펼쳤다.

12 ✿✿✿ 중요

(가)~(다)에 들어갈 내용으로 옳은 것은?

> **한국사 모둠 발표 안내**
> 1. 주제: 조선 전기의 대외 관계
> 2. 모둠별 발표 주제
> 1모둠: 조선과 명의 관계 ………… (가)
> 2모둠: 조선과 여진의 관계 ………… (나)
> 3모둠: 조선과 일본의 관계 ………… (다)

① (가) – 건국 초 요동 정벌을 추진하며 대립하였다.
② (가) – 국경 지역에 무역소를 개설하였다.
③ (나) – 사대 외교를 전개하였다.
④ (나) – 3포를 개방하여 무역을 허가하였다.
⑤ (다) – 최윤덕과 김종서가 군사 활동을 전개하였다.

4 양난 이후 조선의 대외 관계

13 ✿✿✿ 서술형

다음 내용에 해당하는 운동의 전개 과정과 그 결과를 서술하시오. (단, 효종을 중심으로 서술할 것)

> 정예한 포병 10만을 길러 결사적으로 싸우는 용감한 병사로 만든 다음, 기회를 봐서 저들이 예기치 못할 때 곧장 산해관으로 쳐들어갈 계획이오. 그러면 중원의 의사와 호걸 가운데 어찌 호응하는 자가 없겠소.
> – 송시열, 『송서습유』

14 ✿✿✿

수능 기출(변형)

(가), (나)와 관련된 설명으로 옳은 것은?

> 국내에 기근이 발생하여 재상 유성룡의 건의에 따라 요동에 공문을 보내어 압록강 중강에 시(市)를 열고 교역을 하게 하였다. 이것이 (가)의 시초였다. …(중략)… 인조 때에는 소와 소금을 교역하게 했을 뿐 사상이 따라가는 것은 국법으로 금하였다. 그런데 점차 국법이 해이해지면서 사상들이 함부로 따라가 그곳에서 마음대로 교역하였다. 이를 (나)(이)라 하였다.

① (가)에서 무역을 주도한 상인은 내상이다.
② (가)에서 주로 거래된 물품은 구리, 황, 후추 등이었다.
③ (나)에서의 상행위는 왜관을 통해 이루어졌다.
④ (나)에서 주도적으로 활동한 상인을 공인이라 하였다.
⑤ (가)는 공무역, (나)는 사무역에 해당한다.

[15~16] 다음 자료를 읽고 물음에 답하시오.

> 제○○○호　　○○ 신문　　2007년 ○월 ○일
>
> (가) 파견 400주년 기념행사
>
> 
>
> (가) 사절단 모습
>
> 일본에 파견하였던 사절단의 임명식을 재현하는 행사가 열렸다. 왕의 임명을 받은 후 사절단은 궁궐을 나와 거리를 행진하였다.

15 ✿✿✿ 단답형

(가)의 명칭을 쓰시오.

16 ✿✿✿

모의평가 기출(변형)

(가)와 관련된 내용을 〈보기〉에서 고른 것은?

> [보기]
> ㄱ. 조선의 선진 학문과 기술을 전파하였다.
> ㄴ. 상대국이 사절 파견을 요청하여 파견되었다.
> ㄷ. 조선에서 매년 보내 친선 관계를 유지하였다.
> ㄹ. 상업적 목적으로 파견되어 중계 무역에 치중하였다.

① ㄱ, ㄴ　② ㄱ, ㄷ　③ ㄴ, ㄷ　④ ㄴ, ㄹ　⑤ ㄷ, ㄹ

❖ 정답 및 해설 32~34p

내신 1등급 문제

17 ✿✿✿

다음 지도에 나타난 시기의 대외 교류에 대한 설명으로 옳지 않은 것은?

① 신라와 당나라의 교류가 활발하였다.
② 발해는 건국 초부터 일본과 대립하였다.
③ 신라와 발해는 상설 교통로를 두고 교류하였다.
④ 발해는 여러 교통로를 두고 주변 나라와 교류하였다.
⑤ 당나라는 발해관을 설치하여 발해 사신을 접대하였다.

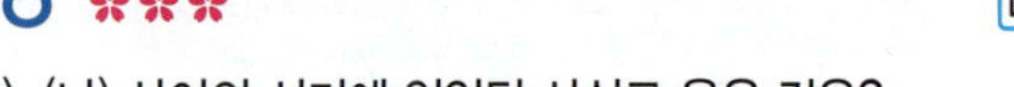

18 ✿✿✿

(가), (나) 사이의 시기에 있었던 사실로 옳은 것은?

> (가) 왕이 서경으로 가서 안북부(안주)까지 나아가 머물렀는데, 거란의 소손녕이 봉산군을 침공하여 파괴하였다는 소식을 듣자 더 가지 못하고 들어왔다. 서희를 보내 화의를 요청하니 소손녕이 공격을 중지하였다.
> (나) 살리타가 처인성을 공격하자, 성 안에 있던 승려 김윤후가 활약하여 그를 사살하였다. 국가에서 그 전공을 치하하여 상장군 직책을 주었는데 그가 말하기를, "전투할 때에 나는 활과 화살이 없었으니, 어찌 감히 무거운 상을 받겠습니까."라며 받지 않았다.

① 인조가 남한산성에서 항전하였다.
② 윤관이 동북 지방에 9성을 축조하였다.
③ 이성계가 황산에서 왜구를 격퇴하였다.
④ 을지문덕이 살수에서 승리를 거두었다.
⑤ 김좌진이 청산리 전투를 승리로 이끌었다.

19 ✿✿✿

모의평가 기출(변형)

다음 학습 노트의 (가)와의 관계에 대한 탐구 활동으로 가장 적절한 것은?

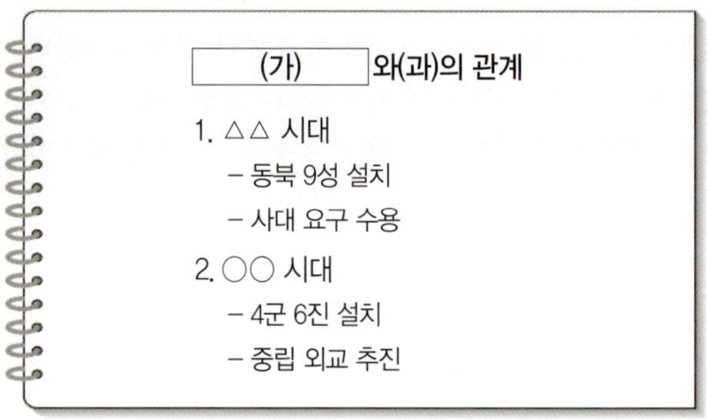

① 초조대장경을 만든 목적을 조사한다.
② 비변사를 설치하게 된 배경을 조사한다.
③ 최무선이 진포 대첩에서 격파한 세력을 조사한다.
④ 김윤후가 처인성에서 물리친 군대에 대해 조사한다.
⑤ 이성계 등 신흥 무인 세력이 성장한 배경을 조사한다.

20 ✿✿✿

모의평가 기출(변형)

가상 토론회에서 제기된 (가), (나) 주장에 대한 설명으로 옳지 않은 것은?

① (가)의 배경은 병자호란이었다.
② (가)는 숙종 때 서인 세력이 주도하였다.
③ (나)는 19세기 후반에 개화 사상으로 이어졌다.
④ (나)는 청의 발전된 문물이 전해지면서 확산되었다.
⑤ (가)의 대표적 인물은 송시열, (나)는 박제가이다.

수능 대비 기출 문제

★ 수능 기출 문제로 수능 유형 익히기

21 ✿✿❀ 대표 유형

모의평가 기출

(가)에 들어갈 내용으로 가장 적절한 것은?

> **초 대 장**
>
> 우리 학교 역사 동아리에서는 대조영이 세운 국가인 ○○의 대외 관계를 주제로 발표회를 개최합니다. 관심 있는 분들의 많은 참여를 바랍니다.
>
> • 발표 내용
> – 소주제 1: 수도 상경성 유적과 당 문물의 수용
> – 소주제 2: 일본에 보낸 외교 문서와 고구려 계승 의식
> – 소주제 3: (가)
>
> • 일자: 2017년 △△월 △△일
> • 장소: □□ 고등학교 강당

① 삼별초와 대몽 항쟁
② 광해군과 중립 외교 정책
③ 벽란도와 국제 무역의 번성
④ 병자호란과 북벌 운동의 추진
⑤ 신라도를 통한 통일 신라와의 교류

★ **대표 유형 분석**

이 유형은 주로 특정 국가의 대외 정책을 나열하고 이를 바탕으로 해당 국가를 파악한 뒤, 국가가 실시한 다른 대외 정책을 선택지에서 고르는 방식으로 출제된다.

단서+발상

단서 대조영이 발해를 건국하였다.
발상 발해는 당, 일본, 통일 신라 등의 국가와 교류하였다.
적용 발해와 통일 신라는 육로로 국경을 맞대고 있었고, 교통로를 통해 교류를 전개하였다.

22 ✿✿❀

모의평가 기출

다음 지도를 활용한 탐구 주제로 가장 적절한 것은? [3점]

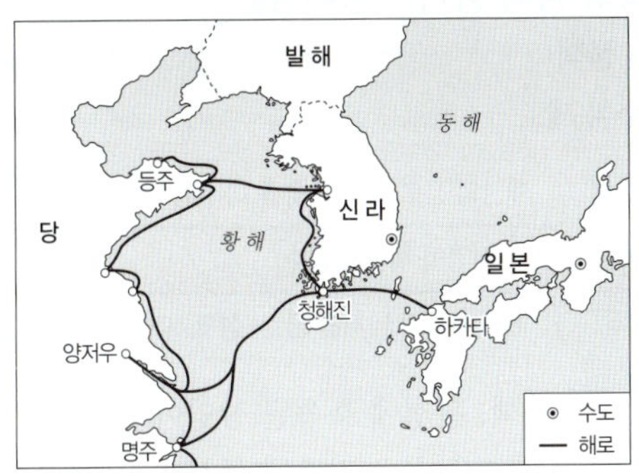

① 삼별초의 대몽 항쟁
② 장보고의 해상 활동
③ 통신사의 대일 외교
④ 이종무의 대마도 정벌
⑤ 이순신과 수군의 활약상

23 ✿❀❀

2022 대비 6월 모평 6

다음 사건의 영향으로 가장 적절한 것은? [3점]

> 소손녕이 말하기를, "너희 고려가 우리 거란과 접해 있으면서도 바다를 건너 송에 사대하니, 이 때문에 정벌하러 왔다. 우리에게 조공을 하면 무사할 것이다."라고 하였다. 서희가 말하기를, "압록강 안팎은 우리의 영역인데, 지금 여진이 그곳을 차지하여 길이 막혀 조공을 하지 못하는 것이다. 만약 우리가 여진을 쫓아내고 옛 고구려 땅을 되찾아 성을 쌓고 길이 통하도록 해준다면, 어찌 조공을 하지 않겠는가."라고 하였다. …(중략)… 소손녕이 이를 보고하자, 거란 황제가 "고려가 강화를 요청해 왔으니, 마땅히 군사 행동을 중지하라."라고 하였다.

① 별기군이 창설되었다.
② 훈련도감이 조직되었다.
③ 강동 6주가 확보되었다.
④ 금관가야가 멸망하였다.
⑤ 9서당 10정이 편성되었다.

❖ 정답 및 해설 34~36p

06 수취 체제와 경제생활

중요도 ★★

1 고대의 수취 체제와 경제생활

1. 삼국의 경제 정책과 경제생활

(1) 경제 정책

① 수취 제도

조세	재산의 정도에 따라 호를 나누어 곡물과 포 징수
공물	각 지역의 특산물 징수
역	15세 이상의 남자를 궁궐, 성곽, 저수지 등의 축조에 동원, 혹은 군인으로 복무하게 함

② 수공업 정책: 관청에 소속된 장인이 국가나 왕실의 필요 물품 생산

③ 상업 정책: 6세기 초 경주에 동시(시장) 및 동시전(동시를 관리한 관청) 설치(지증왕)

(2) 경제생활

귀족	공로나 관직 복무의 대가로 식읍❶과 녹읍❷을 지급 받음, 많은 사유지와 노비 소유
농민	자신의 땅을 경작하거나 귀족의 토지를 빌려 경작, 고리대나 자연재해 등으로 몰락하는 경우가 많음

(3) 농업 생산력 향상: 철제 농기구 보급, 우경(소를 이용하여 농사) 실시, 황무지 개척, 저수지와 보 등 수리 시설 확충, 한 해 농사 후 일정 기간 묵혀두어야 함

2. 통일 신라의 경제 정책

(1) 수취 제도의 정비

① 조세: 농업 생산량의 1/10 수취(통일 이전보다 완화)

② 공물: 촌락 단위로 그 지역의 특산물 징수

③ 역: 16~60세의 남자에게 부과, 군역❸과 요역❹으로 구분

④ 신라 촌락 문서: 촌락의 크기, 인구, 가축과 나무의 종류와 수, 토지 등을 파악한 문서 ➡ 조세·공물·역 수취의 근거로 사용, 촌주가 3년마다 작성 자료 ①

(2) 토지 제도의 개편: 관료전❺ 지급, 녹읍 폐지, 백성에게는 정전❻ 지급 ➡ 왕권 강화, 귀족 세력 견제 자료 ②

3. 통일 신라의 경제 활동

(1) 경제 성장: 농업 생산력 발달 ➡ 경주 인구 증가, 상품 생산의 증가 ➡ 시장의 추가 설치(서시, 남시) (서시전과 남시전을 설치하여 관리하였다.)

(2) 수공업 발달: 지배층의 필요 물품을 만드는 관청 설치 ➡ 소속 장인·노비가 물품 생산

4. 발해의 경제

(1) 수취 제도

① 조세: 조·보리·콩 등 곡물 수취

② 공물: 베·명주·가죽 등 특산물 수취

③ 역: 궁궐·관청 등의 건축에 노동력 동원

(2) 산업의 성장

① 농업: 밭농사 중심, 일부 지역에서 벼농사 실시

② 목축, 수렵: 가축을 많이 기름, 말, 모피 등 수출

③ 수공업: 금속 가공업(구리, 금, 은 등), 직물업, 도자기업 등 발달

④ 상업: 수도(상경 용천부)와 교통 요충지에서 발달

▲ 고구려 귀족의 부엌(안악 3호분)

❶ 식읍
국가에서 왕족, 공신 등에게 준 토지와 가호로, 식읍을 받은 사람은 조세를 수취하고 노동력을 징발할 수 있었다.

❷ 녹읍
국가에서 관리에게 관직 수행의 대가로 지급한 일정 지역의 토지이다. 관리는 그곳에서 국가를 대신하여 조세를 수취하고 그 토지에 딸린 농민들의 노동력을 징발할 수 있었다.
신문왕 때 폐지되었다가 8세기 중반에 진골 귀족 세력의 요구로 부활하였다.

❸ 군역
백성의 노동력을 징발하여 직접 군사로 동원하거나 그에 상응하는 비용을 징수하는 것이다.

❹ 요역
백성의 노동력을 징발하여 토목 공사 등에 동원하는 것이다.

❺ 관료전
신문왕 때 문무 관리에게 관직 수행의 대가로 지급한 토지로, 조세 수취의 권리만 부여되었다.

❻ 정전
성덕왕 때 백성에게 지급한 토지이다. 원래 농민들이 경작하던 땅에 대해 소유권을 인정해 준 것이라는 견해와 주인이 없는 땅을 나누어 준 것이라는 견해가 있다.

자료 ① 신라 촌락 문서

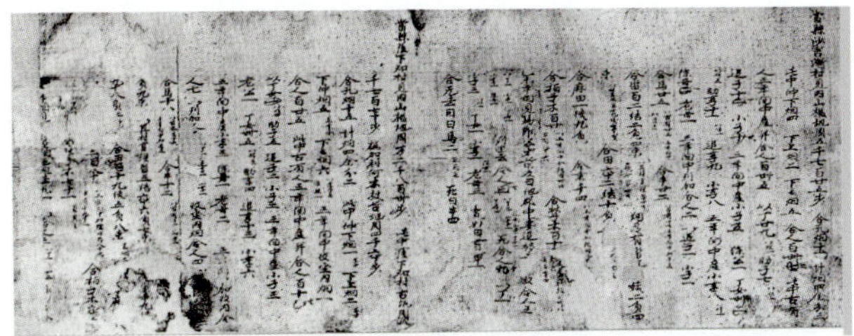

*자료 분석
- 통일 신라 때 작성된 문서로 일본 도다이사 쇼소인(정창원)에서 발견되었다.
- 서원경(청주 지방) 부근의 4개 촌락에 대한 토지의 크기, 인구수, 소·말의 수, 나무의 종류와 수 등이 기록되어 있다.
- 특히 인구는 남녀로 구분하고 연령별로 자세하게 기록하였는데, 이는 국가가 노동력 수취를 중시하였음을 의미한다.
- 신라 촌락 문서를 통해 통일 신라가 지방의 농민을 통제하고 지배하는 힘이 매우 강했음을 알 수 있다.

자료 ② 통일 신라의 토지 제도 개편(『삼국사기』)

◎ **관료전 지급**(687)
5월에 교서를 내려, 문무관료전(文武官僚田)을 차등을 두어 하사하였다.

◎ **녹읍 폐지**(689)
정월에 교서를 내려, 중앙과 지방 관리들의 녹읍(祿邑)을 혁파하고 해마다 조(租)를 차등을 두어 지급하는 것을 법식으로 정하였다.

◎ **정전 지급**(722)
가을 8월에 백성들에게 정전(丁田)을 처음으로 지급하였다.

◎ **녹읍 부활**(757)
3월에 중앙과 지방의 여러 관리에게 매달 주던 녹봉을 없애고 다시 녹읍을 지급하였다.

*자료 분석
- 통일 이후 **신문왕**은 왕권을 강화하고 진골 귀족 세력을 견제하기 위해 토지 제도 개편을 단행하였다.
- 우선 문무 관리에게 수조권(토지에 부과된 조세를 거둘 수 있는 권리)만을 행사할 수 있는 관료전을 지급하였다. 그러나 2년 뒤에 수조권과 노동력 징발권, 공물(특산물) 수취권을 동시에 행사할 수 있는 녹읍을 폐지함으로써 국가만이 백성의 노동력을 징발하고 공물을 수취할 수 있도록 하였다.
- **성덕왕** 때에는 백성에게 정전을 지급하였다.
- **경덕왕** 때에 이르러 진골 귀족 세력의 요구로 녹읍을 다시 지급하기 시작했다. 녹읍은 진골 귀족과 고위 관료의 경제적 기반으로 기능하였다.

개념 체크 문제

1. 다음 설명이 옳으면 ○, 틀리면 ×표를 하시오.

(1) 삼국은 재산의 정도에 따라 호를 나누어 곡물과 포를 징수하였다. ( )

(2) 삼국의 농민들은 우경을 실시하지 못하였다. ( )

(3) 신라의 지증왕은 6세기 초 경주에 동시 및 동시전을 설치하였다. ( )

(4) 삼국의 귀족들은 공로나 관직 복무의 대가로 식읍과 녹읍을 지급받았다. ( )

2. 다음 빈칸에 알맞은 용어를 쓰시오.

(1) 통일 신라는 농업 생산량의 [ ] 을/를 조세로 수취하였다.

(2) 통일 신라에서 역은 16세~60세의 남자에게 부과되었고 군역과 [ ] (으)로 구분되었다.

(3) [ ] 은/는 서원경 부근 4개 촌락의 크기, 인구수, 가축 등을 파악한 문서이다.

(4) 귀족은 녹읍에서 조세를 수취하고, 농민들의 [ ] 을/를 징발할 수 있었다.

(5) [ ] 은/는 성덕왕 때 토지를 지급한다는 명목으로 농민들이 경작해 오던 토지의 소유권을 인정하거나 토지를 직접 지급한 것이다.

3. 다음 설명에 해당하는 용어를 쓰시오.

신문왕 때에 문무 관리에게 등급에 따라 차등 지급한 토지로, 조세 수취의 권리만 부여되었다.

4. 다음 중 발해의 경제 활동과 관련된 내용을 모두 고르시오.

ㄱ. 경주에 서시와 남시를 추가로 설치하였다.
ㄴ. 목축과 수렵이 활발하였고 말을 수출하였다.
ㄷ. 농업 면에서 밭농사가 중심이 되었다.
ㄹ. 촌락에 관한 내용을 조사한 문서를 만들고 3년마다 다시 작성하였다.
ㅁ. 수도인 상경과 교통 요충지에서 상업이 활발히 전개되었다.

❖ 정답 – 문제편 208p

2 고려의 수취 체제와 경제생활

1. 토지 제도와 수취 제도의 정비

(1) 전시과 체제 마련

① 역분전(태조): 후삼국 통일 과정에서 공을 세운 사람들에게 지급(논공행상❶적 성격)

② 전시과 제도

의미	관리와 직역(국가의 업무) 담당자를 18등급으로 구분하여 전지(곡물 수취)와 시지(땔감 채취)를 나누어 주고 수조권을 행사할 수 있게 한 제도
원칙	과전을 받은 관리가 죽거나 관직에서 물러나면 국가에 반납
변천	경종 때 시정 전시과(인품과 관품을 기준으로 지급) ➡ 목종 때 개정 전시과(관직의 높낮이에 따라 지급) ➡ 문종 때 경정 전시과(현직 관리에게만 지급) 자료 ①
토지의 종류	• 과전: 문무 관리에게 관직의 높낮이에 따라 지급 • 공음전: 5품 이상 관리에게 지급, 세습 가능 • 한인전: 관직에 오르지 못한 하급 관리의 자제에게 지급 • 군인전: 직업 군인에게 군역의 대가로 지급, 군역이 세습되어 군인전도 세습됨 • 구분전: 하급 관리와 군인의 유가족에게 지급

(2) 전시과 체제의 붕괴: 12세기에 문벌의 토지 독점과 세습으로 제대로 운영되지 못함 ➡ 무신 정변 이후 붕괴

(3) 민전: 귀족이나 농민 등 개인의 소유지, 매매·상속·임대 등 가능

(4) 수취 제도의 정비

① 토지와 호구 조사: 양안❷과 호적 작성 ➡ 조세, 공물, 역 부과

② 수취 제도의 운영

조세	토지를 논과 밭으로 구분하고 비옥도에 따라 3등급으로 나누어 생산량의 10분의 1 징수
공물	• 호(戶) 단위로 토산물 징수 • 중앙 정부에서 지방의 군현에 공물 할당 ➡ 주현이 속현과 향·부곡·소 등에 할당 ➡ 향리가 집집마다 징수
역	16세에서 60세 미만 남자에게 부과, 군역과 요역으로 구분

③ 조운❸: 조세 등으로 거두어들인 곡식은 조운을 통해 개경으로 옮김

2. 산업의 발달

(1) 농업의 발달

① 농업 중시: 농민 생활의 안정과 국가 재정의 확보가 목적 ➡ 개간과 간척 사업 장려, 일정 기간 개간한 땅의 세금을 면제해 줌, 대규모 저수지 건설 등

② 농민 안정책: 농번기에 잡역 동원 금지, 의창과 상평창❹ 설치 등

③ 농업 기술의 발달: 소를 이용한 깊이갈이❺가 일반화됨, 시비법 발달로 휴경지 감소, 밭농사에서 2년 3작의 돌려짓기 보급, 고려 말에 남부 일부 지방에 모내기법 보급, 목화 재배 시작 자료 ②

(2) 수공업의 발달❻: 관청 수공업과 소(所) 수공업 발달(전기) ➡ 사원 수공업과 민간 수공업 발달(후기)

(3) 상업의 발달

① 시전 설치: 개경에 상설 점포인 시전 설치, 시전의 상행위를 감독하기 위해 경시서 설치

② 화폐 주조: 성종 때 철전(건원중보), 숙종 때 동전(해동통보, 삼한통보 등)을 주조하고 은병(활구)❼ 제작 자료 ③

---

❶ 논공행상
공의 크고 작음 따위를 논의하여 그에 알맞은 상을 주는 것이다.

❷ 양안
국가 재정의 기본을 이루는 전세를 정확하게 징수할 목적에서 토지의 소유자와 크기 등 토지 경작 상황을 조사하였는데, 이를 양전이라 한다. 양안은 양전에 의해 작성된 토지 대장을 말한다.

❸ 조운
조세로 거두어들인 곡물을 배를 이용해 중앙으로 운송하는 제도이다.

❹ 의창과 상평창
의창은 백성에게 곡식을 빌려주었다가 추수한 후에 갚도록 한 빈민 구제 기관이다. 상평창은 물가 조절 기관으로 개경, 서경, 12목에 설치되었다.

❺ 깊이갈이
땅을 깊이 갈면 지력 회복과 제초 작업에 효과적이어서 생산력을 높일 수 있었으며, 휴경 기간도 단축할 수 있었다.

❻ 수공업의 발달

관청 수공업	공장안에 오른 기술자가 왕실이나 관청에서 필요로 하는 물품 생산
소 수공업	금, 은, 종이, 먹 등을 생산, 공물로 납부
사원 수공업	기술 좋은 승려나 노비가 베, 모시, 기와, 술, 소금 등 생산
민간 수공업	삼베, 모시, 명주 등을 생산, 직접 사용하거나 공물로 납부

❼ 은병(활구)

우리나라의 지형을 본떠서 은 1근으로 만든 고가의 화폐이다.

자료 ① 전시과 제도의 변천

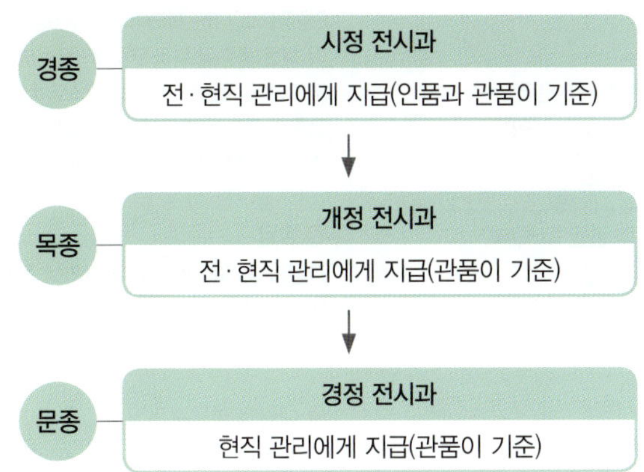

	제도	내용
경종	시정 전시과	전·현직 관리에게 지급(인품과 관품이 기준)
목종	개정 전시과	전·현직 관리에게 지급(관품이 기준)
문종	경정 전시과	현직 관리에게 지급(관품이 기준)

＊자료 분석

전시과 제도는 경종 때 처음 제정되었다. 점차 관리에게 지급할 토지가 부족해지자 목종 때에는 지급량을 줄이고, 문종 때에는 현직 관리에게만 지급하였다.

자료 ② 목화 재배의 시작

> 문익점은 진주 강성현 사람이다. … 사신이 되어 원에 갔다가 … 목화의 씨앗을 얻어 돌아와서 그의 장인 정천익에게 부탁하여 심게 하였다. 처음에는 배양하는 기술을 알지 못하여 거의 말라 죽고 1줄기만 남았는데, 3년 만에 마침내 크게 번식하였다. -『고려사』

＊자료 분석

고려 말 원에 사신으로 파견되었던 문익점은 목화 씨앗을 가지고 돌아와 국내에서 목화를 양산하는 데 성공하였고, 곧 한반도 전역에 면직물 사용이 보편화되었다.

자료 ③ 고려 시대의 화폐 정책

▲ 삼한통보

▲ 해동통보

＊자료 분석

- 고려 시대에는 화폐를 발행하여 상업의 발달과 국가 재정의 확충을 추구하였다.
- 그에 따라 건원중보(성종), 해동통보, 삼한통보, 은병(숙종) 등 다양한 화폐가 만들어졌다.
- 하지만 널리 유통되지 못했고 일상생활에서는 곡식이나 삼베 등 현물 화폐를 주로 사용하였다.

개념 체크 문제

1. 다음 설명이 옳으면 ○, 틀리면 ×표를 하시오.

(1) 태조는 후삼국 통일 과정에서 공을 세운 사람들에게 역분전을 지급하였다. ( )

(2) 전시과는 관리가 죽거나 관직에서 물러나도 국가에 반납할 필요가 없었다. ( )

(3) 전시과는 12세기에 문벌이 토지를 독점 및 세습하여 정상적으로 운영되지 못하였다. ( )

2. 전시과 제도의 명칭과 그 내용을 바르게 연결하시오.

(1) 시정 전시과 • • ㉠ 전·현직 관리를 관직의 높낮이에 따라 18등급으로 나누어 지급하였다.

(2) 개정 전시과 • • ㉡ 현직 관리에게만 지급하였다.

(3) 경정 전시과 • • ㉢ 인품과 관품을 기준으로 지급하였다.

3. 다음 빈칸에 알맞은 용어를 쓰시오.

(1) 관직에 오르지 못한 하급 관리의 자제에게 [ ]을/를 지급하였다.

(2) 5품 이상 관리에게 지급된 토지인 [ ]은/는 상속이 가능하였다.

(3) 고려는 각 지역에서 거둔 조세를 [ ]을/를 통해 수도인 개경까지 운반하였다.

(4) 시전의 상행위를 감독하기 위해 [ ]이/가 설치되었다.

4. 다음 설명에 해당하는 기관의 명칭을 쓰시오.

> 개경, 서경, 12목에 설치되었으며, 저장하고 있는 곡식을 이용하여 물가를 조절하는 역할을 하였다.

5. 다음 화폐의 명칭을 쓰시오.

> 고려 시대에 우리나라의 지형을 본떠 은 1근으로 만든 고가의 화폐이다.

❖ 정답 – 문제편 208p

3 조선 전기의 수취 체제와 경제생활

1. 과전법의 시행과 변화

과전법	고려 말에 제정(1391)	전·현직 관리에게 등급에 따라 과전 지급(수조권만 지급), 관리가 죽으면 국가에 반환하는 것이 원칙(단, 수신전, 휼양전은 세습 가능) 자료 ①
직전법	세조(1466)	신진 관리에게 지급할 토지 부족 ➡ 현직 관리로 대상 축소
관수관급제	성종(1470)	수조권을 가진 양반 관리가 과도하게 수취 ➡ 농민의 불만 고조 ➡ 지방관이 수확량을 조사하여 거두고 이를 관리에게 지급
직전법 폐지	16세기 중엽	수조권 지급 제도 폐지, 관리에게 녹봉만 지급

2. 수취 체제의 확립과 변천

(1) **양안과 호적 작성**: 전세, 공납, 역을 부과하는 자료로 활용

(2) **전세**: 수확량의 10분의 1(1결당 최대 30두) 징수 ➡ 세종 때 공법(전분6등법·연분9등법[1]) 시행

(3) **공납**: 중앙에서 필요로 하는 토산물을 각 군현에 부과 ➡ 군현에서 각 가호에 할당

(4) **역**: 16세 이상 60세 미만의 양인 남자(정남)에게 부과 ➡ 군역과 요역으로 구분

(5) **수취 제도의 문란(16세기 이후)**: 방납[2]의 폐단 발생, 대립과 방군수포[3] 성행

(6) **조운**: 조세는 뱃길을 통해 중앙으로 옮김, 평안도와 함경도는 자체 소비

3. 조선 전기의 경제 생활

(1) **농업**

① **중농 정책**: 양전 사업 실시, 수리 시설 확충, 경작지 확대, 『농사직설』 간행(세종)

② **농업 기술 발달**: 시비법 발달로 매년 농사 가능, 밭농사에서 2년 3작 확대, 논농사에서 남부 일부 지역에 모내기법 확대

(2) **상업 활동**: 유교적 경제관에 따라 적절히 통제

① 시전 상인: 왕실이나 관청에 물품을 공급하는 대신 특정 물품을 독점 판매함
　└ 경시서가 시전 상인의 활동을 감독하였다.

② 장시: 15세기 후반 등장, 16세기 중반 전국으로 확대, 보부상[4]의 활동

4 양난 이후의 수취 체제와 경제 변동

1. 수취 체제의 개편 

전세	• 기존: 토지세를 풍흉의 정도에 따라 차등 부과(공법) ➡ 절차가 복잡함 • **영정법(인조)**: 풍흉에 관계없이 1결당 4~6두 부과, 토지가 없는 농민에게는 도움 × (각종 부가세를 내면서 부담이 커지기도 하였다.)
공납	• 기존: 집집마다 토산물을 현물로 수취, 방납의 폐단 발생 • **대동법(광해군)**: 토지를 기준으로 쌀(1결당 12두)·무명·삼베·동전 등으로 납부 자료 ②
역	• 기존: 왜란 이후 1년에 군포 2필 납부 • **균역법(영조)**: 1년에 군포 1필 납부, 결작(1결당 2두)·선무군관포[5] 등을 걸어 보충

2. 상품 화폐 경제의 발달

농업	• **모내기법 전국적 확산**: 벼와 보리의 이모작 가능, 수확량 크게 증가, 잡초 제거 등에 드는 노동력 감소로 광작 가능 • **상업적 농업 발달**: 쌀 상품화, 상품 작물(인삼, 담배, 목화, 채소 등) 재배 증가 자료 ③ • **농민층 분화**: 일부가 부농으로 성장, 많은 농민은 몰락하여 빈농, 임노동자 등이 됨
수공업	• 조선 전기: 관영 수공업 중심 ➡ 조선 후기: 상품 수요 증가로 민영 수공업 발달 • 상인에게 자금·원료를 제공받아 생산하는 선대제 성행, 18세기 후반 독립 수공업자 등장
상업	• 농업 생산량 증가, 금난전권 폐지(신해통공)[6], 대동법 시행 ➡ 상업 발달, 장시 성장 • **상인의 활동**: 공인(관수품 조달 과정에서 수공업과 상업 발달 촉진), 사상[7](금난전권 폐지로 성장) ➡ 독점적 도매상인인 도고로 성장 • **화폐 유통**: 상평통보가 전국적으로 유통(상품 거래, 소작료 납부 등에 이용)
광업	민간의 광산 개발 허용, 덕대가 광산 경영, 잠채 성행, 은광 개발 활발

덕대: 상인 물주로부터 자본을 조달받았다.
잠채: 민간에서 국가의 허가 없이 광산을 개발하는 것

❶ 전분6등법과 연분9등법
전분6등법은 토지를 비옥도에 따라 6등급으로 나눈 제도이고, 연분9등법은 각 해를 풍흉에 따라 9등급으로 나눈 제도이다. 세종은 토지의 비옥도와 풍흉의 정도에 따라 차등적으로 전세를 수취하여 백성들의 부담을 줄여 주었다.

❷ 방납
관청의 서리(하급 관리)나 상인이 공물을 대신 내고 농민으로부터 그 대가를 과중하게 챙긴 행위이다.

❸ 대립과 방군수포
16세기에는 다른 사람을 사서 군역을 대신하게 하는 대립, 포를 받고 군역을 면제해 주는 방군수포가 성행하였다.

❹ 보부상
봇짐장수인 보상과 등짐장수인 부상을 합쳐서 이르는 말이다. 조선 후기에 보부상은 장날의 차이를 이용해 장시를 하나의 유통망으로 연계하였다.

❺ 선무군관포
일부 부유한 상민에게 '선무군관'의 칭호를 주고 징수한 포이다.

❻ 금난전권 폐지(신해통공)
국가는 시전 상인에게 금난전권(난전을 금지할 수 있는 권리)을 주어 난전을 단속하게 하였으나, 정조는 시전 상인의 이 같은 권리가 자유로운 상업 발달에 방해된다는 이유로 육의전을 제외한 시전 상인의 금난전권을 폐지하였다(신해통공, 1791).

❼ 사상
별도의 허가를 받지 않고 사사롭게 영업하는 상인이다. 송상(개성), 만상(의주), 유상(평양), 경강상인, 내상(동래) 등이 있었다.

▲ 조선 후기의 상업과 대외 무역

자료 1 과전법의 시행

경기는 사방의 근본이니 마땅히 과전을 설치하여 사대부를 우대한다. … 토지를 받은 자가 죽은 후, 그의 아내가 자식이 있고 수절하는 자는 남편의 과전을 모두 전해 받고, 자식이 없이 수절하는 자는 반을 감하여 전해 받는다. 부모가 모두 죽고 그 자손이 유약한 자는 마땅히 가엾게 여겨 부양해 주어야 할 것이므로 그 아버지의 과전 전부를 전해 받게 하고, 20세가 되면 본인의 과에 따라 받게 한다. -『고려사』

* 자료 분석
- 과전법은 경기 지방의 토지에 한해 관리에게 토지의 수조권을 지급한 제도이다.
- 과전을 받은 관리가 죽으면 그 부인에게 생활 대책으로 수신전을 주었고, 과전을 받은 관리 부부가 다 죽고 그 자녀가 어리면 휼양전을 주었다.

자료 2 대동법 실시

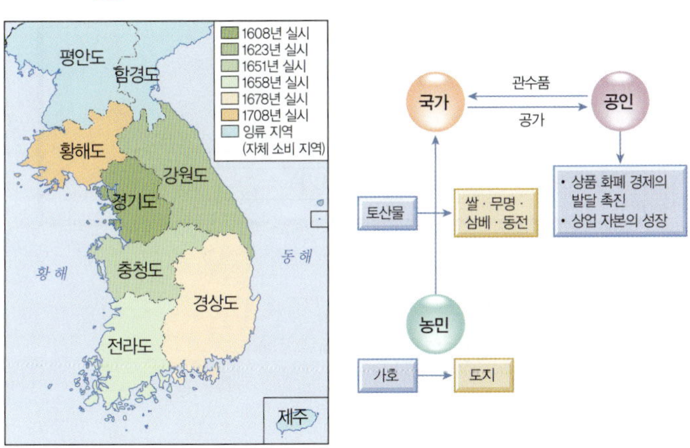

* 자료 분석
- 광해군이 즉위한 1608년에 경기도에서 대동법이 처음 실시되었다.
- 토지를 많이 소유한 양반 지주의 반대로 대동법은 전국적으로 시행되는 데에 100여 년이 걸렸다.
- 대동법 시행으로 어용상인인 공인이 등장하여 국가의 필요한 물품을 조달하였다.

자료 3 상품 작물 재배의 확산

밭에 심는 것은 9곡뿐이 아니다. 모시, 오이, 배추, 도라지 등의 농사를 잘 지으면 조그만 밭이라도 얻는 이익이 헤아릴 수 없이 크다. … 서쪽 지방의 담배밭, 북쪽 지방의 삼밭, 한산 지방의 모시밭, 전주의 생강밭, 강진의 고구마밭, 황주의 지황밭은 모두 논 상상등(上上等) 이익의 10배에 달한다. – 정약용, 『경세유표』

* 자료 분석

조선 후기에 인삼, 담배, 목화, 약초, 채소 등의 상품 작물이 재배되었고, 도시 인구가 증가하며 쌀 수요가 늘어 쌀의 상품화가 진행되기도 하였다.

개념 체크 문제

3 조선 전기의 수취 체제와 경제생활

1. 조선 시대 토지 제도의 변화 과정을 순서대로 나열하시오.

(가) 과전법 실시	(나) 관수관급제 실시
(다) 직전법 폐지	(라) 직전법 실시

2. 조선 전기의 수취 제도와 관련된 내용을 바르게 연결하시오.

(1) 전세 •   • ㉠ 방군수포 현상
(2) 공납 •   • ㉡ 방납의 성행
(3) 군역 •   • ㉢ 공법

4 양난 이후의 수취 체제와 경제 변동

3. 다음 빈칸에 알맞은 말을 쓰시오.

(1) 광작과 상업적 농업이 확대되면서 경제력을 갖춘 일부 농민은 부농층이 되었으나, 몰락한 농민은 빈농이 되거나 [ ](으)로 전락하였다.
(2) [ ]의 시행으로 국가에 물품을 납품하는 어용상인인 [ ]이/가 등장하였다.
(3) 조선 후기에는 장시가 증가하였고 [ ]에 의해 유통망이 하나로 연계되었다.
(4) 조선 후기 수공업에서는 상인에게 자금과 원료를 제공받아 물품을 생산하는 [ ]이/가 성행하였다.

4. 다음 빈칸에 알맞은 용어를 각각 쓰시오.

조선 후기의 [ ] 경영에서는 상인 물주에게 자본을 조달받은 경영 전문가인 [ ]이/가 노동자를 고용하여 광물을 채굴하고 제련하였다.

5. 다음 설명에 해당하는 상인을 쓰시오.

국가로부터 별도의 허가를 받지 않고 사사롭게 영업하는 상인을 말한다. 송상, 만상, 경강상인, 유상이 대표적이다.

❖ 정답 – 문제편 208p

내신 대비 필수 문제

★ 학교 시험 100점을 위한 실전 문제와 학력평가/모의평가 기출 문제

1 고대의 수취 체제와 경제생활

01

다음과 같은 농법이 당시 사회에 끼친 직접적인 영향으로 옳은 것은?

- 3월, 각 주·군의 지방관에게 농사를 권할 것을 명령하였는데, 비로소 소를 이용하여 경작하였다.

  -『삼국사기』
- 도노아, 하라사 등이 본국(가야)에 있을 때 황소에 농기구를 달고 농가에 가려고 하였는데 갑자기 황소가 없어졌다.

  -『일본서기』

① 농업 생산력이 향상되었다.
② 벼와 보리의 이모작이 가능해졌다.
③ 2년 3작의 돌려짓기가 확산되었다.
④ 시비법의 발달로 휴경지가 소멸되었다.
⑤ 1인당 경작 면적 확대로 광작이 가능해졌다.

02 중요

(가), (나)와 관련된 설명으로 옳은 것을 〈보기〉에서 고른 것은?

(가) 통일 후 신라는 문무 관료들에게 관료전을 지급하고, 녹읍을 폐지하였다.
(나) 경덕왕 때는 녹읍이 부활하였으며, 귀족들은 이를 토대로 호사스러운 생활을 누렸다.

[보기]

ㄱ. (가) - 녹읍 폐지는 귀족들의 경제 기반을 약화시켰다.
ㄴ. (가) - 왕권이 강화되고 귀족의 농민 지배력이 약화되었다.
ㄷ. (나) - 백성들에 대한 국가의 지배력이 강화되었다.
ㄹ. (나) - 녹읍 부활로 화백 회의 수장인 상대등의 권한이 약화되었다.

① ㄱ, ㄴ ② ㄱ, ㄷ ③ ㄴ, ㄷ
④ ㄴ, ㄹ ⑤ ㄷ, ㄹ

[03~04] 다음 자료를 읽고 물음에 답하시오.

탐구 활동 보고서

1학년 ○반 이름: ○○○

○ 탐구 주제: 이 문서로 본 농민 지배

○ 탐구 자료

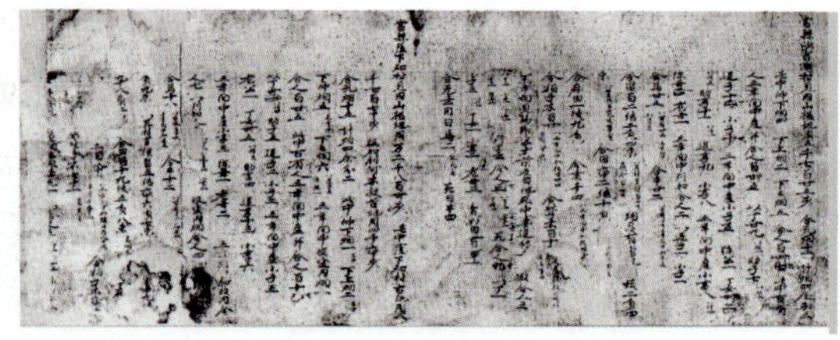

이 문서에는 서원경(충북 청주) 부근에 있는 4개 촌락의 이름과 각 촌락의 둘레, 호구(戶口) 수, 말과 소의 수, 토지의 종류와 면적, 뽕나무·가래나무·잣나무의 수 등이 기록되어 있다.

○ 탐구 결과

신라는 이 문서를 바탕으로 인구와 경제 상황을 정확하게 파악하여 (가)

03 단답형

밑줄 친 '이 문서'의 명칭을 쓰시오.

04

2021 실시 6월 학평 2(고1)

(가)에 들어갈 내용으로 옳은 것은?

① 세금을 징수하였다.
② 화폐를 발행하였다.
③ 사창제를 실시하였다.
④ 전시과를 운영하였다.
⑤ 균역법을 시행하였다.

05 서술형

통일 신라 신문왕 때의 관료전 지급과 녹읍 폐지가 갖는 의미를 서술하시오.

2 고려의 수취 체제와 경제생활

06 ✿✿✿

다음 사진의 화폐가 사용된 시기의 경제 모습으로 옳은 것은?

▲ 은병(활구)

① 모내기법이 널리 보급되었다.
② 동시전이 설치되어 시장을 감독하였다.
③ 해동통보 등의 화폐가 발행되어 널리 유통되었다.
④ 청해진이 설치되어 서남해의 무역권을 장악하였다.
⑤ 관청 수공업, 소 수공업, 민간 수공업, 사원 수공업이 이루어졌다.

07 ✿✿✿

학력평가 기출(변형)

(가), (나)는 고려 시대의 토지에 대한 자료이다. 이에 대한 설명으로 옳지 않은 것은?

(가) 문종 1년에 6품 이하 7품 이상으로서 자손 없이 죽은 자의 아내에게는 8결, 8품 이하의 전사한 군인의 아내에게는 5결을 지급하였다. 또한, 전정(田丁)을 이을 자손이나 친족이 없는 70세 이상의 퇴역 군인에게도 5결을 지급하였다.
(나) 5품 이상의 고위 관료에게는 과전과는 별도로 1품은 전(田) 25결, 시(柴) 15결, 2품은 전 22결, 시 12결, 3품은 전 20결, 시 10결, 4품은 전 17결, 시 8결, 5품은 전 15결, 시 5결을 지급하였다.

① (가) – 하급 관리와 군인의 유가족에게 지급하였다.
② (가) – 조선 시대의 수신전, 휼양전과 유사한 목적으로 지급되었다.
③ (나) – 자손에게 세습이 가능하였다.
④ (나) – 문벌의 경제적 기반이 되었다.
⑤ (가), (나) – 음서의 혜택을 받는 자에게 지급되었다.

[08~09] 다음 자료를 읽고 물음에 답하시오.

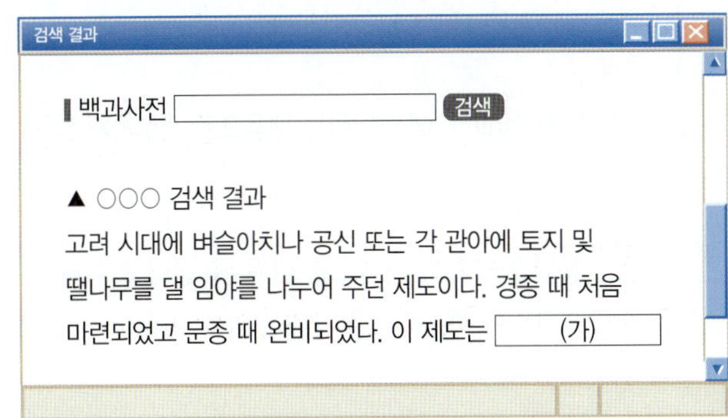

검색 결과

백과사전 [ ] 검색

▲ ○○○ 검색 결과
고려 시대에 벼슬아치나 공신 또는 각 관아에 토지 및 땔나무를 댈 임야를 나누어 주던 제도이다. 경종 때 처음 마련되었고 문종 때 완비되었다. 이 제도는 (가)

08 ✿✿✿ 단답형

'○○○'에 알맞은 명칭을 쓰시오.

09 ✿✿✿

(가)에 들어갈 내용으로 적절한 것을 〈보기〉에서 고른 것은?

[보기]
ㄱ. 신진 사대부의 주도로 이루어졌다.
ㄴ. 관료들에게 수조권을 지급한 것이었다.
ㄷ. 점차 현직 관료만을 대상으로 실시되었다.
ㄹ. 역분전 제도가 마련되는 데 영향을 끼쳤다.

① ㄱ, ㄴ ② ㄱ, ㄷ ③ ㄴ, ㄷ
④ ㄴ, ㄹ ⑤ ㄷ, ㄹ

10 ✿✿✿ 서술형

다음 (가), (나)에 해당하는 토지 제도를 각각 쓰고, 공통점을 서술하시오.

(가) 문종 30년에 다시 개정하였다. 제1과 전지 100결, 시지 50결, 제2과 전지 90결, 시지 45결, 제3과 전지 85결, 시지 40결 …
(나) 공양왕 3년, 전국을 경기와 외방으로 구분하여 경기 가운데서 과전을 지급하였다. 문무백관을 18등급으로 나누어 그 지위에 따라 지급하되, 제1과는 150결, 제18과는 10결을 지급하였다.

❖ 정답 및 해설 37~38p

3 조선 전기의 수취 체제와 경제생활

11 ✽✽✽

다음에서 밑줄 친 ㉠과 ㉡에 해당하는 내용으로 적절하지 않은 것은?

> 조선은 농업을 국가의 근본으로 여겨 ㉠ 건국 초부터 농업을 장려하였다. ㉡ 조선 전기에는 농업 기술도 발달하여 여러 변화가 나타났다.

① ㉠ – 세종 때 농사직설을 편찬하였다.
② ㉠ – 개간을 권장하여 경작지를 확대하였다.
③ ㉡ – 모내기가 전국적으로 확산되었다.
④ ㉡ – 매년 농사를 지을 수 있게 되었다.
⑤ ㉡ – 밭농사에서 조, 보리, 콩의 2년 3작이 확대되었다.

12 ✽✽✽

모의평가 기출(변형)

(가), (나) 규정에 대한 옳은 설명을 〈보기〉에서 고른 것은?

> (가) 매년 9월 보름 이전에 수령이 농사의 형편을 살펴 그해의 등급을 매긴다. 상상년이면 1결당 20두, 상중년이면 18두, … (중략) … 하하년이면 4두씩 전세를 거둔다.
> (나) 토지는 6등급으로 나누어 양전한다. 1등전 척(尺)은 4척 7촌 7분 5리이고, … (중략) … 6등전 척은 9척 5촌 5분이다.

[보기]

ㄱ. (가)는 영정법 시행을 위해 만들었다.
ㄴ. (나)를 통해 토지에 등급을 매겨 차등적으로 양전하였음을 알 수 있다.
ㄷ. (가), (나)는 세종 때부터 시행되었다.
ㄹ. (가)는 전지에, (나)는 시지에 적용되었다.

① ㄱ, ㄴ ② ㄱ, ㄷ ③ ㄴ, ㄷ
④ ㄴ, ㄹ ⑤ ㄷ, ㄹ

13 ✽✽✽

다음 자료와 관련 깊은 주제로 옳은 것은?

> 오늘은 이곳에 서고 내일은 이웃 고을에 서며, 다음 날에는 다른 고을에 서서 한 달 30일 동안 장이 서지 않는 날이 없습니다. … 규정을 마련하여 큰 고을은 두 곳에서, 작은 고을은 한 곳에서 한 달에 세 번 모두 같은 날 개시(開市)하는 것 외에는 일체 금지하여 민심을 진정시키소서.

① 장시의 출현
② 도고의 성장
③ 금난전권의 폐지
④ 시전 상인의 활동 범위
⑤ 개시 무역과 후시 무역 발달

[14~15] 다음 자료를 읽고 물음에 답하시오.

> 고려 말에 마련된 과전법은 조선에도 이어졌다. 경기 지방의 토지에 한해 관리에게 등급에 따라 수조권을 지급하되, 받은 사람이 죽으면 국가에 반환하는 것이 원칙이었다. 그러나 일부가 수신전, 휼양전의 명목으로 세습되자 새로 임명된 관리에게 줄 토지가 부족해졌다. 그러자 세조는 직전법을 실시해 현직 관리에게만 토지를 지급하였다. 과도한 수조권 행사로 인해 성종은 (가) 을/를 시행하였다.

14 ✽✽✽ 단답형

(가)에 들어갈 알맞은 용어를 쓰시오.

15 ✽✽✽ 서술형

(가) 제도의 내용을 서술하시오.

4 양난 이후의 수취 체제와 경제 변동

16 중요

다음 폐단을 해결하기 위해 실시한 수취 제도에 대한 설명으로 옳은 것은?

> 각 고을에서 공물을 상납하려 할 때 각 관청의 사주인(방납인)들이 여러 가지로 농간을 부려 좋은 것도 불합격 처리하기 때문에 바칠 수가 없다고 합니다. 그러면 사주인은 자기가 갖고 있는 물품으로 관청에 대신 내고 그 고을 농민들에게는 자기가 낸 물건 값을 턱없이 높게 쳐서 열 배의 이득을 취한다고 합니다.
>
> -『선조실록』

① 풍흉에 관계없이 1결당 미곡 4~6두를 거두었다.
② 토지를 비옥도에 따라 나누어 세금을 징수하였다.
③ 줄어든 세금 수입을 보충하고자 결작을 징수하였다.
④ 국가에 관수품을 조달하는 공인이 나타나는 계기가 되었다.
⑤ 죽은 사람과 어린아이에게도 군포를 부과하는 문제를 해결하지 못하였다.

17 서술형 중요

밑줄 친 '빙인'이 무엇인지 두 가지 서술하시오.

18

영정법과 관련된 조선 후기의 모습으로 가장 적절한 것은?

① 관청에서 대금을 받고 물품을 구입하는 상인
② 풍흉에 관계없이 일정액의 전세를 납부하는 농민
③ 상평창을 설치하여 물가를 조절할 것을 주장하는 관리
④ 과전으로 지정된 토지의 세금을 운반하는 양반의 고용인
⑤ 백성이 봄에 관청에서 빌려간 곡식에 대하여 정해진 이자보다 더 많이 거두어가는 향리

19

밑줄 친 '이 시기'에 볼 수 있는 모습으로 옳지 않은 것은?

① 모내기를 하는 농민
② 광산 노동자를 모집하는 덕대
③ 훈련에 임하는 장용영의 군인
④ 집현전에서 연구에 전념하는 학자
⑤ 장시에서 물건을 대량 구입하는 공인

20

지도와 관련된 시기에 대한 설명으로 옳은 것을 〈보기〉에서 고른 것은?

[보기]

ㄱ. 공인이 등장하였다.
ㄴ. 관영 수공업이 발달하였다.
ㄷ. 민간 광산의 개발이 금지되었다.
ㄹ. 벼와 보리의 이모작이 확산되었다.

① ㄱ, ㄴ ② ㄱ, ㄹ ③ ㄴ, ㄷ ④ ㄴ, ㄹ ⑤ ㄷ, ㄹ

❖ 정답 및 해설 38~40p

내신 1등급 문제

21 ✽✽✽

모의평가 기출(변형)

다음은 학생이 정리한 노트의 일부이다. 각 단계에 대한 학생의 해석으로 옳지 않은 것은?

우리나라 토지 제도의 변천

(가) 녹읍 부활 ➡ (나) 전시과 시행 ➡ (다) 과전법 실시 ➡ (라) 직전법으로 개편 ➡ 직전법 폐지

① (가)는 귀족들의 강력한 요구에 따라 이루어졌다.
② (가)에서 (나)로 변화하면서 관료들의 토지 지배권이 강화되었다.
③ (다)는 국가의 재정과 신진 사대부의 경제 기반 확보를 목적으로 하였다.
④ (다)에서 (라)로 변화한 이유는 세습으로 인한 과전의 부족 때문이었다.
⑤ (라)가 시행되던 시기에 수조권을 가진 관료가 조세를 과도하게 수취하여 관수관급제가 실시되었다.

22 ✽✽✽

학습 계획안의 (가), (나)에 해당하는 내용으로 적절한 것은?

학습 주제: 조선의 수취 제도 변화

1주차: 조선 전기의 수취 제도
- 과전법의 확립과 변화 모습
- 전세, 공납, 역의 부과 대상과 운영 방식

2주차: 조선 전기 수취 제도의 문란
- 공납: (가)
- 군역: (나)
- 농민의 저항: 임꺽정 등 도적의 출현

① (가) – 포를 내면 부담을 면제해 주었다.
② (가) – 1결당 최대 30두의 세금을 거두었다.
③ (가) – 빌린 곡물의 이자를 정해진 것 이상으로 거두었다.
④ (나) – 대립 현상이 나타났다.
⑤ (나) – 폐단을 개선하기 위해 대동법이 시행되었다.

23 ✽✽✽

밑줄 친 '폐단'을 해결하기 위해 실시된 정책으로 옳은 것은?

> 공물을 방납하는 폐단이 날로 심해져 백성들이 고통스러워하고 있습니다. 탐관오리와 결탁한 상인과 아전들이 자신들의 이익을 위해 백성들의 공물 납부를 막고 자신들이 대신 납부합니다. 그 후에 대가를 터무니없이 비싸게 받으면서 백성들을 착취합니다.

① 시전 상인들의 금난전권을 폐지하였다.
② 토산물 대신 쌀이나 포 등으로 납부하게 하였다.
③ 토지세를 풍흉에 관계없이 일정하게 부과하였다.
④ 16~60세 미만 양인 남성에게 1년에 포 1필을 걷었다.
⑤ 지주에게 토지 1결당 쌀 2두를 결작으로 징수하였다.

24 ✽✽✽

밑줄 친 '이 농법'이 전국적으로 보급된 결과로 적절하지 않은 것은?

> 논농사가 특히 한해를 입는 것은 파종하는 방법을 버리고 오직 이 농법만 숭상하기 때문입니다. 이것은 옛날에는 없던 방법으로 우리나라에서는 중고(中古) 이후에 남도에서 시작되어 다른 도가 모두 본받아 이제는 보편적인 방법이 되었습니다. … 때맞추어 비가 내리기를 기대하기 힘드니 이것을 해서 요행히 수확이 되기를 바라는 것보다 차라리 완전무결해서 걱정할 것이 없는 파종법을 택하는 것이 낫지 않겠습니까?

① 광작 현상이 나타났다.
② 휴경지가 감소하기 시작하였다.
③ 이전보다 수확량이 늘어났다.
④ 벼와 보리의 이모작이 가능해졌다.
⑤ 잡초 제거에 필요한 노동력이 줄어들었다.

★ 수능 기출 문제로 수능 유형 익히기

25 ✽❀❀ 대표 유형 2024 대비 9월 모평 6

(가)에 들어갈 내용으로 가장 적절한 것은?

〈수행 평가 보고서〉

3학년 ○반 이름: ○○○

- 조사 주제: (가)
- 조사 내용
  - 모내기법이 확산되고, 인삼 등 상품 작물의 재배가 확대됨.
  - 경강상인, 송상, 만상, 내상 등 사상이 성장함.
  - 민영 수공업이 발달하고, 선대제 수공업이 나타남.
  - 상평통보가 전국적으로 유통됨.

① 신라 말 호족 세력의 성장
② 원 간섭기 권문세족의 등장
③ 조선 후기 상품 화폐 경제의 발달
④ 개항 이후 열강의 이권 침탈
⑤ 일제의 식민 통치와 경제 수탈

★ **대표 유형 분석**

이 유형은 주로 특정 시기의 경제 상황을 나열하고 이를 바탕으로 해당 시기가 언제인지 파악하는 방식으로 출제된다.

단서+발상

(단서) 상품 작물 재배가 확대되었고, 사상이 성장하였으며, 민영 수공업이 발달하였다.
(발상) 조선 후기의 발달상을 제시하고 있다.
(적용) 조선 후기에는 농업, 상업, 수공업의 측면에서 폭넓은 경제적 발전이 이루어졌다.

26 ✽✽❀ 모의평가 기출

(가) 국가의 경제 정책으로 옳은 것은?

화폐 박물관

전/시/안/내
- 전시 개요
- 상설 전시실
- 기획 전시실
- 야외 전시실

■ 상설 전시실

(가) 의 화폐

이 국가에서는 상업을 장려하기 위해 금속 화폐를 만들었지만, 그것이 널리 사용되지는 못하였다. 백성들은 금속 화폐 대신 곡식이나 베 등을 주로 사용하였다.

주요 전시물: 건원중보 / 해동통보 / 활구(은병)

① 지계를 발급하였다.
② 전시과를 시행하였다.
③ 영정법을 실시하였다.
④ 직전법을 실시하였다.
⑤ 호포제를 시행하였다.

27 ✽✽❀ 수능 기출

(가) 왕의 업적으로 옳은 것은?

① 녹읍을 폐지하였다.
② 대동법을 시행하였다.
③ 균역법을 제정하였다.
④ 진대법을 처음 만들었다.
⑤ 전분6등법을 실시하였다.

❖ 정답 및 해설 40~42p

신분제와 사회 구조

중요도 

1 고대의 신분제와 사회 구조

1. 신분제의 성립

(1) **성립**: 청동기 시대에 계급 발생 ➡ 점차 지배층 사이의 위계 서열이 신분제로 발전

(2) **부여, 초기 고구려**: 족장(가, 대가), 부유한 호민, 평민인 하호, 노비가 존재

2. 삼국의 신분층 자료 ①

신분층: 신분은 대대로 세습되었고, 개인의 사회적 지위는 능력보다 혈통에 따라 결정되었다.

왕족, 귀족❶	정치권력을 장악하여 사회적·경제적 특권을 누리고 풍족한 생활을 함
평민	대부분 농민이며 조세와 공물을 납부하고 노동력을 제공함, 귀족들의 수탈 대상이 됨
천민	대부분이 노비(전쟁 포로, 죄인 등) – 왕실과 관청 및 귀족에 예속, 재산으로 여겨짐

3. 삼국의 사회 모습

(1) **고구려**

① 법률: 전쟁에서 항복하거나 패하면 사형, 도둑질은 10여 배 배상 등

② 구휼 제도: 진대법 실시 자료 ②

(2) **백제**: 반역자·살인자는 사형, 도둑질은 2배 배상과 귀양

(3) **신라**

① 특징: 부족 대표가 모여 나라를 이끌었던 전통이 오래 유지

② 화백 회의: 만장 일치의 귀족 회의 ➡ 귀족 단결, 왕권 견제

③ 골품제❷: 골품에 따라 정치적·사회적 활동 범위 제한 출제 순위 특강 p.92

④ 화랑도: 원시 청소년 집단에서 기원

구성	귀족 자제인 화랑과 귀족~평민의 자제인 낭도로 구성
역할	계층 간 대립과 갈등 조절
변화	진흥왕 때 국가 차원에서 활동을 장려하여 조직을 확대 개편하고 인재를 양성
계율	원광의 세속 5계 자료 ③

4. 남북국의 사회 모습

(1) **삼국 통일 후 신라의 변화**

① 삼국민의 포용: 백제와 고구려의 옛 지배층에게 관등 수여, 9서당 편성 등

② 정치의 변화: 전제 왕권 확립, 6두품의 정치 진출이 활발(학문과 실무 능력을 바탕으로 왕을 보좌), 여전히 진골 귀족이 중앙 관청의 장관직 독점

③ 골품제의 변화: 3~1두품의 구분 약화 ➡ 평민과 동등하게 간주됨

(2) **신라 말의 사회 혼란**

① 배경: 중앙 정부의 지방 통제력 약화

② 호족❸의 성장: 지방에서 스스로 성주나 장군을 칭하는 독자적 세력인 호족 성장

③ 6두품의 동향: 골품제를 비판하며 사회 개혁 시도, 일부는 호족 지원

④ 농민 봉기: 원종과 애노, 적고적❹ 등 빈번한 농민 봉기 발생

(3) **발해의 사회**

① 지배층: 왕족인 대씨와 귀족인 고씨 등 고구려 유민이 다수, 말갈 출신도 있었음, 중앙과 지방의 고위 관직 독차지

② 피지배층: 고구려 유민과 다수의 말갈인

❶ **삼국의 지배층**

고구려	왕족인 고씨와 5부 출신 귀족
백제	왕족인 부여씨와 8성 귀족
신라	왕족인 성골, 진골과 6두품~1두품

❷ **골품제**

신라의 귀족을 여러 등급으로 구분하는 신분 제도로, 진골 귀족의 특권을 보장하였으며, 신라가 삼국을 통일한 이후에도 적용되었다.

❸ **호족의 출신 성분**

중앙 귀족이었다가 권력을 잃고 지방으로 내려간 이들도 있었고, 지방의 군사 거점에서 군사력을 기반으로 성장하거나 자신의 출신 지역에서 독자적으로 성장한 이들도 있었다.

❹ **적고적**

'붉은 바지를 입은 도적'이라는 뜻으로, 붉은색 바지를 입고 다른 사람들과 구별해 붙여진 명칭이다.

자료 1 접객도와 고구려 사회

▲ 고구려 무용총의 접객도

* 자료 분석
- 그림은 고구려 무덤인 무용총에서 발견된 '접객도'라는 고분 벽화로 주인이 손님을 맞이하는 장면으로 추측된다.
- 여기서 눈여겨보아야 할 것은 인물의 크기이다. 음식을 접대하고 있는 인물(가운데)은 하인으로 추정되는데 귀족으로 보이는 주인 및 손님(좌, 우)과 비교할 때 매우 작게 그려져 있다.
- 이처럼 신분에 따라 인물의 크기를 다르게 묘사했다는 점을 통하여 고구려 사회에서 신분제가 엄격하게 적용되고 있었다는 사실을 알 수 있다.

자료 2 진대법

왕이 사냥을 나갔다가 길에 앉아서 울고 있는 자를 보고, "어찌하여 우는가?"라고 물었다. 대답하기를 "신은 매우 가난하여 늘 품팔이를 하며 어머니를 모셔 왔는데 올해는 곡식이 자라지 않아 품팔이할 곳이 없고, 한 말의 곡식도 얻을 수 없어서 울고 있습니다."라고 하였다. …(중략)… 왕이 담당 관청에 명하여 매년 봄 3월부터 가을 7월까지, 관의 곡식을 내어 집안 식구의 많고 적음에 따라 차등 있게 곡식을 빌려주도록 하고, 겨울 10월에 이르러 갚게 하는 것을 법식으로 삼았다. -『삼국사기』

* 자료 분석
- 진대법은 고구려 고국천왕 때에 실시한 제도로 먹을거리가 모자란 봄에 곡식을 빌려주었다가 가을에 추수한 것으로 갚게 하였다.
- 이를 통해 농민의 몰락을 막고 국가 재정을 튼튼히 하려고 하였다.

자료 3 원광의 세속 5계

첫째는 임금을 섬기기를 충(忠)으로써 하고,
둘째는 어버이 섬기기를 효(孝)로써 하며,
셋째는 친구 사귀기를 신(信)으로써 하고,
넷째는 전쟁에 나가서는 물러서지 말며,
다섯째는 산 것을 죽일 때는 가려서 해야 한다.

* 자료 분석
- 세속 5계는 신라의 승려 원광이 화랑들에게 제시한 가르침이다. 첫째부터 셋째까지는 유교 사상이, 다섯째에는 불교 사상이 반영되어 있다.
- 세속 5계와 같은 가르침을 바탕으로 운영되었던 신라의 청소년 수양 단체인 화랑도에는 유교, 불교, 도교적 요소가 함께 포함되어 있었다.

개념 체크 문제

1. 다음 설명이 맞으면 ○, 틀리면 ×표를 하시오.

(1) 삼국의 귀족은 정치권력을 장악하여 사회적·경제적 특권을 누렸다. ( )

(2) 백제는 구휼 제도로 진대법을 실시하였다. ( )

(3) 삼국 통일 이후 6두품이 중앙 관청의 장관직을 독점하였다. ( )

(4) 신라 말에는 사회 모순이 증폭되어 각지에서 농민 봉기가 발생하였다. ( )

2. 다음 빈칸에 알맞은 용어를 쓰시오.

(1) 백제의 귀족은 왕족인 부여씨와 ( ) 귀족으로 구성되었다.

(2) 삼국의 신분은 왕족, 귀족 - 평민 - ( )(으)로 구성되었다.

(3) 신라에는 귀족을 여러 등급으로 구분하는 신분 제도인 ( )이/가 있었다.

(4) 삼국 통일 이후 신라에서는 ( )의 구분이 약화되어 평민과 동등하게 간주되었다.

(5) 발해의 주민은 고구려 유민과 다수의 ( )(으)로 구성되었다.

3. 다음 중 신라의 사회 모습에 관한 것을 모두 고르시오.

ㄱ. 왕족인 고씨와 5부 출신의 귀족이 국정을 운영하였다.
ㄴ. 화백 회의를 통해 귀족의 단결을 도모하고 국왕을 견제하였다.
ㄷ. 말갈인이 주민의 다수를 차지하였다.
ㄹ. 골품제가 일상생활까지 규제하였다.

4. 밑줄 친 '집단'의 명칭을 쓰시오.

화랑과 낭도로 구성된 청소년 집단으로, 진흥왕 때 국가 차원에서 활동을 장려하고 조직을 확대 개편하였으며, 원광의 세속 5계를 행동 규범으로 삼았다.

❖ 정답 - 문제편 208p

2 고려의 신분제와 사회 구조

1. 고려의 신분제: 법제적으로 양인과 천인으로 나눔(양천제)[1] 자료 ①

(1) **양인 지배층**: 왕족, 고위 관리, 상급 향리로 구성됨

고위 관리	• 과거와 음서를 통해 고위 관직 독점 • 일부는 여러 대에 걸쳐 재상을 배출해 문벌 형성 • 문벌은 주로 왕실이나 다른 문벌과 혼인하여 지속적으로 정권을 장악함
상급 향리 (호장·부호장 등)	• 지방 행정을 총괄하고 지방군을 지휘함, 향도의 활동을 주도함 • 과거에 응시해 중앙 관직에 진출함

(2) **양인 중간 계층(정호)**: 하급 향리, 남반, 서리, 하급 장교 등으로 구성됨, 국가로부터 직역의 대가로 토지를 받음, 직역과 토지를 세습함

하급 향리	상급 향리의 지휘 아래 고을의 말단 실무를 맡음		
남반[2]	궁중 실무를 담당함	서리	중앙 관청의 말단 행정을 담당함

(3) **양인 피지배층**

① 백정[3]: 일반 군현에 거주, 자신의 토지나 남의 토지를 경작하여 생계 유지, 조세·공물·역 부담, 법적으로 과거 응시에 제한이 없음

② 향·부곡·소의 주민: 일반 군현민에 비해 더 많은 세금 납부, 과거 응시 불가능, 다른 지역으로의 이주 금지

(4) **천인**: 노비가 대부분을 차지, 노비는 재산으로 여겨져 매매·상속·증여 가능, 부모 중 한쪽이 노비이면 자녀도 노비가 됨(일천즉천)

공노비	국가 기관이 소유, 입역 노비(관청의 잡역에 종사), 외거 노비(농업에 종사, 신공[4] 납부)
사노비	개인이 소유, 솔거 노비(주인집에 거주, 잡일 맡음), 외거 노비(주인과 따로 거주, 신공 납부)

(5) **개방적인 신분 질서**: 신라 골품제 사회보다 개방적임 자료 ②

① 양인: 원칙적으로 과거 응시 가능(중앙 관리가 될 수 있음), 전쟁 등에서 공을 세워 무관이 되기도 함

② 천인: 노비 중 일부가 재산을 모으거나 큰 공을 세워 양인 신분을 얻기도 함

2. 고려인의 생활 모습

(1) **친족 제도**: 외가와 친가 양쪽 혈연 모두를 중시 ➡ 어머니 쪽 조상에 힘입어 음서를 받을 수 있음, 직역과 토지를 외손자나 사위에게 상속하기도 함

(2) **혼인과 여성의 지위** 자료 ③

① 혼인 풍습: 사위가 처가로 장가들어 사는 일이 많음, 일부일처의 혼인 관계가 일반적

② 여성의 지위: 태어난 순서대로 호적에 기재, 딸도 제사를 지냄, 이혼과 재혼이 비교적 자유로움, 재혼으로 태어난 자녀를 차별하지 않음, 딸과 아들에게 재산이 균등하게 상속(균분 상속), 여성이 호주[5]가 될 수 있음

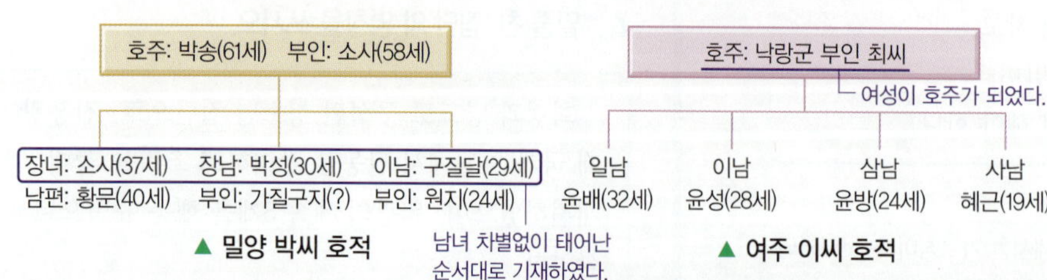

▲ 밀양 박씨 호적 ▲ 여주 이씨 호적

(3) **향도**: 지역 단위의 공동체 조직, 지방 사회에서의 공동 노동이나 공동체 활동, 불교 관련 활동[6] 등을 수행함

❶ 양천제

	관직 진출	조세·공물·역의 납부
양인	○	○
천인	×	×

❷ 남반
고려 시대 궁궐에서 숙직하고 국왕을 시종하며 왕명을 전달하는 일을 맡았다. 이들은 중간 계층에 속하였다.

❸ 백정(白丁)
고려 시대의 백정은 관직이나 직역이 없는 양인 계층으로, 대부분 농민이었다.

❹ 신공
직접적인 노동력을 제공하지 않는 외거 노비가 관청이나 주인에 매년 바쳐야 하는 몸값이다.

❺ 호주(戶主)
집안을 대표하는 자로서 가족을 거느리며 부양하는 일에 대한 권리와 의무가 있는 사람을 이르는 말이다.

❻ 매향

▲ 사천 매향비(경남 사천)
매향이란 미륵불의 세계에 다시 태어날 것을 기원하며 향나무를 묻는 불교 행사이고, 매향비는 매향 활동 후에 관련 내용을 기록한 것이다.

자료 1 고려의 신분 구성

* 자료 분석

- 양인은 왕족과 고위 관리, 중간 계층 등으로 구성된 지배층과 농민, 상인, 수공업자, 향·부곡·소의 주민 등으로 구성된 피지배층으로 나뉘었다.
- 양인은 직역을 수행하는지에 따라 정호와 백정으로 구분되기도 하였다. 정호는 국가의 직역을 맡은 중간 계층이었고, 백정은 직역을 수행하지 않는 피지배층이었다.

자료 2 고려의 개방적인 신분 질서

- 평량은 평장사 김영관 집안의 노비로 … 농사에 힘써 부유하게 되었다. 그는 권력을 지닌 고관에게 뇌물을 바쳐 천인에서 벗어나 산원동정의 벼슬을 얻었다. -『고려사』
- 유청신은 장흥부 고이 부곡 사람이다. 국가의 제도에 부곡 사람은 공적이 있더라도 5품 이상 승진할 수 없다고 하였다. … 왕이 교서에 이르기를, "유청신은 조인규를 수행하여 힘을 다해 공을 세웠다. 비록 그 가문이 5품에 한정되어 있지만, 본인에 한해서는 3품까지 승진을 허락한다. 또 고이 부곡을 고흥현으로 승격하라."라고 하였다. -『고려사』

* 자료 분석

고려는 제한적이나마 개인의 능력을 바탕으로 한 신분 상승의 가능성이 열려 있었으며, 향·소·부곡이 일반 군현으로 승격되기도 하였다.

자료 3 고려 시대 여성의 지위

(박유가) "청컨대, 여러 신하·관료들에게 여러 처를 두게 하고, …." … 어떤 노파가 그를 손가락질하면서 "첩을 두자고 요청한 자가 저놈의 늙은이다."라고 하였다. … 당시 재상 중에는 부인을 무서워하는 자들이 있었기 때문에 결국 실행하지 못하였다. -『고려사』

* 자료 분석

- 고려 원 간섭기에 박유가 첩을 둘 수 있게 하자고 청원하였으나 여성들이 거세게 항의해 무산되었다.
- 고려 시대에 가정에서 여성의 지위는 남성과 큰 차이가 없었다. 하지만 여성은 관직에 진출할 수 없었고, 사회 활동에서 제한을 받았다.

개념 체크 문제

1. 다음 빈칸에 알맞은 용어를 쓰시오.

(1) 고려의 지배층은 왕족, 고위 관리, 상급 향리, [　　　] 등으로 구성되었다.

(2) 고려의 중간 계층은 [　　　]의 대가로 국가로부터 토지를 지급받았다.

(3) [　　　]은/는 지방 행정을 담당한 중간 계층으로 고을의 말단 실무를 맡았다.

(4) [　　　]은/는 궁중 실무를 담당한 중간 계층이었다.

(5) [　　　]은/는 주인집에 거주하며 노동력을 제공하는 노비이다.

(6) 고려 시대에는 여성도 [　　　]이/가 될 수 있었다.

2. 다음에서 설명하는 명칭을 쓰시오.

> 고려 시대에는 직역이 없는 양인 농민층을 가리키는 말이었으나, 조선 시대에는 도살업자를 뜻하는 용어로 의미가 바뀌었다.

3. 다음 설명이 옳으면 ○, 틀리면 ×표 하시오.

(1) 향·부곡·소의 주민은 일반 군현민에 비해 더 많은 세금을 납부하였다. (　　)

(2) 고려 시대에 부모 중 한쪽이 노비이면 자녀도 노비가 되었다. (　　)

(3) 고려 시대에는 신분 상승이 불가능하였다. (　　)

(4) 고려 시대에는 일부일처제가 일반적이었다. (　　)

(5) 고려 시대에는 여성보다 남성이 우선적으로 호적에 기재되었다. (　　)

4. 다음 설명과 관련된 고려 시대 공동체의 명칭을 쓰시오.

> 고려 시대 지역 단위의 공동체 조직이다. 매향 등과 같은 불교 활동을 비롯하여 공동 노동, 공동체 활동을 수행하였다.

❖ 정답 – 문제편 208p

3 조선 전기의 신분제와 사회 구조

1. 양반 중심의 신분 질서 확립 자료 ①

(1) **양천제와 반상제**: 법제적으로 양천제, 실제로는 반상제로 운영

양천제	• 양인: 자유민, 조세와 국역 부담, 과거 응시 및 관직 진출 가능 • 천인: 비자유민, 각종 천역 담당, 과거 응시 및 관직 진출 불가능
반상제	점차 양반과 상민을 구분하는 반상제가 일반화됨 → 양반, 중인, 상민, 천민으로 구분

(2) **양반**

① 의미: 문반과 무반 관리 ➡ 그 가족과 가문까지 포함하는 개념으로 확대

② 특징: 많은 토지와 노비 소유, 과거로 관직 진출(주요 관직 독점), 각종 국역 면제

(3) **중인**: 양반과 상민의 중간 신분(넓은 의미), 잡과를 통해 선발된 기술관(좁은 의미)

└ 역관, 의관 등이 있었다.

① 특징: 직역 세습, 같은 신분끼리 혼인

② 서얼❶: 문과 응시 금지, 무관직이나 기술관에 등용

(4) **상민**: 법제적으로 과거 응시 가능, 전세·공납·역의 의무를 짐

농민	상민의 대부분을 차지함	상인, 수공업자	농민보다 낮은 대우를 받음
신량역천❷	법제상 신분은 양인이지만 천한 일에 종사하여 차별받았던 계층		

(5) **천민**: 노비가 대부분을 차지

공노비	일정 기간 관청에서 일하거나 매년 정해진 액수의 신공 납부
사노비	솔거 노비(주인과 함께 살면서 노동력 제공), 외거 노비(주인과 따로 살면서 신공 납부)

└ 재산을 가질 수 있어서 일반 농민과 비슷한 생활을 함

2. 양반 중심의 향촌 지배 체제

(1) **유향소**: 사족으로 구성된 향촌 자치 기구 ➡ 수령 보좌, 풍속 교화

(2) **향회**: 사족이 향촌에 대한 지배를 실현하기 위해 운영한 모임

(3) **서원❸**: 지방의 사립 교육 기관, 선현에 대한 제사 및 성리학 교육을 담당함

(4) **향약❹**: 향촌 사회의 자치 규약

4 조선 후기의 신분제와 사회 변동

1. 신분제의 동요 자료 ②

(1) **양반층 분화**: 붕당 정치의 변질, 세도 정치 ➡ 집권 양반(권반)과 몰락 양반(향반, 잔반 등)으로 분화

(2) **중인층의 신분 상승 운동**

서얼	집단 상소 운동 전개(청요직(3사 등의 관직) 진출 허용을 요구하였다.), 정조 때 유득공·박제가·이덕무 등이 규장각 검서관으로 등용
중인	관직 진출의 제한을 없애 달라는 대규모 소청 운동 전개(실패), 시사(시를 짓고 즐기는 모임) 개최

(3) **상민의 신분 상승**: 납속책❺과 공명첩❻, 양반의 족보 매입 등으로 신분 상승

(4) **노비의 신분 상승**: 군공·납속·도망, 노비종모법❼ 시행, 공노비 해방(순조)

└ 상민을 확충하여 국가 재정을 확보하기 위해 실시

2. 향전의 발생

의미	구향(전통 사족)과 신향(새롭게 양반이 된 부농층)이 향촌의 주도권을 두고 벌인 경쟁
전개	신향이 수령과 결탁하여 향안(지방 사족의 명단)에 이름을 올리고 향회에 참여 ➡ 구향 약화
영향	• 신향과 구향의 다툼을 이용하여 수령이 권한을 강화함 • 향회가 수령의 조세 부과를 자문하는 기구로 변함

3. 가족 제도의 변화: 부계 위주로 변화(제사와 재산 상속은 장자 중심, 아들이 없으면 양자를 들임, 여성의 재혼이 어려워짐, 시집살이 일반화)

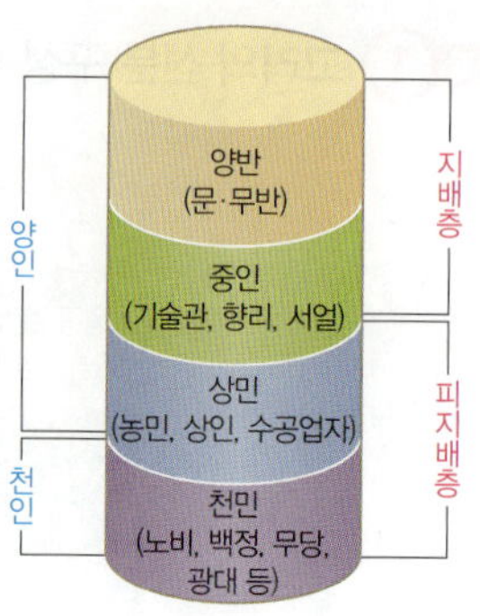

▲ 조선의 신분 구조

❶ 서얼
양반과 양인 첩이 낳은 아들인 서자와 양반과 천인 첩이 낳은 아들인 얼자를 합쳐 이르는 말이다.

❷ 신량역천
수군, 조례(관청의 잡역 담당), 나장(형사 업무 담당), 일수(고을의 잡역 담당), 봉수군(봉수 담당), 역졸(역에 근무), 조졸(조운 업무 담당)이 있었다.

❸ 서원
중종 때 주세붕이 세운 백운동 서원이 시초로, 명종 때 이황의 건의에 따라 사액을 받아 소수 서원이 되었다. 나라에서는 주요 서원을 사액 서원으로 지정해 토지, 노비, 서적 등을 지원했다.

❹ 향약
향촌 사회의 전통적인 공동체 풍습에 유교 윤리를 더한 내용을 담고 있다. 중종 때 중국의 '여씨 향약'을 번역하고 4대 덕목을 전파하면서 보급되기 시작하였다.

❺ 납속책
국가의 부족한 재정을 보충하거나 구호 사업을 위해 백성에게서 곡물과 돈을 받고, 그 대가로 일정한 혜택을 주던 정책이다.

❻ 공명첩

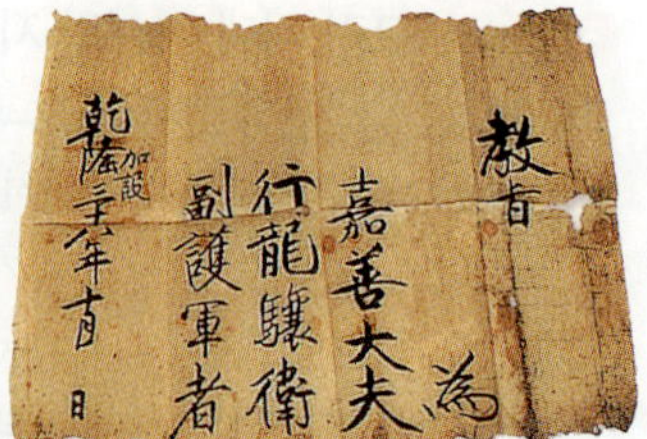

곡식이나 돈을 받고 명예직 벼슬을 주던 임명장으로, 이름 쓰는 곳이 비워져 있다.

❼ 노비종모법
아버지가 노비라도 어머니가 양인이면 그 자식을 양인으로 삼는 법으로, 영조 때 본격적으로 시행되었다.

자료 1 조선 시대의 신분제

◎ 양반의 특권

하늘이 백성을 낳았는데, 그 백성이 넷이다. 그중에 으뜸은 사(士)이다. 양반이라고도 일컬으며 이익이 이보다 큰 것이 없다. … 글과 역사를 조금만 공부하면 크게는 문과에 합격하고 적어도 진사가 된다. -『양반전』

◎ 서얼의 관직 진출 제한

양반 사대부의 자식으로서 다만 외가가 미천하다는 이유만으로 대대로 금고하여 비록 훌륭한 재주와 능력이 있어도 끝내 머리를 숙이고 시골에서 그대로 죽어 향리나 수군만도 못하니 참으로 가련하다. -『패관잡기』

◎ 천민의 지위

- 천민의 계보는 어머니의 역을 따른다. 천민이 양인 아내를 맞이하여 낳은 자식은 아버지의 역을 따른다. -『경국대전』
- 무릇 노비의 매매는 관청에 신고하여야 한다. … 나이 16세 이상 50세 이하는 가격이 저화 4천 장이고, 15세 이하 50세 이상은 3천 장 이상이다. -『경국대전』

* 자료 분석
- 양반은 군역을 면제받는 등 여러 특권을 누렸다.
- 서얼은 중인과 같은 대우를 받았으며, 문과에 응시하는 것이 금지되었다.
- 부모 중 한쪽이 노비이면 그 자녀도 노비가 되었다(일천즉천). 노비는 재산처럼 취급되어 매매, 상속, 증여의 대상이 되었다.

자료 2 양반 중심의 신분제 동요

옷차림은 신분의 귀천을 나타내는 것이다. 근래 이것이 문란해져 상민과 천민이 갓을 쓰고 도포를 입는 것이 마치 조정의 관리나 선비와 같이 한다. 진실로 한심스럽기 짝이 없다. 심지어는 시전 상인들이나 군역을 지는 상민들까지도 서로 양반이라 부른다. -『일성록』

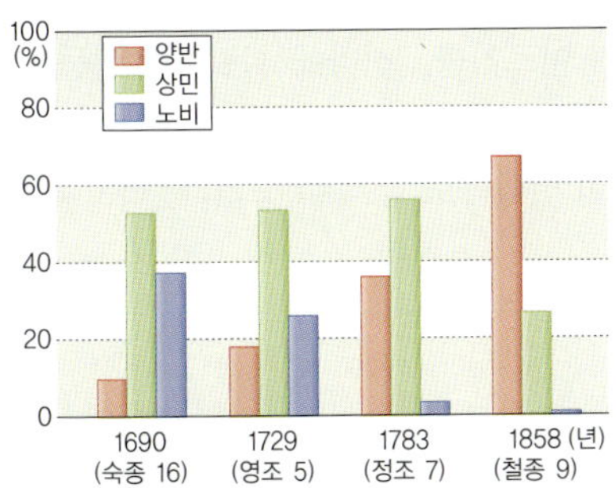

▲ 직역별 호구 구성비(대구 지방)

* 자료 분석
- 조선 후기에는 상품 화폐 경제가 발달하면서 신분 질서가 변동했다.
- 다수의 양반은 향촌에서 명망을 유지하는 향반에 머물거나 일반 농민과 다를 바 없는 잔반으로 몰락하였다.
- 부유한 상민은 공명첩을 사거나 양반의 족보를 매입 또는 위조하는 방법으로 양반 신분을 획득하였다. 그 결과 양반의 수가 크게 늘어났다.

개념 체크 문제

3 조선 전기의 신분제와 사회 구조

1. 다음 설명이 옳으면 ○, 틀리면 ×표를 하시오.

(1) 조선의 신분 제도는 법제상 양천제였으나, 실제로는 반상제로 운영되었다. ( )

(2) 조선 시대에 양반은 실제로 각종 국역에 동원되었다. ( )

(3) 서얼도 문과에 응시할 수 있었다. ( )

(4) 농민은 수공업자와 상인에 비해 낮은 대우를 받았다. ( )

2. 밑줄 친 '이들'에 해당하는 계층을 쓰시오.

… 무릇 벼슬에는 높고 낮은 것이 있고 직책에는 가볍고 무거운 것이 있습니다. 의관, 역관은 사대부의 반열에 낄 수 없습니다. 이들은 모두 미천한 계급 출신으로 사족이 아닙니다. -『성종실록』

4 조선 후기의 신분제와 사회 변동

3. 다음 빈칸에 알맞은 말을 쓰시오.

(1) 붕당 정치의 변질과 세도 정치로 인해 중앙의 권력 다툼에서 밀려난 양반들이 (　　　) 와/과 잔반으로 분화하였다.

(2) 부유한 일부 상민들은 납속책과 (　　　) 등을 통해 양반으로 신분을 상승시켰다.

(3) 중인들이 관직 진출의 제한을 없애 달라는 대규모 (　　　) 을/를 전개하였다.

(4) 영조 때의 노비종모법과 순조 때의 (　　　) (으)로 노비의 수가 크게 줄었다.

4. 조선 후기 향촌 사회의 변화와 관련된 것을 모두 고르시오.

ㄱ. 기존 사족(구향)과 신흥 양반(신향)의 대립인 향전이 발생하였다.
ㄴ. 여성의 재혼이 자유롭게 이루어졌다.
ㄷ. 양자를 들이지 않고 딸이 제사를 지냈다.
ㄹ. 수령의 권한이 강화되었다.

❖ 정답 – 문제편 208p

신라의 골품제

신라의 골품제는 왕족과 귀족에게 적용된 폐쇄적인 신분 제도로 관등뿐만 아니라 집이나 수레의 크기, 복색 등 일상생활 전반에 영향을 미쳤다. 골품제에 대하여 알아보자.

1. 골품제의 운영

등급	관등명	복색
1	이벌찬	자색
2	이찬	자색
3	잡찬	자색
4	파진찬	자색
5	대아찬	자색
6	아찬	비색
7	일길찬	비색
8	사찬	비색
9	급벌찬	비색
10	대나마	청색
11	나마	청색
12	대사	황색
13	사지	황색
14	길사	황색
15	대오	황색
16	소오	황색
17	조위	황색

▲ 신라의 골품과 관등표

- 골품은 왕족인 성골과 진골, 귀족인 6두품~1두품으로 구성되었다. 성골은 신라의 삼국 통일 무렵에 소멸하였고, 시간이 지날수록 하급 귀족의 구분이 희미해져 3두품~1두품은 평민 계층에 동화되었다.
- 도표는 신라의 골품과 그에 따른 관등 승진의 상한선을 보여준다. 오직 진골만이 제약 없이 모든 관등으로 승진할 수 있다는 것을 알 수 있다. 또한, 골품에 따라 방 크기의 상한선이 정해져 있었음도 알 수 있다.

방[室] 크기의 상한선	24척	21척	18척	15척
골품	진골	6두품	5두품	4두품

▲ 골품별 방 크기의 상한선

2. 골품제에 대한 불만

▲ 설계두(7세기)

▲ 최치원(신라 말)

- 진골을 제외한 나머지 계층은 골품제에 불만을 가지는 경우가 많았는데, 주로 진골 바로 아래 계층인 6두품에서 이러한 경향이 나타났다.
- 골품제는 신라가 중앙 집권 국가로 발전하는 과정에서 기존 족장 세력을 통합하는 데에 중요한 역할을 하였다. 그러나 설계두와 최치원의 사례에서 볼 수 있듯이 골품제의 폐쇄성은 능력 있는 인재의 활동을 제약하는 부작용도 있었다.

> 설계두가 이르기를, "신라에서는 사람을 등용하는데 골품을 따져서 진실로 그 족속이 아니면 비록 큰 재주와 뛰어난 공이 있더라도 넘을 수가 없다."라고 하였다.
>
> – 『삼국사기』

확인 문제

▶ 정답 – 문제편 209p

빈칸에 알맞은 용어를 쓰시오.

01 신라에서는 최고 신분층인 (   )만이 최고 관등까지 올라갈 수 있었다.

02 시간이 지날수록 하급 귀족의 구분이 희미해져 (   )이/가 평민 계층에 동화되었다.

03 주로 (   ) 출신이 골품제에 불만을 가지는 경우가 많았다.

내신 대비 필수 문제

★ 학교 시험 100점을 위한 실전 문제와 학력평가/모의평가 기출 문제

1 고대의 신분제와 사회 구조

01 ✿✿✿ (서술형)

(가)의 구성과 역할에 대해 서술하시오.

> 진흥왕 때에 처음으로 (가) 을/를 두었다. …(중략)… 무리가 구름처럼 모여들어 명산과 대천을 돌아다니며 멀리 가 보지 아니한 곳이 없었다. 이를 통해 인품을 알게 되어 그 가운데 착한 자를 조정에 추천하였다.

[02~03] 다음 자료를 보고 물음에 답하시오.

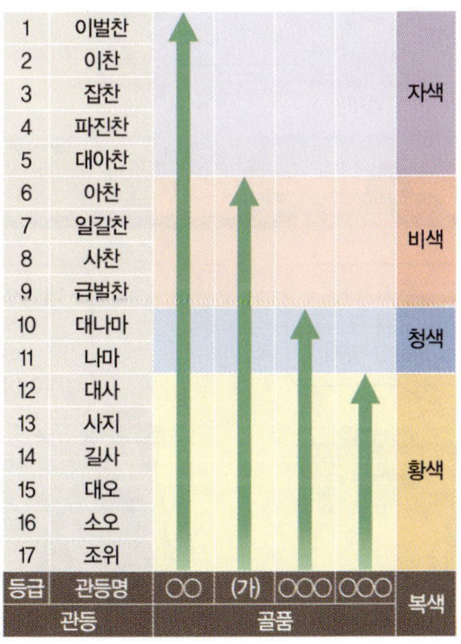

02 ✿✿✿ (단답형)

(가)의 명칭을 쓰시오.

03 ✿✿✿ (출제 0순위 특강)

(가)에 대한 설명으로 옳은 것은?

① 화백 회의 구성원으로 활약하였다.
② 통일 이후 평민과 동등하게 간주되었다.
③ 왕실과 혼인을 통하여 세력을 유지하였다.
④ 일상생활에 있어서 다른 골품과의 차별이 없었다.
⑤ 신라 말기 사회 개혁을 위한 정치 이념을 제시하였다.

2 고려의 신분제와 사회 구조

04 ✿✿✿

다음은 고려의 신분 구성을 보여주는 자료이다. (가)에 대한 설명으로 옳은 것은?

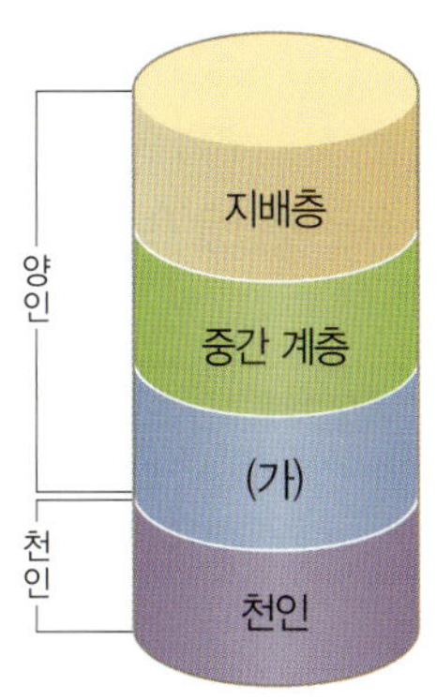

① 백정이 대다수를 차지하였다.
② 향·부곡·소의 주민은 포함되지 않는다.
③ 직역의 대가로 국가로부터 토지를 받았다.
④ 상위 계층으로의 신분 상승은 불가능하였다.
⑤ 재산으로 간주되며 매매·상속의 대상이 되었다.

05 ✿✿✿

(가)~(라) 신분에 대한 설명으로 옳지 않은 것은?

(가)	고위 관료
(나)	서리, 남반, 향리, 하급 장교
(다)	농민(백정), 상인, 수공업자, 향·부곡·소의 주민
(라)	공노비, 사노비

① (가) – 음서와 공음전의 혜택을 누렸다.
② (나) – 무신 집권기에 신분 해방 운동을 벌였다.
③ (다) – 직접 생산 활동에 종사하였다.
④ (라) – 고려 사회에서 가장 천시되었다.
⑤ (가), (나) – 국가에서 토지를 지급받았다.

❖ 정답 및 해설 42~43p

06 ✿✿✿

고려 시대 가족 제도에 대한 대화 내용으로 옳지 않은 것은?

① 갑: 일부일처제가 일반적이었어.
② 을: 외손자도 음서의 혜택을 받았어.
③ 병: 남녀의 정치적 지위에 큰 차이가 없었어.
④ 정: 딸이 부모의 제사를 지내기도 한 것 같아.
⑤ 무: 아들과 딸 구분 없이 부모를 봉양하였을 거야.

07  중요

2021 실시 6월 학평 10(고2)

(가)에 대한 설명으로 옳은 것만을 〈보기〉에서 고른 것은?

[보기]

ㄱ. 대다수가 농민이었다.
ㄴ. 조세, 공납, 역의 의무가 있었다.
ㄷ. 매매, 증여, 상속의 대상이 되었다.
ㄹ. 서리, 향리, 하급 장교 등을 포함하였다.

① ㄱ, ㄴ ② ㄱ, ㄷ ③ ㄴ, ㄷ ④ ㄴ, ㄹ ⑤ ㄷ, ㄹ

08 ✿✿✿

자료의 사건이 발생했던 시기에 대한 설명으로 옳지 않은 것은?

> (박유가) "청컨대, 여러 신하·관료들에게 여러 처를 두게 하고, 품위에 따라 그 수를 점차 줄이도록 하십시오." … 연등회 날 저녁 박유가 왕의 행차를 호위하며 따라갔는데, 어떤 노파가 그를 손가락질하면서 "첩을 두자고 요청한 자가 저놈의 늙은이다."라고 하였다. … 당시 재상 중에는 부인을 무서워하는 자들이 있었기 때문에 결국 실행하지 못하였다.

① 여성이 호주가 될 수 있었다.
② 사위나 외손자도 음서의 혜택을 누렸다.
③ 재산에 대한 남녀 균분 상속이 이루어졌다.
④ 아들이 없으면 일반적으로 양자를 들였다.
⑤ 남녀 구분 없이 출생 순서대로 호적에 기록되었다.

3 조선 전기의 신분제와 사회 구조

09 ✿✿✿ 서술형

고려와 조선에서의 밑줄 친 '백정'의 역할과 사회적 위치를 비교하여 서술하시오.

> "… 화척(禾尺)은 본래 양인으로서, 업이 천하고 칭호가 특수하여, 백성들이 다 다른 종류의 사람으로 보고 그와 혼인하기를 부끄러워하니, 진실로 불쌍하고 민망합니다. 바라옵건대, 칭호를 백정이라고 고쳐서 평민과 서로 혼인하고 섞여서 살게 하며, …"
>
> –『세종실록』

10 ✿✿✿

(가) 신분에 해당하는 사람으로 옳은 것은?

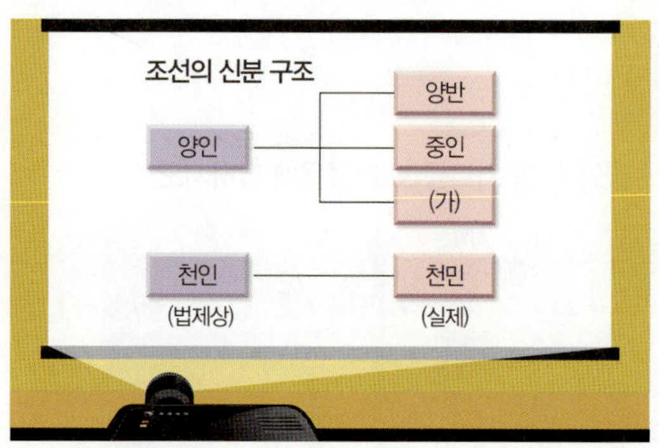

①

②

③

④

⑤
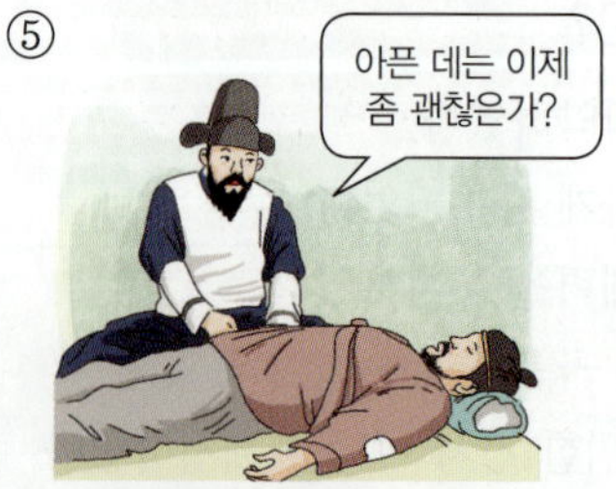

4 조선 후기의 신분제와 사회 변동

11 중요

자료에 나타난 시기의 사회상을 탐구하기 위한 활동으로 적절한 것을 〈보기〉에서 고른 것은?

옷차림은 신분의 귀천을 나타내는 것이다. 그런데 어찌된 까닭인지 요즘 이것이 문란해져 상민과 천민이 갓을 쓰고 도포를 입는 것이 마치 조정의 관리나 선비같이 한다. … 심지어, 시전 상인이나 군역을 지는 상민까지도 서로 양반이라 부른다. –『일성록』

[보기]

ㄱ. 최초의 서원이 설립된 과정을 정리해 본다.
ㄴ. 만적이 봉기를 계획한 목표가 무엇인지 찾아본다.
ㄷ. 영조 때에 시행되었던 노비종모법의 내용을 알아본다.
ㄹ. 치열한 정쟁에 따른 일당 전제화로 양반층에 나타난 변화를 조사한다.

① ㄱ, ㄴ ② ㄱ, ㄷ ③ ㄴ, ㄷ
④ ㄴ, ㄹ ⑤ ㄷ, ㄹ

12

다음 글과 관련된 시기의 사회상에 대한 설명으로 옳은 것은?

정선 고을에 한 양반이 살고 있었다. 그는 어질고 글 읽기를 매우 좋아하였다. …(중략)… 하지만 몹시 가난하여 환곡을 타 먹은 지 여러 해가 되어 천 섬의 빚을 지게 되어 옥에 갇히게 되었다. …(중략)… 때마침 그 동네에 부자가 이 소문을 듣고 가족끼리 비밀 회의를 열어 말하였다. "이제 저 양반이 환곡을 갚을 길이 없어서 곤란한 모양이니 그 양반 자리를 더 유지할 수 없을 것이다. 이 기회에 내가 양반 신분을 사서 가지는 것이 어떨까?"

① 외손자도 음서의 혜택을 받을 수 있었다.
② 다수의 양반이 몰락하여 향반이나 잔반이 되었다.
③ 농민층은 광작의 유행으로 대부분 부농층이 되었다.
④ 농민층은 납속책의 시행으로 신분 상승이 더욱 어려워졌다.
⑤ 향, 부곡, 소의 주민에게 일반 군현민보다 많은 세금을 부과하였다.

13

다음 신분층에 대한 설명으로 가장 적절한 것은?

양반의 자손 가운데 첩의 소생을 일컬으며, 4신분제 하에서 중인층에 해당되었다. 이들은 과거 응시에 제한을 받았으며, 등용되더라도 고위 관직 진출에 한계가 있었다.

① 군역 면제의 특권을 보유하였다.
② 향회에서 여론을 수렴하고 결속을 다졌다.
③ 정조 때 규장각 검서관으로 기용되기도 하였다.
④ 주로 도망, 군공, 납속 등으로 신분을 상승시켰다.
⑤ 궁궐에서 숙직하고 국왕을 시종하며 왕명을 전달하였다.

14 서술형

밑줄 친 ㉠의 주요 원인을 서술하시오.

양반은 조선 사회의 지배층으로, 주요 관직을 독점하고 많은 토지와 노비를 소유하였다. 그러나 양난 이후로 양반 중심 신분 질서가 동요하였고, ㉠ <u>양반층 내부에서 분화가 일어나 몰락 양반(향반, 잔반)이 등장</u>하였다.

15

2022 실시 6월 학평 17(고2)

교사의 질문에 대한 학생의 답으로 가장 적절한 것은?

사진은 벼슬을 받는 사람의 이름이 비어 있는 관직 임명장입니다. 당시 정부는 이 문서를 발행하여 국가 재정을 보충하려 하였습니다. 이러한 조치가 가져온 결과를 말해 볼까요?

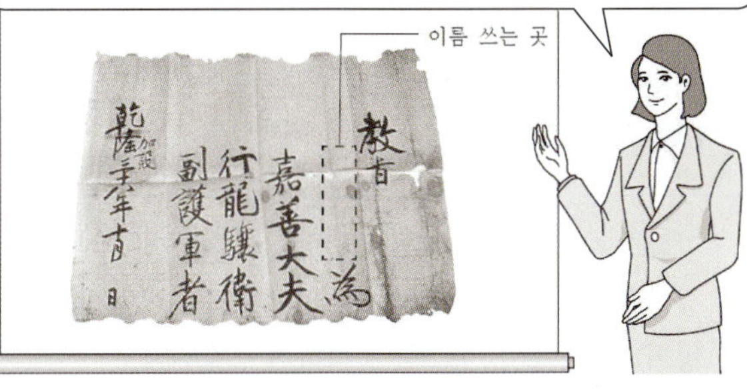

① 사화가 발생하였어요.
② 양반의 수가 증가하였어요.
③ 신진 사대부가 성장하였어요.
④ 지방에서 호족 세력이 등장하였어요.
⑤ 부족의 지배층이 중앙 귀족으로 편입되었어요.

❖ 정답 및 해설 43~45p

내신 1등급 문제

16 ✽✽✽ 출제 0순위 특강

수능 기출(변형)

도표는 신라 관등제와 골품제의 관계를 나타낸 것이다. 이를 바탕으로 골품제 운영에 관해 설명한 내용으로 옳지 않은 것은?

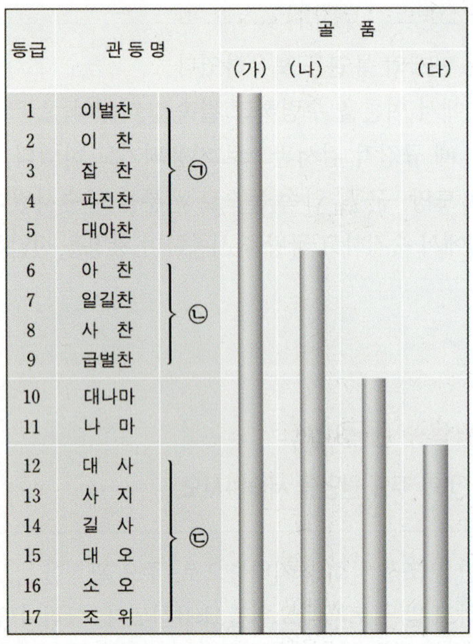

골품: (가) (나) (다)

등급	관등명	
1	이벌찬	㉠
2	이 찬	㉠
3	잡 찬	㉠
4	파진찬	㉠
5	대아찬	㉠
6	아 찬	㉡
7	일길찬	㉡
8	사 찬	㉡
9	급벌찬	㉡
10	대나마	
11	나 마	
12	대 사	㉢
13	사 지	㉢
14	길 사	㉢
15	대 오	㉢
16	소 오	㉢
17	조 위	㉢

① (가)는 ㉠ 관등을 독점하였고, 왕위에 오를 수 있었다.
② (나)는 삼국 통일 이후 학문적 식견과 행정 능력을 바탕으로 정치적 진출을 활발히 하였다.
③ (다)는 (나)보다 다양한 색깔의 공복을 입을 수 있었다.
④ 오로지 (가)만 중앙 관청의 장관이 될 수 있었다.
⑤ (다)는 ㉢ 관등을 초과하여 승진할 수 없었다.

17 ✽✽✽

2021 실시 3월 학평 5(고3)

다음 상황이 나타난 국가에서 볼 수 있는 모습으로 가장 적절한 것은? [3점]

- 명학소 사람 망이, 망소이 등이 무리를 불러 모아 공주를 공격하여 함락하였다. …(중략)… 이에 망이의 고향인 명학소를 승격하여 충순현으로 삼았다.
- 유청신은 장흥부 고이 부곡 사람이다. 몽골어를 익혀 여러 차례 사신을 따라 원에 가서 잘 응대하였다. …(중략)… 충렬왕의 총애를 받아 낭장에 임명되었다. 이후 고이 부곡이 고흥현으로 승격되었다.

① 형평 운동에 참여하는 백정
② 당으로 유학을 떠나는 6두품
③ 속현에서 공물을 징수하는 향리
④ 상평통보로 물건을 구매하는 상인
⑤ 홍경래의 난에 가담하는 광산 노동자

18 ✽✽✽

밑줄 친 '이 시기'의 최고 지배층에 대한 설명으로 옳지 않은 것은?

- 이 시기에는 장시가 전국적으로 확산되었다.
- 이 시기에는 직전법이 폐지되어 수조권 지급 제도가 사라졌다.

① 신량역천에 해당하였다.
② 각종 신분적 특권을 제도화하여 국역을 면제받았다.
③ 문반과 무반 관리 및 그 가족과 가문까지 포함되었다.
④ 과거로 관직에 진출해 국가의 고위 관직을 독점하였다.
⑤ 생산에는 종사하지 않고 현직 또는 예비 관료로 활동하였다.

19 ✽✽✽

밑줄 친 '이들'에 대한 설명으로 가장 적절한 것은?

이들은 본시 모두 사대부였는데 또는 의료직에 들어가고 또는 통역에 들어가 그 역할을 7~8대나 10여 대로 전하니 사람들이 서울 중촌(中村)의 오래된 집안이라고 불렀다. 문장과 대대로 쌓아 내려오는 미덕은 비록 사대부에 비길 수 없으나 유명한 재상, 지체 높고 번창한 집안 외에 이들보다 나은 자는 없다.
－『상원과방』

① 음서와 공음전의 특권을 누렸다.
② 매매·증여·상속의 대상이 되었다.
③ 대규모의 소청 운동을 전개하였다.
④ 붕당 정치와 세도 정치로 인해 분화되었다.
⑤ 정조 때 규장각 검서관으로 기용되기도 하였다.

수능 대비 기출 문제

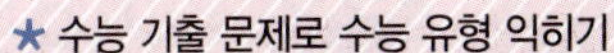

★ 수능 기출 문제로 수능 유형 익히기

20 대표 유형

2023 대비 9월 모평 6

(가)에 들어갈 내용으로 가장 적절한 것은? [3점]

① 신라 골품제의 모순
② 고려 전기 문벌 사회의 특징
③ 고려 무신 정권 시기 하층민의 봉기
④ 조선 후기 신분 질서의 동요
⑤ 일제 강점기 형평 운동의 의의

★ **대표 유형 분석**

이 유형은 주로 특정 시기의 사회 상황을 나열하고 이를 바탕으로 해당 시기가 언제인지 파악하는 방식으로 출제된다.

단서+발상

단서 • 몰락한 양반은 상민과 비슷한 처지가 되었다.
• 일부 상민들은 양반 신분을 획득하려고 하였다.

발상 조선 후기의 사회상을 제시하고 있다.

적용 조선 후기에는 몰락 양반이 증가하였다. 그리고 부유한 상민들의 양반 족보 매입, 족보 위조 등으로 양반 인구가 증가하는 현상이 나타났다.

21

수능 기출

(가)에 들어갈 내용으로 가장 적절한 것은?

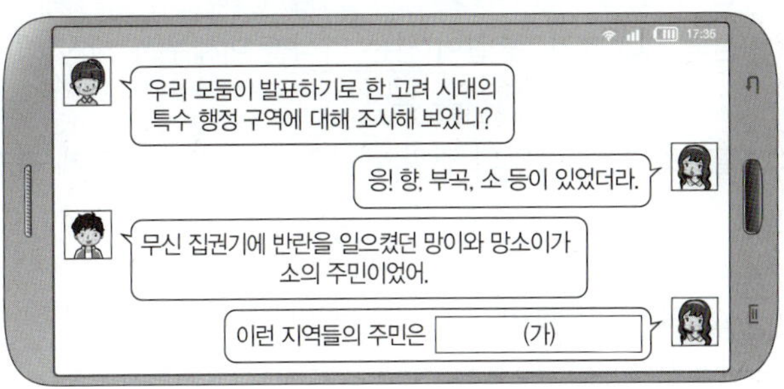

① 일반 군현민에 비해 세금 등에서 차별 대우를 받았어.
② 형평 운동을 전개하여 차별 철폐를 주장했지.
③ 갑오개혁을 통해 신분 해방이 이루어졌어.
④ 의관, 역관 등 기술관직을 세습했지.
⑤ 국가로부터 공음전을 지급받았어.

22

모의평가 기출

밑줄 친 '그들'에 대한 설명으로 옳은 것은?

> 대사헌 채수가 아뢰기를 "지금 전하께서 의관과 역관 중에 그 기술이 훌륭한 자를 발탁하여 문무 관직에 쓰려고 하시는데, 저는 그 이유를 알 수 없습니다. 그들은 모두 보잘것없는 무리로 본래 양반 사족이 아닌데도 외람되게 조정의 은혜를 많이 받아왔으며, 국가에서 장려함도 이미 지극했습니다."라고 하였다.

① 사출도를 다스렸다.
② 공음전을 지급받았다.
③ 화백 회의에 참가하였다.
④ 신량역천으로 분류되었다.
⑤ 잡과 등을 통해 선발되었다.

❖ 정답 및 해설 45~46p

08 사상과 문화

중요도 

1 고대의 사상과 문화

1. 삼국의 종교와 사상

(1) **삼국 시대 초기**: 왕실이 천손 의식(지배자를 하늘에서 내려온 사람의 후손이라고 생각하는 사상)을 내세우고 제천 행사를 주도 ➡ 국가 통합, 권위를 높임

(2) **불교의 수용**: 국왕의 권위와 귀족 중심의 지배 체제 강화(신라의 불교식 왕명·왕즉불 사상(왕이 곧 부처라는 사상), 업설(현재 삶의 모든 상황을 전생에 지은 행위의 결과로 보는 사상) 등), 사회 통합 추구

수용	고구려(4세기 소수림왕), 백제(4세기 침류왕), 신라(고구려로부터 전래 ➡ 6세기 법흥왕 때 공인)
특징	**호국 불교적 성격**: 대규모 사찰과 탑 건설(미륵사, 황룡사 9층 목탑 등), 원광의 세속 5계에 반영
영향	불교와 함께 미술, 건축, 공예 등 다양한 문화가 전해짐 ➡ 각국의 불교 예술 발전에 영향

(3) **유학의 수용**: 국가 제도 정비 및 인재 양성

교육	• **고구려**: 태학(중앙, 유교 경전과 역사서 교육), 경당(지방, 유교 경전과 무술 교육) 설치 • **백제**: 오경박사(유학 교육을 담당한 관리) 존재 • **신라**: 임신서기석❶
역사서	고구려의 『신집』, 백제의 『서기』(근초고왕), 신라의 『국사』(진흥왕) ➡ 현재 전하지 않음

(4) **도교의 수용**

특징	중국에서 들어옴, 불로장생과 신선이 되기를 추구, 귀족 사회를 중심으로 유행
반영	고구려(사신도), 백제(금동 대향로, 산수무늬 벽돌) 자료 ①

2. 국제적 문화 교류

(1) **중국과의 교류**: 삼국은 중국으로부터 한자, 유학, 불교, 도교 등 수용

(2) **서역과의 교류**: 고구려(고분 벽화에 서역 계통의 인물 등장, 아프라시아브 궁전 벽화❷에 고구려 사신 등장), 신라(서역의 유리 제품❸, 경주 계림로 보검 등)

(3) **일본과의 교류**: 삼국과 가야의 문화는 일본 아스카 문화에 큰 영향을 끼침 자료 ②

고구려	담징이 종이와 먹의 제조법 전파
백제	『천자문』과 『논어』 전파, 불경과 불상 전파, 천문·역법·의술 등을 전해줌
신라	조선술(배를 만드는 기술)과 축제술(제방 쌓는 기술) 전파
가야	철기와 토기 제작 기술 전파 ➡ 일본의 스에키에 영향을 줌

3. 통일 신라 및 발해의 종교와 사상

(1) 통일 신라

① 불교의 발전

승려	• **원효**: 일심 사상(모든 것이 한마음에서 나옴), 화쟁 사상(여러 종파 및 이론의 화합 주장), 아미타 신앙('나무아미타불'을 외우면 누구나 극락왕생할 수 있다는 신앙)(불교 대중화에 기여) • **의상**: 화엄 사상(모든 존재가 서로 의존·조화), 관음 신앙('관세음보살'을 부르면 구제받는다는 신앙)(불교 대중화에 기여), 화엄종 창시 • **혜초**: 인도와 서역 순례 ➡ 『왕오천축국전』 저술
건축	불국사, 석굴암❹, 석가탑(불국사 3층 석탑)❺, 다보탑 등
선종❻	신라 말 유행, 호족과 지방민의 지지, 승탑 다수 제작, 9산선문(선종의 대표적인 9개 문파) 성립

② 유학의 발전: 국학 설치(신문왕), 독서삼품과 실시(유교 경전의 이해 수준에 따라 관리 등용, 원성왕), 최치원(6두품, 당 유학, 빈공과(당에서 외국인을 상대로 시행한 과거 시험) 합격, 시무 10여 조 건의)

❶ 임신서기석

신라의 두 청년이 유교 경전을 습득하기로 맹세한다는 내용이 기록되어 있다.

❷ 아프라시아브 궁전 벽화

맨 오른쪽에 깃털이 꽂힌 조우관을 쓴 사람을 고구려 사신으로 추정하고 있다.

❸ 경주에서 출토된 서역의 유리 제품

❹ 경주 석굴암의 본존불

석굴암은 화강암을 쌓아 만든 인공 석굴이다.

❺ 석가탑(불국사 3층 석탑)

불국사에 다보탑과 나란히 세워져 있다.

❻ 선종

기존의 교종은 경전과 교리 이해를 중시하며 지배층의 권위를 뒷받침하였다. 선종은 참선 수행을 강조하는 실천적 경향의 종파로 누구나 수행하면 부처가 될 수 있다는 주장으로 큰 호응을 얻었다.

┌ 자연 지형이 인간 생활에 영향을 미친다는 이론

③ 풍수지리설의 유행(신라 말)

도입	신라 말 도선이 중국에서 도입
영향	• 지방의 중요성을 자각하는 계기 • 호족의 사상적 기반으로 기능

④ 일본에 유교와 불교문화를 전함 ➡ 일본 하쿠호 문화 발전에 영향

(2) 발해

불교	석등, 이불병좌상, 영광탑 등 자료 ③
유학	주자감에서 유학 교육, 6부의 명칭이 유교적 덕목으로 구성, 당에 유학하여 빈공과에 급제

└ 빈공과의 수석 자리를 두고 신라 유학생과 경쟁하기도 하였다.

자료 ① 삼국의 도교 문화

▲ 금동 대향로

▲ 산수무늬 벽돌

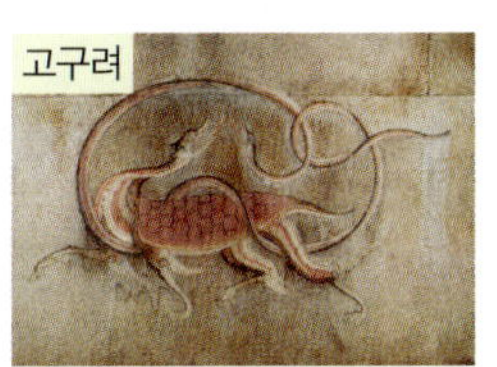

▲ 사신도

＊자료 분석

금동 대향로에는 불교(연꽃이 피는 몸체)와 더불어 신선과 같은 도교 신앙의 요소들이 표현되어 있으며, 산수무늬 벽돌에도 신선 사상이 반영되어 있다. 사신도는 도교의 방위신을 그린 것으로 고구려 고분 벽화에 많이 등장한다.

자료 ② 삼국 문화의 일본 전파

▲ 금동 미륵보살 반가 사유상

▲ 고류사 목조 미륵보살 반가 사유상

＊자료 분석

두 불상은 재료만 다를 뿐 형태가 매우 유사하다는 점에서 고대 한반도와 일본 사이에 불교를 매개로 한 교류가 있었음을 알 수 있다.

자료 ③ 발해의 불교문화

▲ 이불병좌상

▲ 석등

▲ 영광탑

＊자료 분석

발해는 고구려 불교를 계승하였는데, 이불병좌상(두 부처가 나란히 앉아 있는 모습의 불상)과 석등 등에서 고구려 불교의 영향을 확인할 수 있다.

개념 체크 문제

1. 밑줄 친 '이 사상'의 명칭을 쓰시오.

백제 금동 대향로에는 불교와 함께 이 사상이 반영되어 있다. 특히 상단부 뚜껑에는 신선들이 살고 있다는 삼신산을 표현해 놓았는데, 이는 이 사상과의 연관성을 보여준다.

2. 다음 설명이 옳으면 ○, 틀리면 ×표를 하시오.

(1) 삼국은 중국으로부터 한자, 유학, 불교, 도교 등을 수용하였다. (　　)

(2) 아프라시아브 궁전 벽화에는 고구려 사신으로 추정되는 인물이 그려져 있다. (　　)

(3) 서역의 유리 제품, 경주 계림로 보검을 통해 백제와 서역과의 교류를 알 수 있다. (　　)

(4) 가야는 일본에 『천자문』과 『논어』, 천문·역법·의술 등을 전해주었다. (　　)

(5) 삼국의 문화는 일본 아스카 문화 발전에 영향을 끼쳤다. (　　)

3. 다음 빈칸에 알맞은 말을 순서대로 쓰시오.

신라 말에는 사회 변화와 함께 새로운 사상이 유행하였다. [　　　] 은/는 참선 수행을 강조하는 새로운 종파의 불교였으며, 도선이 들여온 [　　　] 은/는 자연 지형이 인간 생활에 영향을 미친다는 이론이었다. 이 두 사상은 모두 호족에게 지지를 받았다.

4. 다음 빈칸에 알맞은 말을 쓰시오.

발해는 [　　　] (이)라는 교육 기관을 설립하고 귀족 자제에게 유교 경전을 가르쳤다.

5. 다음 설명에 해당하는 인물을 쓰시오.

ㄱ. 의상　ㄴ. 원효　ㄷ. 최치원　ㄹ. 혜초

(1) 화쟁 사상과 아미타 신앙을 주장하였다. (　　)

(2) 신라 말에 당에 건너가 빈공과에 합격하였다. (　　)

❖ 정답 – 문제편 208p

2 고려의 사상과 문화

1. 불교 사상과 신앙

(1) **불교 정책**: 명망 높은 승려를 국사·왕사로 우대, 승과 운영, 연등회·팔관회의 성대한 개최, 대장경 편찬❶

팔관회: 불교와 다양한 토착 신앙이 어우러진 행사

(2) **주요 승려**

의천	교단 통합(교종 중심 선종 통합, 해동 천태종 창시, 교관겸수 주장) ➡ 의천 사후 분열 자료 1
지눌	• 교단 통합(선종(조계종) 중심 교종 통합, 정혜쌍수·돈오점수 주장) • 정혜결사(수선사 결사): 불교 개혁 운동, 승려 본연의 자세로 돌아갈 것을 촉구함 자료 1
요세	백련사 결사: 천태종의 불교 개혁 운동, 참선과 수행 강조, 지방민의 많은 호응을 받음

(3) **폐단**: 고려 말에 대농장 소유, 고리대로 백성을 괴롭힘 ➡ 신진 사대부가 비판

2. 도교와 풍수지리설

(1) **도교**: 국가에서 도교 사원 건립, 초제(도교에서 하늘에 제사를 지내는 것) 거행, 독자적인 교리·교단을 갖추지 못함

(2) **풍수지리설**: 도참사상과 결합하여 유행, 남경 설치, 서경 천도 운동 등에 영향

도참사상: 미래의 길흉화복을 예측하는 사상

3. 유학의 발전과 역사서 편찬

(1) **유학의 발전**: 정치 이념으로 중시

초기	• **광종**: 과거제 시행 ➡ 유교적 소양을 갖춘 관리 등용 • **성종**: 최승로 등 유학자 중용, 유교 정치 이념 확립, 국자감(중앙)·향교(지방) 설립
중기	최충의 9재 학당(문헌공도) 등 '사학 12도'(12개의 명문 사립 학교) 성행
후기	• 원 간섭기에 안향이 성리학 도입 ➡ 신진 사대부를 중심으로 수용, 불교 비판 • 이제현 등이 만권당에서 원의 학자들과 교류하며 성리학에 대한 이해를 심화시킴 • 공민왕 때부터 성균관에서 본격적으로 성리학을 가르침

만권당: 고려 충선왕이 원의 수도인 대도(베이징)에 세운 독서당

(2) **역사서 편찬** 자료 2

중기	• 초기부터 실록을 편찬했으나 현재 전하지 않음 • 『삼국사기』(김부식): 현존하는 가장 오래된 역사서, 유교적 합리주의 사관, 기전체❷
후기	• 특징: 무신 정변의 혼란, 대몽 항쟁 및 원의 간섭 경험 ➡ 자주적인 역사관 강조 • 『동명왕편』(이규보, 고구려 계승), 『삼국유사』(일연, 단군을 민족의 시조로 내세움), 『제왕운기』(이승휴, 단군을 민족의 시조로 내세움), 『사략』(이제현, 성리학적 사관, 명분 중시)

4. 과학 기술의 발달

(1) **인쇄술**: 세계 최초로 금속 활자 발명 ➡ 1377년에 『직지심체요절』❸ 인쇄

(2) **화약 무기**: 최무선의 건의에 따라 화통도감 설치 ➡ 화약과 화포 제작(왜구 격퇴)

5. 다양한 문화의 발달

상감법: 도자기 바탕에 무늬를 새기고 그 자리에 백토나 흑토 등 다른 색의 흙을 메워 넣는 기법

(1) **청자**: 순청자 → 12세기에 상감법이 개발되어 상감 청자❹ 제작

(2) **건축**: 목조 건축물이 남아 있음(안동 봉정사 극락전, 영주 부석사 무량수전 등)

안동 봉정사 극락전, 영주 부석사 무량수전: 주심포 양식과 배흘림기둥을 하고 있다.

(3) **불상**: 하남 하사창동 철조 석가여래 좌상, 논산 관촉사 석조 미륵보살 입상, 영주 부석사 소조여래 좌상 등 자료 3

(4) **석탑**: 초기(평창 월정사 8각 9층 석탑), 후기(개성 경천사지 10층 석탑❺)

(5) **불화**: 지배층의 평안과 극락왕생 기원, 「수월관음도」❻ 등

6. 고려의 문화 교류

전기	송에서 불경·역사서·자기 기술 등 전래, 거란에서 대장경 전래
원 간섭기	원의 불교 수용, 만권당에서 고려와 원의 학자들이 교류, 최무선(원의 화약 제조 기술 습득)

대장경 전래: 고려의 대장경 제작에 영향을 끼쳤다.

❶ **대장경 편찬**

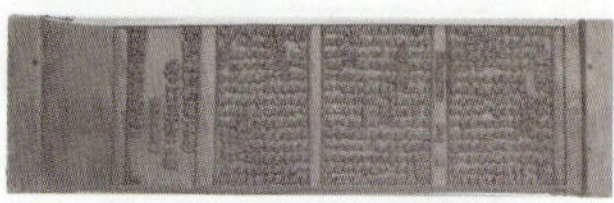

▲ 팔만대장경판

고려는 거란이 침략하자 부처의 힘으로 극복하기 위해 초조대장경을 만들었다. 이후 몽골의 침입으로 초조대장경이 불타자 다시 팔만대장경(재조대장경)을 만들었다. 팔만대장경은 합천 해인사 장경판전에 보관되어 있다.

❷ **기전체**

본기, 세가, 열전, 지, 표 등의 항목으로 나누어 역사를 편찬하는 형식이다.

❸ **직지심체요절**

현존하는 가장 오래된 금속 활자본으로 프랑스 국립 도서관에 소장되어 있다.

❹ **상감 청자**

▲ 청자 상감 운학문 매병

❺ **개성 경천사지 10층 석탑**

고려 말에 축조된 석탑으로, 원나라의 양식을 도입하여 만들어졌다.

❻ **수월관음도**

자료 ① 의천과 지눌

▲ 대각국사 의천

▲ 보조국사 지눌

* 자료 분석
- 의천은 교리 탐구와 수행을 함께 해야 한다는 교관겸수를 주장하였다.
- 지눌은 참선과 교리 연구를 나란히 해야 한다는 정혜쌍수와 진리를 단번에 깨닫고 이후에 꾸준한 수행을 해야 한다는 돈오점수를 강조하였다.

자료 ② 『삼국사기』와 『삼국유사』

"(인종께서는) 중국의 역사서에 … 삼국의 역사는 상세히 실리지 않았다. … 일관된 역사를 완성하고 만대에 물려주어 해와 별처럼 빛나도록 해야겠다."라고 하셨습니다.

– 김부식, 『삼국사기』 표문

▲ 삼국사기

제왕이 장차 일어날 때는 부명을 받고 도록을 얻어 반드시 보통 사람과는 다른 점이 있으니 … 삼국의 시조들이 모두 신기한 일로 탄생하였음이 어찌 괴이하겠는가.

– 일연, 『삼국유사』

▲ 삼국유사

* 자료 분석
- 『삼국사기』는 인종의 명에 따라 김부식 등이 편찬하였다. "근거가 없으면 믿지 않는다."라는 유교적 합리주의 사관을 바탕으로 편찬되었다.
- 일연의 『삼국유사』는 불교적 입장에서 편찬되었으며, 설화적 내용을 다수 포함하고 있다.

자료 ③ 고려의 불상

▲ 논산 관촉사 석조 미륵보살 입상

▲ 영주 부석사 소조여래 좌상

* 자료 분석
- 고려 초에는 대형 철불이 많이 제작되었고, 논산 관촉사 석조 미륵보살 입상처럼 지역적 특색이 강한 거대한 불상이 제작되기도 하였다.
- 영주 부석사 소조여래 좌상은 신라 양식을 계승한 불상이다.

개념 체크 문제

1. 다음 빈칸에 알맞은 말을 쓰시오.

무신 집권기에 활동한 승려 지눌은 불교계의 타락을 비판하며 승려 본연의 자세로 돌아가자는 [　　　] 결사 운동을 전개하였다.

2. 다음 설명과 연관된 인물의 기호를 찾아 쓰시오.

ㄱ. 의천　　ㄴ. 지눌　　ㄷ. 요세

(1) 선종을 중심으로 교종을 통합하였다. (　　)
(2) 교관겸수의 자세를 강조하였다. (　　)
(3) 백련사 결사 운동을 벌였다. (　　)

3. 다음 빈칸에 알맞은 말을 쓰시오.

고려 중기에는 유학이 발달하면서 관학 이외에도 최충의 9재 학당을 비롯한 12개의 명문 사립 학교가 등장하였는데 이를 [　　　](이)라고 한다.

4. 다음에서 설명하는 역사서를 쓰시오.

원 간섭기에 일연이 저술한 역사서로 불교적 입장에서 편찬되었으며 고조선의 건국 이야기가 기록되어 있다.

5. 다음 설명이 옳으면 ○, 틀리면 ×표 하시오.

(1) 『직지심체요절』은 세계에서 가장 오래된 목판 인쇄본이다. (　　)
(2) 최무선의 건의에 따라 화통도감이 설치되어 화약과 화포를 제작하였다. (　　)
(3) 12세기에 상감 기법이 개발되어 청자에 적용되었다. (　　)
(4) 영주 부석사 소조여래 좌상은 신라 양식을 계승하였다. (　　)
(5) 개성 경천사지 10층 석탑은 원나라의 양식을 도입하여 만들어졌다. (　　)
(6) 이승휴는 동명왕편을, 이규보는 제왕운기를 편찬하였다. (　　)

❖ 정답 – 문제편 208p

3 조선 전기의 사상과 문화

1. 성리학적 사회 질서의 확산

(1) **성리학**: 인간의 심성과 우주의 원리를 철학적으로 탐구하는 신유학 ➡ 조선의 통치 이념이 됨(조선 초에는 다른 학문과 사상도 어느 정도 수용)

(2) **성리학의 보급**

① 정부의 노력: 『삼강행실도』❶, 『국조오례의』❷, 『소학』❸, 『주자가례』❸ 등을 보급

② 사림: 16세기 이후 서원 설립, 향약 보급, 성리학 이외의 사상 배척

(3) **성리학의 연구**

이황	• 인간 심성의 근원인 '이' 강조, 근본적이며 이상주의적, 일본 성리학 발달에 영향을 줌 • 저서: 『주자서절요』, 『성학십도』❹ 등
이이	• 현실 세계를 구성하는 '기' 중시, 현실적이고 개혁적인 성향 • 저서: 『동호문답』, 『성학집요』❹ 등

(4) **성리학의 절대화 경향**

① 성리학의 절대화: 양난 이후 송시열 등 서인이 주자의 학설을 절대적 가치로 내세움

② 성리학의 상대화 움직임: 윤휴와 박세당이 다른 사상을 포용하여 유교 경전의 재해석 시도 ➡ 노론에 의해 사문난적으로 배척됨

└ 사문난적: 성리학 교리를 어지럽히는 사람

2. 민족 문화의 융성

(1) **훈민정음**

① 창제: 백성들이 문자를 쉽게 쓸 수 있도록 세종 대왕이 창제함(1443)

② 영향: 백성들의 문자 생활이 편리해짐, 민족 문화가 더욱 발전함

③ 보급 노력: 《용비어천가》 등을 훈민정음으로 간행, 하급 관리 시험에 활용

(2) **편찬 사업**

(『고려사』, 『고려사절요』: 고려의 역사를 정리하였다. / 『동국통감』: 고조선~고려 말까지의 역사를 정리하였다.)

역사서	『고려사』, 『고려사절요』, 『동국통감』, 『조선왕조실록』❺
법전	『조선경국전』, 『경국대전』
윤리서와 의례서	『삼강행실도』, 『국조오례의』
지도와 지리서	「팔도도」, 「혼일강리역대국도지도」❻, 『동국여지승람』

(3) **불교와 그 밖의 사상**: 성리학이 주도 이념이 되면서 크게 위축됨

불교	건국 초부터 억불 정책❼ 실시, 간경도감 설치(세조, 불교 경전 번역 및 보급)
도교	소격서 설치, 마니산 참성단에서 초제 거행
풍수지리설	한양 천도 및 양반의 묘지 선정에 활용

(4) **과학 기술의 발달** 자료 ①

① 천문학: 「천상열차분야지도」(태조, 고구려의 천문도를 바탕으로 함) 제작, 앙부일구(세종, 해시계)와 자격루(세종, 물시계) 제작, 『칠정산』(세종, 한양을 기준으로 천체 운동을 계산한 역법서) 편찬, 측우기(세종, 강우량 측정 기구) 발명

② 인쇄술: 금속 활자 인쇄술 발달

③ 의학: 『향약집성방』(세종, 우리 풍토에 알맞은 약재와 치료법 수록) 편찬

④ 농업: 『농사직설』(세종, 우리 풍토에 알맞은 농법 수록) 편찬

(5) **예술의 발달** 자료 ②

회화	강희안의 「고사관수도」, 안견의 「몽유도원도」 등
공예	분청사기(고려 말부터 조선 초까지 유행) ➡ 16세기 이후 백자 유행

---

❶ 삼강행실도

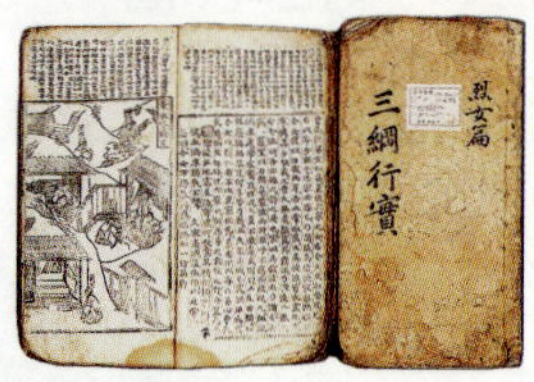

세종 때 편찬된 책이다. 유교 덕목에 모범이 될 만한 충신, 효자, 열녀의 이야기를 그림으로 그리고 설명을 덧붙였다.

❷ 국조오례의

성종 때 편찬한 책이다. 국가 행사에 필요한 제사 의식, 혼례, 군사 의식, 장례, 사신 접대 등의 다섯 가지 의례를 유교적 예법에 맞게 정리하였다.

❸ 소학과 주자가례

『소학』은 아동에게 유학을 가르치기 위해 주희(주자)의 주도로 편찬된 책이고, 『주자가례』는 주희가 가정에서 지켜야 할 예법을 정리하여 편찬한 책이다.

❹ 『성학십도』와 『성학집요』

이황은 『성학십도』에서 왕 스스로가 인격과 학식을 수양하기 위해 부단히 노력해야 한다는 점을 강조하였다. 이이는 『성학집요』에서 현명한 신하가 성학을 군주에게 가르쳐 그 기질을 변화시켜야 한다고 주장하였다.

❺ 조선왕조실록

태조에서 철종까지 25대 472년간의 역사를 기록한 책이다. 왕이 죽으면 다음 왕 때 사초를 비롯한 다양한 기록을 모아 실록을 편찬하였다. 편찬된 실록은 여러 곳의 사고에 나누어 보관하였고 왕이라도 함부로 볼 수 없었다.

❻ 혼일강리역대국도지도

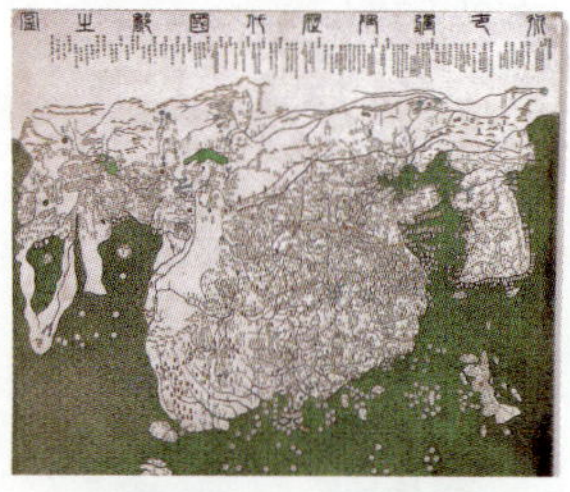

조선 초기에는 중앙 집권과 국방의 강화를 위한 지리지 편찬과 지도 제작이 활발하였다. 태종 때 제작된 「혼일강리역대국도지도」는 현재 남아 있는 세계 지도 중 동양에서 가장 오래된 것이다.

❼ 조선 초의 억불 정책

조선 초에는 불교 사원이 소유한 토지와 노비를 회수하였고, 승려의 수를 제한하였다.

자료 ① 조선 전기 과학 기술의 발달

▲ 천상열차분야지도

▲ 앙부일구

▲ 측우기

* 자료 분석
- 태조 때에는 고구려의 천문도를 바탕으로 만든 「천상열차분야지도」를 돌에 새겼다.
- 세종 때에는 앙부일구(해시계)와 자격루(물시계)를 만들어 시간을 측정하였고, 세계 최초로 측우기를 만들어 전국 각지에서 강우량을 측정하였다.

자료 ② 조선 전기 예술의 발달

▲ 해인사 장경판전(경남 합천)

▲ 도산 서원(경북 안동)

▲ 고사관수도

▲ 몽유도원도

▲ 분청사기

▲ 순백자

* 자료 분석
- 조선 초기에 팔만대장경을 보관하고 있는 해인사 장경판전이 건립되었고, 16세기 이후에는 서원 건축이 활발해졌다.
- 강희안은 「고사관수도」에서 선비의 유유자적한 모습을 담았고, 안견은 안평 대군의 꿈 이야기를 소재로 「몽유도원도」를 그렸다.
- 소박한 무늬와 자유로운 형식의 분청사기가 고려 말부터 조선 초까지 발달하였다. 16세기 이후에는 백자가 유행하였다.

개념 체크 문제

1. 다음 빈칸에 알맞은 말을 쓰시오.

(1) [　　　] 은/는 인간의 심성과 우주의 원리를 철학적으로 탐구하는 신유학이다.

(2) [　　　] 은/는 현실 세계를 구성하는 '기'를 중시하였다.

(3) 「혼일강리역대국도지도」는 [　　　] 때 제작되었다.

(4) 국가 행사에 필요한 다섯 가지 의례를 유교적 예법에 맞게 정리한 서적은 [　　　] 이다.

2. 조선 전기 과학 기술의 발달 내용을 올바르게 연결하시오.

(1) 천문학 •　　　• ㉠ 『향약집성방』을 편찬하였다.

(2) 의학 •　　　• ㉡ 『농사직설』을 편찬하였다.

(3) 농업 •　　　• ㉢ 『칠정산』을 편찬하였다.

3. 다음 설명이 옳으면 ○, 틀리면 ×표를 하시오.

(1) 조선 전기에는 소격서를 설치하여 불교 행사를 주관하였다. (　　)

(2) 「천상열차분야지도」는 백제의 천문도를 바탕으로 하여 제작되었다. (　　)

(3) 조선 초기에 팔만대장경을 보관하는 해인사 장경판전이 건립되었다. (　　)

(4) 15세기에 세종 대왕이 훈민정음을 창제하였다. (　　)

(5) 조선 초기부터 성리학이 절대화되었다. (　　)

(6) 조선 전기에는 고려의 역사를 정리한 『고려사』와 『고려사절요』가 편찬되었다. (　　)

4. 다음과 같이 주장한 학자의 이름을 쓰시오.

> 이것을 생각하고 익혀서 평소에 조용히 계실 때에 공부하시면 도를 깨닫고, … 오직 전하께서는 정신을 모으고 뜻을 더하여 반복하기를 계속하시어 경미한 것이라고 소홀히 하지 마시고, 싫증 나고 번거롭다 하여 그만두지 않으신다면, 종묘사직으로서도 매우 다행한 일이며, 신하와 백성에게도 매우 다행한 일입니다.
> －『퇴계 선생 문집』

❖ 정답 – 문제편 208p

4 조선 후기의 사상과 문화

1. 실학의 대두 

(1) **실학의 등장**: 양난 이후 사회·경제적 변동에 따른 해결책을 구상하는 과정에서 등장

(2) **농업 중심 개혁론자**: 농민 생활의 안정을 중시 ➡ 토지 제도 개혁과 자영농 육성을 주장

유형원	균전론 주장(신분에 따라 차등을 두어 토지 분배)
이익	한전론 주장(영업전❶ 설정, 그 밖의 토지는 매매 허용 ➡ 토지 소유의 균등 도모)
정약용	여전제❷ 주장, 『목민심서』와 『경세유표』 등 저술, 실학 집대성 자료 1

└ 과학 기술의 발달에도 많은 관심을 기울여 거중기와 배다리를 만듦

(3) **상공업 중심 개혁론자(북학파)**: 상공업 진흥과 기술 혁신 중시, 청의 문물 수용 주장

유수원	사농공상의 직업 평등과 전문화 주장
홍대용	기술 혁신과 문벌제도의 폐지 주장, 지구가 회전한다는 지전설 주장
박지원	수레와 배의 이용, 화폐 유통의 필요성 강조
박제가	『북학의』 저술, 수레와 배의 이용 주장, 소비 촉진 역설, 청과 교역 확대 주장 자료 1

(4) **국학 연구의 확대**

국사	『동사강목』(안정복, 민족사의 독자적 정통론 확립), 『발해고』(유득공, 발해를 우리 역사에 편입)
지리	『택리지』(이중환, 자연환경과 풍속 등을 수록), 「대동여지도」(김정호, 산맥·도로망, 하천 등을 체계적으로 표시)❸

2. 새로운 사상의 등장

(1) **천주교의 전파**

① 수용: 17세기경 청을 왕래하던 사신에 의해 서양 학문의 하나(서학)로 소개

② 확산: 18세기 후반 남인 계열의 실학자가 신앙으로 수용, 인간 평등과 구원을 강조하여 빠르게 확산됨

③ 정부의 탄압: 천주교 신자가 제사 거부 ➡ 유교 질서 부정을 이유로 천주교 탄압

(2) **동학의 확산**

① 동학의 창시: 경주의 몰락 양반인 최제우가 서학에 맞서 창시(1860)

② 교리: 유교·불교·도교와 민간 신앙 등이 결합, 인간의 존엄성과 평등 강조(시천주 사상, 인내천 사상), 새로운 세상이 열린다고 주장(후천 개벽 사상), 서양과 일본 세력의 침략 배척 ➡ 급속히 확산 자료 2

③ 탄압: 정부는 동학을 사교로 규정하고 최제우를 처형함

④ 동학의 정비: 2대 교주 최시형이 교리와 조직을 정비하여 더욱 확산

3. 서민 문화의 발달

(1) **배경**: 서민의 경제력 향상, 서당 교육 확대 ➡ 서민층이 새로운 문화의 주체로 성장

(2) **내용**

한글 소설	『홍길동전』(허균), 『춘향전』, 『심청전』 등, 서민의 감정을 솔직하게 표현
사설시조	일정한 형식에 구애받지 않음, 서민의 감정을 사실적으로 묘사
판소리, 탈춤	주로 양반의 위선을 폭로하거나 사회 모순을 풍자함
풍속화	김홍도와 신윤복 등이 백성의 일상적인 생활 모습을 생동감 있게 표현 자료 3
민화❹	건강과 장수 등 소박한 소망과 기원을 표현, 생활 공간 장식

4. 서양 문물의 전래: 청에 파견한 연행사 등에 의해 서양의 역법(시헌력), 의술, 과학 기술 등이 전래 → 거중기·혼천의 등의 제작에 영향

❶ **영업전**
한 가구가 삶을 유지하는 데 필요한 최소한의 토지로 매매를 금지하였다.

❷ **여전제**
한 마을(여) 단위로 토지를 공동 소유하고 공동 경작한 후 노동량에 따라 수확량을 분배해야 한다는 주장이다.

❸ **대동여지도**

전체 22첩으로 되어 있으며, 이를 이어 붙인 전체 지도는 가로 3.8m, 세로 6.6m에 이른다.

❹ **민화**

▲ 까치와 호랑이

▲ 문자도

주로 이름이 알려지지 않은 작가들이 동물, 꽃, 문자 등 서민에게 친숙한 소재나 전통 사회에 전해 내려오는 이야기를 서민의 미적 감각에 맞게 표현하였다.

▲ 인왕제색도

조선 후기에는 우리의 자연을 사실적으로 표현한 진경산수화가 나타났다. 정선이 그린 「금강전도」와 「인왕제색도」가 대표적이다.

자료 1 실학자의 사회 개혁 방안

◎ 정약용의 여전제

여(閭: 마을)에는 여장을 두고 1여의 농토를 여에 사는 사람들로 하여금 함께 다스리고 같이 농사짓게 하되, 내 땅 네 땅의 구별이 없고, … 여장은 그들의 노동량을 장부에 매일 기록하여 두었다가, 추수할 때에 곡식의 수확을 전부 여장의 집으로 운반해 놓고 그 곡물을 나누되 먼저 나라에 바치는 세금을 떼어 놓고, 그 다음은 여장의 녹(봉급)을 주고, 그 나머지를 가지고 장부에 기준하여 분배한다.

–『여유당전서』

◎ 박제가의 우물론

재물을 비유하자면 샘과 같은 것이다. 우물물은 퍼내면 차고, 버려두면 말라 버린다. 그러므로 비단옷을 입지 않아서 나라에 비단 짜는 사람이 없게 되면 여공이 쇠퇴하며, 찌그러진 그릇을 싫어하지 않고 기교를 숭상하지 않아서 공장(수공업자)이 기술을 익히지 않게 되면 기예가 사라지게 된다.

–『북학의』

* 자료 분석
- 정약용은 일종의 공동 농장 제도인 여전제를 주장하였다.
- 박제가는 『북학의』에서 소비 촉진을 통한 생산력의 증대를 주장하였다.

자료 2 동학의 사상

사람이 곧 하늘이라. 그러므로 사람은 평등하며 차별이 없나니, 사람이 마음대로 귀천을 나눔은 하늘을 거스르는 것이다. 우리 도인은 모든 차별을 없애고 선사의 뜻을 받들어 생활하기를 바라노라.

– 최시형의 설법

* 자료 분석
- 동학은 '사람이 곧 하늘'이므로 모든 사람이 평등하다는 인내천 사상과 모든 사람의 마음속에 한울님이 모셔져 있다는 시천주 사상을 내세웠다.
- 이를 바탕으로 여성과 어린아이의 인격까지 존중받는 사회를 추구하였다.

자료 3 풍속화

▲ 김홍도의 타작도

▲ 신윤복의 단오풍정

* 자료 분석
- 김홍도는 서민의 일상적인 생활 모습을 생동감 있게 표현하였다.
- 신윤복은 주로 양반의 풍류 생활, 남녀 간의 애정 등을 섬세하고 해학적으로 묘사하였다.

개념 체크 문제

1. 다음 설명이 옳으면 ○, 틀리면 ×표를 하시오.

(1) 조선 후기 사회·경제적 변동에 따른 해결책을 구상하는 과정에서 실학이 등장하였다. ( )

(2) 유형원은 균전론을 주장하였다. ( )

(3) 박제가는 『경세유표』 등을 저술하고, 여전제를 주장하였다. ( )

2. 조선 후기 새로운 사상의 등장과 관련된 것을 모두 고르시오.

ㄱ. 최제우가 여러 사상을 융합해 동학을 창시했다.
ㄴ. 불교가 전래되었다.
ㄷ. 천주교 신자가 제사를 거부하였다.
ㄹ. 도선이 중국으로부터 풍수지리설을 들여왔다.

3. 다음 빈칸에 알맞은 용어를 쓰시오.

(1) 김홍도와 신윤복 등이 백성의 일상을 생동감 있게 그려낸 것을 (   )(이)라고 한다.

(2) 일정한 형식에 구애받지 않고 서민들의 감정을 사실적으로 묘사한 문학 작품을 (   )(이)라고 한다.

(3) 조선 후기에는 『홍길동전』, 『춘향전』과 같은 (   )이/가 유행하였다.

4. 다음과 같은 그림을 무엇이라고 하는지 쓰시오.

- 주로 이름 없는 화가들이 그렸다.
- 건강과 장수 등 소박한 소망과 기원을 표현하였다.
- 해, 달, 나무, 꽃, 문자, 동물 등 다양한 소재를 담았다.

5. 다음과 관련된 종교가 무엇인지 쓰시오.

먹고 마시는 것은 육신의 입에 공급하는 것이요, 도리와 덕행은 영혼의 양식입니다. … 사람이 자식이 되어 어찌 허위와 가식의 예로써 돌아가신 부모님을 섬기겠습니까?

–『상재상서』

❖ 정답 – 문제편 208p

내신 대비 필수 문제

★ 학교 시험 100점을 위한 실전 문제와 학력평가/모의평가 기출 문제

1 고대의 사상과 문화

01 ✿✿✿

밑줄 친 '이 사상'에 대한 탐구 활동으로 가장 적절한 것은?

임신서기석은 임신년 6월 신라의 두 청년이 3년 동안 『시경』, 『상서』, 『예기』, 『춘추전』 등을 차례로 습득하기로 맹세한 것으로 신라에서 이 사상에 대한 학습이 이루어졌음을 보여주는 자료이다.

① 도선이 도입한 사상을 알아본다.
② 왕오천축국전의 내용을 분석한다.
③ 선종과 교종의 차이점을 비교한다.
④ 오경박사의 활동에 대하여 탐구한다.
⑤ 고분 벽화 중 사신도에 대하여 조사한다.

02 ✿✿✿ 중요

삼국 시대 일본과의 문화 교류에 대한 설명으로 옳지 않은 것은?

① 고구려의 담징은 종이와 먹의 제조법을 전해주었다.
② 백제는 유학, 천문, 역법, 의술 등을 전해주었다.
③ 신라는 조선술과 축제술을 전해주었다.
④ 가야의 토기 제작 기술이 전해져 일본 스에키에 영향을 주었다.
⑤ 삼국과 가야의 문화는 일본 하쿠호 문화 발전에 큰 영향을 주었다.

03 ✿✿✿

다음 인물이 활동하던 시기 신라의 상황으로 옳은 것은?

신라의 학자로 당에 유학하고 빈공과에 합격하였다. 그는 신라에 돌아온 뒤 시무 10조의 개혁안을 제시하였다. 진골 귀족 세력의 반대로 받아들여지지 않자 낙향하여 은둔 생활을 하였다.

① 고구려의 도움을 받아 왜를 물리쳤다.
② 정복 활동을 통해 영토를 확장하였다.
③ 백제의 잦은 공격으로 세력이 약화되었다.
④ 과거제를 도입하여 유학자들을 등용하였다.
⑤ 호족 세력이 스스로 성주, 장군이라 칭하였다.

04 ✿✿✿

(가)에 들어갈 문화유산으로 가장 적절한 것은?

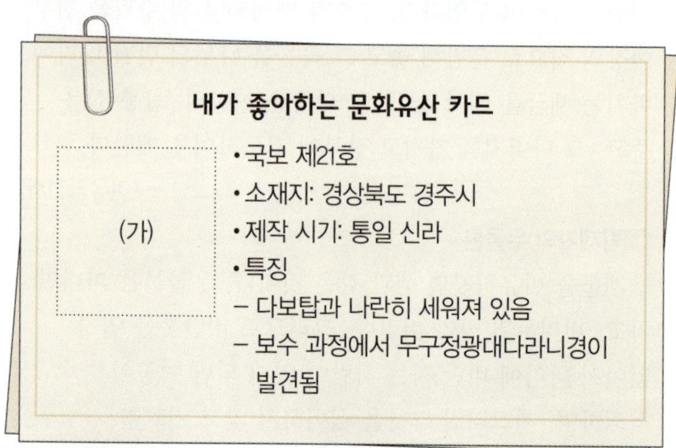

내가 좋아하는 문화유산 카드

(가)

- 국보 제21호
- 소재지: 경상북도 경주시
- 제작 시기: 통일 신라
- 특징
  - 다보탑과 나란히 세워져 있음
  - 보수 과정에서 무구정광대다라니경이 발견됨

①

▲ 관촉사 석조 미륵보살 입상

②

▲ 광개토 대왕릉비

③

▲ 불국사 3층 석탑

④

▲ 금동 대향로

⑤

▲ 금동 미륵보살 반가 사유상

05 ✿✿✿

(가) 국가에 대한 설명으로 옳은 것을 〈보기〉에서 고른 것은?

이불병좌상은 중국 지린성 훈춘현 반라성지에서 출토된 (가) 의 불상이다. 높이는 29cm이며 현재 일본 동경국립박물관이 소장하고 있다.

[보기]
ㄱ. 소수림왕 때 불교를 수용하였다.
ㄴ. 대표적인 유학자로는 최치원이 있다.
ㄷ. 6부의 명칭을 유교적 덕목으로 구성하였다.
ㄹ. 고구려 불교의 영향을 받은 석등을 제작하였다.

① ㄱ, ㄴ ② ㄱ, ㄷ ③ ㄴ, ㄷ ④ ㄴ, ㄹ ⑤ ㄷ, ㄹ

2 고려의 사상과 문화

06 ✿✿✿

다음 중 고려 문화의 정수를 보여 주는 유물로 옳은 것은?

①

▲ 금동 대향로

②

▲ 청자 상감 운학문 매병

③

▲ 불국사 3층 석탑

④

▲ 앙부일구

⑤

▲ 인왕제색도

07 ✿✿✿

밑줄 친 '지방 문화'와 관련된 문화유산으로 가장 적절한 것은?

> 고려 전기에는 중앙의 문벌과 지방의 향리로 대표되는 다양한 세력이 정치를 전개하였다. 문화 분야에서도 중앙의 고급스런 문화와 토속적이면서도 역동적인 <u>지방 문화</u>가 공존하였다.

①

②

③

④

⑤

08 ✿✿✿ 중요

(가), (나) 역사서에 대한 내용으로 옳은 것을 〈보기〉에서 고른 것은?

> (가) 은/는 현존하는 우리나라의 가장 오래된 역사서로 고려 인종 때 편찬되었다.
> (나) 은/는 일연이 저술한 역사서이다. 민간 설화와 불교 관련 내용이 많이 수록되어 있다.

[보기]

ㄱ. (가): 이승휴가 저술하였다.
ㄴ. (가): 기전체 형식으로 서술되었다.
ㄷ. (나): 단군에 대하여 기록하였다.
ㄹ. (나): 성리학적 사관에 기초하였다.

① ㄱ, ㄴ ② ㄱ, ㄷ ③ ㄴ, ㄷ ④ ㄴ, ㄹ ⑤ ㄷ, ㄹ

09 ✿✿✿

다음은 시무 28조의 일부이다. (가) 사상에 대한 내용으로 옳은 것을 〈보기〉에서 고른 것은?

> 불교는 몸을 닦는 근본이며 (가) 은/는 나라를 다스리는 근원이니, 몸을 닦는 것은 내생을 위한 것이며 나라를 다스리는 일은 곧 오늘의 할 일입니다.

[보기]

ㄱ. 도참사상과 결합하여 유행하였다.
ㄴ. 서경 천도 운동의 핵심 사상이었다.
ㄷ. 고려 시대 정치 이념으로 강조되었다.
ㄹ. 국자감과 향교에서 교육이 이루어졌다.

① ㄱ, ㄴ ② ㄱ, ㄷ ③ ㄴ, ㄷ ④ ㄴ, ㄹ ⑤ ㄷ, ㄹ

10 ✿✿✿ 서술형 중요

(가), (나) 승려의 이름을 쓰고, 두 승려의 공통점을 한 가지 서술하시오.

> (가) 해동 천태종을 창시하였으며, 이론과 실천의 양면을 강조하는 '교관겸수'를 제창하였다.
> (나) 참선과 지혜를 아울러 닦자는 '정혜쌍수'를 내세웠으며, 그것의 바탕이 되는 이론으로 '돈오점수'를 제시하였다.

❖ 정답 및 해설 47~48p

3 조선 전기의 사상과 문화

11 ✿✿✿

(가), (나) 인물에 대한 설명으로 옳은 것을 <보기>에서 고른 것은?

조선 전기의 성리학자

이름	(가)	(나)
주장	인간 심성의 근원인 '이' 강조	현실 세계를 구성하는 '기' 중시
주요 저서	성학십도	성학집요
영향	그의 학문을 계승한 사람들이 동인 형성	그의 학문을 계승한 사람들이 서인 형성

[보기]

ㄱ. (가) – 일본 성리학 발전에 영향을 주었다.
ㄴ. (가) – 중종 때 백운동 서원을 건립하였다.
ㄷ. (나) – 동호문답을 저술하였다.
ㄹ. (나) – 유교 경전의 재해석을 시도하여 사문난적으로 몰렸다.

① ㄱ, ㄴ ② ㄱ, ㄷ ③ ㄴ, ㄷ ④ ㄴ, ㄹ ⑤ ㄷ, ㄹ

12 ✿✿❀

(가)~(마)에 들어갈 내용으로 옳지 않은 것은?

조선 전기의 편찬 사업

역사서	(가)
법전	(나)
윤리서와 의례서	(다)
지도	(라)
지리서	(마)

① (가) – 동사강목 편찬
② (나) – 경국대전 편찬
③ (다) – 국조오례의 편찬
④ (라) – 혼일강리역대국도지도 제작
⑤ (마) – 동국여지승람 편찬

13 ✿✿✿ 서술형

밑줄 친 ㉠에 해당하는 사례를 한 가지 서술하시오.

조선 시대에는 성리학이 주도 이념이 되면서 불교가 크게 위축되었다. 조선은 ㉠ 건국 초부터 억불 정책을 실시하였다. 그러나 일부 왕실과 민간에서는 여전히 불교를 믿었고, 불교의 명맥은 유지되었다. 특히 세조는 간경도감을 설치하여 불교 경전을 번역하였다.

14 ✿✿✿

다음 그림이 그려진 시기에 볼 수 있는 모습으로 가장 적절한 것은?

① 실학을 연구하는 학자
② 홍길동전을 읽고 있는 농민
③ 독서삼품과 실시를 명령하는 국왕
④ 삼강행실도의 편찬을 서두르는 관리
⑤ 대동여지도를 보고 길을 찾는 나그네

15 ✿✿❀ 서술형

밑줄 친 '역법서'의 역사적 의의를 서술하시오.

조선의 수학 발달은 천문학과 기술학에 영향을 미쳤다. 이에 따라 세종 때 우리나라를 기준으로 한 역법서가 간행되었다.

4 조선 후기의 사상과 문화

16 중요

(가), (나) 실학자에 대한 설명으로 옳은 것은?

(가)

(나)

① (가) – 토지 제도 개혁을 위해 균전론을 주장하였다.
② (가) – 매매할 수 없는 영업전을 농가에 지급하자고 주장하였다.
③ (나) – 사농공상의 직업적 평등을 내세웠다.
④ (나) – 과학 기술의 중요성을 인식하고 거중기와 배다리를 만들었다.
⑤ (가), (나) – 지전설을 주장하여 성리학적 세계관의 비판 근거를 마련하였다.

[17~18] 다음 자료를 읽고 물음에 답하시오.

- 죽은 사람 앞에 술과 음식을 차려 놓는 것은 (가) 에서 금하는 바입니다. 살아 있을 동안에도 영혼은 술과 밥을 받아먹을 수 없거늘, 하물며 죽은 뒤에 영혼이 어떻게 하겠습니까?
  – 『상재상서』
- 사람이 곧 하늘이라. 그러므로 사람은 평등하며 차별이 없나니, 사람이 마음대로 귀천을 나눔은 하늘을 거스르는 것이다.
  – (나) 의 2대 교주 최시형의 설법

17 단답형

(가), (나)에 들어갈 종교의 명칭을 각각 쓰시오.

18 서술형

(가), (나) 종교의 공통점을 쓰시오.

19

다음과 같은 형식의 공연이 널리 유행하던 시기에 볼 수 있었던 모습으로 적절하지 않은 것은?

① 상품 작물을 재배하는 농민
② 판소리를 구경하는 아이들
③ 부모의 재산을 고르게 분배하는 형제들
④ 광산의 주인과 계약을 맺고 광산을 운영하는 덕대
⑤ 제사를 거부하고 조상의 신주를 없애는 천주교 신자

20

(가)에 들어갈 내용으로 가장 적절한 것은?

① 조선 전기 예술의 발달
② 조선 전기 과학 기술의 발달
③ 조선 후기 성리학의 절대화
④ 조선 후기 서양 문물의 전래
⑤ 조선 후기 서민 문화의 발달

❖ 정답 및 해설 48~50p

내신 1등급 문제

21 ✽✽✽

밑줄 친 '그'에 대한 설명으로 옳은 것은?

그는 설총을 낳은 후로는 속인의 옷을 바꾸어 입고 스스로 소성거사(小姓居士)라 일컬었다. 우연히 광대들이 놀리는 큰 박을 얻었는데 그 모양대로 도구를 만들고 화엄경의 문구를 따서 무애(無碍)라 이름 짓고 노래를 지어 세상에 퍼뜨렸다. 이것을 가지고 곳곳에서 노래하고 춤추며 교화하니 가난하고 무지몽매한 사람들까지도 부처의 이름을 알게 되었고 '나무아미타불(南無阿彌陀佛)'을 부르게 되었다.

① 신라 화엄종을 열었다.
② 왕오천축국전을 저술하였다.
③ 당에 유학하여 빈공과에 급제하였다.
④ 수행 방법으로 정혜쌍수를 제시하였다.
⑤ 아미타 신앙을 바탕으로 불교 대중화에 기여하였다.

22 ✽✽✽

(가), (나) 인물에 대한 설명으로 옳은 것을 <보기>에서 고른 것은?

[보기]
ㄱ. (가): 교관겸수를 주장하였다.
ㄴ. (가): 9산선문을 건립하였다.
ㄷ. (나): 수선사 결사를 주도하였다.
ㄹ. (나): 일심(一心) 사상을 주장하였다.

① ㄱ, ㄴ ② ㄱ, ㄷ ③ ㄴ, ㄷ
④ ㄴ, ㄹ ⑤ ㄷ, ㄹ

23 ✽✽✽

다음 자료와 관련된 국왕이 재위하던 시기에 제작된 문화유산으로 옳은 것을 <보기>에서 고른 것은?

아라비아의 회회력과 중국의 수시력을 참고하여 만든 『칠정산』이 완성되어, 우리나라 역사상 최초로 한양을 기준으로 천체 운동을 정확하게 계산하게 되었다.

[보기]

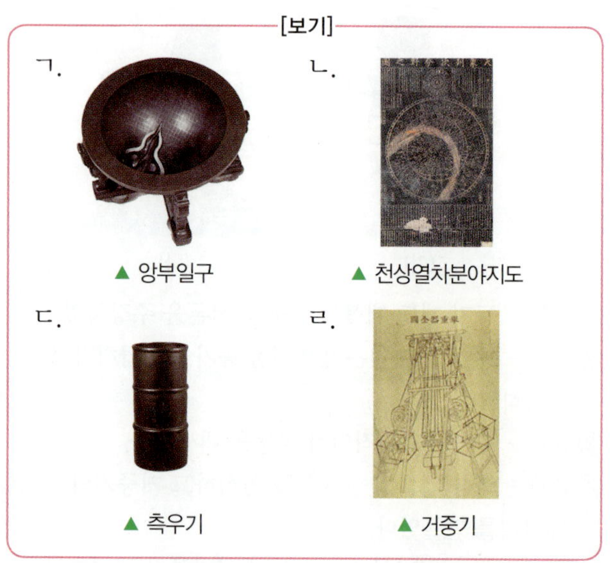

ㄱ. ▲ 앙부일구
ㄴ. ▲ 천상열차분야지도
ㄷ. ▲ 측우기
ㄹ. ▲ 거중기

① ㄱ, ㄴ ② ㄱ, ㄷ ③ ㄴ, ㄷ
④ ㄴ, ㄹ ⑤ ㄷ, ㄹ

24 ✽✽✽

(가), (나)가 제작된 시기에 대한 설명으로 가장 적절한 것은?

(가) (나)

① (가) – 문예는 백성의 일상생활을 생동감 있게 표현하였다.
② (가) – 문학은 양반의 위선, 사회 부정과 비리를 고발하는 경향을 띠었다.
③ (나) – 그림은 사군자 등 양반의 기호에 부합하도록 그려졌다.
④ (나) – 우리 자연과 풍속에 맞춘 새로운 산수화가 창안되었다.
⑤ (나) – 고려의 역사를 정리한 고려사와 고려사절요가 편찬되었다.

수능 대비 기출 문제

★ 수능 기출 문제로 수능 유형 익히기

25 ✿✿✿ 대표 유형

2022 대비 6월 모평 4

(가)에 들어갈 내용으로 가장 적절한 것은?

> **한국사 수행 평가 안내**
>
> • 주제: 인물로 본 신라 불교
>
> • 모둠별 발표 주제
>
> 1모둠: 자장과 호국 불교
>
> 2모둠: 원효와 아미타 신앙
>
> 3모둠: (가)

① 의상과 화엄 사상
② 지눌과 수선사 결사
③ 의천과 해동 천태종
④ 신돈과 전민변정도감
⑤ 묘청과 서경 천도 운동

★ **대표 유형 분석**

이 유형은 주제와 관련된 인물을 고르는 방식으로 출제된다. 이 문항처럼 승려들의 이름과 업적을 묻는 문항의 난이도가 높다.

단서+발상

단서 신라 불교와 관련된 내용을 골라야 한다.
발상 신라 불교에서 가장 유명한 인물은 원효와 의상이다.
적용 원효가 2 모둠의 인물이므로 3 모둠의 인물은 의상일 것이다.

26 ✿✿✿

수능 기출

(가)에 들어갈 내용으로 가장 적절한 것은? [3점]

> 문화 특강 **고려 후기의 역사서와 역사 인식**
>
> 몽골의 침략을 겪으면서 고려에서는 민족적 자주 의식이 고양되었습니다. 정치적으로 원의 간섭을 받게 된 이후에는 우리 역사의 독자성과 유구함을 강조하는 새로운 역사 서술이 나타났습니다. 이에 우리 박물관에서는 고려 후기의 역사서와 역사 인식을 살펴보는 교양 강좌를 마련하였으니, 관심 있는 분들의 많은 참석 바랍니다.
>
> • 일시: 2017년 11월 ○○일 오후 2시
> • 장소: △△ 박물관 대강당
> • 강의 주제
>
> 주제 1 (가)
>
> 주제 2 유구한 역사를 서사시의 형식으로 노래한 제왕운기

① 단군과 고조선 관련 기록을 담은 삼국유사
② 유교적 합리주의 사관에 바탕을 둔 삼국사기
③ 기전체의 형식으로 고려 역사를 정리한 고려사
④ 우리 민족의 전통과 정신을 강조한 조선상고사
⑤ 고조선 이후의 역사를 편년체로 서술한 동국통감

27 ✿❀❀

모의평가 기출

(가)에 들어갈 내용으로 가장 적절한 것은? [3점]

> **역사 다큐멘터리 제작 기획서**
>
> ■ 제목: (가)
>
> ■ 방영 시간: ○○월 ○○일 (수) 22시
>
> ■ 기획 의도
>
> 민화, 한글 소설, 판소리 분야의 대표 작품을 소개하여 문화의 새로운 경향을 살펴봄.
>
> ■ 대표 작품
>
> 「까치 호랑이」, 홍길동전, 심청가

① 고구려의 고분 문화
② 통일 신라의 불교 문화
③ 고려의 자기 공예 문화
④ 조선 전기의 양반 문화
⑤ 조선 후기의 서민 문화

❖ 정답 및 해설 50~51p

05 국제 관계와 대외 교류

01 ✿✿✿ 서술형

나·당 동맹이 결성된 배경을 서술하시오.

02 ✿✿✿

(가) 인물에 대한 설명으로 옳은 것은?

> 청해는 신라의 요충으로 지금의 완도를 말하는데, 대왕은 그 말을 따라 (가) 에게 군사 만 명을 거느리고 해상을 방비하게 하니, 그 후로는 해상으로 나간 사람들이 잡혀가는 일이 없었다.
>
> -『삼국사기』

① 백강 전투에서 승리하였다.
② 당항성을 개척하여 교류에 활용하였다.
③ 벽란도를 국제 무역항으로 육성하였다.
④ 신라도를 개척하여 발해와 교역하였다.
⑤ 9세기 전반 동아시아 해상 무역을 장악하였다.

03 ✿✿✿

(가)에 들어갈 내용으로 옳은 것은?

① 귀주 대첩에서 패배하였어.
② 신진 사대부의 지지를 받았어.
③ 동북 9성의 반환을 요구하였어.
④ 별무반의 공격을 받아 밀려났어.
⑤ 강화도 천도의 원인을 제공하였어.

04 ✿✿✿

밑줄 친 '적군'과의 전쟁에 대한 설명으로 옳은 것을 〈보기〉에서 고른 것은?

> 김윤후는 고종 때의 사람으로 일찍이 승려가 되어 백현원에 있었다. 적군이 이르자, 김윤후는 처인성으로 난을 피하였다. 적장 살리타가 와서 성을 공격하자 김윤후가 이를 사살하였다.

[보기]
ㄱ. 북벌 운동이 일어나는 배경이 되었다.
ㄴ. 별무반은 이들과의 전투에서 활약하였다.
ㄷ. 전쟁 과정에서 초조대장경이 소실되었다.
ㄹ. 정부는 항전을 위해 강화도로 천도하였다.

① ㄱ, ㄴ ② ㄱ, ㄷ ③ ㄴ, ㄷ ④ ㄴ, ㄹ ⑤ ㄷ, ㄹ

05 ✿✿✿ 중요 모의평가 기출(변형)

조선 전기 (가)~(라)와의 대외 관계로 옳은 것을 〈보기〉에서 모두 고른 것은?

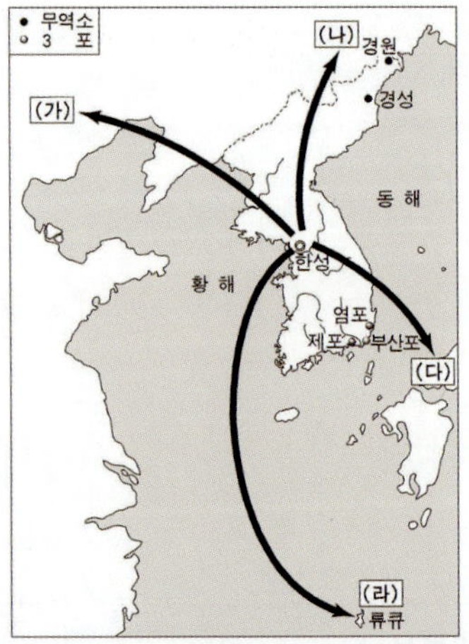

[보기]
ㄱ. (가): 왕이 바뀔 때마다 책봉을 받았다.
ㄴ. (나): 회유와 토벌의 양면 정책을 취하였다.
ㄷ. (다): 쓰시마섬 토벌 이후 국교가 완전히 단절되었다.
ㄹ. (라): 3포를 개항하였으나, 무역량을 제한하였다.

① ㄱ, ㄴ ② ㄱ, ㄷ ③ ㄴ, ㄷ
④ ㄴ, ㄹ ⑤ ㄷ, ㄹ

06 수취 체제와 경제생활

06 ✽✽❀ 학력평가 기출(변형)

지도와 같은 형세를 이루었던 시기에 (가)~(다) 국가에서 볼 수 있었던 생활 모습으로 적절하지 않은 것은?

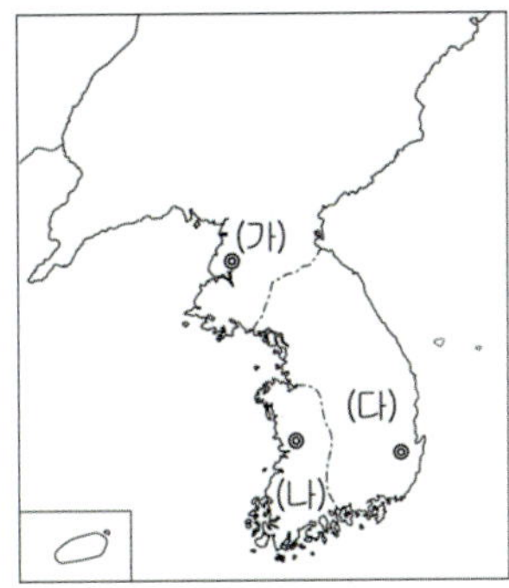

① (가) – 관청에서 곡식을 빌리는 백성
② (가) – 국가가 지급한 정전에서 보리를 수확하는 농민
③ (나) – 성을 수리하는 데 동원된 16세 남성
④ (다) – 수도에 설치된 동시에서 물건을 판매하는 상인
⑤ (다) – 당항성에서 중국으로 출항할 준비를 하는 선원

07 ✽✽✽ 수능 기출(변형)

(가), (나) 국가의 경제 활동에 대한 설명으로 옳지 않은 것은?

> 그는 고구려가 멸망한 후 무리를 이끌고 계루부의 옛 땅을 차지하여 동모산에 성을 쌓고 (가) 을/를 세웠다. 그 땅은 영주 동쪽 2천 리 밖에 있으며, 남쪽은 (나) 와/과 서로 접하고 있다. 서쪽으로는 월희말갈과 접하고 동북으로 흑수말갈에 이른다. 풍속은 고구려 및 거란과 같다.

① (가)는 밭농사를 주로 지었고 목축이 발달하였다.
② (가)는 중국의 남북조 및 북방 유목 민족과 무역을 하였다.
③ (나)는 울산항에서 이슬람 상인과 무역을 하였다.
④ (나)는 상품 수요의 증가로 수도에 서시와 남시를 추가로 설치하였다.
⑤ (가), (나)는 동해안을 따라 이어진 교통로를 통해 교류하였다.

08 ✽✽❀ 학력평가 기출(변형)

자료의 토지 제도에 대한 설명으로 옳은 것을 〈보기〉에서 고른 것은?

> 개간된 토지의 넓이를 헤아려 기름지고 메마른 것을 나누고, 문무 관리로부터 군인, 한인(閑人)에 이르기까지 등급에 따라 농사짓는 땅(전지)과 땔감을 얻는 땅(시지)을 주었다. –『고려사』

[보기]
ㄱ. 관직 복무와 직역의 대가로 지급하였다.
ㄴ. 토지 소유권이 아닌 수조권을 지급하였다.
ㄷ. 노동력을 징발할 수 있는 권리를 함께 부여하였다.
ㄹ. 위화도 회군 이후 신진 사대부의 주도로 시행되었다.

① ㄱ, ㄴ ② ㄱ, ㄷ ③ ㄴ, ㄷ ④ ㄴ, ㄹ ⑤ ㄷ, ㄹ

09 ✽✽❀ 서술형 중요

다음은 조선의 토지 제도 변천에 관한 내용이다. (가)에서 (나)로 변화된 이유를 서술하시오.

> 세조 12년, 과전을 폐하고, (가) 을/를 설치하였다.

⬇

> 성종 1년, 백성들에게 물었더니 "(나) 의 방식으로 지급하는 것이 좋겠다."라고 합니다.

10 ✽✽✽

다음 조치가 단행된 시기를 연표에서 옳게 고른 것은?

> 좌의정 채제공이 아뢰기를, "마땅히 평시서로 하여금 30년 이내에 새로 개설된 시전을 조사하여 모두 혁파하도록 하고, 형조와 한성부에 분부하여 육의전 이외의 시전은 난전을 한 자들을 붙잡아 처벌하지 못하도록 하십시오."라고 하니, 왕이 그에 따랐다.

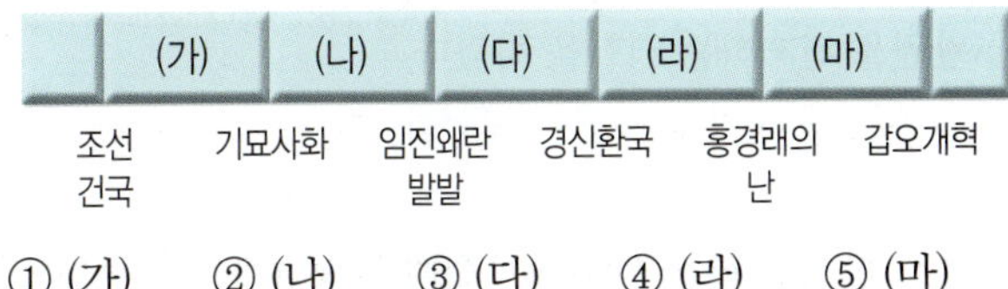

① (가) ② (나) ③ (다) ④ (라) ⑤ (마)

❖ 정답 및 해설 52~53p

11 ✿✿✿ 중요

밑줄 친 '대책'으로 실시된 제도의 영향으로 옳은 것은?

① 수신전과 휼양전이 지급되었다.
② 공인을 통해 관청 수요 물품을 공급받았다.
③ 토지 1결당 2두의 결작을 납부하도록 하였다.
④ 풍흉에 관계없이 일정액의 토지세가 부과되었다.
⑤ 양인 장정이 납부할 군포가 절반으로 감소하였다.

12 ✿✿✿

자료에 나타난 시기의 사회·경제적 모습으로 옳지 않은 것은?

> 지금 남쪽에서는 모두 모내기를 하여 농사를 짓는다. 모내기법은 노동력이 직접 논에 벼를 심는 직파법보다 5분의 4나 절약이 된다. -『성호사설』

① 민영 수공업의 비중이 늘어났다.
② 벼와 보리의 이모작이 확산되었다.
③ 상품 작물 재배가 널리 이루어졌다.
④ 송상, 만상 등의 사상이 활동하였다.
⑤ 양반의 수가 줄고 상민층이 증가하였다.

07 신분제와 사회 구조

13 ✿✿✿

다음 내용과 관련된 단체에 대한 설명으로 옳지 않은 것은?

> 여기에 세속 5계가 있으니, 하나는 충으로써 임금을 섬기고, 둘은 효로써 부모를 섬기며, 셋은 믿음으로써 친구를 사귀고, 넷은 전장에 나아가 물러서지 않으며, 다섯은 생명 있는 것을 가려서 죽인다는 것이다. 너희는 실행에 옮기되 소홀히 하지 말라."라고 하였다.
> -『삼국사기』

① 산천을 순례하며 훈련하였다.
② 왕권을 견제하는 역할을 하였다.
③ 진흥왕 때 국가적 조직이 되었다.
④ 씨족 사회의 청소년 집단에서 비롯되었다.
⑤ 계급 간의 갈등을 완화하는 역할을 하였다.

14 ✿✿✿

다음과 같은 교통로를 둔 나라에 대한 설명으로 옳은 것은?

> 용원의 동남쪽 연해는 일본도이다. 남해는 신라도이다. 압록은 조공도이다. 장령은 영주도이다. 부여는 거란도이다.

① 주민은 말갈인이 다수를 이루었다.
② 왕족인 고씨와 5부 출신의 귀족이 있었다.
③ 서원과 향약을 통해 성리학을 확산시켰다.
④ 적고적의 난과 같은 농민 봉기가 발생하였다.
⑤ 호장, 부호장 등의 상급 향리가 지방 행정을 총괄하였다.

[15~16] 다음 자료를 참고하여 물음에 답하시오.

15 ✿✿✿

2021 실시 6월 학평 9(고1)

(가) 국가에서 있었던 사실로 옳은 것은?

① 직역이 없는 농민을 백정이라 불렀다.
② 여러 가(加)가 사출도를 다스렸다.
③ 공명첩을 발급하였다.
④ 단발령을 실시하였다.
⑤ 공인이 등장하였다.

16 ✿✿✿ 서술형 중요

밑줄 친 '향·부곡·소'의 주민이 일반 군현 주민에 비해 차별받았던 내용을 두 가지만 서술하시오.

17 ✲✲❀ 2023 실시 6월 학평 13(고2)

밑줄 친 '그의 신분'에 대한 설명으로 옳은 것은?

> 15○○년 ○○월 ○○일
>
> 우리 집의 옥석은 올해 나이 18세인 사내아이인데, 그의 신분 탓에 사람들은 성(姓)은 붙이지 않고 그냥 이름만 부른다.
>
> 옥석의 아비는 관청의 소유로 여기저기 떠돌며 살았고, 어미는 내 아내의 소유로 담양에서 살았는데, 옥석이 태어나자 법에 따라 내 아내의 소유가 되었다.
>
> 오늘도 옥석은 방 안을 쓸고 닦고, 이불을 깔고 개며, 요강을 비우고 냄새가 나지 않도록 닦았다.
>
> 늘 내 곁에 머물며 온갖 시중을 드니 참으로 기특한 아이이다.

① 서리, 향리, 기술관을 포함한다.
② 매매·상속·증여의 대상이 되었다.
③ 농민, 상인, 수공업자 등이 해당한다.
④ 조세·공납·역의 의무를 담당하였다.
⑤ 군역을 면제받고 고위 관직을 독점하였다.

18 ✲✲❀ 학력평가 기출(변형)

빈칸에 들어갈 학생의 대답으로 가장 적절한 것은?

> 교사: 조선 시대에는 기본적으로 일천즉천(一賤則賤)에 따라 부모 중 한쪽이라도 노비이면 자식은 노비가 되었습니다. 그러나 조선 후기에 들어와서는 부모 중 아버지가 노비라 하더라도 어머니가 양민이면 그 자식은 양민이 되는 노비종모법이 시행됩니다. 그러면 노비종모법(奴婢從母法)이 시행된 이유는 무엇일까요?
>
> 학생: [　　　　　　　　]

① 1인당 납부할 군포가 1필로 줄었기 때문입니다.
② 동학의 포교로 평등 의식이 확산되었기 때문입니다.
③ 상민이 감소하여 국가 재정이 악화되었기 때문입니다.
④ 공노비의 해방으로 사노비의 불만이 커졌기 때문입니다.
⑤ 하극상 풍조로 하층민의 반란이 빈번하였기 때문입니다.

08 사상과 문화

19 ✲❀❀ 서술형

다음 그림을 통해 추측할 수 있는 사실을 서술하시오.

▲ 아프라시아브 궁전 벽화

20 ✲✲❀

(가)에 대한 설명으로 옳은 것은?

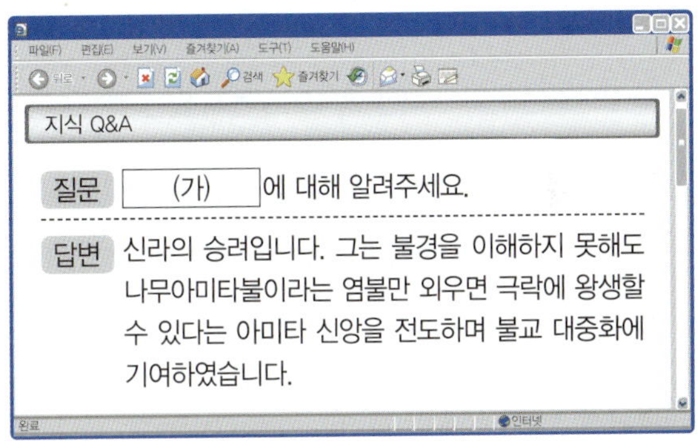

지식 Q&A

질문 (가) 에 대해 알려주세요.

답변 신라의 승려입니다. 그는 불경을 이해하지 못해도 나무아미타불이라는 염불만 외우면 극락에 왕생할 수 있다는 아미타 신앙을 전도하며 불교 대중화에 기여하였습니다.

① 대장경을 제작하였다.
② 세속 5계를 제시하였다.
③ 화쟁 사상을 주장하였다.
④ 화엄 사상을 정립하였다.
⑤ 왕오천축국전을 저술하였다.

21 ✲✲❀ 중요 2021 실시 6월 학평 9(고2)

밑줄 친 '이 서적'으로 옳은 것은?

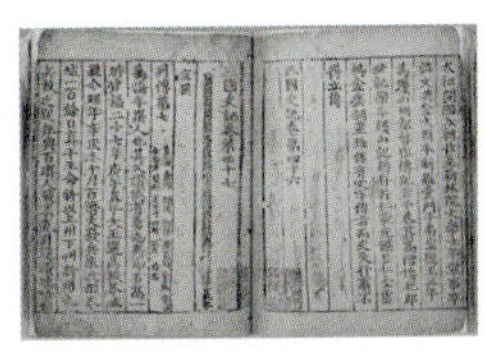

> 김부식이 왕의 명에 따라 여러 사관과 함께 기전체 형식의 역사서를 편찬하였다. 이 서적은 현존하는 가장 오래된 역사서로, 유교적 합리주의 원칙에 따라 서술되어 증명할 수 없는 신화 및 설화적인 요소를 배제하였다.

① 삼국유사 ② 대전회통 ③ 삼국사기
④ 왕오천축국전 ⑤ 직지심체요절

❖ 정답 및 해설 53~55p

22 ✿✿✿

밑줄 친 '신유학'에 대한 설명으로 옳은 것은?

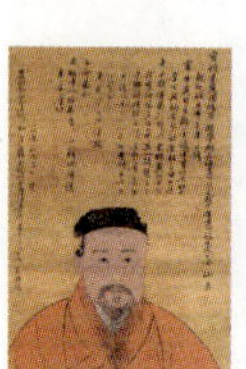

– 한국사 인물 탐구: 안향 –

- 출생·사망: 1243~1306
- 출신: 경상북도 흥주
- 주요 활동: 원에서 인간의 심성과 우주의 원리 문제를 철학적으로 탐구하는 신유학을 가져왔다.

① 도참사상과 결합하여 유행하였다.
② 문벌 세력의 사상적 기반이 되었다.
③ 교관겸수를 수행 방법으로 제시하였다.
④ 이제현이 저술한 『사략』에 영향을 주었다.
⑤ 최충은 이를 바탕으로 9재 학당을 설립하였다.

23 ✿✿✿

다음 자료와 같은 규약에 대한 설명으로 옳지 않은 것은?

> 1. 선행과 악행의 내용을 정해 두고 권선징악의 기준으로 삼는다. 이른바 선행이란 부모에게 효도를 잘하는 것, 형제 간에 우애를 잘하는 것, 가정을 잘 다스리는 것, 친구 간에 화목한 것, 이웃 마을과 화평한 것 … 등이다.
> 8. 나이가 30세 이하인 사람으로 글을 배우지 아니한 자는 모두 『소학』, 『효경』 등의 글을 읽게 하며, 읽지 않는 자는 벌 줄 것을 논한다. – 이이

① 향촌 사회의 자치 규약이었다.
② 사림의 사회적 기반이 강화되었다.
③ 향촌에 성리학적 윤리가 보급되었다.
④ 상부상조의 향촌 질서가 강화되었다.
⑤ 선현에 대한 제사를 담당하는 기구가 세워졌다.

24 ✿✿✿

다음 서적들과 관련된 탐구 주제로 가장 적절한 것은?

- 안정복의 『동사강목』, 유득공의 『발해고』
- 이중환의 『택리지』, 김정호의 『대동여지도』

① 새로운 문화의 경향, 서민 문화
② 민생 안정과 부국강병의 개혁안, 실학
③ 인간 본성의 정체는 무엇인가, 이기 논쟁
④ 우리 문화에 대한 연구 노력의 산물, 국학
⑤ 불교계의 폐단과 신진 사대부의 개혁 노력

25 ✿✿✿

다음과 같은 그림이 유행하던 시기의 사회 모습으로 옳지 않은 것은?

① 성리학이 절대화되었다.
② 수령과 향리의 영향력이 강해졌다.
③ 삼정의 문란으로 경제가 파탄되었다.
④ 왕의 외척인 세도 가문이 권력을 독점하였다.
⑤ 매향 활동을 하는 농민 공동체 조직이 나타났다.

26 ✿✿✿ 중요

다음 내용과 관련된 종교에 대한 설명으로 옳지 않은 것은?

> 긴 조사 기간 동안 거의 어느 하루도 그들에 대한 이야기가 귀에 들어오지 않는 날이 없었으며 여자에서 아이까지 그 글을 외우지 못하는 자가 없었습니다. 그리고 '시천주'라고 명명하면서 조금도 부끄러워하지 않고 또한 숨기려고도 하지 않았습니다. 그러니 얼마나 오염되고 번성한지를 이를 통해서 알 만합니다. 그것을 전파시킨 자를 염탐해 보니, 모두 말하기를 "최 선생이 혼자서 깨달은 것이며 그의 집은 경주에 있다."라고 하였는데 ….
>
> – 『고종실록』

① 인간의 존엄성과 평등성을 강조하였다.
② 사회 모순 해결과 외침에 대한 극복을 주장하였다.
③ 양반과 상민을 차별하지 않고 노비 제도를 없애고자 하였다.
④ 유·불·도의 주요 내용을 바탕으로 민간 신앙의 요소들을 결합하였다.
⑤ 조상에 대한 제사 의식을 거부하여 유교 질서를 어지럽힌다는 죄로 탄압받았다.

❖ 정답 및 해설 55~56p

Ⅲ 근대 국가 수립의 노력

09 국제 질서의 변동과 개항

10 근대 사회로의 변혁

11 근대 국가 수립을 위한 노력

12 사회 · 경제 변화와 문화 변동

13 일제의 국권 침탈과 국권 수호 운동

▲ 동학 농민 운동 기록화

09 국제 질서의 변동과 개항

중요도 

1 19세기 동아시아 질서의 변화와 양요

1. 서양 세력의 접근

(1) 제국주의❶의 대두

① 배경: 서구 열강이 산업 혁명 이후 상품 시장과 값싼 원료 공급지 확보, 잉여 자본 투자를 위해 식민지 개척 시도 ➡ 군사력과 경제력을 앞세워 약소국 침략

② 합리화: 백인 우월주의와 사회 진화론❷을 내세워 약소국 지배를 합리화함

(2) 서구 열강의 동아시아 진출: 영국, 프랑스, 미국 등이 동아시아로 진출

2. 중국의 개항과 근대화 운동

(1) 중국의 개항: 제1차 아편 전쟁(영국에 패배) ➡ 난징 조약(1842)(청이 5개 항구 개항, 영국에 홍콩 할양 등)으로 개항 ➡ 제2차 아편 전쟁(영국·프랑스에 패배) ➡ 톈진 조약(1858), 베이징 조약(1860)(청이 조약 체결을 중재한 러시아에 연해주를 할양함)

(2) 양무운동: 중체서용❸의 원칙 아래 군수 공장 설립, 서양식 군대 양성 등

3. 일본의 개항과 근대화 운동

(1) 일본의 개항: 미국 페리 제독의 무력시위 ➡ 미·일 화친 조약(1854)(일본이 2개 항구 개항, 미국에 최혜국 대우 인정 등)으로 개항 ➡ 미·일 수호 통상 조약(1858)

(2) 메이지 유신(1868): 메이지 정부가 부국강병과 문명개화❹를 내세우며 근대 개혁 추진 ➡ 입헌 군주제 수립, 신분제 폐지, 이와쿠라 사절단❺ 파견 등

(3) 일본의 대외 침략: 타이완 침략, 운요호 사건을 일으킴, 강제로 류큐를 합병하여 오키나와현으로 삼음

4. 흥선 대원군의 통상 수교 거부 정책 

(1) 병인박해와 병인양요

① 병인박해(1866. 1.): 흥선 대원군이 러시아의 남하를 견제하기 위해 프랑스와 접촉하려 했으나 실패, 천주교 금지 요구 고조 ➡ 프랑스 선교사와 수천 명의 천주교 신자 처형

② 병인양요(1866. 9.) 자료 ①

원인	프랑스가 병인박해를 구실로 군함을 보내 조선의 강화도 침략
전개	강화부 점령 ➡ 한성근 부대(문수산성), 양헌수 부대(정족산성=삼랑성)가 프랑스군 격퇴
결과	프랑스군이 철수하면서 의궤 등 외규장각 도서 약탈❻

(2) 오페르트 도굴 미수 사건(1868): 통상을 거부당한 독일 상인 오페르트가 남연군(흥선 대원군의 아버지)의 묘(충남 덕산)를 도굴 시도, 실패 ➡ 서양에 대한 반감 확산

(3) 제너럴 셔먼호 사건과 신미양요

① 제너럴 셔먼호 사건(1866. 7.): 미국 상선 제너럴 셔먼호가 통상 요구, 살상과 약탈 자행 ➡ 평양 관민이 제너럴 셔먼호를 불태워 침몰시킴 자료 ②

② 신미양요(1871) 자료 ①

원인	제너럴 셔먼호 사건을 구실로 미국이 조선에 배상금 지불과 통상 요구 ➡ 조선 정부의 거절
전개	미국이 강화도 침략 ➡ 초지진, 덕진진 함락 ➡ 광성보에서 어재연이 항전❼ ➡ 미군 철수

(4) 척화비 건립: 신미양요 이후 흥선 대원군이 전국 각지에 척화비 건립 자료 ③

❶ **제국주의**
강대국이 약소국을 정치·군사·경제적으로 지배하려는 정책 또는 사상을 일컫는다.

❷ **사회 진화론**
찰스 다윈의 생물 진화론의 논리를 인간 사회에 적용한 것이다. 인간 사회에도 약육강식과 적자생존이 적용된다는 논리로, 서구 열강의 약소국가 침략을 정당화하는 이론으로 활용되었다.

❸ **중체서용(中體西用)**
중국의 유교 문화를 바탕으로 하되, 서양의 과학과 기술을 도입하여 부국강병을 꾀하자는 주장이다.

❹ **문명개화**
서양의 과학 기술뿐 아니라 근대적인 사상과 제도까지 수용하자는 주장이다.

❺ **이와쿠라 사절단**
메이지 정부가 파견한 사절단으로 미국과 유럽의 제도, 문물을 시찰하고 돌아와 일본의 근대화에 큰 영향을 끼쳤다.

❻ **외규장각 도서 약탈**

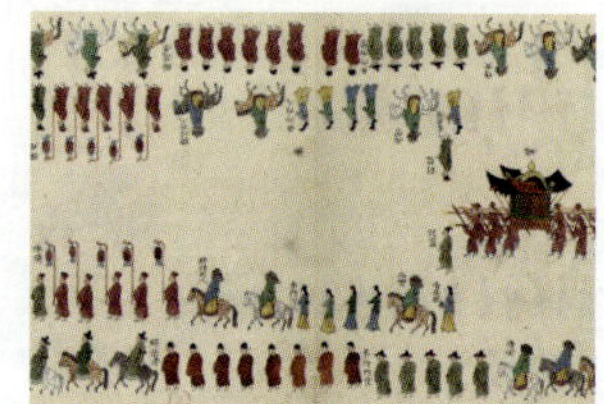

▲ 국내에 돌아온 외규장각 의궤

1866년 병인양요 당시 프랑스군이 물러나면서 외규장각 도서와 각종 문화재를 약탈하였다. 2011년 외규장각 도서가 영구 임대 형식으로 국내에 돌아왔다.

❼ **어재연의 수(帥)자기**

신미양요 때 어재연이 사용하였던 수(帥)자기를 미군에게 빼앗겼다. 2007년 장기 대여 형식으로 국내에 돌아왔고, 2024년 다시 미국에 반환되었다.

자료 1 병인양요와 신미양요

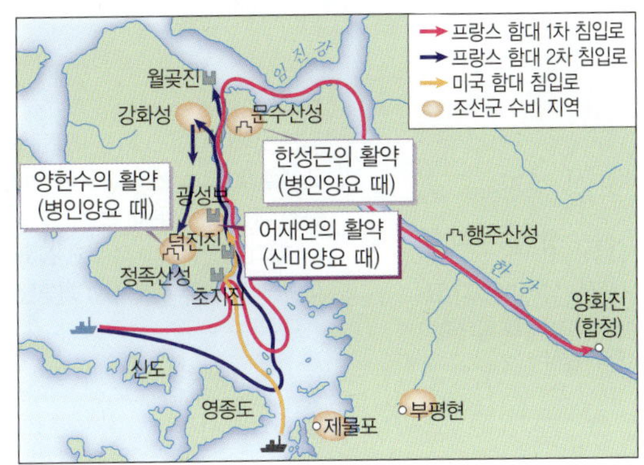

*자료 분석

- 1866년 프랑스군이 병인박해를 빌미로 문호 개방을 요구하며 병인양요를 일으켜 강화부를 점령하였다. 이에 한성근의 부대가 문수산성에서, 양헌수의 부대가 정족산성에서 프랑스군에 맞서 싸웠다.
- 1871년 제너럴 셔먼호 사건을 구실로 미국의 로저스 제독이 신미양요를 일으켜 강화도의 초지진과 덕진진을 점령하였다. 어재연이 이끄는 조선군 수비대가 광성보에서 미군에 끈질기게 항전하였지만 결국 패배하였다.

자료 2 제너럴 셔먼호 사건

평안도 관찰사 박규수의 장계에, "평양부에 정박한 이양선에서 더욱 미쳐 날뛰면서 포를 쏘고 총을 쏘아대어 우리 쪽 사람들을 살해하였습니다. 그들을 제압하고 이기는 방책으로는 화공 전술보다 더 좋은 것이 없으므로 일제히 불을 질러서 그 불길이 저들의 배에 번져가게 하였습니다. …" –『고종실록』

*자료 분석

- 1866년 대포로 무장한 미국 상선 제너럴 셔먼호가 대동강을 거슬러 평양까지 들어와 통상을 요구하였다.
- 평양의 관리들이 식량과 땔감 등을 제공하며 물러갈 것을 요구하였으나, 제너럴 셔먼호는 관리를 납치하고 대포를 쏘는 등 횡포를 부렸다.
- 이 과정에서 조선 군민 중에 사상자가 발생하자, 분노한 평양 관민들은 평안도 관찰사 박규수의 지휘 아래 배를 불태워 침몰시켰다.

자료 3 척화비

"서양 오랑캐가 침범하였을 때 싸우지 않는 것은 화친하는 것이요, 화친을 주장하는 것은 나라를 파는 것이다."

▲ 척화비

*자료 분석

- 흥선 대원군은 병인양요와 신미양요를 겪은 후 전국 각지에 척화비를 세워 통상 수교 거부 의지를 널리 알렸다.
- 통상 수교 거부 정책은 일시적으로 서양 세력을 저지하는 긍정적인 결과를 가져왔으나, 조선의 근대화를 지연시키기도 하였다.

개념 체크 문제

1. 다음 설명에 해당하는 용어를 쓰시오.

19세기에 서구 열강들이 값싼 원료 공급지와 상품 판매 시장을 찾아 경쟁적으로 대외 침략을 단행하였다.

2. 다음 나라와 근대화 운동을 바르게 연결하시오.

(1) 일본 •   • ㉠ 양무운동
(2) 중국 •   • ㉡ 메이지 유신

3. 흥선 대원군 집권 시기에 있었던 사실을 모두 고르시오.

ㄱ. 외규장각 도서 약탈당함
ㄴ. 병자호란
ㄷ. 제너럴 셔먼호 사건
ㄹ. 어재연의 광성보 항전
ㅁ. 통감부 설치
ㅂ. 국채 보상 운동
ㅅ. 서울 진공 작전
ㅇ. 프랑스가 병인박해를 구실로 조선에 침입
ㅈ. 임술 농민 봉기

▲ 흥선 대원군

4. 다음 사건을 일어난 순서대로 바르게 나열하시오.

ㄱ. 제너럴 셔먼호 사건   ㄴ. 병인양요
ㄷ. 병인박해   ㄹ. 신미양요

5. 다음 빈칸에 알맞은 말을 쓰시오.

(1) 1866년 (   ) 군대가 강화도를 침략해 오자, 양헌수 부대가 (   )에서 이들을 격퇴하였다.
(2) 로저스 제독의 미군은 강화도를 공격하여 초지진과 덕진진을 함락하였다. 이후 (   ) 부대가 광성보에서 결사 항전하였다.
(3) 1868년 독일 상인 (   )이/가 남연군의 묘를 도굴하려 하였다.
(4) 신미양요 이후 흥선 대원군이 을/를 건립하여 통상 수교 거부 의지를 천명하였다.

❖ 정답 – 문제편 209p

2 개항과 불평등 조약 체제

1. 강화도 조약

(1) 강화도 조약 체결 전의 상황

① 흥선 대원군의 하야[1]와 고종의 친정 시작

② 통상 개화론의 대두: 박규수, 오경석, 유홍기 등이 문호 개방의 필요성 주장

③ 일본에서 정한론 대두: 서계 문제[2] 이후 조선을 무력으로 침공하자는 정한론 대두

④ 운요호 사건(1875)[3]: 일본이 미국의 포함 외교를 모방해 운요호 사건을 일으키고 문호 개방을 요구함

포함 외교: 제국주의 열강이 군함의 무력시위를 통해 상대국의 개항과 수교를 이끌어내는 외교 방식

(2) 강화도 조약(조·일 수호 조규)(1876. 2.) 자료 ①

① 주요 내용과 의미

강화도 조약의 주요 내용	일본의 의도 및 의미
제1관 조선은 자주국이며, 일본국과 평등한 권리를 가진다.	조선에 대한 청의 간섭 배제
제4관 조선은 부산 외에 두 곳을 개항하고, 일본인이 자유롭게 왕래하면서 통상함을 허가한다.	일본의 정치적·군사적·경제적 거점 마련
제7관 조선국은 일본국의 항해자가 자유로이 조선국 해안을 측량하도록 허가한다.	해안 측량권 인정 ➡ 조선의 주권 침해
제9관 양국 국민은 각자 임의에 따라 무역을 하며, 양국의 관리는 조금도 이에 관여하거나 금지 또는 제한하지 못한다.	일본 상인의 자유로운 무역 활동 보장
제10관 일본국 인민이 조선국이 지정한 각 항구에 머무르는 동안 죄를 범한 것이 조선국 인민에게 관계되는 사건일 때에는 모두 일본 관원이 심판한다.	영사 재판권(치외 법권) 인정 ➡ 조선의 주권 침해

② 성격: 조선이 외국과 맺은 최초의 근대적 조약, 일본에 유리한 불평등 조약

(3) 부속 조약의 체결 자료 ②

① 조·일 수호 조규 부록(1876. 7.): 개항장에 일본인 거류지[4] 설정, 일본 화폐 유통 허용

② 조·일 무역 규칙(1876. 7.): 일본으로 양곡의 무제한 유출 허용, 일본의 수출입 상품에 대한 관세 내용이 없음(무관세가 가능해짐)

2. 서구 열강과의 수교

(1) 조·미 수호 통상 조약(1882)

① 체결 배경: 『조선책략』[5] 유포 이후 미국과의 수교 주장 대두, 청이 조약 알선

② 주요 내용과 의미

조·미 수호 통상 조약의 주요 내용	의미
제1관 타국의 어떠한 불공평이나 경멸하는 일이 있을 때에 일단 통지하면 서로 도와주며 중간에서 잘 조정한다.	거중 조정[6]
제4관 미국 인민이 조선 인민의 생명과 재산에 손해를 입히는 등의 일이 있을 때에는 미국 법률에 따라 처벌한다.	영사 재판권 ➡ 조선의 주권 침해
제5관 조선에 오는 미국 상인과 상선은 모든 수출입 상품에 대해 관세를 지불해야 한다.	관세 부과
제14관 조선이 본 조약에 부여되지 않은 어떤 권리 또는 특혜를 다른 나라에 허가할 때에 이와 같은 권리 또는 특혜는 미국 관민에게도 무조건 균점된다.	최혜국 대우[7] ➡ 최초로 인정됨

③ 성격: 서양과 체결한 최초의 조약, 미국에 유리한 불평등 조약

(2) 각국과의 조약 체결: 영국·독일·러시아·프랑스 등과 불평등 조약 체결

프랑스: 천주교 선교 활동을 인정하였다.

러시아: 청의 알선 없이 조선과 러시아가 직접 수교하였다.

(3) 결과: 근대적 조약 체제에 기반한 국제 질서[8]에 편입

❶ 하야
관직이나 정계에서 물러남을 이르는 말이다.

❷ 서계 문제
일본은 메이지 유신 이후 새로운 외교 관계를 맺자고 조선에 요구해 왔다. 흥선 대원군은 일본이 보내온 외교 문서(서계)의 형식이 전통적 외교 질서에 어긋난다는 이유로 접수를 거부했다.

❸ 운요호 사건

▲ 운요호

1875년 일본의 군함 운요호가 허가 없이 강화도에 접근하다 조선군의 경고 사격을 받은 후 초지진을 포격하고 영종도에 상륙하여 살인, 방화, 약탈을 저질렀다.
이후 일본은 운요호 사건에 대한 사과와 문호 개방을 요구하여 강화도 조약이 체결되었다.

❹ 거류지(조계)
외국인들이 머물거나 장사를 할 수 있도록 인정한 지역이다. 치외 법권 지역으로 열강의 침략 거점이 되었다.

❺ 조선책략
일본에 있던 청의 외교관 황준헌이 쓴 책이다. 제2차 수신사로 일본에 파견되었던 김홍집이 귀국길에 가지고 왔다. 조선이 러시아를 견제하려면 '친중국(親中國), 결일본(結日本), 연미국(聯美國)'해야 한다는 내용이 담겨 있었다.

❻ 거중 조정
조약을 맺은 나라가 제3국과 분쟁이 있을 경우, 조약 상대국이 분쟁을 원만히 해결할 수 있도록 주선한다는 것이다.

❼ 최혜국 대우
한 나라가 제3국에게 부여한 가장 유리한 조건을 조약 상대국에게 자동으로 부여하는 것이다.

❽ 만국 공법
18세기 이후 서양 국가들이 구축한 국제법 질서이다. 조약으로 맺어진 주권 국가 사이의 대등한 관계를 국제 질서의 원리로 내세웠다.

자료 1 강화도 조약(조·일 수호 조규)

제1관 조선은 자주국이며, 일본국과 평등한 권리를 가진다. → 청의 종주권 부인

제4관 조선은 부산 이외에 2개 항구를 개항하고 일본인이 왕래 통상함을 허가한다. └ 이후 원산, 인천으로 결정됨

제7관 조선의 연해 도서는 지극히 위험하므로 일본의 항해자가 자유로이 해안을 측량함을 허가한다. → 해안 측량권 허용

제10관 일본 인민이 조선이 지정한 각 항구에서 죄를 범하고 조선 인민에게 관계되는 사건은 모두 일본 관원이 재판할 것이다. → 영사 재판권(치외 법권) 인정

＊자료 분석

강화도 조약은 일본에 일방적으로 유리한 내용을 담았다. 일본은 강화도 조약으로 영사 재판권과 해안 측량권 등을 인정받아 조선을 정치·군사적으로 침략할 수 있는 발판을 마련하였다.

자료 2 강화도 조약의 부속 조약

◎ 조·일 수호 조규 부록

제3관 조선국의 통상하는 각 항구에서 일본국 인민이 땅을 빌려 거주하는 것은 모름지기 토지 소유자와 상의하여 그 액수를 정한다.

제4관 부산항에서 일본국 인민이 통행할 수 있는 도로의 이정(里程)은 부두로부터 동서남북 각 10리로 정한다. 일본국 인민은 마음대로 통행하며 토산물과 일본국 물산을 사고 팔 수 있다.

제7관 일본국 인민은 본국에서 사용하는 화폐로 조선국 인민이 보유하고 있는 물품과 교환할 수 있다.

◎ 조·일 무역 규칙

제6칙 조선국 항구에 거주하는 일본 인민은 쌀과 잡곡을 수출, 수입할 수 있다.

제7칙 일본국 정부에 소속된 모든 선박은 항세(港稅)를 납부하지 않는다.

＊자료 분석

- 강화도 조약에 이어 체결된 조·일 수호 조규 부록과 조·일 무역 규칙으로 인해 조선은 일본의 경제적 침탈에 직면하게 되었다.
- 조·일 수호 조규 부록의 제3, 4관은 개항장 내 일본인이 거주를 비롯하여 무역 및 각종 상업 활동을 할 수 있도록 하였다. 제7관은 개항장에서 일본 화폐의 자유로운 유통을 허가함으로써 일본인들이 경제적으로 조선에 진출할 수 있는 기반을 조성하였다.
- 조·일 무역 규칙의 제6칙과 제7칙은 양곡의 무제한 유출을 허용하고 일본 정부 소속의 선박에 대해서 무항세를 보장하였다.
- 조·일 무역 규칙은 관세에 대한 내용을 담고 있지 않아 일본 수출입 상품에 대한 무관세 무역이 이루어졌다.

개념 체크 문제

1. 다음 빈칸에 알맞은 말을 쓰시오.

(1) 강화도 조약 체결 이전, 일본에서는 서계 문제에 영향을 받아 조선을 무력으로 침공하자는 (　　　) 이/가 대두되었다.

(2) 1875년 일본 군함 (　　　) 이/가 초지진을 공격하고 영종도에 상륙하여 살인과 약탈을 자행하였다.

(3) (　　　) 은/는 조선이 외국과 맺은 최초의 근대적 조약이나 해안 측량권과 (　　　) 을/를 허용한 불평등 조약이었다.

(4) 강화도 조약에 따라 (　　　) 이/가 개항되었고, 이후에 원산과 인천이 차례로 개항되었다.

2. 다음은 일본과 체결한 조약의 내용을 정리한 표이다. 빈칸에 알맞은 말을 쓰시오.

강화도 조약	3개 항구 개항, 영사 재판권 인정
조·일 수호 조규 부록	개항장에서의 일본인 (　　　) 설정, 일본 화폐 사용 인정
조·일 무역 규칙	양곡의 (　　　) 유출 허용

3. 다음 설명에 해당하는 용어를 쓰시오.

> 한 나라가 제3국에게 부여한 가장 유리한 조건을 조약 상대국에게 자동으로 부여하는 것으로, 조·미 수호 통상 조약을 통해 미국에 최초로 인정되었다.

4. 다음 설명이 옳으면 ○, 틀리면 ×표를 하시오.

(1) 강화도 조약 체결 이전에 박규수, 유홍기 등이 문호 개방의 필요성을 주장하였다. (　　)

(2) 강화도 조약의 제1관은 조선에 대한 러시아의 간섭을 배제하고 있다. (　　)

(3) 조·일 수호 조규 부록은 양곡의 무제한 유출 허용에 관한 조항을 수록하고 있다. (　　)

(4) 『조선책략』이 유포된 것을 계기로 조·미 수호 통상 조약이 체결되었다. (　　)

(5) 강화도 조약과 조·미 수호 통상 조약 모두 영사 재판권에 관한 조항을 수록하고 있다. (　　)

❖ 정답 – 문제편 209p

내신 대비 필수 문제

★ 학교 시험 100점을 위한 실전 문제와 학력평가/모의평가 기출 문제

1 19세기 동아시아 질서의 변화와 양요

01

밑줄 친 '제국주의'에 대한 옳은 설명을 〈보기〉에서 고른 것은?

> 대영 제국의 4천만 인구를 피비린내 나는 내란으로부터 지키기 위하여, 우리 식민 정치가는 과잉 인구를 수용하기 위해 새로운 영토를 개척하고, 또 그들이 공장이나 광산에서 생산하는 상품을 위해 새로운 판로를 만들어 내야만 한다. … 내란을 원하지 않는다면 제국주의자가 되어야 한다. – 세실 로즈, 『유언집』

[보기]

ㄱ. 백인 우월주의와 사회 진화론을 내세웠다.
ㄴ. 잉여 자본을 투자하기 위한 목적도 있었다.
ㄷ. 인도로 가는 새로운 항로를 개척하는 계기가 되었다.
ㄹ. 식민 지배에 대한 무장 투쟁의 이론적 근거가 되었다.

① ㄱ, ㄴ ② ㄱ, ㄷ ③ ㄴ, ㄷ ④ ㄴ, ㄹ ⑤ ㄷ, ㄹ

02 중요

(가)에 들어갈 사건으로 옳은 것은?

> ○○ 신문 2024년 3월 ○○일
>
> (가) 이/가 일어났을 때, 프랑스 군대가 약탈해 간 외규장각 의궤가 2011년 5년 단위 갱신 조건의 영구 대여 형식으로나마 145년 만에 고국으로 돌아왔다. …

① 병인양요 ② 신미양요
③ 거문도 사건 ④ 제너럴 셔먼호 사건
⑤ 오페르트 도굴 미수 사건

03 단답형 중요

(가)~(라)를 일어난 순서대로 바르게 나열하시오.

> (가) 흥선 대원군이 전국 곳곳에 척화비를 세웠다.
> (나) 오페르트가 남연군의 묘를 도굴하려다 실패하였다.
> (다) 프랑스가 병인박해를 구실로 강화도를 침략하였다.
> (라) 미국이 제너럴 셔먼호 사건을 빌미로 강화도에 침입하였다.

04

2021 실시 11월 학평 13(고2)

밑줄 친 '이 사건'에 대한 탐구 활동으로 가장 적절한 것은?

> 역사가 살아 숨 쉬는 호국 돈대길
>
> 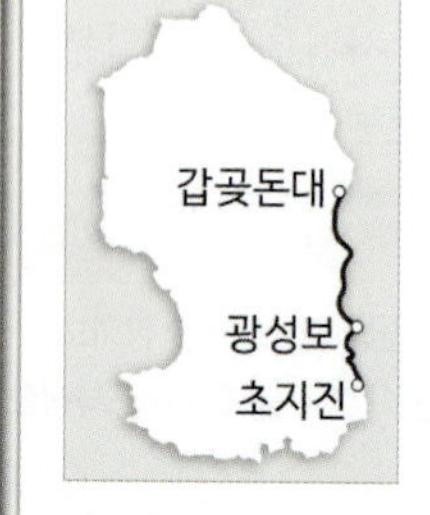
>
>
> 이 길은 강화도의 둘레길 중 한 구간으로 조선 시대의 방어 시설인 진, 보, 돈대 등을 따라 조성되었습니다. 이 길을 걷다 보면 이 사건 당시 어재연 장군이 이끄는 조선의 수비대가 미군에 맞서 결사 항전을 벌인 광성보 등 외세의 침략에 저항한 역사의 현장을 만날 수 있습니다.

① 간도 협약의 내용을 살펴본다.
② 강동 6주의 획득 과정을 정리한다.
③ 장용영을 설치한 목적을 찾아본다.
④ 제너럴 셔먼호 사건의 영향을 알아본다.
⑤ 신흥 강습소가 설립된 지역을 조사한다.

[05~06] 다음 자료를 참고하여 물음에 답하시오.

> 서양 오랑캐가 침범하였을 때 싸우지 않는 것은 화친하는 것이요, 화친을 주장하는 것은 나라를 파는 일이다.

05 서술형

위 비석을 세운 사람을 쓰고, 비석을 세운 의도에 대해 서술하시오.

06

위 비석이 세워진 시기를 연표에서 옳게 고른 것은?

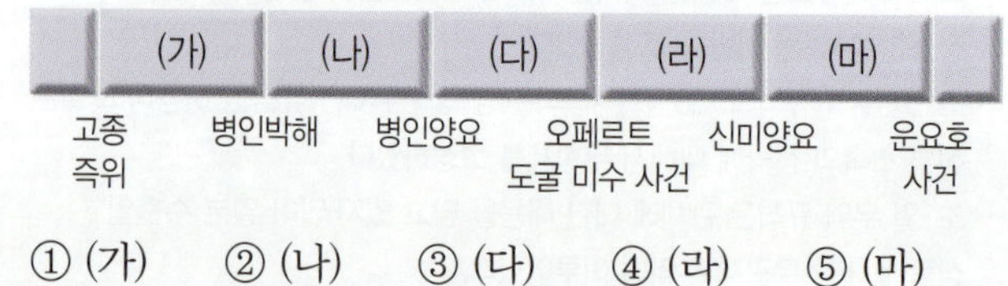

① (가) ② (나) ③ (다) ④ (라) ⑤ (마)

2 개항과 불평등 조약 체제

07 ✿✿✿ 중요

다음 가상 일기에 나타난 사건이 발단이 되어 체결된 조약은?

> 1875년 ○월 ○○일
>
> 운요호 함장 이노우에가 초지진 앞바다에 나타나 수십 명의 군인을 이끌고 상륙을 시도하였으나, 우리 측의 완강한 항전으로 실패하였다. 듣자 하니 돌아가는 길에 영종진의 민가에 방화하고, 약탈, 살육까지 하였다니 참으로 개탄스러운 일이 아닐 수 없다.

① 한성 조약 ② 톈진 조약
③ 강화도 조약 ④ 제물포 조약
⑤ 조·미 수호 통상 조약

08 ✿✿✿ 2022 실시 6월 학평 15(고1)

밑줄 친 '조약'에 대한 설명으로 옳은 것은?

① 영사 재판권이 포함되어 있다.
② 청 상인의 내륙 진출이 허용되었다.
③ 강동 6주 지역을 획득하는 결과를 낳았다.
④ 교역품에 관세를 부과하는 계기가 되었다.
⑤ 청·일 군대가 조선에서 철수하는 배경이 되었다.

09 ✿✿✿ 서술형

밑줄 친 '책자'의 명칭을 쓰고, '책자'의 핵심 내용을 서술하시오.

> 수신사 김홍집이 가져와 유포한 황준헌의 사사로운 책자를 보노라면 어느새 털끝이 일어서고 쓸개가 떨리며 울음이 북받치고 눈물이 흐릅니다. 러시아는 본래 우리와 혐의가 없는 나라입니다. 공연히 남의 말만 듣고 틈이 생기게 된다면 우리의 위신이 손상될 뿐만 아니라, 만약 이를 구실로 침략해 온다면 장차 이를 어떻게 막을 것입니까? -『일성록』

10 ✿✿✿ 서술형

다음은 조선이 일본과 체결한 조약의 일부 조항이다. 각 조항에 담긴 일본의 의도를 각각 서술하시오.

제1관	조선은 자주국이며, 일본국과 평등한 권리를 가진다.
제4관	조선은 부산 외에 두 곳을 개항하고, 일본인이 자유롭게 왕래하면서 통상함을 허가한다.
제7관	일본의 항해자가 자유로이 (조선의) 해안을 측량함을 허가한다.
제10관	일본 인민이 조선이 지정한 각 항구에 머무르는 동안 죄를 범한 것이 조선 인민에게 관계되는 사건일 때에는 모두 일본 관원이 재판한다.

[11~12] 다음을 읽고 물음에 답하시오.

> 대조선의 대군주는 미합중국 대통령에게 글을 올립니다. 두 나라가 조약을 맺고 화의가 도타우니 전권대신 민영익과 부대신 홍영식 등을 보빙사로 귀국에 파견합니다. …(중략)… 서로 믿고 더욱 화목하며 태평을 누리게 하십시오.
>
> 1883년 8월 12일

11 ✿✿✿ 단답형

밑줄 친 '조약'의 명칭을 쓰시오.

12 ✿✿✿ 2021 실시 9월 학평 7(고1)

밑줄 친 '조약'에 대한 탐구 활동으로 가장 적절한 것은? [3점]

① 안시성 싸움의 결과를 찾아본다.
② 정동행성의 설치 배경을 살펴본다.
③ 최혜국 대우 조항의 문제점을 분석한다.
④ 동양 척식 주식회사 설립의 결과를 조사한다.
⑤ 백두산정계비 해석을 둘러싼 논쟁을 알아본다.

❖ 정답 및 해설 57~58p

내신 1등급 문제

13 ✿✿✿

밑줄 친 '이 사건'에 대한 내용으로 옳은 것은?

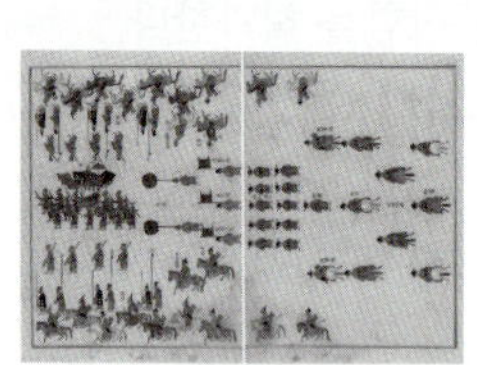

왼쪽은 조선 시대에 국가의 주요 행사를 글과 그림으로 기록한 의궤이다. 의궤 일부는 강화도의 외규장각에 보관 중이었으나, 이 사건으로 약탈당한 이후 145년 만에 우리나라로 돌아왔다.

① 국왕이 강화도로 피란하였다.
② 평양 관민이 미국 상선을 불태웠다.
③ 어재연의 수비대가 광성보에서 항전하였다.
④ 프랑스군이 강화도에서 약탈을 자행하였다.
⑤ 일본의 군함이 영종도에 상륙하여 약탈을 자행하였다.

14 ✿✿✿

수능 기출(변형)

(가)에 들어갈 사건으로 옳은 것을 〈보기〉에서 모두 고른 것은?

- 병인년에 프랑스 배들이 강화도를 향해 돌진하여 포를 터트리니 소리가 천지를 진동시켰다. 여러 진(鎭)이 공격을 받아 불꽃이 하늘로 치솟았다.

– 『근세조선정감』

(가)

- 서양 오랑캐가 침범하는데도 싸우지 않음은 곧 화친하는 것이요, 화친을 주장함은 곧 나라를 파는 것이다. …(중략)… 신미년에 비(碑)를 세우다.

[보기]

ㄱ. 영국이 거문도를 불법 점령하였다.
ㄴ. 개화 정책을 추진하고 통리기무아문을 설치하였다.
ㄷ. 독일 상인 오페르트가 남연군의 무덤을 도굴하려 하였다.
ㄹ. 미국은 제너럴 셔먼호 침몰 사건을 구실로 강화도를 침공하였다.

① ㄱ, ㄴ ② ㄱ, ㄷ ③ ㄴ, ㄷ ④ ㄴ, ㄹ ⑤ ㄷ, ㄹ

15 ✿✿✿

다음 조약이 체결된 이전의 상황으로 옳지 않은 것은?

제1관	조선은 자주국이며 일본국과 동등한 권리를 갖는다.
제10관	일본 인민이 조선이 지정한 각 항구에서 죄를 범하고 조선 인민에게 관계된 사건은 모두 일본 관원이 재판한다.

① 조선책략이 국내에 유포되었다.
② 흥선 대원군이 정치에서 물러났다.
③ 문호 개방의 필요성이 대두되었다.
④ 일본 내에서 '정한론'이 제기되었다.
⑤ 흥선 대원군이 일본의 서계 접수를 거부하였다.

16 ✿✿✿

2023 실시 4월 학평 5(고3)

(가) 조약에 대한 설명으로 옳은 것은? [3점]

화면에 보이는 장소는 연무당의 옛터로, 연무당은 조선과 일본이 (가) 을/를 체결한 곳입니다. (가) 은/는 조선이 외국과 맺은 최초의 근대적 조약이었으나, 해안 측량권과 영사 재판권을 허용하는 등 조선에 불리한 내용이 담겨 있습니다.

① 최혜국 대우를 규정하였다.
② 통감부가 설치되는 근거가 되었다.
③ 운요호 사건을 계기로 체결되었다.
④ 장용영이 창설되는 데 영향을 주었다.
⑤ 임술 농민 봉기가 일어나는 원인이 되었다.

17 ✿✿✿

다음 조약에 포함된 내용으로 옳은 것은?

제7관	일본국 국민은 본국에서 사용되는 화폐로 조선국 국민이 보유하고 있는 물자와 마음대로 교환할 수 있다. – 1876. 7. 6.

① 거중 조정
② 천주교 선교 활동 인정
③ 부산 이외에 2개 항구 개항
④ 일본 상품에 대한 관세 부과
⑤ 개항장에서 일본인 거류지 설정

수능 대비 기출 문제

★ 수능 기출 문제로 수능 유형 익히기

18 ✿✿✿ 대표 유형 2024 대비 수능 7

(가)에 들어갈 내용으로 가장 적절한 것은? [3점]

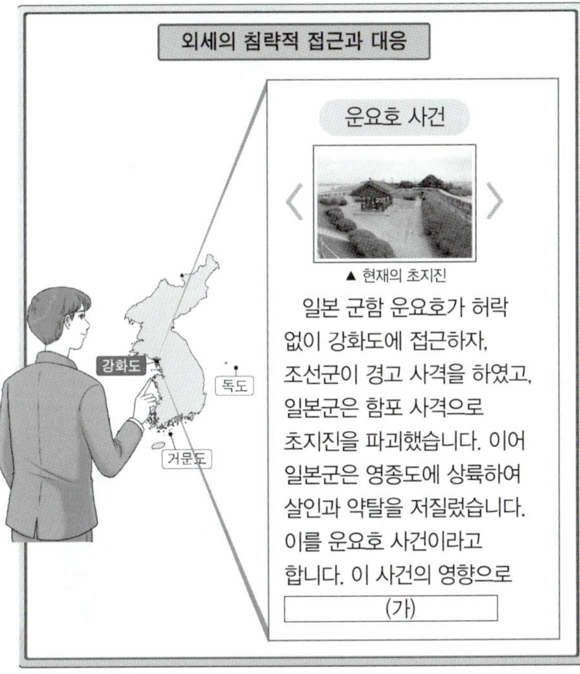

① 제너럴 셔먼호 사건이 발생하였습니다.
② 정동행성 이문소가 폐지되었습니다.
③ 조일 수호 조규가 체결되었습니다.
④ 병인양요가 발발하였습니다.
⑤ 인조반정이 일어났습니다.

★ **대표 유형 분석**

이 유형은 주로 정답의 역사적 배경이 되는 사건을 제시한 후, 이를 바탕으로 정답을 추론하는 방식으로 출제된다.

단서+발상

(단서) 일본 군함 운요호가 강화도를 공격하고 영종도에 상륙하여 살인과 약탈을 저지른 운요호 사건이 일어났다.
(발상) 운요호 사건의 영향으로 강화도 조약(1876)이 체결되었다.
(적용) 강화도 조약의 정식 명칭을 확인한다.

19 ✿✿✿ 2022 대비 9월 모평 5

(가) 지역에서 있었던 사실로 옳은 것은?

몽골의 재침입에 대비하기 위해 최우가 자기 집에 재추들을 모아 놓고 천도를 논의하였다. 당시 나라가 오랫동안 태평하여 개경은 호(戶)의 수가 10만에 이르고 대저택이 즐비하였으므로 사람들이 도읍을 옮기는 것을 좋아하지 않았다. 그러나 최우의 뜻에 따라 천도가 결정되었다. 얼마 뒤에 왕이 개경을 출발하였고, 그 다음 날 새로운 도읍인 (가) 에 도착하였다. 당시 장마가 열흘이나 계속되어 정강이까지 진창에 빠지고 사람과 말이 엎어지고 넘어졌다.

① 장보고가 청해진을 설치하였다.
② 강감찬이 거란군을 대파하였다.
③ 동학 농민군이 관군을 격파하였다.
④ 프랑스군이 외규장각 도서를 약탈하였다.
⑤ 최무선이 화포를 사용하여 왜구를 격퇴하였다.

20 ✿✿✿ 2024 대비 9월 모평 7

밑줄 친 '이 조약' 체결의 배경으로 가장 적절한 것은? [3점]

한국사 신문

보빙 사절단, 미국 대통령을 만나다

미국을 방문한 조선의 보빙 사절단이 미국 대통령을 만나 큰절로 예를 표하였다. 이 조약 체결 후, 미국의 공사가 부임해 온 것에 대한 답례로 파견된 사절단은 이 자리에서 고종의 국서를 전달하였다. 거중 조정, 관세 부과, 영사 재판권 등에 관한 조항이 포함된 이 조약은 조선이 서양과 처음으로 체결한 조약이었다.

① 임진왜란이 발발하였다.
② 조선책략이 소개되었다.
③ 자유시 참변이 발생하였다.
④ 브나로드 운동이 전개되었다.
⑤ 정동행성 이문소가 폐지되었다.

❖ 정답 및 해설 59~61p

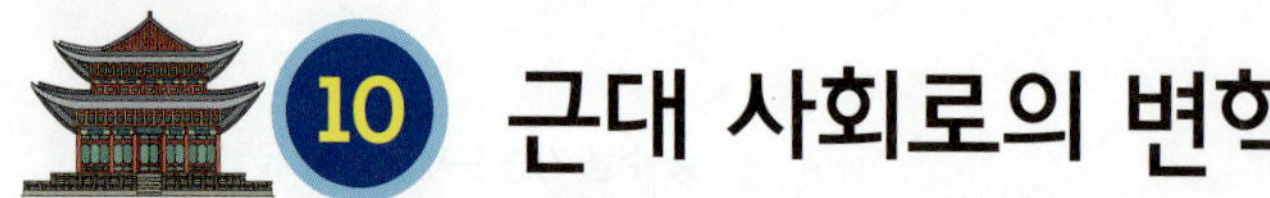

10 근대 사회로의 변혁

중요도 ★★★

1 개화 정책의 추진과 반발

1. 정부의 개화 정책: 개항 이후 수신사❶의 시찰 의견을 바탕으로 개화 정책 추진

(1) 제도 개혁

정치 제도	개화 정책을 총괄하는 통리기무아문 설치(1880), 그 아래에 실무를 담당하는 12사를 둠
군사 제도	5군영 ➡ 2영(무위영, 장어영)으로 개편, 신식 군대인 별기군(교련병대)❷ 설치

(2) 해외 시찰단 파견

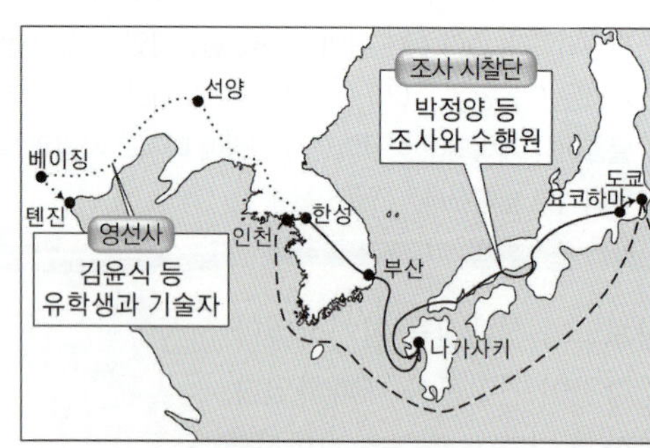

① 조사 시찰단(1881, 일본): 일본의 정부 기관과 학교·산업·군사 등 근대 시설을 시찰함, 보고서 제출 ➡ 개화 정책 뒷받침

② 영선사(1881, 청): 근대 무기 제조 기술, 군사 훈련법 습득 ➡ 기기창 설치(1883)

③ 보빙사(1883, 미국): 최초의 구미 사절단, 각종 근대 시설 시찰, 미국 대통령 접견❸

└ 기기창: 한성에 설치된 근대식 무기 제조 공장

2. 위정척사❹ 운동

출제 0순위 특강 p.130

(1) 전개: 보수적인 양반 유생층이 주도 자료 ①

시기	1860년대	1870년대	1880년대
배경	• 서양의 통상 요구 • 천주교의 확산	일본의 개항 요구와 강화도 조약 체결	• 정부의 개화 정책 추진 • 『조선책략』 유포 및 미국과의 수교 추진
주도	이항로, 기정진	최익현	이만손, 홍재학
성격	통상 수교 거부 운동 (척화 주전론)	개항 반대 운동 (왜양일체론❺)	개화 반대 운동 (이만손 등의 영남 만인소❻, 홍재학의 척사 상소 등)

(2) 의의: 반외세·반침략 민족 운동 ➡ 1890년대 이후 항일 의병 운동으로 계승

(3) 한계: 개화 정책 추진에 걸림돌로 작용

3. 임오군란(1882)

(1) 배경: 개항 이후 일본으로 쌀 유출 ➡ 쌀값 폭등으로 도시 하층민의 생활이 어려워짐, 구식 군인들에 대한 차별 대우❼

(2) 전개: 구식 군인들의 봉기, 도시 하층민의 가담 ➡ 민씨 정부의 고관 습격, 일본인 교관 살해, 일본 공사관 공격, 궁궐 습격(왕비 피신) ➡ 흥선 대원군 재집권(통리기무아문과 별기군 폐지) ➡ 민씨 세력의 요청으로 청군 출병 ➡ 청군이 군란 진압, 흥선 대원군을 납치해 감

(3) 결과 자료 ②

① 청의 내정 간섭: 군대 주둔, 고문 파견, 조·청 상민 수륙 무역 장정 체결(1882)

└ 고문 파견: 마젠창(마건상)과 묄렌도르프를 고문으로 파견하여 내정과 외교에 간섭하였다.

② 제물포 조약 체결(1882): 일본에 배상금 지불, 일본 공사관 경비병 주둔 허용

---

❶ **수신사**
강화도 조약 체결 이후 일본에 파견한 사절단으로 1차(1876)로는 김기수가, 2차(1880)로는 김홍집이 파견되었다.

❷ **별기군**

1881년에 설치한 신식 군대로, 일본인 교관으로부터 근대식 훈련을 받았다.

❸ **보빙사의 미국 대통령 접견**

조·미 수호 통상 조약 체결 이후 미국 공사가 조선에 부임해 온 것에 대한 답례로 파견된 보빙사는 미국 대통령을 만나 고종의 국서를 전달하였다.

❹ **위정척사(衛正斥邪)**
바른 학문(정학)인 성리학과 성리학적 사회 질서를 수호하고, 성리학 이외의 종교와 사상 등을 배격하는 사회 운동이다.

❺ **왜양일체론(倭洋一體論)**
일본과 서양은 같은 오랑캐이므로 서양은 물론 일본에게도 문호를 개방해서는 안된다는 주장이다.

❻ **영남 만인소**
영남의 유생 약 1만 명이 『조선책략』의 유포 및 정부의 개화 정책에 반대하여 올린 상소이다.

❼ **구식 군인들에 대한 차별 대우**
구식 군인들은 신식 군대인 별기군에 비해 차별 대우를 받았다. 1882년 1년도 넘게 밀린 급료로 지급된 쌀에 겨와 모래가 섞여 있자 구식 군인들의 불만이 폭발하였다.

자료 1 위정척사 운동

◎ **이항로의 척화 주전론**(1860년대)

양이의 화가 금일에 이르러 홍수나 맹수의 해로움보다도 더 심합니다. 전하께서는 … 안으로 사학의 무리를 잡아 베게 하시고, 밖으로 바다를 건너오는 적을 정벌하게 하소서. – 이항로, 『화서집』

◎ **최익현의 개항 반대 상소**(1870년대)

일단 강화를 맺고 나면 저 적들의 욕심은 물화를 교역하는 데 있습니다. … 백성의 목숨이 달려 있는 유한한 물화를 가지고 저들의 사치스럽고 기이하며 심성을 좀먹고 풍속을 무너뜨리는 물화와 교역을 한다면, … 몇 년 지나지 않아 땅과 집이 모두 황폐해져 다시 보존하지 못하게 될 것이고 나라 또한 망할 것입니다. – 최익현, 『면암집』

◎ **영남 만인소**(1880년대) 『조선책략』의 외교 정책 비판

러시아는 본래 우리와 혐의가 없는 나라입니다. … 러시아·미국·일본은 같은 오랑캐입니다. 그들 사이에 누구는 후하게 대하고 누구는 박하게 대하기는 어려운 일입니다. – 『일성록』

* 자료 분석
- 1860년대 이항로는 척화 주전론을 주장하며 흥선 대원군의 통상 수교 거부 정책을 지지하였다.
- 1870년대 최익현은 왜양일체론을 주장하며 개항 반대 운동을 전개하였다.
- 1880년대에 정부가 미국과의 수교를 추진하려 하자, 이만손을 중심으로 한 유생들이 만인소를 올려 이에 반대하였다. 한편 홍재학은 고종을 직접적으로 비판하는 상소를 올리기도 하였다.

자료 2 임오군란의 결과로 체결된 조약

◎ **제물포 조약**

제3조 조선국은 5만 원을 내어 해를 당한 일본 관리들의 유족 및 부상자에게 주도록 한다.

제5조 일본 공사관에 군인 약간을 두어 경비한다. 그 비용은 조선국이 부담한다.

◎ **조·청 상민 수륙 무역 장정**

이 수륙 무역 장정은 청이 속방(속국)을 우대하는 뜻에서 상정한 것이고, …

제1조 청의 상무위원을 서울에 파견하고 조선 대관을 톈진에 파견한다. 청의 북양대신과 조선 국왕은 대등한 지위를 가진다.

* 자료 분석
- 임오군란 이후에 조선은 일본과 제물포 조약(1882), 청과 조·청 상민 수륙 무역 장정(1882)을 체결하였다.
- 일본은 제물포 조약을 체결하여 조선에 군사를 주둔시켰다.
- 청은 조선을 속국으로 규정한 조·청 상민 수륙 무역 장정을 강요하여 내지 통상 등의 경제적 특권을 보장받았다.

개념 체크 문제

1. 다음 빈칸에 알맞은 말을 쓰시오.

신식 군대인 ( ) 은/는 일본인 교관에게 근대식 훈련을 받았다.

2. 다음 빈칸에 알맞은 용어를 쓰시오.

(1) 1881년 일본에 파견된 ( ) 은/는 근대 시설을 시찰하였다.

(2) ( ) 을/를 통해 청의 근대식 무기 제조법이 전해져 ( ) 이/가 설치되었다.

(3) 조선은 1883년 미국에 민영익을 전권 대사로 하는 ( ) 을/를 파견하였다.

(4) 조선은 개항 이후 개화 정책을 총괄하는 기구로 ( ) 을/를 설치하였다.

3. 다음 설명에 해당하는 용어를 쓰시오.

성리학적 질서를 지키고 성리학 이외의 종교와 사상 등을 배격하는 사회 운동이다.

4. 다음은 시기별 위정척사 운동을 정리한 표이다. 빈칸에 알맞은 말을 쓰시오.

1860년대	( ) 운동 → 척화 주전론
1870년대	개항 반대 운동 → ( ) 일체론
1880년대	( ) 반대 운동 → 영남 만인소

5. 다음 빈칸에 알맞은 말을 쓰시오.

(1) 구식 군대에 대한 차별 대우가 원인이 되어 ( ) 이/가 일어났다.

(2) 임오군란의 결과 조선은 청과 ( ) 을/를 체결하였다.

(3) 임오군란 직후 일본은 ( ) 의 체결을 강요하여 일본군이 조선에 주둔할 수 있는 근거를 마련하였다.

❖ 정답 – 문제편 209p

2 갑신정변과 열강의 각축

1. 개화파의 형성과 분화 출제 O순위 특강 p.130

(1) **형성**: 박규수, 오경석, 유홍기 등의 영향을 받은 김옥균, 박영효, 김윤식 등이 개화파 형성 ➡ 정부의 개화 정책에 적극 참여

(2) **분화** – 임오군란 이후 개화 정책의 추진 방법과 외교의 방향 등을 둘러싸고 분화되었다.

구분	온건 개화파 자료 1	급진 개화파 자료 1
중심 인물	김홍집, 김윤식, 어윤중 등	김옥균, 박영효, 홍영식, 서광범 등
외교	청과의 우호 관계 중시	청의 내정 간섭과 친청 정책 반대
개혁 방안	동도서기론❶에 입각한 점진적 개혁 추구	서양의 과학 기술뿐만 아니라 사상과 제도의 적극적인 수용 주장
개혁 모델	청의 양무운동(중체서용론)	일본의 메이지 유신(문명개화론)

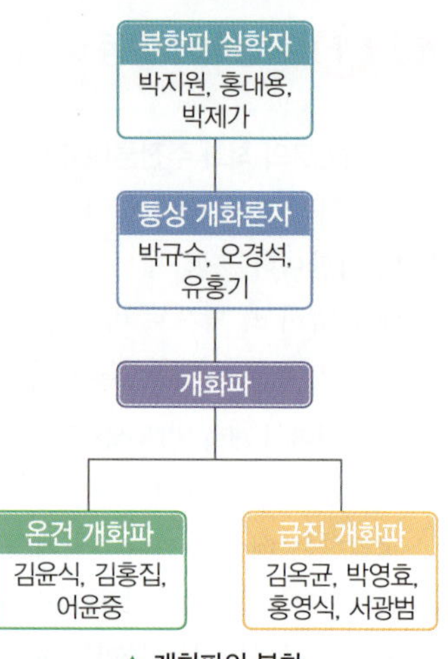

▲ 개화파의 분화

2. 갑신정변(1884)

(1) **배경**: 임오군란 후 청의 내정 간섭으로 개화 정책이 지연됨, 일본으로부터 차관 도입 실패로 급진 개화파❷의 입지 축소, 청·프 전쟁 조짐으로 국내 주둔 청군의 일부 철수, 급진 개화파가 일본의 군사적 지원을 약속받음

(2) **전개**: 급진 개화파가 우정총국 개국 축하연을 기회로 정변을 일으켜 민씨 일파 처단 ➡ 개화당 정부 수립 및 14개조 개혁 정강 발표 ➡ 청군의 진압으로 실패(3일 천하)
└ 일본군은 약속을 어기고 철수하였다.

(3) **14개조 개혁 정강** 자료 2

정치	청과의 사대 관계 청산, 내각 제도 수립, 내시부와 규장각 폐지
경제	호조로 재정 일원화, 지조법(조세 제도) 개혁, 혜상공국❸ 혁파
사회	인민 평등권 확립(신분제 폐지), 능력에 따른 인재 등용

(4) **결과**

한성 조약(1884)	조선 – 일본	일본에 배상금 지불, 일본 공사관 신축 비용 부담
톈진 조약(1885)	청 – 일본	청·일본 군대의 조선 철수, 향후 조선에 파병 시 서로 사전에 통보할 것을 약속

(5) **의의**: 근대 국민 국가를 실현하려는 개혁 운동 ➡ 갑오개혁과 독립 협회에 영향

(6) **한계**: 일본의 군사적 지원에 의존, 소수가 중심이 된 위로부터의 개혁 운동 ➡ 민중의 지지를 얻지 못함

❶ **동도서기론**
전통적인 제도와 사상을 지키되 서구의 근대 기술은 받아들이자는 주장으로, 중국의 중체서용과 유사하다.

❷ **급진 개화파**

왼쪽부터 박영효, 서광범, 서재필, 김옥균이다. 이들 급진 개화파는 1884년 갑신정변을 일으켰으나 결국 실패하였고, 일본으로 망명하였다.

❸ **혜상공국**
1883년에 보부상을 보호하기 위해 설치한 관청이다.

3. 갑신정변 이후의 정세

(1) **열강의 대립 격화**

청	갑신정변 이후 조선에 대한 정치적 간섭과 경제적 침투 강화
러시아	고종이 청을 견제하기 위해 조·러 비밀 협약 추진
영국	러시아의 남하를 견제한다는 명분으로 거문도를 불법 점령(거문도 사건, 1885) ➡ 조선의 항의와 청의 중재로 2년 만에 군대 철수

(2) **조선 중립화론 대두**: 조선 주재 독일 부영사 부들러와 유길준이 주장 ➡ 정책에 반영되지는 않음

> 우리나라가 아시아의 중립국이 된다면 실로 러시아를 방어하는 큰 기틀이고 또한 아시아의 여러 대국이 서로 보전하는 정략이 될 수 있다.
> – 유길준, 『중립론』

(3) **조선 정부의 자주·자강 정책**: 서양 국가 중 미국에 최초로 공사 파견(박정양 등), 연무 공원(사관 양성 학교) 설립 등

▲ 한반도를 둘러싼 열강의 각축

자료 1 온건 개화파와 급진 개화파

◎ 온건 개화파의 주장

서양에서 유행하고 있는 천주교가 우리나라에 유포되는 것은 금지해야 합니다. 우리가 부족한 것은 기술뿐이기 때문에 그 기술만을 받아들이면 됩니다. 과학 기술 문명은 인간의 도리에 해롭지 않고 백성들이 살아가는 데 도움이 되기 때문에 이를 배워야 합니다. 서양에서 들여온 서적에 과학 기술 문명에 대한 설명이 나와 있는데, 이것을 오늘날 우리가 구하여 활용해야 합니다. – 김윤식의 상소문

◎ 급진 개화파의 주장

오늘날 급선무는 반드시 인재를 등용하며 국가 재정을 절약하고 사치를 억제하며, 문호를 개방하고 이웃국들과 친선을 도모하는 데 있다고 한다. 그러나 나의 생각에는 실사구시하는 것이 제일이라 여겨진다. … 일본은 법을 변경(변법)한 이후로 모든 것을 경장했다고 들었다.

– 김옥균, 『치도약론』

* 자료 분석
- 온건 개화파는 유교 질서를 유지하며, 기술만을 받아들이는 점진적인 개혁을 추진하였다.
- 반면 급진 개화파는 청의 영향력에서 벗어나 근대적인 사상과 제도를 적극적으로 수용할 것을 주장하였다.

자료 2 14개조 개혁 정강

1. 흥선 대원군을 가까운 시일 안에 돌아오게 하고 청에 조공하는 허례를 폐지할 것. → 청에 대한 사대 관계 폐지
2. 문벌을 폐지하여 인민 평등의 권리를 제정하고 능력에 따라 관리를 등용할 것. → 신분제 폐지(근대적인 평등 사회 지향)
3. 지조법을 개혁하여 간사한 관리를 뿌리 뽑고, 백성의 곤란을 구제하며 국가 재정을 넉넉하게 할 것. → 조세 제도 개혁
12. 재정은 모두 호조에서 관할하게 하고 그 밖의 재무 관청은 폐지할 것. → 재정 일원화
13. 대신과 참찬은 합문 안의 의정소에서 회의하여 결정하고 정령을 공포해서 시행할 것. → 내각 제도의 확립, 입헌 군주제 지향

* 자료 분석
- 급진 개화파는 갑신정변 때 발표한 14개조 개혁 정강을 통해 청에 대한 사대 외교 폐지, 내각 중심의 정치를 도모하였다.
- 경제적으로는 지조법 개혁, 호조로의 재정 일원화로 국가 재정을 확충하고자 하였으며, 혜상공국 폐지로 자유로운 상업 발전을 꾀하였다.
- 사회적으로는 인민 평등권을 확립하여 신분제를 폐지하고자 하였다.
- 그들의 개혁은 3일 천하로 끝났지만 이후 갑오개혁, 독립 협회 등으로 이어져 근대화 운동의 선구가 되었다.

개념 체크 문제

1. 19세기 개화파의 형성에 영향을 준 요인을 모두 찾아 쓰시오.

ㄱ. 북학파의 사상　ㄴ. 일본의 정한론
ㄷ. 화이론적 세계관　ㄹ. 중국의 양무운동
ㅁ. 일본의 메이지 유신

2. 다음 중 갑신정변 때의 14개조 개혁 정강에 해당하는 내용을 모두 고르시오.

ㄱ. 왜양일체론
ㄴ. 지조법 개혁
ㄷ. 호포제 실시
ㄹ. 토지 제도 개혁
ㅁ. 호조로 재정 일원화
ㅂ. 청에 조공하는 허례 폐지

3. 다음 설명에 해당하는 조약의 명칭을 쓰시오.

(1) 청과 일본은 조선에서 철수하며, 이후 조선에 군대를 파병할 경우 서로 통보한다.
(2) 일본에 배상금을 지불하고 일본 공사관의 신축 비용을 부담한다.

4. 다음 설명에 해당하는 인물을 쓰시오.

갑신정변 후 한반도를 둘러싼 열강의 대립이 격화되자, 『중립론』을 집필하여 조선의 중립국화를 주장하였다.

5. 다음 설명에 해당하는 나라를 찾아 쓰시오.

ㄱ. 청　ㄴ. 일본　ㄷ. 영국　ㄹ. 러시아

(1) 러시아의 남하를 막기 위해 거문도를 불법 점령하였다. (　　　)
(2) 임오군란 후 한성에서의 점포 개설과 내지 통상이 허용되었고 갑신정변 후 내정 간섭을 강화하였다. (　　　)
(3) 갑신정변 후 고종이 비밀 협약을 추진하였다. (　　　)

❖ 정답 – 문제편 209p

개항 이후의 시대를 바라보는 다양한 시선들

위정척사파, 온건 개화파, 급진 개화파는 각자의 입장과 상황에 따라서 개항 이후의 시대를 주도하고자 노력하였다. 이들의 주장과 활동에 대해 알아보자.

1. 위정척사파

- 성리학을 신봉하던 보수 유생들은 서양과 일본을 유교 문화를 무너뜨리려는 오랑캐로 인식하고 위정척사 운동을 전개하였다.
- 1860년대에는 병인양요를 전후하여 서양의 침략에 맞서 싸우자는 척화 주전론을 내세웠고, 1870년대 강화도 조약 체결 무렵에는 왜양일체론을 주장하여 개항 반대 운동을 전개하였다.
- 1880년대에 정부가 개화 정책을 추진하고 『조선책략』을 유포하자 영남 유생들이 만인소를 올리며 반발하였다.

2. 온건 개화파

- 온건 개화파의 대표적 인물은 김홍집, 김윤식, 어윤중 등이다.
- 이들은 전통적 유교 질서를 수호하는 가운데 서양의 과학 기술만을 받아들여야 한다는 동도서기론을 주장하였다.

> 배, 수레, 군대, 농업, 기계는 백성들의 편리와 나라를 이롭게 하는 외형적인 것으로 기(器)가 됩니다. 제가 변혁을 꾀하고자 하는 것은 기(器)이지 도(道)가 아닙니다.
>
> – 윤선학의 상소문

3. 급진 개화파

- 급진 개화파의 대표적 인물은 김옥균, 박영효, 홍영식, 서광범 등이다.
- 이들은 서양의 과학 기술뿐만 아니라 그 바탕이 되는 근대 사상과 제도도 적극적으로 수용해야 한다는 입장을 취하였다.

▲ 김옥균

확인 문제

▶ 정답 – 문제편 209p

빈칸에 알맞은 용어를 쓰시오.

01 위정척사파는 1860년대에 (　　　　) 을/를 내세워 흥선 대원군의 통상 수교 거부 정책을 지지하였다.

02 강화도 조약 체결 무렵, (　　　　) 은/는 왜양일체론을 주장하여 개항 반대 운동을 전개하였다.

03 온건 개화파는 유교 질서를 수호하는 가운데 서양의 과학 기술만을 받아들여야 한다는 (　　　　) 을/를 주장하였다.

내신 대비 필수 문제

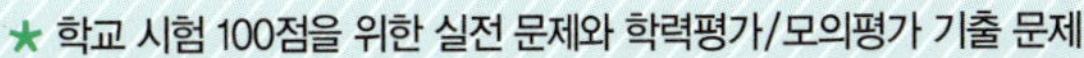

★ 학교 시험 100점을 위한 실전 문제와 학력평가/모의평가 기출 문제

1 개화 정책의 추진과 반발

01 ✿✿✿ 서술형

(가)의 명칭을 쓰고, (가)를 중심으로 추진된 개화 정책의 내용을 두 가지 서술하시오.

> 강화도 조약 체결 이후 조선 정부는 개화 정책을 추진하기 위하여 (가) 을/를 설치하고 그 아래에 12사를 두었다.

[02~03] 다음 자료를 보고 물음에 답하시오.

- 의의: 우리나라 최초의 신식 군대
- 구성: 특별 선발된 신체가 건강한 80여 명
- 교관: 일본군 소위 호리모토
- 훈련: 독일식 제식 훈련을 비롯한 신식 군사 훈련
- 대우: 구식 군인보다 나은 급료와 의복 지급

02 ✿✿✿ 단답형

자료의 군대의 명칭을 쓰시오.

03 ✿✿✿

자료의 군대가 만들어진 시기의 모습으로 가장 적절한 것은?

① 호포제 시행에 반발하는 양반 유생들
② 제너럴 셔먼호를 침몰시키는 평양 관민
③ 문수산성에서 프랑스군과 싸우는 군인들
④ 통리기무아문에서 정책을 논의하는 관리들
⑤ 강화도 일대에서 무력시위를 벌이는 운요호

04 ✿✿✿ 수능 기출(변형)

(가)~(다) 사절단에 대한 설명으로 옳지 않은 것은?

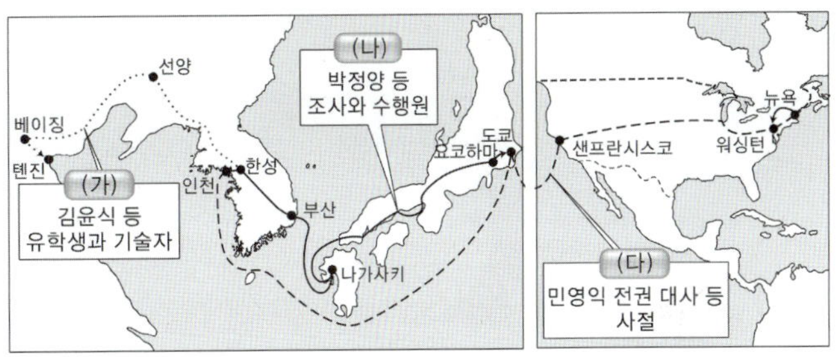

① (가)－기기창이 설치되는 데 영향을 끼쳤다.
② (나)－통리기무아문이 설치된 이후에 파견되었다.
③ (다)－조·미 수호 통상 조약 체결의 계기가 되었다.
④ (가), (나)－갑신정변 이전에 파견되었다.
⑤ (나), (다)－개화 정책에 필요한 정보를 수집하였다.

05 ✿✿✿ 단답형 출제 0순위 특강

(가), (나)에 들어갈 위정척사 운동의 성격을 쓰시오.

〈위정척사 운동의 전개〉

시기	중심인물	성격
1860년대	이항로, 기정진	(가)
1870년대	최익현	(나)
1880년대	이만손, 홍재학	개화 반대 운동

06 ✿✿✿

밑줄 친 '이 분'의 활동으로 옳은 것은?

① 갑신정변을 주도하였다.
② 동도서기론을 주장하였다.
③ 왜양일체론을 주장하였다.
④ 1880년대에 만인소를 올렸다.
⑤ 조선책략을 들여와 유포하였다.

❖ 정답 및 해설 61~62p

07 ✿✿✿

(가) 시기에 일어난 사건으로 옳은 것은?

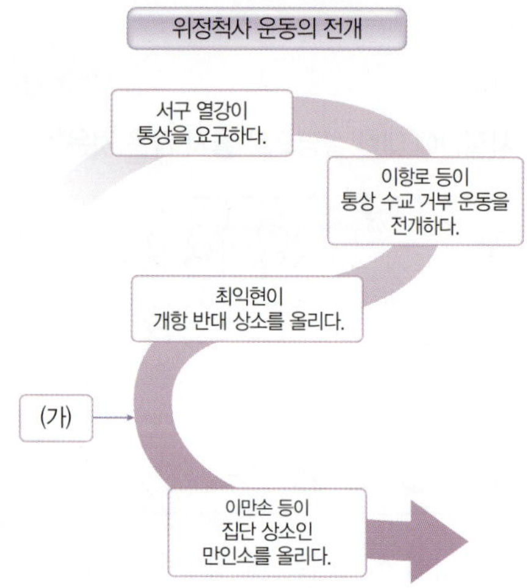

① 병인양요 ② 을사늑약 체결
③ 조선책략 유포 ④ 청·일 전쟁 종결
⑤ 제너럴 셔먼호 사건

08 ✿✿✿ 중요

2021 실시 6월 학평 15(고2)

다음 사건이 일어난 시기를 연표에서 옳게 고른 것은?

> 6월 10일에 난병들이 대궐에 침입하니, 왕비는 밖으로 달아나고 이최응, 민겸호, 김보현은 모두 살해되었으며 …(중략)… 임금이 대원군에게 군국사무를 처리하라고 명했다. 이에 대원군이 대궐 안에 머물면서 명령을 내려 통리기무아문과 무위영, 장어영을 폐지하고 5영을 되살렸다. 그리고 군인의 급료를 지급하게 하고 난병을 물러가게 한 뒤 대사령을 내렸다.

	(가)		(나)		(다)		(라)		(마)	
위화도 회군		병자 호란		임술 농민 봉기		운요호 사건		삼국 간섭		아관 파천

① (가) ② (나) ③ (다) ④ (라) ⑤ (마)

09 ✿✿✿ 서술형

다음 사건의 영향으로 조선과 청이 체결한 조약의 명칭을 쓰고, 그 조약의 내용을 두 가지 서술하시오.

> 군인들에게 급료를 지급하지 않은 지 이미 반년이 되었을 뿐만 아니라* …(중략)… 여러 사람들이 원통하고 분함을 참지 못해 드디어 들고 일어나 민겸호의 집으로 달려갔다.
>
> *실제로는 1년이 넘게 급료가 밀렸다.

10 ✿✿✿

2023 실시 9월 학평 4(고1)

밑줄 친 '이 사건'에 대한 설명으로 옳은 것은?

> 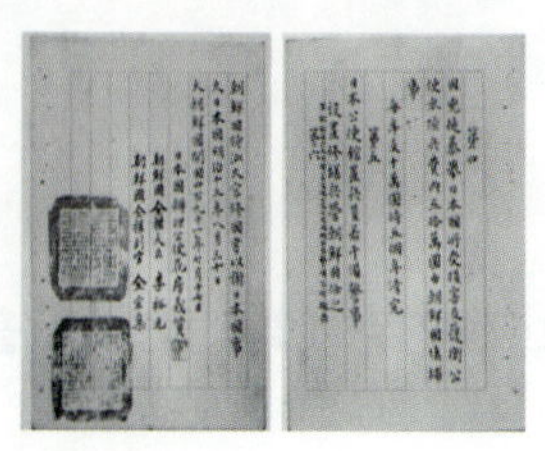
>
> 자료는 제물포 조약문의 일부이다. 일본은 이 사건 당시 자국 공사관이 습격받은 일을 구실로 제물포 조약 체결을 강요하였다. 조약의 제4조는 손해 배상 및 군비를 일본에 지불할 것, 제5조는 일본 공사관에 군인을 두어 경비한다는 것을 규정하고 있다.

① 서경 천도를 목표로 하였다.
② 동북 9성 축조에 영향을 주었다.
③ 북벌론이 제기되는 배경이 되었다.
④ 구식 군인에 대한 차별 대우가 원인이었다.
⑤ 윌슨이 제기한 민족 자결주의의 영향을 받았다.

2 갑신정변과 열강의 각축

11 ✿✿✿ 단답형 출제 0순위 특강

다음 중 옳은 내용끼리 묶인 것을 모두 고르시오.

	구분	온건 개화파	급진 개화파
ㄱ.	개혁 모델	메이지 유신	양무운동
ㄴ.	개혁 속도	점진적 개혁	급진적 개혁
ㄷ.	사상적 기반	동도서기론	문명개화론
ㄹ.	우호 관계	청	일본
ㅁ.	주요 인물	김옥균, 박영효	김홍집, 김윤식

12 ✿✿✿

밑줄 친 '우리'가 일으킨 사건으로 옳은 것은?

> ○○○○년 ○○월 ○○일
>
> 두 해 전에 일어난 군란 이후 청의 간섭은 날로 심해지고 있다. 흥선 대원군이 청에 볼모로 잡혀가 있는 문제도 해결해야 한다. 이에 급선무는 청의 속박에서 벗어나 완전한 자주국을 수립하는 것이다. 나의 생각을 동지들인 박영효, 홍영식 등에게 전하여 의견 일치를 보았으며, 우리는 곧 모종의 거사를 일으키기로 하였다.

① 갑오개혁 ② 갑신정변 ③ 홍경래의 난
④ 서울 진공 작전 ⑤ 서경 천도 운동

13 ✽✽✽ 중요

밑줄 친 '정변'에 대한 탐구 활동으로 가장 적절한 것은?

3일 천하의 개화당 내각

개화당은 질풍 같은 기세로 하룻밤 만에 사대당을 일소하고 신내각을 조직하였다. 김옥균은 호조참판, 박영효는 전후양영사 겸 한성판윤으로 병권과 재정을 장악하게 되었다. …(중략)… 그러나 큰 문제가 돌발하였으니 청나라의 간섭이었다. …(중략)… 개화당은 패하여 도주하니 그 내각이 근 3일 만에 와해되고 정변을 일으킨 주요 인물들은 일본으로 망명하였다.

① 과전법 시행의 목적을 살펴본다.
② 훈련도감 설치의 계기를 조사한다.
③ 물산 장려 운동의 영향을 파악한다.
④ 14개조 개혁 정강의 내용을 분석한다.
⑤ 망이·망소이가 봉기한 원인을 알아본다.

14 ✽✽✽ 중요 서술형

다음 개혁 정책을 제시한 사건 이후 한반도를 둘러싼 열강의 대립 양상을 서술하시오.

1. 청에 대하여 행하던 조공의 허례를 폐지한다.
2. 문벌을 폐지하고, 인민 평등권을 제정하여 능력에 따라 관리를 등용한다.
3. 지조법을 개혁하여 부정을 막고 백성을 보호하며 재정을 넉넉히 한다.
12. 모든 재정은 호조에서 관할한다.

15 ✽✽✽

2022 실시 11월 학평 9(고1)

(가) 사건에 대한 설명으로 옳은 것은?

① 급진 개화파가 주도하였다.
② 구본신참의 원칙을 표방하였다.
③ 비변사가 설치되는 배경이 되었다.
④ 김부식이 이끄는 관군에 의해 진압되었다.
⑤ 윌슨이 제창한 민족 자결주의의 영향을 받았다.

16 ✽✽✽

지도에 나타난 사건에 대한 설명으로 옳은 것을 〈보기〉에서 고른 것은?

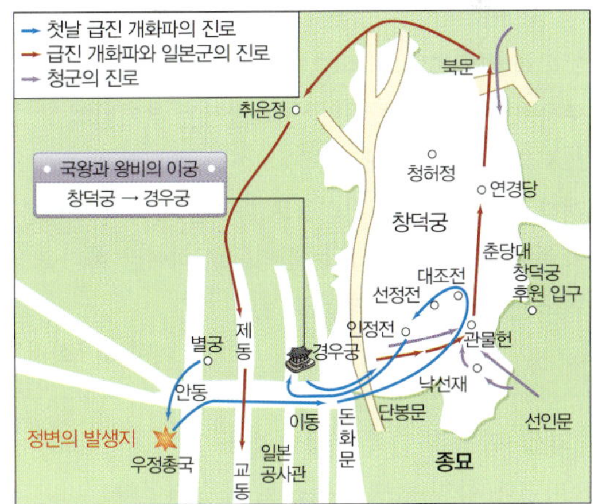

[보기]

ㄱ. 개혁의 추진을 위해 군국기무처를 설치하였다.
ㄴ. 일본 공사관에 군대가 주둔하는 계기가 되었다.
ㄷ. 청의 내정 간섭이 심화되는 상황에서 발생하였다.
ㄹ. 신분제를 폐지하고 입헌 군주제를 수립하려 하였다.

① ㄱ, ㄴ ② ㄱ, ㄷ ③ ㄴ, ㄷ
④ ㄴ, ㄹ ⑤ ㄷ, ㄹ

❖ 정답 및 해설 62~64p

내신 1등급 문제

17 ✲✲✲

학력평가 기출(변형)

다음 조치가 발표된 시기에 볼 수 있었던 모습으로 옳은 것은?

> • 여러 군영을 모두 합하여 두 개의 영으로 만든다.
> • 무위소·훈련도감·용호영·호위청을 합하여 하나의 영으로 삼아 무위영이라 칭하고, 금위영·어영청·총융청을 합하여 하나의 영으로 삼아 장어영이라 칭한다.
> • 순찰은 양영(兩營)이 차례로 수행한다.

① 통리기무아문에서 회의하는 관리
② 집강소에서 업무를 처리하는 농민
③ 일본군에 맞서 싸우는 시위대 군인
④ 황제의 강제 퇴위에 반발하는 유생
⑤ 독립 협회가 개최한 토론회에 참석한 학생

18 ✲✲✲

다음과 같이 주장한 세력들이 전개한 운동에 대한 설명으로 옳지 않은 것은?

> 양이의 화가 금일에 이르러 홍수나 맹수의 해로움보다도 더 심합니다. 전하께서는 부지런히 힘쓰시고 외물(外物)에 견제당하거나 흔들림을 경계하시어 안으로는 관리들로 하여금 사학의 무리를 잡아 베게 하시고 밖으로는 장병들로 하여금 바다를 건너오는 적을 정벌하게 하소서.
>
> – 이항로, 『화서집』

① 반외세·반침략 민족 운동이었다.
② 1890년대 항일 의병 운동으로 계승되었다.
③ 흥선 대원군의 통상 수교 거부 정책을 지지하였다.
④ 일본을 서양 오랑캐와 다름없는 존재로 인식하였다.
⑤ 서양의 종교는 배척하되 서양의 기술은 도입해야 한다는 입장이었다.

19 ✲✲✲

2022 실시 10월 학평 7(고3)

밑줄 친 '변란'에 대한 탐구 활동으로 가장 적절한 것은? [3점]

> 한성 곳곳에 "황제께서 변란의 진상을 알아보기 위해 흥선 대원군을 톈진으로 불러들였다. 이는 과거 원에서 고려의 충선왕 등을 불러들인 것과는 다른 조치다."라는 내용의 방이 붙었다. 이를 본 백성들이 놀라움을 금치 못하였다.

① 삼별초의 이동 경로를 살펴본다.
② 삼정이정청의 설치 배경을 파악한다.
③ 구식 군인들의 봉기 원인을 분석한다.
④ 헤이그 특사의 파견 목적을 알아본다.
⑤ 우금치 전투 이후 전봉준의 행적을 찾아본다.

20 ✲✲✲

다음 인물들이 속한 정치 세력에 대한 설명으로 옳은 것은?

▲ 왼쪽부터 박영효, 서광범, 서재필, 김옥균

① 청과의 전통적인 우호 관계를 중시하였다.
② 성리학적 전통 질서를 수호하고자 하였다.
③ 1880년대에 고종을 비판하는 척사 상소를 올렸다.
④ 동도서기론의 입장에서 점진적인 개혁을 추진하였다.
⑤ 군주의 권한을 제한하고 인민 평등권을 제정하고자 하였다.

수능 대비 기출 문제

★ 수능 기출 문제로 수능 유형 익히기

21 대표 유형 2023 대비 9월 모평 12

밑줄 친 '이 사건'에 대한 설명으로 옳은 것은?

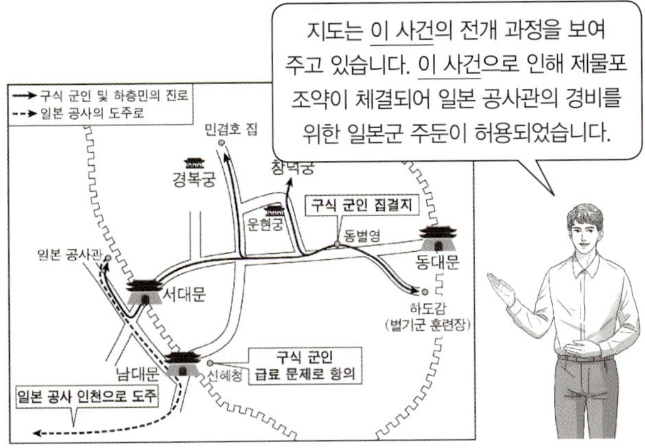

① 청군이 개입하여 진압되었다.
② 동학 교조의 신원을 요구하였다.
③ 단발령 시행에 대한 불만으로 일어났다.
④ 고종이 강제 퇴위당하는 빌미가 되었다.
⑤ 국가 재건 최고 회의를 설치하는 계기가 되었다.

★ 대표 유형 분석

이 유형은 주로 특정 사건의 전개 과정과 결과를 제시하고 이를 바탕으로 해당 사건을 파악한 뒤, 사건과 관련된 선택지를 고르는 방식으로 출제된다.

단서+발상

단서 • 구식 군인들이 급료 문제로 항의하였다. 구식 군인들이 집결하였다.
• '이 사건'으로 인해 제물포 조약이 체결되었다.

발상 차별 대우를 견디지 못한 구식 군인들이 임오군란을 일으켰고, 그 결과 제물포 조약이 체결되었다.

적용 당시 조정을 주도하던 민씨 세력이 임오군란 진압을 위해 청에 도움을 요청하였다.

22 2023 대비 수능 8

(가)에 들어갈 내용으로 가장 적절한 것은? [3점]

① 새마을 운동의 목적
② 위정척사 운동의 전개
③ 물산 장려 운동의 영향
④ 6·10 만세 운동의 결과
⑤ 애국 계몽 운동의 내용

23 2024 대비 9월 모평 9

밑줄 친 '사건'에 대한 설명으로 옳은 것은?

교외 체험 학습 결과 보고서

3학년 ○반 이름: ○○○

1. 체험 학습 1일차 (2023.□.□.)
   가. 방문 장소: 우정총국

사진	방문 경로

내용

사진 속 건물은 복원된 것으로 서울특별시 종로구에 위치해 있다. 우정총국은 근대 우편 업무를 위해 설치되었다. 그러나 김옥균 등 급진 개화파가 우정총국 개국 축하연에서 반대파 인사들을 제거하고 정권을 장악하는 사건이 벌어졌고, 이를 계기로 우정총국은 폐쇄되었다. 나는 이곳에서 급진 개화파가 꿈꾸었던 새로운 사회가 무엇이었는지 생각해 보게 되었다.

① 청군의 개입으로 실패하였다.
② 공인이 성장하는 배경이 되었다.
③ 수선사 결사가 제창되는 원인이 되었다.
④ 5·10 총선거가 실시되는 결과를 가져왔다.
⑤ 국가 재건 최고 회의가 설치되는 계기가 되었다.

❖ 정답 및 해설 64~66p

11 근대 국가 수립을 위한 노력

중요도 ★★★

1 동학 농민 운동

1. 동학 농민 운동의 배경

(1) **농민층의 동요**: 지방관의 수탈 심화, 정부의 개화 정책에 따른 지출로 세금 부담 증가, 일본으로 곡물 유출(물가 폭등), 외국 상인이 값싼 영국산 면직물 판매(농민 타격)

(2) **동학의 확산**

① 인간 평등 사상, 외세 배척 사상이 농민들의 호응을 얻음

② 동학 조직의 정비: 2대 교주 최시형이 경전 간행, 포접제 정비

③ 확산: 충청도·경상도·전라도·경기도까지 확산 (전국을 포와 접으로 나눈 동학의 조직망이다.)

④ 교조 신원 운동❶: 공주 집회·삼례 집회(1892), 서울 복합 상소(1893), 보은 집회·금구 집회(1893) 등 (탐관오리 처벌, 외세 배척 등의 정치적 구호도 제기되었다.)

2. 동학 농민 운동의 전개

(1) **고부 농민 봉기**(1894. 1.)

발단	고부 군수 조병갑의 비리와 수탈(농민들을 만석보 건설에 강제 동원, 과도한 세금 징수 등)
전개	전봉준이 사발통문❷을 돌리고 농민들과 함께 고부 관아 습격, 만석보 파괴
결과	신임 고부 군수의 중재로 농민군 자진 해산, 안핵사❸ 이용태 파견

(2) **제1차 농민 봉기**(1894. 3.) 자료 1

발단	안핵사 이용태가 고부 농민 봉기에 참여한 농민들을 동학교도로 몰아 체포·처벌함
전개	전봉준, 손화중 등이 농민군 조직, 무장에서 봉기 ➡ 백산에 집결하여 4대 강령❹과 격문(제폭구민, 보국안민) 발표 ➡ 황토현·황룡촌 전투에서 관군에 승리 ➡ 전주성 점령 ➡ 정부가 청에 군사 지원 요청 ➡ 청군의 아산만 상륙, 일본군의 인천 상륙 ➡ 전주 화약 체결(폐정 개혁안에 합의) ➡ 농민군 해산
결과	농민군은 전라도 각지에 집강소❺ 설치, 폐정 개혁안 실천 자료 1

(보국안민: 나라를 돕고 백성을 편안하게 한다. / 제폭구민: 폭정을 없애고 백성을 구한다. / 일본군의 인천 상륙: 톈진 조약을 근거로 군사를 파견함)

(3) **청·일 전쟁과 삼국 간섭**: 조선 정부가 개혁 추진(교정청 설치), 청·일본 군대의 철수 요구 ➡ 일본의 거부·경복궁 점령(1894. 6.) ➡ 일본이 청·일 전쟁을 일으킴(1894. 6.) ➡ 일본의 승리, 시모노세키 조약❻ 체결(1895. 3.) ➡ 삼국 간섭❼(1895. 3.)으로 일본이 랴오둥반도를 청에 반환함

(4) **제2차 농민 봉기**(1894. 9.) 자료 2

배경	일본이 경복궁 점령 및 내정 간섭, 청·일 전쟁을 일으킴
전개	일본의 침략을 물리칠 것을 목표로 봉기 ➡ 논산에서 남접·북접 연합 부대 형성 ➡ 서울을 향해 북상 ➡ 공주 우금치 전투에서 정부군과 일본군에 패배
결과	전봉준을 포함한 지도부 체포, 농민군 진압

(남접: 전라도 지역 동학 조직, 전봉준이 이끎 / 북접: 충청도 지역 동학 조직, 손병희가 이끎)

3. 동학 농민 운동의 의의 및 한계

(1) **반봉건적 성격**: 양반 중심의 지배 질서 타파 시도(신분제 폐지 등 주장) ➡ 갑오개혁에 영향

(2) **반침략적 성격**: 외세의 침략과 내정 간섭에 반대 ➡ 항일 의병 투쟁으로 이어짐

(3) **한계**: 근대 국가 건설을 위한 구체적인 방안을 제시하지 못함

---

❶ **교조 신원 운동**
동학을 창시한 최제우가 혹세무민(세상을 어지럽히고 백성을 속임)의 죄로 처형당하자, 그의 억울함을 풀고 동학교도에 대한 탄압을 중지해 달라고 요구한 운동이다.

❷ **사발통문**

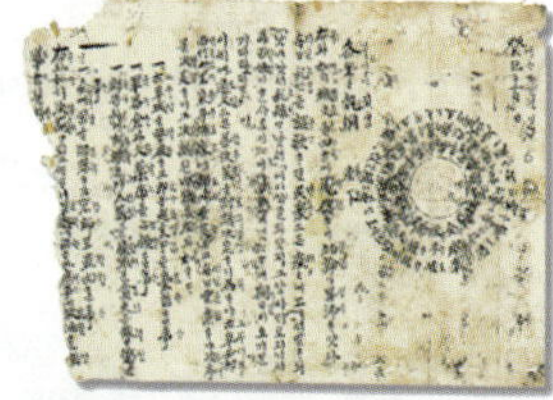

주모자가 드러나지 않도록 사발을 엎어 그린 원을 중심으로 결의자들의 이름을 적어 넣은 통문(여러 사람의 이름을 적어 차례로 돌려 보는 통지문)이다.

❸ **안핵사**
조선 후기 지방에서 일어난 문제를 처리하기 위해 중앙에서 파견한 조사관이다. 주로 농민 봉기를 진정시키기 위해 파견하였다.

❹ **농민군 4대 강령**
1. 사람을 죽이거나 가축을 잡아먹지 말라.
2. 충효를 다하여 세상을 구하고 백성을 편안케 하라.
3. 일본 오랑캐를 몰아내고 왕의 정치를 깨끗이 하라.
4. 군대를 몰고 서울로 들어가 권세가와 귀족을 모두 없애라.

❺ **집강소**
동학 농민군이 전주 화약 이후 내정을 개혁할 목적으로 전라도 일대에 설치한 자치적 민정 기관이다.

❻ **시모노세키 조약**(1895. 3.)
청·일 전쟁의 결과 체결된 조약이다. 청은 조선이 자주독립 국가임을 인정하였고, 일본은 청으로부터 랴오둥반도와 타이완 및 막대한 배상금을 받았다.

❼ **삼국 간섭**(1895. 3.)
러시아가 프랑스, 독일과 함께 일본의 랴오둥반도 차지가 동아시아의 평화를 위협한다며 일본을 압박한 사건이다. 그 결과 일본은 랴오둥반도를 청에 돌려주었다.

자료 1 제1차 농민 봉기의 전개

◎ 폐정 개혁안

2. 탐관오리는 그 죄상을 조사하여 엄벌에 처한다.
5. 노비 문서를 불태워 없앤다.
7. 젊어서 과부가 된 여성의 재가를 허용한다.
9. 관리 채용에는 문벌을 타파하고 인재를 등용한다.
10. 왜적과 통하는 자는 엄벌에 처한다.
12. 토지는 균등히 나누어 경작하게 한다. －『동학사』

＊자료 분석

- 안핵사로 온 이용태가 농민들을 탄압하자, 전봉준은 손화중 등과 함께 1894년 3월 무장(전북 고창)에서 봉기하였다.
- 이들은 4월 말 전주성을 점령한 후 폐정 개혁을 조건으로 관군과 전주 화약을 맺고 해산하였다.
- 폐정 개혁안에는 부패한 관리 처벌, 인재 등용, 신분 차별·악습 폐지, 일본 세력 축출 등의 내용이 담겨 있다.

자료 2 제2차 농민 봉기의 전개

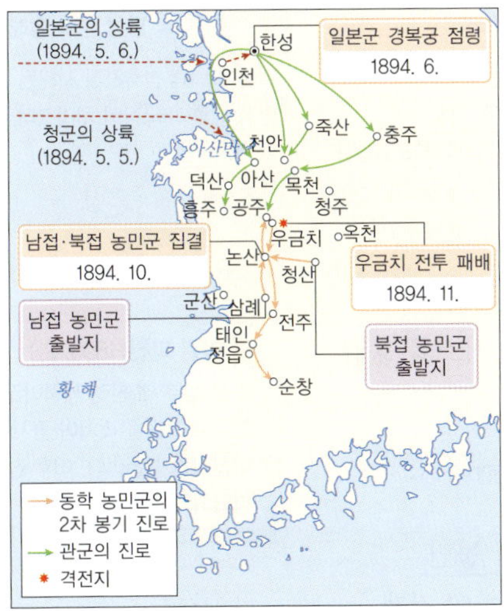

＊자료 분석

- 일본군이 조선 정부의 철병 요구를 거부하고 경복궁을 점령하자 전봉준을 비롯한 동학 농민군은 반침략의 기치를 내걸고 다시 봉기하였다.
- 남접과 북접이 연합하여 서울로 진격하였으나 공주 우금치 전투에서 우세한 화력으로 무장한 일본군과 정부군에 크게 패하였다.

개념 체크 문제

1. 집회와 관련된 내용을 바르게 연결하시오.

(1) 삼례 집회 • 　　• ㉠ 탐관오리 처벌, 외세 배척 제시

(2) 보은 집회 • 　　• ㉡ 동학 탄압 중지, 교조 신원 요구

2. 다음 설명에 해당하는 용어를 쓰시오.

고부 농민 봉기 당시 농민들은 주모자가 드러나지 않도록, 사발을 엎어 그린 원을 중심으로 가담자의 이름을 적었다.

3. 다음 설명에 해당하는 인물을 쓰시오.

(1) 고부 농민 봉기가 일어나게 된 원인을 제공하였다. (　　　)

(2) 고부 농민 봉기를 수습하기 위한 안핵사로 파견되었다. (　　　)

(3) 고부 농민 봉기와 제1차 동학 농민 운동을 주도하였다. (　　　)

4. 다음 설명에 해당하는 조약을 쓰시오.

청·일 전쟁에서 승리한 일본은 청으로부터 랴오둥반도, 타이완 등을 할양받았으며 2억 냥의 배상금을 지불받았다.

5. 다음 사건을 일어난 순서대로 바르게 나열하시오.

ㄱ. 고부 농민 봉기　　ㄴ. 청·일 전쟁 발발
ㄷ. 우금치 전투　　ㄹ. 전주 화약 체결
ㅁ. 황토현 전투　　ㅂ. 청·일본 군대 출병

6. 다음 빈칸에 알맞은 말을 쓰시오.

동학 농민 운동은 양반 중심의 지배 질서를 타파하려 한 (　　　) 성격과 외세의 침략 및 내정 간섭에 반대한 (　　　) 성격을 함께 지닌다.

❖ 정답 – 문제편 209p

2 갑오개혁

1. 제1차 갑오개혁(1894)

(1) **추진 과정**: 일본이 경복궁을 점령한 뒤 흥선 대원군을 섭정으로 하는 김홍집 내각 구성 ➡ 군국기무처❶ 설치 및 개혁 추진
└ 당시 일본은 청·일 전쟁 중이었기 때문에 실제 개혁은 비교적 자주적으로 추진되었다.

(2) **개혁 내용**: 갑신정변과 동학 농민 운동의 요구를 일부 반영함

정치	중국의 연호 대신 개국 기년❷ 사용, 궁내부를 설치하여 왕실과 정부 사무 분리, 6조를 8아문으로 개편, 과거제 폐지
경제	국가 재정을 탁지아문으로 일원화, 은 본위 화폐 제도 채택, 조세 금납제 시행
사회	신분 차별과 노비제 폐지, 가혹한 고문과 연좌제❸ 폐지, 과부의 재가 허용, 조혼 금지

2. 제2차 갑오개혁(1894~1895)

(1) **추진 과정**: 청·일 전쟁에서 우세해진 일본의 내정 간섭 심화 ➡ 흥선 대원군 축출, 군국기무처 폐지, 김홍집·박영효 연립 내각 구성 ➡ 고종이 홍범 14조 반포 자료 ①

(2) **개혁 내용**

정치	의정부를 내각으로 개편, 8아문을 7부로 개편, 지방 행정 구역을 8도에서 23부로 개편, 지방 행정 구역의 명칭을 '군'으로 통일 └ 중앙 정치 기구의 변화: 6조 → 8아문 → 7부
경제	예산 제도 시행
사회	지방관의 권한 축소(사법권·군사권 배제), 재판소 설치(사법권 독립)
교육	근대적 교육 제도 마련(교육 입국 조서❹ 반포) ➡ 한성 사범 학교 등 설립

3. 을미사변(1895. 8.)

(1) **배경**: 삼국 간섭 이후 고종과 명성 황후가 일본을 견제하기 위해 친러 정책 추진, 제2차 갑오개혁을 주도하던 박영효가 일본으로 망명 ➡ 일본의 영향력 약화

(2) **을미사변**: 일본이 경복궁에 침입하여 친러 정책을 주도하던 명성 황후 시해

4. 을미개혁(1895~1896)

(1) **추진 과정**: 을미사변 후 김홍집 내각(친일 내각) 성립 ➡ 을미개혁 추진

(2) **개혁 내용**

정치	'건양' 연호 제정, 군제 개혁(한성에 친위대, 지방에 진위대 설치)
사회	태양력 사용, 종두법(천연두의 예방 접종) 시행, 단발령 실시 자료 ②, 우편 사무 개시
교육	소학교 설치

갑신정변으로 중단되었던 우편 사무가 다시 시작되었다.

(3) **개혁 중단**

① 을미의병(1895): 을미사변과 단발령에 반발 ➡ 유생 중심의 의병이 일어남

② 아관 파천(1896. 2.)❺: 신변에 위협을 느낀 고종이 러시아 공사관으로 처소를 옮김 ➡ 친일 내각 붕괴, 개혁 중단

5. 갑오개혁의 의의와 한계

갑신정변: 인민 평등의 권리 제정, 국가 재정 일원화 → 반영
동학 농민 운동: 신분 제도 철폐, 과부 재가 허용 → 반영

(1) **의의**: 개화파 관료들에 의해 자주적으로 이루어진 개혁, 갑신정변과 동학 농민 운동의 요구를 일부 반영한 근대적 개혁, 내각 중심의 정치를 실시하여 전제 군주제 극복 시도, 봉건적 통치 체제와 신분제를 개혁하여 평등 사회의 기틀 마련

(2) **한계**: 일본의 강요 속에 지배층의 입장에서 추진 ➡ 민중의 지지를 이끌어내지 못함, 국방력 강화와 상공업 진흥 등의 개혁에 소홀

❶ 군국기무처

제1차 갑오개혁을 추진하기 위해 설치된 임시 회의 기구이자 입법권을 가진 초정부적 기구였다.

❷ **개국 기년**
조선이 건국된 1392년을 원년으로 하여 연도를 표기하는 방식이다.
예) 1894년: 개국 503년

❸ **연좌제**
범죄자와 함께 범죄자의 친족도 처벌받도록 한 제도이다.

❹ **교육 입국 조서**
1895년 고종이 반포한 교육에 관한 특별 조서이다. "국가의 부강은 국민의 교육에 달려 있다."라는 내용의 조서로, 이에 따라 정부는 각종 관립 학교를 세웠다.

▲ 명성 황후 장례식
일본에 의해 참혹하게 시해된 지 2년 뒤에야 명성 황후의 국장이 치러졌다.

❺ **아관 파천(1896. 2.)**
조선 정부 내 친러 세력이 안전을 이유로 고종을 러시아 공사관(아관)으로 피신시킨 사건이다. 이후 친러 내각이 성립되었다.

자료 ① 홍범 14조

1. 청국에 의존하는 생각을 버리고 자주독립의 기초를 세운다.
4. 왕실 사무와 국정 사무는 반드시 분리하여 서로 뒤섞이는 것을 금한다. → 왕실 사무와 국정 분리
6. 조세를 내는 것은 모두 법으로 정하고 명목을 더하여 징수하는 것을 금한다. → 조세 징수의 합법화
7. 조세의 부과와 징수, 경비의 지출은 모두 탁지아문에서 관할한다. → 재정 기관의 일원화(탁지아문)
10. 지방 관제를 시급히 개정하여 이로써 지방 관리의 직권을 한정한다. → 지방관의 권한 축소
11. 나라 안의 총명한 젊은이들을 널리 외국에 파견하여 학술과 기예를 배워 익히게 한다. → 선진 문물 수용
13. 민법과 형법을 엄격하고 명확하게 제정하여 인민의 생명과 재산을 보전한다. → 민권 보장
14. 인물을 쓰는 데 문벌 및 지벌에 구애되지 말고, 널리 인재를 등용한다. → 문벌 타파, 인재 등용

* 자료 분석

- 제2차 갑오개혁 당시 고종은 종묘에 나가 나라의 자주독립을 선포하는 독립서고문을 바치고, 국정 개혁의 기본 강령인 홍범 14조를 반포하였다.
- 홍범 14조에는 자주독립의 선포, 국정 전반의 개혁, 관리 임용의 개혁, 민권 보장 등의 내용이 포함되어 있다.
- 홍범 14조는 제2차 갑오개혁의 기본 강령이 되었다.

자료 ② 단발령

(1895년 11월) 15일에 고종은 비로소 머리를 깎고 내외 신민에게 명하여 모두 머리를 깎도록 하였다. … 머리를 깎으라는 명령이 이미 내려지니 곡성이 하늘을 진동하고 사람들은 분하고 노해서 목숨을 끊으려 하였으며, 형세가 바야흐로 격변하여 일본인들은 군대를 엄히 하여 대기시켰다. … 무릇 머리를 깎인 자는 빡빡 깍지 아니하고 상투만 자르고 머리털은 그대로 남겨 놓아 장발승 같았다.

– 황현, 『매천야록』

* 자료 분석

- 을미사변 이후 성립된 친일 내각은 '위생적 생활, 생활의 편리'를 내세우며 단발령을 발표하였다. 고종이 먼저 머리를 깎았으며, 내부대신 유길준은 고시를 내려 관리들로 하여금 강제로 백성의 머리를 깎도록 하였다.
- 이에 유생들은 "목은 잘려도 머리카락은 자를 수 없다."라고 하며 의병을 일으켰고, 수많은 민중이 여기에 동참하였다.

개념 체크 문제

1. 다음 설명에 해당하는 기구를 쓰시오.

입법권을 가진 초정부적인 개혁 추진 기구로, 제1차 갑오개혁 당시 200건이 넘는 법령을 의결하였다.

2. 다음 개혁에 해당하는 내용을 찾아 쓰시오.

ㄱ. 6조를 8아문으로 개편 ㄴ. 8도를 23부로 개편
ㄷ. 조세의 금납화 ㄹ. 신분제 폐지
ㅁ. 교육 입국 조서 발표 ㅂ. 과거제 폐지

(1) 제1차 갑오개혁 ( )
(2) 제2차 갑오개혁 ( )

3. 다음 내용에 해당하는 사건을 찾아 쓰시오.

ㄱ. 을미사변 ㄴ. 아관 파천
ㄷ. 삼국 간섭 ㄹ. 을미의병

(1) 러시아·프랑스·독일이 일본에 압력을 가하여 랴오둥반도를 반환하게 하였다. ( )
(2) 일본이 경복궁에 침입하여 명성 황후를 시해하였다. ( )
(3) 고종은 신변의 안전을 이유로 러시아 공사관으로 처소를 옮겼다. ( )

4. 을미개혁에 해당하는 것을 모두 찾아 쓰시오.

ㄱ. 개국 기년 사용 ㄴ. 홍범 14조 반포
ㄷ. 단발령 실시 ㄹ. 친위대·진위대 설치
ㅁ. 재판소 설치 ㅂ. '건양' 연호 제정
ㅅ. 종두법 시행

5. 다음 빈칸에 들어갈 알맞은 말을 쓰시오.

갑오개혁은 [ ] 와/과 [ ] 의 요구를 반영한 근대적인 개혁이었으나, 지배층의 입장에서 추진되어 민중의 지지를 이끌어내지 못했다.

❖ 정답 – 문제편 209p

3 독립 협회 출제 O순위 특강 p.142

1. 독립 협회의 창립

(1) **배경**: 아관 파천 이후 조선에 대한 러시아의 영향력 확대, 서구 열강의 이권 침탈 본격화 ➡ 자주권 손상

(2) **창립**: 서재필이 정부의 지원으로 독립신문 창간(1896. 4.) ➡ 독립문❶ 건립 명목으로 독립 협회 창립(1896. 7.) ➡ 학생, 교사, 상인 등 다양한 계층이 참여

독립문 건립에 필요한 기금을 내면 누구나 회원이 될 수 있었다.

(3) **주요 활동** 

민중 계몽 운동	《대조선 독립 협회 회보》 간행, 독립신문 발간, 강연회와 토론회 개최, 독립문 건립
자주 국권 운동	구국 운동 상소문❷을 올림, 만민 공동회❸를 개최해 러시아의 간섭과 이권 요구❹ 규탄 ➡ 러시아가 요구를 철회함
자유 민권 운동	신체의 자유와 재산권 보호, 언론·출판·집회·결사의 자유 등 요구
자강 개혁 운동	• **관민 공동회 개최**: 헌의 6조 채택(국권 수호, 민권 보장, 국정 개혁 주장) 자료 ① • **의회 설립 운동**: 박정양 내각과 협의하여 새로운 중추원 관제를 반포케 함 자료 ②

독립 협회는 중추원을 근대식 의회로 개편하여, 황제권의 남용을 견제하고 국민의 의사를 정치에 반영하고자 하였다.

2. 독립 협회의 해산(1898. 12.)

(1) **보수 세력의 모함**: 보수 관료들이 독립 협회가 공화정을 실시하려 한다고 모함 ➡ 고종이 독립 협회 해산을 명령, 독립 협회 간부 체포 ➡ 독립 협회가 만민 공동회를 개최하여 저항

(2) **해산**: 정부가 황국 협회❺와 군대를 동원하여 독립 협회 탄압, 강제 해산시킴

3. 독립 협회의 의의와 한계

(1) **의의**: 주권 수호와 국민의 자유·권리 신장에 기여, 민중 계몽을 통한 근대 개혁 추진

(2) **한계**: 열강의 침략 의도를 정확히 파악하지 못함(이권 수호 운동이 주로 러시아에 한정, 미국·영국·일본 등에는 우호적), 의병 운동에 비판적

4 대한 제국과 광무개혁

1. 대한 제국의 수립

(1) **배경**: 아관 파천 이후 열강의 이권 침탈 심화, 독립 협회 등 고종의 환궁 요구 고조, 러시아와 일본의 세력 균형으로 외세의 간섭 약화

(2) **대한 제국의 수립(1897. 10.)**: 고종이 경운궁으로 환궁 ➡ 연호 '광무' 제정 ➡ 환구단❻에서 황제로 즉위, 대한 제국의 수립 선포

2. 광무개혁

(1) **기본 방향**: 구본신참(舊本新參)의 원칙에 따라 점진적 개혁 추진

"옛것을 근본으로 하고 새로운 것을 참작한다."라는 뜻이다.

(2) **개혁 내용**

정치	대한국 국제 제정(1899) ➡ 황제에게 모든 권한 집중(전제 군주국) 자료 ③
외교	청과 대등한 입장에서 한·청 통상 조약 체결(1899), 만국 우편 연합·국제 적십자사 가입
군사	원수부 설치 ➡ 황제가 군사 지휘권 장악, 중앙의 친위대와 지방의 진위대 증강
경제	• 양전 사업 시행, 지계❼ 발급 ➡ 국가 재정 확충, 근대적 토지 소유권 확립 • 식산흥업 정책: 근대적 공장과 회사 설립
사회	실업 학교(상공 학교, 광무 학교 등)와 기술 교육 기관 설립, 유학생 파견, 근대 시설 도입

근대 시설: 전화 가설, 전차·철도 부설 등

(3) **의의와 한계**

① 의의: 자주독립과 근대화 지향

② 한계: 황제권 강화에 주력(민권 보장 소홀), 열강의 간섭 등으로 큰 성과를 거두지 못함

❶ **독립문**

독립 협회가 청의 사신을 맞이하던 영은문이 헐린 자리에 세운 것으로, 조선의 자주독립 의지를 보여 주었다.

❷ **구국 운동 상소문**

독립 협회가 1898년 2월에 올린 상소문으로, 재정·군사·인사권을 자주적으로 행사하여 자주독립을 지켜야 한다는 내용을 담고 있다.

❸ **만민 공동회(1898)**

독립 협회가 주도한 우리나라 최초의 근대적 민중 집회이다. 지식인, 학생, 상인 등 다양한 계층이 참여하여 정부의 외세 의존과 이권 양도를 비판하였다.

❹ **러시아의 간섭과 이권 요구**

러시아는 대한 제국 수립 무렵 군사 교관과 재정 고문을 파견하였고, 절영도의 조차(어떤 나라가 다른 나라 영토의 일부를 빌려 일정 기간 통치함) 및 한러 은행 설립을 요구하였다.

❺ **황국 협회**

1898년 황제 측근 보수파 관료들이 보부상을 중심으로 만든 단체로, 독립 협회 해산에 동원되었다.

❻ **환구단**

천자가 하늘에 제사를 지낸 곳이다. 현재는 환구단의 부속 건물인 황궁우가 남아 있다.

❼ **지계**

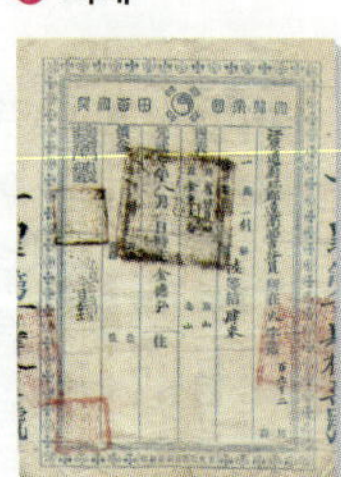

지계아문에서 발행한 근대적 토지 소유권 증명서이다. 러·일 전쟁이 발발한 이후 발급이 중단되었다.

자료 1 헌의 6조

1. 외국인에게 의지하지 말고 관민이 합심하여 전제 황권을 공고히 할 것. → 황제권을 인정하면서 국권 수호 주장
2. 외국과의 이권에 대한 계약과 조약은 정부 대신과 중추원 의장이 합동 날인하여 시행할 것. → 이권 수호, 황제권 견제
3. 전국 재정은 모두 탁지부에서 관리하며, 예산과 결산을 국민에게 공포할 것. → 재정의 일원화
4. 중대한 범죄는 공판하고 피고의 인권을 존중할 것. → 민권 보장
5. 칙임관은 황제가 정부에게 자문하여 그 과반수의 의견에 따라 임명할 것. → 공정한 인사 행정의 보장
6. 갑오개혁 이후 공포된 법령을 실천할 것.

* 자료 분석

- 관민 공동회에서 독립 협회와 정부 대신들은 국권 수호, 민권 보장, 국정 개혁의 내용을 담은 헌의 6조를 채택하였다.
- 고종은 이를 수락하고 중추원을 새로 구성하도록 하였다. 그에 따라 중추원은 관선 25명, 민선 25명의 의원으로 구성되고 의회의 역할을 할 수 있게 되었다.

자료 2 독립 협회가 구상한 정치 체제

만약에 외국의 예를 들어서 말씀드리면, 현재 허다한 민회가 있어 정부 대신일지라도 실정이 있으면 전국에 널리 알려 민중을 모이게 하여서 질문이 있고 논쟁과 탄핵이 있으며 … 흔히 말하기를 민권이 성하면 왕권이 반드시 손상된다 하오나 사람의 무식함이 어찌 이보다 너할 수가 있겠사옵니까. 오늘날에 이와 같은 민의를 없애게 한다면, 정치·법률은 따라서 무너질 것이오며 ….

– 정교, 『대한계년사』

* 자료 분석

독립 협회는 의회 설립을 통해 국민 참정을 실현하려 하였으며, 정치 형태로는 입헌 군주제를 지향하였다.

자료 3 대한국 국제

제1조 대한국은 세계 만국이 공인한 자주독립 제국이다.
제2조 대한국의 정치는 만세토록 불변할 전제 정치이다.
제3조 대한국 대황제는 무한한 군주권을 가진다.
제5조 대한국 대황제는 육해군을 통솔하고 군대의 편제를 정하며 계엄과 해엄을 명한다.
제6조 대한국 대황제는 법률을 제정하여 그 반포와 집행을 명하고, 대사·특사·감형·복권을 한다.

* 자료 분석

대한국 국제는 대한 제국이 자주독립 국가임을 천명하고, 황제에게 육해군 통수권, 입법권, 사법권, 행정권, 조약 체결권 등의 모든 권한이 집중된다는 점을 명시하고 있다.

개념 체크 문제

3 독립 협회

1. 다음 빈칸에 알맞은 말을 쓰시오.

서재필은 정부의 지원을 받아 우리나라 최초의 민간 신문인 (　　　　)을/를 발행하였다.

2. 다음 빈칸에 알맞은 말을 쓰시오.

보수 세력의 모함으로 고종은 독립 협회 해산을 명령하였다. 만민 공동회를 개최하여 이에 대한 철회를 요구하자 고종은 (　　　　)와/과 군대를 동원하여 만민 공동회를 탄압, 해산시켰다.

3. 다음은 독립 협회의 활동을 정리한 표이다. 빈칸에 알맞은 말을 쓰시오.

민중 계몽 운동	독립신문 발간, 강연회 및 토론회 개최
자주 국권 운동	만민 공동회 개최, 러시아의 (　　　　) 조차 요구 규탄
자강 개혁 운동	(　　　　) 개최, (　　　　) 결의

4 대한 제국과 광무개혁

4. 다음 빈칸에 알맞은 말을 쓰시오.

경운궁으로 환궁한 고종은 연호를 '광무'로 정하고 이후 (　　　　)에서 황제로 즉위하였다.

5. 다음 빈칸에 알맞은 말을 쓰시오.

(1) (　　　　)은/는 옛것을 근본으로 하고 새로운 것을 참작한다는 뜻으로, 대한 제국이 추진한 개혁의 기본 원칙이었다.

(2) (　　　　)은/는 황제권 강화에 집중하고 민권 보장에 소홀하였으며, 열강의 간섭으로 큰 성과를 거두지 못하였다.

(3) 대한 제국은 양전 사업을 실시하고 토지 소유자에게는 근대적 토지 소유권 증명서인 (　　　　)을/를 발급해 주었다.

❖ 정답 – 문제편 209p

민중의 소리를 대변한 독립 협회

독립 협회가 주최한 만민 공동회에는 지식인, 상인, 천민 등 전 계층이 참여하여 정치적 주제에 대해 자신의 목소리를 낼 수 있었다. 민중의 소리가 정책 결정에 반영되는 과정을 살펴보자.

1. 만민 공동회 개최

- 아관 파천 이후 러시아가 절영도 조차, 한러 은행 설립 등을 요구하였다.
- 독립 협회는 1898년 3월부터 종로 거리에서 우리나라 최초의 근대적 민중 집회인 만민 공동회를 개최하여 적극적인 반대 운동을 펼쳤다.

▲ 서재필

2. 관민 공동회로 확대

- 독립 협회는 기존의 만민 공동회를 정부 대신들까지 참석하는 관민 공동회로 확대하여 민중의 의사가 정부의 정책 결정에 반영될 수 있도록 하였다.
- 백정 출신 박성춘은 관민 공동회의 연설자로 나서 관민이 합심한 후에 국가가 발전할 수 있다는 취지의 연설을 하였다.

나는 대한의 가장 천한 사람이고 매우 무식합니다. … 원컨대, 관민이 합심하여 우리 황제의 성덕에 보답하고, 국운이 만만세 이어지게 합시다.

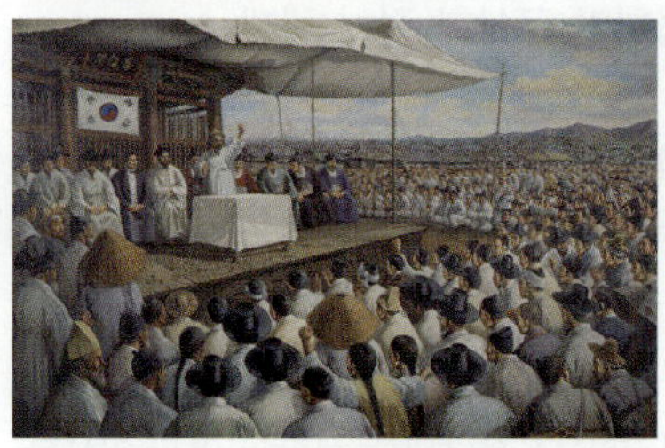

▲ 관민 공동회

▲ 박성춘

3. 헌의 6조 채택

- 독립 협회와 정부 대신들은 관민 합심에 의한 국권 수호, 민권 보장 등의 내용을 담은 헌의 6조를 채택하였고, 고종이 이를 수락하였다.

> 1. 외국인에게 의지하지 말고 관민이 합심하여 전제 황권을 공고히 할 것.
> 3. 재정은 탁지부에서 전담하여 맡고 예산과 결산을 국민에게 공포할 것.
> 4. 중대한 범죄는 공판하고 피고의 인권을 존중할 것.
> 6. 갑오개혁 이후 공포된 법령을 실천할 것.

▲ 헌의 6조(일부)

▲ 고종

확인 문제

▶ 정답 – 문제편 209p

빈칸에 알맞은 용어를 쓰시오.

01 (　　　) 이/가 절영도 조차, 한러 은행 설립 등을 요구하자 독립 협회가 적극적인 반대 운동을 펼쳤다.

02 (　　　) 에 연설자로 나선 박성춘은 본래 백정이었다.

03 독립 협회와 정부 대신들은 국권 수호, 민권 보장 등의 내용을 담은 (　　　) 을/를 채택하였다.

내신 대비 필수 문제

★ 학교 시험 100점을 위한 실전 문제와 학력평가/모의평가 기출 문제

1 동학 농민 운동

01 ✿✿✿

다음 자료에 나타난 농민 봉기의 원인으로 가장 적절한 것은?

> 민중이 곳곳에 모여서 말하되, "났네 났어, 난리가 났어.", "에이 참, 잘되었지. 그냥 이대로 지내서야 백성이 한 사람이라도 남아 있겠는가?" 하며 그날이 오기만 기다리더라.
> - 군기창과 화약고를 점령할 것
> - 군수에게 아첨하여 인민의 것을 빼앗은 탐관오리를 공격하여 징계할 것
> - 전주 감영을 함락하고 서울로 곧바로 향할 것
>
> –「사발통문」

① 청의 군대가 아산만에 상륙하였다.
② 일본이 경복궁을 점령한 후 청·일 전쟁을 일으켰다.
③ 안핵사로 파견된 이용태가 동학교도를 탄압하였다.
④ 충청도 보은에서 열린 동학교도의 집회가 해산되었다.
⑤ 고부 군수 조병갑이 농민들에게 만석보를 쌓게 하고 수세를 강제로 거두었다.

02 ✿✿✿

다음 자료와 관련된 농민 운동에 대한 설명으로 옳은 것은?

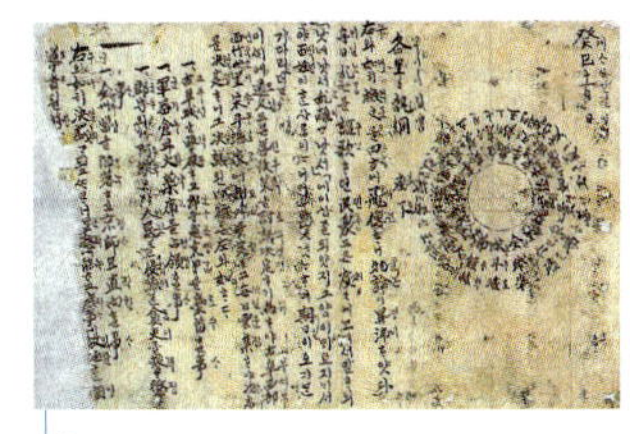

① 세도 정치 시기에 발생하였다.
② 자치 기구인 집강소를 설치하였다.
③ 황무지 개간을 위해 농광 회사를 설립하였다.
④ 참정권 실현을 위한 의회 설립을 주장하였다.
⑤ 외세 배격을 위한 영남 만인소를 작성하였다.

03 ✿✿✿ 중요

(가)의 시기에 일어난 사실로 옳지 않은 것은?

〈동학 농민 운동의 전개 과정〉

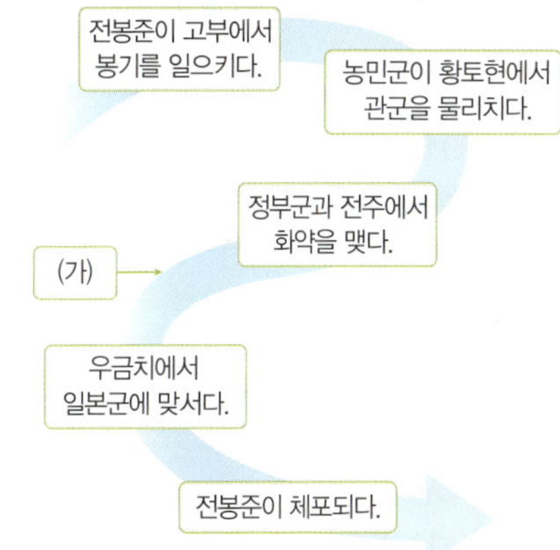

① 일본군이 경복궁을 점령하였다.
② 남접과 북접이 연합하여 북상하였다.
③ 조선 정부가 청에 파병을 요청하였다.
④ 일본군이 아산만의 청군을 공격하였다.
⑤ 정부가 개혁을 위해 교정청을 설치하였다.

04 ✿✿✿

청·일 전쟁의 결과로 옳은 것은?

① 재정 고문 메가타가 파견되었다.
② 조선이 청의 종주권에서 벗어나게 되었다.
③ 러시아와 일본이 포츠머스 조약을 체결하였다.
④ 조선이 일본 공사관의 경비병 주둔을 허용하였다.
⑤ 고종이 강제로 퇴위하고 한·일 신협약이 체결되었다.

05 ✿✿✿ 단답형

다음은 동학 농민 운동과 관련된 내용이다. 사건이 일어난 순서대로 바르게 나열하시오.

> (가) 일본군이 경복궁을 점령하였다.
> (나) 조병갑의 탐학에 고부 군민들이 봉기하였다.
> (다) 신임 군수의 회유에 따라 농민군이 해산하였다.
> (라) 황토현 전투에서 승리하고 전주성을 점령하였다.
> (마) 우금치 전투에서 관군과 일본군에게 패배하였다.

❖ 정답 및 해설 66~67p

06 ✿✿✿ 서술형

다음 내용을 통해 알 수 있는 동학 농민 운동의 성격을 두 가지 서술하시오.

> (가)
> 6. 천인 차별을 개선하고, 백정이 쓰는 평량갓은 없앤다.
> 7. 젊어서 과부가 된 여성의 개가를 허용한다.
>
> (나)
> 심문자: 작년(1894) 3월 고부 등지에서 무슨 사연으로 민중을 크게 모았는가?
> 전봉준: 그때 고부 군수(조병갑)의 수탈이 심하여 의거하였다.
> … (중략) …
> 심문자: 전주 화약 이후 다시 군대를 일으킨 이유는 무엇이냐?
> 전봉준: 일본이 개화를 구실로 군대를 동원하여 왕궁을 공격하고 임금을 놀라게 했으니, 충군애국의 마음으로 의병을 일으켜 일본과 싸워 그 책임을 묻고자 함이다.

2 갑오개혁

07 ✿✿✿ 서술형

(가)에서 의결한 정치적인 면에서의 개혁 내용을 세 가지 이상 서술하시오.

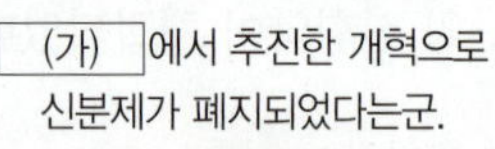

그렇다네. 가혹한 고문과 연좌제도 폐지되었다니 다행스러운 일이지.

08 ✿✿✿ 중요

(가)에 들어갈 사건으로 가장 적절한 것은?

〈갑오개혁의 추진〉

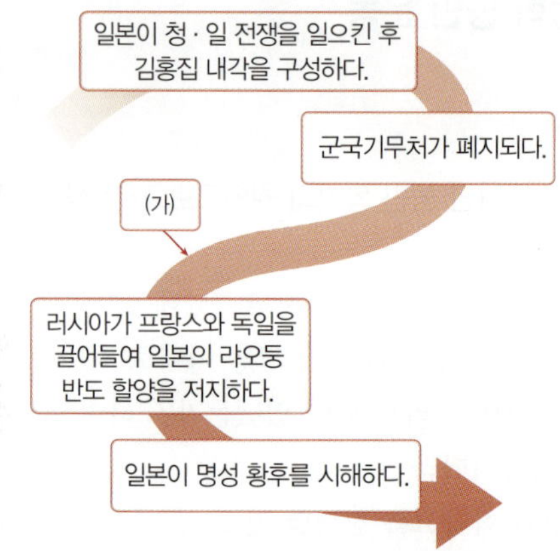

① 교정청 설치 ② 독립신문 창간
③ 아관 파천 단행 ④ 대한국 국제 반포
⑤ 교육 입국 조서 반포

09 ✿✿✿ 중요

다음 (가), (나) 개혁과 관련된 내용으로 옳은 것을 〈보기〉에서 고른 것은?

> (가) 동학 농민 운동이 전개되는 가운데 철병 요구를 거부한 일본군이 경복궁을 점령하고 개혁을 강요하였다. 김홍집 내각은 군국기무처를 설치하고 갑신정변 때의 개혁안과 동학 농민군의 개혁 요구를 수용하여 개혁을 추진하였다.
> (나) 청·일 전쟁에서 승기를 잡은 일본이 개혁에 적극 간섭하면서 군국기무처를 폐지하고 김홍집·박영효 연립 내각이 구성되어 개혁을 추진하였다.

[보기]
ㄱ. (가) – 국가의 재정을 호조에서 관할하게 하였다.
ㄴ. (가) – 조세의 금납화를 시행하고 도량형을 통일하였다.
ㄷ. (나) – 단발령을 시행하고 태양력을 사용하였다.
ㄹ. (나) – 행정권과 사법권을 분리하여 지방관의 권한을 축소시켰다.

① ㄱ, ㄴ ② ㄱ, ㄷ ③ ㄴ, ㄷ
④ ㄴ, ㄹ ⑤ ㄷ, ㄹ

10 ✿✿✿

다음 상황을 가능하게 한 개혁에 대한 설명으로 옳지 않은 것은?

> 유생: 이제 과거 제도가 없어졌으니 관직에 진출하려면 무엇을 해야 하지?
> 과부: 이제 법적으로 재혼이 허용된다니 세상이 정말 많이 바뀌었군.
> 남자: 갑순이와 결혼하려면 20세가 되어야 한다니, 기다려야지.
> 노비: 더 이상 주인의 눈치를 보지 않아도 되고 팔려 다니지 않아도 된다니, 참 좋구나.

① 황제권 강화에 주력하였다.
② 봉건적 폐습을 타파한 근대적 개혁이었다.
③ 일본의 침략 의도가 일정 부분 반영되었다.
④ 군사면의 개혁은 큰 성과를 거두지 못하였다.
⑤ 급진 개화파와 동학 농민군의 개혁 방안이 반영되었다.

11 ✿✿✿

다음과 같이 평가되는 근대 개혁의 의의에 대한 탐구 활동으로 옳은 것을 〈보기〉에서 고른 것은?

> 일본의 강요 속에 추진되어 개혁의 내용이 농민층의 요구와는 다소 거리가 멀었고, 상공업 진흥 등의 개혁에 소홀하였다.

[보기]
ㄱ. 전제 군주정을 강화한 배경을 알아본다.
ㄴ. 평등 사회의 기틀이 마련된 계기를 찾아본다.
ㄷ. 열강의 침략을 일시적으로 막을 수 있었던 배경을 알아본다.
ㄹ. 동학 농민군의 요구 중에서 개혁에 반영된 것이 있는지 조사한다.

① ㄱ, ㄴ ② ㄱ, ㄷ ③ ㄴ, ㄷ
④ ㄴ, ㄹ ⑤ ㄷ, ㄹ

12 ✿✿✿ 단답형

밑줄 친 ㉠과 관련된 사건을 쓰시오.

> 러시아와 조선 왕실이 굳게 손잡고 온갖 음모를 추진하고 있는 데 대해서는 문자 그대로 일도 양단, 한쪽의 손을 잘라내어 양쪽이 서로 손을 잡지 못하게 하는 것 외에는 수가 없었다. 바꾸어 말하면 ㉠ 왕실의 중심 인물인 민비를 제거함으로써 러시아와 조선의 결탁을 근본적으로 파괴하는 수밖에 없었다.

13 ✿✿✿

다음 가상 일기가 작성된 시기를 연표에서 옳게 고른 것은?

> 건양 원년 1월 31일, 바람 불고 추움
> 지난 달 15일에 왕께서 명하시길, "짐이 신민보다 먼저 머리를 단발하였다. 너희들은 짐의 뜻을 본받도록 하라. 다만 왕비의 국상으로 현재 상복을 입고 있는 중이니, 의관은 그대로 흰색을 착용하라."라고 하셨다.

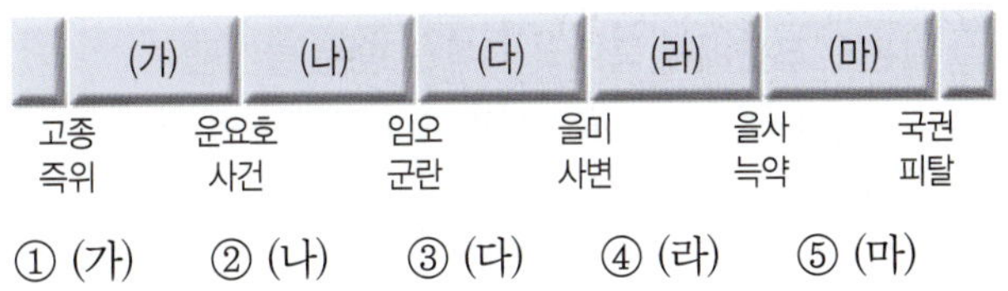

① (가) ② (나) ③ (다) ④ (라) ⑤ (마)

14 ✿✿✿ 서술형

다음 사건이 일어난 배경과 영향을 각각 서술하시오.

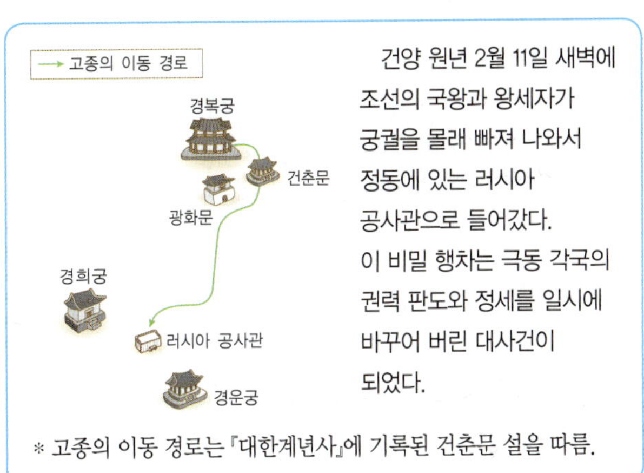

건양 원년 2월 11일 새벽에 조선의 국왕과 왕세자가 궁궐을 몰래 빠져 나와서 정동에 있는 러시아 공사관으로 들어갔다. 이 비밀 행차는 극동 각국의 권력 판도와 정세를 일시에 바꾸어 버린 대사건이 되었다.

* 고종의 이동 경로는 『대한계년사』에 기록된 건춘문 설을 따름.

❖ 정답 및 해설 67~69p

3 독립 협회

15 ✿✿✿ 중요 (출제 0순위 특강)

다음 편지가 작성된 시기에 볼 수 있었던 모습으로 가장 적절한 것은?

> 외부 대신 민종묵 씨에게
>
> 오늘날 러시아에서 절영도에 석탄 창고 지을 곳을 요구하는 것은 이미 일본에 먼저 빌려 준 것을 빙자하는 것이니, 이후 다른 나라도 이와 같이 요구하지 않겠습니까.

> 탁지부 대신 조병호 씨에게
>
> 서울에 한러 은행을 세워서 탁지부에서 조선 은행과 한성 은행 두 곳에 맡겨 둔 은화를 맡기고, 지방에도 한러 은행 지점을 세워 온 나라의 세입·세출을 주관시킨다 하니, 이 말이 사실이라면 온 나라의 재물 권리를 다른 나라에 넘기는 것입니다.

① 만민 공동회에 모인 상인과 학생들
② 군국기무처에서 개혁을 논의하는 관리들
③ 전주성에서 화약을 맺는 정부군과 농민군
④ 일본인 교관에게 근대식 훈련을 받는 별기군
⑤ 최제우의 억울함을 풀어달라고 요구하는 동학교도

16 ✿✿✿ (출제 0순위 특강)

밑줄 친 '집회'를 주도한 단체에 대한 설명으로 옳지 않은 것은?

> 1898년 10월 ○○일
>
> 어제 종로에는 정말 사람이 많이 모였다. 태어나서 이렇게 많은 사람은 처음 봤다. <u>집회</u>에 참석하기 위해 상인들도 가게 문을 닫고 모였으며 지방에서 올라오신 분들도 많았다. 국밥 장사 아저씨는 연신 신이 나신 모습으로 주변 사람들에게 공짜로 국밥을 나눠주셨다. 여러 장면이 기억에 남지만 그중에서도 백정 출신의 연설자가 발언을 할 때 단상에 앉아 있던 대신 분들의 진지한 표정이 기억에 남는다.

① 의회 설립 운동을 전개하였다.
② 국채 보상 운동을 주도하였다.
③ 영은문을 헐고 독립문을 건립하였다.
④ 러시아의 이권 침탈 행위를 강력히 비판하였다.
⑤ 토론회와 강연회를 개최하여 민중을 계몽하였다.

17 ✿✿✿ (서술형)

독립 협회가 다음과 같은 기구를 마련하려 한 목적을 서술하시오.

> 직원은 의장 1인, 부의장 1인, 의관 50인, 참서관 2인, 주사 4인으로 정한다. 의장은 대황제 폐하께서 직수(職守: 조칙을 내려 임명함)하시고 … 의관의 절반은 정부가 나라에 공로가 있는 사람을 회의를 통해 추천한다. 나머지 절반은 인민이 만든 협회의 27세 이상이 되는 회원들이 정치, 법률, 학식에 통달한 자를 투표해서 추천한다.

18 ✿✿✿

다음 자료와 관련된 단체의 활동으로 옳은 것은?

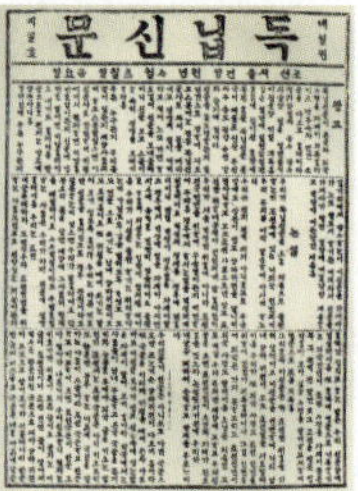

① 홍범 14조 반포
② 만민 공동회 개최
③ 대한국 국제 제정
④ 국외 독립운동 기지 건설
⑤ 일제의 황무지 개간권 요구 저지

19 ✿✿✿ 수능 기출(변형)

(가) 단체의 활동 내용으로 옳은 것은?

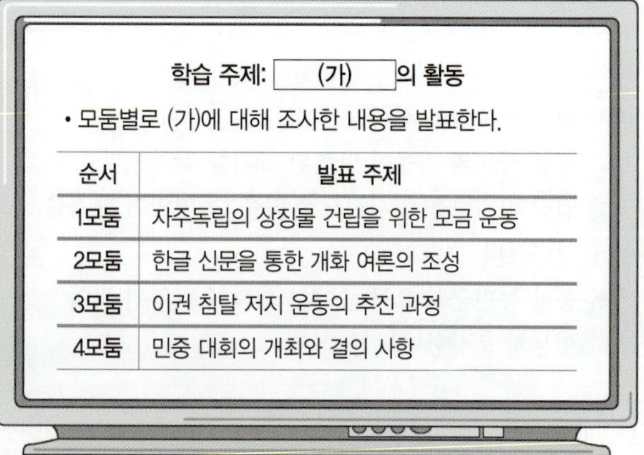

학습 주제: (가) 의 활동
• 모둠별로 (가)에 대해 조사한 내용을 발표한다.

순서	발표 주제
1모둠	자주독립의 상징물 건립을 위한 모금 운동
2모둠	한글 신문을 통한 개화 여론의 조성
3모둠	이권 침탈 저지 운동의 추진 과정
4모둠	민중 대회의 개최와 결의 사항

① 국채 보상 운동을 주도하였다.
② 전라도 일대에 집강소를 설치하였다.
③ 러시아의 절영도 조차 요구에 반대하였다.
④ 고종 강제 퇴위 반대 운동을 전개하였다.
⑤ 일제의 황무지 개간권 침탈을 저지하였다.

4 대한 제국과 광무개혁

20 ✿✿✿

밑줄 친 '이 법규'의 내용으로 옳은 것은?

> 나라를 세울 적에 반드시 먼저 정치가 어떠한가, 군권이 어떠한가를 일정한 제도로 드러내어 천하에 보인 연후에 가히 신민으로 하여금 따르게 하여 어김이 없게 하였다. … 우리 폐하께서 중흥의 업(業)을 세우시고 또 나라 이름을 고쳐 정하셨으니 … 국제(國制)의 세움을 상세히 논의하여 … 본국 정치가 어떤 정치가 되며 군권이 어떤 군권이 되는 것을 밝히는 것은 이 법규의 큰 관건이라. －『일성록』

① 외국인에게 의지하지 말고 관민이 협력한다.
② 관리 채용에는 문벌을 타파하고 인재를 등용한다.
③ 대한국은 세계 만국에 공인된 자주독립 제국이다.
④ 왕실 사무와 국정 사무를 나누어 서로 혼동하지 않는다.
⑤ 대신과 참찬은 의정소에서 정령을 논의, 결정하여 시행한다.

[21~22] 다음 자료를 읽고 물음에 답하시오.

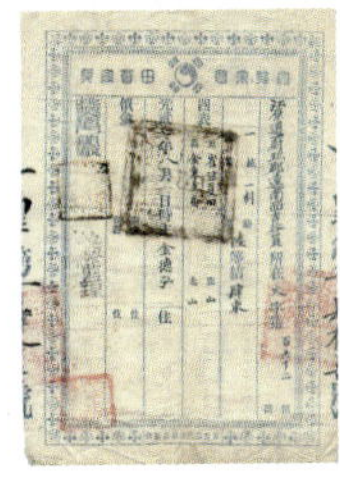

> 대한 제국은 토지를 조사하는 양전 사업을 실시하였으며, 일부 지역에서는 토지 소유자에게 소유권을 보장하는 문서인 (가) 을/를 발행하였다.

21 ✿✿✿ 단답형

(가)에 알맞은 용어를 쓰시오.

22 ✿✿✿ 서술형

밑줄 친 '양전 사업'과 (가)를 발행한 목적을 각각 서술하시오.

23 ✿✿✿

2021 실시 6월 학평 18(고1)

다음 규정을 마련한 정부의 정책으로 옳은 것은?

> 지계아문 규정
>
> 제1조 지계아문은 한성부와 13도의 각 부와 군의 산림, 토지, 전답, 가옥의 지계를 정리하기 위하여 임시로 설치한다.
>
> 제11조 산림, 토지, 전답, 가옥 소유주가 지계를 발급받지 않았다가 적발되었을 때는 벌금을 물리고 지계를 발급한다.
>
> －『관보』

▲ 지계

① 탕평책을 시행하였다.
② 원수부를 설치하였다.
③ 과전법을 실시하였다.
④ 도병마사를 운영하였다.
⑤ 9주 5소경 체제를 완성하였다.

24 ✿✿✿

2022 실시 6월 학평 20(고2)

밑줄 친 '이 개혁'에 대한 설명으로 옳은 것은?

> 역사 퀴즈 카드
>
> ○ 다음은 이 개혁에서 실시하였던 정책들입니다. 이 개혁의 명칭은 무엇일까요?
>
> 〈정 책〉
> • 원수부 설치
> • 양전과 지계 발급 사업 추진
> • 전차·철도 등 근대 교통 시설 설치

① 최승로의 건의로 시행되었다.
② 공인이 등장하는 계기가 되었다.
③ 구본신참을 개혁의 방향으로 하였다.
④ 당백전을 발행하여 비용을 마련하였다.
⑤ 권문세족의 세력 약화를 목표로 하였다.

❖ 정답 및 해설 69~71p

내신 1등급 문제

25 ✽✽✽

(가) 개혁에 대한 설명으로 옳지 않은 것은?

> 청·일 전쟁에서 승기를 잡은 일본은 더욱 더 조선의 내정에 간섭하기 시작하였다. 흥선 대원군이 축출되었고, 군국기무처가 폐지되었으며, 김홍집, 박영효 등을 중심으로 [(가)] 이/가 단행되었다.

① 친위대 설치
② 재판소 설치
③ 8도를 23부로 개편
④ 의정부를 내각으로 개편
⑤ 지방 행정 구역의 명칭을 '군'으로 통일

26 ✽✽✽

2022 실시 10월 학평 8(고3)

(가) 단체에 대한 설명으로 옳은 것은? [3점]

> 〈[(가)] 특별전 기념품 판매〉
>
> [(가)]의 활동을 담은 여러 기념품을 준비했습니다.
>
> 독립문 모양의 배지 ·········· 2,000원
> 관민 공동회 기록화가 그려진 부채 ·········· 3,000원
> 독립관에서 열린 토론회의 주제가 인쇄된 공책 ······ 4,000원

① 105인 사건으로 와해되었다.
② 한러 은행 폐쇄를 요구하였다.
③ 김원봉을 중심으로 결성되었다.
④ 우리말 큰사전 편찬을 시도하였다.
⑤ 광주 학생 항일 운동을 지원하였다.

27 ✽✽✽

자료와 관련된 사건에 대한 설명으로 옳은 것은?

> 2. 탐관오리는 그 죄상을 조사하여 엄중히 징벌한다.
> 6. 7종의 천인 차별을 개선하고, 백정이 쓰는 평량갓은 없앤다.
> 9. 관리 채용에는 지벌을 타파하고 인재를 등용한다.
> 10. 왜와 통하는 자는 엄중히 징벌한다.
> 12. 토지는 균등히 나누어 경작하게 한다.

① 구식 군인들이 주도하여 발생하였다.
② 제폭구민, 보국안민 등을 주장하였다.
③ 아관 파천을 비판하며 전개된 운동이다.
④ 김옥균, 박영효 등 급진 개화파의 주도로 발생하였다.
⑤ 러시아를 중심으로 삼국 간섭이 전개되는 원인이 되었다.

28 ✽✽✽

다음 자료를 발표한 정부에서 추진한 정책으로 옳은 것을 〈보기〉에서 모두 고른 것은?

> 제1조 대한국은 세계 만국이 공인한 자주독립 제국이다.
> 제2조 대한국의 정치는 만세토록 불변할 전제 정치이다.
> 제3조 대한국 대황제는 무한한 군주권을 가진다.
> 제5조 대한국 대황제는 육해군을 통솔하고 군대의 편제를 정하며 계엄을 명한다.

[보기]

ㄱ. 상공업 진흥을 도모하는 식산흥업 정책을 추진하였다.
ㄴ. 원수부를 설치하여 황제가 군사 지휘권을 장악하였다.
ㄷ. 내각제를 원칙으로 한 국가 운영의 기틀을 마련하였다.

① ㄱ　② ㄱ, ㄴ　③ ㄱ, ㄷ
④ ㄴ, ㄷ　⑤ ㄱ, ㄴ, ㄷ

수능 대비 기출 문제

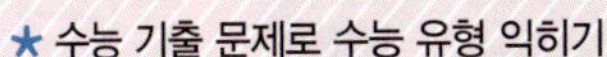

★ 수능 기출 문제로 수능 유형 익히기

29 ✿❀❀ 대표 유형 2024 대비 수능 9

(가) 운동에 대한 설명으로 옳은 것은?

○○ 신문 2023년 △월 △△일

(가) 기록물, 세계 기록 유산 등재 확정

프랑스 파리에서 열린 제216차 유네스코 집행 이사회는 (가) 기록물의 세계 기록 유산 등재를 최종 결정하였다. 총 185점으로 이뤄진 이 기록물은 1894~1895년 당시 농민군의 각종 문서와 개인 기록, 지도자 전봉준에 대한 심문 기록 등을 아우른다.

이 기록물은 조선 백성이 주체가 되어 자유·평등·인권의 보편적 가치를 지향했던 내용을 담고 있다는 점에서 세계사적 중요성을 인정받았다.

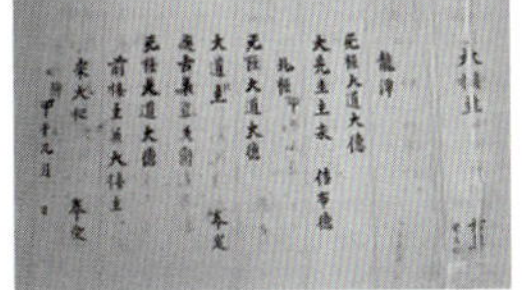

▲ 대접주 임명장

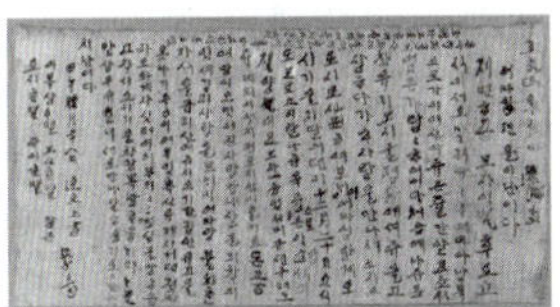

▲ 농민군의 편지

① YH 무역 사건이 계기가 되었다.
② 집강소를 통해 개혁을 추진하였다.
③ 원산 총파업이 일어나는 원인이 되었다.
④ 신간회가 조사단을 파견하여 지원하였다.
⑤ 2·8 독립 선언에 영향을 받아 발생하였다.

★ **대표 유형 분석**

이 유형은 주로 특정 사건과 관련된 문화유산을 제시하고 이를 바탕으로 해당 사건을 파악한 뒤, 사건과 관련된 선택지를 고르는 방식으로 출제된다.

단서+발상

단서 기록물에는 1894~1895년 당시 농민군의 각종 문서와 지도자 전봉준에 대한 심문 기록 등이 포함된다.

발상 1894년부터 전봉준을 필두로 한 동학 농민 운동이 전개되었다.

적용 전주 화약 체결 이후 동학 농민군은 전라도 각지에 자체적인 개혁 기구를 설치하였다.

30 ✿✿❀ 2024 대비 6월 모평 11

(가)에 들어갈 내용으로 가장 적절한 것은?

① 광주 학생 항일 운동을 지원하였어.
② 한글 맞춤법 통일안을 마련하였어.
③ 서울 진공 작전을 추진하였어.
④ 만민 공동회를 개최하였어.
⑤ 어린이날을 제정하였어.

31 ✿❀❀ 2023 대비 6월 모평 11

밑줄 친 '황제국'에 대한 설명으로 옳은 것은?

광무 원년 10월 12일은 우리 역사에서 제일 빛나고 영화로운 날이 되었다. 폐하께서 조선 역사상 처음으로 황제의 자리에 오르시어 조선이 자주독립한 <u>황제국</u>이 되었으니 백성으로서 어찌 감격한 생각이 아니 나겠는가. … (중략) … 이날 오전 환구단에 가서 하늘에 제사하고 황제의 자리에 올랐음을 고하였다. 정오에 만조백관이 예복을 갖추고 경운궁에 나아가 황제 폐하께 크게 하례를 올렸다.

① 지계를 발급하였다.
② 골품제를 운영하였다.
③ 개경을 수도로 삼았다.
④ 인조반정으로 성립되었다.
⑤ 국민 대표 회의를 소집하였다.

❖ 정답 및 해설 71~72p

12 사회·경제 변화와 문화 변동

중요도 ★★

1 열강의 경제 침탈과 경제적 구국 운동

1. 열강의 경제 침탈

(1) 개항 초기: 일본 상인의 진출

특권	• 영사 재판권(강화도 조약) • 개항장에서 일본 화폐 사용 가능(조·일 수호 조규 부록) • 쌀과 잡곡을 제한 없이 살 수 있음, 관세를 내지 않음(조·일 무역 규칙)
무역 활동	• 거류지 무역: 외국인들은 개항장 10리 이내의 거류지에서만 무역 가능 ➡ 일본 상인은 객주·여각 등의 중개 상인을 통해 내륙 침투(일부 조선인 중개 상인이 부를 축적함) • 중계 무역: 일본 상인이 영국산 면제품을 들여와 판매, 조선의 쌀과 콩 등을 대량 구매 ➡ 쌀 유출량 증가로 조선의 쌀값이 폭등하고 식량난 심화, 농촌 면직물 공업 타격

└ 외국 상인과 내륙의 조선 상인을 중개하였다.

(2) 임오군란 이후: 청 상인과 일본 상인의 경쟁 심화

① 조·청 상민 수륙 무역 장정(1882): 청 상인의 내지 통상 허용 ➡ 최혜국 대우에 따라 다른 나라들도 내륙으로 진출 ➡ 객주·여각 등 조선인 중개 상인 몰락 자료 ①

② 조·일 통상 장정(1883): 관세 부과, 방곡령 규정, 최혜국 대우 인정

③ 청·일 상인의 무역 경쟁 심화❶: 청 상인이 강화된 정치적 영향력과 막대한 자금을 앞세워 조선 상권에서 입지를 넓힘 ➡ 청·일 전쟁 후 일본의 무역 독점

(3) 아관 파천 이후: 서구 열강과 일본이 최혜국 대우를 내세워 철도 부설권❷, 광산 채굴권, 삼림 채벌권 등 많은 이권 침탈

└ 이 시기에는 일본산 면직물을 조선에 가져와 팔았다.

(4) 러·일 전쟁 이후: 일본의 금융·재정 장악 및 토지 약탈

금융·재정 장악	• **화폐 정리 사업**(1905): 일본인 재정 고문 메가타가 추진, 백동화 등을 일본 제일은행권으로 교환하게 함(제값 이하로 교환되거나 교환을 거부당하기도 함) ➡ 한국 상인과 은행 파산, 대규모 국채 발생 자료 ② • 대규모 차관 제공 ➡ 대한 제국의 재정이 일본에 예속
토지 약탈	• 철도 부지와 군용지 확보 명목으로 대규모 토지 약탈 • **동양 척식 주식회사** 설립(1908) ➡ 약탈한 토지를 일본인에게 싼값에 불하

2. 경제적 구국 운동의 전개 출제 0순위 특강 p.156

(1) 상권 수호 운동

① 객주 등의 상인: 대동 상회, 장통 상회 등 상회사를 설립하여 외국 자본과 경쟁

② 시전 상인: 외국 상인들의 점포 철수 요구, 황국 중앙 총상회❸ 조직(1898)

(2) 근대적 산업 자본 육성 노력: 근대적 회사(종로 직조사, 대한 협동 우선 회사 등)와 은행(조선은행, 한성 은행, 대한 천일 은행 등) 설립

(3) 방곡령 실시: 일본으로의 곡물 유출 증가로 식량난 심화 ➡ 방곡령 선포(함경도, 황해도 등) ➡ 일본이 조·일 통상 장정(1883)에 규정된 절차를 지키지 않았다는 구실로 피해 보상 요구 ➡ 방곡령 철회 및 배상금 지불

(4) 이권 수호 운동: 독립 협회가 만민 공동회를 열어 러시아의 이권 침탈 규탄, 러·일 전쟁 중 일본이 황무지 개간권 요구 ➡ 보안회가 저지, 농광 회사 조직

(5) 국채 보상 운동 자료 ③

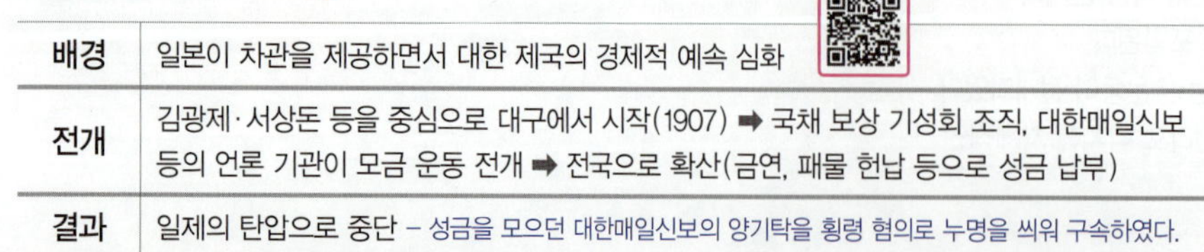

배경	일본이 차관을 제공하면서 대한 제국의 경제적 예속 심화
전개	김광제·서상돈 등을 중심으로 대구에서 시작(1907) ➡ 국채 보상 기성회 조직, 대한매일신보 등의 언론 기관이 모금 운동 전개 ➡ 전국으로 확산(금연, 패물 헌납 등으로 성금 납부)
결과	일제의 탄압으로 중단 – 성금을 모으던 대한매일신보의 양기탁을 횡령 혐의로 누명을 씌워 구속하였다.

❶ 청·일본에서의 수입액 비율

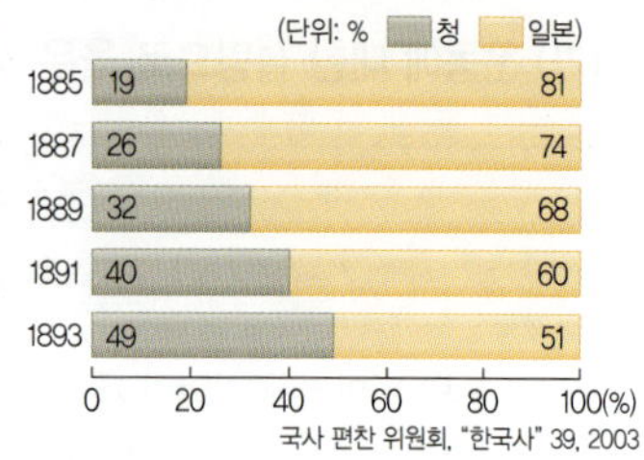

청·일 전쟁(1894~1895) 직전에는 조선의 수입액에서 청과 일본이 차지하는 비율이 비슷해졌다.

❷ 열강의 철도 부설권 획득

미국은 경인선, 프랑스는 경의선, 일본은 경부선 부설권을 획득하였다. 이후 일본은 경인선 부설권을 사들이고, 경의선 부설권까지 넘겨받았다.

▲ 열강의 이권 침탈

❸ 황국 중앙 총상회

시전 상인들이 국내 상권 수호를 위해 조직하였다. 철시 투쟁 등을 통해 열강의 상권 침탈에 저항하였다.

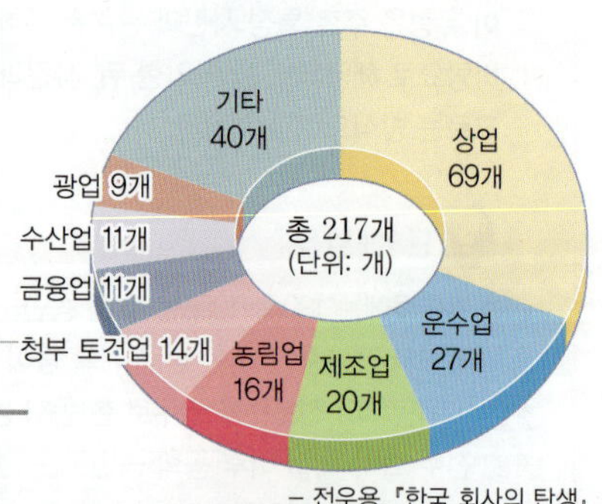

▲ 회사 설립 현황(1895~1904)

자료 1 조·청 상민 수륙 무역 장정(1882)

제2조 중국 상인이 조선 항구에서 만일 개별적으로 고소를 제기할 일이 있을 경우 중국 상무위원에게 넘겨 심의·판결한다. → 영사 재판권 인정

제4조 중국 상인이 조선의 양화진과 한성에 들어가 영업소를 개설한 경우를 제외하고 각종 화물을 내지로 운반하여 상점을 차리고 파는 것을 허가하지 않는다. … 내지로 들어가려는 자는 지방관이 발급한 허가증이 있어야 한다.
→ 내지 통상 인정

* 자료 분석

임오군란 이후 청과 맺은 조·청 상민 수륙 무역 장정에서 청 상인의 내지 통상을 허용하였다. 이를 계기로 청 상인이 조선에 본격적으로 진출하였고, 조선 내 청·일 상인의 경쟁이 심화되었다.

자료 2 화폐 정리 사업

상태가 매우 양호한 갑종 백동화는 개당 2전 5리의 가격으로 새 돈과 교환하여 주고, 상태가 좋지 않은 을종 백동화는 개당 1전의 가격으로 정부에서 매수하며, … 단, 형질이 조악하여 화폐로 인정하기 어려운 병종 백동화는 매수하지 않는다. – 탁지부령 제1호(1905)

* 자료 분석

- 일본인 재정 고문 메가타는 대한 제국의 금융을 장악하기 위해 화폐 정리 사업을 추진하였다.
- 당시 한국인이 사용하던 상평통보와 백동화를 일본 제일은행권으로 교환하도록 했는데, 특히 백동화는 제값 이하로 교환되거나 아예 교환이 거부되기도 하였다.
- 그 결과 한국인 상인과 은행 등이 큰 타격을 입었고, 일본 제일은행 조선 지점이 대한 제국의 중앙은행 역할을 하게 되었다.

자료 3 국채 보상 운동

지금 나라의 빚이 1,300만 원이며, 이는 우리 대한 제국의 존망에 관계된 일이다. 이를 갚으면 나라를 보존하게 되고 못 갚으면 나라를 잃고 만다. 형세가 여기에 이르렀으나 현재 국고로는 보상하기가 어렵다. … 2,000만의 백성이 3개월 동안 담배를 끊고 그 돈을 각 사람마다 20전씩 낸다면 1,300만 원을 모을 수 있다.
– 국채 보상 취지서

* 자료 분석

- 일본은 통감부를 설치한 이후 대한 제국을 식민지로 만들기 위한 정책을 폈고, 여기에 드는 비용은 차관을 강요하여 충당하였다. 그 결과 1907년에는 일본에 진 빚이 대한 제국의 1년 예산과 맞먹는 1,300만 원에 달하였다.
- 이에 국민의 힘으로 빚을 갚아 국권을 지키자는 국채 보상 운동이 전개되었으나 일본의 탄압으로 인해 결국 목적을 이루지 못하였다.

개념 체크 문제

1. 다음과 같은 무역 형태를 무엇이라 하는지 쓰시오.

개항 초기에는 외국 상인이 개항장 10리 안에서만 활동할 수 있었다. 이 시기에는 개항장에 위치한 외국인 거류지를 중심으로 무역이 이루어졌다.

2. 다음 설명에 해당하는 조약을 찾아 쓰시오.

ㄱ. 조·일 통상 장정
ㄴ. 조·청 상민 수륙 무역 장정

(1) 임오군란 이후 청 상인의 내지 통상권이 허용되었다. (　　　)

(2) 수출입 상품에 관세를 부과하였으나, 최혜국 대우를 인정하였다. (　　　)

3. 다음 설명에 해당하는 사업을 쓰시오.

왼쪽의 화폐는 백동화로 상평통보와 함께 유통되던 화폐였다. 그러나 재정 고문 메가타는 상평통보와 백동화를 일본 제일은행권으로 바꾸도록 하였다.

4. 다음 설명에 해당하는 용어를 쓰시오.

자연재해 등으로 식량 공급이 어려워지거나 쌀값이 폭등할 때 쌀이나 콩 등의 곡식 유출을 금지하는 명령이다.

5. 다음 빈칸에 알맞은 단체를 쓰시오.

(1) 일본이 황무지 개간권을 요구하자 [　　　] 은/는 반대 운동을 전개하여 이를 저지하였다.

(2) 외국 상인들의 상권 침탈에 저항하기 위해 한성의 시전 상인들이 [　　　] 을/를 조직하였다.

(3) [　　　] 은/는 만민 공동회를 개최하여 러시아의 이권 침탈을 규탄하였다. 그 결과 러시아는 절영도 조차 요구를 철회하고, 한·러 은행을 폐쇄하였다.

❖ 정답 – 문제편 209p

2 서구 문물의 도입과 사회·문화의 변화

1. 근대 문물의 수용

(1) **정부의 노력**: 박문국(인쇄·출판 기관, 1883), 기기창(근대 무기 제조, 1883), 전환국(화폐 주조, 1883) 등 설립

(2) **근대 문물의 수용**

통신	• **우편**: 우정총국을 설치하여(1884) 근대적 우편 제도 실시 ➡ 갑신정변으로 중단 ➡ 을미개혁 이후 우편 사업 재개 ➡ 만국 우편 연합 가입(1900) • **전신**: 일본~부산(1884), 인천~서울~의주(1885) 등 • **전화**: 경운궁에 처음 설치(1896), 점차 민간으로 확대
전기	경복궁에 전등 가설(1887), 한성 전기 회사❶ 설립(1898)
교통	• **전차**: 서대문과 청량리 사이에 운행 시작(1899) • **철도**: 일본에 의하여 경인선(1899), 경부선(1905), 경의선(1906) 개통 자료 ① (러·일 전쟁을 일으킨 일본이 군사적 목적으로 부설하였다.)
의료	정부가 광혜원❷(제중원, 1885) 설립, 지석영이 종두법 연구 시행

(3) **근대 시설 도입의 영향❸**: 생활 편의 향상, 근대적 시간 관념 확산, 열강의 이권 침탈 수단으로 이용

2. 생활의 변화 자료 ②

의복	황제 및 관료가 서양식 복장 착용, 양복·양장 차림과 단발 확산, 여성이 외출할 때 쓰던 장옷과 쓰개치마가 점차 사라짐
음식	서양 음식(커피, 홍차, 빵 등) 전래, 중국의 호떡·짜장면 등과 일본의 우동·어묵·초밥 등 소개
주거	서양식 건축(외국의 공사관, 명동 성당, 정동 교회, 손탁 호텔, 덕수궁의 석조전·중명전·정관헌 등)이 들어섬 (명동 성당: 1898년 고딕 양식으로 건립되었다. 중명전: 1905년 을사늑약이 체결되었다.)

3. 문학과 예술의 변화

(1) **문학**

신소설	이인직의 『혈의 누』, 안국선의 『금수회의록』❹ 등 ➡ 계몽적 성격
신체시	최남선의 「해에게서 소년에게」 등 ➡ 계몽적 성격

(2) **예술**

① 음악: 찬송가 도입, 창가와 창극❺ 유행

② 미술: 서양 화풍 도입으로 유화 제작

③ 연극: 최초의 서양식 극장인 원각사❻ 설립(1908) ➡『은세계』, 『치악산』 등의 신극 공연

4. 종교계의 변화

천주교	• 프랑스와 수교(1886) 이후 포교의 자유 인정 • **활동**: 사회 복지 사업 전개(양로원과 고아원 설립)
개신교	• **전래**: 미국과의 수교(1882) 이후 본격적으로 전래 • **활동**: 사립 학교 설립(배재 학당, 이화 학당 등), 병원 설립
천도교	• **성립**: 동학의 제3대 교주 손병희가 동학을 천도교로 개칭(1905) (동학의 정통성을 계승하면서, 동학 내의 친일 세력을 축출하였다.) • **활동**: 학교 설립, 『만세보』 발행
대종교	• **창시**: 나철과 오기호가 단군 신앙을 기반으로 창시(1909) • **활동**: 일제 강점 이후 종단의 중앙 기구를 간도로 옮김, 만주에서 포교 활동을 전개하며 민족의식과 항일 의식 고취, 무장 독립 투쟁에 기여
유교	박은식이 『유교 구신론』 저술(1909) ➡ 유교 개혁 주장 자료 ③
불교	한용운이 『조선 불교 유신론』 저술(1910) ➡ 불교 개혁 및 자주성 회복 주장

❶ **한성 전기 회사(1898)**
대한 제국의 황실과 미국인의 합작으로 설립된 회사이다. 발전소를 세우고 전등을 설치하였으며, 전차를 운영하였다.

❷ **광혜원**
우리나라 최초의 서양식 병원으로, 선교사 알렌의 건의에 따라 설립하였다. 이후 제중원으로 이름을 바꾸었다.

❸ **근대 시설 도입의 영향**
근대 시설의 도입으로 국민의 생활이 점차 편리해졌다. 그러나 근대 시설은 기술과 관리를 외국인에게 의존해야 했기 때문에 경영상 많은 부담을 졌다. 또한 근대 시설의 도입 과정에서 제국주의 열강이 영향력을 행사하고 이권을 챙겼으며, 침략에 이용하기도 했다.

❹ **금수회의록**

1908년 안국선이 발표한 신소설이다. 까마귀, 여우, 개구리, 벌 등 동물의 입을 빌려 인간 사회를 신랄하게 비판하였다.

❺ **창가와 창극**
창가는 서양식 곡에 우리말 노래 가사를 붙인 것이고, 창극은 한 사람이 부르던 판소리를 여러 사람이 나누어 부른 것이다.

❻ **원각사**

1908년 설립된 우리나라 최초의 서양식 극장으로, 서울 종로에 있었다. 처음에는 판소리 공연을 하다가 나중에는 신극을 공연했다.

자료 1 철도 부설

▲ 경인선 기관차 도입 기념식(1899)

▲ 철도를 파괴한 한국인의 처형(1904)

> 아리랑 고개에 정거장 짓고 전기차 오기를 기다린다.
> 문전의 옥토는 어찌 되고 쪽박신세가 웬 말인가
> 밭은 헐려서 신작로 되고 집은 헐려서 정거장 되네
>
> – 아리랑

*** 자료 분석**

- 철도 부설 과정에서 많은 토지가 철도 부지로 강제 수용되어 민중의 생활을 파괴하였다. 철도 부설 공사에 농민들이 강제로 동원되기도 하였다.
- 이에 일부 의병은 철도를 파괴하기도 하였다.

자료 2 근대 문물의 수용과 생활의 변화

> 이번 저희 세창 양행이 조선에서 개업하여 외국에서 자명종 시계, 각종 램프, 서양 단추, 각색 서양 작물, 서양 천을 비롯해 염색한 옷과 선명한 염료, 서양 바늘, 서양 실, 성냥 등 여러 가지 물건을 수입하여 공정한 가격으로 팔고 있으니 모든 손님과 상인은 찾아와 주시기 바랍니다.
>
> – 한성주보(1886. 2. 22.)

*** 자료 분석**

- 제시된 자료는 우리나라 최초의 신문 광고이다. 세창 양행은 인천에 있던 독일식 상점으로, 다양한 서양식 물품을 판매하였다.
- 개항 이후 외국 상인들은 서양 물건을 들여와 판매하였고, 이에 따라 우리나라 사람들의 일상생활 모습도 조금씩 바뀌어 갔다.

자료 3 박은식의 『유교 구신론』

> 이른바 3대 문제는 무엇인가. 첫째는 유교계의 정신이 오로지 제왕 측에 있고, 인민 사회에 보급할 정신이 부족함이오, 둘째는 여러 나라를 돌아다니면서 천하를 변혁하려 하는 정신을 강구하지 않고, 내가 동몽(童蒙: 공부를 시작하는 아동)을 찾는 것이 아니라 동몽이 나를 찾는다는 생각을 간직함이오, 셋째는 우리 대한의 유가에서 쉽고 정확한 법문을 구하지 아니하고 질질 끌고 되어 가는 대로 내버려 두는 공부만을 숭상함이다.

*** 자료 분석**

박은식은 『유교 구신론』에서 유교가 갖고 있는 여러 문제를 지적하였으며, 민중 중심의 유교 개혁을 주장했다.

개념 체크 문제

1. 다음 빈칸에 알맞은 말을 쓰시오.

[   ]은/는 1898년 황실과 미국인의 합작으로 세워진 우리나라 최초의 전기 회사이다. 한성의 [   ]와/과 전등을 관리하였다.

2. 다음 설명에 해당하는 근대 시설을 쓰시오.

> 우리나라 최초의 근대식 국립 의료 기관으로, 미국인 선교사이자 의사인 알렌의 건의로 세워졌다. 이후 제중원으로 명칭을 바꾸었다.

3. 정부가 설립한 기관과 그 기능을 바르게 연결하시오.

(1) 기기창 •　　　　• ㉠ 근대 무기 제조
(2) 박문국 •　　　　• ㉡ 화폐 주조
(3) 전환국 •　　　　• ㉢ 인쇄·출판 기관

4. 다음과 같은 철도를 부설한 국가를 쓰시오.

> 경인선, 경부선, 경의선

5. 다음 빈칸에 알맞은 근대 시설을 쓰시오.

[   ]은/는 1908년에 설립된 우리나라 최초의 서양식 극장으로 판소리와 신극을 상연하였다.

6. 다음에서 설명하는 인물을 찾아 쓰시오.

> ㄱ. 나철　ㄴ. 박은식　ㄷ. 손병희　ㄹ. 한용운

(1) 단군 신앙을 바탕으로 대종교를 창시하였다. (　　　)
(2) 동학을 천도교로 개칭하고 민족 종교의 정통성을 지키려 하였다. (　　　)
(3) 『조선 불교 유신론』을 저술하여 불교의 자주성 회복을 주장하였다. (　　　)
(4) 『유교 구신론』에서 유학이 갖고 있는 여러 문제를 지적하였다. (　　　)

❖ 정답 – 문제편 209p

3 근대 의식의 성장

1. 근대적 교육 제도의 도입

1880년대	• **원산 학사(1883)**: 함경도 덕원의 관리와 주민들이 설립한 최초의 근대식 학교, 근대 학문과 외국어 교육 • **동문학(1883)**: 정부가 세운 외국어 교육 기관, 영어 교육 • **육영 공원(1886)**: 정부가 설립, 헐버트 등 미국인 교사 초빙, 상류층 자제에게 근대 학문 교육 • **개신교 선교사**: 배재 학당(1885), 이화 학당(1886) 등 설립
갑오개혁기	교육 입국 조서❶ 반포(1895) ➡ 각종 근대적 관립 학교 설립 자료 ①
광무개혁기	각종 실업 학교 설립, 유학생 파견
을사늑약 전후	• 애국 계몽 운동의 일환으로 많은 사립 학교 설립(오산 학교, 대성 학교 등) • 일제의 탄압: 사립 학교령(1908)을 통해 사립 학교의 설립과 운영 통제, 교과서 검정 제도 실시 – 민족주의 성격을 띤 교과서를 배제하려 하였다.

2. 신문의 발간

신문	발행	특징
한성순보❷ (1883~1884)	박문국	• 순 한문, 우리나라 최초의 신문 • 정부의 개화 정책 홍보, 국내외 정세 소개
독립신문❸ (1896~1899)	서재필 등	• 순한글과 영문판으로 발행, 우리나라 최초의 민간 신문 • 국민 계몽과 민권 향상을 위해 노력, 외국인에게 국내 정세 전달
제국신문 (1898~1910)	이종일	순한글, 서민과 여성을 주 대상으로 함
황성신문 (1898~1910)	남궁억	• 국한문 혼용, 지식인과 유생층을 주 대상으로 함 • 을사늑약 이후 장지연의 「시일야방성대곡」을 처음 게재함
대한매일신보 (1904~1910)	베델❹, 양기탁	• 순한글·국한문·영문판의 세 종류로 발행 ➡ 독자층이 넓음 • 일제의 국권 침탈 비판, 의병 운동에 호의적, 국채 보상 운동 홍보

└ 일제는 신문지법을 제정(1907)하여 한국인의 신문 발행을 탄압하였다.

3. 국학의 발달

(1) **배경**: 국권 상실의 위기 ➡ 민족의식을 고취하고 민족 문화를 수호하기 위해 국사와 국어 연구 활발

(2) **국사와 국어 연구**

국난을 극복한 위인의 전기를 통해 민족의식과 애국심을 고취하고자 하였다.

국사	• **신채호**: 『이순신전』, 『을지문덕전』 등을 편찬해 민족의식 고취, 「독사신론」을 저술하여 민족주의 역사학의 방향 제시 자료 ② • **박은식**: 『동명왕실기』, 『천개소문전』 등을 편찬해 고구려를 높이 평가
국어	• 갑오개혁 이후 공문서, 신문, 잡지 등에 한글 사용 확대 • 국문 연구소 설립(1907): 주시경과 지석영 등이 국어의 문법과 발음 등 연구 • 유길준의 『대한문전』, 주시경의 『국어문법』 등 우리말 연구 서적 출간

4. 민권과 여권의 성장

(1) **민권의 성장**

① 평등 의식의 확산: 조선 후기 일부 실학자들이 양반 중심 신분제 비판 ➡ 갑신정변 당시 개화파들이 인민 평등권 확립 시도 ➡ 동학 농민 운동 때 농민들이 신분제 폐지 요구

② 제도의 변화: 갑오개혁 때 신분제, 연좌제, 과부의 재혼 금지 등 폐지

③ 사회 의식의 변화: 독립 협회의 활동❺으로 민권 의식 확산

(2) **여권 신장을 위한 노력**: 「여권 통문」 발표(1898), 찬양회·여자 교육회 등 조직, 국채 보상 운동 때 적극 참여 자료 ③

└ 찬양회: 우리나라 최초의 근대적 여성 단체이다.

---

❶ **교육 입국 조서**
1895년 고종이 발표한 교육에 관한 특별 조서이다. 교육이 국가 보존의 근본임을 밝히고, 덕(德)·체(體)·지(智)의 육성을 강조하였다.

❷ **한성순보**

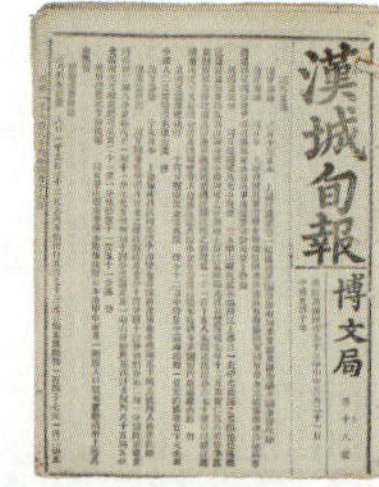

❸ **독립신문**

❹ **베델**

영국 출신의 기자로 1904년 러·일 전쟁이 발발하자 특파원으로 한국에 들어왔다. 그 해 7월에 양기탁과 함께 대한매일신보를 창간하였다. 영국인 베델이 발행인이었기 때문에, 대한매일신보는 일제의 간섭에서 비교적 자유로울 수 있었다.

❺ **독립 협회의 자유 민권 운동**
독립 협회는 신체의 자유와 재산권의 보장, 언론·집회의 자유 등을 요구하는 자유 민권 운동을 전개하여 민권 의식이 확산되는 데 큰 영향을 주었다.

자료 1 교육 입국 조서(1895)

세계의 정세를 보면 부강하고 독립하여 사는 모든 나라는 다 국민의 지식이 밝기 때문이다. 이제 짐은 정부에 명하여 널리 학교를 세우고 인재를 길러 새로운 국민의 학식으로써 국가 중흥의 큰 공을 세우고자 하니, 국민은 나라를 위하는 마음으로 덕과 체와 지를 기를지어다.

-『고종실록』

* 자료 분석
- 고종은 교육 입국 조서를 반포하여 교육이 실로 국가를 보존하는 근본임을 강조하였다.
- 이와 같은 인식을 바탕으로 갑오개혁 시기에는 근대적 학제를 마련하고 소학교, 외국어 학교, 사범 학교 등 각종 관립 학교를 설립하였다.

자료 2 신채호의 「독사신론」

국가의 역사는 민족의 흥망성쇠를 서술하는 것이다. 민족을 빼면 역사가 없으며 역사를 빼어 버리면 그 민족의 애국심이 사라질 것이니, 역사가의 책임이 얼마나 큰가? … 역사를 쓰는 사람은 민족의 형성 과정을 적고, 정치는 어떻게 번영하고 어떻게 쇠퇴하였는지, … 다른 민족과의 관계는 어떠하였는지를 서술해야 한다. 만일 민족을 주체로 한 역사 서술이 이루어지지 않는다면, 이는 무정신의 역사라.

* 자료 분석
- 신채호는 1908년 대한매일신보에 「독사신론」을 연재하였다.
- 그는 「독사신론」에서 국왕 중심의 유교적 역사 인식을 극복하고, 민족을 중심으로 한국사를 체계화하고자 하였다.
- 그리고 일본 역사서의 영향을 받아 편찬된 일부 국사 교과서를 비판하였다.

자료 3 여권 통문(1898)

먼저 문명개화한 나라를 보면 남녀가 같은 사람이라, 어려서부터 각각 학교에 다니며 여러 재주를 다 배우고 이목을 넓혀 장성한 후에 사나이와 부부가 되어 평생을 살더라도, 그 사나이의 통제를 하나도 받지 아니하고 도리어 극히 공경함을 받음은 다름 아니라 그 재주와 권리와 신의가 사나이와 같은 까닭이라.

—『황성신문』

* 자료 분석
- 1898년에 서울의 북촌 여성들은 여성의 교육권, 정치 참여권, 경제 활동 참여권 등을 명시한 「여권 통문」을 발표하였다.
- 이후 여성 운동 단체인 찬양회가 조직되었고, 찬양회는 순성 여학교를 설립하였다.

개념 체크 문제

1. 근대식 교육 기관의 명칭과 그 특징을 바르게 연결하시오.

(1) 원산 학사 •   • ㉠ 관립 외국어 교육 기관
(2) 동문학 •   • ㉡ 우리나라 최초의 근대식 학교
(3) 육영 공원 •   • ㉢ 헐버트 등 미국인 강사 초빙
(4) 배재 학당 •   • ㉣ 개신교 선교사가 설립

2. 다음 설명에 해당하는 조서를 쓰시오.

제2차 갑오개혁 당시 고종이 반포한 것이다. 이후 근대 학교 법규를 제정하여 소학교, 외국어 학교, 사범 학교 등 각종 관립 학교가 설립되었다.

3. 표는 개항 이후 발행된 신문과 그 특징을 정리한 것이다. 빈칸에 알맞은 말을 쓰시오.

( )	우리나라 최초의 신문, 박문국에서 발간
독립신문	최초의 민간 신문, 한글판과 ( ) 발행
( )	영국인 베델이 발행인, 일제의 간섭에서 비교적 자유로움

4. 다음 빈칸에 알맞은 말을 쓰시오.

( )은/는 1898년에 발표된 우리나라 최초의 여성 인권 선언문이다. 여성의 교육권, 참정권, 경제 활동 참여권이 명시되었으며, 찬양회의 조직으로 이어졌다.

5. 다음 빈칸에 알맞은 인물을 쓰시오.

(1) ( )은/는 「독사신론」을 저술하여 민족주의 역사학의 방향을 제시하였다.
(2) ( )은/는 『동명왕실기』 등을 편찬하여 고구려를 높이 평가하였다.
(3) ( )은/는 국문 연구소에서 활동하였고, 『국어문법』 등 우리말 연구 성과물을 출간하였다.

❖ 정답 – 문제편 209p

경제적 구국 운동, 그것이 알고 싶다!

개항 이후 조선은 열강의 경제 침탈에 무방비로 노출되었고, 수많은 이권이 일본, 미국, 러시아 등에게 넘어갔다. 이런 상황에서 제국주의 열강의 경제 침탈을 극복하고자 전개한 경제적 구국 운동에 대하여 알아보자.

최혜국 대우 조항에 따라 한 국가에 이권을 제공하면 결국 다른 국가에도 혜택을 주어야만 했다. 아관 파천 이후 이권 침탈이 더욱 가속화되었다.

• 방곡령이 선포된 도시
■ 방곡령이 선포된 지역
황해도 방곡령 사건(1890)
함경도 방곡령 사건(1889)
시전 상인 철시 운동(1890)
국채 보상 운동 시작(1907)
보안회의 일본 황무지 개간권 요구 반대(1904)

오늘은 열강의 경제 침탈에 맞서 경제적 구국 운동을 전개한 분들을 모시고 이야기를 나누어 보겠습니다. 어떤 활동을 하셨는지 말씀해 주세요.

조·청 상민 수륙 무역 장정 이후 청과 일본 상인은 서울에 상점을 설치하고 상권을 침탈하였어요. 저희는 외국 상점의 퇴거를 요구하며 철시 투쟁을 전개하였지요. 또한 황국 중앙 총상회를 조직하여 외국인의 불법적 상업 활동을 막고, 상권을 수호하고자 하였습니다.

시전 상인

러·일 전쟁 중 일제는 토지를 약탈하고자 국가와 황실이 소유한 황무지 개간권을 요구하였어요. 이에 보안회를 조직하여 거국적인 반대 운동을 벌였고, 결국 일제는 요구를 철회하였지요.

보안회 회원

일본 상인이 곡물을 대거 사들여 값이 크게 올랐고, 흉년으로 곡물이 부족해졌습니다. 저는 조·일 통상 장정에 근거하여 1개월 전에 외교 관청에 통고하고 방곡령을 선포했어요.

일본은 이 조항을 어겼다고 주장하며 방곡령 철회 및 배상을 요구하였고 조선은 이에 따랐다.

지방관

일제가 제공한 차관이 크게 늘어나, 일본에 대한 경제적 예속이 심해졌어요. 이런 상황에서 국민의 성금으로 국채를 갚고 국권을 지키자는 국채 보상 운동을 전개하였어요. 담배를 끊어 성금을 내고, 부녀자들은 비녀와 가락지를 팔아 동참하였어요.

국채 보상 운동 참여자

확인 문제

▶ 정답 – 문제편 209p

빈칸에 알맞은 용어를 쓰시오.

01 (　　　) 은/는 일제의 황무지 개간권 요구에 대한 반대 운동을 전개하였다.

02 시전 상인은 (　　　) 을/를 조직하여 외국인의 불법적 상업 활동을 막고, 상권을 수호하고자 하였다.

03 일본으로의 곡물 유출이 증가함에 따라 조·일 통상 장정에 근거하여 여러 차례 (　　　) 시행을 선포하였다.

내신 대비 필수 문제

★ 학교 시험 100점을 위한 실전 문제와 학력평가/모의평가 기출 문제

1 열강의 경제 침탈과 경제적 구국 운동

01 ✿✿✿

밑줄 친 '이 나라 상인'에 대한 설명으로 옳지 않은 것은?

> 이 나라 상인들은 강화도 조약 체결 이후 가장 먼저 조선의 상권에 본격적으로 침투하였다. 주로 영국산 면제품을 조선에 들여와 판매하고 조선의 쌀과 콩 등을 대량 구매하였다. 그 결과 조선의 쌀 유출이 심화되어 쌀값이 폭등하였다.

① 조·일 통상 장정에 따라 관세를 내게 되었다.
② 조선으로부터 영사 재판권의 혜택을 받았다.
③ 청·일 전쟁 이후 조선에서 세력이 약화되었다.
④ 조선이 개항한 직후 거류지 무역을 전개하였다.
⑤ 개항장에서 거래 시 자국의 화폐를 사용할 수 있었다.

02 ✿✿✿

(가)의 체결이 끼친 영향으로 옳은 것을 〈보기〉에서 고른 것은?

> 임오군란을 진압한 청은 조선에서 확대된 영향력을 바탕으로 조선 정부와 (가) 을/를 체결하였다. 이로써 청 상인의 내지 통상이 허용되었다.

[보기]
ㄱ. 조선은 방곡령의 시행이 가능해졌다.
ㄴ. 외국 상인들이 내륙으로 진출하였다.
ㄷ. 객주·여각 등 중개 상인이 몰락하였다.
ㄹ. 일본 상인들이 조선에서의 무역을 독점하였다.

① ㄱ, ㄴ ② ㄱ, ㄷ ③ ㄴ, ㄷ ④ ㄴ, ㄹ ⑤ ㄷ, ㄹ

03 ✿✿✿ 중요 (서술형)

밑줄 친 '이 사업'이 가져 온 결과를 서술하시오.

> 이 사업은 대한 제국에 재정 고문으로 파견된 메가타가 주도하였다. 백동화 남발로 인한 경제 혼란을 해결한다는 명목으로 추진되었는데, 기존에 사용되던 백동화 등을 일본 제일은행권으로 교환하는 과정에서 많은 문제가 발생하였다.

04 ✿✿✿ (출제 0순위 특강)

(가)에 들어갈 내용으로 옳은 것은?

> 열강의 경제적 침탈에 맞서기 위한 다양한 노력이 전개되었다. 한성은행과 대한 천일 은행 등 민족 자본을 바탕으로 한 근대적 은행이 등장하였고, 객주를 비롯한 상인들은 대동 상회와 장통 상회 등의 상회사를 설립하였다. 시전 상인은 (가)

① 방곡령을 선포하였다.
② 국채 보상 운동을 전개하였다.
③ 동양 척식 주식회사를 세웠다.
④ 황국 중앙 총상회를 조직하였다.
⑤ 일본의 황무지 개간권 요구를 좌절시켰다.

05 ✿✿✿ (출제 0순위 특강) 중요

다음 내용에 해당하는 민족 운동에 대한 설명으로 옳지 않은 것은?

> 지금 우리들은 정신을 새로이 하고 충의를 떨칠 때이니, 국채 1,300만 원은 우리나라의 존망에 직결된 것입니다. 이것을 갚으면 나라가 보존되고 갚지 못하면 나라가 망함은 필연적인 사실이나 지금 국고에서는 도저히 갚을 능력이 없으며, 만일 나라가 못 갚는다면 그때는 이미 3천리 강토는 내 나라 내 민족의 소유가 못 될 것입니다.

① 보안회를 중심으로 전개되었다.
② 대구에서 서상돈 등이 시작하였다.
③ 일제의 탄압으로 인해 중단되었다.
④ 국민의 호응을 얻어 전국으로 확산되었다.
⑤ 대한매일신보 등 언론이 적극 참여하였다.

❖ 정답 및 해설 73p

06 ✽✽✽ 2022 실시 9월 학평 16(고1)

밑줄 친 '장정'이 체결된 시기를 연표에서 옳게 고른 것은?

> 조선은 청 상선 원순태호의 한강 출입을 거부하였다. 청은 자국 상인이 양화진과 한성에 한하여 상점을 개설할 수 있도록 규정한 장정을 근거로 이 조치의 철회를 요구하였다. 하지만 조선은 해당 장정의 문구를 언급하며 상인의 상점 개설과 상선의 한강 출입은 별개의 문제라고 반박하였다.

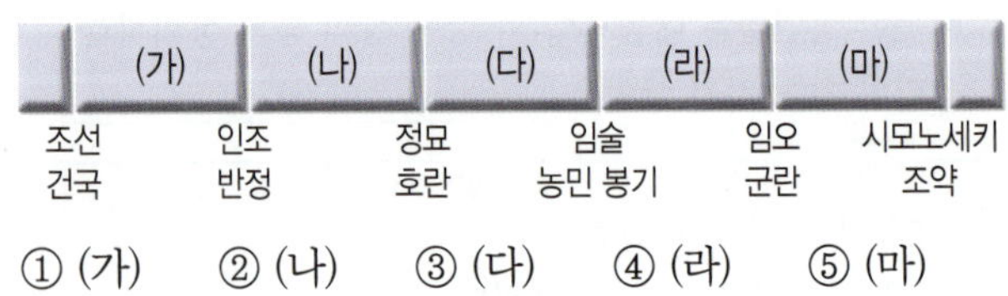

① (가)　② (나)　③ (다)　④ (라)　⑤ (마)

[07~08] 다음 자료를 읽고 물음에 답하시오.

> 1907년 안중근은 서상돈 등이 국채 1,300여만 원을 갚기 위해 대구에서 시작한 이 운동에 동참하였다. 그는 평양에서 관서 동맹회를 조직한 후 지역민에게 국채를 갚아야 한다는 취지서를 발표하고 의연금을 모았다. 또한 가족들에게 "나라가 망하게 되었는데 패물을 아껴서 무엇에 쓰리오."라고 말하였다. 이에 부인과 제수 모두 혼수로 가져왔던 패물을 흔쾌히 내놓았다.

07 ✽✽✽ 단답형

밑줄 친 '이 운동'의 명칭을 쓰시오.

08 ✽✽✽ 2023 실시 9월 학평 5(고2)

밑줄 친 '이 운동'에 대한 설명으로 옳은 것은?

① 갑오개혁 추진의 배경이 되었다.
② 동학 교조의 신원을 요구하였다.
③ 대한매일신보 등의 지원을 받았다.
④ 2·8 독립 선언의 영향을 받아 일어났다.
⑤ 사림이 동인과 서인으로 나뉘는 계기가 되었다.

09 ✽✽✽ 단답형 출제 0순위 특강

아래의 조치를 이르는 용어와 그 근거가 된 조약을 쓰시오.

> 우리 고을에 흉년이 든 것은 귀하도 잘 알고 있을 것이다. 궁지에 몰리고 먹을 것이 없어 비참하다. 곡물이 유출되는 것을 당분간 막지 않을 수 없다. … 음력 을유년 12월 20일부터 만 한달 이후부터는 곡물을 유출하지 못하도록 할 것이다.

(1) 용어:

(2) 조약:

10 ✽✽✽ 중요 학력평가 기출(변형)

그림에 나타난 정책에 대한 설명으로 옳지 않은 것은?

① 일본인 재정 고문의 주도로 추진되었다.
② 담당 기구로 동양 척식 주식회사를 설립하였다.
③ 시행 과정에서 일본으로부터 거액의 차관이 들어왔다.
④ 조선의 중소 상공업자들이 경제적 손실을 입게 되었다.
⑤ 일본 제일은행이 한국의 화폐 발행권을 장악하게 되었다.

2 서구 문물의 도입과 사회·문화의 변화

11 ✽✽✽

밑줄 친 ㉠~㉤에 대한 설명으로 옳지 않은 것은?

1. 우편: ㉠ 우정총국을 설치하여 근대적 우편 제도 실시
2. 전등: ㉡ 경복궁에 처음 가설
3. 전차: ㉢ 서대문과 청량리 사이에 운행 시작
4. 철도: ㉣ 경인선, 경부선, 경의선 설치
5. 의료: ㉤ 광혜원(제중원) 설립

① ㉠ – 갑신정변으로 중단되었다.
② ㉡, ㉢ – 한성 전기 회사 설립 이후의 사실이다.
③ ㉢ – 경인선 개통과 같은 해의 사실이다.
④ ㉣ – 모두 일본이 부설하였다.
⑤ ㉤ – 미국인 선교사 알렌의 건의로 세워졌다.

12 ✽✽✽

다음 가상 일기의 시기에 볼 수 있는 모습으로 옳지 않은 것은?

○월 ○일, 날씨 맑음

오늘은 황제 폐하께서 주관하시는 회의가 있는 날이었다. 처음에는 어색했던 서양식 관복이 꽤 익숙해졌다. 궁궐로 출근하는 길에 손탁 호텔에 들러 양탕국*을 한 잔 마셨다. 서양 외교관들과의 만찬에서 처음 맛본 양탕국의 쌉싸름한 맛이 나쁘지 않다. 회의에서는 많은 의견들이 오고 갔지만 뚜렷한 결론은 나오지 않았다.

* 양탕국: '서양에서 온 탕'이라는 뜻으로, 커피를 일컫던 말

① 머리를 짧게 자르는 농민
② 전차를 타고 이동하는 관리
③ 명동 성당에서 미사를 집전하는 신부
④ 양장 차림으로 거리를 활보하는 남성
⑤ 프랑스 군대를 기습 공격하는 조선군

13 ✽✽✽ 서술형

다음 자료를 토대로 근대 시설의 도입이 끼친 영향을 두 가지 쓰시오.

- 경인 철도의 열차 운행 시간은 … 매일 오전 7시에 떠나서 유현 7시 6분, 우각동 7시 11분, 부평 7시 36분 … – 『독립신문』
- 부산에서 의주 사이의 철도는 동아시아 대륙으로 통하는 큰길이다. 장래 중국을 횡단하여 곧바로 인도에 도달하는 도로가 될 것은 조금도 의심할 여지가 없다. – 야마가타 아리토모, 『조선정책상주』

14 ✽✽✽

다음 안내문에 따라 작성된 보고서의 제목으로 가장 적절한 것은?

〈한국사 수행 평가문 안내〉

주제: 개항 이후 들어온 근대 문물

- 조사 방법: 문헌 조사, 인터넷 검색 등
- 제출 기한: 2025년 ○○월 ○○일 오후 5시까지
- 분량: A4 용지 3장 이상

① 천체 관측 기구인 혼천의
② 한성 전기 회사가 운행한 전차
③ 선종 불교의 유행과 승탑의 제작
④ 화통도감에서 제작한 화약과 화포
⑤ 학문 연구와 선현에 대한 제사를 담당한 서원

15 ✽✽✽

(가)에 들어갈 내용으로 가장 적절한 것은?

1. 단원: 개항 이후 문학, 예술, 종교의 변화
2. 주제: 신체시의 등장
3. 탐구 활동: (가)

① 기기창의 역할을 조사한다.
② 금수회의록의 내용을 분석한다.
③ 원각사가 설립된 배경을 파악한다.
④ 해에게서 소년에게의 특징을 알아본다.
⑤ 이인직이 문학계에 끼친 영향을 정리한다.

16 ✽✽✽

밑줄 친 '이 종교'에 대한 설명으로 옳은 것은?

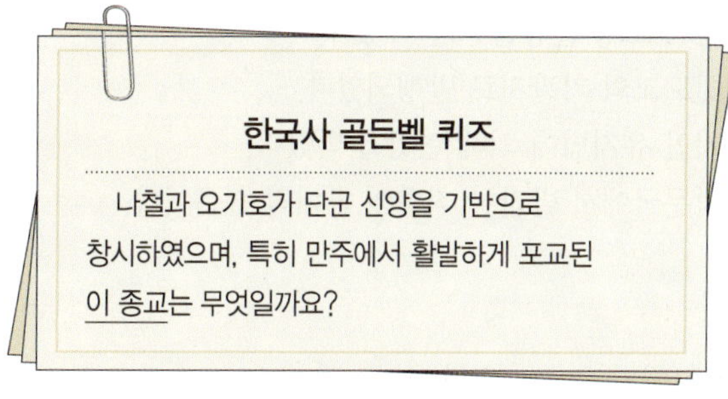

① 박은식이 개혁을 주장하였다.
② 항일 무장 독립 투쟁에 기여하였다.
③ 배재 학당 등의 사립 학교를 설립하였다.
④ 인내천, 후천개벽을 주장하여 많은 호응을 얻었다.
⑤ 만세보를 발행하여 애국 계몽 운동을 전개하였다.

❖ 정답 및 해설 73~75p

3 근대 의식의 성장

17 ✽✽✽

개항 이후 교육과 언론 활동에 대한 설명으로 옳은 것을 〈보기〉에서 고른 것은?

[보기]

ㄱ. 원산 학사에서는 외국어와 근대 학문을 가르쳤다.
ㄴ. 최초의 민간 신문인 독립신문은 한글판과 영문판으로 간행되었다.
ㄷ. 한성순보는 을사늑약 체결 직후 장지연의 시일야방성대곡을 실었다.
ㄹ. 개신교 계통의 선교사나 종교 단체들은 대성 학교, 오산 학교 등 많은 사립 학교를 세웠다.

① ㄱ, ㄴ ② ㄱ, ㄷ ③ ㄴ, ㄷ
④ ㄴ, ㄹ ⑤ ㄷ, ㄹ

[18~19] 다음 자료를 읽고 물음에 답하시오.

영국인 베델이 양기탁과 함께 이 신문을 창간하고, 박은식을 주필로 맞이하였다. …(중략)… 베델은 대한제국의 국권을 침탈하는 일본에 대한 비판을 신문의 주된 논지로 삼았다. 박은식은 이 신문을 통해 필봉을 휘둘러 일제에 쌓인 분노를 터뜨리며 거리낌 없이 곧은 말로 평론하였다.

18 ✽✽✽ 중요 2022 실시 11월 학평 3(고2)

밑줄 친 '이 신문'에 대한 설명으로 옳은 것은?

① 브나로드 운동을 전개하였다.
② 국채 보상 운동을 지원하였다.
③ 천도교의 기관지로 발행되었다.
④ 치안 유지법에 의해 탄압을 받았다.
⑤ 박문국에서 발간한 최초의 근대적 신문이다.

19 ✽✽✽ 서술형

밑줄 친 '이 신문'이 일본에 대한 비판을 신문의 주된 논지로 삼을 수 있었던 이유를 서술하시오.

20 ✽✽✽ 수능 기출(변형)

(가), (나) 창간사가 실린 신문에 대한 설명으로 옳은 것을 〈보기〉에서 고른 것은?

(가) 뜻있는 친구들을 모아 회사를 조직하고 새로 신문을 발간하는데 순국문으로 날마다 출판하고자 하니, 여러분께서는 많이 보시오. 신문의 명칭은 곧 이 신문이 우리 대황제 폐하의 당당한 대한국 백성에게 속한 신문이라는 뜻에서 지은 것이니 또한 중대하도다.
(나) 본사에서 신문을 발간하고자 하는데 국한문을 혼용하는 것은 황제 폐하의 성칙을 따르고자 하는 뜻이고, 그 다음은 고문(古文)과 금문(今文)을 함께 전하고자 함이며 그다음은 유생들이 보는데 편리하게 함이라.

[보기]

ㄱ. (가) – 갑신정변으로 발행이 중단되었다.
ㄴ. (나) – 영국인이 사장으로 활동하였다.
ㄷ. (나) – 「시일야방성대곡」이라는 논설을 게재하였다.
ㄹ. (가), (나) – 신문지법의 적용을 받았다.

① ㄱ, ㄴ ② ㄱ, ㄷ ③ ㄴ, ㄷ
④ ㄴ, ㄹ ⑤ ㄷ, ㄹ

21 ✽✽✽ 모의평가 기출(변형)

(가), (나) 신문에 대한 설명으로 옳은 것은?

(가) 박문국을 설치하고 관리를 두어 외국 소식을 폭넓게 번역하고 아울러 국내 일까지 실어 나라 안에 알리는 동시에 여러 나라에 반포하기로 하였다. …(중략)… 견문을 넓히고 여러 가지 의문점을 풀어주며 상리(商利)에도 도움을 주고자 하였다.
(나) 모두 언문으로 쓰는 것은 남녀 상하 귀천이 모두 보게 함이요, …(중략)… 또 한쪽에 영문으로 기록하는 것은 외국인이 조선 사정을 자세히 몰라서 편벽된 말만 듣고 조선을 잘못 생각할까 보아 실상 사정을 알게 하고자 함이다.

① (가) – 정부 정책을 알리는 관보적 성격을 지녔다.
② (가) – 서민층과 부녀자를 주된 독자층으로 삼았다.
③ (나) – 국채 보상 운동을 홍보하였다.
④ (나) – 장지연의 시일야방성대곡을 게재하였다.
⑤ (가), (나) – 신문지법에 의해 탄압받았다.

22 ✿✿✿

다음 조서를 반포한 후 조선 정부가 추진한 정책으로 옳은 것은?

> 아, 백성을 가르치지 않으면 나라를 굳건히 하기가 매우 어렵다. 세상 형편을 돌아보건대 부유하고 강하여 우뚝이 독립한 나라들은 모두 그 나라 백성들이 개명한 지식을 가지고 있다. 지식이 개명하는 것은 교육이 잘된 데서 이루어지는 것이다. 교육은 실로 나라를 보존하는 근본이 된다. -『고종실록』

① 육영 공원을 설립하였다.
② 한성 사범 학교를 설립하였다.
③ 교과서 검정 제도를 실시하였다.
④ 사립 학교의 설립과 운영을 통제하였다.
⑤ 동문학을 설치하여 영어 등을 교육하였다.

23 ✿✿✿ 단답형

다음에서 설명하는 근대 교육 기관을 쓰시오.

> • 우리나라 최초의 근대식 공립 교육 기관이다.
> • 헐버트, 길모어, 벙커 등 미국인 교사를 초빙하여 양반 자제들을 교육하였다.

24 ✿✿✿

(가) 신문에 대한 설명으로 옳은 것은?

> 인물 탐구 – 어니스트 베델(1872~1909)
> 영국 출신의 기자로, 한국 이름은 배설(裵說)이다. 러·일 전쟁이 발생하자 취재를 위해 특파원으로 한국에 들어왔으며, 이후 (가) 의 발행인으로서 언론 활동을 전개하였다.

① 서재필의 주도로 창간되었다.
② 우리나라 최초의 신문이었다.
③ 시일야방성대곡이 처음 발표되었다.
④ 의병 운동을 호의적으로 보도하였다.
⑤ 최초로 순한글을 사용하여 신문을 제작하였다.

25 ✿✿✿ 서술형

다음 활동들이 이루어진 배경과 목적을 서술하시오.

> • 신채호는 「독사신론」을 저술하였다.
> • 국문 연구소가 설립되어 국어의 문법과 발음 등이 연구되었다.

26 ✿✿✿

㉠~㉤에 들어갈 내용으로 옳지 않은 것은?

> 〈한국사 학술 동아리 발표회〉
> **주제: 한국사 속의 민권**
> 발표 1. 실학자들과 민권 ……… ㉠
> 발표 2. 갑신정변, 민권 향상을 시도하다 ……… ㉡
> 발표 3. 동학 농민 운동과 민권 ……… ㉢
> 발표 4. 민권을 제도적으로 뒷받침한 갑오개혁 ……… ㉣
> 발표 5. 여권 향상을 위한 노력 ……… ㉤

① ㉠ – 양반 중심 체제를 비판하였다.
② ㉡ – 과부의 재혼을 허용하였다.
③ ㉢ – 신분제의 폐지를 요구하였다.
④ ㉣ – 고문과 연좌제를 폐지하였다.
⑤ ㉤ – 찬양회가 조직되어 활동하였다.

27 ✿✿✿

다음 교육 기관에 대한 설명으로 옳은 것은?

> 듣건대 요즘 학생들이 까닭없이 핑계대고 공부를 성실히 하지 않으며, 심지어는 미국에서 힘들여 초빙한 교사가 돌아가겠다고 말하는 지경이니 매우 놀라운 일이다. 이제부터 좌원(左院)은 하루 건너 원(院)에 나가고, 우원(右院)에서는 날마다 성실히 공부하도록 하라. 이렇게 신칙한 후에 다시 종전의 버릇을 고치지 않으면, 그의 부형은 엄하게 처벌할 것이다. -『고종실록』

① 최초의 근대식 학교였다.
② 개신교 선교사들이 설립하였다.
③ 통역관 양성을 목적으로 세워졌다.
④ 교육 입국 조서에 따라 만들어졌다.
⑤ 양반의 자제들에게 근대 학문을 가르쳤다.

❖ 정답 및 해설 75~77p

내신 1등급 문제

28 ✽✽✽ (출제 0순위 특강)

다음 요구가 나오게 된 배경으로 가장 적절한 것은?

> 몇 년 전부터 청과 일본 상인이 상점을 한성에 개설하므로, 우리는 영업 이익을 잃게 되어 생업이 어려워지게 되었다. 이에 우리 시전 상인들은 가게 문을 닫고 시위에 나서며 정부에 다음을 요구한다.
> 외국 상인들을 인천 개항장으로 물러나게 하고, 한성은 우리 상인들만 영업하게 하라. 그러면 양측이 모두 생업을 보전할 수 있을 것이다.

① 메가타가 화폐 정리 사업을 실시하였다.
② 조·청 상민 수륙 무역 장정이 체결되었다.
③ 일제에 의해 토지 조사 사업이 실시되었다.
④ 양전 사업과 더불어 지계 발급이 시작되었다.
⑤ 경복궁 중건 비용 마련을 위한 정책이 실시되었다.

29 ✽✽✽

다음은 19세기 조선의 수입액 비중을 나타낸 것이다. (가), (나) 국가에 대한 설명으로 옳은 것을 <보기>에서 고른 것은?

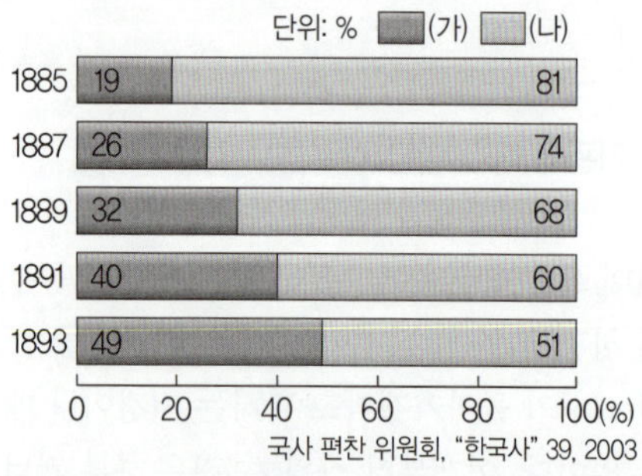

단위: %

연도	(가)	(나)
1885	19	81
1887	26	74
1889	32	68
1891	40	60
1893	49	51

국사 편찬 위원회, "한국사" 39, 2003

[보기]

ㄱ. (가) – 경부선, 경의선 철도 부설권을 획득하여 부설에 나섰다.
ㄴ. (가) – 임오군란 이후 막대한 자금력, 전신을 이용한 신속한 정보망으로 조선의 상권을 침탈해 나갔다.
ㄷ. (나) – 조선에서 주로 쌀, 콩 등 곡물을 수입해 갔다.
ㄹ. (나) – 대동 상회, 장통 상회 등 상회사를 설립하였다.

① ㄱ, ㄴ ② ㄱ, ㄷ ③ ㄴ, ㄷ
④ ㄴ, ㄹ ⑤ ㄷ, ㄹ

30 ✽✽✽

밑줄 친 철도가 개통된 시기에 볼 수 있는 모습으로 옳지 않은 것은?

> 우렁차게 토하는 기적 소리에
> 남대문을 등지고 떠나 떠나서
> 빨리 부는 바람과 같은 형세니
> 날개 가진 새라도 못 따르겠네
> – 최남선 '경부 철도가'

① 척화비를 제작하는 석공
② 제국신문을 읽는 부녀자
③ 전차를 타고 출근하는 시민
④ 국제 우편을 발송하는 관리
⑤ 명동 성당에서 미사를 보는 신부

31 ✽✽✽ 2023 실시 10월 학평 11(고3)

(가) 신문에 대한 설명으로 옳은 것은?

> [문학으로 만나는 한국사]
> 대영국인 배설 씨는 대한국을 위하여서
> 자기 재산 있는 대로 신문사를 창설하고
> 죽게 되는 대한인종 아무쪼록 살리려고
> 흉악한 놈 공격하고 착한 사람 칭찬하니
> …(중략)…
> 못 잊겠네 못 잊겠네 공의 공로 못 잊겠네
>
> [해설] (가) 의 발행인 베델(한국명 배설)을 기리는 추모 시가의 일부이다. 양기탁과 함께 (가) 을/를 창간하여 일제의 국권 침탈에 대항했던 베델을 기리는 마음이 잘 드러나 있다.

① 박문국에서 발간되었다.
② 최초의 순한글 신문이었다.
③ 브나로드 운동을 주도하였다.
④ 이승만 정부의 탄압을 받았다.
⑤ 국채 보상 운동의 확산에 기여하였다.

수능 대비 기출 문제

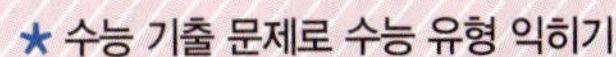
★ 수능 기출 문제로 수능 유형 익히기

32 ✿❀❀ 대표 유형 2023 대비 수능 10

밑줄 친 '운동'에 대한 설명으로 옳은 것은? [3점]

> **국채 보상 기성회에 관한 보고**
>
> 수신: 통감
> 발신: 통감부 경무총장
>
> 요즘 서울에는 국채 보상 기성회를 발기한 자들이 있다. 그 뒤에는 청년회·자강회 등의 단체가 있고, 대한 제국 황실에서도 암암리에 지지를 보내는 것 같다. …(중략)… 이들의 목적은 나라가 지고 있는 빚 1,300만 원을 보상하는 것이라고 하지만 실질적인 내용은 국권 회복을 의도하는 반일 운동임은 말할 나위도 없다. 그리고 이보다 앞서 대구에서 유지들이 금연회를 만들어 회원 1인이 1원씩을 내어 2천만 동포가 참여하면 1,300만 원의 국채를 보상할 수 있다고 한 것이 이 운동의 시작이었다.

① 호헌 철폐를 주장하였다.
② 서경 천도를 추진하였다.
③ 동학 교조의 신원을 요구하였다.
④ 대한매일신보 등 언론의 지원을 받았다.
⑤ 일본의 황무지 개간권 요구를 철회시켰다.

★ **대표 유형 분석**
이 유형은 주로 특정 사건과 관련된 역사 자료를 제시하고 이를 바탕으로 해당 사건을 파악한 뒤, 사건과 관련된 선택지를 고르는 방식으로 출제된다.

단서+발상

단서) 이들의 목적은 나라가 지고 있는 빚 1,300만 원을 보상하는 것이다.
발상) 서상돈 등을 중심으로 대구에서 국채 1,300만 원을 갚기 위해 국채 보상 운동이 시작되었다.
적용) 대구에서 시작된 국채 보상 운동은 언론 기관의 도움을 받아 전국으로 확산되었다.

33 ✿✿✿ 2023 대비 9월 모평 8

밑줄 친 '장정'에 대한 설명으로 옳은 것은?

① 집강소 설치의 근거가 되었다.
② 원산 총파업의 원인이 되었다.
③ 거중 조정의 내용을 담고 있다.
④ 통감이 부임하는 계기가 되었다.
⑤ 방곡령 시행을 미리 통지할 것이 규정되었다.

34 ✿❀❀ 2024 대비 6월 모평 9

(가)에 들어갈 내용으로 가장 적절한 것은?

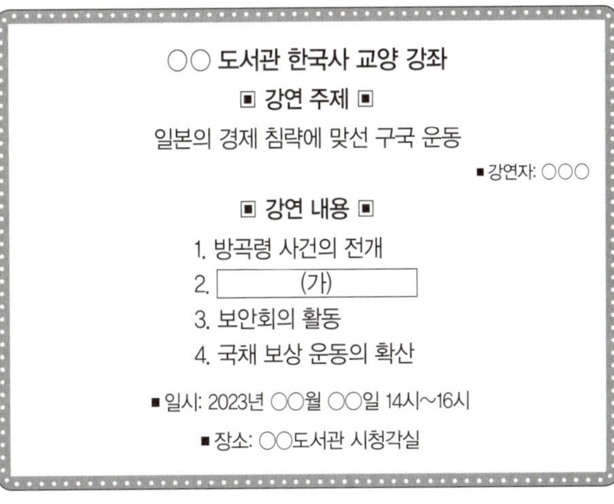

① 녹읍의 폐지
② 균역법의 시행
③ 새마을 운동의 추진
④ 전민변정도감의 설치
⑤ 황국 중앙 총상회의 조직

❖ 정답 및 해설 77~78p

13 일제의 국권 침탈과 국권 수호 운동

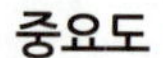

1 일제의 국권 침탈

1. 러·일 전쟁(1904~1905)

(1) **전쟁 전의 정세**: 제1차 영·일 동맹 체결(1902), 만주와 한반도를 둘러싼 러시아와 일본의 갈등 심화(용암포 사건❶ 등), 대한 제국(고종)이 국외 중립 선언

(2) **러·일 전쟁**: 일본이 러시아 군함을 기습 공격하여 전쟁 발발 ➡ 일본 우세 ➡ 포츠머스 조약 체결(1905)

└ 전쟁이 발발할 조짐이 보이자 고종은 국외 중립을 선언하였으나 일본은 이를 무시하였다.

2. 일제의 국권 침탈 출제 0순위 특강 p.168

한·일 의정서(1904. 2.)	일본이 한국의 영토를 군사 기지로 사용 가능
제1차 한·일 협약(1904. 8.)	일본인 재정 고문과 외국인 외교 고문 파견 ➡ 메가타와 스티븐스 파견
열강의 한국 지배 승인(1905)	가쓰라·태프트 밀약, 제2차 영·일 동맹, 포츠머스 조약 등
= 재정·외교 고문 용빙에 관한 협정서 **을사늑약**❷ (제2차 한·일 협약, 1905. 11.)	• 내용: 외교권 박탈, 통감을 두어 외교에 관한 사항을 관리 • 이후 통감부 설치, 초대 통감 이토 히로부미 파견 ➡ 내정과 외교 장악 • 고종의 저항: 미국에 헐버트를 파견해 도움 요청, 헤이그 특사❸ 파견
고종의 강제 퇴위(1907. 7.)	헤이그 특사 파견을 구실로 일본이 고종을 강제 퇴위시킴, 순종 즉위
한·일 신협약 (정미 7조약, 1907. 7.)	• 통감의 권한 강화, 통감이 추천한 일본인 차관 임명 • 부수 비밀 각서를 통해 대한 제국의 군대 해산(1907. 8.)
기유각서(1909)	사법권 강탈
한국 병합 조약(1910. 8.)	이완용과 데라우치가 체결, 대한 제국 멸망(일본의 식민지가 됨)

2 항일 의병 운동

1. 의병 운동의 전개 — 위정척사 운동을 계승하였다. 자료 ①

구분	계기	참여 세력	활동, 결과
을미의병 (1895)	을미사변, 단발령	유인석, 이소응 등 유생층이 주도, 농민과 동학 농민군 잔여 세력이 가담	단발령 철회와 고종의 해산 권고 조칙으로 해산 ➡ 일부는 활빈당 등 조직
을사의병 (1905)	을사늑약 체결	유생 의병장(최익현, 민종식), 평민 출신 의병장(신돌석)	민종식(한때 홍주성 점령), 최익현(쓰시마섬에서 순국)
정미의병 (1907)	고종의 강제 퇴위, 군대 해산	평민 의병장, 유생, 농민, 해산 군인, 상인 등 각계각층이 참여	해산 군인의 참여로 전투력과 조직력 강화, 의병 전쟁으로 발전

2. 의병 운동의 확산

(1) **서울 진공 작전**(1908): 이인영, 허위 등이 13도 창의군(13도 연합 부대) 편성 ➡ 서울 진공 작전 전개 ➡ 일본군에 밀려 실패

(2) **일본군의 진압**: 호남 의병들의 항전 지속 ➡ 남한 대토벌 작전(1909)❹

└ 이후 의병들은 만주·연해주 등으로 이동하여 독립군으로 활동하였다.

3. 항일 의거 활동의 전개

의거	• **나철(나인영), 오기호**: '자신회' 조직 ➡ 을사오적 처단 시도 (을사오적: 을사늑약에 찬성한 다섯 명의 대신이다.) • **전명운, 장인환**: 미국 샌프란시스코에서 친일 외교 고문 스티븐스 사살 • **이재명**: 명동 성당 앞에서 을사오적 중 하나인 이완용 습격 • **안중근**: 연해주에서 의병 투쟁 전개, 하얼빈에서 초대 통감 이토 히로부미 저격(1909) 자료 ②
기타	민영환·조병세 등이 자결, 장지연의 「시일야방성대곡」 등

을사늑약 체결에 반발한 장지연이 쓴 논설로 황성신문에 게재되었다.

---

❶ 용암포 사건(1903)
러시아가 압록강 일대의 삼림 채벌권 보호를 구실로 한국의 용암포를 점령하고 조차를 요구한 사건이다.

❷ 을사늑약의 불법성
• 일본이 군대를 동원해 강압적으로 체결함
• 고종 황제가 동의하지 않음
• 조약의 정식 명칭이 없음
• 위임－조인－비준이라는 절차를 하나도 지키지 않음

❸ 헤이그 특사
고종은 을사늑약의 부당성을 국제 사회에 호소하기 위해 1907년 네덜란드 헤이그에서 열린 만국 평화 회의에 이상설, 이준, 이위종을 파견하였다. 그러나 일제의 방해로 회의 참석을 거부당하였다.

▲ 항일 의병 투쟁의 전개

▲ 정미의병(1907)

❹ 남한 대토벌 작전
일제는 호남 지방을 완전히 봉쇄하고, 많은 의병을 체포·학살했다. 의병의 근거지가 될 만한 촌락과 가옥은 불태우고 약탈하였다.

자료 1 항일 의병 운동

◎ 을미의병

우리 국모의 원수를 생각하며 이미 이를 갈았는데 … 이에 감히 의병을 일으켜 마침내 이 뜻을 세상에 포고하노니, 위로는 공경에서 아래로는 서민에까지 어느 누가 애통하고 절박하지 않으리. – 유인석, 『의암집』

◎ 을사의병

지난 10월에 저들이 한 행위는 만고에 없던 일이다. 억압으로 한 조각의 종이에 조인하여 5백 년 전해 오던 종묘사직이 하룻밤에 망하였으니, … 나라가 망해 갈진대 어찌 한번 싸우지 않을 수 있는가. – 최익현, 『면암집』

◎ 정미의병

7월 이후로 황제 자리를 윽박질러 빼앗고 거짓으로 선위라 하고 … 미관말직이라도 일본인이 차지해 손대지 못하게 하니 백성이 발 디딜 곳이 없으므로 팔도의 의사가 서로 모의하지 않고도 뜻을 같이하니 이 또한 민심이 하늘의 뜻이라. – 노희태, 『격고문』

＊자료 분석

- 을미의병(1895)은 을미사변과 단발령을 계기로 일어났다. 위정척사 사상을 가진 유생들이 주도했고, 일반 농민들과 동학 농민 운동의 잔여 세력이 가담하였다.
- 을사의병(1905)은 을사늑약 강제 체결에 대항하여 일어났고, 신돌석 등의 평민 의병장이 등장하였다.
- 정미의병(1907)은 고종의 강제 퇴위와 군대 해산에 반발하여 일어났다. 의병 투쟁이 확산되면서 이인영을 총대장, 허위를 군사장으로 하는 13도 창의군이 결성되었다. 이들은 각국 영사관에 격문을 보내 의병을 국제법상 교전 단체로 승인해 달라고 요구하였다.
- 13도 창의군은 서울 진공 작전을 전개하였다. 허위가 이끄는 부대가 동대문 인근까지 진격했으나, 우세한 화력을 지닌 일본군에 밀려 실패하였다.

자료 2 안중근의 의거

뜻 있는 인사와 정의로운 사나이가 어찌 가만히 앉아서 동양 전체가 까맣게 타 죽는 참상을 기다리기만 할 것이며 또한 그렇게 하는 것이 옳겠는가. 그래서 동양 평화를 위한 의로운 싸움을 하얼빈에서 시작하였고, 옳고 그름을 가리는 자리를 뤼순으로 정하였다. – 안중근, 『동양 평화론』

＊자료 분석

- 안중근은 저서 『동양 평화론』에서 이토 히로부미를 동양 평화를 위협하는 적이라 판단하여 저격하였음을 밝혔다.
- 안중근은 재판 과정에서 '의병의 참모중장으로서 독립 전쟁의 일환으로 이토를 죽였기 때문에 형사범이 아니라 전쟁 포로로 대우해 줄 것'을 당당하게 요구하였다.

개념 체크 문제

1 일제의 국권 침탈

1. 다음 빈칸에 알맞은 조약을 쓰시오.

일본은 미국과 (　　　), 영국과 제2차 영·일 동맹, 러시아와 (　　　)을/를 체결하여 한국 지배에 대한 승인을 얻었다.

2. 다음은 국권 피탈 과정을 정리한 표이다. 빈칸에 알맞은 말을 쓰시오.

(　　　)	한국의 영토를 군사 기지로 사용
제1차 한·일 협약	(　　　) 정치
(　　　)	통감부 설치, (　　　) 박탈
한·일 신협약	통감의 권한 강화, (　　　) 임명

3. 밑줄 친 '특사'로 파견된 인물의 이름을 모두 쓰시오.

고종은 을사늑약의 부당성을 국제 사회에 호소하기 위해 1907년 네덜란드 만국 평화 회의에 특사를 파견하였다.

2 항일 의병 운동

4. 다음 빈칸에 알맞은 말을 쓰시오.

(1) 을미의병은 (　　　) 철회와 고종의 해산 권고 조칙으로 해산하였다.

(2) 을사의병 당시 신돌석과 같은 (　　　) 출신 의병장이 등장하였다.

(3) 정미의병 시기에는 (　　　)의 참여로 전투력과 조직력이 강화되었다.

5. 의열 투쟁의 인물과 관련된 내용을 바르게 연결하시오.

(1) 나철·오기호 • 　　• ㉠ 스티븐스 사살

(2) 이재명 • 　　• ㉡ 자신회 조직

(3) 안중근 • 　　• ㉢ 이완용 습격

(4) 전명운·장인환 • 　　• ㉣ 이토 히로부미 처단

❖ 정답 – 문제편 209p

3 애국 계몽 운동

1. 애국 계몽 운동

(1) **배경**: 을사늑약을 전후하여 국권 상실의 위기감이 높아짐

(2) **주도 세력**: 개화 운동과 독립 협회 활동을 계승한 지식인들(사회 진화론 수용)

(3) **방법 및 목표**: 민중 계몽, 교육과 산업 진흥을 통해 민족의 실력 양성 ➡ 국권 수호

(4) **애국 계몽 운동 단체** 자료 ①

보안회 (1904)	일본의 황무지 개간권 요구에 대한 반대 운동 전개 ➡ 일본의 요구 철회 ➡ 일본의 압력으로 강제 해산
헌정 연구회 (1905)	• **조직·목표**: 독립 협회를 계승하여 조직, 입헌 군주제 수립이 목표 • **활동·해산**: 일진회❶의 친일 행위 규탄, 을사늑약 이후 해산
대한 자강회 (1906)	• **목표**: 입헌 군주제 수립(헌정 연구회 계승), 교육과 산업 진흥 • **활동**: 전국에 지회 설치, 월보❷ 간행 • **해산**: 고종 강제 퇴위 반대 운동 주도 ➡ 통감부의 탄압으로 강제 해산(1907)

2. 신민회 자료 ②

조직	안창호, 양기탁 등이 비밀 결사로 조직(1907), 각계각층 참여
목표	공화정에 바탕을 둔 근대 국민 국가 건설
활동	• **실력 양성**: 대성 학교(평양, 안창호)·오산 학교(정주, 이승훈) 설립, 태극 서관(출판)·자기 회사 설립 ➡ 민족 산업 육성 • **독립운동 기지 건설**: 이상룡과 이회영 등이 무장 독립 투쟁을 위해 남만주(서간도)에 한인촌 건설, 신흥 강습소(신흥 무관 학교) 설립
해산	일제가 날조한 105인 사건❸으로 국내 조직 와해(1911)

3. 교육 및 언론·출판 활동

(1) **교육 활동**: 학회 설립(기호흥학회, 서북학회 등) ➡ 월보 발행, 사립 학교 설립 (신교육 보급, 인재 양성) ➡ 일제가 사립 학교령(1908)을 제정하여 탄압

(2) **언론·출판 활동**: 신문 및 잡지 발행 등을 통해 일제의 침략 규탄, 민중 계몽 ➡ 일제가 신문지법(1907)을 제정하여 탄압

+ 용어

❶ 일진회

1904년 송병준, 이용구 등을 중심으로 결성된 친일 매국 단체이다. 을사늑약 체결에 앞서 한국이 일본의 보호를 받아들여야 한다는 선언서를 발표하였다. 한국 병합 조약 체결 이전에는 합방 청원서를 제출하였다.

❷ 대한 자강회 월보

대한 자강회가 매달 발행한 기관지이다.

❸ 105인 사건

안중근의 사촌인 안명근이 독립운동 자금 모금 활동을 하다가 적발되었다. 일제는 이를 데라우치 총독 암살 미수 사건으로 날조하여 수백 명의 애국지사를 검거하고 그중 1심에서 105인에게 유죄 판결을 내렸던 사건이다.

4 독도와 간도

1. 독도

독도의 역사	• 신라: 이사부가 우산국을 복속시켜 독도가 우리 영토로 편입됨 • 조선: 『세종실록지리지』(울릉도와 독도를 강원도 울진현에 속한 섬으로 기록), 숙종 때 안용복이 일본에 건너가 울릉도와 독도가 조선의 영토임을 확인받음 • 일본의 태정관 지령문(1877): 울릉도와 독도가 조선의 영토이고, 일본과 관계없는 땅임을 명시함 • 대한 제국: 칙령 제41호(1900): 울릉도를 울도군으로 승격하고 독도를 관할하게 함
일본의 독도 편입	• 일본은 러·일 전쟁 중 시마네현 고시 제40호(1905)를 통해 독도가 무주지(주인 없는 땅)라 주장하며 불법으로 자국의 영토에 편입함 • 대한 제국은 울도 군수 심흥택의 보고(1906)로 독도 침탈 사실을 파악함

2. 간도

간도 귀속 문제	조선 후기에 청과의 국경을 확정하여 백두산정계비❹ 건립(1712) ➡ 19세기 후반 간도 이주민 증가, 토문강 해석을 둘러싸고 청과 간도 영유권 분쟁이 일어남 ➡ 대한 제국 시기 간도 관리사로 이범윤 파견, 일본이 간도에 통감부의 파출소 설치
간도 협약 (1909)	일본이 을사늑약으로 대한 제국의 외교권 강탈 ➡ 일본과 청이 간도 협약 체결(간도를 청의 영토로 인정, 일본은 청으로부터 만주의 철도 부설권·광산 채굴권 등을 얻어냄)

❹ 백두산정계비

백두산정계비에는 조선과 청이 동쪽은 토문강, 서쪽은 압록강을 국경으로 삼는다는 내용이 있었다. 청은 토문강을 두만강으로, 조선은 토문강을 쑹화강의 지류라고 주장하였다.

자료 1 애국 계몽 운동 단체

◎ 보안회

현재 산림, 천택, 원야의 황무지를 일본인들이 요구하고 있으니, 이는 곧 일국존망의 때요, 백성의 생사가 달려 있는 때니라. 무릇 우리 대한의 신민이 된 자는 한 치의 땅도 용납할 수 없어 … – 보안회 취지서(1904)

◎ 헌정 연구회

1. 제왕의 권위는 헌법에 정해진 바에 따라 존중할 것.
2. 정부의 명령은 법률 규칙에 정해진 바에 따라 복종할 것.
3. 국민의 권리는 법률에 정해진 바에 따라 자유로이 행사할 것. – 헌정 연구회 강령(1905)

◎ 대한 자강회

무릇 우리나라의 독립은 오직 자강의 여하에 있을 따름이다. … 자강의 방법은 다른 데 있는 것이 아니라 교육을 진작하고 산업을 일으키는 데에 있다. – 대한 자강회 취지문(1906)

* 자료 분석
- 보안회는 러·일 전쟁 중 일제가 황무지 개간권을 요구하자 반대 운동을 전개하여 저지시켰다.
- 헌정 연구회는 의회 설립을 통한 입헌 정치 체제 수립을 목적으로 활동하였다.
- 대한 자강회는 교육 진흥과 산업 육성을 통한 실력 양성을 주장하였으며, 전국에 지회를 설치하고 월보를 간행하였다.

자료 2 신민회의 활동

◎ 신민회의 설립 취지문

백성의 풍습이 무지하고 부패하니 새로운 사상이 급하고, 백성이 우매하니 신교육이 시급하도다. … 이것이 신민회가 발원하는 바이고, 신민회가 품은 뜻이며, 간단히 말해 오직 새로운 정신을 환기시키고 새로운 단체를 조직하여 신국가를 건설하는 것뿐이다. – 주한 일본 공사관 기록(1909)

◎ 국외 독립운동 기지 건설

… 남만주로 집단 이주하려고 기도하고, 조선 본토에서 상당한 재력이 있는 사람들을 그곳에 이주시켜 토지를 사들이고 촌락을 세워 새 영토로 삼고, 다수의 청년 동지들을 모집·파견하여 한인 단체를 일으키고, 학교를 세워 민족 교육을 실시하고, 나아가 무관 학교를 설립하여 문무를 겸하는 교육을 실시하면서 기회를 엿보아 독립 전쟁을 일으켜 구한국의 국권을 회복하고자 하였다.
신흥 강습소(신흥 무관 학교) – 105인 사건 판결문(1911)

* 자료 분석
- 신민회는 1907년 안창호, 양기탁 등이 조직한 비밀 결사였다.
- 신민회는 다른 애국 계몽 운동 단체들과 달리 공화정체의 근대 국민 국가 건설을 목표로 하였다.
- 일제의 탄압이 심해지고 한국 병합이 본격화되자 남만주에 독립운동 기지를 건설하여 장기적인 독립운동을 계획하였다.

개념 체크 문제

3 애국 계몽 운동

1. 다음 설명에 해당하는 단체를 찾아 쓰시오.

ㄱ. 대한 자강회　ㄴ. 헌정 연구회　ㄷ. 신민회

(1) 을사늑약 체결에 반대하였고, 을사늑약 이후 해산되었다. (　　　)

(2) 전국에 지회를 두고 월보를 간행하였다. (　　　)

2. 다음 설명에 해당하는 단체를 쓰시오.

일제의 황무지 개간권 요구에 대한 반대 투쟁을 벌여 일제의 요구를 철회시켰다.

3. 다음은 신민회의 활동을 정리한 표이다. 빈칸에 알맞은 말을 쓰시오.

목표	[　　　]에 바탕을 둔 근대 국민 국가 건설
실력 양성	• 대성 학교(안창호), [　　　](이승훈) • 태극 서관(출판), 자기 회사 설립
기지 건설	• [　　　]에 독립운동 기지 건설 • [　　　] 설립(독립군 양성)
해산	[　　　](으)로 국내 조직 와해

4 독도와 간도

4. 다음 내용 중 옳은 것에 ○ 표시를 하시오.

(1) 일제는 (청·일 전쟁 , 러·일 전쟁) 중에 시마네현 고시 제40호를 통해 독도를 불법 편입하였다.

(2) 일제는 만주의 철도 부설권과 탄광 채굴권을 얻는 대가로 (간도 협약 , 톈진 조약)을 체결하여 간도를 청의 영토로 인정하였다.

5. 다음 설명에 해당하는 용어를 쓰시오.

1712년 조선이 청과 영토의 경계를 정하기 위해 세운 비석으로, "서쪽으로는 압록강, 동쪽으로는 토문강을 경계로 삼는다."라는 내용을 담고 있다.

❖ 정답 – 문제편 209p

일제의 국권 침탈 과정

일본은 러·일 전쟁 무렵부터 단계적으로 대한 제국의 국권을 침탈해 나갔다. 국권 침탈과 관련된 조약의 명칭과 그 내용을 자세히 알아보자.

러·일 전쟁 발발 (1904. 2.)

한·일 의정서 (1904. 2.)

제4조 제3국의 침해 또는 내란으로 인해 대한 제국 황실의 안녕과 영토 보전에 위험이 있을 경우에 일본 제국 정부는 곧 필요한 조치를 취할 것이며, 대한 제국 정부는 일본 제국 정부의 행동이 용이하도록 충분히 편의를 제공한다. 일본 제국 정부는 전략상 필요한 지점을 형편에 따라 사용할 수 있다. → 일본이 한국 영토를 군사 기지로 사용 가능

제1차 한·일 협약 (1904. 8.)

제1조 대한 정부는 일본 정부가 추천하는 일본인 1명을 재정 고문에 초빙하여 재무에 관한 사항은 모두 그의 의견을 들어 시행해야 한다. → 메가타가 파견됨

제2조 대한 정부는 일본 정부가 추천하는 외국인 1명을 외교 고문으로 외부에 초빙하여 외교에 관한 중요한 업무는 모두 그의 의견을 물어 시행해야 한다. → 미국인 스티븐스가 파견됨

가쓰라·태프트 밀약 / 제2차 영·일 동맹 / 포츠머스 조약

일본은 미국과 가쓰라·태프트 밀약(1905. 7.), 영국과 제2차 영·일 동맹(1905. 8.), 러시아와 포츠머스 조약(1905. 9.)을 체결하여 열강들로부터 한국에 대한 독점적 지배권을 인정받았다.

을사늑약 (1905. 11.)

제2조 … 한국 정부는 지금부터 일본 정부의 중개를 거치지 않고서는 국제적 성질을 가진 어떠한 조약이나 약속도 맺지 않을 것을 서로 약속한다. → 외교권 박탈

제3조 일본국 정부는 그 대표자로 한국 황제 폐하 밑에 1명의 통감을 두되 통감은 오로지 외교에 관한 사항을 관리하기 위해 경성에 주재하고 친히 한국 황제 폐하를 만날 수 있는 권리를 가진다. → 통감부 설치, 통감 파견

헤이그 특사 파견

고종 강제 퇴위

한·일 신협약 (1907. 7.)

제1조 한국 정부는 시정 개선에 관하여 통감의 지도를 받는다. → 통감의 권한 강화

제5조 한국 정부는 통감이 추천하는 일본인을 한국 관리에 임명한다. → 일본인 차관 파견

군대 해산

경찰권 박탈

한국 병합 조약 (1910. 8.)

제1조 한국 황제 폐하는 한국 전체에 관한 일체 통치권을 완전하고도 영구히 일본 황제 폐하에게 양여한다. → 국권 상실

제2조 일본국 황제 폐하는 앞 조에 기재된 양여한다는 것을 수락하고, 또 완전히 한국을 일본 제국에 병합하는 것을 승낙한다. → 일본의 식민지가 됨

확인 문제

▶ 정답 – 문제편 209p

빈칸에 알맞은 용어를 쓰시오.

01 일제는 러·일 전쟁 중에 (　　　　) 을/를 강제로 체결하여 전쟁 수행에 필요한 대한 제국의 영토를 마음대로 사용하였다.

02 일제는 을사늑약을 강요하여 대한 제국의 (　　　　) 을/를 강탈하였다.

03 일제는 1910년 (　　　　) 을/를 체결하여 대한 제국을 강제 병합하였다.

내신 대비 필수 문제

★ 학교 시험 100점을 위한 실전 문제와 학력평가/모의평가 기출 문제

1 일제의 국권 침탈

01 ✿✿✿

다음 중 러·일 전쟁의 결과로 가장 적절한 것은?

① 영국이 거문도를 불법 점령하였다.
② 일본에서 메이지 유신이 시작되었다.
③ 일본이 대한 제국에 을사늑약을 강요하였다.
④ 청이 일본에게 랴오둥반도와 타이완을 할양하였다.
⑤ 일본군의 철수를 요구하며 동학 농민군이 봉기하였다.

02 ✿✿✿ 출제 0순위 특강 중요

다음은 국권 피탈 과정을 정리한 것이다. (가)~(마)의 내용으로 옳지 않은 것은?

구분	연도	주요 내용	결과 및 영향
한·일 의정서	1904	대한 제국의 영토 사용 허용	(가)
제1차 한·일 협약	1904	외국인 고문 초빙	(나)
을사늑약	1905	외교권 강탈	(다)
한·일 신협약	1907	일본인 차관 임명	(라)
한국 병합 조약	1910	국권 피탈	(마)

① (가) – 대한 제국의 국외 중립 선언의 무효화
② (나) – 메가타의 화폐 정리 사업
③ (다) – 청과 일본의 간도 협약 체결
④ (라) – 고종 황제의 헤이그 특사 파견
⑤ (마) – 조선 총독부 설치

03 ✿✿✿ 단답형

다음 내용이 포함된 조약의 명칭을 쓰시오.

> 제2조 러시아 제국 정부는 일본국이 한국에서 정치·군사상 및 경제상의 탁월한 이익을 갖는다는 것을 인정하고, 일본국 정부가 한국에서 필요하다고 인정하는 지도·보호 및 감리의 조치를 하는 데 이를 저지하거나 간섭하지 않을 것을 약정한다.
>
> –『구한말조약휘찬』

04 ✿✿✿

다음 상황 직후에 벌어진 일로 가장 적절한 것은?

> 러·일 전쟁에서 승기를 잡은 일본은 미국과 가쓰라·태프트 밀약을, 영국과 제2차 영·일 동맹을 맺어 두 나라로부터 대한 제국에 대한 지배권을 인정받았다. 또한, 미국의 중재로 러시아와 포츠머스 조약을 체결하여 러시아로부터 대한 제국에 대한 배타적 권리를 보장받았다.

① 을사늑약 체결 ② 국채 보상 운동
③ 고종의 강제 퇴위 ④ 13도 창의군 결성
⑤ 만주에 독립운동 기지 건설

05 ✿✿✿

밑줄 친 '특사' 파견이 끼친 영향으로 옳은 것은?

◀ 1907년 네덜란드의 헤이그에서 열린 만국 평화 회의에 특사로 파견된 이준, 이상설, 이위종

① 일본과 미국이 밀약을 맺게 되었다.
② 일본에 의해 고종이 강제 퇴위당하였다.
③ 러시아와 일본 사이에 전쟁이 발생하였다.
④ 최익현, 신돌석 등이 항일 의병을 일으켰다.
⑤ 일본이 외교와 재정 분야에 고문을 파견하였다.

06 ✿✿✿

다음 (가), (나) 조약 체결 사이 시기에 있었던 사실로 옳은 것은?

> (가) 제5조 한국 정부는 통감이 추천하는 일본인을 한국 관리에 임명한다.
>
> (나) 제1조 한국 황제 폐하는 한국 전체에 관한 일체 통치권을 완전하고도 영구히 일본 황제 폐하에게 양여한다.

① 대한국 국제가 마련되었다.
② 고종이 강제로 퇴위되었다.
③ 일본군이 경복궁을 점령하였다.
④ 안중근이 이토 히로부미를 사살하였다.
⑤ 군사권 강화를 위한 원수부가 설치되었다.

❖ 정답 및 해설 79p

07 중요

밑줄 친 '이 조약'의 내용으로 옳은 것은?

① 대한 제국의 군대를 해산한다.
② 각 부에 일본인 차관을 임명한다.
③ 대한 제국 황제 아래에 통감을 둔다.
④ 일본 공사관에 일본군을 두어 경비한다.
⑤ 외국인 고문이 외교 문제를 전담케 한다.

[08~09] 다음 자료를 읽고 아래 물음에 답하시오.

> 우리가 기억해야 할 외국인 유공자
> 호머 헐버트(1863~1949)
>
> 
>
> 호머 헐버트는 1905년 일제가 대한 제국의 외교권을 박탈한 (가) 을/를 체결하자 황제의 특사로 미국 대통령에게 밀서를 전달하고자 하였다. 또한 1907년 헤이그에서 열린 제2차 만국 평화 회의에 밀사를 보내도록 건의하였다. 이러한 공로 등으로 1950년 외국인 최초로 건국 공로 훈장 태극장을 받았다.

08 서술형

(가) 조약이 무효인 이유를 두 가지만 서술하시오.

09

2022 실시 9월 학평 15(고2)

(가) 조약의 결과로 옳은 것은?

① 통감부가 설치되었다.
② 척화비가 건립되었다.
③ 통신사가 일본에 파견되었다.
④ 부산 외 2개 항구가 개항되었다.
⑤ 최초로 최혜국 대우가 허용되었다.

10 출제 0순위 특강

(가)~(라)를 체결된 순서대로 바르게 나열한 것은?

> (가) 한국 정부는 이후에 일본국 정부를 경유치 않고서 국제적 성질을 가진 조약이나 약속을 하지 않기를 서로 약속함
> (나) 한국 정부는 통감이 추천하는 일본인을 한국 관리에 임명할 것
> (다) 한국 정부는 일본 정부가 추천하는 일본인 1명을 재정 고문으로 하여 한국 정부에 용빙하고, 재무에 관한 사항은 일체 그 의견을 물어서 시행할 것
> (라) 한국 황제 폐하는 한국 전부에 관한 통치권을 완전 또는 영구히 일본 황제 폐하에게 양여한다.

① (가) – (나) – (다) – (라)
② (가) – (다) – (라) – (나)
③ (나) – (라) – (다) – (가)
④ (다) – (가) – (나) – (라)
⑤ (다) – (나) – (가) – (라)

11

2021 실시 9월 학평 14(고1)

(가) 조약에 대한 설명으로 옳은 것은?

이번 '지하철로 떠나는 역사 여행'의 탐방 장소는 충정로역입니다. '충정로'라는 이름은 일제가 우리의 외교권을 강탈한 (가) 의 부당함을 규탄하기 위해 자결한 민영환의 시호 '충정(忠正)'에서 따온 것입니다.

충정로

① 3포의 개항을 허용하였다.
② 청의 알선으로 체결되었다.
③ 삼국 간섭의 배경이 되었다.
④ 방곡령 선포의 계기가 되었다.
⑤ 통감부 설치의 근거가 되었다.

2 항일 의병 운동

12 ✿✿✿

다음 자료를 바탕으로 추론한 내용으로 옳지 않은 것은?

〈의병장의 출신〉

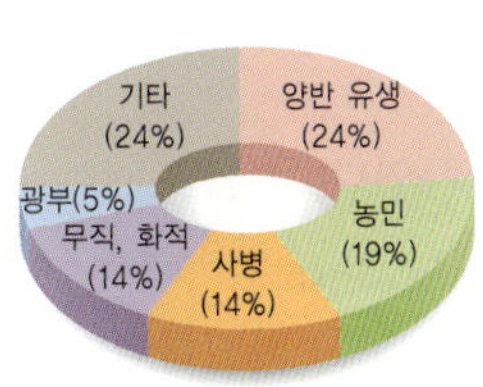

〈의병의 전투 참가 횟수와 참가 의병 수〉

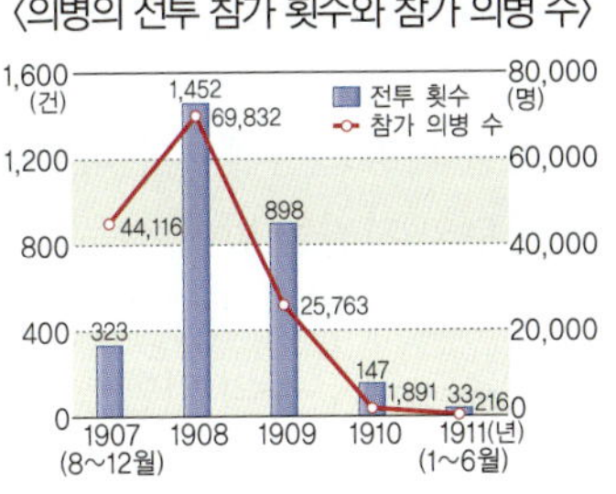

① 13도 창의군의 서울 진공 작전이 성공하였다.
② 유생 이외에도 다양한 평민 계층이 참여하였다.
③ 남한 대토벌 작전으로 의병 투쟁이 축소되었다.
④ 해산 군인의 합류로 의병의 전투력이 향상되었다.
⑤ 고종의 강제 퇴위로 의병 투쟁은 최고조에 이르렀다.

13 ✿✿✿ 중요

다음 자료와 관련된 의병 운동에 대한 설명으로 옳은 것은?

> **해외 동포에게 보내는 격문**
>
> 동포들이여! 우리는 함께 뭉쳐 조국을 위해 헌신하여 독립을 되찾아야 한다. 우리는 야만 일본 제국의 잘못과 광란에 대해 전 세계에 호소해야 한다. 간교하고 잔인한 일본 제국주의자들은 인류의 적이요, 진보의 적이다. – 대한 관동 창의대장 이인영(1907)

① 활빈당 활동으로 계승되었다.
② 최초로 일어난 항일 의병 항쟁이었다.
③ 조선책략의 유포에 대한 반발로 일어났다.
④ 해산 군인들의 합류로 전투력이 강화되었다.
⑤ 국왕의 해산 권고 조칙으로 대부분 해산하였다.

14 ✿✿✿ 서술형

밑줄 친 '명령'에 반발하여 일어난 의병의 주도 세력과 참여 세력에 대해 서술하시오.

> 고종이 비로소 머리를 깎고 내외 신민에게 모두 머리를 깎도록 하였다. … 머리를 깎으라는 명령이 내려지니 곡소리가 하늘을 진동하고 사람들은 분노하여 목숨을 끊으려 하였다. 형세가 바야흐로 격변하여 일본인들은 군대를 엄히 하여 대기시켰다.
>
> – 황현, 『매천야록』

15 ✿✿✿

다음은 항일 의병 운동의 특징을 정리한 것이다. 일어난 순서대로 바르게 나열한 것은?

> (가) 신돌석 등 평민 출신 의병장이 등장하였다.
> (나) 유인석, 이소응 등 양반 유생들이 주도하였다.
> (다) 해산 군인들이 합류하면서 의병 부대의 화력과 조직력이 강화되었다.

① (가)–(나)–(다)
② (가)–(다)–(나)
③ (나)–(가)–(다)
④ (나)–(다)–(가)
⑤ (다)–(나)–(가)

16 ✿✿✿ 서술형

(가) 인물의 활동을 두 가지 서술하시오.

> 검사: 범행 동기가 무엇인가?
> (가): 나는 일본 재판소에서 재판 받을 의무가 없다는 점을 먼저 말하겠다. 나는 의병의 참모중장으로 독립 전쟁을 하는 중이고, … 따라서 나는 형사범이 아니라 전쟁 포로이다.
>
> –『나라사랑』 34집

17 ✿✿✿

다음 자료를 활용한 탐구 활동으로 가장 적절한 것은?

• 태황제(고종 황제)를 복위시켜라. • 외교권을 돌려놓아라. • 통감부를 철거하라. … (중략) … • 군대 시설의 자유를 회복하라.	13도 창의군의 군사장인 허위가 선발대를 이끌었다. … (중략) … 그 목적은 통감부를 무너뜨리고 한·일 신협약 등을 파기하기 위함이었다.

① 서울 진공 작전의 결과를 알아본다.
② 진주 농민 봉기의 목적을 분석한다.
③ 5적 암살단을 조직한 배경을 알아본다.
④ 포츠머스 조약 체결의 결과를 파악한다.
⑤ 제너럴 셔먼호 사건의 영향을 살펴본다.

❖ 정답 및 해설 80~82p

3 애국 계몽 운동

18

다음 자료와 가장 관련이 깊은 단체는?

> 무릇 우리나라의 독립은 오직 자강(自强)의 여하에 있을 따름이다. … 자강의 방법은 다른 데 있는 것이 아니라 교육을 진작하고 산업을 일으키는 데 있다.

▲ 월보

① 보안회 ② 신민회 ③ 독립 협회
④ 헌정 연구회 ⑤ 대한 자강회

19

다음 중 애국 계몽 운동 단체에 대한 설명으로 옳은 것만을 〈보기〉에서 모두 고르면?

[보기]
ㄱ. 헌정 연구회 – 일제의 황무지 개간권 요구에 반대하였다.
ㄴ. 신민회 – 공화정 체제의 근대 국민 국가 건설을 지향하였다.
ㄷ. 대한 자강회 – 고종의 강제 퇴위 반대 운동을 전개하였다.
ㄹ. 보안회 – 자기 회사를 운영하여 민족 자본을 형성하려 하였다.

① ㄱ, ㄴ ② ㄱ, ㄹ ③ ㄴ, ㄷ
④ ㄱ, ㄴ, ㄹ ⑤ ㄴ, ㄷ, ㄹ

20 중요

2023 실시 9월 학평 14(고1)

(가) 단체에 대한 설명으로 옳은 것은?

안창호, 이회영, 이승훈 등이 국권 회복을 위해 비밀 결사로 조직한 (가) 의 활동에 대해 말해 볼까요?

대성 학교, 오산 학교를 세워 민족 교육을 실시 하였어요.

태극 서관을 운영하여 민족 산업 육성에 힘썼어요.

① 헌의 6조를 결의하였다.
② 만민 공동회를 개최하였다.
③ 105인 사건으로 탄압받았다.
④ 연통제와 교통국을 운영하였다.
⑤ 일본의 황무지 개간권 요구를 철회시켰다.

21

모의평가 기출(변형)

다음 단체들의 활동 내용으로 가장 적절한 것은?

• 호남학회(1907) • 서북학회(1908)
• 관동학회(1908) • 기호흥학회(1908)

① 항일 의병 운동을 지원하였다.
② 정부의 지원을 받아 신문을 창간하였다.
③ 고종 강제 퇴위 반대 운동을 전개하였다.
④ 교육 구국 운동의 일환으로 사립 학교를 설립하였다.
⑤ 일본의 황무지 개간권 요구 반대 운동을 전개하였다.

22

수능 기출(변형)

다음 재판 기록에 나타난 사건에 대한 설명으로 옳은 것은?

> 문: 피고는 징역 6년의 처분을 받고 그 판결에 대하여 항소하였는가?
> 답: 그렇다.
> 문: 판결에 따르면 피고는 윤치호, 양기탁의 명령에 따라 데라우치 총독 암살 모의에 동의하였다. 그 뒤 여러 번 회합을 가지면서 돈과 권총을 모으고 있던 중, 김구가 동지 일행을 인솔하여 왔고 …(중략)… 총독을 암살하려 하였으나 경계가 엄중하여 사격할 수 없었다는데, 사실인가?
> 답: 그건 전혀 사실이 아니다.

① 치안 유지법의 적용을 받았다.
② 신민회 회원들이 탄압을 받았다.
③ 대한 제국 황제의 복위를 꾀하였다.
④ 침체된 임시 정부에 활기를 불어넣었다.
⑤ 김익상의 폭탄 투척 의거가 발단이 되었다.

23 ✿✿✿ 중요

(가)에 들어갈 내용으로 가장 적절한 것은?

1. 탐구 주제: ○○○의 활동
2. 주요 인물: 안창호, 양기탁, 신채호 등
3. 활동:
   - 대성 학교와 오산 학교 등을 세워 민족 교육 실시
   - (가)
4. 와해: 105인 사건으로 와해

① 국외에 독립운동 기지 건설
② 입헌 군주제 수립을 목표로 활동
③ 고종의 강제 퇴위 반대 운동 전개
④ 만민 공동회를 개최하여 민권 신장 주장
⑤ 일제의 황무지 개간권 요구에 반대하는 운동 전개

[24~25] 다음을 읽고 물음에 답하시오.

1. 독립군 기지는 일제의 통치력이 미치지 않고 국내 진입에 가장 편리한 만주 일대에 설치한다.
2. 최적지가 선정되면 자금을 모아 토지를 구입한다. 자금은 ○○○의 조직을 통해 비밀리에 모금한다.
3. 토지가 매입되면 애국적인 인사들과 청년들을 단체 이주시켜 신한민촌을 건설하고, 농업을 통해 경제 자립을 실현한다.
4. 신한민촌에는 민단을 조직하고, 교육·문화 시설을 세우는 한편, 특히 무관 학교를 설립하여 사관을 양성한다.

24 ✿✿✿ 단답형

위와 같은 활동을 전개한 단체의 이름과 이 단체가 추구했던 정치 체제를 쓰시오.

25 ✿✿✿ 서술형

위 단체가 다른 애국 계몽 운동 단체와 달랐던 특징을 두 가지 이상 서술하시오.

4 독도와 간도

26 ✿✿✿ 중요

밑줄 친 '이곳'에 대한 탐구 활동으로 가장 적절한 것은?

일본인들이 울릉도와 이곳 주변에서 불법적인 어로 활동을 전개하자 조선 숙종 때 안용복은 일본으로 건너가 우리 영토임을 확인받았다. 일본은 1877년 태정관 문서를 통해 울릉도와 이곳이 일본과 관계없음을 명시하였으며, 대한 제국은 1900년 칙령 제41호를 통해 울릉도를 울도군으로 승격하고, 이곳을 관할하게 하였다.

① 간도 협약의 내용을 분석한다.
② 최초의 철도가 부설된 지역을 표시한다.
③ 고구려의 천리장성이 축조된 지역을 조사한다.
④ 병인양요와 신미양요가 일어난 지역을 알아본다.
⑤ 러·일 전쟁 중 일제가 불법 편입한 지역을 찾아본다.

27 ✿✿✿

밑줄 친 '이 지역'에 대한 설명으로 옳은 것을 〈보기〉에서 고른 것은?

1712년 청과 조선은 백두산정계비를 세워 양국의 경계를 정하였다. 19세기 후반 이 지역으로 이주하는 조선인이 늘어났고, 양국 사이에 영토 분쟁이 발생하였다. 양국 대표는 백두산정계비의 해석을 둘러싸고 팽팽히 맞섰고, 이 지역의 귀속 문제는 결론을 내리지 못하였다.

[보기]

ㄱ. 일본이 간도 협약을 체결하면서 청의 영토가 되었다.
ㄴ. 대한 제국에 의해 함경도의 행정 구역으로 편입되었다.
ㄷ. 6세기 신라 지증왕 때 우리 영토로 편입되었다.
ㄹ. 일본은 시마네현 고시를 통해 자국의 영토로 불법 편입하였다.

① ㄱ, ㄴ ② ㄱ, ㄷ ③ ㄴ, ㄷ
④ ㄴ, ㄹ ⑤ ㄷ, ㄹ

❖ 정답 및 해설 82~84p

내신 1등급 문제

28 ✲✲✲ 출제 0순위 특강 모의평가 기출(변형)

(가)~(다) 조약에 대한 설명으로 옳지 않은 것은?

> (가) 일본국 정부는 동경의 외무성을 경유하여 지금부터 한국의 외국에 대한 관계 및 사무를 감리, 지휘할 것이다.
> (나) 한국 정부는 시정 개선에 관하여 통감의 지도를 받아야 하며 통감이 추천한 일본인을 한국 관리로 임명해야 한다.
> (다) 대일본 제국 정부는 대한 제국 황실의 안녕과 영토 보전을 위하여 군사 전략상 필요한 지점을 수시로 사용할 수 있다.

① (가)에 의해 한국에 통감부가 설치되었다.
② (나)에 의해 일본인 재정 고문을 두게 되었다.
③ (다)는 일본이 러·일 전쟁 수행을 위해 강요한 것이다.
④ (가)와 (나)는 의병 운동이 일어나는 계기가 되었다.
⑤ (다)-(가)-(나)의 순서로 체결되었다.

29 ✲✲✲ 2023 실시 4월 학평 8(고3)

밑줄 친 '의병 부대'에 대한 설명으로 옳은 것은? [3점]

> 한국사 인물 카드
> • 성명: 허위
> • 생몰 연도: 1855년~1908년
> • 주요 활동
> 허위는 한·일 의정서 체결에 반발하여 일본의 침략을 규탄하는 격문을 배포하였으며, 대한 제국의 군대가 해산되자 연천 등지에서 의병 투쟁을 이끌었다. 또한 이인영을 총대장으로 하는 의병 부대의 군사장에 추대되어 일본군과 전투를 벌였다.

① 갑신정변을 일으켰다.
② 동북 9성을 축조하였다.
③ 봉오동 전투에서 승리하였다.
④ 서울 진공 작전을 전개하였다.
⑤ 조선 혁명 선언을 활동 지침으로 삼았다.

30 ✲✲✲

다음 사건에 대한 설명으로 옳은 것은?

> 거사일 며칠 전 하얼빈에 도착하여, 마침내 10월 26일 아침 9시 30분경 하얼빈 철도역에 내려 러시아 의장대를 사열하는 이토 히로부미를 향해 3발의 총을 쏘았다.

① 한인 애국단이 주도하였다.
② 3·1 운동의 원인이 되었다.
③ 러·일 전쟁이 일어나는 원인이 되었다.
④ 강제 병합된 이후 독립을 목표로 추진되었다.
⑤ 통감부가 한국을 통치하던 시기에 발생하였다.

31 ✲✲✲

밑줄 친 '이 학교'를 설립한 단체에 대한 설명으로 옳지 않은 것은?

> 나라가 기울어 가는데 그저 앉아 있을 수는 없다. 이 아름다운 강산, 조상이 지켜온 강토를 원수인 일본인에게 내맡길 수 있겠는가? 총을 드는 사람, 칼을 드는 사람도 있어야 할 것이다. 하지만 그보다도 더 중요한 것은 백성을 깨우치는 일이다. … 내가 오늘 이 학교를 세우는 것도 후손을 가르쳐 만분의 일이라도 나라의 도움이 되기를 원하기 때문이다.
> – 이승훈

① 자기 회사를 운영하였다.
② 무장 독립 투쟁을 준비하였다.
③ 입헌 군주제 수립을 목표로 하였다.
④ 국외에 독립운동 기지를 건설하였다.
⑤ 국권 회복을 위한 실력 양성을 도모하였다.

수능 대비 기출 문제

★ 수능 기출 문제로 수능 유형 익히기

32 ✿✿✿ 대표 유형 2024 대비 6월 모평 10

밑줄 친 '이 조약'의 결과로 옳은 것만을 〈보기〉에서 고른 것은? [3점]

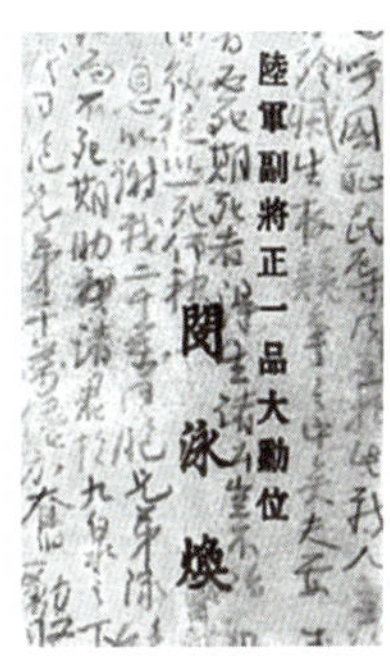

이것은 민영환이 자신의 명함에 남긴 유서의 일부이다. 그는 강제로 체결된 이 조약을 파기할 것과 체결에 앞장선 오적을 처단하라는 상소를 올렸다가 감옥에 갇히기도 하였다. 감옥에서 풀려난 그는 유서에 2천만 동포 형제에게 사죄한다는 말을 남기고 이 조약에 대한 항의의 표시로 자결하였다.

[보기]

ㄱ. 통감부가 설치되었다.
ㄴ. 부산, 원산, 인천이 개항되었다.
ㄷ. 대한 제국의 외교권이 박탈되었다.
ㄹ. 청과 일본의 군대가 동시에 철수하였다.

① ㄱ, ㄴ ② ㄱ, ㄷ ③ ㄴ, ㄷ
④ ㄴ, ㄹ ⑤ ㄷ, ㄹ

★ **대표 유형 분석**

이 유형은 주로 특정 조약과 관련된 역사 자료를 제시하고 이를 바탕으로 해당 조약을 파악한 뒤, 조약과 관련된 선택지를 고르는 방식으로 출제된다.

단서+발상

단서 강제로 체결되었고, 오적이 체결에 앞장섰다.
발상 국왕의 재가 없이 을사오적(을사늑약 체결에 앞장선 다섯 명의 대한 제국 대신)의 주도하에 강제로 체결된 조약은 을사늑약(1905)이다.
적용 을사늑약이 체결되어 일본인 통감이 부임하였고, 대한 제국은 자유로운 외교 활동을 펼칠 수 없게 되었다.

33 ✿✿✿ 2024 대비 9월 모평 11

(가) 단체에 대한 탐구 활동으로 가장 적절한 것은? [3점]

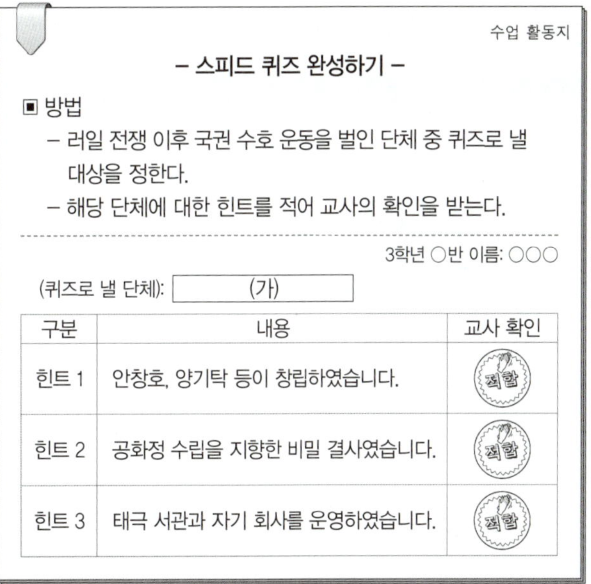

수업 활동지

– 스피드 퀴즈 완성하기 –

▣ 방법
– 러일 전쟁 이후 국권 수호 운동을 벌인 단체 중 퀴즈로 낼 대상을 정한다.
– 해당 단체에 대한 힌트를 적어 교사의 확인을 받는다.

3학년 ○반 이름: ○○○

(퀴즈로 낼 단체): (가)

구분	내용	교사 확인
힌트 1	안창호, 양기탁 등이 창립하였습니다.	적합
힌트 2	공화정 수립을 지향한 비밀 결사였습니다.	적합
힌트 3	태극 서관과 자기 회사를 운영하였습니다.	적합

① 도병마사의 기능을 찾아본다.
② 제가 회의의 구성원을 분석한다.
③ 대성 학교의 설립 목적을 조사한다.
④ 탕평 정치의 추진 배경을 살펴본다.
⑤ 조사 시찰단의 파견 이유를 알아본다.

34 ✿✿✿ 2024 대비 수능 11

다음 대화의 배경으로 가장 적절한 것은?

① 산미 증식 계획이 시행되었다.
② 암태도 소작 쟁의가 발생하였다.
③ 일본이 한국에 황무지 개간권을 요구하였다.
④ 조선 총독부가 토지 조사 사업을 실시하였다.
⑤ 회사 설립을 허가제로 하는 회사령이 제정되었다.

❖ 정답 및 해설 84~85p

대단원 마무리 문제

09 국제 질서의 변동과 개항

01

2023 실시 9월 학평 11(고1)

밑줄 친 '이 사건'에 대한 설명으로 옳은 것은?

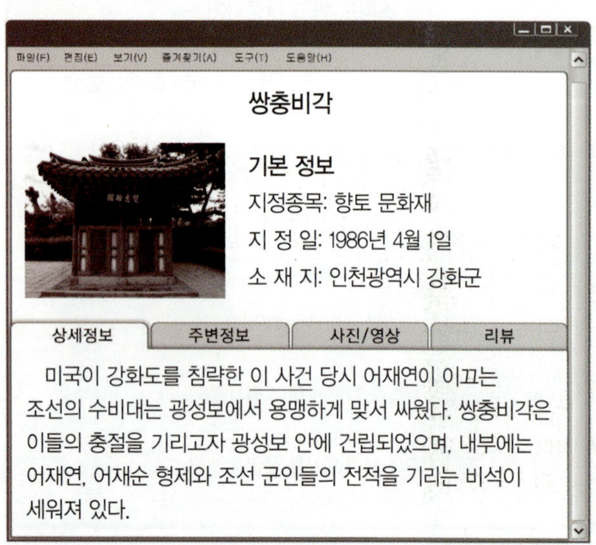

쌍충비각

기본 정보
지정종목: 향토 문화재
지 정 일: 1986년 4월 1일
소 재 지: 인천광역시 강화군

상세정보	주변정보	사진/영상	리뷰

미국이 강화도를 침략한 이 사건 당시 어재연이 이끄는 조선의 수비대는 광성보에서 용맹하게 맞서 싸웠다. 쌍충비각은 이들의 충절을 기리고자 광성보 안에 건립되었으며, 내부에는 어재연, 어재순 형제와 조선 군인들의 전적을 기리는 비석이 세워져 있다.

① 개경 환도의 배경이 되었다.
② 권율이 행주산성에서 활약하였다.
③ 비변사가 설치되는 결과를 가져왔다.
④ 이자겸의 난이 발생하는 계기가 되었다.
⑤ 제너럴 셔먼호 사건을 구실로 발생하였다.

02 중요

2023 실시 6월 학평 14(고1)

밑줄 친 '조약'에 대한 설명으로 옳은 것은?

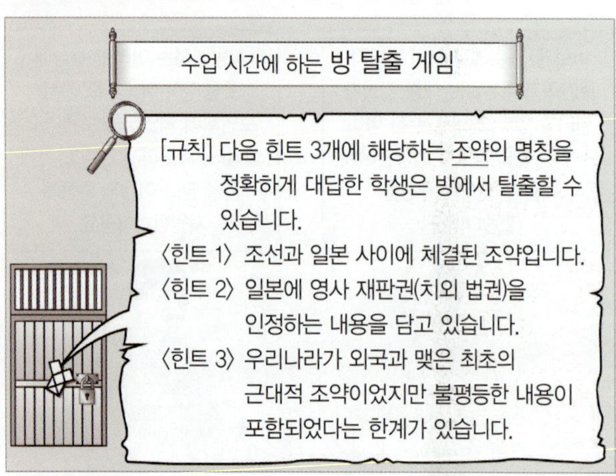

수업 시간에 하는 방 탈출 게임

[규칙] 다음 힌트 3개에 해당하는 조약의 명칭을 정확하게 대답한 학생은 방에서 탈출할 수 있습니다.
〈힌트 1〉 조선과 일본 사이에 체결된 조약입니다.
〈힌트 2〉 일본에 영사 재판권(치외 법권)을 인정하는 내용을 담고 있습니다.
〈힌트 3〉 우리나라가 외국과 맺은 최초의 근대적 조약이었지만 불평등한 내용이 포함되었다는 한계가 있습니다.

① 청일 전쟁의 결과로 체결되었다.
② 조선책략 유포에 영향을 받았다.
③ 운요호 사건을 계기로 맺어졌다.
④ 최혜국 대우 조항을 포함하였다.
⑤ 일본 공사관에 경비병 주둔을 허용하였다.

10 근대 사회로의 변혁

03

다음 주장을 펼친 세력에 대한 설명으로 옳은 것은?

> 서양의 종교는 사교이므로 마땅히 음탕한 음악이나 미색(美色)처럼 여겨서 멀리해야겠지만, 서양의 기계는 이로워서 진실로 백성의 생활을 편리하게 할 수 있다.

① 이항로, 기정진 등이 해당한다.
② 급진적 개혁 추진을 주장하였다.
③ 서양의 과학 기술 수용을 주장하였다.
④ 청과의 사대 관계 청산을 주장하였다.
⑤ 정변을 통해 정권을 장악하려 하였다.

04 중요

다음 주장이 제기되던 시기의 상황으로 옳은 것은?

> 전하께서는 … 안으로 관리들로 하여금 사학의 무리를 잡아 베게 하시고, 밖으로 장병으로 하여금 바다를 건너오는 적을 정벌하게 하소서. – 이항로

① 일본이 경복궁을 점령하였다.
② 정부가 개화 정책을 추진하였다.
③ 조선책략이 국내에 널리 유포되었다.
④ 일본의 강요로 개항이 이루어지려 하였다.
⑤ 서양 세력이 통상을 요구하며 침입하였다.

05

다음 사건의 결과를 〈보기〉에서 고른 것은?

> 군인들에게 급료를 지급하지 않은 지 이미 반년이 되었을 뿐만 아니라 민겸호의 하인이 겨를 섞어 미곡을 지급하였다. … 여러 사람들이 원통하고 분함을 참지 못해 드디어 들고 일어나 민겸호의 집으로 달려갔다.

[보기]
ㄱ. 일본과 제물포 조약을 체결하였다.
ㄴ. 일본 군함 운요호가 강화도를 침략하였다.
ㄷ. 청에서 파견한 고문이 조선의 내정을 간섭하였다.
ㄹ. 영남 유생들이 이만손을 중심으로 만인소를 올렸다.

① ㄱ, ㄴ ② ㄱ, ㄷ ③ ㄴ, ㄷ ④ ㄴ, ㄹ ⑤ ㄷ, ㄹ

06 ✿✿✿ 서술형

다음 주장이 나타나게 된 배경과 한계에 대해서 서술하시오.

> 우리나라가 아시아의 중립국이 된다면 실로 러시아를 방어하는 큰 기틀이고 또한 아시아의 여러 대국이 서로 보전하는 정략이 될 수 있다. …… 오직 중립 한 가지만이 우리나라를 지키는 방책이다. – 유길준, 『중립론』

11 근대 국가 수립을 위한 노력

07 ✿✿✿

(가) 시기에 전개된 동학 농민군의 활동으로 옳지 않은 것은?

▲ 고부 농민 봉기

▲ 전봉준 압송

① 전주에서 정부와 화약을 맺었다.
② 우금치에서 일본군과 전투를 벌였다.
③ 황토현에서 관군에게 승리를 거두었다.
④ 농민 자치 기구인 집강소를 설치하였다.
⑤ 삼례에서 교조 신원을 위한 집회를 열었다.

08 ✿✿✿ 중요

(가), (나) 개혁안이 제기되던 시기의 상황으로 옳은 것은?

> (가) 1. 흥선 대원군을 빨리 귀국시키고 종래 청에 행하던 조공의 허례를 폐지한다.
> 2. 문벌을 폐지하고 인민 평등권을 제정하여 능력에 따라 관리를 임명한다.
> 4. 내시부를 없애고 그중에서 우수한 인재를 등용한다.
>
> (나) 1. 이후 국내외 공사 문서에 개국 기년을 사용한다.
> 2. 문벌과 양반, 상민 등의 계급을 타파하여 귀천에 구애됨이 없이 인재를 뽑아 쓴다.
> 7. 과부의 재혼은 귀천을 막론하고 자유에 맡긴다.

① (가) – 동학 농민 운동이 일어났다.
② (가) – 일본에 외교권을 박탈당하였다.
③ (나) – 군국기무처가 개혁을 주도하였다.
④ (나) – 급진 개화파 세력이 정변을 일으켰다.
⑤ (가), (나) – 통리기무아문에서 개화 정책을 추진하였다.

09 ✿✿✿

밑줄 친 부분과 관련된 사건이 발생한 배경으로 옳은 것은?

> <u>국모의 원수</u>를 생각하며 이를 갈았는데, 참혹한 일이 더하여 우리 부모에게서 받은 머리털을 풀 베듯이 베어 버리니 이 무슨 변고입니까. … 이에 감히 의병을 일으켜 이 뜻을 세상에 포고하노니, … 어느 누가 애통하고 절박한 뜻이 없겠습니까? – 유인석, 『의암집』

① 영국이 거문도를 불법적으로 점령하였다.
② 톈진 조약으로 청·일 양국군이 철수하였다.
③ 러시아에 밀리던 일본이 세력을 만회하려 하였다.
④ 고종의 아관 파천으로 러시아의 영향력이 강해졌다.
⑤ 러시아와 일본의 전쟁 기미가 보이자 국외 중립을 선언하였다.

10 ✿✿✿ 서술형

밑줄 친 '개혁' 당시 추진된 정책을 세 가지만 서술하시오.

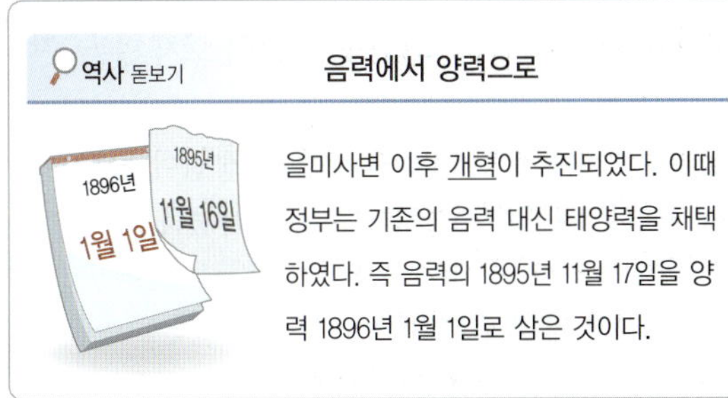

을미사변 이후 <u>개혁</u>이 추진되었다. 이때 정부는 기존의 음력 대신 태양력을 채택하였다. 즉 음력의 1895년 11월 17일을 양력 1896년 1월 1일로 삼은 것이다.

11 ✿✿✿

다음 주장이 반영된 정책으로 옳은 것은?

> 육대주와 동등하여 만국과 나란히 하는 것은 폐하의 권리이고, 폐하의 백성이 되어 폐하의 강토를 지키고 그 정치를 거슬리고 법률을 어지러이 하는 신하가 있어서 종사를 해롭게 하면 탄핵하여 성토하는 것은 저희들의 권리입니다. 어떤 자가 민권이 성하면 군권(君權)이 반드시 줄 것이라 말하니, 그 무식함이 이보다 심함이 있겠습니까?

① 비변사의 기능이 축소되었다.
② 새로운 중추원 관제가 반포되었다.
③ 대한 제국이 대한국 국제를 제정하였다.
④ 자율적 개혁을 위한 교정청이 설치되었다.
⑤ 개화 정책을 총괄하는 통리기무아문을 설치하였다.

❖ 정답 및 해설 85~88p

12 ✽✽✽

다음을 반포한 정부가 추진한 개혁 내용을 〈보기〉에서 고른 것은?

> 제1조 대한국은 세계 만국이 공인한 자주독립 제국이다.
> 제2조 대한국의 정치는 만세 불변의 전제 정치이다.
> 제3조 대한국 대황제는 무한한 군주권을 누린다.

[보기]

ㄱ. 박문국을 설치하고 한성순보를 발행하였다.
ㄴ. 교육 입국 조서를 반포하고 학교를 설립하였다.
ㄷ. 상공 학교를 세워 근대적 상공업자를 양성하였다.
ㄹ. 지계를 발행하여 근대적 토지 소유권을 확립하였다.

① ㄱ, ㄴ ② ㄱ, ㄷ ③ ㄴ, ㄷ ④ ㄴ, ㄹ ⑤ ㄷ, ㄹ

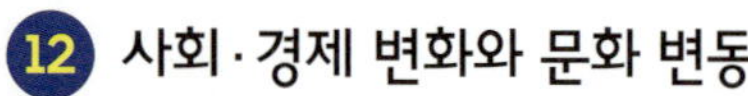

12 사회·경제 변화와 문화 변동

13 ✽✽✽

다음과 같은 상황이 나타나던 시기에 볼 수 있는 모습으로 가장 적절한 것은?

> 어떠한 벽촌이든지 장날에 청 상인이 오지 않는 곳이 없다고 한다. … 지금까지 안성 시장에는 수원 상인이 많았다. … 요즘 들어 안성 시장에 청 상인이 늘어나 점차 상권을 빼앗겨 폐업하는 자가 많아졌다.

① 별기군과의 차별에 분개하는 구식 군인들
② 조선에서 영국산 면직물을 판매하는 일본 상인
③ 중개 무역을 통해 많은 돈을 벌어들이는 객주
④ 궁궐 앞에 모여 서원 철폐 반대를 외치는 유생
⑤ 혹세무민의 죄로 처형을 당하는 동학의 교주 최제우

14 ✽✽✽

밑줄 친 '금지령'에 대한 설명으로 옳은 것은?

> 지난 1889년 함경도에 기근이 들었는데 콩의 수확 상황이 심각하기에 장정(章程)에 의하여 <u>금지령</u>을 내리고 외교 담당 부서에 통보하였습니다. 이에 원산항 감리에게 공문을 보내서 기한을 정하고 수출을 못하게 하였습니다.

① 대동 상회가 주도하였다.
② 일본의 항의를 초래하였다.
③ 조·일 무역 규칙에 따라 시행되었다.
④ 객주들이 부를 축적하는 결과를 가져왔다.
⑤ 곡물의 생산량 증대를 목적으로 실시되었다.

15 ✽✽✽ 중요

모의평가 기출

(가)에 들어갈 내용으로 가장 적절한 것은?

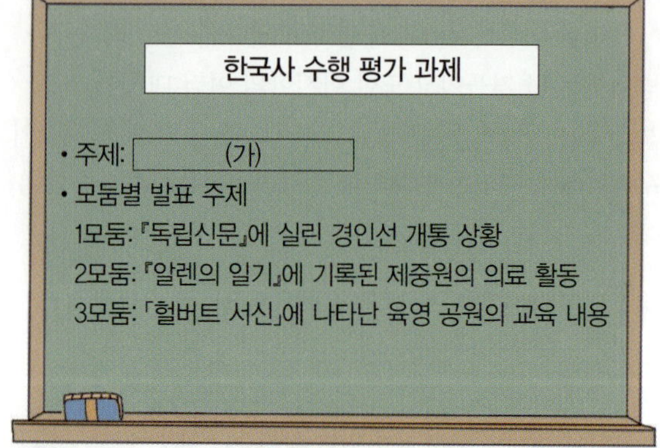

① 경제적 구국 운동
② 중앙아시아 한인의 삶
③ 무장 독립 전쟁의 전개
④ 근대 문물의 수용과 변화
⑤ 신탁 통치를 둘러싼 갈등

16 ✽✽✽

모의평가 기출

밑줄 친 '최초의 철도'가 개통된 시기를 연표에서 옳게 고른 것은?

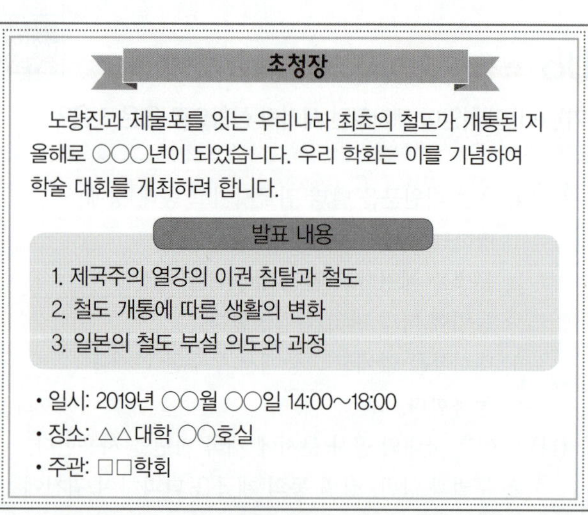

초청장

노량진과 제물포를 잇는 우리나라 <u>최초의 철도</u>가 개통된 지 올해로 ○○○년이 되었습니다. 우리 학회는 이를 기념하여 학술 대회를 개최하려 합니다.

발표 내용

1. 제국주의 열강의 이권 침탈과 철도
2. 철도 개통에 따른 생활의 변화
3. 일본의 철도 부설 의도와 과정

• 일시: 2019년 ○○월 ○○일 14:00~18:00
• 장소: △△대학 ○○호실
• 주관: □□학회

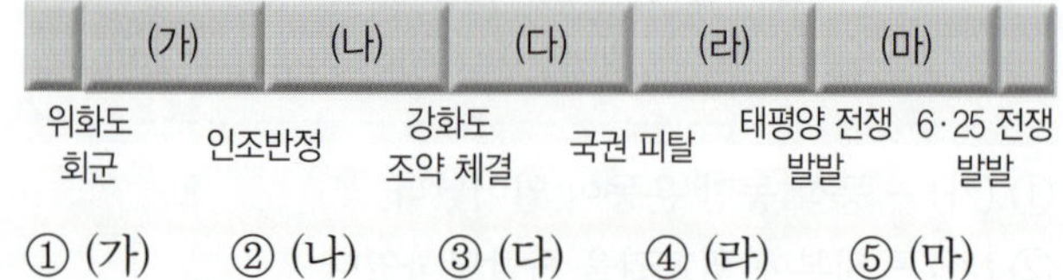

① (가) ② (나) ③ (다) ④ (라) ⑤ (마)

17 ✿✿✿ 중요

(가)에 대한 설명으로 옳은 것은?

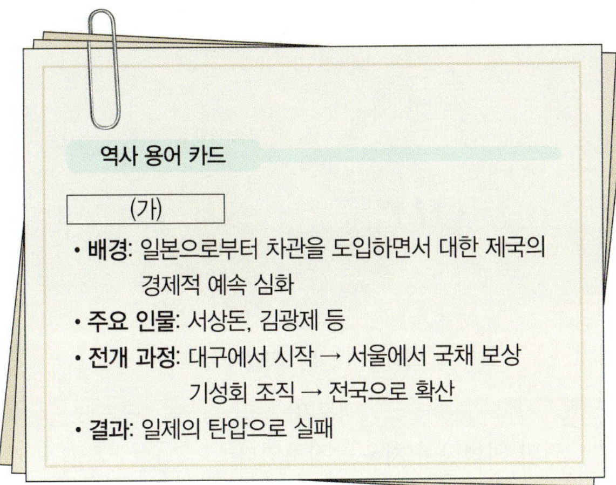

역사 용어 카드

(가)

• **배경:** 일본으로부터 차관을 도입하면서 대한 제국의 경제적 예속 심화

• **주요 인물:** 서상돈, 김광제 등

• **전개 과정:** 대구에서 시작 → 서울에서 국채 보상 기성회 조직 → 전국으로 확산

• **결과:** 일제의 탄압으로 실패

① 만민 공동회를 통해 개혁을 주장하였다.
② 대한매일신보 등 언론사의 지원을 받았다.
③ 일본의 황무지 개간권 요구를 철회시켰다.
④ 윌슨의 민족 자결주의로부터 영향을 받았다.
⑤ 토산품 애용을 통한 민족 경제의 발전을 추구하였다.

18 ✿✿✿

2023 실시 9월 학평 16(고1)

(가) 신문에 대한 설명으로 옳은 것은?

보 도 자 료

○○○○년 ○월 ○일

해외에서 독립 유공자 명패 부착 행사 열려

독립 유공자의 명패를 부착하는 행사가 해외에서는 처음으로 영국에 있는 어니스트 베델의 손녀 집에서 열렸다. 베델은 양기탁과 함께 (가) 을/를 창간하여 일제의 한국 침략을 비판하고 언론 자유를 위해 싸웠다. 이러한 공적을 인정받아 베델은 1968년 대한민국 건국훈장 대통령장을 추서 받았다.

① 박문국에서 발행되었다.
② 독립문 건립을 추진하였다.
③ 국채 보상 운동을 지원하였다.
④ 수선사 결사 운동을 전개하였다.
⑤ 러시아의 절영도 조차 요구를 저지하였다.

19 ✿✿✿

다음 법령이 공포된 이후에 있었던 사실로 옳은 것은?

제3조 구 백동화의 교환과 환수는 광무 9년 7월 1일부터 시작한다.
제4조 구 백동화의 교환을 끝내는 기한은 만 1년 이상으로 탁지부 대신이 편의에 따라 정한다.
제5조 구 백동화의 교환 기간이 끝난 후에는 그 통용을 금지한다. 단, 통용을 금지한 후 6개월 동안에는 조세 납부에 쓸 수 있게 한다.

① 은 본위제가 처음으로 채택되었다.
② 화폐 발행을 위한 전환국이 설치되었다.
③ 황국 중앙 총상회가 상권 수호 운동을 펼쳤다.
④ 함경도 관찰사 조병식이 방곡령을 선포하였다.
⑤ 김광제, 서상돈 등이 국채 보상 운동을 전개하였다.

13 일제의 국권 침탈과 국권 수호 운동

20 ✿✿✿

(가), (나) 조약에 대한 설명으로 옳은 것은?

(가) 제4조 제3국의 침해 또는 내란으로 인하여 대한 제국 황실의 안녕과 영토의 보전에 위험이 있을 경우에 대일본 제국 정부는 곧 필요한 조치를 취할 것이며, … 이러한 목적을 달성하기 위해 전략상 필요한 지점을 수시로 사용할 수 있다.

(나) 제2조 일본 정부는 한국과 타국 간에 현존하는 조약의 실행을 완전히 하는 책임을 맡고, 한국 정부는 금후에 일본 정부의 중재를 거치지 아니하고 국제적 성질을 가진 어떠한 조약이나 약속을 맺지 않을 것을 서로 약속한다.

제3조 일본 정부는 그 대표자로 하여금 한국 황제 폐하의 밑에 1명의 통감을 두되, 통감은 오로지 외교에 관한 사항을 관리하기 위해 경성에 주재하고 친히 한국 황제 폐하를 알현할 권리를 가진다.

① (가) – 순종 시기에 체결되었다.
② (가) – 일본인 재정 고문 파견을 규정하였다.
③ (나) – 고종의 비준을 받지 못하였다.
④ (나) – 대한 제국의 군대가 해산되는 배경이 되었다.
⑤ (가), (나) – 러·일 전쟁 중에 체결되었다.

❖ 정답 및 해설 88~89p

21 ✽✽✽ 중요

(가)에 들어갈 내용으로 가장 적절한 것은?

학습 주제: ○○○의 활동과 와해

1모둠: (가)
2모둠: 대성 학교의 교육 내용은 무엇인가?
3모둠: 공화정체를 지향한 목적은 무엇인가?
4모둠: 105인 사건이 끼친 영향은 무엇인가?

① 홍범 14조의 주요 내용은 무엇인가?
② 신흥 강습소를 설립한 목적은 무엇인가?
③ 브나로드 운동을 전개한 배경은 무엇인가?
④ 민족 유일당 운동을 추진한 계기는 무엇인가?
⑤ 국민 대표 회의의 결렬이 끼친 영향은 무엇인가?

22 ✽✽✽

외국인 (가), (나)에 대한 설명으로 옳은 것은?

- 재정 고문으로 온 (가) 은/는 화폐 정리 사업을 실시하여, 그동안 쓰이고 있던 상평통보와 백동화를 일본 제일은행권으로 바꾸게 하였다.
- 외교 고문으로 온 (나) 은/는 미국을 돌아다니며 일본의 대한 제국 통치가 바람직하다고 선전하였다.

① (가) – 재정의 일원화를 요구하였다.
② (가) – 대한 제국의 초대 통감에 임명되었다.
③ (나) – 간도 협약의 체결을 주도하였다.
④ (나) – 5적 암살단에 의해 암살 위협을 받았다.
⑤ (가), (나) – 제1차 한·일 협약에 따라 파견되었다.

23 ✽✽✽

밑줄 친 '의병'에 대한 설명으로 옳은 것은?

이 사진은 일본이 고종 황제를 강제로 퇴위시키고, 대한 제국의 군대를 해산시킨 조치 이후에 일어난 의병들의 모습이다.

[보기]
ㄱ. 최익현이 대표적인 의병장이다.
ㄴ. 국왕의 권고 조칙에 따라 대부분 해산하였다.
ㄷ. 국제법상의 교전 단체로 인정해 줄 것을 요구하였다.
ㄹ. 13도 창의군을 결성하여 서울 진공 작전을 추진하였다.

① ㄱ, ㄴ ② ㄱ, ㄷ ③ ㄴ, ㄷ ④ ㄴ, ㄹ ⑤ ㄷ, ㄹ

24 ✽✽✽

다음 그래프를 통해 알 수 있는 의병에 대한 설명으로 옳은 것을 〈보기〉에서 고른 것은?

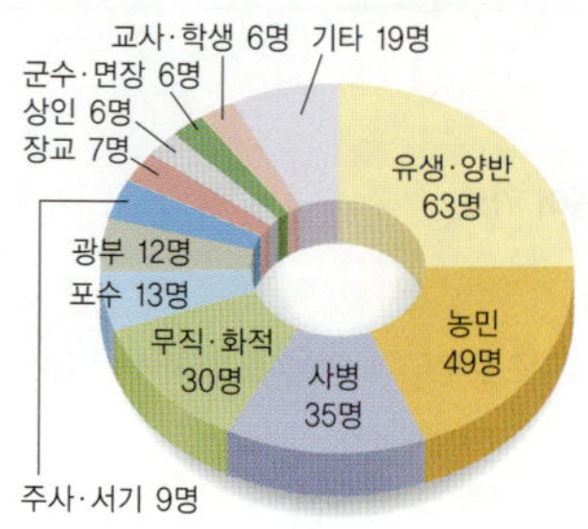

▲ 의병장의 신분·직업별 분포

[보기]
ㄱ. 평민 의병장이 처음 등장하였다.
ㄴ. 의병 투쟁이 전국적으로 확산하였다.
ㄷ. 을미사변과 단발령이 계기가 되었다.
ㄹ. 해산 군인들의 합류로 조직력과 화력이 강화되었다.

① ㄱ, ㄴ ② ㄱ, ㄷ ③ ㄴ, ㄷ
④ ㄴ, ㄹ ⑤ ㄷ, ㄹ

25 ✽✽✽ 서술형

대한 자강회의 활동 내용을 두 가지만 서술하시오.

26 ✽✽✽

밑줄 친 '이 섬'에 대한 탐구 활동으로 가장 적절한 것은?

① 안용복의 활약상을 조사한다.
② 제물포 조약의 내용을 분석한다.
③ 운요호 사건이 일어난 장소를 답사한다.
④ 제너럴 셔먼호 사건의 발생 원인을 알아본다.
⑤ 러시아의 남하를 견제하기 위하여 영국이 점령한 지역을 알아본다.

❖ 정답 및 해설 89~90p

내신+수능 대비

단원별 TEST

(10여 문항, 제한 시간 20분)

01 고대 국가의 성장

• 문항 수 10개
• 제한 시간 20분

01

밑줄 친 '이 시대'에 대한 설명으로 옳은 것은?

이 그림은 농경과 목축이 시작된 이 시대의 사회 모습을 나타내고 있습니다.

① 고인돌이 등장하였다.
② 반달 돌칼을 사용하였다.
③ 정착 생활을 시작하였다.
④ 철제 농기구를 사용하였다.
⑤ 주먹 도끼 등 뗀석기가 등장하였다.

02

(가) 국가에 대한 설명으로 옳은 것은?

위의 지도는 비파형 동검과 탁자식 고인돌의 출토 범위를 바탕으로 (가) 의 문화 범위를 설정한 것이다. 청동기 문화와 농경 문화를 바탕으로 건국된 (가) 은/는 우리 역사상 최초의 국가로 여겨진다.

① 불교를 수용하였다.
② 진대법을 시행하였다.
③ 60여개의 법이 존재했다.
④ 읍군·삼로가 각 지역을 통치하였다.
⑤ 삼국유사에 건국 이야기가 수록되어 있다.

03

자료와 같은 특징을 가진 국가의 위치로 옳은 것은?

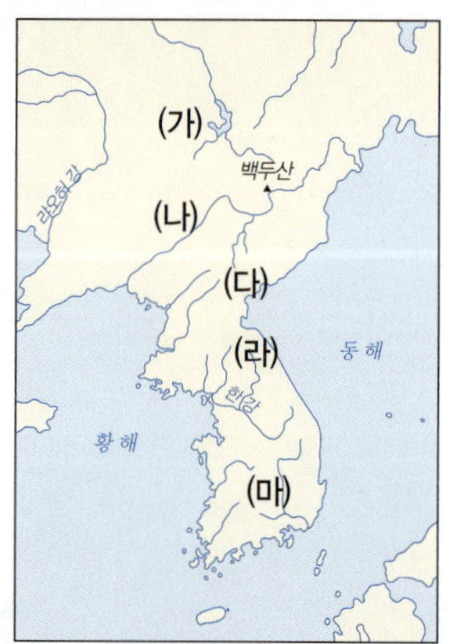

국읍에 각각 한 사람씩을 세워 천신에 대한 제사를 주관하게 하는데 이를 천군이라고 부른다. 또한 여러 나라에는 각기 별읍이 있으니 이를 소도라고 한다.

① (가) ② (나) ③ (다)
④ (라) ⑤ (마)

04

다음 시기에 발생한 사건으로 옳은 것은?

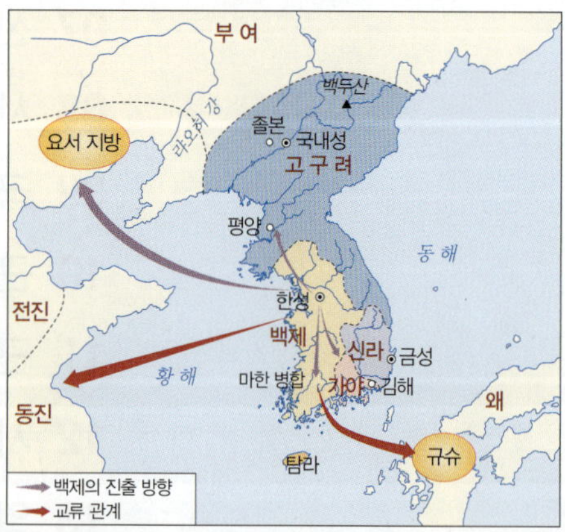

① 22담로가 설치되었다.
② 나·당 동맹이 결성되었다.
③ 성왕이 사비로 천도하였다.
④ 신라가 금관가야를 병합하였다.
⑤ 백제가 고구려의 평양성을 공격하였다.

05 ✿✿✿ 중요

밑줄 친 '왕'에 대한 설명으로 옳은 것은?

> 왕 63년 9월, 왕이 병사 3만을 거느리고 백제를 침공하여 백제의 수도 한성을 점령한 뒤 백제 왕(개로왕)을 죽이고 남녀 8천 명을 생포하여 돌아왔다.
>
> – 김부식, 『삼국사기』

① 태학을 설립하였다. ② 평양으로 천도하였다.
③ 우산국을 점령하였다. ④ 22담로를 설치하였다.
⑤ 신라에 침입한 왜를 격퇴하였다.

06 ✿✿✿

(가)에 들어갈 기사 제목으로 가장 적절한 것은?

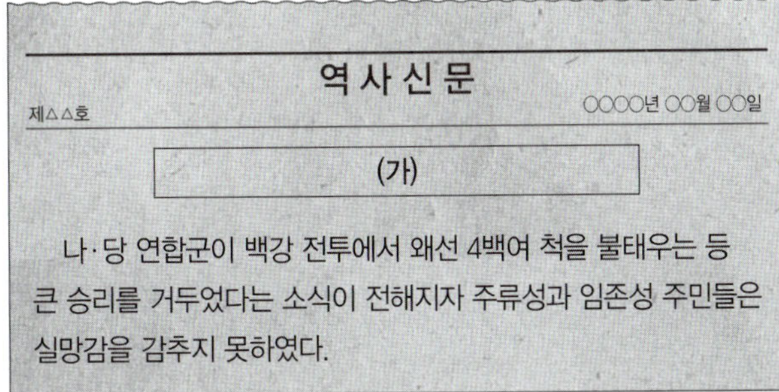
역 사 신 문

제△△호 ○○○○년 ○○월 ○○일

(가)

나·당 연합군이 백강 전투에서 왜선 4백여 척을 불태우는 등 큰 승리를 거두었다는 소식이 전해지자 주류성과 임존성 주민들은 실망감을 감추지 못하였다.

① 흔들리는 백제 부흥의 꿈
② 당과 신라, 전쟁을 시작하다
③ 나·당 연합군에 무릎 꿇은 고구려
④ 대조영, 발해를 건국하고 왕좌에 오르다
⑤ 연개소문의 권력 장악을 어떻게 볼 것인가

07 ✿✿✿

다음과 같은 중앙 관제를 가진 국가에 대한 설명으로 옳은 것을 〈보기〉에서 고른 것은?

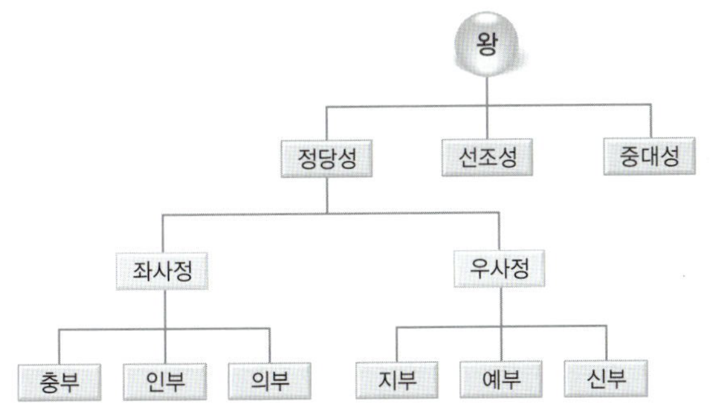

[보기]

ㄱ. 몽골의 침입을 받아 멸망하였다.
ㄴ. 전성기에는 해동성국으로 불렸다.
ㄷ. 중앙군으로 9서당, 지방군으로 10정을 두었다.
ㄹ. 당의 정치 제도를 수용하여 독자적으로 운영하였다.

① ㄱ, ㄴ ② ㄱ, ㄷ ③ ㄴ, ㄷ ④ ㄴ, ㄹ ⑤ ㄷ, ㄹ

08 ✿✿✿ 단답형

(가), (나) 국가의 명칭을 순서대로 쓰시오.

> (가) 산과 내를 중시하고, 산과 내에 각기 구분이 있어 함부로 들어가지 않는다. … 읍락을 함부로 침범하면 노비와 소, 말로 배상하게 하는데 이를 책화라고 한다.
>
> (나) 혼삿날이 결정되면 여자 집의 본채 뒤편에 집을 지었는데, 이를 서옥이라고 부른다. … 자식을 낳아 장성하면 (신랑은) 아내를 데리고 자기 집으로 돌아간다.

09 ✿✿✿ 서술형

수도를 웅진에서 (가)로 옮긴 백제 왕의 이름과 천도의 이유를 서술하시오.

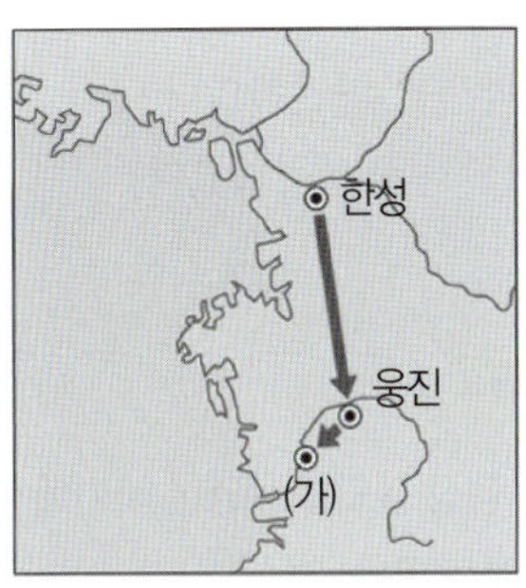

10 ✿✿✿ 서술형 중요

통일 신라가 (가) 행정 구역을 설치한 이유를 수도와 연관 지어 서술하시오.

> 신라는 삼국 통일 후 확대된 영토를 보다 효과적으로 관리하기 위하여 지방에 9주와 (가) 을/를 설치하였다. (가) 에는 북원경, 중원경, 서원경, 남원경, 금관경이 있었다.

❖ 정답 및 해설 91~92p

02 고려의 통치 체제와 정치 변동

• 문항 수 10개
• 제한 시간 20분

01

다음과 같은 정책을 시행한 왕의 활동으로 옳은 것은?

① 권문세족을 숙청하였다.
② 노비안검법을 시행하였다.
③ 전민변정도감을 설치하였다.
④ 지방에 경학박사를 파견하였다.
⑤ 사심관 제도를 처음 시행하였다.

02

다음과 같은 지방 행정 제도를 운영한 국가에 대한 설명으로 옳은 것을 〈보기〉에서 고른 것은?

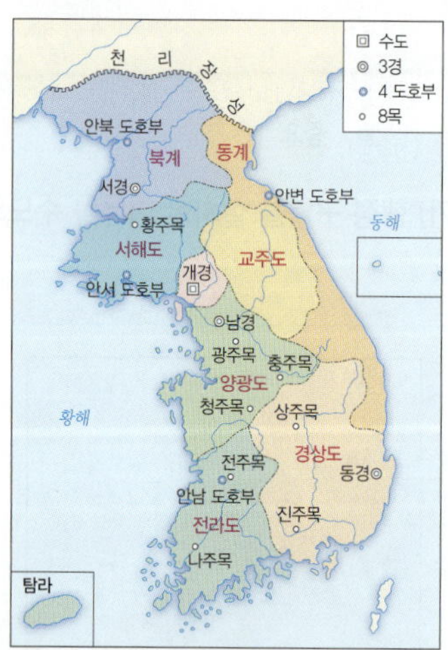

[보기]
ㄱ. 양계에는 안찰사가 파견되었다.
ㄴ. 주현보다 속현의 수가 더 많았다.
ㄷ. 지방 세력 통제를 위해 상수리 제도를 운영하였다.
ㄹ. 수공업품을 생산하는 행정 구역인 소가 존재하였다.

① ㄱ, ㄴ ② ㄱ, ㄷ ③ ㄴ, ㄷ
④ ㄴ, ㄹ ⑤ ㄷ, ㄹ

03

자료와 관련된 탐구 활동으로 가장 적절한 것은?

성종 이후 중앙 집권이 정비되면서 대대로 고위 관직을 배출한 몇몇 가문은 문벌을 형성하고 권력을 독점하였다. 특정 문벌 가문의 지나친 권력 독점은 신진 관리와 지방 세력의 불만을 초래하였으며, 정치 세력 간의 갈등을 초래하였다.

① 과전법의 내용을 조사한다.
② 최충헌의 집권 과정을 알아본다.
③ 이자겸의 난의 배경을 파악한다.
④ 신돈의 활동에 대하여 정리한다.
⑤ 북진 정책의 진행 과정을 탐구한다.

04

다음 사건에 대한 설명으로 옳은 것은?

신종 원년(1198) 사노 만적 등 6인이 북산에서 나무하다가 공·사노비들을 불러 모의하였다. "정중부의 반란과 김보당의 반란 이후로 고관이 천민과 노비에서 많이 나왔다. 왕후장상(王侯將相)의 씨가 따로 있으랴! … 최충헌과 주인들을 죽이고 노비 문서를 불태워 이 땅의 천민을 없애면 우리도 왕후장상이 될 수 있다." 라고 말하였다.

① 김부식에 의해 진압되었다.
② 권문세족의 횡포가 배경이 되었다.
③ 신분 해방적 성격을 가지고 있었다.
④ 특수 행정 구역 주민들의 반란이었다.
⑤ 원종과 애노의 난은 이 사건의 영향을 받았다.

05 ✿✿✿

(가) 인물이 집권하던 시기의 사실로 옳은 것은?

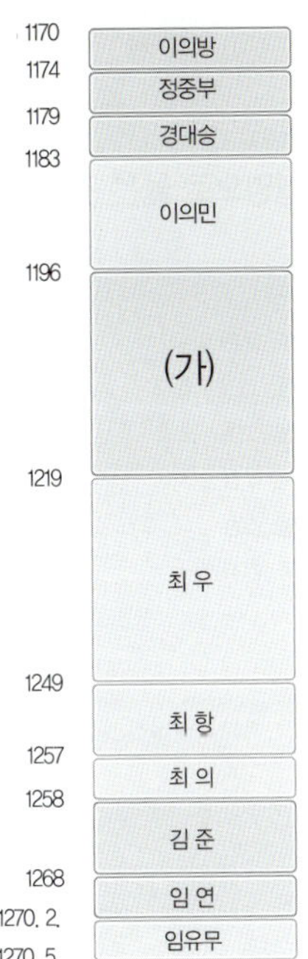

① 정방이 폐지되었다.
② 정동행성이 설치되었다.
③ 묘청이 서경 천도를 주장하였다.
④ 교정도감을 중심으로 국정이 운영되었다.
⑤ 홍건적과 왜구를 격퇴하는 과정에서 신흥 무인 세력이 성장하였다.

06 ✿✿✿ 중요

밑줄 친 '왕'의 업적으로 옳은 것을 〈보기〉에서 고른 것은?

> 신돈이 왕에게 전민변정도감을 둘 것을 청원하고 스스로 판사가 되어 각 처에 알리는 포고문을 붙였다. "부유하고 힘 있는 자들이 종묘, 학교, 창고, 사찰과 같은 나라의 토지와 힘없는 백성들의 토지를 모두 강탈하였다. … 이제 도감을 설치하여 이를 바로잡고 …." 이 명령이 발표되자 권세가 중 다수가 빼앗은 토지와 백성을 그 주인에게 돌려주니 전국에서 기뻐하였다.

[보기]

ㄱ. 국자감 설립　　ㄴ. 노비안검법 시행
ㄷ. 쌍성총관부 수복　　ㄹ. 정동행성이문소 폐지

① ㄱ, ㄴ　② ㄱ, ㄷ　③ ㄴ, ㄷ
④ ㄴ, ㄹ　⑤ ㄷ, ㄹ

07 ✿✿✿ 단답형

(가)에 해당하는 개념을 쓰시오.

> 성종 때에는 신라의 6두품 출신 유학자가 정치에 많이 참여하면서 유교 정치가 본격적으로 펼쳐졌다. 성종은 최승로의 (가) 을/를 받아들여 통치 체제를 정비하였으며, 2성 6부의 중앙 관제를 정비하였다.

08 ✿✿✿ 서술형

다음 (가) 세력의 경제적 기반 두 가지를 서술하시오.

09 ✿✿✿ 서술형

밑줄 친 '왕'이 추진한 개혁의 대내적, 대외적 목적을 서술하시오.

> 왕이 원의 제도를 따라 변발(辮髮)을 하고 호복(胡服)을 입고 궁궐에 앉아 있었다. 이연종이 말하기를, "변발과 호복은 고려의 제도가 아니옵니다. 원컨대 전하께서는 본받지 마소서."라고 하니 왕이 기뻐하며 즉시 변발을 풀어버렸다.

10 ✿✿✿ 단답형

밑줄 친 '이들'의 명칭을 쓰시오.

> 이들은 성리학을 바탕으로 권문세족의 횡포와 불교의 폐단을 비판하였다. 그 과정에서 고려의 모순을 점진적으로 개혁하자는 온건파와 새 왕조를 세워야 한다는 급진파로 분열하였다.

❖ 정답 및 해설 92~93p

03 조선 사회의 성립과 발전

• 문항 수 9개
• 제한 시간 20분

01 ✿✿✿

학력평가 기출(변형)

자료의 (가)에 들어갈 내용으로 옳은 것은?

세계 문화유산

조선 왕릉 답사: 헌릉편

• 사적 제194호(2009년 세계 문화유산으로 지정)
• 서울시 서초구 내곡동 소재

이곳에 묻힌 왕은 두 차례에 걸친 왕자의 난을 통하여 공신 세력을 몰아내고 왕위에 올랐으며, 집권 이후에는 왕권을 강화하고 국왕 중심의 통치 체제를 정비하기 위해 노력하였다. 예를 들면 [(가)]

① 홍문관을 설치하고 경연을 활성화하였다.
② 집현전을 설치하여 국가 정책을 연구하도록 하였다.
③ 경국대전을 반포하여 국가 통치 규범을 마련하였다.
④ 사병을 혁파하여 국왕의 군사 지휘권을 강화하였다.
⑤ 조광조를 등용하여 훈구 세력을 견제하도록 하였다.

02 ✿✿✿ 중요

다음 (가), (나) 제도와 관련된 설명으로 옳은 것은?

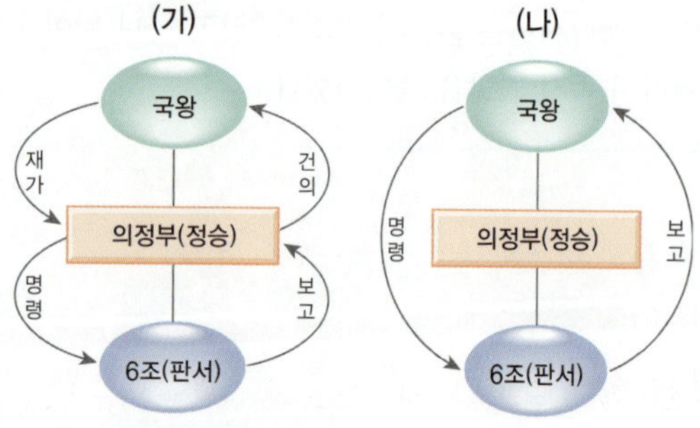

① (가) – 왕권과 신권의 조화를 추구하였다.
② (가) – 태종과 세조가 왕권 강화를 위해 시행한 정책이다.
③ (나) – 세종이 처음 실시하였다.
④ (나) – 의정부는 국가 중대사를 논의하였다.
⑤ (나) – 여진과 왜구의 침입에 대비하기 위해 실시하였다.

03 ✿✿✿

다음과 같은 조직을 운영한 국가에 대한 설명으로 옳은 것을 〈보기〉에서 고른 것은?

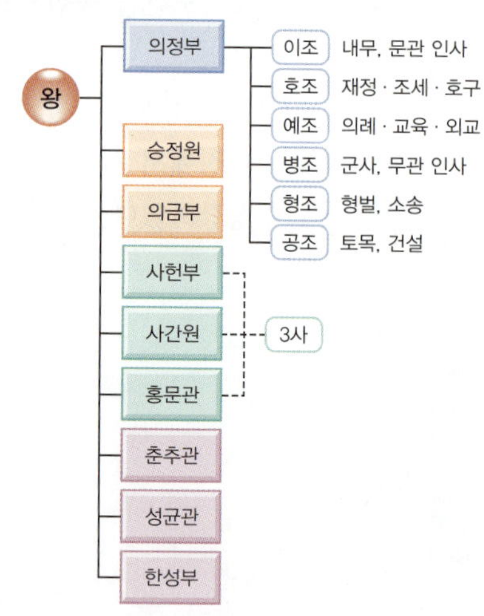

[보기]
ㄱ. 독서삼품과를 실시하였다.
ㄴ. 모든 군현에 수령을 파견하였다.
ㄷ. 5도 양계의 지방 행정 조직을 운영하였다.
ㄹ. 지방 사족이 유향소를 통해 향리의 비리를 감시하였다.

① ㄱ, ㄴ ② ㄱ, ㄷ ③ ㄴ, ㄷ ④ ㄴ, ㄹ ⑤ ㄷ, ㄹ

04 ✿✿✿ 중요

(가) 전쟁에 대한 설명으로 옳지 않은 것은?

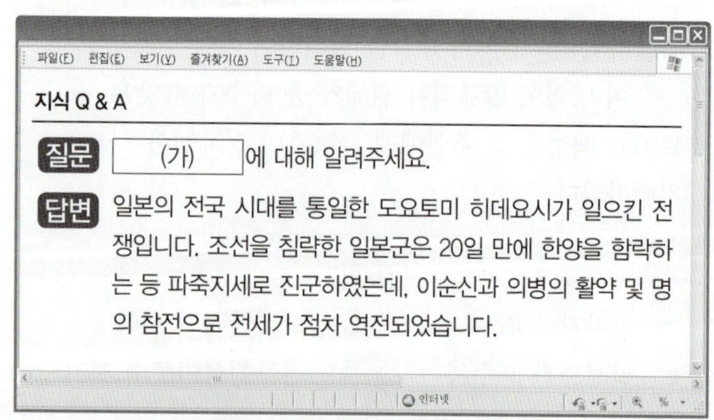

지식 Q & A

질문 [(가)]에 대해 알려주세요.

답변 일본의 전국 시대를 통일한 도요토미 히데요시가 일으킨 전쟁입니다. 조선을 침략한 일본군은 20일 만에 한양을 함락하는 등 파죽지세로 진군하였는데, 이순신과 의병의 활약 및 명의 참전으로 전세가 점차 역전되었습니다.

① 국왕이 강화도로 피신하였다.
② 전쟁 이후 일본에서 정권이 교체되었다.
③ 일본의 문화가 발전하는 계기가 되었다.
④ 전쟁을 틈타 여진족이 세력을 확대하였다.
⑤ 조선에서 숭명 의식이 강화되는 결과를 낳았다.

05 ✿✿✿

수능 기출(변형) 

밑줄 친 '그'와 관련된 설명으로 옳은 것은?

> 내가 비록 부덕하더라도 일국의 국모 노릇을 한 지 여러 해가 되었다. 그는 선왕의 아들이니 나를 어미로 여기지 않을 수 없는데도 내 부모를 죽이고 품 속의 어린 자식을 빼앗아 죽였으며, 나를 유폐하여 곤욕을 치르게 했다. 어디 그뿐인가. 중국이 우리나라를 다시 일으켜 준 은혜를 저버리고, 속으로 다른 뜻을 품고 오랑캐에게 성의를 베풀었다.

① 두 차례 사화를 일으켜 사림을 탄압하였다.
② 외척 간의 권력 다툼을 막지 못해 왕권 약화를 초래하였다.
③ 양전을 비롯하여 전쟁의 뒷수습을 위한 정책을 실시하였다.
④ 편당적인 인사 관리로 환국이 일어나는 빌미를 제공하였다.
⑤ 포수, 사수, 살수의 삼수병으로 구성된 중앙군을 설치하였다.

06 ✿✿✿

학력평가 기출(변형)

다음 장면의 소재가 된 전쟁의 영향으로 옳은 것은?

> S#23
> 남한산성 내 어전 회의실. 국왕과 대신들이 모여 있다.
>
> 신하1 : 오랑캐에 항복이라니, 말도 안 되는 소리입니다.
> 신하2 : 아니오! 백성들의 고통이 심해지니, 오랑캐의 요구를 받아들여야 합니다.
> 신하3 : (다급히 뛰어 들어오며) 전하! 강화도로 피란 간 왕자님이 포로가 되었고, 오랑캐가 이를 빌미로 항복을 요구하고 있습니다.
> 국왕 : (한숨을 쉬며) 세자를 들라 하라.

① 천리장성을 쌓았다.
② 북벌론이 제기되었다.
③ 4군 6진을 설치하였다.
④ 일본에 통신사가 파견되었다.
⑤ 삼별초가 대몽 항쟁을 벌였다.

07 ✿✿✿ 서술형

다음과 같은 제도의 시행이 가지는 의미를 서술하시오.

> 6조는 각기 모든 직무를 먼저 의정부에 품의하고, 의정부는 가부를 헤아린 뒤에 왕에게 아뢰어 (왕의) 전지를 받아 6조에 내려 보내어 시행한다. 다만, 이조·병조의 제수, 병조의 군사 업무, 형조의 사형수를 제외한 판결 등은 종래와 같이 각 조에서 직접 아뢰어 시행하고 곧바로 의정부에 보고한다. 만약 타당하지 않으면 의정부가 맡아 심의, 논박하고 다시 아뢰어 시행토록 한다. -『세종실록』

08 ✿✿✿ 서술형

다음 내용을 참고하여 사림 세력이 분화한 이유를 두 가지 쓰시오.

09 ✿✿✿ 서술형

다음 자료를 참고하여 밑줄 친 '이 전쟁'이 발생하게 된 배경을 서술하시오.

> 이 비의 이름은 '서울 삼전도비'로, 정식 명칭은 '대청황제공덕비'이다. 청 태종이 10만 대군을 이끌고 조선을 침략하자 인조는 남한산성에서 항전하였지만, 결국 40여 일 만에 청군이 머물고 있던 한강 남쪽의 삼전도로 나와 굴욕적인 항복 의식을 치렀다. 이 비석은 이 전쟁에서 청이 승리한 것을 기념하여 삼전도에 세워졌다.

❖ 정답 및 해설 93~95p

04 조선 후기 새로운 흐름과 변화

• 문항 수 11개
• 제한 시간 20분

01 중요

(가), (나) 사이 시기에 있었던 일로 옳은 것은?

(가) 서인 세력이 반정을 일으켜 광해군을 몰아내고 능양군을 인조로 추대하였다.
(나) 당시 집권 붕당이던 남인이 역모를 꾸몄다는 의혹이 제기되자, 숙종은 이를 빌미로 남인 세력을 축출하고 집권 붕당을 서인으로 교체하였다.

① 홍문관이 설치되었다.
② 조광조가 위훈 삭제를 주장하였다.
③ 이조 전랑의 3사 관리 추천권을 폐지하였다.
④ 안동 김씨 중심의 외척 세력이 정권을 장악하였다.
⑤ 자의대비의 상복 착용 기간을 두고 논쟁이 벌어졌다.

02

밑줄 친 '왕'에 대한 설명으로 옳은 것은?

이 비석은 성균관 내에 위치하고 있으며, 이름은 '탕평비'이다. "신의가 있고 아첨하지 않는 것은 군자의 마음이요, 아첨하고 신의가 없는 것은 소인의 사사로운 마음이다."라는 구절이 새겨져 있다. 붕당 간 대립으로 심화된 정치 혼란을 타개하고자 한 왕의 의지를 엿볼 수 있다.

① 서원을 정리하였다.
② 환국을 주도하였다.
③ 장용영을 창설하였다.
④ 초계문신제를 실시하였다.
⑤ 조선경국전을 편찬하였다.

03

밑줄 친 '왕'에 대한 설명으로 옳은 것을 〈보기〉에서 고른 것은?

채제공은 시전 상인의 횡포로 인한 폐해를 지적하면서 육의전을 제외한 시전 상인들의 금난전권을 철폐할 것을 건의하였고, 왕은 이를 수락하였다. 이로써 상업 발전이 더욱 가속화되었으며 사상이 성장하였다.

[보기]
ㄱ. 탕평비를 건립하였다.
ㄴ. 현량과를 시행하였다.
ㄷ. 수원 화성을 건설하였다.
ㄹ. 초계문신제를 실시하였다.

① ㄱ, ㄴ ② ㄱ, ㄷ ③ ㄴ, ㄷ
④ ㄴ, ㄹ ⑤ ㄷ, ㄹ

04

자료에 나타난 사건이 발생할 당시의 사회 모습으로 옳은 것은?

조정에서는 관서 지역을 쓸모없는 땅으로 여긴다. 심지어 권세 있는 집의 노비들도 서쪽 땅의 사람을 보면 '평안도 놈'이라 일컫는다. … 지금 임금이 나이가 어린 까닭으로 권세 있는 간신배가 그 세를 날로 떨치고, 김조순·박종경의 무리가 권력을 갖고 노니, … 오늘 『정감록』에 쓰인 대로 세상을 구제할 성인이 탄생하시고, 철기병 10만으로 탐관오리를 숙청할 뜻을 세우셨다.

① 삼정의 문란이 심화되었다.
② 무신들이 정권을 장악하였다.
③ 홍건적과 왜구가 침입하였다.
④ 지방에서 호족 세력이 대두되었다.
⑤ 신진 사대부가 개혁을 주장하였다.

05 ✿✿✿ 중요

(가) 인물이 시행한 정책으로 옳은 것을 〈보기〉에서 고른 것은?

> (가) 이/가 집권한 뒤 어느 회의 석상에서 소리를 높여 여러 대신을 향해 말하기를, "나는 천리를 끌어다 지척으로 삼겠으며, 태산을 깎아 내려 평지로 만들고, 또한 남대문을 3층으로 높이려 하는데 여러분들은 어떻게 생각하시오?"라고 하였다.
>
> – 황현, 『매천야록』

[보기]

ㄱ. 경복궁 중건
ㄴ. 호포제 실시
ㄷ. 서원 확대 건설
ㄹ. 안동 김씨 등용 확대

① ㄱ, ㄴ ② ㄱ, ㄷ ③ ㄴ, ㄷ ④ ㄴ, ㄹ ⑤ ㄷ, ㄹ

06 ✿✿✿

다음 화폐에 대한 설명으로 옳은 것은?

> 흥선 대원군의 주도로 발행된 동전이다. 상평통보의 100배에 해당하는 명목 가치를 지녔으나 실제 가치는 그에 훨씬 미치지 못했다.

① 물가 폭등의 원인이 되었다.
② 향전이 일어나는 배경이 되었다.
③ 화폐 정리 사업의 일환으로 발행되었다.
④ 고종 황제가 강제 퇴위되는 배경이 되었다.
⑤ 화성 축조에 필요한 자금 확보를 위해 발행되었다.

07 ✿✿✿

다음 정책의 공통점으로 가장 적절한 것은?

> • 양전 사업을 실시하여 조세 부과 대상에서 빠진 토지를 적발해 세금을 징수하였다.
> • 호포제를 실시하여 양반에게도 군포를 징수하였다.
> • 지역민이 자치적으로 운영하는 사창제를 시행하였다.

① 국가 재정 확충에 기여하였다.
② 대부분 양반들의 지지를 받았다.
③ 집강소 개혁의 일부로 시행되었다.
④ 농민 봉기가 확산되는 원인이 되었다.
⑤ 붕당 정치의 문제를 해결하는 배경이 되었다.

08 ✿✿✿ 서술형

㉠은 어떤 신분의 사람들로 구성되었는지 서술하시오.

> 조선 후기의 중앙군은 훈련도감을 비롯한 5군영 체제로 정비되었다. 지방군은 ㉠ (으)로 정비되었다. ㉠ 은/는 평상시에 생업에 종사하며 향촌 사회를 지키다가 적이 침입해 오면 전투에 동원되었다.

09 ✿✿✿

자료를 읽고 질문에 답하시오.

> (가) 은/는 국왕이 나서서 주도적으로 집권 세력을 교체함으로써 정국이 급격하게 변화하는 현상을 말한다. 조선 숙종 때 서인과 남인 사이에서 일어났으며, 이를 행함으로써 숙종은 붕당을 초월한 왕권을 구축하고자 하였다.

(1) (가)에 들어갈 명칭을 쓰시오. 단답형

(2) (가)로 인해 붕당 정치의 성격이 어떻게 변화하였는지 서술하시오. 서술형

10 ✿✿✿ 단답형 중요

(가) 기구의 명칭을 쓰시오.

(가) 의 변천 과정

왜구와 여진의 침입에 대비하는 임시 기구	→ 왜란, 호란	국정 총괄 기구

11 ✿✿✿ 단답형

다음 (가)에 들어갈 알맞은 내용을 쓰시오.

〈흥선 대원군의 개혁 정치〉

인사 개혁	안동 김씨 축출, 세도 정치 폐단 개혁
정치 기구 정비	(가)
법전 정비	『대전회통』과 『육전조례』 편찬

❖ 정답 및 해설 95~96p

05 국제 관계와 대외 교류

• 문항 수 10개
• 제한 시간 20분

01

동아시아 국제 정세가 아래와 같던 시기에 대한 탐구 활동으로 가장 거리가 먼 것은?

① 살수 대첩에 대하여 조사한다.
② 백제의 멸망 과정을 정리한다.
③ 김헌창의 난에 대한 기록을 찾아본다.
④ 백제의 신라 공격에 대한 자료를 수집한다.
⑤ 김춘추의 활동과 나·당 동맹에 대하여 알아본다.

02

(가), (나) 사이 시기에 발생한 사건으로 옳은 것은?

> (가) 당나라 군대는 백암성 마저 빼앗고 안시성을 공격하였다. … 마침내 9월이 되자 요동 지방은 추워졌고, 당나라 군대의 양식도 다하였다. 적은 온힘을 기울여 안시성 공격에 나섰으나 실패하고 물러났다.
> (나) 의자왕은 장군 계백을 보내 황산벌에서 김유신이 이끄는 신라군을 맞아 항전을 벌였으나 패배하였다. 수도 사비성은 포위되었고 왕은 결국 항복하였다.

① 고구려가 멸망하였다.
② 백강 전투가 전개되었다.
③ 나·당 동맹이 결성되었다.
④ 대조영이 발해를 건국하였다.
⑤ 매소성 전투에서 신라가 승리하였다.

03

다음 전투의 원인으로 가장 적절한 것은?

① 김흠돌이 반란을 꾀하였다.
② 이사부가 우산국을 정벌하였다.
③ 당이 한반도 전체를 지배하고자 하였다.
④ 흑치상지 등이 백제 부흥 운동을 전개하였다.
⑤ 대가야를 중심으로 후기 가야 연맹이 성립되었다.

04

(가) 지역과 관련된 설명으로 옳은 것은?

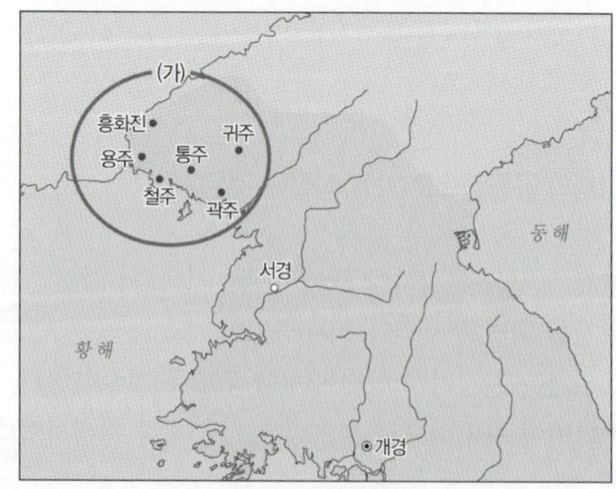

① 서희의 외교 담판 이후 획득하였다.
② 윤관이 별무반을 이끌고 축조하였다.
③ 공민왕 때 무력으로 되찾은 지역이다.
④ 조선 세종 때 여진을 몰아내고 개척한 곳이다.
⑤ 태조 왕건 시기 북진을 추진하여 획득한 영토이다.

05 ✿✿✿

자료와 같은 상황이 발생한 시기를 연표에서 옳게 고른 것은?

> 강화도에서 장군 배중손, 야별초의 노영희 등이 난을 일으켜 "몽골 군사가 침입하여 백성을 마구 죽이고 있다. 나라를 돕고자 하는 사람들은 모여라."라고 외치니 사람들이 많이 모였다.

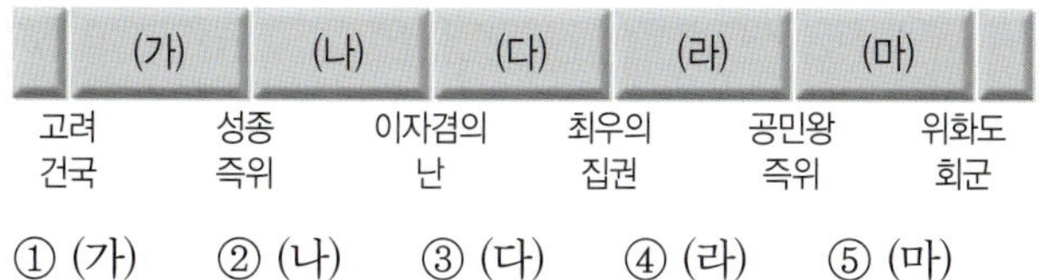

① (가) ② (나) ③ (다) ④ (라) ⑤ (마)

06 ✿✿✿

(가)에 들어갈 내용으로 옳은 것은?

> 조선은 태종 이후로 명과 사대 외교를 전개하였으며 여진 및 일본에게는 교린 정책을 펼쳤다. 특히 여진을 상대로는 회유책으로 귀순하는 이들에게 토지와 주택을 제공하였으며, 경성과 경원 등지에 무역소를 개설하기도 하였다. 반면 강경책으로는 [(가)]

① 동북 9성을 축조하였다. ② 요동 정벌을 추진하였다.
③ 3포 왜란을 진압하였다. ④ 쓰시마섬을 토벌하였다.
⑤ 4군과 6진을 개척하였다.

07 ✿✿✿ 중요

(가), (나) 주장에 대한 설명으로 가장 적절한 것은?

> (가) 저 오랑캐들은 반드시 망할 날이 있다. … 정예 포병 10만을 양성하여 자식같이 아껴서 모두 죽음을 두려워하지 않는 용사로 만들고자 한다. … 불시에 중국으로 쳐들어가면 중국의 의사와 호걸들이 어찌 호응하지 않겠는가?
>
> (나) 여기(청)에 있는 사람들을 모조리 오랑캐라 하고 중국의 법마저 폐기해 버린다면 크게 옳지 않다. 진실로 백성에게 이롭기만 한다면, 그 법이 비록 오랑캐에게서 나왔다 하더라도 성인은 취할 것이다.

① (가) – 임진왜란 직후 대두되었다.
② (가) – 광해군의 외교 정책을 뒷받침하였다.
③ (나) – 상공업을 장려할 것을 주장하였다.
④ (나) – 조선 중화주의를 바탕으로 하였다.
⑤ (나) – 명에 대한 의리를 지킬 것을 강조하였다.

08 ✿✿✿ 서술형

다음에서 밑줄 친 ㉠을 뒷받침할 수 있는 사례를 두 가지 쓰시오.

> 고구려는 광개토 대왕과 장수왕 때 영토를 크게 넓히는 등 전성기를 맞이하였다. 이 무렵 고구려는 강해진 국력을 바탕으로 ㉠ <u>독자적 천하관을 내세웠다.</u>

09 ✿✿✿ 단답형

(가), (나)에 들어갈 단어를 순서대로 쓰시오.

> • 거란의 1차 침입 때 고려는 서희의 외교 담판으로 거란을 격퇴하고 [(가)] 지역을 확보하였다.
> • 윤관은 [(나)]을/를 편성하여 여진을 물리치고 동북 9성을 축조하였다.

10 ✿✿✿ 서술형

(가)에 들어갈 내용을 두 가지 서술하시오.

> 조선은 여진과 일본을 상대로 필요에 따라 강경책과 회유책을 병행하였다. 일본에게는 회유책으로 3포를 개항하고 제한적인 교역을 허가하였으며, 강경책의 일환으로 [(가)]

❖ 정답 및 해설 97~98p

06 수취 체제와 경제생활

• 문항 수 10개
• 제한 시간 20분

01 ✿✿✿

(가) 국가의 경제에 대한 설명으로 옳은 것은?

> 고려가 (가) 의 역사를 편찬하지 않았으니, 고려가 떨치지 못한 것을 알겠다. … 부여씨가 망하고 고씨가 망하게 되니 김씨가 그 남쪽 땅을 차지하고, 대씨가 그 북쪽 땅을 소유하여 (가) (이)라고 하였다. 이것을 남북국이라고 한다.

① 모내기법이 일반화되었다.
② 당에 모피, 말, 인삼 등을 수출하였다.
③ 시비법이 발달하여 휴경지가 소멸되었다.
④ 벽란도를 통하여 아라비아 상인과 교류하였다.
⑤ 완도에 청해진을 설치하여 해상 무역을 전개하였다.

02 ✿✿✿

다음 제도가 시행되던 시기의 사회 모습으로 옳은 것은?

> 문종 3년 5월에 공음 전시법을 제정하였는바, 1품은 문하시랑 평장사 이상에게 전지 25결과 시지 15결을 주며, 2품은 … 이것을 자손에게 전해 내려가게 하였다.

① 세도 정치로 인해 삼정이 문란해졌다.
② 사림과 훈구 사이에 사화가 발생하였다.
③ 문벌이 정치적·경제적 특권을 독점하였다.
④ 일당 전제화 추세에 대한 비판이 제기되었다.
⑤ 중앙 정부의 지방 통제가 약화되어 호족이 성장하였다.

03 ✿✿✿

다음 상황을 해결하기 위해 실시한 정책으로 옳은 것은?

> 국가를 다스리는 자에게는 마땅히 토지를 엄히 구분하여 바르게 하는 것이 어진 정치의 첫 걸음입니다. 그런데 지금은 권문세족들이 산과 강을 경계로 토지를 마음껏 차지하여 백성들이 송곳을 꽂을 땅도 없습니다.

① 수신전과 휼양전을 폐지하였다.
② 군인전을 세습할 수 있게 하였다.
③ 관료전을 지급하고 녹읍을 폐지하였다.
④ 흑창을 두어 빈민을 구제하고자 하였다.
⑤ 경기 지방의 토지만을 과전으로 지급하였다.

04 ✿✿✿

학력평가 기출(변형)

(가), (나)의 공통점으로 옳은 것을 〈보기〉에서 고른 것은?

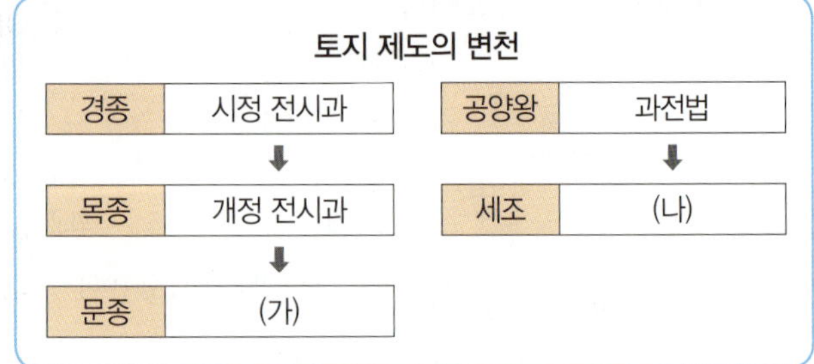

[보기]

ㄱ. 현직 관료만을 대상으로 토지를 지급하였다.
ㄴ. 관료에게 지급할 토지 부족 때문에 시행되었다.
ㄷ. 관료의 등급에 따라 전지와 시지를 지급하였다.
ㄹ. 토지의 수조권이 아닌 소유권을 지급한 제도였다.

① ㄱ, ㄴ ② ㄱ, ㄷ ③ ㄴ, ㄷ
④ ㄴ, ㄹ ⑤ ㄷ, ㄹ

05 ✿✿✿

다음 정책의 시행에 따라 나타난 결과로 옳은 것은?

① 전세가 1결당 4~6두로 고정되었다.
② 퇴직한 관리에게 과전이 지급되었다.
③ 토지에 대한 국가의 지배권이 강화되었다.
④ 관리가 수조권을 남용하는 폐단이 발생하였다.
⑤ 수신전과 휼양전 등 세습되는 토지가 늘어났다.

06 ✿✿✿

밑줄 친 '이 시기'에 볼 수 있는 모습으로 옳지 않은 것은?

이 시기에는 모내기법이 널리 확산되면서 벼와 보리의 이모작도 이루어졌어.

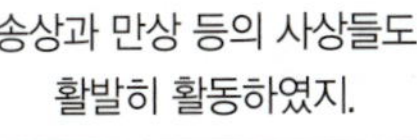

① 후시에서 인삼을 거래하는 상인
② 훈구를 비판하는 상소를 올리는 사림
③ 주요 현안 보고를 받는 비변사의 관리
④ 신분 상승을 위해 족보를 구매하는 상민
⑤ 장시에서 상평통보로 물건을 구입하는 농민

07 ✿✿✿

다음과 같은 주장이 제기된 배경을 이해하기 위한 탐구 활동으로 가장 적절한 것은?

> 지방에서 온 사람이 "백성이 모두 한꺼번에 납부하는 것을 고통스럽게 여긴다."라고 하였습니다. 내체로 먼 지방은 경기와 달라 부자들이 가진 땅이 많습니다. 10결을 소유한 자는 10석을 내고 20결을 소유한 자는 20석을 내야 합니다. 이렇게 하면 땅이 많으면 많을수록 더욱 고통스럽게 여길 것은 당연합니다. … 대가(大家)와 거족(巨族)이 불편하게 여기며 원망을 한다면, 어려운 시기에 심히 걱정스러운 일이라 할 것입니다.
>
> –『인조실록』

① 공법의 운영 방식을 정리한다.
② 변화된 공납의 징수 기준을 파악한다.
③ 직전법 시행의 배경과 목적을 조사한다.
④ 호포제 실시로 부담이 증가한 계층을 찾아본다.
⑤ 결작, 선무군관포 신설이 끼친 영향을 살펴본다.

08 ✿✿✿ 중요

다음을 읽고 물음에 답하시오.

(1) (가) 제도의 명칭을 쓰시오. 단답형

(2) (가) 제도의 구체적인 내용과 이 제도가 조선 후기의 경제에 끼친 영향을 서술하시오. 서술형

09 ✿✿✿ 서술형

(가) 제도의 시행으로 부족해진 재정을 보완하기 위해 시행한 정책을 두 가지 이상 서술하시오.

> 10여 만의 가구에서 50만의 군포를 부담하여야 하니 부담이 크고, 여력이 없어 군포를 바칠 수 없습니다. 비록 날마다 매질을 가하더라도 바칠 수 있는 방법이 없기 때문에 결국에는 죽지 않으면 도망가게 되는 것입니다. … 이러한 현실이 (가) 의 시행에 관하여 논의하게 된 배경입니다.
>
> –『영조실록』

10 ✿✿✿ 서술형

(가) 농법의 확산으로 나타난 농업 부문에서의 변화를 두 가지 이상 서술하시오.

> 일반적으로 (가) 을/를 귀중하게 여기는 이유는 세 가지가 있다. 김매기의 수고를 줄이는 것이 첫째이다. 두 땅의 힘으로 하나의 모를 서로 기르는 것이 둘째이다. 새 흙으로 가서 고갱이를 씻어 내어 더러운 것을 제거하는 것이 셋째이다.
>
> –『임원경제지』

❖ 정답 및 해설 98~100p

07 신분제와 사회 구조

• 문항 수 10개
• 제한 시간 20분

01

학력평가 기출(변형)

다음 단체에 대한 설명으로 가장 적절한 것은?

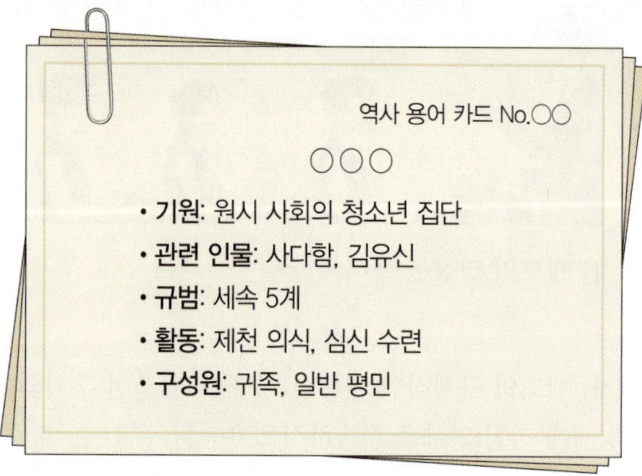
역사 용어 카드 No.○○

○○○

• 기원: 원시 사회의 청소년 집단
• 관련 인물: 사다함, 김유신
• 규범: 세속 5계
• 활동: 제천 의식, 심신 수련
• 구성원: 귀족, 일반 평민

① 경당에서 한학과 무술 교육을 받았다.
② 진흥왕 때 국가적 조직으로 확대되었다.
③ 오경박사를 두어 유교 경전을 가르쳤다.
④ 국가 주요 정책을 만장일치로 결정하였다.
⑤ 향나무를 묻는 매향이라는 행사를 치렀다.

02 중요

다음 자료와 관련된 제도에 대한 설명으로 옳은 것은?

방[室] 크기의 상한선	24자	21자	18자	15자
골품	진골	6두품	5두품	4두품

[보기]
ㄱ. 계층 간의 갈등을 완화하였다.
ㄴ. 사회 활동과 정치 활동을 제한하였다.
ㄷ. 능력에 따른 신분 상승이 가능하였다.
ㄹ. 신라가 삼국을 통일한 이후에도 유지되었다.

① ㄱ, ㄴ ② ㄱ, ㄷ ③ ㄴ, ㄷ
④ ㄴ, ㄹ ⑤ ㄷ, ㄹ

03

다음은 어느 시기의 호적을 구조화한 것이다. 이 시기의 사회 모습으로 옳지 않은 것은?

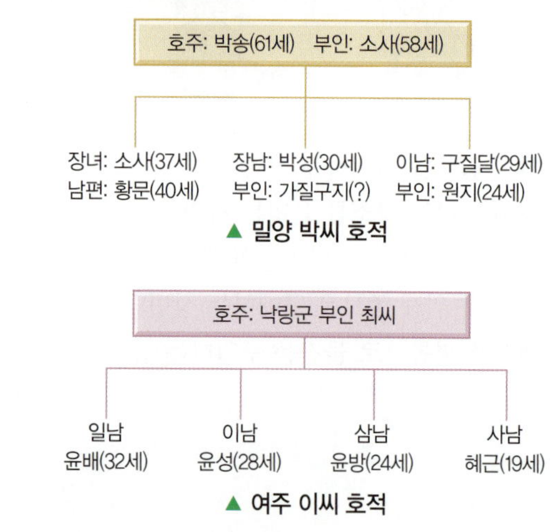

▲ 밀양 박씨 호적

▲ 여주 이씨 호적

① 여자의 재가가 금지되었다.
② 일부일처제가 일반적이었다.
③ 여자도 호주가 될 수 있었다.
④ 호적에 나이순으로 기록하였다.
⑤ 재산이 자녀에게 골고루 상속되었다.

04

다음 각 신분에 대한 분석 내용으로 적절한 것을 〈보기〉에서 고른 것은?

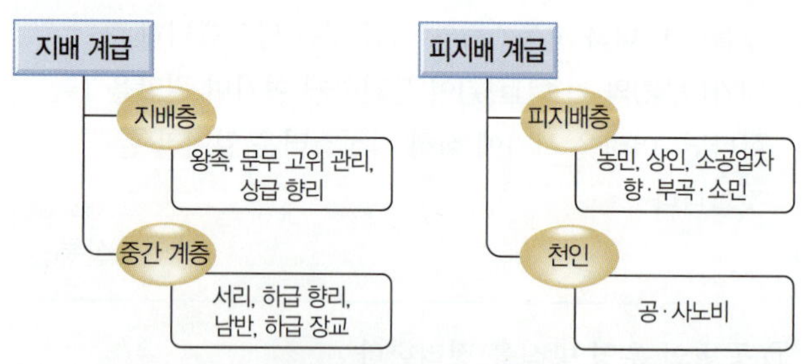

[보기]
ㄱ. 신분 간의 이동은 불가능하였다.
ㄴ. 남반은 궁중 실무를 담당하였다.
ㄷ. 하급 향리, 백정은 과거 응시 자격이 없었다.
ㄹ. 특수 행정 구역민은 차별 대우를 받았지만, 양인 신분이었다.

① ㄱ, ㄴ ② ㄱ, ㄷ ③ ㄴ, ㄷ
④ ㄴ, ㄹ ⑤ ㄷ, ㄹ

05 ✿✿✿ 학력평가 기출(변형)

다음 교육 기관을 세운 신분 계층에 대한 설명으로 옳은 것은?

▲ 서원

① 향리직을 세습하였다.
② 문과 응시가 금지되었다.
③ 전문 기술직을 담당하였다.
④ 국역을 면제받을 수 있었다.
⑤ 매매, 증여, 상속의 대상이 되었다.

06 ✿✿✿

다음 내용이 작성된 시기의 사회 모습으로 적절하지 않은 것은?

> 무릇, 향약에 가입하기를 원하는 자에게는 반드시 먼저 규약문을 보여 몇 달 동안 실행할 수 있는가를 스스로 헤아려 본 뒤에 가입하기를 청하게 한다.
>
> –『율곡전서』

① 환자를 진찰하고 있는 의관
② 향회에 참가하는 부유한 농민
③ 문과 응시가 불가능하여 좌절한 서얼
④ 서원에 등록하여 공부하는 양반 유생
⑤ 주인에게 바칠 신공을 마련하는 외거 노비

07 ✿✿✿ 중요

다음 그림과 관련된 시기의 사회 모습으로 적절하지 않은 것은?

① 모내기를 할 터를 고르는 농민
② 서당에서 공부하는 평민의 자제
③ 도망하여 신분을 숨기고 사는 노비
④ 청에서 가져온 비단을 운반하는 역관
⑤ 제사를 지내기 위해 여동생 집에 모인 남매들

08 ✿✿✿ 서술형

자료를 바탕으로 신라와 다른 고려 사회의 특징을 서술하시오.

> • 신라의 골품제는 혈연에 따라 개인의 사회 활동과 정치 활동을 엄격하게 규제하는 폐쇄적 신분 제도였다. 골품제는 관등 승진은 물론 일상생활까지도 규제하였다.
> • 고려 시대에는 노비안검법이 시행되어 많은 노비가 양민이 되었고, 과거제가 시행되면서 신진 인사가 정계에 등장할 수 있는 통로가 만들어졌다. 특히 향리 출신들은 문과에 합격하여 고위 관직에 오르기도 하였으며, 군인들 또한 전공을 쌓아 고위 무관이 될 수 있었다.

09 ✿✿✿ 서술형

(가) 계층의 특징을 두 가지 서술하시오.

〈고려의 신분 구성〉

고려의 신분 구성
왕족, 고위 관료, 상급 향리
(가): 하급 향리, 서리, 하급 장교
백정(농민), 상인, 수공업자, 향·부곡·소 주민
공노비, 사노비

10 ✿✿✿ 서술형

밑줄 친 '변화'를 두 가지 서술하시오.

> 붕당 정치의 변질과 세도 정치로 인해 특정 붕당이나 가문에 권력이 집중되면서 몰락 양반이 등장하였다. 반면 상품 화폐 경제의 발달로 부유해진 상민들은 각종 방법을 통해 신분 상승을 이루기도 하였다. 이러한 현상이 지속되면서 양반 중심의 신분 질서가 동요하였고, 이는 향촌 지배 체제에도 <u>변화</u>를 가져 왔다.

❖ 정답 및 해설 100~101p

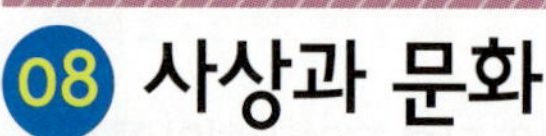

08 사상과 문화

• 문항 수 10개
• 제한 시간 20분

01

다음 문화유산에 공통적으로 반영된 사상이 표현된 문화유산은?

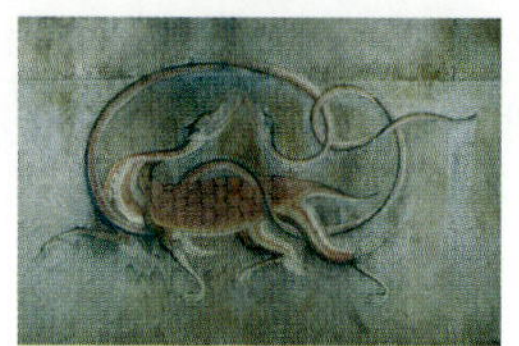
▲ 사신도

▲ 산수무늬 벽돌

①  
▲ 임신서기석

② 
▲ 금동 대향로

③ 
▲ 이불병좌상

④  
▲ 발해 석등

⑤ 
▲ 석굴암 본존불

02

밑줄 친 '이것'에 대한 설명으로 옳은 것을 〈보기〉에서 고른 것은?

> 이것은 교종의 기성 사상 체계에 의존하지 않고, 스스로 사색하여 진리를 깨닫는 것을 중시하고, 개인적인 정신세계를 찾는 경향이 강하였다.

[보기]
ㄱ. 호족 세력의 지원을 받았다.
ㄴ. 지방 문화의 발전에 이바지하였다.
ㄷ. 원효와 의상 등에 의해 크게 발달하였다.
ㄹ. 불로장생과 심신의 안락함을 추구하였다.

① ㄱ, ㄴ ② ㄱ, ㄷ ③ ㄴ, ㄷ
④ ㄴ, ㄹ ⑤ ㄷ, ㄹ

03

다음 중 고려 시대의 교육 기관에 대한 설명으로 옳은 것을 〈보기〉에서 고르면?

[보기]
ㄱ. 서당 교육이 확산되었다.
ㄴ. 중앙에 국자감이 설치되었다.
ㄷ. 지방 교육 기관으로 향교가 설립되었다.
ㄹ. 중기에는 관학의 융성으로 사학 12도가 위축되었다.

① ㄱ, ㄴ ② ㄱ, ㄷ ③ ㄴ, ㄷ
④ ㄴ, ㄹ ⑤ ㄷ, ㄹ

04

(가)에 대한 설명으로 옳은 것은?

역사 체험 교실 운영 기획안

(가), 제작 과정의 비밀을 찾아서

• 기획 의도: 8만 개가 넘는 불경판의 제작 과정과 그 속에 담긴 과학적 원리를 선보이고자 함
• 기간: 2024년 6월 △일 ~ 9월 △△일
• 장소: 해인사 섬보 박물관
• 창의적 체험 활동 운영 방안
 – 제1관: 제작 과정 관람

산벚나무를 소금물로 쪄서 소독함.	불경을 목판에 새김.	목판 양 끝에 각목을 덧댐.	옻칠 후 네 모퉁이에 구리판을 붙임.

 – 제2관: 양각 체험

① 상감 기법을 도입하여 제작되었다.
② 영토 확장을 기념하기 위해 제작되었다.
③ 몽골을 물리치려는 염원을 담아 제작되었다.
④ 성리학적 유교 사관의 영향을 받아 제작되었다.
⑤ 고구려 시조의 일대기를 찬양하기 위해 제작되었다.

05 ✿✿✿

다음 기구가 발명된 시기의 사실로 옳은 것은?

① 거중기가 만들어졌다.
② 소격서가 폐지되었다.
③ 훈민정음이 창제되었다.
④ 대동여지도가 제작되었다.
⑤ 동국여지승람이 편찬되었다.

06 ✿✿✿ 중요

다음 그림이 제작된 시기의 문화로 적절하지 않은 것은?

① 탈놀이가 성행하였다.
② 한글 소설이 보급되었다.
③ 중인층의 문예 활동이 활발하였다.
④ 청자에 백토의 분을 칠한 분청사기가 유행하였다.
⑤ 우리의 역사, 지리 등을 연구하는 국학이 발달하였다.

07 ✿✿✿ 중요

다음과 같이 주장한 실학자에 대한 설명으로 옳은 것은?

> 비유하건대, 재물은 대체로 샘과 같다. 퍼내면 차고, 버려두면 말라 버린다. 그러므로 비단옷을 입지 않아서 나라에 비단 짜는 사람이 없게 되면 여공이 쇠퇴하고, 쭈그러진 그릇을 싫어하지 않고 기교를 숭상하지 않아서 공장하는 일이 없게 되면 기예가 망하게 된다.

① 정통론에 입각하여 동사강목을 저술하였다.
② 사농공상의 직업 평등과 전문화를 주장하였다.
③ 북벌론을 비판하고 청 문물의 수용을 주장하였다.
④ 토지를 공동 소유·공동 경작하는 여전제를 주장하였다.
⑤ 신분에 따라 차등적으로 토지를 분배하자는 균전론을 주장하였다.

08 ✿✿✿ 서술형

발해에서도 밑줄 친 '이 사상'이 발전하였음을 보여주는 사례를 두 가지만 서술하시오.

> 이 사상은 공자의 가르침에서 시작된 도덕 사상으로 인(仁) 사상을 바탕으로 나라에 대한 충(忠)과 부모에 대한 효(孝)를 중시한다. 삼국은 중국에서 이 사상을 받아들여 국가 체제를 정비하고 인재를 양성하였다.

09 ✿✿✿ 서술형

(가), (나) 역사서의 공통점을 한 가지 서술하시오. (단, 아래 자료에 직접적으로 제시된 내용은 제외하고 서술할 것)

> **역사 탐구 보고서**
>
> 1학년 △반 ○○○
>
> 1. **주제**: 고려 후기 역사서의 편찬
> 2. **특징**: 무신 정변과 몽골의 침입을 겪으면서 민족의 자주 의식을 드러내는 역사서가 편찬되었다.
> 3. **사례**
>   - 무신 집권기에 이규보가 편찬한 『동명왕편』
>   - 원 간섭기 충렬왕 때 일연이 편찬한 (가)
>   - 원 간섭기 충렬왕 때 이승휴가 편찬한 (나)

10 ✿✿✿ 단답형

밑줄 친 '사서'의 명칭을 쓰시오.

> 세종은 부왕의 사서가 편찬된 뒤에 그 내용이 궁금하였다. 왕이 말하기를, "이제 춘추관에서 사서를 편찬하였으니 내가 한번 보려고 하는데 어떤가?" 하였다. 우의정 맹사성 등이 아뢰기를, "전하께서 이를 보시면 후세의 임금들이 반드시 이를 본받아 고칠 것이며, 사관도 국왕이 볼 것을 의심하여 반드시 사실을 다 기록하지 않을 것이니 어떻게 진실을 전하겠습니까?"라 하니, 왕이 "그럴 것이다." 하였다.

❖ 정답 및 해설 101~103p

09 국제 질서의 변동과 개항

• 문항 수 11개
• 제한 시간 20분

01

(가)와 (나) 조약을 바르게 연결한 것은?

> (가) 청이 영국과의 제1차 아편 전쟁에서 패배하여 체결한 조약이다. 이 조약으로 청은 개항을 하였다.
> (나) 일본이 미국 페리 제독의 무력시위에 굴복하여 체결한 조약이다. 이 조약으로 일본은 개항을 하였다.

	(가)	(나)
①	난징 조약	포츠머스 조약
②	난징 조약	미·일 화친 조약
③	베이징 조약	포츠머스 조약
④	베이징 조약	시모노세키 조약
⑤	시모노세키 조약	조·일 수호 조규

02

(가), (나)에 대한 설명으로 옳은 것을 <보기>에서 고른 것은?

> (가) 메이지 유신　　　　(나) 양무운동

[보기]

ㄱ. (가) – 청 왕조 타도를 내세웠다.
ㄴ. (가) – 문명개화를 내세우며 추진되었다.
ㄷ. (나) – 개혁적 지식인들이 입헌 군주제 도입을 주장하였다.
ㄹ. (나) – 중체서용의 원칙 아래 군수 공장을 설립하고 산업을 육성하였다.

① ㄱ, ㄴ　② ㄱ, ㄷ　③ ㄴ, ㄷ
④ ㄴ, ㄹ　⑤ ㄷ, ㄹ

03

다음 자료를 통해 알 수 있는 내용으로 옳은 것은?

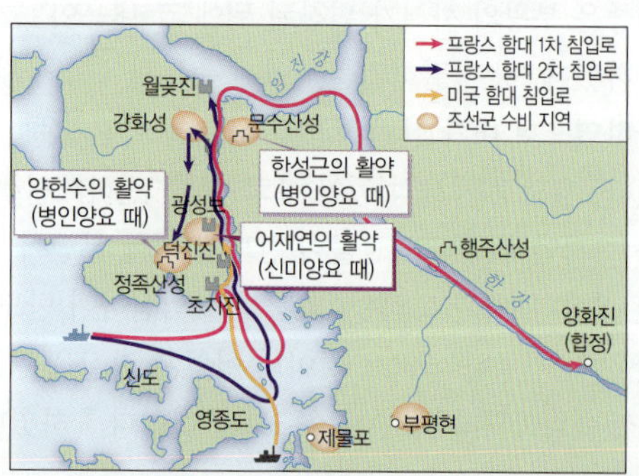

① 프랑스는 경복궁을 공격하였다.
② 조선군은 프랑스와 미국을 철수시켰다.
③ 두 사건 직후 통상 수교 거부 정책이 완화되었다.
④ 미국은 외규장각에 보관 중인 서적 등을 약탈하였다.
⑤ 오페르트 도굴 미수 사건을 빌미로 미국이 침공하였다.

04

(가) 사건이 일어난 시기를 연표에서 고른 것은?

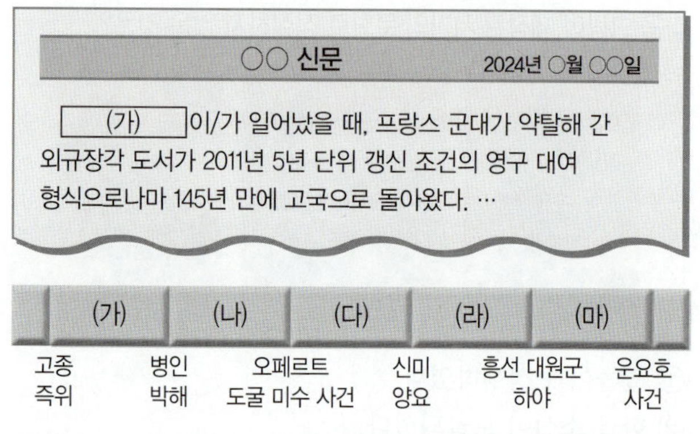

○○ 신문　2024년 ○월 ○○일

(가) 이/가 일어났을 때, 프랑스 군대가 약탈해 간 외규장각 도서가 2011년 5년 단위 갱신 조건의 영구 대여 형식으로나마 145년 만에 고국으로 돌아왔다. …

고종 즉위	(가)	병인 박해	(나)	오페르트 도굴 미수 사건	(다)	신미 양요	(라)	흥선 대원군 하야	(마)	운요호 사건

① (가)　② (나)　③ (다)　④ (라)　⑤ (마)

05 중요

다음 비석에 대한 설명으로 옳은 것은?

> 서양 오랑캐가 침범하는데 싸우지 않는 것은 화친하는 것이요, 화친을 주장하는 것은 나라를 파는 일이다.

① 영토 확장을 기념하여 세워졌다.
② 탕평 정책의 내용이 기록되어 있다.
③ 청과의 국경을 정한 내용이 새겨져 있다.
④ 유교 경전 공부를 맹세한 내용이 기록되어 있다.
⑤ 프랑스와 미국의 침입을 물리친 후에 건립되었다.

06

다음 조약에 대한 설명으로 옳은 것은?

> 제4관 조선은 부산 이외에 제5관에 기재하는 2개 항구를 개항하고 일본인이 왕래 통상함을 허가한다.
> 제7관 조선의 연해 도서는 지극히 위험하므로 일본의 항해자가 자유로이 해안을 측량함을 허가한다.

① 양국 간의 평등함이 보장되었다.
② 서양 국가와 맺은 최초의 조약이다.
③ 위정척사 운동의 결과로 체결되었다.
④ 거중 조정, 최혜국 대우 등을 규정하였다.
⑤ 운요호 사건을 계기로 체결된 근대적 조약이다.

07

(가) 조약에 포함된 내용으로 가장 적절한 것은?

> (가)
> 1. **체결 시기:** 1882년
> 2. **체결 배경**
>   - 『조선책략』의 유포
>   - 청의 적극적인 알선
> 3. **의의:** 서양과 맺은 최초의 근대적 조약

① 내지 통상 허용
② 최혜국 대우 규정
③ 청의 종주권 부인
④ 천주교 포교의 자유 인정
⑤ 부산 외에 두 개 항구 개항

08

학력평가 기출(변형)

(가), (나) 조약의 공통점으로 적절한 것은?

> (가) 조선국 부산의 초량은 일본 공관이 있어 다년간 양국 인민의 통상지였다. … 그 외에 조선국 정부는 추가로 두 항구를 개방하고 일본인이 왕래 통상함을 허가한다.
> (나) 양국은 이후에 조선국이 어느 때든지 어느 나라나 어느 나라 상인 또는 인민에 대하여 본 조약에 의하여 부여되지 않은 어떤 권리나 특혜를 허가할 때에는 미국의 관민상인에게도 무조건 균점된다.

① 영사 재판권 규정 ② 무관세 조항 규정
③ 해안 측량권 규정 ④ 최혜국 대우 규정
⑤ 거중 조정 조항 규정

09

단답형

(가)~(라)를 일어난 순서대로 바르게 나열하시오.

> (가) 적군이 정족산성 아래로 몰려오니 양공이 사기를 돋우어 전투를 독려하였다.
> (나) 너희 나라와 우리나라 사이에는 왕래도 없었고, 은혜나 원수도 없는데, 이번 덕산 묘지에서 저지른 사건은 사람으로서 차마 할 수 있는 일이겠는가?
> (다) "서양 오랑캐가 침범했을 때 싸우지 않음은 화친하는 것이고, 화친을 주장함은 나라를 파는 것이다."라고 새겨진 비석이 전국에 세워졌다.
> (라) 평안 감사가 "오랑캐들이 처음에는 교역을 요청하다가 … 대동강에서 다른 상선도 약탈하며 날뛰었습니다."라고 아뢰었다.

10

서술형

(가)에 들어갈 흥선 대원군의 외교 정책을 쓰고, 긍정적인 면과 부정적인 면을 각각 한 가지씩 서술하시오.

> 제시된 비석은 흥선 대원군이 두 차례 양요에서 외세의 침략을 물리친 뒤 ((가))을/를 널리 알리기 위해 전국 각지에 세운 척화비이다.

11

서술형  

다음 조약이 불평등한 이유를 두 가지 서술하시오.

> 제1관 조선은 자주국이며, 일본과 평등한 권리를 보유한다.
> 제4관 조선은 부산 이외에 제5관에 기재하는 2개 항구를 개항하고 일본인이 왕래 통상함을 허가한다.
> 제7관 조선의 연해 도서는 지극히 위험하므로 일본의 항해자가 자유로이 해안을 측량함을 허가한다.
> 제10관 일본 인민이 조선이 지정한 각 항구에서 죄를 범하고 조선 인민에게 관계되는 사건은 모두 일본 관원이 재판할 것이다.

❖ 정답 및 해설 103~105p

10 근대 사회로의 변혁

• 문항 수 10개
• 제한 시간 20분

01 ✽✽✽

다음 주장에 대한 설명으로 가장 적절한 것은?

> 일단 강화를 맺으면 저들의 욕심은 물자를 교역하는 데 있습니다. 저들의 물건은 지나치게 사치스러운 것이고, 또 수공업품이므로 무한한 것이나, 우리의 물자는 필수품이며 땅에서 생산되는 유한한 것입니다. 만약 교역이 이루어진다면 우리나라는 금세 황폐해져 보존할 수 없을 것입니다. 또한, 그들은 비록 왜인이지만 서양 오랑캐와 같습니다. 강화가 이루어진다면 사악한 서적과 천주교가 다시 들어와 인간의 도리가 땅에 떨어지고 백성은 안전하지 않을 것입니다.

① 영남 만인소에서 주장된 내용이다.
② 박규수, 오경석 등의 사상을 계승하였다.
③ 일본의 침략을 막기 위해 개항을 주장하였다.
④ 양반 중심의 성리학적 질서를 지키려 하였다.
⑤ 흥선 대원군의 통상 수교 거부 정책을 뒷받침하였다.

02 ✽✽✽ 중요

다음 사건에 대한 설명으로 옳은 것을 〈보기〉에서 고른 것은?

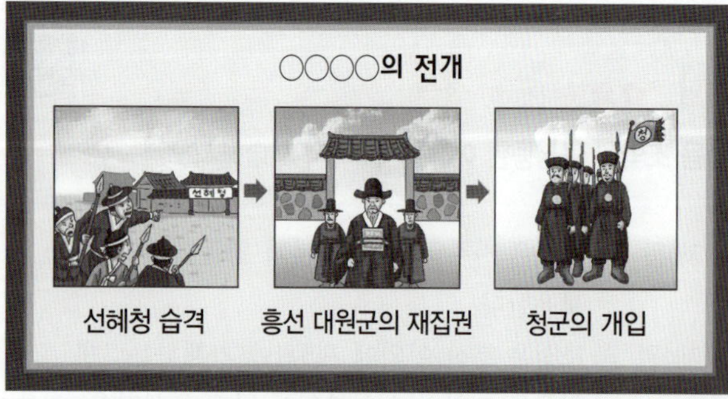

[보기]

ㄱ. 급진 개화파의 주도로 전개되었다.
ㄴ. 입헌 군주정 수립을 목표로 하였다.
ㄷ. 청의 내정 간섭이 심화되는 계기가 되었다.
ㄹ. 구식 군인에 대한 차별 대우가 원인이었다.

① ㄱ, ㄴ ② ㄱ, ㄷ ③ ㄴ, ㄷ
④ ㄴ, ㄹ ⑤ ㄷ, ㄹ

03 ✽✽✽

밑줄 친 '이 사건'에 대한 설명으로 가장 적절한 것은?

> <u>이 사건</u>으로 다시 권력을 장악한 흥선 대원군은 통리기무아문과 별기군을 폐지하고 5군영을 부활시켰다.

① 단발령 시행에 반대하였다.
② 흥선 대원군의 개혁 정치를 비판하였다.
③ 김홍집, 어윤중, 김윤식 등이 주도하였다.
④ 청의 내정 간섭이 심화되는 결과를 가져왔다.
⑤ 양반 중심의 성리학적 질서를 유지하려 하였다.

04 ✽✽✽

(가), (나) 사상에 대한 설명으로 옳은 것은?

> (가) 중국의 유교 문화를 바탕으로 하되, 서양의 과학과 기술을 도입하여 부국강병을 꾀하자는 주장으로 조선에서는 '동도서기'로 표현되었다.
> (나) 낡은 관습을 타파하고 발달된 문명을 받아들여 발전하자는 것으로, 서양의 문화를 뒷받침하는 근대적인 사상과 제도까지 수용하자는 주장이다.

① (가) – 후천 개벽을 내세웠다.
② (가) – 서양의 정치 제도를 수용하자는 입장이다.
③ (나) – 온건 개화파의 주장과 일치한다.
④ (나) – 메이지 유신의 핵심 사상으로 볼 수 있다.
⑤ (가), (나) – 항일 의병 운동으로 계승되었다.

05 ✽✽✽

다음과 같은 주장을 한 정치 세력에 대한 설명으로 옳은 것은?

> 오늘날 급선무는 반드시 인재를 등용하며 국가 재정을 절약하고 사치를 억제하며, 문호를 개방하고 이웃국들과 친선을 도모하는 데 있다고 한다. … 일본은 법을 바꾼 이후로 모든 것을 경장했다고 들었다.
> – 김옥균, 『치도약론』

① 민씨 정권과 결탁하였다.
② 청의 내정 간섭을 반대하였다.
③ 청의 양무운동을 개혁 모델로 삼았다.
④ 흥선 대원군의 대외 정책을 계승하였다.
⑤ 동도서기론에 입각한 개혁을 추구하였다.

06 ✿✿❀ 중요

다음 내용이 발표된 사건에 대한 설명으로 옳은 것은?

> 1. 흥선 대원군을 가까운 시일 안에 돌아오게 하고 청에 조공하는 허례를 폐지할 것.
> 2. 문벌을 폐지하여 인민 평등의 권리를 제정하고 능력에 따라 관리를 등용할 것.
> 3. 지조법을 개혁하여 간사한 관리를 뿌리 뽑고, 백성의 곤란을 구제하며 국가 재정을 넉넉하게 할 것.
> 12. 재정은 모두 호조에서 관할하게 하고 그 밖의 재무 관청은 폐지할 것.
> 13. 대신과 참찬은 합문 안의 의정소에서 회의 결정하고 정령을 공포해서 시행할 것.

① 임오군란에 영향을 주었다.
② 온건 개화파의 주도로 전개되었다.
③ 일본군과 정부군에 의해 진압되었다.
④ 토지 제도의 개혁을 위해 한전론을 주장하였다.
⑤ 한성 조약 및 톈진 조약이 체결되는 원인이 되었다.

07 ✿✿❀

다음 주장이 나타나게 된 배경으로 옳은 것을 〈보기〉에서 고른 것은?

> 이제 우리나라는 지역으로 말하면 아시아의 목에 처해 있는 것이 유럽의 벨기에와 같고, 중국에 조공하는 것은 터키에 조공하는 불가리아와 같다. … 대저 우리나라가 아시아의 중립국이 된다면 러시아를 방어하는 큰 기틀이 될 것이다.

[보기]
ㄱ. 영국이 거문도를 불법 점령하였다.
ㄴ. 고종이 러시아 공사관으로 피신하였다.
ㄷ. 갑신정변 후 청의 내정 간섭이 더욱 심해졌다.
ㄹ. 청·일 전쟁에서 승리한 일본의 간섭이 심해졌다.

① ㄱ, ㄴ ② ㄱ, ㄷ ③ ㄴ, ㄷ
④ ㄴ, ㄹ ⑤ ㄷ, ㄹ

08 ✿✿❀ 단답형

(가), (나), (다)에 들어갈 말을 순서대로 쓰시오.

> 조선 정부는 1876년 [(가)] 체결 이후 개화 정책을 추진하기 위하여 [(나)]을/를 설치하여 정국을 운영하였다. 또 군사력을 강화하고자 기존의 군대를 통합하고 신식 군대인 [(다)]을/를 별도로 창설하였다.

09 ✿✿❀ 서술형

아래와 같이 전개된 운동의 의의와 한계를 각각 서술하시오.

시기	중심 인물	성격
1860년대	이항로, 기정진	통상 수교 거부 운동
1870년대	최익현	개항 반대 운동
1880년대	이만손, 홍재학	개화 반대 운동

10 ✿✿❀

다음을 읽고 물음에 답하시오.

> [(가)]은/는 청의 간섭을 물리치고 자주적 근대 국가를 건설하기 위하여 일어난 우리나라 최초의 정치 개혁 운동이었으나, (나) 한계를 표출하며 실패하고 말았다.

(1) (가)에 들어갈 사건을 쓰시오. 단답형

(2) (나)에 해당하는 내용을 두 가지 서술하시오. 서술형

❖ 정답 및 해설 105~106p

11 근대 국가 수립을 위한 노력

• 문항 수 11개
• 제한 시간 20분

01 ✽✽✽

(가) 개혁에 대한 설명으로 옳은 것은?

> 청·일 전쟁에서 승기를 잡은 일본은 더욱더 조선의 내정에 간섭하기 시작하였다. 흥선 대원군이 축출되었고, 군국기무처가 폐지되었으며, 김홍집, 박영효 등을 중심으로 (가) 이/가 단행되었다.

① 궁내부가 설치되었다.
② 과거제가 폐지되었다.
③ 과부의 재가가 허용되었다.
④ 의정부가 내각으로 개편되었다.
⑤ 한·청 통상 조약을 체결하였다.

02 ✽✽✽

다음 개혁안을 발표한 운동에 대한 설명으로 옳은 것을 〈보기〉에서 고른 것은?

> 2. 탐관오리는 그 죄상을 조사하여 엄중히 징벌한다.
> 3. 횡포한 부호(富豪)를 엄중히 징벌한다.
> 4. 불량한 유림과 양반의 무리를 징벌한다.
> 5. 노비 문서를 소각한다.
> 6. 7종의 천인 차별을 개선하고, 백정이 쓰는 평량갓은 없앤다.
> 7. 젊어서 과부가 된 여성의 개가를 허용한다.
> 9. 관리 채용에는 지벌을 타파하고 인재를 등용한다.
> 10. 왜와 통하는 자는 엄중히 징벌한다.

[보기]

ㄱ. 제폭구민, 보국안민을 주장하였다.
ㄴ. 자치적 민정 기구인 집강소를 설치하였다.
ㄷ. 서양의 제도와 문화를 받아들이자고 주장하였다.
ㄹ. 러시아를 중심으로 삼국 간섭이 전개되는 원인이 되었다.

① ㄱ, ㄴ ② ㄱ, ㄷ ③ ㄴ, ㄷ
④ ㄴ, ㄹ ⑤ ㄷ, ㄹ

03 ✽✽✽

밑줄 친 사건의 원인으로 옳은 것은?

> 러시아와 조선 왕실이 굳게 손잡고 온갖 음모를 추진하고 있는 데 대해서는 일도양단, 한쪽의 손을 잘라내어 양쪽이 서로 손을 잡지 못하게 하는 것 외에는 수가 없었다. 다시 말하면 <u>왕실의 중심 인물인 민비를 제거</u>함으로써 러시아와 조선의 결탁을 근본적으로 파괴하는 수밖에 다른 좋은 방법이 없었다.
>
> – 고바야카와 히데오, 『민비 시해 사건의 진상』

① 프랑스의 강화도 침공
② 조선의 친러 정책 추진
③ 흥선 대원군의 개혁 정치
④ 단발령에 대한 반발과 무마
⑤ 독립 협회의 성장에 따른 세력 견제

04 ✽✽✽

밑줄 친 '이 사건'이 일어난 시기를 연표에서 고른 것은?

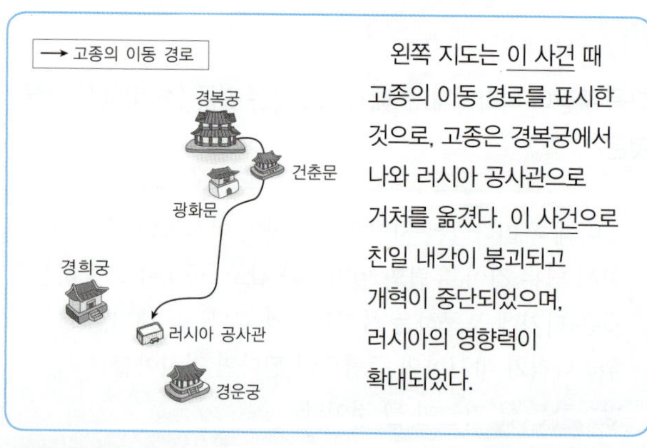

왼쪽 지도는 <u>이 사건</u> 때 고종의 이동 경로를 표시한 것으로, 고종은 경복궁에서 나와 러시아 공사관으로 거처를 옮겼다. <u>이 사건</u>으로 친일 내각이 붕괴되고 개혁이 중단되었으며, 러시아의 영향력이 확대되었다.

	(가)		(나)		(다)		(라)		(마)	
고종 즉위		운요호 사건		임오 군란		을미 사변		을사 늑약		국권 피탈

① (가) ② (나) ③ (다) ④ (라) ⑤ (마)

05 ✿✿✿

자료와 같은 시기에 추진된 개혁에 대한 설명으로 옳지 않은 것은?

> 머리를 깎으라는 명령이 이미 내려지니 곡성이 하늘을 진동하고 사람들은 분하고 노해서 목숨을 끊으려 하였으며, 형세가 바야흐로 격변하여 일본인들은 군대를 엄히 하여 대기시켰다. … 무릇 머리를 깎인 자는 빡빡 깎지 아니하고 상투만 자르고 …
>
> – 황현, 『매천야록』

① 소학교가 설치되었다. ② 신분제가 폐지되었다.
③ 종두법이 시행되었다. ④ 태양력이 사용되었다.
⑤ 우편 사무가 개시되었다.

06 ✿✿✿ 중요

자료와 관련된 단체의 활동으로 옳은 것을 〈보기〉에서 고른 것은?

[보기]

ㄱ. 대한국 국제를 제정하였다.
ㄴ. 만민 공동회를 개최하였다.
ㄷ. 황국 협회를 중심으로 운영되었다.
ㄹ. 대조선 독립 협회 회보를 발간하였다.

① ㄱ, ㄴ ② ㄱ, ㄷ ③ ㄴ, ㄷ ④ ㄴ, ㄹ ⑤ ㄷ, ㄹ

07 ✿✿✿ 중요

다음 자료에 대한 학생들의 발표 내용으로 옳은 것은?

> 제1조 대한국은 만국이 공인한 자주독립 제국이다.
> 제2조 대한국의 정치는 만세 불변의 전제 정치이다.
> 제3조 대한국 대황제는 무한한 군주권을 가진다.
> 제5조 대한국 대황제는 육해군을 통솔하고 군대의 편제를 정하며 계엄을 명한다.

① 공화정을 지향하는 내용입니다.
② 아관 파천 당시에 발표되었습니다.
③ 급진적인 개화 정책을 표방하였습니다.
④ 독립 협회의 주장과 동일한 개혁 내용이었습니다.
⑤ 대한 제국 황제의 권한 강화를 추구하고 있습니다.

08 ✿✿✿ 단답형

밑줄 친 '기구'의 명칭을 쓰시오.

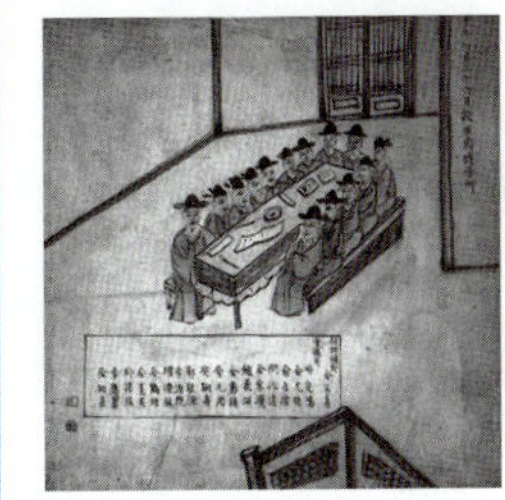

> 제1차 갑오개혁을 주도했던 최고 정책 결정 기구로, 김홍집, 박정양, 김윤식 등의 위원들로 구성되었다. 여기에서 4개월 동안 약 210건의 안건을 처리하였다.

09 ✿✿✿ 서술형

(가) 사건에 영향을 받아 고종과 명성 황후가 추진한 대외 정책의 내용과 그에 대한 일본의 대응을 서술하시오.

> (가) 은/는 러시아가 프랑스와 독일과 함께 주도한 사건이다. 청·일 전쟁에서 승리한 일본이 시모노세키 조약으로 랴오둥반도를 할양받자 청에 반환할 것을 요구하였다. 일본은 이에 굴복하여 랴오둥반도를 청에 돌려주었다.

10 ✿✿✿ 단답형

(가)~(라)의 사건을 발생한 순서대로 나열하시오.

> (가) 청·일 간에 시모노세키 조약이 체결되었다.
> (나) 일본은 경복궁을 침범하여 명성 황후를 시해하였다.
> (다) 고종이 황제로 즉위하고 대한 제국 수립을 선포하였다.
> (라) 고종은 경복궁에서 러시아 공사관으로 거처를 옮겼다.

11 ✿✿✿ 서술형

다음 개혁의 의의와 한계를 각각 서술하시오.

정치	대한국 국제 제정
군사	원수부 설치
경제	• 양전 사업 시행, 지계 발급 • 식산흥업 정책: 공장과 회사 설립
교육	실업 학교 설립, 유학생 파견 등

❖ 정답 및 해설 106~108p

12 사회·경제 변화와 문화 변동

• 문항 수 10개
• 제한 시간 20분

01

다음 자료를 활용한 탐구 활동 주제로 옳은 것은?

> 질이 나쁜 백동화는 바꿔 주지 않는다. 상태가 매우 양호한 갑종 백동화는 개당 2전 5리의 가격으로 새 돈과 교환하여 주고, 상태가 좋지 않은 을종 백동화는 개당 1전의 가격으로 정부에서 매수하며, … 단, 형질이 조악하여 화폐로 인정하기 어려운 병종 백동화는 매수하지 않는다.
>
> – 탁지부령 제1호

① 군국기무처가 추진한 개혁
② 흥선 대원군의 당백전 발행
③ 임오군란 직후 청의 내정 간섭
④ 광무개혁에 따른 지계 발급 사업
⑤ 일본인 재정 고문의 화폐 정리 사업

02

(가)에 들어갈 내용으로 옳은 것은?

> 총영사 마에다 귀하
> 우리 고을에 흉년이 든 것은 귀하도 잘 알고 있을 것이다. 궁지에 몰리고 먹을 것이 없어 비참하다. 이에 조·일 통상 장정에 근거하여 기일에 앞서 통지하니 바라건대 귀국의 상민들에게 통지하여 음력 을유년 12월 20일부터 만 한 달 이후에는
> (가)
>
> 동래 부사 김학진 드림

① 환곡을 폐지할 것이다.
② 방곡령을 내릴 것이다.
③ 사창제를 실시할 것이다.
④ 토지 조사령을 시행할 것이다.
⑤ 일본과의 무역을 불허할 것이다.

03

다음 가상 일기에서 소개하는 철도를 (가)~(마) 중에서 옳게 고른 것은?

> 마침내 ○○○ 철도가 개통되어 철도 시대가 열리게 되었다. 80리나 되는 거리를 순식간에 도착한다고 하는데, 철도는 앞으로 우리의 생활을 크게 변화시킬 것이다.
>
> 1899년 ○월 ○일

① (가) ② (나) ③ (다) ④ (라) ⑤ (마)

04 중요

다음 자료의 민족 운동에 대한 설명으로 옳은 것을 〈보기〉에서 고른 것은?

> 지금 나라의 빚이 1,300만 원이며, 이는 우리 대한 제국의 존망에 관계된 일이다. 이를 갚으면 나라를 보존하게 되고 못 갚으면 나라를 잃고 만다. 형세가 여기에 이르렀으나 현재 국고로는 보상하기가 어렵다. … 2,000만의 백성이 3개월 동안 담배를 끊고 그 돈을 각 사람마다 20전씩 낸다면 1,300만 원을 모을 수 있다.
>
> – 국채 1,300만 원 보상 취지서

[보기]
ㄱ. 만민 공동회를 개최하여 호응을 얻었다.
ㄴ. 서상돈 등의 제의로 대구에서 시작되었다.
ㄷ. 대한매일신보를 통해 전국으로 확산되었다.
ㄹ. 조선 총독부의 탄압으로 인해 성공을 거두지 못했다.

① ㄱ, ㄴ ② ㄱ, ㄷ ③ ㄴ, ㄷ
④ ㄴ, ㄹ ⑤ ㄷ, ㄹ

05 ✿✿❀

(가)에 들어갈 종교에 대한 설명으로 옳은 것은?

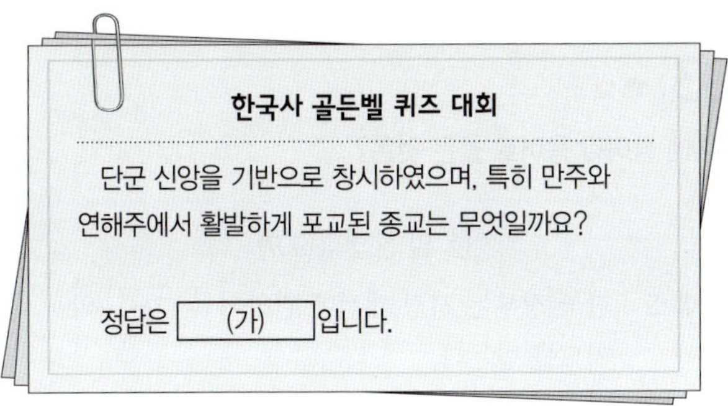

한국사 골든벨 퀴즈 대회

단군 신앙을 기반으로 창시하였으며, 특히 만주와 연해주에서 활발하게 포교된 종교는 무엇일까요?

정답은 (가) 입니다.

① 기관지인 만세보를 발행하였다.
② 손병희가 동학을 개칭한 종교이다.
③ 항일 무장 독립 투쟁에 기여하였다.
④ 배재 학당, 이화 학당 등 사립 학교를 설립하였다.
⑤ 프랑스와의 수호 조약 체결로 포교가 인정되었다.

06 ✿✿❀

자료의 글을 남긴 인물로 옳은 것은?

> 이른바 3대 문제는 무엇인가. 첫째는 유교계의 정신이 오로지 제왕 측에 있고, 인민 사회에 보급할 정신이 부족함이오, 둘째는 여러 나라를 돌아다니면서 천하를 변혁하려 하는 정신을 강구하지 않고, 내가 동몽(童蒙: 공부를 시작하는 아동)을 찾는 것이 아니라 동몽이 나를 찾는다는 생각을 간직함이오, 셋째는 우리 대한의 유가에서 쉽고 정확한 법문을 구하지 아니하고 질질 끌고 되어 가는 대로 내버려 두는 공부만을 숭상함이다. -『유교 구신론』

① 박은식 ② 손병희 ③ 신채호
④ 안중근 ⑤ 한용운

07 ✿✿❀

자료에서 설명하는 글의 제목으로 옳은 것은?

> 1908년 대한매일신보에 연재한 글로, 식민 사관과 그 영향으로 편찬된 일부 국사 교과서를 비판하는 내용을 담고 있으며, 민족 중심의 역사 서술을 강조하여 민족주의 역사학의 연구 방향을 제시하였다.

① 대한문전 ② 독사신론
③ 동명왕실기 ④ 금수회의록
⑤ 을지문덕전

08 ✿✿❀

다음을 읽고 물음에 답하시오.

> 제2조 조선 상인이 이미 개항한 청의 항구에서 소유한 일체의 재산 관계의 범죄는 피고와 원고가 어느 나라 사람이든 간에 모두 청의 지방관이 심판한다.
>
> 제4조 중국 상인이 조선의 양화진과 서울에 들어가 영업소를 개설한 경우를 제외하고 … 양국 상인이 내지로 들어가 토산물을 구입하려고 할 때에는 상무위원 및 지방관과 함께 허가증을 발급하되 구입할 처소를 명시하고, 수레와 배 등을 해당 상인이 고용하도록 하고, 세금을 규정대로 완납해야 한다.

(1) 위 조약의 명칭을 쓰시오. 단답형

(2) 위의 조약이 조선의 경제에 미친 영향을 두 가지 서술하시오. 서술형

09 ✿✿❀

다음 자료를 보고 물음에 답하시오.

> 세계의 정세를 보면 부강하고 독립하여 사는 모든 나라는 다 국민의 지식이 밝기 때문이다. 이제 짐은 정부에 명하여 널리 학교를 세우고 인재를 길러 새로운 국민의 학식으로써 국가 중흥의 큰 공을 세우고자 하니, 국민은 나라를 위하는 마음으로 덕과 체와 지를 기를지어다.

(1) 자료에서 제시된 조서의 명칭을 쓰시오. 단답형

(2) 자료의 조서에 따라 이루어진 정책을 서술하시오. 서술형

10 ✿✿❀ 단답형

(가), (나) 신문의 명칭을 각각 쓰시오.

> (가) 순 한문으로 간행된 우리나라 최초의 신문으로, 정부의 개화 정책을 홍보하고 국내외 정세를 소개하였다.
>
> (나) 국한문 혼용으로 지식층과 유림을 주 대상으로 하였다. 장지연의 「시일야방성대곡」이 처음 발표되었다.

❖ 정답 및 해설 108~109p

13 일제의 국권 침탈과 국권 수호 운동

• 문항 수 11개
• 제한 시간 20분

01

다음 전쟁 중에 있었던 일제의 침략 행위로 옳은 것은?

▲ 러시아 ▲ 일본 ▲ 영국 ▲ 미국

① 을미사변을 일으켰다.
② 운요호 사건을 일으켰다.
③ 고종에게 갑오개혁을 강요하였다.
④ 갑신정변 진압 후 내정을 간섭하였다.
⑤ 독도를 자국 영토로 강제 편입하였다.

02

(가)에 들어갈 내용으로 옳은 것은?

〈일제의 국권 침탈 과정〉

조약 명칭	연도	주요 내용
한·일 의정서	1904	군사 기지로 사용 가능
제1차 한·일 협약	1904	외국인 고문 초빙
제2차 한·일 협약	1905	(가)
한·일 신협약	1907	차관 정치
한국 병합 조약	1910	국권 피탈

① 고종의 강제 퇴위
② 대한 제국의 군대 해산
③ 대한 제국의 외교권 박탈
④ 외교 고문인 스티븐스 파견
⑤ 간도를 청의 영토로 인정함

03

(가)에 들어갈 용어로 옳은 것은?

한·일 신협약(1907)

제1조 한국 정부는 시정 개선에 관하여 (가) 의 지도를 받는다.
제2조 한국 정부의 법령 제정 및 행정상의 처분은 미리 (가) 의 승인을 거친다.
제4조 한국 고등 관리의 임명과 해임은 (가) 의 동의로써 이를 행한다.

① 통감 ② 차관 ③ 고문
④ 을사오적 ⑤ 조선 총독

04

다음 사건이 일어난 시기를 연표에서 고른 것은?

거사일 며칠 전 하얼빈에 도착하여, 마침내 10월 26일 아침 9시 30분경 하얼빈 철도역에 내려 러시아 의장대를 사열하는 이토 히로부미를 향해 3발의 총을 쏘았다. 이어서 총성이 더 울렸지만, 첫 3발이 이토의 복부에 명중하여 열차 안으로 옮겨진 이토는 30여 분 뒤 숨을 거두었다. 대한 제국 보호국화의 주범을 약관 31세의 대한국인 청년이 쓰러뜨린 순간이었다.

을미 사변	(가)	러·일 전쟁 발발	(나)	을사늑약 체결	(다)	정미 7조약 체결	(라)	한국 병합 조약 체결	(마)	3·1 운동

① (가) ② (나) ③ (다) ④ (라) ⑤ (마)

05

밑줄 친 '의병'이 일어난 원인으로 옳은 것은?

우리 국모의 원수를 생각하며 이를 갈았는데, 참혹한 일이 더하여 우리 부모에게서 받은 머리털을 풀베듯이 베어 버리니 이 무슨 변고란 말인가. … 이에 감히 <u>의병</u>을 일으켜 마침내 이 뜻을 세상에 포고하노니 …
- 유인석, 『의암집』

① 을사늑약 체결 ② 고종의 강제 퇴위
③ 을미사변과 단발령 ④ 한국 병합 조약 체결
⑤ 대한 제국의 군대 해산

06 중요

다음 조약의 강제 체결에 대한 저항으로 적절하지 않은 것은?

> 대일본 제국 정부는 대한 제국과 타국 간에 현존하는 조약의 실행을 완수하는 임무를 담당하고, 대한 제국 정부는 지금부터 대일본 제국 정부의 중개를 거치지 않고서는 국제적 성질을 가진 어떤 조약이나 약속을 맺지 않을 것을 서로 약속한다.

① 조약 체결에 반발해 자결하는 관리
② 이완용의 처단을 시도하는 애국지사
③ 항일 논설을 황성신문에 게재한 언론인
④ 고종 황제의 명령으로 파견된 헤이그 특사
⑤ 국외 중립을 선언하는 대한 제국의 고종 황제

07

다음 단체에 대한 설명으로 옳은 것은?

> 무릇 우리나라의 독립은 오직 자강의 여하에 있을 따름이다. … 자강의 방법은 다른 데 있는 것이 아니라 교육을 진작하고 산업을 일으키는 데 있다. 무릇 교육이 일어나지 않으면 나라의 부가 늘어나지 못하는 것이다. 그러므로 국민의 지식을 열고 국력을 기르는 길은 무엇보다도 교육과 산업의 발달에 있지 않겠는가?

① 포접제를 정비하였다.
② 고종 강제 퇴위 반대 운동을 주도하였다.
③ 일본의 황무지 개간권 요구를 저지하였다.
④ 우리나라 최초의 민간 신문을 간행하였다.
⑤ 안창호, 양기탁 등이 주도한 비밀 결사 조직이었다.

08

(가)~(다)를 발생한 순서대로 나열한 것은?

> (가) 을사의병 전개
> (나) 한·일 의정서 체결
> (다) 13도 연합 부대(13도 창의군) 편성

① (가)-(나)-(다)　② (가)-(다)-(나)
③ (나)-(가)-(다)　④ (나)-(다)-(가)
⑤ (다)-(나)-(가)

09 단답형

(가), (나), (다)에 들어갈 조약을 순서대로 쓰시오.

> 일본은 러·일 전쟁에서 승기를 잡은 이후 미국과 (가) 을/를, 영국과 (나) 을/를 맺어 두 나라로부터 한반도에 대한 지배권을 인정받았다. 또한, 미국의 중재로 러시아와 (다) 을/를 체결하여 한반도에 대한 독점적 지배권을 승인받았다.

10 서술형

(가), (나) 의병 운동의 계기를 각각 서술하시오.

〈의병 투쟁의 전개〉

구분	연도	주도 세력
(가)	1905	유생 의병장 및 평민 출신 의병장
(나)	1907	유생, 농민, 해산 군인 등 각계 각층

11

다음을 읽고 물음에 답하시오.

> 신민회는 무엇을 위하여 일어났는가? 백성이 풍습이 무지하고 부패하니 새로운 사상이 급하고 백성이 우매하니 신교육이 시급하도다. … 이것이 신민회가 발원하는 바이고, 신민회가 품은 뜻이며, 간단히 말해 오직 새로운 정신을 환기시키고 새로운 단체를 조직하여 신국가를 건설하는 것뿐이다.

(1) 밑줄 친 '신국가'의 정치 체제를 쓰시오. 단답형

(2) 신민회가 국외에서 추진한 활동을 서술하시오. 서술형

❖ 정답 및 해설 110~111p

개념 체크 문제 정답

Ⅰ 근대 이전 한국사의 이해

01 고대 국가의 성장

p.11 1 (1) 주먹 도끼 (2) 농경과 목축 (3) 반달 돌칼 (4) 고조선 (5) 기원전 5세기경 2 고인돌 3 8조법 4 사출도 5 (1) ㉢ (2) ㉠ (3) ㉤ (4) ㉡ (5) ㉣

p.13 1 ㄷ-ㄱ-ㄴ-ㄹ 2 대가야 3 (1) ○ (2) ×(성왕이 아닌 근초고왕) (3) ○ (4) ○ (5) ×(법흥왕이 아닌 진흥왕) (6) ○ 4 (1) 살수 대첩 (2) 안시성 5 ㄷ-ㄹ-ㄴ-ㄱ

p.15 1 관료전 2 5소경 3 (1) 왕위 쟁탈전 (2) 호족 (3) 견훤 (4) 궁예 4 해동성국 5 ㄷ-ㄹ-ㄱ-ㄴ

02 고려의 통치 체제와 정치 변동

p.25 1 기인 제도 2 노비안검법 3 2성 6부제 4 음서 5 (1) 주현, 속현 (2) 5도, 양계 (3) 이자겸 (4) 묘청

p.27 1 ㄷ-ㄹ-ㄱ-ㄴ-ㅁ 2 최충헌 3 (1) 망이, 망소이 (2) 김사미 (3) 만적 4 (1) 정동행성 (2) 전민변정도감 5 ㄴ

03 조선 사회의 성립과 발전

p.35 1 (1) 6조 직계제 (2) 의정부 서사제 (3) 관찰사 (4) 홍문관 (5) 승정원 2 (1) ㉢ (2) ㉣ (3) ㉠ (4) ㉤ (5) ㉡ 3 (1) ○ (2) ○ (3) ○ (4) ×(조선 시대에는 향·부곡·소가 없어짐) (5) ×(고려에 대한 설명임) 4 유향소

p.37 1 (1) ○ (2) ×(지방군에 대한 설명임) (3) ×(천인은 응시 불가) (4) ○ 2 (1) 문과, 무과, 잡과 (2) 상피제 (3) 천거 3 (1) ○ (2) ○ (3) ×(선조 때 정치 주도권 장악) 4 ㄷ-ㄱ-ㄹ-ㄴ 5 이조 전랑

p.39 1 (1) 도요토미 히데요시 (2) 누르하치 (3) 친명배금 (4) 남한산성 2 ㄹ-ㄱ-ㄴ-ㄷ 3 (1) ○ (2) ×(북인이 아닌 서인에 대한 설명임) (3) ○ (4) ○ 4 (1) 병 (2) 병 (3) 임 (4) 임 (5) 임

04 조선 후기 새로운 흐름과 변화

p.49 1 (가) 예송 (나) 환국 2 (1) ○ (2) ×(조선 전기: 5위, 조선 후기: 5군영) (3) ○ (4) ○ (5) ×(선조 때 시작) (6) ×(정조가 설치함) (7) ○ 3 탕평, 세도 4 (1) (가), (라), (마) (2) (나), (다), (바)

p.51 1 (1) 세도 정치 (2) 비변사 (3) 홍경래 (4) 진주 2 삼정이정청 3 (1) ×(비변사를 축소·폐지, 의정부와 삼군부의 기능을 회복) (2) ×(대전통편은 정조, 흥선 대원군은 대전회통을 편찬함) (3) ○ (4) ○ (5) ×(경복궁을 중건함) 4 (1) ㄴ (2) ㄱ

Ⅱ 근대 이전 한국사의 탐구

05 국제 관계와 대외 교류

p.65 1 (1) 책봉 (2) 독자적인 천하관 (3) 근초고왕 (4) 백강 전투 2 (1) ×(고구려가 아닌 백제에 대한 설명임) (2) ○ (3) ○ (4) ×(고구려가 아닌 신라가 승리함) (5) ○ 3 ㄱ, ㄴ, ㄹ 4 장보고

p.68 1 (가) 거란 (나) 여진 (다) 고려 2 (1) 서희 (2) 강감찬 (3) 윤관 3 ㄷ-ㄱ-ㄹ-ㄴ 4 (1) ×(거란의 침입 이후 나성 축조) (2) ○ (3) ○ (4) ×(삼별초는 강화도에서 봉기, 이후 진도-제주도로 이동) (5) ×(명의 철령위 설치에 반발하여 요동 정벌 추진) (6) ×(신라가 당군을 매소성과 기벌포에서 격파) 5 (1) 사대, 교린 (2) 4군, 6진 6 (1) ㉡ (2) ㉢ (3) ㉠ 7 (1) 북벌 (2) 연행사 (3) 기유약조 (4) 통신사 8 (1) ○ (2) ×(개시는 공무역, 후시는 사무역) (3) ○

06 수취 체제와 경제생활

p.75 1 (1) ○ (2) ×(삼국 시대에 우경 실시) (3) ○ (4) ○ 2 (1) 10분의 1 (1/10) (2) 요역 (3) 신라 촌락 문서 (4) 노동력 (5) 정전 3 관료전 4 ㄴ, ㄷ, ㅁ

p.77 1 (1) ○ (2) ×(죽거나 관직에서 물러나면 국가에 반납) (3) ○ 2 (1) ㉢ (2) ㉠ (3) ㉡ 3 (1) 한인전 (2) 공음전 (3) 조운 (4) 경시서 4 상평창 5 은병(활구)

p.79 1 (가) → (라) → (나) → (다) 2 (1) ㉢ (2) ㉡ (3) ㉠ 3 (1) 임노동자 (2) 대동법, 공인 (3) 보부상 (4) 선대제 4 민간 광산, 덕대 5 사상

07 신분제와 사회 구조

p.87 1 (1) ○ (2) ×(고구려가 진대법 실시) (3) ×(진골이 독점함) (4) ○ 2 (1) 8성 (2) 천민 (3) 골품제 (4) 3~1두품 (5) 말갈인 3 ㄴ, ㄹ 4 화랑도

p.89 1 (1) 중간 계층 (2) 직역 (3) 하급 향리 (4) 남반 (5) 솔거 노비 (6) 호주 2 백정 3 (1) ○ (2) ○ (3) ×(제한적이지만 신분 상승 가능) (4) ○ (5) ×(성별 구분 없이 태어난 순서대로 기재) 4 향도

p.91 1 (1) ○ (2) ×(양반은 각종 국역 면제) (3) ×(서얼은 문과 응시 불가) (4) ×(수공업자·상인이 농민보다 낮은 대우를 받음) 2 중인 3 (1) 향반 (2) 공명첩 (3) 소청 운동 (4) 공노비 해방 4 ㄱ, ㄹ

08 사상과 문화

p.99 1 도교 2 (1) ○ (2) ○ (3) ×(신라와 서역과의 교류를 알 수 있음) (4) ×(백제가 전해줌) (5) ○ 3 선종, 풍수지리설 4 주자감 5 (1) ㄴ (2) ㄷ

p.101 1 수선사 2 (1) ㄴ (2) ㄱ (3) ㄷ 3 사학 12도 4 삼국유사 5 (1) ×(세계에서 가장 오래된 금속 활자본임) (2) ○ (3) ○ (4) ○ (5) ○ (6) ×(이규보 - 동명왕편, 이승휴 - 제왕운기)

p.103 1 (1) 성리학 (2) 이이 (3) 태종 (4) 국조오례의 2 (1) ㉢ (2) ㉠ (3) ㉡ 3 (1) ×(소격서는 도교 행사를 주관함) (2) ×(고구려의 천문도를 바탕으로 제작) (3) ○ (4) ○ (5) ×(양난 이후에 절대화 됨) (6) ○ 4 이황

p.105 1 (1) ○ (2) ○ (3) ×(정약용에 대한 설명임) 2 ㄱ, ㄷ 3 (1) 풍속화 (2) 사설시조 (3) 한글 소설 4 민화 5 천주교

Ⅲ 근대 국가 수립의 노력

09 국제 질서의 변동과 개항

p.119 1 제국주의 2 (1) ㉡ (2) ㉠ 3 ㄱ, ㄷ, ㄹ, ㅇ 4 ㄷ-ㄱ-ㄴ-ㄹ
5 (1) 프랑스, 정족산성 (2) 어재연 (3) 오페르트 (4) 척화비

p.121 1 (1) 정한론 (2) 운요호 (3) 강화도 조약, 영사 재판권(치외 법권)
(4) 부산 2 거류지, 무제한 3 최혜국 대우 4 (1) O (2) ×(러시아가 아닌 청의 간섭 배제 목적) (3) ×(조일 무역 규칙에 수록되어 있음)
(4) O (5) O

10 근대 사회로의 변혁

p.127 1 별기군 2 (1) 조사 시찰단 (2) 영선사, 기기창 (3) 보빙사
(4) 통리기무아문 3 위정척사 운동 4 통상 수교 거부, 왜양, 개화
5 (1) 임오군란 (2) 조·청 상민 수륙 무역 장정 (3) 제물포 조약

p.129 1 ㄱ, ㄹ, ㅁ 2 ㄴ, ㅁ, ㅂ 3 (1) 톈진 조약 (2) 한성 조약
4 유길준 5 (1) ㄷ (2) ㄱ (3) ㄹ

11 근대 국가 수립을 위한 노력

p.137 1 (1) ㉡ (2) ㉠ 2 사발통문 3 (1) 조병갑 (2) 이용태
(3) 전봉준 4 시모노세키 조약 5 ㄱ-ㅁ-ㅂ-ㄹ-ㄴ-ㄷ 6 반봉건적, 반침략적

p.139 1 군국기무처 2 (1) ㄱ, ㄷ, ㄹ, ㅂ (2) ㄴ, ㅁ
3 (1) ㄷ (2) ㄱ (3) ㄴ 4 ㄷ, ㄹ, ㅂ, ㅅ 5 갑신정변, 동학 농민 운동

p.141 1 독립신문 2 황국 협회 3 절영도, 관민 공동회, 헌의 6조
4 환구단 5 (1) 구본신참 (2) 광무개혁 (3) 지계

12 사회·경제 변화와 문화 변동

p.151 1 거류지 무역 2 (1) ㄴ (2) ㄱ 3 화폐 정리 사업
4 방곡령 5 (1) 보안회 (2) 황국 중앙 총상회 (3) 독립 협회

p.153 1 한성 전기 회사, 전차 2 광혜원 3 (1) ㉠ (2) ㉢ (3) ㉡
4 일본 5 원각사 6 (1) ㄱ (2) ㄷ (3) ㄹ (4) ㄴ

p.155 1 (1) ㉡ (2) ㉠ (3) ㉢ (4) ㉣ 2 교육 입국 조서 3 한성순보, 영문판, 대한매일신보 4 여권 통문 5 (1) 신채호 (2) 박은식 (3) 주시경

13 일제의 국권 침탈과 국권 수호 운동

p.165 1 가쓰라·태프트 밀약, 포츠머스 조약 2 한·일 의정서, 고문, 을사늑약, 외교권, 일본인 차관 3 이준, 이상설, 이위종
4 (1) 단발령 (2) 평민 (3) 해산 군인 5 (1) ㉡ (2) ㉢ (3) ㉣ (4) ㉠

p.167 1 (1) ㄴ (2) ㄱ 2 보안회 3 공화정, 오산 학교, 남만주 (서간도), 신흥 강습소, 105인 사건 4 (1) 러·일 전쟁 (2) 간도 협약
5 백두산정계비

출제 0순위 확인 문제 정답

p.16 01 요서 02 평양 03 진흥왕
p.40 01 임진왜란 02 한산도 대첩 03 여진족
p.92 01 진골 02 3두품~1두품 03 6두품
p.130 01 척화 주전론 02 최익현 03 동도서기론
p.142 01 러시아 02 관민 공동회 03 헌의 6조
p.156 01 보안회 02 황국 중앙 총상회 03 방곡령
p.168 01 한·일 의정서 02 외교권 03 한국 병합 조약

사진 출처

- Getty Images Bank
  표지(수렵도, 연, 장승), 9쪽(경복궁), 187쪽(삼전도비)
- 국립중앙박물관
  13쪽(호우명 그릇), 98쪽(임신서기석), 109쪽(거중기 전도), 124쪽(외규장각 의궤), 131쪽(최익현), 151쪽(백동화)
- 동북아역사재단
  16쪽(칠지도), 99쪽(사신도, 발해 석등, 발해 영광탑)
- 공유마당
  55쪽(육전조례), 115쪽(안향)
- 우리역사넷
  87쪽(접객도), 98쪽(아프라시아브 궁전 벽화), 117쪽(동학 농민 운동 기록화), 196쪽(발해 석등)
- 국가유산청
  98쪽(석굴암 본존불), 100쪽(팔만대장경판), 106쪽(대동여지도), 116쪽(의상 대사), 196쪽(석굴암 본존불)
- 서울대학교 규장각 한국학 연구원
  101쪽(삼국사기, 삼국유사)
- 국가유산진흥원
  125쪽(보빙사)
- 독립기념관
  142쪽(관민공동회)
- 동학농민혁명기념재단
  143쪽(장태)
- 국립한글박물관
  152쪽(금수회의록), 154쪽(한성순보, 독립신문), 166쪽(대한자강회 월보)

* 중복된 사진은 가장 앞 쪽의 출처만 수록하였음

고등 영문법 

내신+수능 대비 영문법 완성 32일

- 자세한 문법 설명과 예문 첨삭을 통한 쉬운 이해
- 개념을 바로 문제에 적용시켜 확인하는 CHECK UP TEST
- 문법 개념을 종합적으로 훈련시키는 내신+수능 대비 종합문제
- 수능 1등급을 위한 수능 어법 유형 MASTER
- 문법 개념을 쉽게 이해시키는 친절한 해설

예문으로 직접 확인하며 쉽게 이해하는 문법 개념!

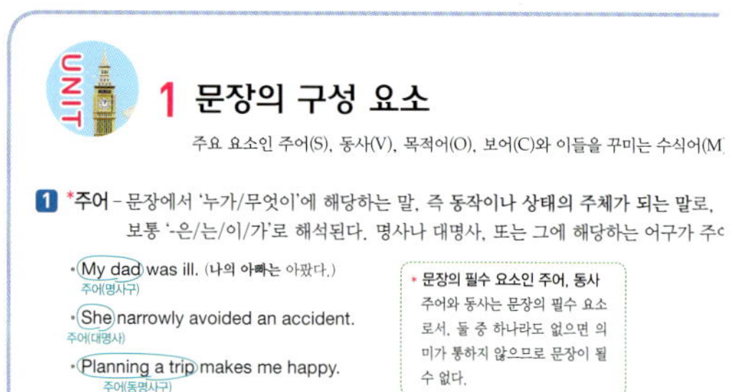

Step2 공부한 문법 개념을 확실히 이해시키는 CHECK UP TEST!

CHECK UP TEST

* 밑줄 친 부분이 문장의 구성 요소 중 무엇인지 차례대로 쓰시오.

01 He lied about his age.
02 Adrian raised his right arm.
03 The sky became dark.
04 The team is celebrating their win.
05 I saw him leave a few minutes ago.
06 There is a positive response to our new design.
07 We can provide useful information.

Step3 여러 문법 개념을 종합적으로 적용시키는 실전 훈련 종합문제!

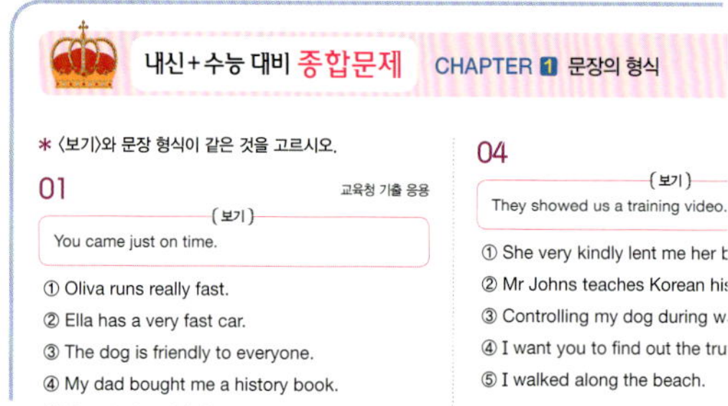

Step4 실제 수능에 출제되는 어법 유형을 그대로 구현한 수능 어법 유형 마스터!

수능 어법 유형 MASTER

21 고1 2022(3월)/20 변형

다음 글의 밑줄 친 부분 중, 어법상 틀린 것은?

10 years ago, I ① was in the army. My instructors would show up in my barracks room, and the first thing they would inspect was our bed. It was a simple task, but every morning they required us ② to make our bed to perfection. It seemed a little ③ ridiculous at the time, but the wisdom of this simple act has been proven to me many times over. If you

자이스토리

Xi story

Xistory stands for eXtra Intensive story for the University Entrance Examination.

내신 한국사 1

[해설편]

사회·과학 1등급을 위한 자이스토리 시리즈

✿ 자이스토리 – 통합사회 1, 2 통합과학 1, 2 내신 한국사 1, 2

＊통합사회 1, 2 · 통합과학 1, 2

- 새 교육과정을 완벽 분석한 최강 기본서
- 쉬운 개념 이해와 출제 0순위 문제
- 성적 향상을 위한 내신 필수 문제와 1등급 문제 분석
- 수능 유형 특강+수능 기출 문제
- 단원 TEST (내신+수능 대비)
- 2028 수능 예시문항 특별 수록

＊내신 한국사 1, 2

- 새 교육과정을 완벽 분석한 최강 기본서
- 쉬운 개념 이해와 출제 0순위 문제
- 성적 향상을 위한 내신 필수 문제와 1등급 문제 분석
- 수능 유형 분석+수능 기출 문제
- 단원 TEST (내신+수능 대비)

✿ 자이스토리 – 개념 화학 Ⅰ, 개념 생명과학 Ⅰ, 개념 물리학 Ⅰ, 개념 지구과학 Ⅰ

- 최고로 쉽게 이해되는 개념 총정리 – 개념을 최대한 쉽고 자세하게 설명하고 그림으로 보여줍니다.
- 실험 특강, 개념 특강, 자료 특강으로 핵심 내용을 깊이 있게 구성했습니다.
- 시험 대비를 위한 내신 대비 필수 문제 및 내신+수능 대비 단원별 TEST
  – 시험에 꼭 나오는 핵심 문제와 기출 문제로 내신과 수능을 함께 대비할 수 있게 구성했습니다.
- 소단원별로 제시된 수능 문제 유형 특강 및 수능 대비 기출 문제
  – 수능, 모의평가, 학력평가, 최신 기출 문제를 선별하여 수록했습니다.

✿ 자이스토리 기출 문제집 – 사회 탐구, 과학 탐구

＊자이스토리 사회 탐구

사회·문화, 생활과 윤리,
한국지리, 세계지리,
윤리와 사상, 동아시아사,
수능 한국사,
전국 연합 모의고사 통합사회

- 최고의 기출 분석 학습 효과를 위한 특별한 유형 분류와 문항 배열
- 1등급 고난도 문제의 출제 원리와 유형을 완벽 분석한 입체 첨삭 해설
- 부록: 수험장 극비노트 – 수능 특급 비법 자료집

＊자이스토리 과학 탐구

생명과학 Ⅰ, 생명과학 Ⅱ,
화학 Ⅰ, 화학 Ⅱ, 물리학 Ⅰ,
지구과학 Ⅰ, 지구과학 Ⅱ,
전국 연합 모의고사 통합과학

- 최고의 기출 분석 학습 효과를 위한 특별한 유형 분류와 문항 배열
- 1등급 고난도 문제의 출제 원리와 유형을 완벽 분석한 입체 첨삭 해설
- 부록: 수험장 극비노트 – 수능 특급 비법 자료집

차 례

자이스토리 내신 한국사 1 **빠른 정답**

I 근대 이전 한국사의 이해

01 고대 국가의 성장

01 ⑤ 02 ② 03 ① 04 ② 05 ② 06 해설 참조 07 ①
08 ⑤ 09 ① 10 ③ 11 ② 12 ② 13 ③ 14 ④
15 해설 참조 16 해설 참조 17 ④ 18 해설 참조
19 호족 20 ① 21 ④ 22 ② 23 ④ 24 ③ 25 ③ 26 ②
27 ② 28 ⑤ 29 ② 30 ②

02 고려의 통치 체제와 정치 변동

01 해설 참조 02 ④ 03 해설 참조 04 ③ 05 ① 06 ④
07 ⑤ 08 ① 09 (가) 이자겸, (나) 묘청 10 해설 참조 11 ④
12 해설 참조 13 ④ 14 삼별초 15 ⑤ 16 ④ 17 ④
18 ② 19 ① 20 ③ 21 ⑤ 22 ① 23 ② 24 ① 25 ④
26 ⑤ 27 ⑤ 28 ④

03 조선 사회의 성립과 발전

01 ① 02 ⑤ 03 ② 04 ③ 05 ⑤ 06 ① 07 해설 참조
08 ④ 09 해설 참조 10 ⑤ 11 ① 12 ④ 13 ①
14 해설 참조 15 ② 16 ③ 17 해설 참조 18 ③
19 임진왜란 20 해설 참조 21 ③ 22 ⑤ 23 해설 참조
24 ① 25 ④ 26 ④ 27 (가) 주화론, (나) 척화론(주전론)
28 ④ 29 ② 30 ② 31 ② 32 ③ 33 ⑤ 34 ② 35 ③
36 ②

04 조선 후기 새로운 흐름과 변화

01 비변사 02 해설 참조 03 ③ 04 해설 참조 05 ④
06 ② 07 ③ 08 ③ 09 ④ 10 ⑤ 11 ③ 12 ③
13 해설 참조 14 ② 15 ① 16 ④ 17 ① 18 ⑤ 19 ②
20 호포제 21 해설 참조 22 ① 23 ② 24 ① 25 ①
26 ① 27 ⑤ 28 ④

대단원 마무리 문제

01 ② 02 (가) 부여, (나) 삼한 03 ② 04 ② 05 ④ 06 ①
07 ③ 08 해설 참조 09 ① 10 ③ 11 ④ 12 ②
13 해설 참조 14 ③ 15 ② 16 ④ 17 ⑤ 18 해설 참조
19 ⑤ 20 ② 21 ① 22 ③ 23 ① 24 진주 농민 봉기(임술 농민 봉기) 25 해설 참조 26 ④

II 근대 이전 한국사의 탐구

05 국제 관계와 대외 교류

01 ③ 02 ② 03 해설 참조 04 ② 05 ④ 06 ①
07 해설 참조 08 ② 09 ④ 10 ⑤ 11 ④ 12 ①
13 해설 참조 14 ⑤ 15 통신사 16 ① 17 ② 18 ②
19 ② 20 ② 21 ⑤ 22 ② 23 ③

06 수취 체제와 경제생활

01 ① 02 ① 03 신라 촌락 문서 04 ① 05 해설 참조
06 ⑤ 07 ⑤ 08 전시과 09 ③ 10 해설 참조 11 ③
12 ③ 13 ① 14 관수관급제 15 해설 참조 16 ④
17 해설 참조 18 ② 19 ④ 20 ② 21 ② 22 ④ 23 ②
24 ② 25 ③ 26 ② 27 ⑤

07 신분제와 사회 구조

01 해설 참조 02 6두품 03 ⑤ 04 ① 05 ② 06 ③
07 ① 08 ④ 09 해설 참조 10 ④ 11 ⑤ 12 ② 13 ③
14 해설 참조 15 ② 16 ③ 17 ③ 18 ① 19 ③ 20 ④
21 ① 22 ⑤

08 사상과 문화

01 ④ 02 ⑤ 03 ⑤ 04 ③ 05 ⑤ 06 ② 07 ⑤ 08 ③
09 ⑤ 10 해설 참조 11 ② 12 ① 13 해설 참조 14 ④
15 해설 참조 16 ④ 17 (가) 천주교, (나) 동학 18 해설 참조
19 ③ 20 ④ 21 ⑤ 22 ② 23 ② 24 ④ 25 ① 26 ①
27 ⑤

대단원 마무리 문제

01 해설 참조 02 ⑤ 03 ⑤ 04 ⑤ 05 ① 06 ② 07 ②
08 ① 09 해설 참조 10 ④ 11 ② 12 ⑤ 13 ② 14 ①
15 ① 16 해설 참조 17 ② 18 ③ 19 해설 참조 20 ③
21 ③ 22 ④ 23 ⑤ 24 ④ 25 ⑤ 26 ⑤

Ⅲ 근대 국가 수립의 노력

09 국제 질서의 변동과 개항

01 ① 02 ① 03 (다), (나), (라), (가) 04 ④ 05 해설 참조
06 ⑤ 07 ③ 08 ① 09 해설 참조 10 해설 참조
11 조·미 수호 통상 조약 12 ③ 13 ④ 14 ⑤ 15 ① 16 ③
17 ⑤ 18 ③ 19 ④ 20 ②

10 근대 사회로의 변혁

01 해설 참조 02 별기군 03 ④ 04 ③
05 (가) 통상 수교 거부 운동, (나) 개항 반대 운동 06 ③ 07 ③
08 ④ 09 해설 참조 10 ④ 11 ㄴ, ㄷ, ㄹ 12 ② 13 ④
14 해설 참조 15 ① 16 ⑤ 17 ① 18 ⑤ 19 ③ 20 ⑤
21 ① 22 ② 23 ①

11 근대 국가 수립을 위한 노력

01 ⑤ 02 ② 03 ③ 04 ② 05 (나)-(다)-(라)-(가)-(마)
06 해설 참조 07 해설 참조 08 ⑤ 09 ④ 10 ① 11 ④
12 을미사변 13 ④ 14 해설 참조 15 ① 16 ② 17 해설 참조 18 ② 19 ③ 20 ③ 21 지계 22 해설 참조 23 ②
24 ③ 25 ① 26 ② 27 ② 28 ② 29 ② 30 ④ 31 ①

12 사회·경제 변화와 문화 변동

01 ③ 02 ③ 03 해설 참조 04 ④ 05 ① 06 ⑤
07 국채 보상 운동 08 ③ 09 (1) 방곡령, (2) 조·일 통상 장정
10 ② 11 ② 12 ⑤ 13 해설 참조 14 ② 15 ④ 16 ②
17 ① 18 ② 19 해설 참조 20 ⑤ 21 ① 22 ②
23 육영 공원 24 ④ 25 해설 참조 26 ② 27 ⑤ 28 ②
29 ③ 30 ① 31 ⑤ 32 ④ 33 ⑤ 34 ⑤

13 일제의 국권 침탈과 국권 수호 운동

01 ③ 02 ④ 03 포츠머스 조약 04 ① 05 ② 06 ④
07 ③ 08 해설 참조 09 ① 10 ④ 11 ⑤ 12 ① 13 ④
14 해설 참조 15 ③ 16 해설 참조 17 ① 18 ⑤ 19 ③
20 ③ 21 ④ 22 ② 23 ① 24 신민회, 공화정 25 해설 참조
26 ⑤ 27 ① 28 ② 29 ④ 30 ⑤ 31 ③ 32 ② 33 ③
34 ③

대단원 마무리 문제

01 ⑤ 02 ③ 03 ③ 04 ⑤ 05 ② 06 해설 참조 07 ⑤
08 ③ 09 ③ 10 해설 참조 11 ② 12 ⑤ 13 ② 14 ②
15 ④ 16 ③ 17 ② 18 ③ 19 ⑤ 20 ③ 21 ② 22 ⑤
23 ⑤ 24 ④ 25 해설 참조 26 ①

내신+수능 대비 단원별 TEST

01 고대 국가의 성장

01 ③ 02 ⑤ 03 ⑤ 04 ⑤ 05 ② 06 ① 07 ④
08 (가) 동예, (나) 고구려 09 해설 참조 10 해설 참조

02 고려의 통치 체제와 정치 변동

01 ② 02 ④ 03 ③ 04 ③ 05 ④ 06 ⑤ 07 시무 28조
08 해설 참조 09 해설 참조 10 신진 사대부

03 조선 사회의 성립과 발전

01 ④ 02 ① 03 ④ 04 ① 05 ③ 06 ② 07 해설 참조
08 해설 참조 09 해설 참조

04 조선 후기 새로운 흐름과 변화

01 ⑤ 02 ① 03 ⑤ 04 ① 05 ① 06 ① 07 ①
08 해설 참조 09 (1) 환국, (2) 해설 참조 10 비변사
11 해설 참조

05 국제 관계와 대외 교류

01 ③ 02 ③ 03 ③ 04 ① 05 ④ 06 ⑤ 07 ③
08 해설 참조 09 (가) 강동 6주, (나) 별무반 10 해설 참조

06 수취 체제와 경제생활

01 ② 02 ③ 03 ⑤ 04 ① 05 ③ 06 ② 07 ②
08 (1) 대동법, (2) 해설 참조 09 해설 참조 10 해설 참조

07 신분제와 사회 구조

01 ② 02 ④ 03 ① 04 ④ 05 ④ 06 ② 07 ⑤
08 해설 참조 09 해설 참조 10 해설 참조

08 사상과 문화

01 ② 02 ① 03 ③ 04 ③ 05 ③ 06 ④ 07 ③
08 해설 참조 09 해설 참조 10 조선왕조실록

09 국제 질서의 변동과 개항

01 ② 02 ④ 03 ② 04 ② 05 ⑤ 06 ⑤ 07 ② 08 ①
09 (라)-(가)-(나)-(다) 10 해설 참조 11 해설 참조

10 근대 사회로의 변혁

01 ④ 02 ⑤ 03 ④ 04 ④ 05 ② 06 ⑤ 07 ②
08 (가) 강화도 조약, (나) 통리기무아문, (다) 별기군
09 해설 참조 10 (1) 갑신정변, (2) 해설 참조

11 근대 국가 수립을 위한 노력

01 ④ 02 ① 03 ② 04 ④ 05 ② 06 ④ 07 ⑤
08 군국기무처 09 해설 참조 10 (가)-(나)-(라)-(다)
11 해설 참조

12 사회·경제 변화와 문화 변동

01 ⑤ 02 ② 03 ② 04 ③ 05 ③ 06 ① 07 ②
08 (1) 조·청 상민 수륙 무역 장정, (2) 해설 참조
09 (1) 교육 입국 조서, (2) 해설 참조 10 (가) 한성순보, (나) 황성신문

13 일제의 국권 침탈과 국권 수호 운동

01 ⑤ 02 ③ 03 ① 04 ④ 05 ③ 06 ⑤ 07 ② 08 ③
09 (가) 가쓰라·태프트 밀약, (나) 제2차 영·일 동맹, (다) 포츠머스 조약
10 해설 참조 11 (1) 공화정, (2) 해설 참조

I. 근대 이전 한국사의 이해

01 고대 국가의 성장

내신 대비 필수 문제

문제편 17~21p

01 정답 ⑤ * 구석기 시대

| 문제 + 자료 분석 |

- 밑줄 친 '이 시대'는 구석기 시대이다.
- 연천 전곡리 유적은 구석기 시대의 유적지이며, 찍개와 주먹 도끼는 뗀석기로 분류되는 구석기 시대의 유물이다.

| 선택지 분석 |

① 고인돌은 청동기 시대 지배자의 무덤으로 청동기 시대 계급의 발생을 보여준다.
② 농경과 목축이 시작된 것은 신석기 시대이다. 이 시기에는 농경과 목축이 시작되며 정착 생활이 이루어지는 등 많은 사회 변화가 나타났다.
③ 빗살무늬 토기는 신석기 문화를 대표하는 토기로 바닥이 뾰족한 형태가 많다. 이는 신석기인들이 주로 강가나 바닷가에 거주하였음을 보여준다.
④ 금속을 도구로 활용하기 시작한 것은 청동기 시대부터였다. 우리나라에서 출토된 가장 오래된 금속 화폐는 중국 연나라의 화폐인 명도전인데, 이는 철기 시대 초반 한반도와 중국의 교류를 보여준다.
⑤ 구석기 시대에는 사냥과 채집을 통해 식량을 획득하였다. 농경과 목축으로 식량을 얻기 시작한 것은 신석기 시대부터였으며 신석기 시대에도 사냥과 채집은 중요한 식량 획득 수단이었다.

02 정답 ② * 신석기 시대

| 문제 + 자료 분석 |

- 왼쪽 자료는 갈돌과 갈판으로 곡식의 껍질을 벗기거나 가루로 만드는 데에 사용되었다. 오른쪽 자료는 빗살무늬 토기로 곡식 저장 또는 음식 조리용으로 사용되었다.
- 두 유물은 모두 신석기 시대에 제작되기 시작했다.

| 선택지 분석 |

① 율령이 반포된 것은 삼국 시대이다. 삼국은 율령을 제정하여 국가 통치 체제를 성문화하였다.
② 신석기 시대에는 밭농사 중심의 농경이 시작되었다.
③ 고인돌은 청동기 시대에 나타난 계급의 분화를 알 수 있는 유적이다.
④ 비파형 동검이 사용된 것은 청동기 시대이다.
⑤ 구석기 시대의 인류가 주로 동굴과 막집에 거주하였다.

03 정답 ① * 청동기 시대의 사회 모습

| 문제 + 자료 분석 |

- 밑줄 친 '이 유적'은 청동기 시대 지배층의 무덤인 고인돌이다.
- 청동기 시대에는 농업 생산력의 증대로 잉여 생산물이 발생하면서 사유 재산과 빈부 격차가 발생하고 정복 활동이 활발해졌다.

| 선택지 분석 |

① 고인돌은 청동기 시대 지배층인 군장의 무덤으로 당시 계급이 형성되었음을 보여준다.
② 불교는 삼국 시대에 전파되었다. 고구려는 4세기 소수림왕, 백제는 4세기 침류왕 때 불교를 수용하였고, 신라는 6세기 법흥왕 때 이차돈의 순교를 계기로 불교를 공인하였다.
③ 구석기 시대에는 주먹 도끼 등의 뗀석기를 만들어 사용하였다.
④, ⑤ 신석기 시대에 농경과 목축이 시작되면서 정착 생활도 시작되었다.

04 정답 ② * 고조선의 사회 모습

| 문제 + 자료 분석 |

- 자료에 제시된 8조법을 운영한 국가는 고조선이다.
- 고조선에는 사회 질서 유지를 위한 8조의 법이 있었는데, 이를 통해 노동력과 사유 재산을 중시하고, 계급이 존재하였음을 알 수 있다.

| 보기 분석 |

ㄱ. 고조선은 제정일치 사회였다. 이는 고조선의 지배자를 지칭하는 용어인 단군왕검(단군은 제사장, 왕검은 정치적 지배자를 뜻함)을 통해서 알 수 있다.
ㄴ. 고조선은 한의 공격을 받아 멸망하였다.
ㄷ. 고려 시대 승려 일연이 편찬한 『삼국유사』에는 고조선의 건국 이야기인 단군 신화가 기록되어 있다.
ㄹ. 고조선은 청동기 및 농경 문화를 기반으로 건국되었으며 이후 발전 과정에서 철기를 수용하였다.

05 정답 ② * 여러 나라의 정치와 풍속

| 문제 + 자료 분석 |

- (가) 부여: 왕은 5부 가운데 중앙을 통치하고, 마가, 우가, 구가, 저가가 사출도를 나누어 다스렸다.
- (나) 동예: 읍군·삼로가 다스렸고 다른 부족의 생활권을 침범하면 소나 말로 변상하는 책화 제도가 있었다.

| 선택지 분석 |

① 제사장인 천군이 소도라는 신성한 지역을 관리한 것은 제정분리 사회인 삼한에 대한 내용이다.
② 부여는 5부족 연맹 왕국으로 마가, 우가, 구가, 저가 등의 제가들이 사출도를 통치하였다.
③ 동맹은 매년 10월에 열린 고구려의 제천 행사였다.
④ 위만은 중국의 진·한 교체기에 고조선으로 무리를 이끌고 이주해 온 인물로 고조선의 준왕을 쫓아내고 왕위를 차지하였다. 위만이 집권한 뒤 고조선은 중계 무역, 정복 활동, 철기의 본격적 수용 등을 통해 세력을 확장하였다.
⑤ 부여는 5부족 연맹 왕국을 형성하였으나, 동예에는 왕이 없었고 연맹 왕국으로 성장하지 못하였다.

06 핵심 키워드: 광개토 대왕, 금관가야 공격

모범 답안 5세기경 고구려의 광개토 대왕이 신라를 돕기 위해 보낸 군대가 금관가야를 공격하여, 전기 가야 연맹의 맹주였던 금관가야가 쇠퇴하였다.

| 문제 + 자료 분석 |

- 변한 지역에서는 여러 소국이 성장하였고, 3세기경에는 김해에 위치한 금관가야가 전기 가야 연맹을 이끌었다.
- 금관가야는 5세기경에 광개토 대왕이 보낸 고구려군의 공격으로 큰 타격을 입었다.
- 이후 5세기 후반에는 고령의 대가야가 후기 가야 연맹을 이끌었다.

＊ 채점 기준

채점 기준	배점
5세기경에 고구려 광개토 대왕이 보낸 군대의 공격으로 전기 가야 연맹의 맹주인 금관가야가 쇠퇴하였음을 서술한 경우	100 %
고구려군이 금관가야를 공격했다는 내용만 서술한 경우	50 %

07 정답 ① * 소수림왕의 업적

| 문제 + 자료 분석 |

- 태학을 설립하여 인재를 육성하고, 율령을 반포하여 국가 체제를 정비하였던 국왕은 고구려의 소수림왕이다.

| 선택지 분석 |

① 소수림왕은 불교를 수용하여 국민의 사상적 통일을 꾀하였다. 불교는 왕권 강화에도 기여하였다.
② 광개토 대왕릉비는 고구려 장수왕이 아버지 광개토 대왕의 업적을 기리기 위해 세웠다. 여기에는 고구려 건국 신화와 광개토 대왕이 전개한 정복 활동 등이 기록되어 있다.
③ 호우명 그릇은 경주의 호우총에서 출토된 그릇이다. 밑받침에 광개토 대왕의 이름이 새겨져 있어 5세기 무렵 신라가 고구려의 영향력 하에 있었음을 보여준다.
④ 장수왕은 국내성을 기반으로 하는 귀족들의 세력을 약화시키고 남진 정책을 본격적으로 추진하기 위해 수도를 국내성에서 평양으로 옮겼다.
⑤ 위만은 진·한 교체기 중국의 혼란을 틈타 무리를 이끌고 고조선으로 건너왔으며, 이후 준왕을 몰아내고 위만 조선을 수립하였다. 위만의 무리는 철기 등 선진 문물을 가져오기도 하였다.

08 정답 ⑤ * 성왕의 업적

| 문제 + 자료 분석 |

- 백제 성왕은 웅진에서 사비로 천도하여 본격적인 백제 중흥을 도모하였다.
- 성왕은 중앙과 지방의 통치 체제를 정비하였다.

| 선택지 분석 |

① 불교를 수용한 것은 고구려 소수림왕, 백제 침류왕 때이다. 신라는 법흥왕 때 불교를 공인하였다.
② 왕의 칭호를 마립간으로 고친 것은 신라 내물왕 때이다.
③ 4세기 고구려의 미천왕은 한이 설치하였던 낙랑군을 축출하고 대동강 유역을 확보하였다.
④ 중국 동진과 국교를 맺고 왜의 규슈 지방과 교류한 왕은 백제 근초고왕이다.
⑤ 성왕은 신라와 연합하여 고구려에 빼앗겼던 한강 하류 지역을 되찾았지만, 신라의 배신으로 곧 한강 유역을 빼앗기고 말았다. 이후 한강 유역을 되찾기 위해 신라를 공격했지만, 관산성에서 전사하였다.

09 정답 ① * 고구려와 신라

(가), (나) 국가에 대한 설명으로 옳은 것은?

문화유산	소개
광개토 대왕릉비	중국 지린성에 있는 왕릉비다. (가)[고구려]의 국왕이 보병과 기병을 보내어 (나)[신라]을/를 도와 왜를 격퇴하였다는 내용이 기록되어 있다.
호우명 그릇	경주의 호우총에서 발견된 청동 그릇이다. 밑바닥에 '을묘년국강상광개토지호태왕'이라는 글씨가 새겨져 있다. 이를 통해 5세기경 (가)와/과 (나)의 관계를 짐작할 수 있다. └ 고구려가 신라에 정치적 영향을 끼침

| 문제 + 자료 분석 |

- 자료의 (가)는 고구려, (나)는 신라이다.
- 광개토 대왕릉비에는 광개토 대왕이 지원군을 파견하여 신라에 침입한 왜를 격퇴하였다는 내용이 기록되어 있다.
- 고구려의 지원으로 국가적인 위기를 넘긴 신라는 이후 고구려의 정치적 간섭을 받았는데, 그 증거가 바로 호우명 그릇이다.

| 선택지 분석 |

① 고구려의 장수왕은 남진 정책의 일환으로 수도를 평양으로 옮겼다. 이후 고구려는 백제를 밀어내고 한강 유역을 차지하였으며, 충청도 지역까지 진출하여 충주 고구려비를 건립하였다.
② 6세기 신라의 지증왕은 울릉도 일대에 있던 우산국을 정복하였다.
③ 견훤은 900년에 완산주(전주)를 도읍으로 하여 후백제를 건국하였다.
④ 백제의 무령왕은 지방 통제력을 강화하기 위해 22담로에 왕족을 파견하였다.
⑤ 나·당 연합군의 공격으로 660년에 백제가, 668년에 고구려가 멸망하였다.

10 정답 ③ * 백제의 웅진 천도

| 문제 + 자료 분석 |

- 자료의 (가)는 한성, (나)는 웅진, (다)는 사비이다.
- 백제는 장수왕의 남진 정책으로 한성이 함락되어 웅진으로 천도하였고, 성왕 때에 중흥을 위해 사비로 천도하였다.

| 선택지 분석 |

① 나·제 동맹은 5세기 고구려의 세력이 강해지자 이에 대항하기 위하여 신라와 백제가 체결한 동맹이다.
② 성왕은 백제 중흥을 위하여 (나) 웅진에서 (다) 사비로 천도하였다.
③ 백제가 (가) 한성에서 (나) 웅진으로 천도한 것은 장수왕의 남진 정책으로 인하여 개로왕이 사망하고 수도인 한성이 함락되었기 때문이다.
④ 백제는 나·당 연합군의 공격을 받아 660년에 멸망하였다.
⑤ 신라의 진흥왕이 세력을 확대한 것은 6세기의 사실로 웅진 천도와는 관련이 없다.

11 정답 ② * 법흥왕의 업적

| 문제 + 자료 분석 |

- 자료는 이차돈의 순교에 관한 내용이다.
- 신라의 법흥왕은 이차돈의 순교를 계기로 불교를 공인하였다.

| 보기 분석 |

ㄱ. 신라는 법흥왕, 고구려는 소수림왕 때 율령을 반포하였다.
ㄴ. 태학은 고구려의 교육 기관으로 소수림왕 때 설립되었다.
ㄷ. 법흥왕은 532년 금관가야를 병합하였다. 이후 진흥왕 때는 대가야가 정복되며(562) 가야 연맹이 신라에 흡수되었다.
ㄹ. 신라는 내물왕 때 기존에 사용하던 이사금이라는 왕호를 마립간으로 변경하였다. 이후 6세기 지증왕은 마립간 호칭을 왕으로 바꾸었다.

12 정답 ② * 6세기 백제의 중흥

| 문제 + 자료 분석 |

- 고구려의 공격을 받아 웅진으로 천도한 백제는 6세기 무령왕과 성왕 때 중흥을 시도하였다.

| 선택지 분석 |

① 침류왕은 4세기 후반에 즉위한 백제의 왕으로 중국 동진으로부터 불교를 수용하였다.
② 6세기 백제의 무령왕은 지방의 22담로에 왕족을 파견하여 지방에 대한 통제를 강화하였다.
③ 고구려 태조왕 때의 사실이다.
④ 백제는 3세기 고이왕 때 좌평 등 16등급의 관등제가 마련되었다.
⑤ 고구려는 2세기 후반 고국천왕 때 부족적 5부가 행정적 5부로 개편되었고, 왕위 계승도 형제 상속에서 부자 상속으로 바뀌는 등 중앙 집권이 진전되었다.

13 정답 ③ * 6세기 삼국의 정세

| 문제 + 자료 분석 |

- 자료는 신라의 전성기인 6세기 진흥왕 때에 해당한다.
- 진흥왕은 적극적인 확장 정책을 펼쳐 한강 유역과 오늘날의 함경도 지방까지 영토를 넓혔고, 이를 대내외에 알리기 위해 단양 신라 적성비와 4개의 순수비를 세웠다.

| 선택지 분석 |

①, ② 고구려의 전성기인 5세기에 백제와 신라 사이에 나·제 동맹이 체결되었고(433), 백제는 고구려에 밀려 웅진으로 천도하였다(475).
③ 백제의 성왕은 신라 진흥왕과 연합하여 일시적으로 한강 유역의 일부를 회복하였지만, 곧 진흥왕에게 빼앗겼다. 이후 성왕은 신라를 공격하다가 관산성에서 전사하였다(554).
④ 고구려의 소수림왕은 4세기 후반에 재위하면서 불교를 받아들이고, 태학을 설립하는 한편, 율령을 반포하는 등 체제 정비에 나섰다.
⑤ 4세기 후반 신라의 내물왕은 왕의 칭호를 이사금에서 대군장을 뜻하는 마립간으로 바꾸었다.

14 정답 ④ * 수·당의 고구려 침입과 신라의 삼국 통일

| 문제 + 자료 분석 |

- (가) 기벌포 전투는 나·당 전쟁에서 있었던 전투이다. 이 전투에서 신라군이 승리함으로써 나·당 전쟁은 신라의 최종 승리로 끝났다.
- (나) 당 태종은 직접 군대를 이끌고 고구려를 공격하였으나, 안시성 전투에서 패배하면서 목적을 달성하지 못하였다.
- (다) 나·당 연합군은 백제 공격에 나서 수도 사비성을 함락시켰고, 이로써 백제는 멸망하였다.
- (라) 고구려의 을지문덕은 수의 2차 침입 당시 우중문의 별동대를 살수에서 대파하였는데, 이를 살수 대첩이라 한다.

| 선택지 분석 |

④ (가)는 676년, (나)는 645년, (다)는 660년, (라)는 612년이므로 이를 시간 순서대로 배열하면 (라)-(나)-(다)-(가)이다.

15 핵심 키워드: 자주성, 민족 문화 발전의 토대

모범 답안 당을 무력으로 몰아냈다는 점에서 자주성을 확인할 수 있으며, 민족 문화 발전의 토대를 마련하였다.

| 문제 + 자료 분석 |

- 신라는 백제와 고구려를 멸망시키는 데에 당의 군사력을 이용하였고, 당을 몰아낸 이후에 대동강 이남의 영토만을 확보하였다.
- 당을 몰아내는 과정에서 고구려, 백제의 유민들과 힘을 합치며 민족 정체성이 확립되었다.

*** 채점 기준**

채점 기준	배점
자주성, 민족 문화 발전의 토대 마련을 모두 서술한 경우	100 %
위에 제시된 내용 중 한 가지만 서술한 경우	50 %

16 핵심 키워드: 발해의 고구려 계승, 불상, 치미, 기와, 온돌, 석등

모범 답안 발해의 유물과 유적에는 불상, 치미, 기와, 온돌, 석등 등 고구려 양식을 계승한 것이 많이 남아 있다.

| 문제 + 자료 분석 |

- 698년 고구려 출신의 대조영은 고구려 유민과 말갈인을 이끌고 동모산에서 발해를 건국하였다.
- 발해는 통일 신라와 함께 남북국을 이루었다.
- 발해가 일본에 보낸 국서와 일본 및 중국 측 기록 등을 통해 발해가 고구려를 계승한 국가임을 알 수 있다.
- 발해의 문화유산은 고구려 양식을 계승한 것이 많이 남아 있다.

*** 채점 기준**

채점 기준	배점
불상, 치미, 기와, 온돌, 석등 등 구체적인 사례를 나열하고 고구려 양식을 계승하였다는 점을 서술한 경우	100 %
발해가 고구려의 문화를 계승하였다고만 서술한 경우	20 %

17 정답 ④ * 통일 신라와 발해의 통치 제도

| 문제 + 자료 분석 |

- 상경을 수도로 하며, 고구려의 영토 대부분을 회복한 (가) 국가는 발해이다.
- 금성(경주)을 수도로 하며, 대동강 이남을 통치하는 (나) 국가는 통일 신라이다.

| 보기 분석 |

ㄱ. 중앙군인 9서당, 지방군인 10정은 통일 신라의 군사 제도이다.
ㄴ. 발해는 전략적 요충지에 5경을 두었으며, 지방 행정의 중심지나 교통의 요지에 15부와 62주를 두었다.
ㄷ. 정당성은 발해의 3성 중 하나로, 장관인 대내상을 중심으로 국정을 운영하였다.
ㄹ. 통일 신라는 영토가 확장되며 심화된 수도의 지리적 치우침을 보완하기 위하여 요충지에 5소경을 설치하였다.

18 핵심 키워드: 집사부, 9주 5소경, 관료전, 국학

모범 답안 "집사부를 중심으로 국정을 운영하였다. 9주 5소경의 지방 행정 조직을 정비하였다. 관료전을 지급하고 녹읍을 폐지하였다. 국학을 설치하여 유교적 소양을 갖춘 인재를 양성하였다. 군사 조직을 9서당 10정으로 편성하였다." 등에서 두 가지

| 문제 + 자료 분석 |

- 신라는 삼국 통일을 거치면서 왕권이 강화되었으며, 신문왕 때에 왕권의 전제화가 확립되었다.

*** 채점 기준**

채점 기준	배점
왕권 및 중앙 집권 체제 강화 내용을 두 가지 모두 옳게 서술한 경우	100 %
왕권 및 중앙 집권 체제 강화 내용을 한 가지만 옳게 서술한 경우	50 %

19 정답 호족

| 문제 + 자료 분석 |

- 통일 신라 말 중앙 정부의 지방 통제력이 약화된 상황에서 성장한 지방 세력은 호족이다.
- 호족은 자신의 근거지에 성을 쌓고 사병을 보유하였다.
- 통일 신라 말의 대표적인 호족으로는 견훤, 궁예, 왕건이 있다.

20 정답 ① ＊통일 신라 말의 봉기

| 문제 + 자료 분석 |

- 자료는 통일 신라 말기 호족의 대두와 농민 봉기를 나타낸 지도로 (가)는 원종과 애노의 난이다.
- 통일 신라 말기 지배층의 수탈과 더불어 호족의 농민 수탈이 심화되자 농민 봉기가 빈번하게 발생하였다.

| 선택지 분석 |

① 원종·애노의 난과 같은 농민 봉기가 빈번하게 일어난 것은 통일 신라 말기이다. 특히 9세기 말 진성 여왕 때 가장 빈번하였는데, 이는 귀족과 호족의 가혹한 수취를 견디지 못한 농민들이 봉기를 일으켰기 때문이다.

② 고려 시대 무신이 집권하고 있던 시기에 만적 등이 신분 해방을 부르짖으면서 봉기를 일으키려 하였다.

③ 통일 신라 말기에 일어난 원종과 애노의 난은 외세의 침략을 유발하지 않았다.

④ 19세기 세도 정치 시기에 지배층의 농민 수탈이 심해지고 삼정의 문란이 극심하여 개혁을 요구하는 농민 봉기가 일어났다.

⑤ 고려의 무신 정권은 몽골의 침략을 막아내는 과정에서 붕괴하였다.

21 정답 ④ ＊통일 신라 말의 사회 동요

| 문제 + 자료 분석 |

- 자료는 통일 신라 말에 전국적으로 나타난 사회 혼란을 보여 주고 있다.
- 8세기 후반 이후, 신라에서는 중앙 정부의 지방 통제력이 약화되어 군사력과 경제력, 그리고 새로운 사상을 갖춘 호족 세력이 성장하였다.

| 선택지 분석 |

① 통일 신라 말에 중앙 정부의 지방 통제력이 약화되어 세금이 정상적으로 걷히지 않아 재정 상황이 악화되었다.

② 통일 신라 말 지방에서는 호족이 성장하였다. 호족은 권력 투쟁에서 밀려나 지방에서 세력을 키운 몰락한 중앙 귀족, 무역에 종사하면서 재력과 무력을 축적한 세력, 지방의 토착 세력인 촌주 출신 등으로 구성되었다.

③ 혜공왕 이후 신라는 155년 동안 20여 명의 왕이 교체될 정도로 왕위 쟁탈전이 치열하였다.

④ 통일 직후 전제 왕권을 뒷받침하였던 6두품 세력은 신라 말의 사회 혼란에 직면하여 유교적 정치 이념을 제시하면서 개혁을 요구하였다. 그러나 받아들여지지 않았고 점차 지방 호족과 연결되었으며, 반신라적인 경향을 띠게 되었다.

⑤ 생계를 꾸리기 어려워진 농민들은 토지를 잃고 노비가 되거나 도적이 되기도 하였으며, 중앙 정부에 대항하여 지방에서 봉기를 일으키기도 하였다.

22 정답 ② ＊신문왕의 업적

| 문제 + 자료 분석 |

- 자료는 신문왕이 문무왕을 위해 완공한 감은사이다.
- 삼국 통일을 이룩한 문무왕은 바다의 용이 되어 외적을 막겠다는 유언을 남겼고, 뒤를 이은 신문왕은 이를 받들어 감은사를 건립하였다.
- 신문왕은 강력한 중앙 집권 체제를 완성하였다.

| 보기 분석 |

ㄱ. 신문왕은 유교 정치 이념의 확립을 위하여 유학 사상을 강조하고, 유학 교육을 위하여 국학을 설립하였다.

ㄴ. 우산국 점령은 신라 지증왕 때의 사실이다.

ㄷ. 신문왕은 집사부를 중심으로 중앙 정치 기구를 정비하고, 9서당 10정의 군사 조직을 완비하였으며, 9주 5소경의 지방 행정 조직을 완성하였다.

ㄹ. 화랑도를 국가적인 조직으로 개편한 것은 신라 진흥왕 때의 사실이다.

23 정답 ④ ＊고구려와 발해의 대중국 관계

| 문제 + 자료 분석 |

- 자료는 발해 제2대 국왕인 무왕의 동생 대문예가 무왕에게 올린 글이다.
- 대조영의 뒤를 이은 무왕은 영토 확장에 힘을 기울였고, 이 같은 발해의 세력 확대에 위협을 느낀 흑수말갈은 당에 도움을 요청하였다.
- 대문예는 당에 의해 멸망한 고구려의 사례를 들어 건국 초기의 발해가 당에 맞서는 것은 옳지 못하다고 주장하였다.

| 보기 분석 |

ㄱ. 살수 대첩은 고구려의 을지문덕이 수의 군대를 섬멸한 전투이다.

ㄴ. 수의 뒤를 이어 당이 건국되자 고구려는 국경에 천리장성을 쌓고, 방어 체제를 강화하는 등 당의 침략에 대비하였다.

ㄷ. 7세기 말 당의 지방 통제력이 약화되자 대조영이 고구려 유민과 말갈 집단을 이끌고 동모산에서 발해를 건국하였다.

ㄹ. 발해의 무왕은 장문휴의 수군으로 당의 산둥반도를 공격하는 등 강경한 대외 정책을 펼쳤다.

내신 1등급 문제 문제편 22p

24 정답 ③ ＊부여와 고구려

(가), (나)에 대한 설명으로 옳은 것을 〈보기〉에서 고른 것은?

> (가) 나라에는 왕이 있으며 벼슬은 여섯 가축의 이름을 따라 마가, 우가, 구가, 저가, 대사자, 사자라 칭했다. …(중략)… 형이 죽으면 형수를 아내로 삼는다. 사람이 죽으면 얼음을 채워 두고 또 순장을 한다.
>
> (나) 요동 동쪽 1,000리 밖에 있다. 남쪽은 낙랑, 예맥과 동쪽은 옥저, 북쪽은 부여와 국경을 마주한다. … 큰 산과 깊은 골짜기가 많고 넓은 들은 없다. 좋은 논이 없어 부지런히 농사를 지어도 식량이 넉넉하지 못하다.
>
> – 『삼국지』 「위서 동이전」

(가) → 부여 / 마가, 우가, 구가, 저가: 사출도를 통치하는 부여의 부족장
(나) → 고구려 / 남쪽은 낙랑, 예맥과 동쪽은 옥저, 북쪽은 부여와 국경을 마주한다: 고구려의 국경 / 큰 산과 깊은 골짜기가 많고 넓은 들은 없다: 산악 지역에 위치한 고구려

| 문제 + 자료 분석 |

- (가)는 부여이다. 부여는 마가, 우가, 구가, 저가가 사출도를 나누어 통치하였고, 순장의 풍습이 있었다.
- (나)는 고구려이다. 고구려는 산악 지역에 위치하고 있어 식량이 부족하여 일찍부터 활발한 정복 활동을 벌였다.

| 보기 분석 |

ㄱ. 천군은 삼한의 제사장이다. 삼한은 정치적 지배자 이외에 제사장인 천군이 신성 지역인 소도를 지배하였다.

ㄴ. 고구려의 시조 주몽은 부여에서 살다가 정치적 압박을 피해 남쪽으로 이동하여 고구려를 건국하였다.

ㄷ. 고구려에는 족장 세력인 가(加)가 있었다. 이들은 제가 회의를 통해 국가의 중대사를 처리하였다.

ㄹ. 부여와 고구려는 연맹 왕국으로 성장하였다. 주변의 압박으로 연맹 왕국으로 성장하지 못한 것은 옥저와 동예로, 일찍부터 고구려의 압력을 받다가 훗날 흡수되었다.

25 정답 ③ * 통일 신라의 발전

다음에서 설명하는 군사 조직(→ 9서당)이 정비된 시기의 정치 상황으로 옳은 내용을 〈보기〉에서 고른 것은?

> 1은 녹금서당으로서 처음으로 설치하여 서당(誓幢)으로만 부르다가 녹금서당으로 고쳤는데 띠의 색깔은 녹자색이다. 2는 자금서당으로 띠의 색깔은 자녹색이다. …(중략)… 8은 적금서당으로서 보덕성 사람으로 당을 만들었는데 띠의 색깔은 적흑색이다. 9는 청금서당으로서 백제의 남은 백성으로 당을 만들었는데
> 고구려, 백제 등 피정복민들을 포함하여 9서당을 구성함
> 띠의 색깔은 청백색이다.
> → 신문왕 때에 중앙군이 9서당으로 정비됨
> –『삼국사기』

| 문제 + 자료 분석 |

- 통일 신라의 중앙군은 신문왕 때에 9서당으로 정비되었다.
- 녹금서당, 자금서당, 적금서당, 청금서당은 모두 9서당에 해당한다.
- 9서당은 통일 신라의 중앙군으로, 신라인뿐만 아니라 고구려, 백제, 말갈인 등 피정복민들을 포함하였다.

| 보기 분석 |

ㄱ. 6세기 초 신라 지증왕은 내물왕 때부터 사용되던 마립간 칭호를 중국식 칭호인 왕으로 변경하였다.
ㄴ. 통일 후 신라는 왕명을 받들고 기밀 사무를 관장하는 집사부의 장관인 시중의 기능을 강화하고, 귀족 세력의 이익을 대변하던 상대등을 약화시켰다.
ㄷ. 태종 무열왕 김춘추는 최초의 진골 출신 왕으로, 통일 전쟁을 치르는 과정에서 왕권을 강화하였다. 이를 바탕으로 전제 왕권이 확립되어 이후 그의 직계 자손이 왕위를 세습하였다.
ㄹ. 통일 신라 말 중앙 정부의 지방 통제력이 약화되자 지방 각지에서 호족이 성장하였다.

26 정답 ② * 4세기, 5세기 삼국의 정세

| 문제 + 자료 분석 |

- (가) 고구려는 5세기 광개토 대왕과 장수왕 시기에 영토를 크게 확장하며 전성기를 맞이하였다.
- (나) 백제는 4세기 근초고왕 때 중국의 동진, 왜의 규슈 지방과 교류하고 요서 지방에 진출하는 등 활발한 대외 활동을 벌였다.

| 보기 분석 |

ㄱ. 5세기 고구려의 장수왕은 평양으로 천도하고 남진 정책을 추진하였다. 이에 신라와 백제는 나·제 동맹을 체결하여 저항하였다.
ㄴ. 살수 대첩은 7세기인 612년에 발생하였다.
ㄷ. 백제는 4세기 근초고왕 때 황해도 일대를 차지하였고, 마한의 잔여 세력을 정복하여 영역을 확대하였다. 또한, 중국 동진, 왜와 우호적인 관계를 맺고 교류하였다.
ㄹ. 백제의 전성기는 4세기, 고구려의 전성기는 5세기에 해당하므로, (나)가 (가)보다 앞선 시기이다.

27 정답 ② * 신라 말의 혼란

| 문제 + 자료 분석 |

- 통일 신라 말 웅천주(공주)에서는 김헌창이, 청해진(완도)에서는 장보고가 반란을 일으켰다.
- 두 번째 자료는 최치원이 쓴 내용으로 신라 말의 사회 혼란이 잘 나타나 있다.

| 선택지 분석 |

① 대가야는 후기 가야 연맹을 주도하였으며, 6세기 신라 진흥왕 때 멸망하였다.
② 신라 말에는 진골 귀족의 왕위 쟁탈전이 지속적으로 발생하였다. 이로 인한 사회 혼란으로 원종과 애노의 난 같은 농민 봉기가 발생하였고, 정부의 지방 통제력 약화는 호족의 성장을 초래하였다.
③ 살수 대첩은 고구려와 수의 전쟁 과정에서 발생한 전투로 신라의 삼국 통일 이전의 일이다.
④ 권문세족은 고려 원 간섭기의 지배층으로 고려가 몽골과 강화를 맺은 뒤 등장하였다.
⑤ 매소성 전투는 나·당 전쟁 중에 발생한 전투이다. 신라는 매소성 전투와 기벌포 전투에서 당을 몰아내면서 삼국 통일을 완성하였다.

수능 대비 기출 문제

문제편 23p

28 정답 ⑤ * 청동기 시대의 생활상

밑줄 친 '이 시대'에 대한 설명으로 옳은 것은?

> 이 시대의 대표적인 무덤은 고인돌이었습니다. 고인돌을 만드는 데는 많은 노동력이 필요했습니다. 이 시대에는 농업 생산량이 늘어났고 계급이 발생했으며, 군장이 나타났습니다.
> 청동기 시대 / 청동기 시대 군장의 무덤 / 청동기 시대의 특징

| 문제 + 자료 분석 |

- 고인돌은 청동기 시대 지배자인 군장의 무덤이다.
- 청동기 시대에는 농경이 발달하여 잉여 생산물이 발생하였고, 정복 전쟁이 활발해졌다. 그에 따라 빈부의 차이가 생기고 계급이 발생하였다. 지배자인 군장(족장)은 청동기를 사용하여 권위를 높였다.

| 선택지 분석 |

① 조선 후기의 사실이다. 조선 후기에는 상공업이 발달하면서 상평통보가 전국적으로 유통되었다.
② 통일 신라 때의 사실이다. 신라를 불국토로 여기는 관념이 확산되면서 불국토의 이상 세계를 표현한 불국사, 석굴암 등이 건립되었다.
③ 고려 시대의 사실이다. 고려는 연등회, 팔관회와 같은 불교 행사를 성대하게 개최하면서 왕실의 위엄을 과시하고 민심을 규합하였다.
④ 조선 시대인 16세기 이후의 사실이다. 16세기에 풍기 군수 주세붕이 우리나라 최초의 서원인 백운동 서원을 설립하였다.
⑤ 청동기 시대에 대한 설명이다. 청동기 시대에는 비파형 동검과 거친무늬 거울 등의 청동기를 제작하였는데, 주로 지배층의 무기나 제사용 도구로 사용되었다.

29 정답 ② * 고구려의 발전

| 문제 + 자료 분석 |

- 자료는 삼국사기에 나타난 소수림왕과 장수왕에 대한 내용으로 (가) 국가는 고구려이다.
- 4세기 고구려의 소수림왕은 불교를 수용하고 율령을 반포하였으며 태학을 설립하였다.
- 5세기 고구려의 장수왕은 적극적인 남진 정책을 추진하였다. 수도를 국내성에서 평양으로 옮겼고, 백제를 공격하여 수도인 한성을 함락시켰다.

| 선택지 분석 |

① 고려에 대한 내용이다. 후고구려를 건국한 궁예의 폭정이 심해지자 왕건은 여러 신하와 함께 궁예를 내쫓고 고려를 건국하였다.
② 고구려의 소수림왕에 대한 내용이다. 소수림왕은 불교 수용, 율령 반포, 태학 설립 등을 통해 국가의 통치 조직을 정비하였다.
③ 신라에 대한 내용이다. 신라는 엄격한 신분 제도인 골품제를 시행하였다. 골품제에는 성골, 진골, 6두품~1두품이 있었는데, 신분에 따라 정치 활동의 범위가 결정되었고, 가옥과 수레의 크기 등 일상생활도 규제되었다.
④ 일본과 청이 간도 협약(1909)을 체결하였다. 을사늑약으로 대한 제국의 외교권을 강탈한 일본은 청과 간도 협약을 체결하였다. 간도를 청의 영토로 인정하는 대가로 일본은 만주의 철도 부설권과 탄광 채굴권 등을 획득하였다.
⑤ 조선의 김홍집 내각이 군국기무처를 설치하였다. 일본이 경복궁을 점령한 이후 성립된 김홍집 내각은 군국기무처를 설치하고 제1차 갑오개혁을 추진하였다.

30 정답 ② * 발해

| 문제 + 자료 분석 |

- 자료는 발해에 대한 내용이다.
- 발해는 당의 제도를 수용하여 중앙 관청인 3성 6부를 설치하였다. 3성은 정당성, 선조성, 중대성으로 정당성의 장관인 대내상이 국정을 총괄하였다.
- 발해는 지방을 5경 15부 62주로 정비하였고, 지방관을 파견하여 다스렸다.

| 선택지 분석 |

① 신라에 대한 내용이다. 여러 지배 세력이 중앙 귀족으로 편제되는 과정에서 골품제라는 신분제가 형성되었다.
② 발해에 대한 내용이다. 발해는 유학 교육 기관으로 주자감을 설립하여 귀족 자제에게 유교 경전을 가르쳤다.
③ 조선에 대한 내용이다. 정조는 수원 화성을 건설하여 정치적·군사적 기능을 부여하였다.
④ 대한 제국에 대한 내용이다. 독립 협회가 해산된 이후 고종은 대한국 국제를 제정하였다(1899). 이를 통해 대한 제국은 세계 만국이 공인한 자주독립국이자 전제 군주 국가임을 분명히 하였다.
⑤ 고려에 대한 내용이다. 고려는 특수 행정 구역으로 향·부곡·소를 설치하였다. 향·부곡·소는 일반 군현보다 무거운 세금에 시달리는 등 여러 가지 차별 대우를 받았다.

02 고려의 통치 체제와 정치 변동

내신 대비 필수 문제

문제편 28~31p

01 핵심 키워드: 태조 왕건, 사심관 제도, 기인 제도, 혼인 정책, 사성 정책

모범 답안 태조 왕건은 사심관 제도와 기인 제도를 실시하였고, 유력한 호족과 혼인 관계를 맺었으며, 왕씨 성을 비롯한 성을 하사해 주기도 하였다(사성 정책).

| 문제 + 자료 분석 |

- 자료는 고려 태조 왕건에 대한 내용이다. 태조 왕건은 본래 송악(개성) 지방의 호족으로, 궁예를 몰아내고 고려를 건국하였다. 이후 신라의 항복을 받고 후백제를 격파하여 후삼국을 통일하였다. 죽기 전에는 자손들에게 훈요 10조를 남겼다.
- 태조 왕건은 호족 정책으로 사심관 제도, 기인 제도, 혼인 정책, 사성 정책 등을 실시하였다.

＊ 채점 기준

사심관 제도, 기인 제도, 혼인 정책, 사성 정책 중 세 가지 이상을 서술한 경우	100 %
사심관 제도, 기인 제도, 혼인 정책, 사성 정책 중 두 가지를 서술한 경우	60 %
사심관 제도, 기인 제도, 혼인 정책, 사성 정책 중 한 가지를 서술한 경우	30 %

02 정답 ④ * 고려 초기의 왕권 강화 정책

| 문제 + 자료 분석 |

- 첫 번째 자료의 사심관 제도는 고려 태조가 지방 통치를 보완하기 위해 시행한 것이다.
- 두 번째 자료는 광종의 노비안검법에 대한 내용이다.

| 선택지 분석 |

① 노비안검법에만 해당하는 내용이다. 불법적으로 노비가 된 자들을 조세를 부담하는 양인으로 해방시켰기 때문에 국가 재정이 크게 확충될 수 있었다.
② 고려는 지방 행정 조직을 정비하여 전국을 크게 5도와 양계, 경기로 나누었다.
③ 권문세족은 고려 원 간섭기에 등장한 친원파 세력이다.
④ 고려 태조는 사심관 제도를 통해 호족을 견제하려 하였다. 광종은 억울하게 호족들의 노비가 된 자를 양인으로 해방시켜 공신과 호족의 경제적·군사적 기반을 약화시키려 하였다. 두 제도 모두 호족을 견제하고 왕권을 강화하려는 의도에서 시행되었다.
⑤ 광종이 시행한 과거제와 관련된 설명이다. 광종은 쌍기의 건의를 받아들여 과거제를 실시하였고, 이를 통해 유교적 소양을 갖춘 신진 세력을 등용하고 호족 세력을 약화시키려고 하였다.

03 핵심 키워드: 과거제, 노비안검법, 왕권 강화, 호족 통제

모범 답안 호족 세력을 약화하고 왕권을 강화하고자 하였다.

| 문제 + 자료 분석 |

- (가)는 쌍기의 건의를 바탕으로 광종 때 과거제가 시행되었음을 보여주는 자료이다. 광종은 과거제를 통하여 왕권을 뒷받침할 수 있는 신진 세력을 등용하고자 하였다.
- (나)는 노비안검법 시행에 대한 자료이다. 노비안검법의 시행으로 호족들이 보유한 노비는 감소하였고, 국가에 세금을 납부하는 양민은 증가하였다.

＊ 채점 기준

왕권 강화, 호족 세력 약화를 모두 서술한 경우	100 %
왕권 강화, 호족 세력 약화 중 한 가지만 서술한 경우	50 %

04 정답 ③ ＊최승로의 시무 28조

| 문제 + 자료 분석 |

- 자료는 최승로가 성종에게 건의한 시무 28조이다.
- 최승로는 제7조에서 외관(지방관)을 둘 것을 건의하였다.
- 최승로는 제11조에서 불교와 유교를 구분하되, 정치 이념으로 유교를 채택할 것을 건의하였다.

| 선택지 분석 |

① 과거제는 광종 때 쌍기의 건의를 받아들여 도입하였다.
② 사심관 제도는 태조가 신라의 마지막 왕 경순왕을 경주 지역의 사심관으로 임명하면서 시행되었다.
③ 성종은 최승로의 시무 28조를 받아들여 12목을 설치하고 지방관을 파견함으로써 중앙 집권화의 기초를 마련하였다.
④ 광덕, 준풍은 모두 광종 때 사용했던 연호이다. 광종은 왕권을 강화하면서 황제의 칭호와 독자적인 연호를 사용하였다.
⑤ 태조 때 시행한 기인 제도에 대한 것이다. 사심관 제도와 더불어 지방 세력 통제를 위해 실시된 제도이다.

05 정답 ① ＊고려의 중앙 정치 제도

| 문제 + 자료 분석 |

- 자료의 (가)는 국방 문제를 회의하던 임시 기구인 도병마사이다.
- 자료의 (나)는 상서성과 함께 2성을 구성하는 중서문하성이다.

| 선택지 분석 |

① 도병마사는 중서문하성의 고위 관리인 재신과 중추원의 고위 관리인 추밀(추신)이 모여 국방 문제를 의논·결정한 기구이다.
② 최씨 무신 정권의 핵심 통치 기구는 교정도감이다.
③ 군사 기밀과 왕명 출납을 담당한 기구는 중추원이다.
④ (나)의 명칭은 중서문하성이고, 장관은 문하시중이다.
⑤ 중서문하성은 당의 3성 6부제의 영향을 받아 설치된 기구이나 도병마사는 고려의 독자적 기구이다.

06 정답 ④ ＊고려의 지방 행정 조직

| 문제 + 자료 분석 |

- 제시된 자료에는 고려 시대의 지방 행정 조직인 5도 양계가 나타나 있다.
- 5도는 일반 행정 구역으로 안찰사가 파견되어 도내를 순찰하였으며, 양계는 군사 행정 구역으로 병마사가 파견되었다.

| 선택지 분석 |

① 청해진은 통일 신라 시대에 설치되었다. 장보고는 해적을 소탕하기 위해 신라 정부의 지원을 받아 청해진을 설치하였으며, 이를 중심으로 동아시아의 해상 무역권을 장악하였다.
② 담로는 백제의 지방 행정 구역이다. 백제 무령왕은 지방 통제를 강화하기 위해 22담로에 왕족을 파견하였다.
③ 부여에서는 왕 아래 마가·우가·저가·구가 등의 제가들이 있었으며, 이들은 사출도를 나누어 다스렸다.
④ 고려 시대에는 특수 행정 구역인 향·부곡·소가 존재하였다. 향과 부곡의 주민들은 주로 농업에, 소의 주민들은 수공업에 종사하였다. 이들은 일반 백성들에 비해 더 많은 세금을 부담하였으며 거주지 이전의 자유가 없었다.
⑤ 삼한은 소국 연맹체로 구성되어 있었으며, 소국의 지도자들은 세력 크기에 따라 신지, 읍차 등으로 불렸다.

07 정답 ⑤ ＊고려의 지방 통치 체제

| 문제 + 자료 분석 |

- 자료의 (가)는 군사 행정 구역인 양계이다.
- 자료의 (나)는 일반 행정 구역인 5도이다.
- 고려는 성종 초부터 지방의 행정 조직을 정비하기 시작하였다. 최종적으로는 전국을 크게 5도와 양계, 경기로 나누고, 군·현과 향·부곡·소 등을 설치하였다.

| 선택지 분석 |

① 고려는 북방 국경 지대에 동계·북계의 양계를 설치하고 병마사를 파견하였다.
② 양계에 대한 설명이다. 고려는 군사적 특수 지역인 양계의 국방상 요충지에 진을 설치하였다.
③ 고려의 5도에는 안찰사가 파견되어 도내의 지방을 순찰하였다.
④ 고려의 지방군은 국경 지방인 양계에 주둔하는 주진군과 5도의 일반 군현에 주둔하는 주현군으로 이루어졌다.
⑤ 조선의 지방 제도에 대한 설명이다. 고려는 지방관이 파견되는 주현보다 파견되지 않는 속현이 더 많았다.

＊ 고려 지방 행정 조직의 특징

주현과 속현	주현(지방관이 파견된 군현)보다 속현(지방관이 파견되지 않은 군현)이 더 많음
특수 행정 구역 존재	향·부곡·소 등 – 일반 양민에 비해 더 많은 세금 부담, 거주 이전의 자유 없음
향리의 권한 강함	토착 세력, 호족 출신, 군현의 실제 행정 담당(조세·공물 징수, 노동력 징발 등)

08 정답 ① ＊고려의 과거 제도

| 문제 + 자료 분석 |

- 자료는 고려 시대의 과거 제도에 대한 내용이다.
- 고려 시대의 과거제는 문관을 뽑는 제술과와 명경과, 기술관을 뽑는 잡과, 승려를 대상으로 한 승과로 구분되었다.

| 보기 분석 |

ㄱ. 고려 시대에는 무관을 뽑는 무과가 거의 시행되지 않았다.
ㄴ. 고려 시대에는 승려를 대상으로 한 승과가 시행되었다.
ㄷ. 고려 시대에는 과거에 합격하지 않고 음서를 통해 관직에 진출할 수 있었다. 음서는 왕족이나 공신의 후손, 5품 이상 고위 관리의 자손 등을 대상으로 하였다.
ㄹ. 제술과는 문학적 재능과 정책을 시험하였고, 명경과는 유교 경전 이해 능력을 시험하였다.

09 정답 (가) 이자겸, (나) 묘청

| 문제 + 자료 분석 |

- 자료의 (가)는 이자겸, (나)는 묘청이다.
- 인종 때의 권신 이자겸은 왕이 되기 위해 반란을 일으켰으나 결국 실패하였다.
- 인종 때의 승려 묘청은 서경 천도와 금 정벌을 주장하면서 개경 세력과 대립하였다.

10 핵심 키워드: 이자겸의 난, 묘청의 서경 천도 운동, 문벌 사회의 붕괴 촉진

모범 답안 이자겸의 난과 묘청의 서경 천도 운동은 중앙 지배층 사이의 분열을 드러내어 문벌 사회의 붕괴를 촉진하였다.

| 문제 + 자료 분석 |

- 고려 전기에는 여러 대에 걸쳐 고위 관직자를 배출한 문벌이 형성되었다. 문벌은 정치 권력과 경제력을 독점하였다.
- 문벌이 집권하던 시기에는 여러 차례 권력 다툼이 일어났는데, 그 대표적인 사례가 바로 이자겸의 난과 묘청의 서경 천도 운동이다.

＊채점 기준

중앙 지배층의 분열로 문벌 사회의 붕괴가 촉진되었음을 서술한 경우	100 %
이자겸의 난과 묘청의 서경 천도 운동에 대해서만 언급한 경우	50 %

11 정답 ④ ＊개경 세력과 서경 세력

| 문제 + 자료 분석 |

- 인종의 개혁 정치와 금과의 사대 관계를 둘러싸고 개경 세력(김부식)과 서경 세력(묘청)이 대립하였다.
- 서경 천도가 좌절되자 묘청 등이 반란을 일으켰으나, 김부식을 비롯한 개경 세력에 의해 진압되었다.

| 선택지 분석 |

① 묘청은 서경 출신으로 지방 세력을 중심으로 구성된 서경파를 대표하는 인물이다.
② 몽골과의 강화를 반대하며 항전한 세력은 삼별초였다.
③ 전민변정도감은 공민왕 때 신돈을 중심으로 설치되었다.
④ 김부식은 대표적인 문벌로 개경 세력의 핵심 인물이었다. 김부식 등 개경 세력은 서경 천도에 반대하며, 금과의 사대 관계 유지를 주장하였다.
⑤ 최승로는 시무 28조를 올려 유교 통치 이념을 강조했고, 성종은 이를 수용해 유교 사상을 바탕으로 통치 체제를 정비하였다.

12 핵심 키워드: 무신에 대한 차별, 문벌 사회의 모순

모범 답안 문신에 비해 무신이 차별을 받았다. 하급 군인들의 불만이 누적되었다. 의종의 실정이 이어졌다. 문벌 사회의 모순이 지속되었다.

| 문제 + 자료 분석 |

- 자료에 제시된 사건은 무신 정변(1170)이다.
- 고려 전기 문벌 사회가 형성되면서 무신들은 문신에 비해 차별 대우를 받았다. 하급 군인들 역시 직역의 대가로 받은 군인전을 문신에게 빼앗기며 불만이 누적된 상황이었다.
- 보현원은 당시 국왕인 의종이 자주 행차하여 연회를 즐긴 장소였는데, 정중부, 이의방, 이고 등의 무신들은 이곳에서 정변을 일으켜 문신들을 제거하고 권력을 장악하였다.

＊채점 기준

무신 차별, 하급 군인의 불만 누적, 의종의 실정, 문벌 사회의 모순 지속 중 두 가지를 서술한 경우	100 %
위에 제시된 내용 중 한 가지만 서술한 경우	50 %

13 정답 ④ ＊무신 정권

| 문제 + 자료 분석 |

- 불만이 누적된 무신들이 일으킨 정변이 계기가 되었다는 내용을 바탕으로 밑줄 친 정권이 무신 정권(1170~1270)임을 알 수 있다.

| 선택지 분석 |

① 정방은 고려의 인사 행정 기관으로 무신 집권기의 권력자인 최우가 자신의 집에 설치하였다.
② 삼별초는 무신 집권기의 권력자인 최우가 밤에 도둑을 잡기 위해 설치한 야별초에서 비롯된 군대이다. 국가의 공병이면서도 최씨 무신 정권의 사병과 같은 성격을 갖고 있었다.
③ 무신 정권 시기인 13세기에 몽골이 고려를 침입하였다. 이에 최우는 개경에서 강화도로 천도하고, 몽골에 끈질기게 저항하였다.
④ 문벌 사회의 모순을 드러낸 사건인 이자겸의 난은 무신 정권이 수립되기 이전인 1126년에 발생하였다.
⑤ 망이·망소이는 무신 집권기에 공주 명학소에서 과도한 부역과 차별의 철폐를 주장하면서 봉기를 일으켰다.

14 정답 삼별초

| 문제 + 자료 분석 |

- 자료의 (가) 부대는 삼별초이다.
- 삼별초는 최우가 집권하면서 설치한 야별초를 시초로 하여 만들어졌다. 야별초의 수가 많아져 좌별초와 우별초로 나뉘고, 여기에 신의군이 합쳐져 삼별초로 불리게 되었다.

15 정답 ⑤ ＊무신 집권기에 발생한 봉기

다음 사건이 일어난 시기의 사회 모습으로 옳은 것은?
무신 집권기

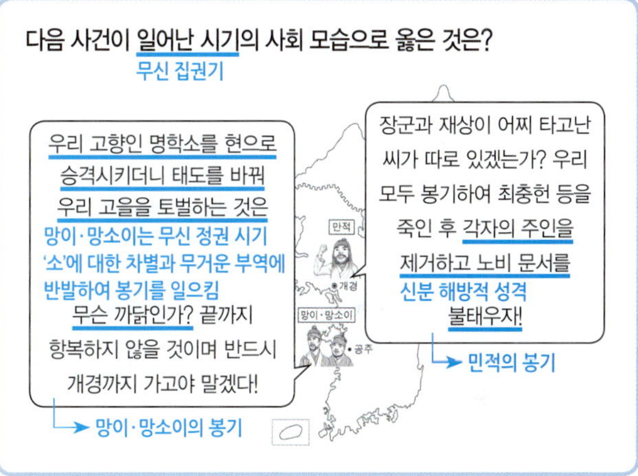

| 문제 + 자료 분석 |

- 자료의 망이·망소이의 봉기와 만적의 봉기가 일어난 시기는 무신 집권기이다.
- 무신 정변 이후 중앙 정부의 지방 통제력이 약화되고, 하층민에게 과도한 세금이 부과되어 각지에서 농민과 천민의 봉기가 일어났다.

| 선택지 분석 |

① 신라 말 6두품은 사회 개혁을 주장하였다. 대표적인 인물은 최치원으로 그는 당에서 돌아와 개혁안으로 '시무 10여조'를 제시하였으나 받아들여지지 않았다.
② 공명첩은 조선 후기 국가에서 재물 등을 받고 형식상의 관직을 부여하기 위해 발급해 주었던 이름이 비어있는 관직 임명장이다. 이는 조선 후기 양반의 수 증가와 신분제 동요에 영향을 끼쳤다.
③ 삼정의 문란은 조선 후기 세도 정치 시기에 나타난 전정, 군정, 환곡 제도의 문란을 뜻한다. 이로 인하여 농촌 경제가 피폐해지며 홍경래의 난, 임술 농민 봉기 등이 발생하였다.
④ 동학은 조선 후기 최제우가 천주교(서학)와 기존 사상을 활용하여 창시한 종교이다. 동학과 천주교는 조선 후기에 유행하였다.
⑤ 무신 정권 시기에는 지나친 수탈과 차별에 대한 저항으로 농민과 천민의 봉기가 다수 발생하였다. 망이·망소이는 공주 명학소에서 특수 행정 구역에 대한 차별과 가혹한 수탈에 반발하며 봉기하였고, 노비였던 만적 또한 신분 해방을 주장하며 봉기를 계획하였으나 실패하였다.

16 정답 ④ * 원의 내정 간섭

| 문제 + 자료 분석 |

- 자료와 같은 모습이 나타난 시기는 원 간섭기이다.
- 원 간섭기에는 고려 국왕이 원 황제의 부마(사위)가 되었으며, 각종 관제와 왕실 용어가 격하되었다.

| 보기 분석 |

ㄱ. 과전법(1391)은 위화도 회군 이후 권력을 장악한 신진 사대부들이 시행한 토지 제도로 원 간섭기 이후에 시행되었다.

ㄴ. 정동행성은 원이 일본 정벌을 위하여 고려에 설치했던 기구이다. 일본 원정 실패 이후에도 원은 이를 내정 간섭 기구로 남겨 두었다.

ㄷ. 팔만대장경은 대몽 항쟁을 진행하며 부처님의 힘으로 몽골을 물리치고자 제작되었다. 원 간섭기 이전에 해당한다.

ㄹ. 공녀란 '공물로 바치는 여자'라는 뜻으로 고려는 원의 간섭을 받던 시기 많은 공녀를 바쳤다.

17 정답 ④ * 원 간섭기

| 문제 + 자료 분석 |

- 자료에 언급된 '원나라를 등에 업은 세력가들'은 권문세족이다.
- 권문세족은 원 간섭기에 권력을 장악하고 막대한 토지와 노비를 불법적으로 소유하였다.

| 선택지 분석 |

① 원 간섭기 고려에서는 원의 풍속이 유행하였다. 철릭이라는 몽골식 복장, 변발이라는 몽골식 머리 모양 등이 이때 유행하였다. 한편, 증류주인 소주도 원 간섭기에 전래되었다.

② 원 간섭기에 고려 국왕은 원의 공주와 결혼하여 원 황제의 부마(사위)가 되었다. 이에 따라 왕실의 호칭과 격이 부마국의 지위에 걸맞게 낮아졌고, 관청의 명칭도 원보다 낮은 표현으로 바뀌었다.

③ 권문세족들이 백성들을 노비로 삼아 농장을 확장시키면서 국가 재정이 악화되었다.

④ 무신 집권기에 경상도 일대에서 김사미와 효심이 봉기를 일으켰다. 무신 집권기에는 농민과 천민 등 하층민의 봉기가 빈번하게 일어났다.

⑤ 권문세족들은 친원파가 대부분이었다.

18 정답 ② * 공민왕의 업적

| 문제 + 자료 분석 |

- 자료의 밑줄 친 '나'는 고려의 공민왕이다.
- 공민왕은 친원파 세력을 숙청하는 등 반원 자주 개혁을 단행하였다.

| 선택지 분석 |

① 고구려는 7세기에 당의 침입에 대비해 천리장성을 축조하였다. 고려도 거란의 3차 침입 이후인 11세기에 천리장성을 축조하였다.

② 공민왕은 개혁을 위하여 신돈을 등용하고 전민변정도감을 설치하였는데, 이는 권문세족 등이 불법으로 빼앗은 토지를 원래 주인에게 돌려주고 억울하게 노비가 된 양민의 신분을 회복시키기 위해서였다. 공민왕은 이를 통하여 권문세족의 힘을 약화시키고 왕권을 강화하고자 하였다.

③ 발해는 중앙군을 10위로 정비하였다.

④ 신라는 내물왕 때 기존에 사용하던 이사금이라는 왕호를 마립간으로 변경하였다.

⑤ 발해는 전략적 요충지에 5경을 두었으며, 지방 행정의 중심지나 교통의 요지에 15부와 62주를 두었다.

* 공민왕의 개혁 정치

구분	내용
반원 자주 정책	• 기철을 비롯한 친원 세력 제거 • 정동행성이문소 폐지 • 고려의 관제와 복식 회복, 변발 등 몽골풍 금지 • 쌍성총관부 공격(철령 이북의 영토 회복)
왕권 강화 정책	• 정방 폐지(인사권 장악), 성균관과 과거제 정비 • 신돈을 등용하고 전민변정도감 설치 • 신진 사대부를 적극 등용

19 정답 ① * 신진 사대부

| 문제 + 자료 분석 |

- 자료의 내용에 해당하는 정치 세력은 신진 사대부이다.
- 고려 말에 권문세족의 비리를 비판하며 성장한 신진 사대부는 성리학을 사상적 기반으로 삼아 현실 문제를 해결하려는 개혁적인 성향을 가지고 있었다.

| 선택지 분석 |

① 신진 사대부는 고려 말 안향에 의해 도입된 성리학을 사상적 기반으로 삼아 권문세족과 불교계의 비리 및 부패를 비판하였다.

② 신진 사대부는 새롭게 등장한 명과 가까이 지내고자 하였다. 친원적 성향의 외교를 추진한 세력은 권문세족이다.

③ 교정도감은 최충헌이 설치한 최씨 무신 집권기의 최고 권력 기구였다.

④ 고려 말 홍건적과 왜구를 토벌하는 과정에서 최영과 이성계 등의 신흥 무인 세력이 성장하였다. 이성계는 급진파 신진 사대부와 손을 잡고 조선을 건국하였다.

⑤ 녹읍은 신라에서 관료들에게 직무의 대가로 지급한 토지로, 수조권과 노동력 징발권을 인정하였다. 신문왕 때 폐지되었으나, 경덕왕 때 부활하였다.

20 정답 ③ * 신흥 무인 세력

| 문제 + 자료 분석 |

- 자료의 (가)는 최영, (나)는 이성계이다.
- 14세기 후반 홍건적과 왜구를 격퇴하면서 성장한 최영, 이성계 등의 신흥 무인 세력은 권문세족을 축출하고 정권을 장악하였다.
- 명이 철령 이북 지역의 반환을 요구하자, 최영은 요동 정벌을 추진했던 반면, 이성계는 요동 정벌에 반대하며 4불가론을 주장하였다.

| 보기 분석 |

ㄱ. 권문세족에 대한 설명이다.

ㄴ. 이성계는 요동 정벌에 나섰다가 위화도에서 회군하여 최영 등을 제거하고, 정도전, 남은 등의 급진파 신진 사대부와 손잡고 조선을 건국하였다.

ㄷ. 최영과 이성계는 홍건적과 왜구를 토벌하는 과정에서 백성들의 신망을 얻고 권력을 차지하게 되었다.

ㄹ. 중방은 무신들의 합의 기구로, 무신 정권 초기에 최고 권력 기구로 기능하였지만, 최충헌이 교정도감을 설치하면서부터 그 기능이 약화되었다. 고려 후기에는 도병마사에서 개편된 도평의사사가 최고 권력 기구였다.

21 정답 ⑤ * 신진 사대부와 조선 건국

| 문제 + 자료 분석 |

- 자료의 (가)에는 위화도 회군(1388)과 조선 건국(1392) 사이의 사실이 들어가야 한다.
- 위화도 회군 이후, 신진 사대부의 주도로 과전법이 시행되었고, 개혁의 방식을 두고 신진 사대부가 분화하였다.

| 선택지 분석 |

① 고려가 원의 일본 원정에 동원된 것은 원 간섭기였다. 두 차례 일본 원정에 동원되었으나 모두 실패하였다.
② 고려 정부는 명의 철령위 설치 통보(철령 이북 지역 반환 요구)에 반발하여 요동 정벌을 추진하였다. 이후 이성계는 요동 정벌에 반발하며 위화도 회군을 감행하였다.
③ 묘청의 서경 천도 운동은 고려 전기에 발생하였다.
④ 정중부, 이의방 등 무신 세력은 무신 정변(1170)으로 권력을 장악하였다. 이는 문벌 사회를 무너뜨린 사건이었다.
⑤ 위화도 회군 이후 권력을 장악한 신진 사대부들은 권문세족의 불법적인 대토지 문제를 해결하기 위해 과전법을 시행하였다.
이 무렵 개혁의 방향을 둘러싸고 온건파(정몽주 등, 고려 왕조 유지 주장)와 급진파(정도전 등, 새 왕조 수립 주장)로 분화되었다. 이후 급진파는 온건파를 제거하고 이성계를 왕으로 추대하여 조선을 건국하였다(1392).

내신 1등급 문제 문제편 32p

22 정답 ① *고려의 중앙 관제

(가)~(마)에 대한 설명으로 옳은 것은?

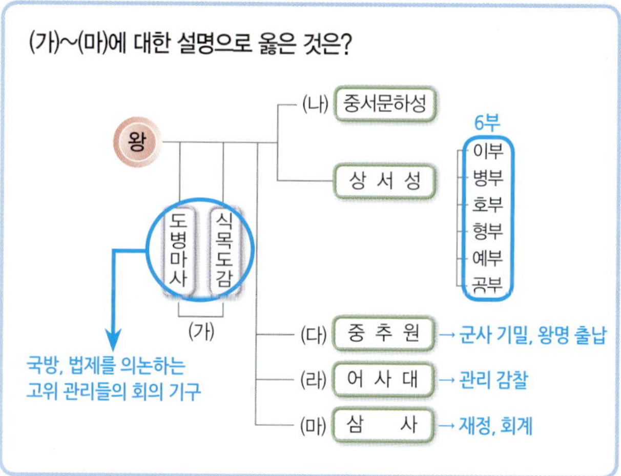

| 문제 + 자료 분석 |

- 자료는 2성 6부제를 중심으로 한 고려의 중앙 관제를 보여 주고 있다.
- 고려의 중앙 관제는 당의 제도를 모방한 2성 6부, 고려 독자적인 기구인 도병마사와 식목도감 등으로 정비되었다.

| 선택지 분석 |

① 도병마사는 국방 문제를 담당하였고, 식목도감은 국내 정치에 관한 법의 제정이나 각종 시행 규정을 다루었다. 두 기구에는 중서문하성과 중추원의 고위 관리인 재신과 추밀이 모여 국가의 중대사를 결정하였다.
② 상서성과 6부에 대한 설명이다. 중서문하성은 국정 운영의 최고 관서로서 국정을 총괄하고 정책을 심의·의결하였다.
③ 중추원은 군사 기밀과 왕명 출납을 담당하였다.
④ 어사대는 정치의 잘잘못을 논하고 관리의 비리를 감찰하는 기구로, 중서문하성의 낭사와 더불어 대간으로 불렸다. 대간은 간쟁(왕의 잘못을 논함), 봉박(잘못된 왕명을 돌려보냄), 서경(관리 임명 등에 동의) 등의 권한을 행사하여 정치 운영의 견제와 균형을 도모하였다.
⑤ 고려 시대의 삼사는 화폐와 곡식의 회계를 담당하는 기관이었다. 반면, 조선 시대의 3사는 정사를 비판하고 관리들의 비리를 감찰하는 언론 기능을 담당하였다.

23 정답 ② *서경 천도 운동

| 문제 + 자료 분석 |

- 자료의 (가)는 묘청 등 서경 세력, (나)는 김부식 등 개경 세력의 주장이다.
- 서경 세력은 풍수지리설을 근거로 서경 천도를 주장한 반면, 개경 세력은 서경 천도에 반대하였다.

| 선택지 분석 |

① 문벌은 주로 개경 세력과 같은 입장이었다.
② 묘청 등 서경 세력은 서경 천도가 실패로 돌아가자 반란을 일으켰으나 김부식이 이끄는 관군에 의해 진압되었다.
③ 개경 세력의 대표적인 인물은 김부식이다.
④ 칭제건원을 주장한 것은 서경 세력이다.
⑤ 서경 세력은 금에 대한 사대를 반대하였으나, 개경 세력은 금과의 사대 관계 유지를 주장하였다.

24 정답 ① *최충헌

다음 글을 쓴 인물에 대한 설명으로 옳은 것은?

> 적신 이의민은 성품이 사납고 잔인하여 윗사람을 업신여기고 임금 자리를 흔들려 하였으므로, 신 등이 폐하의 위엄에 힘입어 일거에 소탕하였습니다. 원컨대 폐하께서는 옛 정치를 혁신하여 새로운 정치를 도모하시고 태조의 바른 법만을 행하여 빛나게 중흥하소서. 이에 열 가지 일을 조목으로 아룁니다.
>
> (이의민: 무신 정권의 네 번째 집권자 / 폐하의 위엄에 힘입어 일거에 소탕하였습니다: 이의민을 몰아내고 새로이 집권자에 등극한 최충헌 / 이에 열 가지 일을 조목으로 아룁니다: 왕에게 개혁안을 올린 최충헌)

| 문제 + 자료 분석 |

- 자료는 최충헌이 이의민을 제거하고 국왕인 명종에게 개혁안을 올리는 내용이다.
- 최충헌은 명종에 봉사 10조를 올려 개혁을 건의하였으나, 실제로 시행하지는 않았고, 자신이 확립한 정권을 유지하는 데에 집중하였다.

| 선택지 분석 |

① 최충헌은 최고 집정부의 구실을 하는 교정도감을 설치하여 권력을 행사하였으며, 사병 집단인 도방을 강화하여 신변을 경호하였다. 도방은 삼별초와 함께 최씨 정권을 유지하는 군사적 기반이 되었다.
② 1388년 요동 정벌을 위해 떠난 이성계가 위화도에서 회군하여 최영을 축출하고 권력을 장악하였다.
③ 인종 때 묘청 등 서경 세력은 풍수지리설을 내세우면서 서경 천도를 주장했다. 이들은 보수적인 개경 세력을 누르고 자주적인 혁신 정치를 시행하려 하였다.
④ 최충헌의 아들인 최우가 강화도로 천도하였다.
⑤ 태조 왕건은 후대 왕들이 지켜야 할 내용을 담은 훈요 10조를 남겼다.

25 정답 ④ *공민왕의 개혁 정책

| 문제 + 자료 분석 |

- 자료는 공민왕이 회복한 철령 이북의 땅을 보여 주고 있다.
- 공민왕은 한족의 반란으로 원이 점차 쇠퇴하는 틈을 타 적극적인 반원 자주 정책과 왕권 강화 정책을 추진하였다.

| 선택지 분석 |

① 과전법은 위화도 회군 이후 이성계와 결탁한 정도전, 조준 등 급진파 신진 사대부의 주도로 시행된 제도이다.
② 노비안검법은 광종이 왕권을 강화하고 호족 세력을 약화시키기 위해 시행했다.
③ 6세기 신라의 법흥왕은 군사 업무를 담당하는 관청인 병부를 설치하였다. 그리고 상대등을 설치하여 귀족 회의를 주관하게 하였다.
④ 공민왕은 권문세족을 억압하고 정방을 폐지해 인사권을 장악하고, 신진 사대부를 육성하였다. 또한, 정동행성이문소를 폐지하고 쌍성총관부를 공격하여 철령 이북의 영토를 수복하였다.
⑤ 흑창은 태조 왕건이 빈민 구제를 위해 설치한 기관이다.

수능 대비 기출 문제

문제편 33p

26 정답 ⑤ * 무신 정변과 위화도 회군 사이의 역사적 사실

| 문제 + 자료 분석 |

- (가)와 (나)는 모두 고려 시대의 사실이다.
- (가) 고려 시대에는 무신이 차별 대우를 받았고, 이는 무신 정변(1170)이 일어나는 원인이 되었다. 이의방, 이고, 정중부는 무신 정변을 일으킨 주역들이다.
- (나) 고려 말에 우왕과 최영이 요동 정벌을 추진하였다. 하지만 이성계는 위화도에서 군사를 돌려 권력을 장악하였다(위화도 회군, 1388).

| 선택지 분석 |

① 개항 이후인 1880년대의 사실이다. 제2차 수신사로 일본에 파견된 김홍집은 『조선책략』을 가지고 돌아왔다.
② 갑신정변 이후인 1884년의 사실이다. 일본은 갑신정변의 책임을 조선에 떠넘기며 한성 조약 체결을 강요하였고, 이를 통해 배상금과 공사관 신축비를 받아냈다.
③ 세도 정치 시기인 1811년의 사실이다. 홍경래는 평안도에 대한 차별과 세도 정권의 수탈에 대항하여 난을 일으켰다.
④ 6세기에 백제 성왕이 대외 진출에 유리한 사비(부여)로 천도를 단행하였다.
⑤ 고려 말의 공민왕은 승려 신돈을 등용하고 전민변정도감을 설치하였다. 이를 통해 권문세족이 불법으로 차지한 토지를 원래 주인에게 돌려주고, 억울하게 노비로 전락한 양민의 신분을 회복하였다.

27 정답 ⑤ * 태조 왕건의 업적

(가) 왕에 대한 설명으로 옳은 것은?

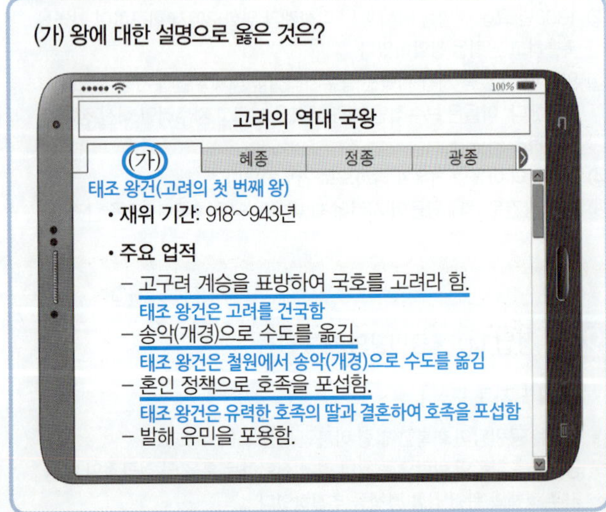

| 문제 + 자료 분석 |

- 고려를 세우고 송악(개경)으로 수도를 옮겼으며 혼인 정책으로 호족을 포섭한 고려의 왕은 태조 왕건이다.

| 선택지 분석 |

① 조선 고종에 대한 내용이다. 제2차 갑오개혁 때는 교육 개혁을 시도하였고, 그 일환으로 고종이 교육 입국 조서를 반포하였다. 이후 소학교, 외국어 학교, 한성 사범 학교 등 많은 학교가 세워져 근대적인 교육 제도가 마련되었다.
② 흥선 대원군에 대한 내용이다. 흥선 대원군은 적극적인 통상 수교 거부 정책을 실시하여 제너럴셔먼호 사건, 병인양요, 신미양요 등을 겪었다. 신미양요 이후에는 전국에 척화비를 건립하여 서양과의 통상을 거부한다는 의지를 널리 알렸다.
③ 1920년대의 일제에 대한 내용이다. 일제는 1920년대에 치안 유지법을 제정하여 민족 운동과 사회주의 운동을 더욱 심하게 탄압하였다.
④ 조선 세조는 『경국대전』을 편찬하기 시작하였고, 성종은 완성하여 반포하였다. 『경국대전』의 완성으로 조선은 성문법에 근거한 통치 질서를 확립하였다.
⑤ 고려 태조 왕건에 대한 내용이다. 고려를 건국한 태조 왕건은 호족 세력을 포섭하였고, 신라의 항복을 받았다. 이후 왕위 계승을 둘러싸고 내분이 발생한 후백제를 공격하여 후삼국을 통일하였다.

28 정답 ④ * 공민왕

| 문제 + 자료 분석 |

- 기철 등 친원 세력을 숙청하고, 신돈을 등용하여 전민변정도감을 설치한 '왕'은 공민왕이다.
- 공민왕은 원의 세력을 등에 업고 횡포를 부리던 기철 등 친원 세력을 숙청하였다.
- 공민왕은 신돈을 등용하고 전민변정도감을 설치하여 개혁을 추진하였다. 신돈은 권문세족이 빼앗은 토지를 원래 주인에게 돌려주고, 억울하게 노비가 된 사람들을 양인으로 풀어주었다.

| 선택지 분석 |

① 과전법은 고려 말 공양왕 때 실시되었다. 위화도 회군으로 정치적 실권을 장악한 이성계와 신진 사대부는 과전법을 실시하여 경제적 실권을 장악하였다.
② 의정부는 조선의 최고 정치 기구이다. 조선은 국정 총괄 기구이자 재상의 합의 기구인 의정부를 설치하였고, 그 아래 6조를 두어 실무 행정을 담당케 하였다.
③ 조선 후기에 정조는 규장각을 정치 기구로 육성하여 기능을 크게 강화하였고, 이를 기반으로 개혁 정치를 단행하였다.
④ 고려 공민왕에 대한 설명이다. 공민왕은 반원 정책을 적극적으로 추진하여 정동행성이문소를 폐지하였고, 쌍성총관부를 공격하여 철령 이북의 영토를 수복하였다.
⑤ 고려 성종에 대한 설명이다. 성종은 최승로의 시무 28조를 채택하여 유교 이념에 바탕을 둔 통치 질서를 확립하였다. 2성 6부의 중앙 관제를 마련하고, 지방에 12목을 설치하여 지방관을 파견하였다.

03 조선 사회의 성립과 발전

내신 대비 필수 문제

문제편 41~45p

01 정답 ① *태종의 업적

| 문제 + 자료 분석 |

- 자료의 (가) 왕은 조선 태종이다. 태종은 제1차 왕자의 난 때 정도전을 제거하였고 2년 뒤에 왕위에 올랐다.
- 태종은 사병 혁파, 6조 직계제 실시, 양전 사업 실시, 호패법 시행 등의 업적을 남겼다.

| 선택지 분석 |

① 태종은 인구를 파악하고 조세를 확보하기 위해 호패법을 실시하였다.
② 집현전은 세종이 설치한 학술 연구 기관으로, 세조 때 폐지되었다.
③ 『경국대전』은 조선의 기본 법전으로, 세조 때 편찬을 시작하여 성종 때 완성·반포되었다.
④ 『조선경국전』은 태조 때 정도전이 편찬하였다.
⑤ 세종은 왕권과 신권의 조화를 위해 6조 직계제를 폐지하고 의정부 서사제를 실시하였다.

02 정답 ⑤ *정도전의 재상 중심 정치

| 문제 + 자료 분석 |

- 자료는 정도전이 쓴 『조선경국전』의 내용이다.
- 정도전은 재상의 중요성을 강조하며 재상이 통치의 실권을 지녀야 한다고 주장하였다.

| 선택지 분석 |

① 강홍립은 광해군 때 명을 돕기 위해 출전하였으나, 후금에 항복한 인물이다.
② 김종직은 사림으로 성종 때 중앙 정치 무대에 본격적으로 진출하였다. 초나라 의제를 추모하는 글인 「조의제문」을 남겼다.
③ 조광조는 사림으로 중종 때 개혁을 진행하였으나, 훈구파의 반발로 인해 제거되었다(기묘사화).
④ 김종서는 단종 때의 재상으로 정치적 실권을 장악하였다.
⑤ 정도전은 급진파 사대부로 이성계와 함께 조선을 건국하였다. 그는 『조선경국전』에서 재상 중심의 정치를 주장하였으나, 제1차 왕자의 난 때 살해되었다.

03 정답 ② *조선의 중앙 통치 제도

| 문제 + 자료 분석 |

- 자료는 조선의 중앙 정치 조직을 나타내고 있다.
- 사헌부, 사간원, 홍문관이 묶인 (가)는 3사이다.

| 선택지 분석 |

① 6조가 정책을 집행하였다.
② 3사는 권력의 독점을 견제하고 비리와 부정부패를 비판하는 언론의 역할을 하였다.
③ 국왕의 비서 기구는 승정원으로, 왕명 출납을 담당하였다.
④ 의금부는 사법 기구로 국가의 큰 죄인을 다스렸다.
⑤ 춘추관은 역사서 편찬을 담당하였다.

04 정답 ③ *조선의 중앙 통치 제도

| 문제 + 자료 분석 |

- 승정원은 국왕의 비서 기구이다.
- 의금부는 국왕 직속 사법 기구로, 반역죄 등 중죄인을 심문하였다.

| 선택지 분석 |

① 역사 편찬은 춘추관의 업무이다.
② 학술 연구 기관으로는 집현전과 홍문관 등이 있다.
③ 승정원은 국왕의 비서 기능을 하였던 관청으로, 왕명 출납을 담당하였다.
④ 성종 때 설치된 홍문관은 국왕에 대한 자문을 담당하였다.
⑤ 수도의 행정·치안을 담당한 관청은 한성부이다.

05 정답 ⑤ *6조 직계제와 의정부 서사제

| 문제 + 자료 분석 |

- 6조가 국왕에게 직접 보고하여 시행토록 하는 제도는 6조 직계제이다.
- 세종은 태종 때에 실시된 6조 직계제의 시정을 요구하였다.

| 선택지 분석 |

① 도병마사는 고려 시대에 국방 문제를 논의하던 회의 기구이다.
② 교정도감은 고려 무신 정권 시기에 최충헌이 설치한 최고 권력 기구이다.
③ 독서삼품과는 신라 원성왕 때 시행된 관리 선발 제도이다.
④ 흥선 대원군은 왕권 강화의 일환으로 비변사를 축소·격하하였다.
⑤ 세종은 6조 직계제의 문제점을 보완하고 왕권과 신권을 조화시키기 위해 의정부 서사제를 실시하였다.

06 정답 ① *6조 직계제와 의정부 서사제

| 문제 + 자료 분석 |

- 자료의 (가)는 6조와 왕이 직접 연결되는 6조 직계제, (나)는 의정부가 6조의 업무를 보고받고 왕에게 전달하는 의정부 서사제이다.
- 6조 직계제 하에서는 의정부와 재상들의 권한이 약화되고 왕권이 강화되었다.

| 선택지 분석 |

① 6조 직계제는 태종 때 시행되다가 세종 때 폐지되었으나, 이후 세조 때 부활하였다. 태종과 세조는 왕권 강화를 위해 6조 직계제를 실시하였다.
② 6조 직계제 하에서는 재상들의 권한이 약화되었다.
③ 정도전의 재상 중심 정치 체제는 의정부 서사제와 유사하다.
④ 6조 직계제에 대한 설명이다. 의정부 서사제 하에서는 의정부의 역할이 강조되었다.
⑤ 왕권 강화를 위해 시행된 것은 6조 직계제이다. 세종은 의정부 서사제를 실시하여 왕권과 신권의 조화를 추구하였다.

07 핵심 키워드: 조선 시대의 관리 선발

모범 답안 무과가 제도화되었다. 음서의 혜택을 받는 대상이 크게 줄어들었다.

| 문제 + 자료 분석 |

- 조선은 과거, 천거, 음서 등 다양한 방법을 통해 관리를 선발하였다.
- 그중에서 과거가 가장 중요시되었다. 과거는 문과, 무과, 잡과가 실시되었는데, 고려와 달리 무과가 제도화되었다.
- 조선 시대에도 음서를 실시하였으나, 고려에 비해 그 혜택을 받는 대상이 크게 줄어들었다.

*** 채점 기준**

무과가 제도화되고, 음서의 혜택을 받는 대상이 축소되었음을 모두 서술한 경우	100 %
위의 내용 중 한 가지만 서술한 경우	50 %

08 정답 ④ * 경국대전

| 문제 + 자료 분석 |

- 밑줄 친 '이 법전'은 경국대전이다.
- 경국대전은 세조 때 편찬되기 시작하여 성종 때 완성되었다.

| 선택지 분석 |

① 『속대전』은 영조 때 『경국대전』을 보완하기 위해 편찬되었다.
② 『대전통편』은 정조 때 법령을 재정비하여 편찬한 법전이다.
③ 흥선 대원군은 『대전회통』, 『육전조례』 등을 편찬하여 법전 체계를 재정비하였다.
④ 조선 초기에는 유교적 통치 이념을 수립하고 이를 바탕으로 국가 통치의 기본 원칙을 제정할 필요가 생겼다. 이에 세조가 『경국대전』의 편찬을 시작하였다. 여러 차례 보완을 거쳐 성종 때 완성·반포하여 유교적 통치 체제를 확립하게 되었다.
⑤ 조선 건국 초기에 정도전이 『조선경국전』을 편찬하였다.

09 핵심 키워드: 『경국대전』, 기본 법전, 6전, 유교적 통치 체제 확립

모범 답안 유교적 통치 체제를 확립하였다.

| 문제 + 자료 분석 |

- 자료에 제시된 법전은 『경국대전』이다.
- 『경국대전』은 조선 왕조의 기본 법전이다. 고려 말 이래의 각종 법령과 판례법, 관습법 등을 망라하였고, 이·호·예·병·형·공전의 6전으로 구성되었다.

*** 채점 기준**

채점 기준	배점
유교적 통치 체제 확립을 서술한 경우	100 %
성문법 마련이나 통치 체제 확립만 서술한 경우	50 %

10 정답 ⑤ * 조선의 지방 행정 제도

| 문제 + 자료 분석 |

- 제시된 자료에는 조선의 지방 행정 제도가 나타나 있다.
- 조선은 전국을 8도로 구분하고, 그 아래에 부, 목, 군, 현을 두었다. 각 도에는 지방관으로 관찰사가 파견되었다.

| 선택지 분석 |

① 조선은 고려와 달리 모든 군현에 수령을 파견하였다.
② 조선의 지방 양반은 유향소를 조직하여 수령을 보좌하고 향리를 감시하였다.
③ 조선은 과거, 음서, 천거 등을 통해 관리를 선발하였으나, 과거가 가장 주된 방법이었다.
④ 조선의 최고 교육 기관은 성균관이었다.
⑤ 고려 시대에 존재하였던 향, 부곡, 소의 특수 행정 구역은 조선 시대에 일반 군현으로 승격되거나 주변 군현에 통합되어 소멸되었다.

11 정답 ① * 수령의 일곱 가지 임무

| 문제 + 자료 분석 |

- 자료는 국왕이 임지로 떠나는 수령에게 질문하는 장면을 묘사하고 있다.
- 조선 시대의 수령은 농사와 양잠을 발전시킬 것, 가호와 인구를 늘릴 것, 학교를 크게 일으킬 것, 소송을 공정히 할 것 등의 일곱 가지 임무를 지녔다.

| 선택지 분석 |

① 조선은 고려와 달리 모든 군현에 수령을 파견하였는데, 수령은 국왕의 대리인으로서 지방의 행정뿐만 아니라 사법과 군사 업무까지 담당하였다.
② 홍문관은 왕의 자문 역할을 하였고, 사헌부와 사간원의 역할을 지원하였다.
③ 승정원은 왕명을 출납하고 국왕을 보좌하던 비서 기구였다.
④ 6조는 국가의 주요 행정을 담당하였다. 6조 아래에는 여러 관청이 소속되어 있어 업무를 나누어 맡음으로써 행정의 효율성과 전문성을 높일 수 있었다.
⑤ 의정부는 3정승의 합의로 운영되는 최고 정무 기구였다.

12 정답 ④ * 조선의 지방 제도

| 문제 + 자료 분석 |

- 조선은 전국을 8도로 나누고 각 도에 관찰사를 파견하였다. 그리고 전국에 약 330여 개의 군현을 두고 모든 군현에 지방관을 파견하였다.
- 속현의 소멸과 격하된 향리의 지위 등은 중앙 집권 체제를 보다 강력하게 유지하는 수단으로 작용하였다.

| 선택지 분석 |

① 고려는 전국을 5도, 양계, 경기로 나누었다. 일반 행정 구역인 5도에는 안찰사를 파견하였고, 군사 행정 구역인 양계에는 병마사를 파견하였다.
② 주요 군현에만 지방관이 파견되던 고려 시대와 달리 조선 시대에는 모든 군현에 지방관이 파견되었다.
③ 고려 시대에 대한 설명이다. 조선 시대에는 도에 관찰사를 파견하였다.
④ 유향소는 지방 사족으로 구성된 기구로 수령을 보좌하고 향리를 감찰하는 역할을 하였다. 경재소는 중앙의 관리들이 소속되어 출신 지역을 통제하고 지방과의 연락을 담당하며 유향소를 관리하는 역할을 하였다.
⑤ 고려 시대 특수 행정 구역이었던 향, 부곡, 소는 모두 일반 군현으로 승격되었다.

13 정답 ① * 사림의 등장

밑줄 친 '이들'의 활동으로 옳은 것을 〈보기〉에서 고른 것은?

> 이들은 정몽주, 길재 등의 학통을 이은 사람들로 본래 향촌 사회에 기반을 둔 세력이었다. 성종 때 김종직을 필두로 중앙 정계에 진출하였으며, 훈구 세력의 비리를 비판함으로써 그들의 일방적인 독주를 견제하고자 하였다.
> (사림 / 사림이 정몽주, 길재의 학통 계승 / 사림이 주로 3사에 진출하여 훈구를 비판)
>
> 이들은 네 차례에 걸친 사화를 통해 중앙 정계에서 밀려났지만 꾸준히 정계에 진출하여 마침내 선조 때에는 중앙 정치의 주도권을 장악하였다.
> (조선 중기 사림과 훈구의 갈등 속 사림이 대거 숙청당한 사건)

| 문제 + 자료 분석 |

- 밑줄 친 '이들'은 15세기 중엽부터 중앙 정계에 진출한 사림이다.
- 성종 때 김종직을 비롯한 사림이 중앙 정치 무대에 진출하여 훈구 세력을 견제하였다.
- 사림 세력은 여러 차례의 사화에도 불구하고, 서원과 향약을 기반으로 향촌 사회에서 꾸준히 성장하여 선조 때에 정계의 주도권을 장악하였다.

| 보기 분석 |

ㄱ, ㄴ. 정몽주와 길재 등의 학통을 잇고, 서원과 향약을 보급한 이들은 사림이다. 서원은 조선의 학문 발전을 자극하고 향촌 문화를 발전시키는 데에 기여하였으며, 향약은 향촌 사회에서 사림의 지위를 강화하고 유교 윤리를 확산시키는 데에 이바지하였다.

ㄷ. 집현전은 세종 때 설치된 정책 연구 기관이다. 집현전 출신의 일부 관리와 세조에게 개인적으로 충성하던 사람들이 계유정난 등에 참가하여 공신에 책봉되기도 하였다.

ㄹ. 별무반은 12세기 초 고려 숙종 때에 여진이 성장하며 고려와 마찰을 빚자 윤관의 건의에 따라 편성된 군대이다.

14 핵심 키워드: 중종 때의 유학자, 훈구 견제

모범 답안 조광조는 현량과 시행, 소격서 폐지 등을 실시하였으며, 위훈 삭제를 추진하였다.

| 문제 + 자료 분석 |

- 조광조는 중종 때에 정계에 진출한 유학자로, 유교 정치를 실현하고 훈구 세력을 견제하기 위해 다양한 개혁을 실시하였다.
- 그러나 훈구 세력의 반발로 기묘사화가 발생하여 목숨을 잃었다.

＊채점 기준

현량과 시행, 소격서 폐지, 위훈 삭제 등 세 가지 이상을 서술한 경우	100%
위에 제시된 내용 중 두 가지만 서술한 경우	60%
위에 제시된 내용 중 한 가지만 서술한 경우	30%

15 정답 ② ＊기묘사화

다음은 사화의 발생을 정리한 것이다. (가)에 들어갈 사실로 옳은 것은?

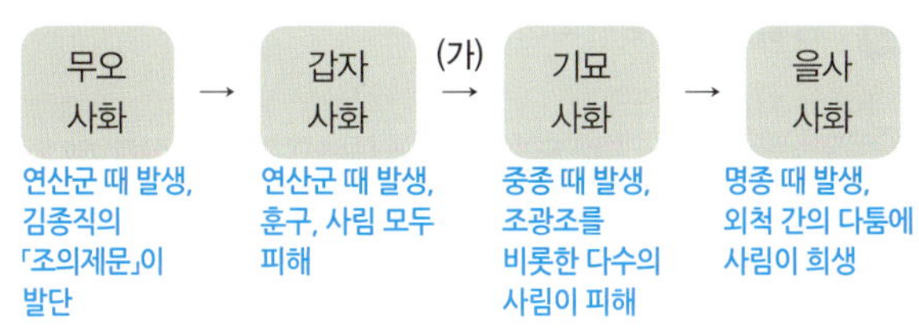

| 문제 + 자료 분석 |

- (가) 시기는 중종이 반정을 일으켜 연산군을 몰아내고 즉위한 뒤 개혁을 추진하던 시기이다.
- 연산군 때 훈구 세력과 연산군을 비판하던 사림 세력이 무오사화와 갑자사화로 인하여 큰 타격을 입었다.
- 이후 중종이 반정을 통해 정권을 장악하면서 사림이 재차 중앙 정계에 진출하였다.

| 선택지 분석 |

① 17세기 후반인 숙종 때 환국이 진행되면서 일당 전제화의 추세가 나타났다.

② 반정을 통해 왕위에 오른 중종은 공신 세력들이 정권을 독점하자 이를 견제하기 위하여 조광조 등 젊은 사림을 중용하였다. 그러나 현량과 실시, 위훈 삭제 등의 급진적 개혁으로 인하여 훈구 세력의 공격을 받으면서 조광조 등 사림들이 다시 정계에서 쫓겨나게 되었다.

③ 세종 이후 병약한 문종과 어린 단종이 차례로 즉위하면서 왕권이 약화되고 재상 세력이 정권을 주도하게 되자, 수양대군(세조)이 정변을 일으켜 정권을 장악하였다.

④ 16세기 말 정여립 모반 사건 이후 동인이 온건파와 급진파로 분리되면서 남인과 북인이 생겨났다.

⑤ 16세기 후반 선조 때 정계를 주도한 사림 세력이 척신 정치 청산 문제와 이조 전랑의 자리를 둘러싸고 대립하면서 동인과 서인의 붕당이 생겨났다.

3

16 정답 ③ ＊조광조의 개혁 정치

| 문제 + 자료 분석 |

- 조광조는 중종 때 개혁 정치를 펼친 사림으로 기묘사화 때 제거되었다.
- 조광조와 그의 세력은 소격서 폐지, 현량과 실시, 위훈 삭제 등의 정책을 추진하였다.

| 선택지 분석 |

① 대동법은 17세기 초 광해군 때 경기도에서 처음으로 실시되었다. 점차 확대되어 숙종 때에는 평안도와 함경도를 제외한 전국에서 실시되었다.

② 정조는 사도 세자의 묘를 수원으로 옮기고 자신의 정치적 이상을 담아 화성을 건설하였다. 화성 건설에 정약용이 고안한 거중기가 사용되었다.

③ 조광조는 중종이 왕위에 오를 때 부당하게 공신이 된 일부 훈구 세력의 공훈을 삭제해야 한다고 주장하여 훈구 세력의 반발을 불러일으켰다.

④ 임진왜란 중에 일본으로 끌려간 도자기 기술자에 의해 일본의 도자기 문화가 크게 발전하였고, 성리학자들을 통해 조선의 성리학이 전래되었다.

⑤ 사림은 선조 때 이조 전랑의 임명 문제를 둘러싼 대립이 심해져 신진 사림인 동인과 기성 사림인 서인으로 나뉘었다.

17 핵심 키워드: 이조 전랑

모범 답안 이조 전랑직 천거에 대한 의견 대립을 계기로 분화하였다.

| 문제 + 자료 분석 |

- 사림 세력이 중앙으로 대거 진출하게 되면서 명종 때에 나타난 척신 정치의 잔재를 어떻게 청산할 것인가를 두고 갈등을 겪게 되었다.
- 이러한 와중에 인사권을 지닌 이조 전랑 임명 문제를 두고 갈등이 빚어져 기성 사림 세력인 서인과 신진 사림 세력인 동인으로 분화하게 되었다.

＊채점 기준

이조 전랑직을 둘러싼 대립을 정확히 서술한 경우	100%
척신 정치 잔재 청산 등으로 서술한 경우	50%

18 정답 ③ ＊임진왜란

| 문제 + 자료 분석 |

- 자료의 요구 조건은 임진왜란 당시 진행된 휴전 회담에서 일본이 요구한 네 가지 조항이다.
- 임진왜란의 전개 과정에서 권율, 이순신 등의 관군과 곽재우 등의 의병이 활약하였다.

| 선택지 분석 |

① 권율은 관군과 의병 등을 이끌고 행주산성에서 일본군을 크게 격퇴하였다.

② 이순신은 옥포, 당포, 한산도 등지에서 일본 수군을 크게 격파하여 남해의 해상권을 장악하였고, 황해를 통해 물자를 보급하려던 일본군의 전략을 좌절시켰다.

③ 김종서는 세종 때 압록강 일대에 출몰하는 여진족을 격퇴하고 6진을 설치하였다.

④ 곽재우는 임진왜란 때 활약한 대표적인 의병장이다.

⑤ 사명대사(유정)는 임진왜란 때 승병을 모집하여 서산대사(휴정)의 휘하에서 일본군과 싸워 큰 공을 세웠다.

19 정답 임진왜란

| 문제 + 자료 분석 |

- 임진왜란의 영향으로 조선에서는 숭명 사상이 강화되었다.
- 한편, 명은 국력이 약화되어 여진족 세력의 성장을 막을 수 없었다.

20 핵심 키워드: 임진왜란, 에도 막부, 문화 발전

모범 답안 정치적으로는 도쿠가와 이에야스가 에도 막부를 수립하면서 정권이 교체되었으며, 문화적으로는 조선인 포로들을 통해 도자기와 성리학 등이 발전하였다.

| 문제 + 자료 분석 |

- 명은 무리한 지원군 파견에 따라 국력이 약해진 반면, 변경 지대에서는 누르하치의 여진족이 성장하였다.
- 일본에서는 에도 막부가 수립되었으며, 문화가 발달하였다.

＊채점 기준

정치적 측면과 문화적 측면을 모두 서술한 경우	100 %
한 가지 측면만 서술한 경우	50 %

21 정답 ③ ＊임진왜란

| 문제 + 자료 분석 |

- 조·명 연합군, 고니시 유키나가, 휴전 협상 등을 바탕으로 자료의 (가), (나)가 임진왜란 도중의 역사적 사실을 담고 있음을 알 수 있다.
- (가)는 평양 탈환(1593. 1.)이다.
- (나)는 휴전(강화) 협상 결렬이다.

| 선택지 분석 |

① 정유재란은 명과 일본의 강화 협상이 결렬된 후 도요토미 히데요시가 재침을 명령하면서 발생하였다.
② 선조는 임진왜란 발생 초기에 의주로 피난하였다.
③ 조·명 연합군의 평양 탈환 1달 후에 권율이 이끈 관군은 행주산성에서 일본군을 크게 격퇴하였다(행주 대첩).
④ 정유재란 때 벌어진 명량 대첩에서 이순신이 이끄는 조선 수군이 일본군에 대승을 거두었다.
⑤ 도요토미 히데요시는 전국 시대를 통일한 후 임진왜란을 일으켰다.

22 정답 ⑤ ＊광해군 때의 역사적 사실

| 문제 + 자료 분석 |

- 임진왜란 이후 누르하치의 여진족 세력이 성장하여 후금을 건국하였다.
- 명과 후금 사이에 전쟁이 벌어지자, 광해군은 강홍립을 명의 지원군으로 파견하였고, 상황에 따라 행동할 것을 지시하였다.

| 선택지 분석 |

① 인조 때 후금이 국호를 청으로 바꾸고 황제를 칭하며 조선에 군신 관계를 요구하였다.
② 성종 때 경연을 주관하는 홍문관이 설치되었다.
③ 중종 때 조광조 등 신진 사림의 주도로 현량과가 실시되었다.
④ 단종 때 김종서 등의 재상이 정치적 실권을 장악하여 왕권이 약화되었다.
⑤ 임진왜란 당시 무리한 지원군 파견으로 명의 국력이 약해진 틈을 타고 누르하치가 여진 부족을 통합하여 후금을 건국하였다. 광해군이 즉위한 후, 누르하치가 요동 일대에서 세력을 넓히기 위해 군대를 이끌고 명을 공격하였다.

23 핵심 키워드: 토지 대장·호적 정비, 대동법 실시

모범 답안 광해군은 임진왜란 이후 토지 대장과 호적 정비를 통해 조세 수취의 근거를 마련하였고, 대동법을 실시하여 농민들의 공납 부담을 덜어주고자 하였다.

| 문제 + 자료 분석 |

- 광해군은 중립 외교 정책과 더불어 임진왜란으로 피폐해진 국가를 재건하기 위하여 다양한 노력을 기울였다.

＊채점 기준

토지 대장 정비, 호적 정비, 대동법 실시 등 세 가지 이상을 서술한 경우	100 %
토지 대장 정비, 호적 정비, 대동법 실시 중 두 가지를 서술한 경우	60 %
토지 대장 정비, 호적 정비, 대동법 실시 중 한 가지를 서술한 경우	30 %

24 정답 ① ＊서인 세력의 특징

| 문제 + 자료 분석 |

- 자료의 내용을 주장한 정치 세력은 서인이다.
- 서인은 임진왜란 때 지원군을 파견한 명에게 의리를 지킬 것을 강조하고 광해군의 중립 외교 정책을 비판하였다.

| 보기 분석 |

ㄱ. 서인은 인조반정을 일으켜 명과 후금 사이에서 중립 외교 정책을 전개하던 광해군과 북인 세력을 축출하였다.
ㄴ. 병자호란 이후 서인은 전쟁에서 당한 굴욕을 되갚기 위해 청을 정벌하자는 북벌론을 주장하였다.
ㄷ. 광해군은 명과 후금 사이에서 중립 외교를 전개함으로써 전쟁을 막고자 하였다.
ㄹ. 사림과 정치적으로 대립한 세력은 훈구이다.

25 정답 ④ ＊병자호란

| 문제 + 자료 분석 |

- 밑줄 친 '이 전쟁'은 병자호란이다.
- 청은 조선에 군신 관계를 요구하였으나, 조선이 이를 거부하자 병자호란을 일으켰다.
- 인조는 병자호란 당시 남한산성으로 피난하여 40여 일간 항전하였다.

| 선택지 분석 |

① 명은 임진왜란 때 조선에 지원군을 파견하였다.
② 임진왜란이 일어나자 이순신의 수군이 맹활약하였다. 덕분에 조선은 곡창 지대인 전라도를 지키고 일본군의 보급로를 차단할 수 있었다.
③ 정봉수와 이립 등은 정묘호란 당시 활약하였다.
④ 병자호란 때 인조는 결국 삼전도에서 청 태종에게 항복하였고, 청과 군신 관계를 맺게 되었다.
⑤ 정묘호란의 결과 조선과 후금은 형제의 맹약을 체결하였다.

26 정답 ④ ＊병자호란

| 문제 + 자료 분석 |

- 자료의 내용과 관련된 전쟁은 병자호란(1636)이다.
- 병자호란 당시 인조의 둘째 아들인 봉림 대군 등 일부 왕족은 강화도로 피난하였고, 인조는 남한산성으로 피난하였다.

| 선택지 분석 |

① 무신 정변(1170)은 고려 중기에 발생하였다.
② 척화비는 흥선 대원군이 신미양요 이후 통상 수교 거부의 의지를 널리 알리기 위해 전국에 건립하였다(1871).

③ 호포제는 흥선 대원군이 군정의 문란을 해결하기 위해 실시하였다. 그 결과 양반들도 군포를 납부하게 되었다.

④ 병자호란 때 인조는 결국 삼전도에서 청 태종에게 항복하였고, 청과 군신 관계를 맺게 되었다.

⑤ 거란의 1차 침입 당시 고려의 서희가 거란의 소손녕과 외교 담판을 벌인 끝에 강동 6주를 확보하였다.

27 정답 (가) 주화론, (나) 척화론(주전론)

| 문제 + 자료 분석 |

- 자료의 (가)는 주화론, (나)는 척화론(주전론)이다.
- 주화론자들은 청의 군신 관계 요구를 수용하여 평화를 유지해야 한다고 주장하였다.
- 반면, 척화론자들은 임진왜란 당시 조선을 구원해 준 명에 대한 의리를 지켜야 하므로, 청에 끝까지 항전할 것을 주장하였다.

28 정답 ④ * 주화론과 척화론의 대립

| 문제 + 자료 분석 |

- 청이 조선에 군신 관계를 요구하자 이를 둘러싸고 조선 조정은 주화론과 척화론으로 나뉘어 대립하였다.

| 선택지 분석 |

① 도요토미 히데요시가 일본의 내부 불만을 밖으로 돌리고 자신의 야욕을 실현시키기 위하여 임진왜란을 일으켰다.

② 임진왜란에서 명의 지원군 도착으로 일본이 밀리자 휴전 회담이 진행되었다. 이때 일본의 무리한 요구로 회담이 결렬되면서 일본이 정유재란을 일으켰다.

③ 병인양요는 1866년 프랑스가 천주교 선교사의 처형을 구실로 강화도를 침략한 사건을 말한다.

④ 조선 조정이 척화론으로 기울자 청이 조선을 침략하였다. 이를 병자호란이라 부르는데, 이때 조선은 청에 굴복하여 군신 관계를 맺게 되었다.

⑤ 제너럴 셔먼호 사건을 구실로 미국이 강화도를 침략하면서 신미양요(1871)가 일어났다.

29 정답 ② * 병자호란

| 문제 + 자료 분석 |

- 자료의 조건으로 강화가 이루어진 전쟁은 병자호란이다.
- 조선이 청의 군신 관계 요구를 거부하자 청 태종이 조선을 공격하면서 시작된 병자호란은 결국 조선이 항복하고 청과 군신 관계를 맺으면서 끝이 났다.

| 선택지 분석 |

① 정봉수와 이립은 정묘호란 당시 활약하였다.

② 조선의 인조는 병자호란 당시 남한산성에서 청군에 맞섰지만 결국 40여일 만에 삼전도에서 항복하였다.

③ 명은 임진왜란 때 조선에 지원군을 파견하였다.

④ 임진왜란을 계기로 도요토미 가문의 세력이 약화된 틈을 타 도쿠가와 이에야스가 군사를 일으켜 에도 막부를 수립하였다.

⑤ 임진왜란 이후 에도 막부의 요청으로 조선과 일본의 국교가 회복되었다. 이후 조선은 에도 막부의 쇼군이 바뀔 때마다 막부의 요청으로 통신사를 파견하였다.

내신 1등급 문제 문제편 46p

30 정답 ② * 태종의 왕권 강화 정책

자료의 국왕이 실시한 정책으로 옳은 것은?

> "짐이 일찍이 개경에 있을 때 의정부를 없애자는
> 태종이 개경에서 한양으로 재천도
> 의논이 있었으나, 지금까지 겨를이 없었다. 지난 겨울에 대간에서 의정부를 없앨 것을 청하였으나 윤허하지 않았는데, 좌정승이 '중국에도 승상부가 없으니 의정부를 폐지해야 합니다.'라고 건의하였다. 짐이 골똘히 생각해 보니, 모든 일이 짐 한 몸에 모이면 결재하기가 힘은
> 태종의 6조 직계제 시행
> 들겠지만, 임금이 어찌 고생스러움을 피하겠는가."… 의정부가 관장하는 것은 오직 사대 문서와 중죄인을 다시 심사하는 것뿐이었다.

| 문제 + 자료 분석 |

- 자료의 국왕은 조선 태종이다.
- 태종은 왕권을 강화하고 국왕 중심의 통치 체제를 정비하려고 하였다. 이에 따라 6조 직계제를 실시하여 모든 업무를 국왕이 직접 관여하는 방식으로 바꾸었다.

| 선택지 분석 |

① 경국대전은 세조 때 작업이 시작되어 성종 때 완성·반포된 조선의 기본 법전이다.

② 태종은 왕권을 강화하기 위해 사병을 없애 군사 지휘권을 완전히 장악하였다.

③ 세종은 궁중 안에 정책 연구 기관으로 집현전을 설치하였다.

④ 현량과는 중종 때 조광조의 건의에 의해 실시된 것으로 지방의 인재를 등용하기 위한 일종의 천거 제도였다.

⑤ 위화도 회군 이후 실권을 장악한 태조 이성계는 1392년에 조선을 건국했고, 1394년에 개경에서 한양으로 천도하였다.

31 정답 ② * 조선의 중앙 정치 조직

| 문제 + 자료 분석 |

- 제시된 자료는 조선의 중앙 정치 조직을 보여 주고 있다.
- (가)는 의정부, (나)는 6조, (다)는 승정원, (라)는 의금부, (마)는 사헌부, (바)는 사간원, (사)는 3사, (아)는 성균관이다.

| 선택지 분석 |

① 조선의 중앙 정치는 재상들의 합의 기구인 의정부와 정책을 집행하는 기구인 6조를 중심으로 운영되었다.

② 승정원은 국왕의 비서 기관이며, 의금부는 왕의 특명에 의하여 죄인을 다스린 기관으로 모두 왕권의 강화와 유지를 위한 핵심적인 곳이었다.

③ 사헌부의 관리와 사간원의 관리는 합쳐서 '대간'으로 불렸으며, 관리 임명, 법령 제정에 있어 이들의 서명을 거쳐야 하는 서경권을 가지고 있었다.

④ 3사는 언론 기관으로 권력의 독점과 부정을 방지하는 역할을 하였다. 3사의 언론 활동은 국왕이나 고위 관리도 함부로 막을 수 없었다.

⑤ 조선의 교육 기관 중, 최상위 교육 기관은 성균관이었다. 성균관 외에도 서당, 서원, 향교 등의 교육 기관이 있었다.

32 정답 ③ * 임진왜란

다음 가상의 전란 일지에서 손상된 부분에 들어갈 내용으로 볼 수 없는 것은?

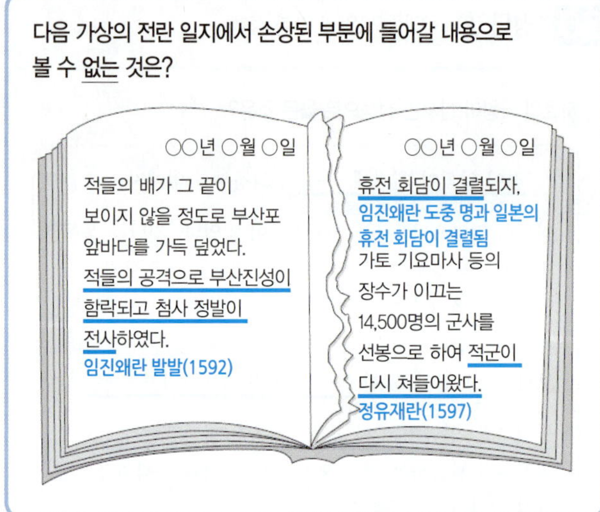

| 문제 + 자료 분석 |

- 제시된 자료의 왼쪽은 임진왜란 발발, 오른쪽은 정유재란 발발에 관한 내용이다.
- 자료의 손상된 부분에는 임진왜란 발발 이후부터 정유재란 발발 이전의 역사적 사실들이 들어가야 한다.

| 선택지 분석 |

① 임진왜란 초기 일본군이 한양 근처까지 올라오자 선조는 의주까지 피난을 갔다.
② 명의 원군이 전쟁에 참여하면서 조선이 일본군에 반격을 가하게 되었고, 조·명 연합군은 평양성을 탈환하였다. 이로써 임진왜란의 전세가 역전되었다.
③ 도요토미 히데요시는 정유재란 발발 이후에 사망하였다. 그는 조선에서 철수하라는 유언을 남겼고, 실제로 그의 사망 후에 일본군이 철수를 단행하여 전쟁이 종결되었다.
④ 이순신이 이끈 수군과 의병의 활약, 명의 원군 파병을 바탕으로 조선이 반격을 시작하였다. 권율이 이끄는 관군도 행주산성에서 큰 승리를 거두었다(행주 대첩).
⑤ 임진왜란이 발발하자 전국 각지에서 의병이 일어났다. 경남 의령에서는 곽재우가, 함경도 길주에서는 정문부가 의병을 일으켰고 유정(사명 대사), 휴정(서산 대사), 조헌, 김천일 등도 의병을 일으켰다. 이들은 일본군에게 큰 타격을 주었다.

33 정답 ⑤ * 양난의 전개

(가), (나) 사이 시기에 있었던 사실로 옳지 않은 것은?

> (가) 권율이 군사를 이끌고 행주산성에 진을 쳤다. 일본군이 공격해 오자 우리 군사들은 활을 쏘고 돌을 던지며, 각종 화기를 연달아 쏘았다. 마침내 적이 달아났다. → 임진왜란(행주 대첩)
> (나) 임금과 신하가 청의 군대에 의해 남한산성에 포위된 지 엿새째가 되었다. 외부의 구원병은 오지 않고 문서로 알릴 길도 끊어졌다. → 병자호란

| 문제 + 자료 분석 |

- 권율, 행주산성, 일본군 등의 내용을 바탕으로 (가)는 임진왜란 도중에 발생한 행주 대첩(1593. 2.)임을 알 수 있다.
- 청의 군대, 남한산성 등의 내용을 바탕으로 (나)는 병자호란(1636)임을 알 수 있다.

| 선택지 분석 |

① 1636년 후금은 국호를 청으로 바꾸고 조선에 군신 관계를 요구하였다. 조선이 이를 거부하자 청은 조선을 침입하였다(병자호란). 인조는 남한산성에서 항전하였으나 결국 청에 항복하였고, 양국은 군신 관계를 수립하였다.
②, ④ 임진왜란 이후 즉위한 광해군은 명과 후금 사이에서 중립 외교를 전개하였다. 명이 후금을 공격하면서 조선에 지원군을 요청하자 광해군은 강홍립을 파견하였다. 그러면서도 상황에 따라 유연하게 대처하도록 지시하여 강홍립은 후금에 항복하였다.
광해군의 중립 외교에 불만을 품은 서인 세력은 광해군을 폐위시키고 인조를 옹립하였다(인조반정, 1623). 인조와 서인 정권은 이후 친명배금 정책을 펼쳤고, 이는 정묘호란 발생의 원인이 되었다. 정묘호란 이후 병자호란이 발생하였다.
③ 임진왜란은 도요토미 히데요시의 사망과 일본군의 철수로 끝이 났다. 이후 일본에서는 도쿠가와 이에야스가 에도 막부를 수립하였다(1603). 조선은 에도 막부의 요청에 따라 국교를 재개하였다.
⑤ (가) 이전인 임진왜란 초기의 사실이다. 1592년 4월 임진왜란을 일으킨 일본군은 20일 만에 조선의 수도 한성을 점령하였다.

* 양난 전후의 주요 사건 정리

> 임진왜란 → 휴전 협상 진행(결렬) → 정유재란 → 광해군 즉위(기유약조 체결, 중립 외교 전개) → 인조반정 → 조선의 친명배금 정책 → 정묘호란 → 병자호란

수능 대비 기출 문제

문제편 47p

34 정답 ② * 조선 성종

(가)에 들어갈 내용으로 가장 적절한 것은?

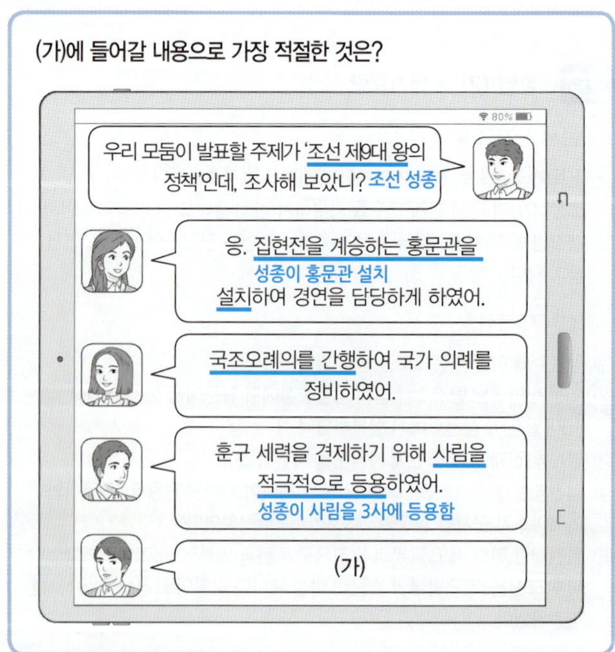

| 문제 + 자료 분석 |

- 조선의 제9대 왕인 성종은 국가의 여러 행사에 필요한 의례를 정비하여 의례서인 『국조오례의』를 편찬하였다.
- 성종은 세조 때부터 권력을 장악하고 있던 훈구 세력을 견제하기 위해 사림을 3사의 언론 기관에 등용하였다.

| 선택지 분석 |

① 신라 진흥왕에 대한 내용이다. 6세기에 진흥왕은 활발한 정복 활동을 전개하여 한강 유역 전체를 차지하고, 고령의 대가야를 정복하였다.
② 조선 성종에 대한 내용이다. 성종은 세조 때 편찬하기 시작한 『경국대전』을 완성·반포하였다.
③ 고려 광종에 대한 내용이다. 광종은 노비안검법을 시행하여 불법적으로 노비가 된 사람들을 해방시켜 주었다.
④ 흥선 대원군에 대한 내용이다. 흥선 대원군은 신미양요 이후 전국 각지에 척화비를 건립하여 서양과의 통상 수교 거부 의지를 널리 알렸다.
⑤ 조선 고종에 대한 내용이다. 고종은 제2차 갑오개혁 때 교육 입국 조서를 반포하였고, 그에 따라 소학교, 한성 사범 학교 등이 설립되었다.

∗ 성종의 업적

정치	홍문관 설치, 경연 재개, 『경국대전』 완성, 사림 등용
경제	관수관급제 실시
문화	『국조오례의』, 『동국여지승람』 간행

35 정답 ③ ∗ 임진왜란

| 문제 + 자료 분석 |

- 조선 선조 때 왜군의 침략으로 임진왜란이 일어났다.
- 일본 전국 시대를 통일한 도요토미 히데요시는 분열과 혼란을 수습할 목적으로 조선을 침략하였다(임진왜란).
- 왜군이 침략하자 조선은 명에 원병을 요청하였고, 명은 일본의 중국 침략을 우려해 원군을 파병하였다. 반격에 나선 조·명 연합군은 평양성을 탈환하였다.

| 선택지 분석 |

① 별무반은 고려의 여진 정벌 과정에서 편성되었다. 12세기 초 고려의 윤관은 별무반을 편성하고 여진을 정벌하였다.
② 김원봉이 의열단을 조직한 것은 일제 강점기인 1919년의 일이다. 의열단은 식민 통치 기구와 수탈 기구에 대한 의거 활동을 전개하였다.
③ 곽재우와 조헌은 임진왜란 당시 활약한 의병장이다. 임진왜란 당시 곽재우, 조헌 등의 의병장은 향토 지리에 밝은 전술을 구사하며 왜군의 진격을 늦추고, 보급로에 타격을 주는 등 많은 활약을 펼쳤다.
④ 강감찬의 귀주 대첩은 거란의 3차 침입 당시의 사실이다. 거란의 3차 침입 당시 강감찬이 이끄는 고려군은 귀주 일대에서 거란군을 크게 격파하였다(귀주 대첩, 1019).
⑤ 삼별초의 항쟁은 고려 시대의 사실이다. 무신 정권이 붕괴되면서 고려 정부가 몽골과 강화를 맺고 개경으로 돌아가자, 삼별초는 강화에 반대하며 강화도에서 봉기하였다. 삼별초는 진도와 제주도로 근거지를 옮기며 저항하였지만 고려와 몽골의 연합군에게 진압되었다.

∗ 임진왜란

배경	• 일본: 도요토미 히데요시의 전국 시대 통일, 대륙 침략 야욕 • 조선: 국방력 약화
전개	일본군의 침입 → 전세 불리(한양 함락, 선조가 의주까지 피난) → 전세 회복(명의 지원군 파병, 이순신이 이끈 수군의 활약, 곽재우·조헌 등 의병의 활약) → 휴전 협상 진행, 결렬 → 정유재란 발발 → 도요토미 히데요시의 사망으로 일본군 철수
영향	• 조선: 재정 악화(호적, 양안 소실), 문화재 소실(불국사, 사고 등) • 일본: 에도 막부 성립, 조선인 포로(학자, 도공 등)로 인해 문화 발전 • 중국: 명이 쇠퇴, 여진족이 강성해져 이후 후금을 건국함

36 정답 ② ∗ 병자호란

(가) 전쟁 중에 있었던 사실로 옳은 것은? [3점]

(가) 에 대해 병자호란 말해 볼까?

조선이 청의 군신 관계 요구를 거부하자, 이를 병자호란의 직접적 배경 빌미로 청이 조선을 침략한 전쟁이야.

결국 조선은 굴욕적인 항복을 하였고, 세자와 삼전도의 굴욕 일부 신하들이 청에 인질로 끌려갔어. 병자호란의 결과

| 문제 + 자료 분석 |

- 청이 소선에 군신 관계를 강요하자, 조선은 이를 거부하였다. 이후 청이 조선을 침략하여 병자호란이 일어났다.
- 조선의 인조는 남한산성에서 항전하였지만 결국 삼전도에서 청 태종에게 굴욕적인 항복을 하였다(삼전도의 굴욕).
- 병자호란의 결과 조선의 세자와 왕자, 신하들과 많은 백성이 청에 끌려갔다.

| 선택지 분석 |

① 고려 말의 사실이다. 요동 정벌에 반대하던 이성계는 압록강 하류의 위화도에서 군사를 돌려 개경으로 돌아와 최영 등을 제거하고 정치적 실권을 장악하였다. 이를 위화도 회군(1388)이라고 한다.
② 병자호란 중의 사실이다. 청이 조선을 침략하자 인조는 남한산성으로 피신하여 항전하였지만, 결국 삼전도에서 굴욕적으로 항복하고 청과 군신 관계를 맺었다.
③ 임진왜란 때 있었던 한산도 대첩에 대한 내용이다. 임진왜란 때 이순신이 이끈 수군은 한산도 등지에서 일본군을 잇달아 격파하며 남해의 제해권을 장악하였다.
④ 고구려와 수의 전쟁 때 있었던 살수 대첩(612)에 대한 내용이다. 수 양제가 대군을 이끌고 고구려를 침략하자, 을지문덕은 살수에서 수의 군대를 격파하였다.
⑤ 1920년대 있었던 청산리 전투에 대한 내용이다. 봉오동 전투 이후 일본군이 대규모 부대를 동원하여 만주의 독립군을 공격해 오자 김좌진의 북로 군정서군과 홍범도의 대한 독립군 등 독립군 연합 부대는 청산리 일대에서 일본군을 크게 무찔렀다.

∗ 병자호란

배경	청이 조선에 군신 관계 요구 → 조선의 거부(주전론 우세)
전개	청 태종이 조선 침입 → 인조가 남한산성으로 피신하여 항전
결과	삼전도에서 청에 항복(청과 군신 관계 체결)
영향	청을 정벌하자는 북벌론 대두

04 조선 후기 새로운 흐름과 변화

내신 대비 필수 문제

문제편 52~55p

01 정답 비변사

| 문제 + 자료 분석 |

- 밑줄 친 '이 기구'는 비변사이다.
- 비변사는 16세기 초에 여진족과 왜구에 대비하기 위하여 설치되었고 양난을 거치며 기능이 강화되었다.

02 핵심 키워드: 왕권 약화, 의정부와 6조 중심의 행정 체계 유명무실화

(모범 답안) 왕권이 약화되고 의정부와 6조 중심의 행정 체계가 유명무실해졌다.

| 문제 + 자료 분석 |

- 임진왜란 이후 비변사는 국가의 최고 정무 기구로 기능하였다.
- 비변사의 기능이 강화되자, 왕권이 약화되고 의정부와 6조 중심의 행정 체계도 유명무실해졌다.
- 19세기에 이르러서는 비변사가 세도 정치의 중심 기구로서의 역할을 담당하였다.

＊채점 기준

왕권 약화, 의정부와 6조 중심의 행정 체계 유명무실화를 모두 서술한 경우	100 %
왕권 약화, 의정부와 6조 중심의 행정 체계 유명무실화 중 하나만 서술한 경우	50 %

03 정답 ③ ＊훈련도감

밑줄 친 '도감'에 대한 설명으로 옳은 것은?

선조 26년 10월 국왕의 행차가 서울로 돌아왔으나 성 안은 타다 남은 건물 잔해와 시체로 가득하였다. … (임진왜란으로 입은 피해) 이때 상께서 도감을 설치하여 군사를 훈련시키라고 명하시고 (훈련도감 설치) 나(유성룡)를 도제조로 삼으시므로, 나는 청하기를 "당속미 1천 석을 군량으로 하되 한 사람당 하루에 2승씩 준다하여 군인을 모집하면 응하는 자가 사방에서 모여들 것입니다."라고 하였다. (훈련도감의 군인은 급료를 지급받는 직업 군인이었음)

－『서애집』

| 문제 + 자료 분석 |

- 밑줄 친 '도감'은 훈련도감이다.
- 임진왜란 중에 훈련도감이 설치되었고, 이후에 5군영 체제가 완성되었다.

| 선택지 분석 |

① 흥선 대원군은 세도 가문이 장악하고 있던 비변사를 축소·폐지하였다.
② 훈련도감의 군인들은 직업 군인이었으므로, 농민이 군역으로 근무한 것과는 다르게 운영되었다.
③ 훈련도감은 직업적 상비군으로 구성되어 소속 군인들이 국가로부터 봉급을 받았다.
④ 조선 후기에 시전 상인은 난전을 금지할 수 있는 권리(금난전권)를 가지고 있었다.
⑤ 조선 후기에 지방군은 속오군으로 정비되었다. 속오군은 평상시에 생업에 종사하다가 적이 침입하면 동원되었다.

04 핵심 키워드: 자의대비, 예송, 서인, 남인

(모범 답안) 효종이 죽은 후 효종의 계모였던 자의대비의 상복 입는 기간이 문제가 되어 예송이 발생하였다. 서인은 1년을, 남인은 3년을 주장하였는데 서인의 주장이 수용되었다.

| 문제 + 자료 분석 |

- 자료는 현종 때 있었던 1차 예송에 대한 내용으로 (가)는 서인, (나)는 남인이다.
- 효종이 죽은 후 자의대비의 상복 입는 기간이 문제가 되어 1차 예송이 일어났다. 1차 예송 때는 서인의 의견이 수용되었다.
- 효종비가 죽은 후 자의대비의 상복 입는 기간이 다시 문제가 되어 2차 예송이 일어났다. 서인은 9개월, 남인은 1년을 주장하였는데 남인의 의견이 수용되었다.

＊채점 기준

1차 예송의 배경과 결과를 모두 서술한 경우	100 %
1차 예송의 배경이나 결과 중 한 가지만 서술한 경우	50 %

05 정답 ④ ＊붕당 정치의 전개

| 문제 + 자료 분석 |

- 자료의 (가)에는 숙종 때의 붕당 정치에 관한 내용이 들어가야 한다.
- 숙종은 왕권 강화를 위해 환국을 주도하며 서인과 남인을 번갈아 등용하였다.

| 선택지 분석 |

① 사화는 사림들이 큰 피해를 입은 사건으로 연산군, 중종, 명종 때 발생하였다.
② 탕평비는 영조가 탕평 정치를 추진하면서 성균관에 건립하였다.
③ 세도 정치는 안동 김씨와 풍양 조씨 등의 외척 가문들이 권력을 휘두르던 정치 형태로, 정조 사후 순조 시기부터 시작되었다.
④ 숙종은 국왕이 주도적으로 집권 붕당을 교체하는 환국을 단행하였다. 그 과정에서 일당 전제화 현상이 나타났다.
⑤ 훈구를 견제하기 위해 사림을 등용한 왕은 성종이다.

06 정답 ② ＊환국

| 문제 + 자료 분석 |

- 제시된 자료는 환국이 거듭되면서 붕당 정치가 변질되는 상황을 나타내고 있다.
- 숙종 때에는 환국이 거듭되며 특정 붕당이 권력을 독점하는 일당 전제화의 추세가 나타나는 등 붕당 정치가 변질되기 시작하였다.

| 선택지 분석 |

① 정조가 붕당의 비대화를 막고 자신의 권력과 정책을 뒷받침하기 위하여 젊고 유능한 인재를 재교육하는 초계문신제를 실시하였다.
② 숙종의 편당적인 조처로 인하여 일거에 집권 붕당이 바뀌는 환국이 거듭되었다.
③ 탕평의 교서를 발표한 영조가 왕권을 강화하고 탕평책을 성공시키기 위해 탕평파를 육성하여 정국을 주도하게 하였다.
④ 조선 전기에 훈구와 사림이 대립하면서 사화가 일어났다. 거듭되는 사화로 사림 세력이 큰 피해를 입고 중앙 정계에서 밀려났다.
⑤ 조선 초에 2차례에 걸친 왕자의 난이 발생하였다. 이를 통해 이방원은 권력을 장악하였고, 이후 태종으로 즉위하였다.

07 정답 ③ * 환국

| 문제 + 자료 분석 |

- 자료의 (가)는 17세기 후반~18세기 전반인 숙종 때이다.
- 숙종 때에 환국이 거듭되었고 붕당 정치가 변질되었다.

| 선택지 분석 |

① 정조는 왕권을 강화하기 위하여 국왕의 친위 부대인 장용영을 설치하였다.
② 광해군이 즉위하면서 정권을 장악한 북인은 전후 복구 사업 및 제도 개편을 추진하였다.
③ 경신환국 이후 서인은 남인 탄압 문제로 노론과 소론으로 갈라졌다. 그런데 환국으로 인해 남인이 다시 정권을 장악하였다가 서인이 다시 정계를 주도하게 되자, 서인이 남인을 철저하게 탄압하면서 일당 전제화의 추세를 가속화시켰다.
④ 조선 전기인 연산군, 중종, 명종 때에 사화가 발생하여 사림이 중앙 정계에서 쫓겨나게 되었다.
⑤ 흥선 대원군은 세도 정치로 인해 문란해진 국가 기강을 재정립하였으며, 왕권 강화를 위해 비변사의 기능을 축소하고 의정부와 삼군부의 기능을 부활시켰다.

08 정답 ③ * 영조의 탕평 정치

| 문제 + 자료 분석 |

- 제시된 비석은 영조가 탕평의 의지를 널리 알리기 위해 성균관 앞에 세운 탕평비이다.
- 영조는 붕당 간의 대립을 완화하고 왕권을 강화하기 위해 탕평책을 추진하였다.

| 선택지 분석 |

① 장용영은 정조가 왕권을 뒷받침하는 군사 기반으로 삼고자 창설한 국왕 친위 부대이다.
② 대동법은 광해군 시기에 경기도에서 처음으로 실시되고, 점차 전국으로 확대되었다.
③ 영조는 신문고를 부활시켜 백성들의 억울함을 풀어 주고자 하였다.
④ 홍경래는 순조 11년(1811)에 평안도에 대한 지역 차별 정책과 지배층의 수탈에 항거하여 봉기를 일으켰다. 홍경래의 난에는 영세 농민과 광산 노동자, 품팔이꾼, 노비, 중소 상인 등 다양한 계층이 참여하였다.
⑤ 예송은 효종이 사망하였을 때와 효종비가 사망하였을 때에 두 차례 일어났다. 이때 인조의 계비인 자의대비가 상복을 얼마 동안 입어야 하는지에 관한 것이 쟁점이 되었다.

09 정답 ④ * 영조의 정책

| 문제 + 자료 분석 |

- 자료의 교서를 내린 국왕은 영조이다.
- 영조는 붕당의 폐해를 해결하고자 탕평 정치를 전개하였다.

| 보기 분석 |

ㄱ. 세조는 왕권 강화를 위해 경연을 폐지하였다.
ㄴ. 영조는 서원이 붕당의 뿌리라고 파악하여 이를 대폭 정리하였다.
ㄷ. 성종은 집현전의 후신으로 홍문관을 설치하였다.
ㄹ. 영조는 이조 전랑 자리를 두고 붕당 간 다툼이 발생하는 문제를 해결하기 위해 이조 전랑의 3사 관리 추천권을 없애는 등 권한을 약화시켰다.

10 정답 ⑤ * 정조의 정책

| 문제 + 자료 분석 |

- 밑줄 친 '이 왕'은 정조이다.
- 사도 세자의 아들인 정조는 수원 화성을 건설하여 정치적·군사적 기능을 갖춘 새로운 도시로 육성하였다.

| 선택지 분석 |

① 영조는 붕당의 근거지인 서원을 대폭 정리하였다. 흥선 대원군도 개혁 정치를 추진하는 과정에서 서원을 47개소만 남기고 철폐하였다.
② 세종 때 이종무는 왜구의 근거지인 쓰시마섬을 정벌하였다.
③ 삼정이정청은 임술 농민 봉기가 발생하자 철종과 세도 정권이 삼정의 문란을 해결하기 위해 설치한 임시 관청이다.
④ 병자호란 때 남한산성에서 농성하던 인조는 결국 삼전도에서 청 태종에게 항복하였다.
⑤ 정조는 왕실 도서관이던 규장각의 기능을 강화하여 자신의 정책을 뒷받침하는 정치 기구로 육성하였다.

11 정답 ③ * 정조의 정책

| 문제 + 자료 분석 |

- 제시된 자료는 정조 때에 건설된 수원 화성이다.
- 정조는 수원 화성을 세워 자신의 정치적 이상을 실현하는 상징적 도시로 육성하고자 하였다.

| 선택지 분석 |

① 규장각은 본래 역대 왕의 글과 책을 수집·보관하기 위한 왕실 도서관의 기능을 갖는 기구였다. 정조는 여기에 비서실의 기능을 부여하고, 과거 시험의 주관과 문신 교육의 임무까지 부여하였다.
② 장용영은 정조가 왕권을 뒷받침하기 위해 기존의 5군영과는 별도로 창설한 국왕 직속의 군대이다.
③ 균역법은 농민의 군포 부담을 줄여주기 위해 영조가 실시한 세제 개혁이다. 균역법의 시행으로 양인 장정은 1년에 2필씩 내던 군포를 1필만 내게 되었다.
④ 정조는 『대전통편』과 『무예도보통지』 등을 편찬하였다.
⑤ 정조는 신진 인물이나 중·하급 관리 가운데 젊고 유능한 인물을 뽑아 재교육시키는 초계문신제를 시행하였다.

12 정답 ③ * 세도 정치의 전개

| 문제 + 자료 분석 |

- 자료의 '○○ 정치'는 세도 정치이다.
- 순조, 헌종, 철종의 60여 년간 세도 정치가 전개되었는데, 이 시기에는 삼정의 문란이 극심하고 매관매직이 성행하는 폐단이 발생하였다.
- 한편, 중앙 정계는 안동 김씨와 같은 소수의 세도 가문이 장악하였으며, 이들은 비변사의 요직을 독점하였다.

| 선택지 분석 |

① 경연은 국왕의 학문 연마를 위한 자리였지만 성종 이후 정책의 토론 및 심의의 자리로 확대되었다.
② 훈구와 사림의 갈등 심화는 사화로 이어졌다.
③ 비변사는 세도 정치 시기로 들어서면서 소수 외척 가문에 의해 장악되었다.
④ 숙종 때 정국을 주도하는 붕당과 견제하는 붕당이 교체됨으로써 정국이 급변하는 환국이 발생하였고 일당 전제화 추세가 대두되었다.
⑤ 인조반정으로 북인을 몰아낸 서인은 남인 일부와 연합하여 정국을 운영하였고, 현종 때까지 서인이 우세한 가운데 남인이 연합하여 공존하는 붕당 정치가 전개되었다.

13 핵심 키워드: 관직 매매, 과거 시험 부정, 농민 수탈

모범 답안 관직 매매가 심해지고 과거 시험에서 부정이 성행하였으며 수령과 아전들의 농민 수탈이 극심하였다.

| 문제 + 자료 분석 |

- 정조의 뒤를 이어 어린 순조가 즉위하면서 세도 정치가 나타났다.
- 세도 정치 시기에는 안동 김씨, 풍양 조씨 등의 외척 세력이 권력을 주도하였으며, 관직 매매가 성행하고 탐관오리의 농민 수탈이 극심하였다.

＊채점 기준

관직 매매, 과거 시험 부정, 농민 수탈 등을 모두 옳게 서술한 경우	100 %
관직 매매, 과거 시험 부정, 농민 수탈 중 한 가지만 서술한 경우	30 %

14 정답 ② ＊세도 정치 시기의 사회 모습

| 문제 + 자료 분석 |

- 제시된 자료는 1811년에 발생한 홍경래의 난 당시 발표된 격문이다.
- 홍경래의 난은 세도 정치 시기 지배층의 횡포와 평안도 지방에 대한 차별 등이 원인이 되어 발생하였다.

| 선택지 분석 |

① 붕당 간 대립 완화를 목적으로 한 탕평 정치는 영조와 정조 시기에 전개되었다.
② 세도 정치 시기에 심화된 삼정(전정, 군정, 환곡)의 문란은 백성들의 삶을 피폐하게 만들었고, 이는 이 시기에 발생한 많은 농민 봉기의 주요 원인이 되었다.
③ 부산포, 제포, 염포에 거주하고 있던 일본인들이 3포 왜란(1510)을 일으킨 것은 중종 때이다.
④ 성종은 훈구파를 견제하기 위해 사림을 본격적으로 등용하였다.
⑤ 토지세를 풍흉 정도에 따라 차등 부과하는 연분9등법은 세종 때 실시되었다. 17세기 인조 때는 풍흉에 관계없이 1결당 쌀 4~6두를 부과하는 영정법이 실시되었다.

15 정답 ① ＊홍경래의 난

| 문제 + 자료 분석 |

- 자료의 밑줄 친 '봉기'는 홍경래의 난(1811)이다.
- 홍경래는 평안도에 대한 차별 정책과 지배층의 수탈에 항거하여 영세 농민, 중소 상인, 광산 노동자 등과 함께 난을 일으켰고, 청천강 이북의 대부분 지역을 점령하기도 하였으나, 결국 관군에 진압되었다.

| 선택지 분석 |

① 홍경래는 영세 농민, 중소 상인, 광산 노동자 등을 끌어들여 평안도 가산에서 봉기한 이후 선천, 정주 등을 별다른 저항 없이 점거하는 등 청천강 이북 지역을 거의 장악하였다.
② 고려 시대에 묘청, 정지상 등의 서경 세력이 이자겸의 난으로 고려 사회가 혼란한 상황에서 풍수지리설을 바탕으로 서경으로 수도를 옮기는 것이 국가를 안정시키는 길이라고 주장하였다.
③ 고려 무신 정권에 반발하여 서경 유수 조위총이 서경(평양)에서 반란을 일으켰다.
④ 고려 시대 만적의 봉기가 이에 해당한다. 홍경래의 난은 지역 차별 정책과 지배층의 수탈에 항거하여 일어난 봉기였다.
⑤ 문벌 사회의 모순이 심화되고, 무신과 하급 군인에 대한 차별이 심해지자 정중부, 이의방 등의 무신들이 정변을 일으켜 문신들을 죽이고 권력을 장악하였다(무신 정변, 1170).

16 정답 ④ ＊세도 정치의 폐단과 삼정의 문란

| 문제 + 자료 분석 |

- 제시된 자료는 임술 농민 봉기(1862) 당시의 봉기 지역을 나타내고 있다.
- 진주에서 일어난 농민 봉기를 계기로 농민 봉기가 함흥에서 제주에 이르기까지 전국적으로 확대되었다.

| 선택지 분석 |

① 신라 말기에 스스로 장군, 성주라 칭하는 호족 세력이 지방의 반독립적 세력으로 성장하였다.
② 고려 시대인 12세기 후반에 무신들이 정변을 일으켜 문신을 몰아내고 정권을 장악하였다.
③ 고려 말기에 신진 사대부가 성리학을 바탕으로 불교를 배척하였다.
④ 조선 후기의 대표적인 수취 제도는 삼정이었다. 삼정은 전정(전세 수취 제도), 군정(군포 징수 제도), 환곡(구휼 제도)을 의미한다. 탐관오리의 부정과 탐학으로 인한 삼정의 문란이 임술 농민 봉기의 주요 원인이었다.
⑤ 세조 집권 이후 공신으로서 중앙 관직을 독점한 세력을 훈구파라고 부른다.

17 정답 ① ＊흥선 대원군의 개혁 정치

| 문제 + 자료 분석 |

- 자료의 역사 인물은 흥선 대원군이다.
- 고종의 아버지인 흥선 대원군은 대외적으로 통상 수교 거부 정책을 추진하였고, 대내적으로는 정치 기구 정비, 법전 정비 등의 개혁 정책을 추진하였다.

| 보기 분석 |

ㄱ. 흥선 대원군은 민생 안정과 국가 재정의 확충을 위해 붕당의 근거지인 서원을 전국 47개소만 남기고 철폐하였다.
ㄴ. 흥선 대원군은 왕실의 위엄을 회복하기 위해 임진왜란 때 불에 탄 경복궁을 중건하였다. 그 과정에서 막대한 비용을 충당하기 위해 원납전을 강제로 징수하였고, 당백전을 남발하여 물가 혼란을 야기함으로써 백성들의 원성을 사기도 하였다.
ㄷ. 정조는 수원에 화성을 건설하여 정치·경제·군사적 기능을 갖춘 도시로 육성하고자 하였다.
ㄹ. 삼정이정청은 1862년 임술 농민 봉기에 대한 해결책으로 설치된 것으로, 흥선 대원군이 집권하기 이전인 철종 때의 사실이다.

18 정답 ⑤ ＊흥선 대원군의 개혁 정치

| 문제 + 자료 분석 |

- 제시된 자료는 경복궁 근정전, 『대전회통』, 『육전조례』이다.
- 경복궁은 임진왜란 때 소실되었다가 흥선 대원군이 중건하였다. 『대전회통』과 『육전조례』는 흥선 대원군이 통치 체제 정비를 뒷받침하기 위해 편찬한 법전이다.

| 선택지 분석 |

① 흥선 대원군은 군주제를 강화하려 하였고, 이로 인해 근대화가 지연되는 결과가 나타나기도 하였다.
② 1890년대 이후 일본의 침략이 심화되면서 이에 대항하여 국권 수호 운동이 전개되었다.
③ 급진 개화파는 청의 간섭으로 개혁이 원활하지 못하다고 생각하여 개혁 추진을 위해 갑신정변을 일으켰다.
④ 지배층의 수탈 심화, 일본의 경제 침탈이라는 상황에서 농민들이 반봉건·반외세를 내걸고 동학 농민 운동을 일으켰다.
⑤ 세도 정치로 인한 정치 체제의 파탄이라는 상황에서 집권한 흥선 대원군은 국가 기강을 확립하려 하였다. 이를 위해 통치 체제를 정비하고 『대전회통』, 『육전조례』 등의 법전을 편찬하였다. 그리고 실추된 왕실의 위엄을 세우기 위해 경복궁을 중건하였는데, 여기에 필요한 비용은 당백전을 발행하여 조달하려 하였다.

* 흥선 대원군의 개혁 정치

구분	내용
통치 체제 정비	• 비변사의 기능 축소 • 의정부와 삼군부의 기능 부활 • 『대전회통』, 『육전조례』 편찬
경복궁 중건	왕실의 위엄 회복이 목적 → 원납전 강제 징수, 당백전 남발, 양반의 묘지림 벌목
서원 철폐	전국의 서원을 47개소만 남기고 모두 철폐 → 붕당의 근거지 제거, 국가 재정 확보, 민생 안정
삼정 개혁	• 전정: 양전 사업 실시, 토지 겸병 금지 • 군정: 호포제 실시(양반에게도 군포 징수) • 환곡: 사창제 실시

19 정답 ② * 흥선 대원군의 개혁 정치

| 문제 + 자료 분석 |

- 흥선 대원군이 정권을 잡은 시기에는 세도 정치의 폐단으로 농민 봉기가 발생하였고, 이양선의 출몰로 정세가 혼란하였다.
- 흥선 대원군은 문란해진 정치 질서를 바로잡고 왕권을 강화하기 위해 비변사의 기능 축소, 법전 편찬 등의 개혁을 단행하였다.

| 보기 분석 |

ㄱ. 흥선 대원군은 『대전회통』, 『육전조례』 등을 편찬하여 법전 체계를 재정비하였다.

ㄴ. 임진왜란 중인 선조 때 훈련도감을 설치하였고, 인조 때 어영청, 총융청, 수어청을 설치하였다. 숙종 때 금위영을 설치하여 조선 후기의 중앙군이 5군영 체제로 정비되었다.

ㄷ. 흥선 대원군은 세도 정치 시기 권력을 행사하였던 비변사를 축소하고 의정부와 삼군부의 기능을 회복시켜 정치·군사 제도를 원래대로 돌려놓았다.

ㄹ. 향약은 조선 전기인 16세기에 보급되기 시작하였다. 향약이 보급되면서 지방 사족들을 중심으로 향촌 자치와 지방민 교화가 이루어지게 되었다.

20 정답 호포제

| 문제 + 자료 분석 |

- 자료를 통해 추론할 수 있는 정책은 흥선 대원군이 실시한 호포제이다.
- 호포제 실시 이전에 양반 계층은 군포를 납부하지 않았으나 호포제가 실시된 이후에는 일반 양민과 동일하게 군포를 납부해야 했다.

21 핵심 키워드: 군정의 문란 개선, 양반들은 반발, 농민들은 환영

모범 답안 호포제는 군정의 문란을 개선하기 위해 실시되었다. 양반들은 호포제에 강력히 반발하였으나, 농민들은 환영하였다.

| 문제 + 자료 분석 |

- 흥선 대원군은 군정의 문란을 해결하기 위해 군포 부과 단위를 호(戶)에 두는 호포제를 실시하였다.
- 이로 인해 양반들도 군포를 납부하게 되어 농민층의 부담이 줄었으며 군역 부담층이 증가하여 국가 재정에도 큰 도움이 되었다.

*채점 기준

호포제의 목적과 양반, 농민의 반응을 정확히 서술한 경우	100 %
호포제의 목적을 쓰고 한 계층의 반응만을 서술한 경우	60 %
호포제의 목적만 쓰거나 한 계층의 반응만을 서술한 경우	30 %

내신 1등급 문제 문제편 56p

22 정답 ① * 비변사의 기능 변화

밑줄 친 ㉠ 기구의 (가)~(마) 시기 모습으로 옳지 않은 것은?

> 여진을 정벌할 때 임시로 설치하였는데, 재신으로서 이 일을 맡긴 사람을 지변 재상이라고 불렀습니다. … 명칭은 ㉠'변방 방비를 담당하는 것'이라고 하면서 과거 시험에 대한 판정이나 왕비나 세자빈을 간택하는 등의 일까지도 모두 여기를 경유하여 나옵니다.

여진족, 왜구 방어를 위해 비변사를 임시로 설치함

임진왜란 이후 비변사의 기능 확대

	(가)		(나)		(다)		(라)		(마)	
대마도 토벌 1419		3포 왜란 1510		임진 왜란 1592		순조 즉위 1800		고종 즉위 1863		갑오 개혁 1894

| 문제 + 자료 분석 |

- 자료는 비변사의 기능 변화 내용을 나타낸 것이다.
- 비변사는 16세기 초에 여진족과 왜구의 침입에 대비하기 위한 임시 기구로 설치되었다. 임진왜란을 거치면서 기능이 강화되어 고위 관리가 참여하고 국정 전반을 담당하는 국가 최고 회의 기구가 되었다.

| 선택지 분석 |

① 비변사는 16세기에 3포 왜란 등을 거치면서 여진과 왜구의 침입에 대비하기 위한 목적에서 설치되었다. 따라서 (가) 시기에는 비변사가 없었으므로 의정부의 기능을 대신할 수 없었다.

② 비변사가 처음 설립될 당시에는 국방 문제만을 담당하던 회의 기구였다.

③ 임진왜란을 계기로 국방의 중요성이 커지면서 문무 고위 관리들이 비변사에 모여 국가 중대사를 처리하였다. 이처럼 비변사의 기능이 점차 강화되면서 국가 최고 회의 기구로 성장하였다.

④ 세도 정권은 비변사의 고위 관직을 차지하면서 정권을 장악하였고, 이를 정권 유지에 활용하였다.

⑤ 흥선 대원군은 왕권을 강화하기 위해 비변사의 기능을 축소·폐지하고 의정부와 삼군부의 기능을 부활시켰다.

23 정답 ② * 붕당 정치의 전개

| 문제 + 자료 분석 |

- 자료의 (가)는 서인, (나)는 북인이다.
- 사림은 이조 전랑직 천거에 대한 의견 대립을 계기로 서인과 동인으로 분화하였다.
- 동인 중 급진 세력이 결집한 북인은 광해군 때에 정권을 잡았다. 이들은 선조의 적자인 영창대군을 죽이고 인목대비를 폐위하는 등의 정치적 무리수를 두다가 서인 세력이 주도한 인조반정으로 몰락하였다.
- 새롭게 집권한 서인은 남인 일부와 연합하여 정국을 운영하였다.

| 보기 분석 |

ㄱ. 예송은 효종과 효종비의 사망 후 효종의 계모인 자의대비의 상복 착용 문제로 서인과 남인이 대립한 논쟁이었다.

ㄴ. 북인은 광해군의 집권을 공고히 하기 위해 영창대군을 제거하고 인목대비를 폐위시켰다.

ㄷ. 북인은 선조 말에 광해군을 지지하였고 광해군이 즉위하자 국정을 주도하였다.

ㄹ. 어영청, 수어청은 북인 세력이 몰락한 이후인 인조 때 설치되었다.

24 정답 ① * 조선 후기의 세도 정치와 농민 항쟁

| 문제 + 자료 분석 |

- 자료는 평안도 지역을 중심으로 일어난 홍경래의 난(1811)과 관련된 지도이다.
- 홍경래는 평안도 지역민에 대한 차별과 세도 정치의 폐단에 항거하여 난을 일으켰다.

| 선택지 분석 |

① 홍경래의 난이 일어난 19세기 초에는 왕의 외척인 안동 김씨가 권력을 장악하였다. 세도 정치 시기에는 탐관오리의 수탈과 삼정의 문란 등을 배경으로 많은 농민 봉기가 일어났다.
② 15세기 중반 이후 중앙 정계에 진출한 사림은 향촌 자치를 내세우며 왕도 정치를 주장하였다. 이들은 기존의 훈구 세력과 대립하며 성장하였다.
③ 숙종 때에 이르러 정국을 주도하는 붕당과 견제하는 붕당이 서로 교체되어 정국이 급격하게 전환되는 환국이 나타났다. 이에 따라 특정 붕당이 정권을 독점하는 일당 전제화의 추세가 대두되었다.
④ 중종 때에 조광조 등의 사림이 중종반정에 공이 없어도 공신으로 등록된 자들에 대한 지위를 박탈할 것을 요구하는 위훈 삭제 사건이 일어났다.
⑤ 조선 후기 영조와 정조는 강력한 왕권에 의해 정권을 안정시키고 붕당의 대립을 해소하고자 하는 탕평책을 시행하였다.

25 정답 ① * 흥선 대원군의 개혁 정치

다음 자료의 정책을 추진한 목적으로 가장 적절한 것은?

> (가) 선유(先儒) 1인에 대하여 2개 이상 건립된 서원은 비록 사액 서원이라 하더라도 모두 철폐하라.
> 서원 철폐
> 국가가 공인한 서원으로, 면세·면역의 특권을 가짐
> －『승정원 일기』
>
> (나) 충신과 공신이 이룩한 사업도 나라와 백성을 위한 것이었다. 지금 그 후손이 면세를 받기 때문에 일반 평민이 법에서 정한 세금보다 무거운 부담을 지게 된다면 충신의 본뜻이 아닐 것이다.
> 호포제 실시
> －『근세 조선 정감』

| 문제 + 자료 분석 |

- 자료의 (가)는 서원 철폐, (나)는 호포제 실시로, 흥선 대원군이 추진했던 개혁 정책이다.
- 흥선 대원군은 오랜 세도 정치로 약화된 왕권을 강화하고 국가 재정을 확보하는 방향으로 내정 개혁을 실시하였다.

| 선택지 분석 |

① 흥선 대원군은 47개소의 서원만 남기고 600여 개의 서원을 철폐하였다. 이는 서원에 딸린 토지와 노비를 몰수하여 국가 재정을 확보하고, 서원을 근거지로 삼아 백성을 괴롭히던 양반과 유생들의 횡포를 막기 위해서였다. 붕당의 지방 근거지를 제거하기 위한 목적도 있었다.
② 서원 철폐와 신분 차별 없는 인재 등용은 서로 관계없는 내용이다.
③ 흥선 대원군은 전정의 문란을 시정하기 위해 양전 사업을 실시하였다. 이를 통해 토지 대장에서 누락된 은결을 찾아내 세금을 부과하였다.
④ 흥선 대원군은 환곡의 문란을 시정하기 위해 사창제를 실시하였다.
⑤ 호포제로 인해 양반도 군포를 내게 되었지만, 서원 철폐는 세금 제도의 개혁이 아니다.

수능 대비 기출 문제

문제편 57p

26 정답 ① * 붕당 정치의 전개

| 문제 + 자료 분석 |

- (가)는 사림이 동인과 서인으로 분화하는 모습(16세기 후반), (나)는 영조의 탕평책(18세기)에 해당한다.
- 선조 때 중앙 정계를 주도하게 된 사림은 이조 전랑의 임명 문제 등으로 분열하여 동인과 서인이 형성되었다.
- 영조는 탕평책을 실시하였고, 탕평 의지를 널리 알리고자 탕평비를 건립하였다.

| 선택지 분석 |

① 숙종 때인 17세기 말에는 세 차례 환국(경신환국, 기사환국, 갑술환국)이 일어나 집권 붕당이 상대 붕당을 강하게 탄압하였고, 붕당 간의 공존이 무너지게 되었다. 붕당 간의 대립으로 폐해가 커지자 영조는 탕평책을 실시하였다.
② 고려 시대에 문신에 비해 차별 대우를 받던 정중부, 이의방 등의 무신은 정변을 일으켜(무신 정변, 1170) 문신을 제거하고 무신 정권을 수립하였다.
③ 고려 말에 이성계는 요동 정벌군을 이끌고 출정한 후 위화도 회군(1388)을 단행하여 최영을 제거하고 정치적 실권을 장악하였다.
④ 백제 성왕은 웅진에서 사비로 천도하여 백제 중흥의 발판을 마련하였다.
⑤ 1866년 미국 상선 제너럴 셔먼호가 평양에 접근하여 통상을 요구하며 약탈을 자행하였다. 이에 분노한 평양 관민은 제너럴 셔먼호를 불태워 침몰시켰다(제너럴 셔먼호 사건).

27 정답 ⑤ * 임술 농민 봉기

| 문제 + 자료 분석 |

- 진주 안핵사 박규수, 환곡 등의 키워드를 통해 밑줄 친 '민란'이 임술 농민 봉기(1862)임을 알 수 있다.
- 조선 후기 단성 농민 봉기와 진주 농민 봉기를 시작으로 농민 봉기가 전국으로 확산되었다(임술 농민 봉기). 정부는 암행어사와 안핵사 박규수를 파견하여 민심을 수습하고자 하였다.

| 선택지 분석 |

① 녹읍은 관리에게 관직 수행의 대가로 지급한 일정 지역으로 조세 수취와 노동력 징발이 가능하였다. 반면 관료전은 조세 수취만 가능하였다. 신문왕은 관료전을 지급하고 녹읍을 폐지하여 귀족의 경제적 기반을 약화시켰다.
② 교정도감은 고려 최충헌이 설치한 기구이다. 무신 집권자인 최충헌은 국정을 총괄하는 최고 권력 기구로 교정도감을 설치하였다.
③ 전시과는 고려의 토지 제도이다. 고려는 문무 관료와 군인, 향리 등에게 직역의 대가로 전지와 시지를 지급하는 전시과를 실시하였다.
④ 홍범 14조는 갑오개혁의 진행 과정에서 반포되었다. 청 · 일 전쟁에서 승기를 잡은 일본의 간섭이 강화되는 가운데 박영효가 중심이 된 정부는 국정 개혁의 기본 강령인 홍범 14조를 반포하였다.
⑤ 임술 농민 봉기에 대한 정부의 대책이다. 임술 농민 봉기가 일어나자 정부는 암행어사와 안핵사를 파견하여 민심을 수습하고자 하였다. 안핵사로 파견된 박규수의 건의에 따라 삼정이정청을 설치하여 삼정의 문란을 바로잡고자 하였으나 성과를 거두지 못하였다.

28 정답 ④ * 흥선 대원군의 정책

(가) 인물이 실시한 정책으로 옳은 것은?

저는 지금 경복궁에 나와 있습니다. 경복궁은 임진왜란 때 불타 버렸는데 고종의 아버지인 (가) 흥선 대원군 이/가 왕실의 권위를 높이기 위해 중건하였습니다. 이 과정에서 원납전을 징수하고 당백전을 발행하여 백성의 원망을 사기도 하였습니다.

흥선 대원군이 경복궁 중건

흥선 대원군이 경복궁 중건 비용을 마련하기 위해 실시한 정책

| 문제 + 자료 분석 |

- 고종이 어린 나이로 왕위에 오르자 고종의 아버지인 흥선 대원군이 권력을 잡고 개혁 정치를 실시하였다.
- 흥선 대원군은 임진왜란 때 불탄 경복궁을 중건하여 왕실의 권위를 높이고자 하였다.
- 흥선 대원군은 경복궁 중건 비용을 마련하기 위해 원납전이라는 기부금을 강제로 징수하고 당백전이라는 고액 화폐를 발행하였다.

| 선택지 분석 |

① 고려 말 공민왕이 내정을 간섭하던 정동행성이문소를 폐지하였다.
② 통일 신라의 원성왕이 유교 경전의 이해 수준을 평가하여 관리를 선발하는 독서삼품과를 운영하였다.
③ 조선 초 세종이 4군 6진을 개척하였다. 세종은 압록강과 두만강 지역에 있던 여진족을 몰아내고 4군 6진을 개척하였다.
④ 흥선 대원군이 호포제를 시행하였다. 세도 정치 시기에는 삼정의 문란이 극심하여 농민들이 큰 고통을 겪었고, 그로 인해 잦은 농민 봉기가 일어나기도 하였다. 흥선 대원군은 삼정의 문란을 해결하여 민생을 안정시키고자 하였다.
특히 군역의 문란을 해결하기 위해서 양반에게도 군포를 징수하는 호포제를 실시하였다.
⑤ 백제 근초고왕이 마한의 나머지 세력을 복속하였다. 4세기 백제의 근초고왕은 남으로 마한의 나머지 세력을 복속하여 남해안까지 진출하였고, 북으로 고구려를 공격하여 황해도 일대까지 진출하였다.

대단원 마무리 문제

문제편 58~62p

01 정답 ② * 신석기 시대의 특징

| 문제 + 자료 분석 |

- 밑줄 친 '이 시대'는 신석기 시대이다.
- 빗살무늬 토기는 신석기 시대를 대표하는 유물이며, 바닥이 뾰족하여 땅바닥에 꽂아 사용하였을 것으로 보인다.
- 토기는 주로 음식물을 저장하거나 조리하는 용도로 사용되었다.

| 선택지 분석 |

① 구석기 시대의 인류는 채집과 사냥을 통해 식량을 얻었으며, 거주지 주변의 식량이 떨어졌을 경우 이동하는 생활을 하였다.
② 신석기 시대에는 농경과 목축이 이루어져 인류는 비로소 식량을 생산할 수 있게 되었다. 이를 '신석기 혁명'이라 한다.
③ 고인돌은 청동기 시대 지배층(군장)의 무덤으로 추정되며, 계급 사회로 접어들었음을 보여주는 증거물이다.
④ 청동기 시대에 건국된 고조선은 기원전 4세기 무렵에 중국의 연과 대립할 정도로 성장하였다.
⑤ 청동기 시대에는 비파형 동검, 거친무늬 거울과 같은 청동기를 제작·사용하였다.

02 정답 (가) 부여, (나) 삼한

| 문제 + 자료 분석 |

- 마가, 우가, 구가, 저가 등 가축의 이름을 빗대어 관직명을 정했다는 점과 사출도를 통해 (가) 국가가 부여임을 알 수 있다.
- 제사를 주관하는 천군이 존재하였다는 점을 통해 (나) 국가가 삼한임을 알 수 있다.

03 정답 ② * 여러 나라의 풍습

| 문제 + 자료 분석 |

- 부여에서는 마가, 우가, 저가, 구가 등의 족장들이 사출도를 주관하였다.
- 삼한은 제정 분리 사회로, 신지나 읍차로 불리는 군장이 정치적 지배권을 가졌으며, 제사장인 천군은 소도에서 종교 행사를 주관하였다.

| 선택지 분석 |

① 책화는 동예에서 다른 부족의 경계를 침범했을 때 소나 말 등의 가축이나 노비로 배상하였던 풍습을 말한다.
② 부여에서는 매년 12월에 하늘에 제사를 지내는 제천 행사인 영고를 개최하였다.
③ 제가 회의는 고구려의 귀족 회의이다.
④ 고조선은 8조법을 통해 사회 질서를 유지하였다. 현재는 세 가지 내용만 전하는데, 그 내용을 바탕으로 당시 고조선 사회의 모습을 추측할 수 있다.
⑤ 동예와 옥저에는 왕이 없고 읍군 혹은 삼로라 불리는 군장이 부족을 통치하였다.

04 정답 ② * 진흥왕의 업적

| 문제 + 자료 분석 |

- 자료의 (가) 왕은 신라의 진흥왕이다.
- 진흥왕은 6세기에 한강 유역, 대가야, 함경도 지방으로 영토를 확장하여 신라의 전성기를 이룩하였다.
- 진흥왕은 위와 같은 영토 확장 사실을 대내외에 알리기 위해 단양 신라 적성비와 4개의 순수비를 건립하였다.

I

| 선택지 분석 |

① 6세기에 신라 법흥왕은 이차돈의 순교를 계기로 불교를 공인하였다.
② 6세기에 한강 유역을 차지하였으며 단양 신라 적성비를 세운 왕은 신라의 진흥왕이다. 신라는 법흥왕 때 김해의 금관가야를 병합하였고, 진흥왕 때 고령의 대가야를 정복하여 가야 세력을 모두 통합하였다.
③ 백제의 무령왕은 지방에 22담로를 설치하고 왕족을 파견하여 지방 세력을 통제하였다.
④ 신라의 지증왕은 마립간이라 불리던 군주의 호칭을 중국식인 왕으로 바꾸었다.
⑤ 백제의 전성기를 이끌었던 근초고왕은 고구려 평양성을 공격하여 고국원왕을 전사시켰다.

05 정답 ④ * 백제 부흥 운동

| 문제 + 자료 분석 |

- 자료의 (가)는 백제의 멸망(660), (나)는 고구려의 멸망(668)이다.
- 백제의 의자왕은 웅진으로 이동하여 항전을 이어갔으나, 결국 나·당 연합군에 항복하고 당으로 끌려갔다.
- 백제 멸망 이후, 백제의 영토에 남아 있던 일부 유민들이 부흥 운동을 전개하여 백제를 다시 세우고자 하였다.

| 선택지 분석 |

① 최승로의 시무 28조 건의는 고려 성종 때의 사실이다. 성종은 최승로의 시무 28조를 바탕으로 유교적인 통치 질서를 마련하였다.
② 장보고가 활동한 시기는 백제와 고구려가 멸망하고도 한참 뒤인 통일 신라 말기이다. 장보고를 신라 말에 활동한 호족 중 하나라고 정리해두면 좋다.
③ 조선 세도 정치 시기인 1811년에 홍경래의 난이 발생하였다. 홍경래는 평안도에 대한 지역 차별과 세도 정치에 대한 불만으로 봉기를 일으켰으나 진압당하였다.
④ 백제가 나·당 연합군에 의해 멸망당한 이후 백제를 다시 세우려는 시도가 나타났다. 이것을 백제 부흥 운동이라고 한다. 복신, 도침, 왕족 부여풍, 흑치상지 등은 주류성, 임존성 등지에서 백제 부흥 운동을 전개하였다.
⑤ 대조영은 당이 혼란스러운 틈을 타 고구려 유민과 말갈인을 이끌고 동모산에서 698년에 발해를 건국하였다. 이는 고구려가 멸망한지 30년만의 일이었다.

06 정답 ① * 신문왕의 업적

| 문제 + 자료 분석 |

- 자료의 (가) 왕은 통일 신라의 신문왕이다.
- 신문왕은 김흠돌의 난을 진압하여 진골 귀족들을 견제하였다. 또한, 녹읍 폐지, 관료전 지급, 국학 설립 등의 정책을 통해 왕권을 강화하였다.

| 선택지 분석 |

① 김흠돌의 난을 진압하였으며, 관료전을 지급하고 녹읍을 폐지한 왕은 통일 신라의 신문왕이다. 신문왕은 유교적 소양을 갖춘 인재 육성을 위해 수도에 최고 교육 기관인 국학을 설립하였다.
② 우산국은 신라 지증왕이 이사부를 보내 정벌하였다.
③ 신라 문무왕은 고구려를 멸망시킨 후 한반도를 직접 지배하려는 야욕을 드러낸 당과 전쟁을 벌여 승리함으로써 마침내 삼국 통일을 완수하였다.
④ 신라 말의 원성왕은 국학의 학생들을 대상으로 능력이 우수한 인재를 관료로 선발하기 위해 독서삼품과를 실시하였다. 그러나 골품제의 영향 하에 진골 귀족이 각종 특권을 장악한 신라 사회의 특성상 제대로 시행되지 못하였다.
⑤ 진골 출신으로 최초로 왕위에 오른 인물은 태종 무열왕이다. 진덕 여왕을 마지막으로 성골의 계보가 끊기자 진골 중 가장 유력한 인물이었던 김춘추가 태종 무열왕으로 즉위하였다. 이후 무열왕의 직계 후손이 왕위를 세습하였다.

07 정답 ③ * 발해의 정치 제도

| 문제 + 자료 분석 |

- 자료는 발해의 중앙 정치 제도이다.
- 발해는 중앙 정치 제도로 당의 3성 6부 제도를 수용하였으나, 명칭과 운영의 측면에서 독자성을 보였다. 6부의 명칭에 유교 이념을 사용하고, 정당성이 6부를 둘로 나누어 관할하는 것이 그 사례이다.

| 보기 분석 |

ㄱ. 시중은 신라에서 왕명을 집행하던 주요 관청인 집사부의 장관으로, 국정을 총괄하는 위치에 있었다.
ㄴ. 발해의 무왕은 장문휴로 하여금 당의 산둥반도를 선제공격하게 하였다.
ㄷ. 발해는 선왕 때 가장 넓은 영토를 차지하고 전성기를 맞이하였다. 이 시기에 당은 발해를 해동성국이라 불렀다.
ㄹ. 9주 5소경의 지방 제도를 실시하였던 나라는 통일 신라이다. 발해는 지방을 5경 15부 62주로 편성하였다.

08 핵심 키워드: 선종, 풍수지리설, 6두품, 농민 봉기

모범 답안 신라 말기에는 호족들의 지지를 바탕으로 선종이 확산되었으며, 중국에서 유입된 풍수지리설이 유행하였다. 한편, 일부 6두품 세력이 호족 세력과 결탁하여 새로운 사회를 건설하고자 하였고, 강압적인 세금 수취에 반발한 농민들이 각지에서 봉기를 일으켰다.

| 문제 + 자료 분석 |

- 8세기 후반 이후 신라는 말기에 접어들면서 정치·사회적 혼란이 심화되었다.
- 진골 귀족 간 왕위 쟁탈전이 발생하여 150여 년 동안 20명의 왕이 교체되었고, 중앙 정부의 통제력이 약화되면서 지방에서는 독자적인 세력을 갖춘 호족이 등장하였다.

*** 채점 기준**

선종의 확산, 풍수지리설의 유행, 6두품 세력과 호족 세력의 결탁, 농민 봉기의 발생 중 두 가지 이상 서술한 경우	100 %
위의 내용 중 한 가지만 서술한 경우	50 %

09 정답 ① * 태조 왕건의 정책

→ 태조 왕건

다음 글을 남긴 왕에 대한 설명으로 옳은 것은?

> 짐은 평범한 가문 출신으로서 분에 넘치게 사람들의 추대를 받아 왕위에 올랐다. 재위 19년 만에 삼한을 통일하였고, 이제 왕위에 오른 지도 25년이 되었다. 몸이 이미 늙어지니, 후손들이 사사로운 인정과 욕심을 함부로 부려 나라의 기강을 어지럽게 할까 크게 걱정이 된다. 이에 가르침의 요체를 지어 후대의 왕들에게 전하고자 하니, 바라건대 아침 저녁으로 펼쳐 보아 영원토록 귀감으로 삼을지어다.

(후삼국 통일(936))
(훈요 10조를 지어 후대의 왕들에게 전한 태조 왕건)

| 문제 + 자료 분석 |

- 이 글은 고려 태조 왕건이 남긴 훈요 10조이다.
- 태조 왕건은 고려를 건국하고 후삼국을 통일하였다. 그는 훈요 10조를 남겨 후대 왕들이 지켜야 할 정책 방향을 제시하였다.

| 선택지 분석 |

① 태조 왕건은 백성의 생활을 안정시키기 위해 빈민 구제 기관인 흑창을 설치하였다.
② 광종은 황제를 칭하고, 광덕·준풍 등의 독자적인 연호를 사용함으로써 국왕과 국가의 권위를 높였다.
③ 인종은 이자겸의 난을 수습한 뒤, 민생을 안정시키고 왕권을 회복하기 위한 개혁을 추진하였고, 이를 위해 묘청 등 서경 세력을 등용하였다.
④ 고려 말의 공민왕은 반원 자주 정책을 추진하여 정동행성이문소를 폐지하고 쌍성총관부를 수복하였다.
⑤ 성종은 최승로의 시무 28조를 받아들여 연등회, 팔관회 등의 불교 행사를 폐지하였다.

10 정답 ③ ＊광종의 업적

| 문제 + 자료 분석 |

- 밑줄 친 '이 국왕'은 고려의 광종이다.
- 광종은 중국 후주에서 고려로 귀화한 쌍기를 등용하여 과거제를 시행하였고, 호족과 공신을 대거 숙청하여 왕권을 강화하였다.

| 선택지 분석 |

① 태조 왕건은 유언으로 후대 왕들에게 훈요 10조를 남겼다.
② 사성 정책은 유력 호족에게 왕족의 성인 왕씨 성을 하사한 것으로 결혼 정책과 더불어 태조 왕건이 호족 세력을 포섭하기 위해 실시하였다.
③ 광종은 호족 세력을 약화시키기 위해 노비안검법을 실시하였다. 본래 양인이었다가 노비가 된 자들을 조사하여 다시 양인으로 해방시켰고, 호족들은 소유한 노비의 규모가 축소되면서 타격을 입었다.
④ 고려 성종은 지방에 12목을 설치하고 지방관을 파견함으로써 지방 통치력을 강화하였다.
⑤ 최승로는 유교적 통치 이념을 강조한 시무 28조를 건의하였고, 고려 성종은 이를 수용하여 통치 체제를 정비하였다.

11 정답 ④ ＊성종의 업적

| 문제 + 자료 분석 |

- 건의문을 수용한 국왕은 성종이다.
- 성종은 최승로가 올린 시무 28조를 수용하여 유교 정치 이념을 바탕으로 통치 체제를 정비하였다. 12목에 지방관을 파견한 것, 연등회와 팔관회를 폐지한 것을 사례로 들 수 있다.

| 선택지 분석 |

① 흑창은 태조 왕건이 빈민 구제를 위해 설치한 기구였다.
② 교정도감은 최충헌이 설치한 권력 기구이다. 최충헌을 비롯한 최씨 무신 정권의 권력자들은 교정도감을 중심으로 국정을 운영하였다.
③ 노비안검법은 광종이 시행한 것으로 억울하게 노비가 된 이들을 조사하여 양인으로 해방시켜 주는 것이다.
④ 성종은 2성 6부의 중앙 관제를 정비하였으며, 지방에 12목을 설치하고 지방관을 파견하였다. 또한 유학 교육을 위하여 중앙에는 국자감, 지방에는 향교라는 교육 기관을 세웠으며, 12목에는 경학박사를 파견하였다.
⑤ 고려 말 공민왕은 신돈을 등용하고 전민변정도감을 설치하여 권문세족의 불법적인 대토지와 노비 문제를 해결하고자 하였다.

12 정답 ② ＊고려의 관리 선발 제도

| 문제 + 자료 분석 |

- 자료의 (가)는 과거 제도, (나)는 음서이다.
- 고려는 과거 제도를 문과, 잡과, 승과로 분류하여 시행하였고, 무과는 거의 시행하지 않았다.
- 공신, 5품 이상 고위 관료 등의 자손은 음서를 통해 특별 채용되어 관직에 나갈 수 있었다.

| 보기 분석 |

ㄱ. 고려의 과거 제도는 중국의 후주에서 귀화한 쌍기의 건의로 광종 때부터 시작되었다.
ㄴ. 고려 시대 백정은 직역이 없는 일반 농민으로 이들은 법적으로 과거 응시가 가능하였다.
ㄷ. 고려 시대 음서의 혜택은 사위와 외손자에게도 적용되었다.
ㄹ. 고려 말 신진 사대부는 주로 과거를 통해 중앙 정계에 진출하였다.

13 핵심 키워드: 서경 천도, 금 정벌, 칭제건원

모범 답안 묘청은 서경 천도, 금 정벌, 칭제건원을 주장하였다.

| 문제 + 자료 분석 |

- 인종은 이자겸의 난으로 실추된 권위를 높이기 위해 묘청, 정지상 등의 서경 세력을 이용하여 개혁 정치를 추진하였다.
- 묘청은 서경의 풍수지리적 이점을 근거로 서경 천도의 필요성을 주장하였다.
- 또한, 금 정벌과 황제 칭호 사용 및 연호 제정을 의미하는 칭제건원을 주장하였다.

＊채점 기준

서경 천도, 금 정벌, 칭제건원 중 두 가지 이상을 서술한 경우	100 %
서경 천도, 금 정벌, 칭제건원 중 한 가지만을 서술한 경우	50 %

14 정답 ③ ＊원 간섭기 고려의 정치 상황

다음에서 설명하는 기구가 운영된 시기의 정치 상황으로 옳은 것은? 정동행성 원 간섭기

> 일본 원정을 준비하기 위해 설치되어 군대와 물자를 원이 일본 정벌을 위해 고려에 정동행성 설치 징발하였다. 두 차례의 원정을 실시하였으나 태풍으로 인하여 모두 실패하였다. 일반 행정을 담당한 좌우사(左右司)와 사법 사무를 담당한 이문소(理問所), 군무를 담당한 도진무사(都鎭撫司) 등 여러 부속 기구를 두었다. 원정이 실패한 이후에도 계속 남아 고려의 내정을 간섭하는 기구로 변화 정치에 간섭하였는데, 특히 이문소의 횡포가 극심하였다.
> 이문소는 범죄 단속과 사법 사무를 담당하였으나, 점차 기능이 변질되어 친원 세력의 이익을 대변하는 기구가 됨

| 문제 + 자료 분석 |

- 정동행성은 원이 고려와 연합하여 일본 원정에 나서기 위해 설치한 기구이다.
- 정동행성은 일본 원정이 실패한 이후에도 계속 유지되어 원 간섭기에 고려의 내정을 간섭하는 기구가 되었다.

| 선택지 분석 |

① 고려 무신 집권기에는 신분제 동요, 무신들의 가혹한 수탈 등을 배경으로 하층민의 봉기가 빈번하게 일어났다. 1182년 전주에서는 관청에 속한 노비들이 봉기를 일으켰다.
② 고려 말기 위화도 회군으로 이성계와 신진 사대부 세력이 실권을 장악했다.
③ 원 간섭기 고려의 국왕은 원의 공주와 결혼하여 원 황제의 부마가 되었고 왕실의 호칭과 격도 부마국에 걸맞은 것으로 바뀌었다. 고려 국왕의 묘호에 원에게 충성하라는 의미로 '충(忠)'을 사용하기도 했다.

④ 문벌 사회의 모순이 심화되던 시기에 묘청은 서경으로 수도를 옮기고 금을 정벌하자고 주장하였으나, 개경 세력의 반대로 어렵게 되자 서경에서 난을 일으켰다.
⑤ 성종은 최승로의 시무 28조를 수용하여 지방에 12목을 설치하고 지방관을 파견하였다.

15 정답 ② *공민왕의 개혁 정치

| 문제 + 자료 분석 |

- 자료의 밑줄 친 '왕'은 고려 공민왕이다.
- 공민왕은 신돈을 등용하고 전민변정도감을 설치하여 친원파인 권문세족의 세력을 약화시키고자 하였다.

| 보기 분석 |

ㄱ. 공민왕은 원이 화주에 설치한 쌍성총관부를 공격하여 철령 이북의 영토를 수복하였다.
ㄴ. 고려 성종은 유교적 교양을 지닌 인재를 육성하기 위해 중앙에 최고 교육 기관으로 국자감을 설립하였다. 국자감에서는 유학 뿐 아니라 기술학 교육도 이루어졌다.
ㄷ. 공민왕은 기황후의 오빠이자 대표적인 권문세족이었던 기철 세력을 숙청하였다.
ㄹ. 고려 광종은 왕권 강화 정책의 일환으로 광덕, 준풍 등 독자적 연호를 사용하였으며, 황제를 칭하기도 하였다.

16 정답 ④ *세종의 업적

| 문제 + 자료 분석 |

- 자료의 밑줄 친 '왕'은 세종이다.
- 세종은 최윤덕과 김종서를 파견하여 각각 4군과 6진을 개척하게 하고, 압록강과 두만강을 경계로 하는 국경선을 확정하였다.

| 선택지 분석 |

① 태종은 왕권 강화를 위해 사병을 혁파하였다.
② 세조는 자신의 즉위를 반대하는 신하들이 다수 포진하여 있던 집현전을 폐지함으로써 왕권을 강화하였다.
③ 성종은 집현전의 후신으로 홍문관을 설치하였다.
④ 세종은 국왕과 관리들이 함께 학문을 토론하고 국가 정책을 의논하는 경연을 활성화하였다.
⑤ 『경국대전』은 조선의 기본 법전으로, 세조 때 편찬을 시작하여 성종 때 완성되었다.

17 정답 ⑤ *6조 직계제와 의정부 서사제

| 문제 + 자료 분석 |

- 자료의 (가)는 6조 직계제, (나)는 의정부 서사제이다.
- 6조 직계제는 6조가 의정부를 거치지 않고 국왕에게 사안을 직접 보고하는 제도이며, 의정부 서사제는 6조가 담당 업무를 의정부에 보고하고 의정부의 논의를 거쳐 국왕의 재가를 받는 제도이다.

| 선택지 분석 |

① 세조는 왕권을 강화하기 위해 6조 직계제를 실시하면서 경연을 폐지하였기 때문에, 6조 직계제가 경연을 활성화하였다고는 볼 수 없다.
② 의정부 서사제에 대한 설명이다. 의정부 서사제에서는 영의정, 좌의정, 우의정이 의정부에 모여 합의를 통해 국정을 총괄하였다.
③ 6조 직계제는 6조에서 의정부를 거치지 않고 국왕에게 직접 보고하도록 한 제도여서 의정부의 권한이 약화되었다.
④ 태종과 세조 시기에는 6조 직계제가 실시되었다.
⑤ 세종은 의정부 서사제의 실시를 통해 권한의 상당 부분을 재상들에게 위임하여 왕권과 신권의 조화를 추구하였다.

18 핵심 키워드: 서원, 향약

모범 답안 서원과 향약을 기반으로 세력을 확대하여 선조 때 정치 주도권 장악

| 문제 + 자료 분석 |

- 사림은 성종 때 중앙 정계에 진출하였으며, 훈구파를 견제하였다.
- 사림은 무오사화, 갑자사화, 기묘사화, 을사사화를 거치며 세력이 약화되었으나, 서원과 향약을 기반으로 꾸준히 세력을 확대하여 선조 때 정국의 주도권을 장악하게 되었다.

*** 채점 기준**

서원과 향약을 기반으로 한 세력 확대와 선조 때 정치 주도권 장악을 모두 서술한 경우	100 %
위의 내용 중 한 가지만 서술한 경우	50 %

19 정답 ⑤ *임진왜란

| 문제 + 자료 분석 |

- 밑줄 친 '전쟁'은 임진왜란이다.
- 일본의 전국 시대를 통일한 도요토미 히데요시는 중국의 명을 정복하는 것을 목표로 1592년에 조선을 침공하였다.

| 보기 분석 |

ㄱ. 고려 시대 몽골의 침략 때와 조선 시대 정묘호란 때 왕이 강화도로 피신하였다.
ㄴ. 병자호란 당시 남한산성에서 농성하던 인조는 결국 삼전도에서 굴욕적인 항복 의식을 치렀다.
ㄷ. 임진왜란 초반에 관군이 밀렸으나 이순신의 수군이 활약하며 일본군의 보급로를 끊고 곡창 지대인 전라도를 지켜냈다. 또한 각지에서 의병들이 일어나 일본군을 상대로 활약하였다.
ㄹ. 명은 임진왜란 때 조선에 무리하게 원군을 파병한 후 세력이 약화되었으며, 그 틈을 타 만주의 여진족이 누르하치를 중심으로 성장하였다.

20 정답 ② *광해군의 중립 외교 정책

| 문제 + 자료 분석 |

- 제시된 그림에서 강홍립에게 명을 내리고 있는 왕은 광해군이다.
- 임진왜란 이후 선조의 뒤를 이어 즉위한 광해군은 여진이 세력을 키워 후금을 건국하자 명과 후금 사이에서 중립 외교를 추진하였다.
- 광해군은 후금과 적대 관계를 맺을 수 없었기 때문에 강홍립에게 상황에 따라 대처하라는 명을 내렸다.

| 선택지 분석 |

① 현종 때 자의대비의 상복 착용 기간을 둘러싸고 두 차례의 예송이 일어났다.
② 광해군과 광해군 때의 집권 세력인 북인은 전후 복구 사업에 주력하여 토지를 개간하고 토지 대장과 호적을 정비하였다.
③ 대동법은 광해군 때 경기도에서 처음으로 실시되었으나, 양반 지주들의 반대가 심하여 100년이 지난 후에야 전국으로 확대 시행되었다.
④ 인조반정을 주도한 서인은 광해군의 중립 외교 정책을 비판하고 친명 배금 정책을 추진하였다.
⑤ 정조는 친위 부대인 장용영을 설치하여 왕권을 뒷받침할 군사적 기반을 확보했다.

21 정답 ① * 붕당 정치의 전개

| 문제 + 자료 분석 |

- 자료의 (가)는 현종 때의 예송이며, (나)는 영조의 탕평 정치이다.
- 예송 때 붕당 간의 대립이 심화되었고, 이후에는 특정 붕당이 권력을 독점하는 환국이 나타났다.

| 선택지 분석 |

① 숙종은 왕권 강화를 위해 왕이 주도적으로 집권당을 교체하는 환국을 단행하였다. 그 과정에서 상대 붕당을 인정하지 않는 일당 전제화 현상이 나타났다.
② 현량과는 어진 인물을 추천으로 선발하는 관리 등용 제도로, 중종 때 조광조의 건의로 시행되었다. 이는 사림 세력의 정치 진출에도 도움이 되었다.
③ 3포에 거주하던 일본인들은 조선의 무역 통제 강화 등에 반발하여 1510년 3포 왜란을 일으켰다. 조선 정부는 이를 진압한 후 3포를 폐쇄하였다.
④ 수원 화성은 정조가 자신의 이상을 실현하기 위한 신도시로 건립하였다.
⑤ 초계문신제는 정조 때 실시된 제도로, 관리를 재교육시킴으로써 인재 육성에 기여하였다.

22 정답 ③ * 영조의 정책

| 문제 + 자료 분석 |

- 밑줄 친 '임금'은 영조이다.
- 자료는 영조의 아들이자 정조의 아버지인 사도 세자가 죽음에 이르게 된 과정을 담고 있다.

| 선택지 분석 |

① 영조는 균역법을 시행하여 군포를 1필로 줄여주고 부족한 재정을 선무군관포, 결작 등으로 보충하였다.
② 영조의 탕평책은 강경파를 배제하고 온건파들을 중심으로 탕평파를 형성하여 국왕이 정국을 주도해 나가는 것이었다.
③ 조선을 건국한 태조 때 유교적 원리에 따라 경복궁, 종묘(역대 왕과 왕비의 위패를 모시고 제사를 지내는 사당), 사직(토지신과 곡식신에게 제사를 지내는 곳)을 설치하였다.
④ 영조는 이조 전랑의 권한이 붕당 간의 대립을 조장하는 결과를 가져왔다는 인식 아래 각종 권한을 폐지하였다.
⑤ 영조는 『경국대전』 이후 반포된 각종 법령을 모아 모순된 것을 정리하고 시행될 것을 추린 『속대전』을 편찬하였다.

23 정답 ① * 정조의 정책

| 문제 + 자료 분석 |

- 밑줄 친 '그'는 정조이다.
- 강력한 왕권을 바탕으로 탕평 정치를 실시하고 조선을 개혁하기 위해 노력했던 정조는 수원 화성을 건설하고 정치적 이상을 실현하는 도시로서 육성하려 하였다.

| 선택지 분석 |

① 효종이 무기를 개량하고 군대를 양성하여 북벌을 준비하였다.
② 장용영은 국왕의 친위대로서 정조는 이를 왕권을 뒷받침하는 군사적 기반으로 육성하고자 했다.
③ 향약은 지방의 사림들이 담당하여 그들이 지방에서 권위를 세우는 데 유리하였다. 정조는 수령이 군현 단위의 향약을 장악하게 함으로써 수령의 권한이 이전보다 강화되었다.
④ 정조는 초계문신제를 실시하여 유능한 인재를 선발해 직무를 면제해 주고 연구에 전념하게 하였다. 정조는 이를 통해 자신의 개혁책에 동조하는 세력을 육성하고자 하였다.
⑤ 영조는 온건론자들을 중심으로 하는 탕평파를 통한 정국 운영을 추구하였다. 정조는 적극적인 탕평책을 추진하여 노론, 소론, 남인을 고루 등용하였다.

24 정답 진주 농민 봉기 혹은 임술 농민 봉기

| 문제 + 자료 분석 |

- 밑줄 친 '변란'은 진주 농민 봉기(임술 농민 봉기)이다.
- 철종 때 경상우병사 백낙신의 수탈에 민중이 항거하며 진주 농민 봉기가 일어났고, 이에 영향을 받아 전국 각지에서 농민 봉기가 일어났다(임술 농민 봉기).

25 핵심 키워드: 삼정이정청

모범 답안 조선 정부는 임술 농민 봉기를 수습하고 삼정의 폐단을 개혁하기 위해 삼정이정청을 설치하였으나, 큰 성과를 거두지 못하였다.

| 문제 + 자료 분석 |

- 조선 후기에는 삼정(전정, 군정, 환곡)의 폐단이 극심하여 농민들이 고통을 겪었다.
- 삼정의 폐단과 탐관오리의 수탈을 견디지 못한 농민들이 봉기를 일으켰고, 북쪽의 함흥 지역에서부터 남쪽의 제주에 이르기까지 전국적으로 전개되었다.

＊ 채점 기준

삼정이정청 설치와 큰 성과를 거두지 못했다는 점을 모두 서술한 경우	100 %
삼정이정청 설치만 서술한 경우	50 %

26 정답 ④ * 흥선 대원군의 정책

| 문제 + 자료 분석 |

- 자료의 '그'는 흥선 대원군이다.
- 흥선 대원군은 정권을 장악한 후, 왕권을 강화하고 민생을 안정시키기 위한 정책을 시행하였다.
- 만동묘를 비롯해 붕당의 근거지로 변질되어 지역 농민들을 가혹하게 수탈하던 서원을 철폐하였다.

| 선택지 분석 |

① 신분제 폐지는 1894년 갑오개혁 때 이루어졌다.
② 『대전통편』은 정조 때 편찬한 법전이다. 흥선 대원군 집권 시기에는 『대전회통』이 편찬되었다.
③ 초계문신제는 정조가 신진 관료를 직접 교육하던 제도이다.
④ 흥선 대원군은 민생 안정을 목적으로 양반들에게도 군포를 징수하는 호포제를 시행하였다.
⑤ 『속대전』은 영조 때에 편찬된 법전이다.

05 국제 관계와 대외 교류

내신 대비 필수 문제

문제편 69~71p

01 정답 ③ *6세기 말~7세기의 동북아시아 정세

| 문제 + 자료 분석 |

- 제시된 자료는 6세기 말부터 7세기의 동북아시아 정세를 나타내고 있다.
- 당시 동북아시아에서는 수·당과 신라의 동서 세력과 돌궐·고구려·백제·왜의 남북 세력이 대립하는 형세가 나타났다.

| 선택지 분석 |

①, ② 당 태종이 즉위한 후 고구려를 압박하였고, 연개소문은 당과의 화친을 주장하는 영류왕과 관료들을 제거하고 천리장성을 축조하여 당의 침략에 대비하였다. 이에 당은 연개소문의 정변을 구실로 고구려에 침입하였다.

③ 5세기 고구려의 전성기에는 장수왕의 남진 정책으로 압박을 받은 신라와 백제가 연합하여 나·제 동맹을 성사시켰다. 자료에서 신라와 백제는 동맹 관계가 아니다.

④ 백제의 공격으로 위기에 처한 신라는 김춘추를 보내어 고구려와 왜에 도움을 요청하였으나 거절당하였고, 결국 당 태종과 나·당 동맹을 맺어 고구려와 백제를 공격하였다.

⑤ 돌궐, 고구려, 백제, 왜를 남북 세력이라 하고, 수·당과 신라를 동서 세력이라고 한다.

02 정답 ② *고구려와 수의 전쟁

| 문제 + 자료 분석 |

- 제시된 자료는 살수 대첩(612) 당시의 상황을 담고 있다.
- 고구려의 을지문덕은 살수를 건너는 수나라 군대를 공격하여 대승을 거두었다.

| 선택지 분석 |

① 진흥왕은 살수 대첩 이전인 6세기에 활동하였다.

② 살수 대첩은 7세기 초 고구려에 침입한 수나라를 물리친 사건으로 당 태종의 고구려 침입 이전에 발생하였다.

③ 당은 살수 대첩 이후 수가 멸망한 뒤 등장한 국가이다.

④ 나·당 동맹(648)은 당의 고구려 침입 실패 이후 체결되었다.

⑤ 황산벌 전투(660)는 나·당 연합군이 백제군과 벌인 전투이다. 나·당 전쟁(670~676)은 고구려 멸망 이후에 발생하였다.

03 핵심 키워드: 태왕, '영락' 연호, 백제와 신라를 속국으로 인식

모범 답안 고구려는 왕을 '태왕'이라 하였고, '영락'이라는 독자적인 연호를 사용하였으며, 백제와 신라를 속국으로 인식하였다.

| 문제 + 자료 분석 |

- 고구려는 광개토 대왕과 장수왕 때 국력이 크게 신장되었고, 이를 바탕으로 독자적인 천하관을 내세웠다.
- 고구려는 왕을 '태왕'이라 하였고, '영락'이라는 독자적인 연호를 사용하였다. 스스로를 하늘의 자손이라 여기고 신라와 백제를 속국으로 인식하였다.

*** 채점 기준**

'태왕' 칭호 사용, '영락' 연호 사용, 백제와 신라를 속국으로 인식하였다는 내용 중 두 가지 이상을 서술한 경우	100 %
위에 제시된 내용 중 한 가지만 서술한 경우	50 %

04 정답 ② *나·당 전쟁

| 문제 + 자료 분석 |

- 자료는 나·당 전쟁 중에 벌어진 기벌포 전투에 관한 내용을 담고 있다.
- 신라는 매소성 전투에서 당을 크게 격파하여 나·당 전쟁의 주도권을 장악하였고, 기벌포 전투에서도 당의 수군에 대승을 거두었다.

| 선택지 분석 |

① 기벌포 전투는 나·당 동맹이 무너진 상황에서 발생하였다.

② 기벌포 전투는 매소성 전투와 함께 나·당 전쟁의 대표적인 전투이다.

③ 발해와 당의 갈등의 대표적 사례는 발해 무왕이 장문휴를 시켜 당의 등주(산둥반도)를 공격했던 것이다.

④ 고구려와 수 사이의 대표적 전투는 살수 대첩, 고구려와 당 사이의 대표적 전투는 안시성 싸움이다.

⑤ 백제 부흥 운동의 대표적 전투는 백제 부흥군이 왜의 지원을 받아 나·당 연합군과 싸운 백강 전투이다.

05 정답 ④ *남북국 시대의 대외 교류

| 문제 + 자료 분석 |

- 통일 후 신라는 당항성을 통하여 당과 자주 왕래하였고, 이에 당의 산둥반도 등에는 신라인의 거주지인 신라방이 생기기도 하였다.
- 한편, 발해는 문왕 때 당과 친선 관계를 맺으면서 당의 문물을 받아들여 체제를 정비하였다.

| 선택지 분석 |

① 발해는 상설 교통로인 신라도를 개설하여 신라와 교류하였다.

② 통일 후 신라와 당의 무역이 번성하였는데, 북쪽에는 발해가 있었기 때문에 주로 해로를 이용한 무역이 이루어졌다.

③ 신라의 대외 교역이 활발해지면서 이슬람 상인들도 울산항에 왕래하였다.

④ 발해관은 당이 산둥반도의 덩저우(등주)에 설치한 발해 사신들의 숙소로, 발해 사람들이 이용하였다.

⑤ 신라와 당의 무역 확대로 산둥반도와 창장강 하류에 신라인의 거주지인 신라방과 신라촌, 신라인을 다스리는 신라소, 여관인 신라관, 절인 신라원이 형성되었다.

06 정답 ① *강동 6주

| 문제 + 자료 분석 |

- 자료의 (가) 지역은 고려 성종 때 서희가 확보한 강동 6주이다.
- 고려는 국초부터 북진 정책과 친송 정책을 추진하였으며, 이에 거란은 여러 차례에 걸쳐 고려를 공격하였다.

| 선택지 분석 |

① 지도의 (가) 지역은 성종 때 거란의 제1차 침입을 맞이하여 서희가 적장 소손녕과의 담판으로 관할권을 확보한 강동 6주 지역이다. 이로써 고려의 영토가 압록강에 이르게 되었다.

② 9성의 위치에 대해서는 두만강 이북설, 길주 이남설 등이 있다. 모두 고려의 동북 지방 너머에 위치한다.

③ 몽골은 화주에 쌍성총관부를 설치하여 철령 이북의 땅을 직속령으로 편입하였다.

④ 나성은 거란의 3차에 걸친 침입을 막아낸 뒤 수도인 개경 주변에 쌓은 것이다.

⑤ 북진 정책의 결과 태조 말년에는 청천강에서 동해안의 영흥만에 이르는 선까지 영토가 확대되었다.

07 핵심 키워드: 윤관, 별무반, 여진, 동북 9성

모범 답안 고려의 윤관은 별무반을 이끌고 여진을 정벌한 뒤 동북 9성을 축조하였다.

| 문제 + 자료 분석 |

- (가)는 고려의 윤관이고, 밑줄 친 '이 부대'는 별무반이다.
- 12세기 초에는 여진이 여러 차례 고려의 국경을 침범하였다. 고려는 여진을 정벌하기 위해 윤관의 건의에 따라 신기군, 신보군, 항마군으로 구성된 별무반을 편성하였다.
- 윤관은 별무반을 이끌고 여진을 정벌한 뒤 동북 지역에 9개의 성을 쌓았다(동북 9성).
- 동북 9성은 방어의 어려움과 여진의 조공 약속 및 반환 요청에 따라 1년 만에 돌려주었다.

*** 채점 기준**

모범 답안과 같이 서술한 경우	100 %
윤관이 여진을 정벌하고 동북 9성을 축조하였다고만 쓴 경우	50 %

* 고려 시대 이민족의 침입과 극복

거란 (10~11세기)	• 1차: 서희의 외교 담판 → 강동 6주 확보 • 2차: 개경 함락 → 양규의 활약, 강화 체결 • 3차: 강감찬의 귀주 대첩(1019)
여진 (12세기)	• 윤관이 별무반 편성 → 여진 정벌(1107), 동북 9성 축조 → 반환 • 여진이 금 건국 → 금이 군신 관계 요구 → 이자겸의 수용
몽골 (13세기)	몽골이 고려에 무리한 공물 요구, 몽골 사신의 피살 → 몽골의 침입 → 최우의 강화도 천도 → 대몽 항쟁 전개(처인성 전투 등) → 무신 정권 붕괴 후 개경 환도(1270) → 삼별초 항쟁

08 정답 ② * 고려의 대외 교류

| 문제 + 자료 분석 |

- 고려는 주변 국가들과 경제적으로 활발히 교류하였다.
- 벽란도는 고려를 대표하는 무역항으로 크게 번성하여 여러 나라 상인들이 왕래하였다.
- 고려 전기에는 송과 가장 활발하게 교역을 하였고, 이외에도 요, 금, 일본 등과 교역을 전개하였다.

| 선택지 분석 |

① 개경 근처에 위치한 예성강 어귀의 벽란도는 고려의 가장 대표적인 무역항이었다.
② 일본은 고려의 식량, 인삼, 서적 등을 수입하고 수은, 황 등을 수출하였다.
③ 고려는 송과의 경제적·문화적 관계를 중요시하여 적극적으로 교류하였다. 그를 통해 송으로부터 다양한 선진 문물을 수용했다.
④ 아라비아의 상인들은 고려에 와서 수은과 향료 등을 팔았다.
⑤ 요·금과의 무역은 은, 말, 모피 등을 수입하고 곡식과 농기구를 수출하였다.

09 정답 ④ * 고려의 대몽 항쟁

| 문제 + 자료 분석 |

- 자료의 처인성 전투, 충주성 전투, 삼별초의 항전은 모두 고려의 대몽 항쟁 과정에서 벌어졌던 사건이다.
- 처인성에서는 김윤후를 주축으로 처인 부곡민들이 합심하여 적장 살리타를 사살하였다. 충주성에서도 농민, 천민들의 활약을 바탕으로 몽골군을 물리쳤다.
- 삼별초는 개경 환도에 반대하여 진도와 제주도에서 저항하였으나, 결국 고려, 몽골의 연합군에 진압되었다.

| 선택지 분석 |

① 광해군의 중립 외교 등을 비판하던 서인 세력은 인조반정(1623)을 일으켜 집권하고 친명 배금 정책을 펼쳤다. 이에 후금이 조선을 침략하였으나(정묘호란, 1627), 양국이 형제 관계를 맺는 것으로 전쟁이 종결되었다.
② 당은 백제와 고구려를 멸망시키고 한반도 전역을 지배하려 하였다. 이에 신라는 매소성과 기벌포에서의 승리를 바탕으로 삼국 통일을 완수하였다(676).
③ 14세기 중엽, 원의 쇠퇴를 틈 타 봉기한 한족 반란군(홍건적)의 일부가 고려의 국경을 침범하였다. 또 일본에서는 막부의 지배력이 약화되면서 왜구가 성행하였다. 이를 격퇴하는 과정에서 최영, 이성계 등 신흥 무인 세력이 대두하였다.
④ 몽골은 고려에 파견한 몽골 사신이 살해되는 사건을 계기로 고려를 침략하였다. 고려는 강화도 천도를 단행하고 치열하게 항쟁하여 처인성 전투, 충주성 전투 등에서 승리를 거두었다.
⑤ 흥선 대원군 집권 시기에 조선은 프랑스, 미국 등 열강의 침략을 받았다. 1871년 신미양요 이후에 흥선 대원군은 전국에 척화비를 건립하여 서양과의 통상 수교 거부 의사를 분명히 하는 한편 투쟁의 의지를 보여주었다.

10 정답 ⑤ * 고려의 대외 교류

| 문제 + 자료 분석 |

- 밑줄 친 '이곳'은 벽란도이다.
- 자료는 송나라 사신이 예성강의 벽란도에 도착한 상황을 나타내고 있다.
- 예성강 하구의 벽란도는 고려 시대에 대외 무역의 중심 항구로 번성하였다.

| 보기 분석 |

ㄱ. 당은 산둥반도에 발해관을 설치하여 발해 사신들이 머물 수 있도록 하였다.
ㄴ. 청해진은 통일 신라 때인 828년에 설치되었다.
ㄷ. 아라비아의 상인도 송을 거쳐 고려를 방문하였다. 이들은 한 번에 100여 명이 올 정도로 규모가 컸고, 주로 수은과 향료를 가져왔다.
ㄹ. 송과 고려는 사신과 상인이 자주 왕래했고, 유학생과 유학승도 많았다.

11 정답 ④ * 조선 전기의 대외 관계

| 문제 + 자료 분석 |

- 조선은 기본적으로 사대교린의 대외 정책을 취하였다.
- 조선은 명에 대하여는 사대 정책을 바탕으로 전쟁을 막고 경제·문화적 실리를 취하였다. 여진과 일본 등에 대하여는 교린 정책을 바탕으로 우호 관계를 형성함으로써 변방을 안정시키고자 하였다.

| 선택지 분석 |

①, ③ 조선은 여진족에 대하여 관직을 주거나 정착을 위한 토지와 주택을 주어 우리 주민으로 동화시키고자 노력했다.
② 조선은 명에 대하여 사대 정책을 유지했지만, 이는 자주적인 실리 외교로서 구체적인 내정 간섭은 없었다.
④ 조선은 일본의 요구를 받아들여 부산포, 제포(진해), 염포(울산) 등 3포를 개방하고, 제한된 범위 내에서 교역을 허락하였다.
⑤ 조선은 여진족을 물리치고 4군 6진을 설치했다. 이곳에는 삼남 지방(충청도·전라도·경상도 지방)의 일부 주민을 이주시켜 압록강과 두만강 이남 지역을 개발하는 사민 정책을 실시하고, 토착민을 토관으로 임명하여 민심을 수습하려 했다.

5

12 정답 ① * 조선 전기의 대외 관계

| 문제 + 자료 분석 |

- 조선은 명에는 사대, 일본·여진에는 교린의 대외 정책을 취하였다.
- 조선은 사대 정책을 바탕으로 전쟁을 막고 경제·문화적 실리를 취하였고 교린 정책을 바탕으로 우호 관계를 형성함으로써 변방을 안정시키고자 하였다.

| 선택지 분석 |

① 조선은 건국 초기 정도전이 요동 정벌을 추진하며 명과 대립하였으나, 태종 때 관계를 회복하고 사대 외교를 전개하였다.
② 조선은 여진에 대한 회유책의 일환으로 국경 지역에 무역소를 개설하였다.
③ 조선은 명과는 사대 외교를 전개하였으며, 여진을 대상으로는 교린 정책을 추진하였다.
④ 조선은 일본을 상대로 3포(부산포, 제포, 염포)를 개방하여 제한적인 무역을 허가하였다.
⑤ 세종 때 최윤덕과 김종서는 여진을 정벌하고 4군 6진을 개척하였다. 이종무는 왜구의 근거지인 쓰시마섬을 토벌하였다.

13 핵심 키워드: 북벌 운동, 효종, 무기 개량, 군대 양성

모범 답안 조선은 병자호란 이후 북벌 운동을 추진하였는데, 특히 효종은 송시열과 이완을 등용하여 무기를 개량하고 군대를 양성하였다. 그러나 청의 국력이 신장되는 상황에서 효종이 사망하면서 북벌은 실행되지 못하였다.

| 문제 + 자료 분석 |

- 병자호란 이후 조선에서는 청을 정벌해 오랑캐에 당한 치욕을 씻고 명에 대한 의리를 지키자는 북벌 운동이 전개되었다.
- 북벌 운동은 효종 때 가장 활발하게 전개되었다. 효종은 송시열과 이완을 등용해 무기를 개량하고 군대를 양성하였다.
- 서인도 병자호란 패전의 책임을 회피하고 정권을 유지하기 위해 효종의 북벌을 지지하였다.
- 청의 국력이 크게 신장되었고, 효종이 사망하여 북벌은 실행되지 못하였다.

＊채점 기준

북벌 운동의 전개 과정과 결과를 모두 서술한 경우	100 %
북벌 운동의 전개 과정과 결과 중 한 가지만 서술한 경우	50 %

14 정답 ⑤ * 조선 후기의 개시 무역과 후시 무역

| 문제 + 자료 분석 |

- 자료의 (가)는 중강 개시, (나)는 중강 후시이다.
- 17세기 중엽부터 청과의 무역이 활발해지면서 압록강 유역(중강)과 두만강 유역의 국경 지대(경원, 회령)를 중심으로 공무역인 개시 무역과 사무역인 후시 무역이 이루어졌다.

| 선택지 분석 |

① 동래의 내상은 일본과의 무역을 주도하였으며, 청과의 무역을 주도한 상인은 의주의 만상이다.
② 구리, 황, 후추 등은 일본에서 주로 수입한 품목이다. 청에서 수입한 물품은 비단, 약재, 문방구 등이었다.
③ 왜관을 통한 상행위는 동래의 왜관 개시와 왜관 후시였다.
④ 공인은 대동법이 실시되면서 나타난 상인으로, 관청에서 대금을 미리 받아 필요한 물품을 구매한 후 관청에 납부하였다. (나)에서는 의주의 만상이 무역을 주도하였다.
⑤ (가) 중강 개시는 공무역, (나) 중강 후시는 사무역에 해당한다.

15 정답 통신사

| 문제 + 자료 분석 |

- 자료의 (가)는 조선 후기에 일본에 파견된 사절단인 통신사이다.
- 조선 정부는 1607년부터 1811년까지 12차례에 걸쳐 통신사를 파견하였으므로, 2007년은 통신사 파견 400주년이 되는 해이다.

16 정답 ① * 통신사

| 문제 + 자료 분석 |

- 임진왜란 이후 새롭게 수립된 일본의 에도 막부는 경제적인 어려움을 해결하고 조선의 선진 문물을 받아들이고자 조선에 국교 재개와 사절 파견을 요청하였다.
- 이에 조선은 일본과 기유약조를 맺어 제한된 범위 내에서 교역을 허용하고, 통신사를 파견하였다.

| 보기 분석 |

ㄱ. 임진왜란 과정에서 조선의 선진 문물을 접하게 된 일본은 전쟁 이후 통신사라는 사절단을 통해 선진화된 조선의 학문과 기술을 전수받고자 했다.
ㄴ. 에도(도쿠가와) 막부 시대를 연 일본은 최고 권력자인 쇼군의 권위를 주변국들로부터 인정받고자 하는 차원에서 조선에 사절단을 파견하여 줄 것을 요청했다.
ㄷ. 통신사는 일본에 매년 보낸 것이 아닌, 쇼군이 바뀔 때마다 파견한 사절이었다.
ㄹ. 통신사는 막부의 정권 교체 시 국제적 인정을 위한 정치적 목적에서 파견되었다. 이 과정에서 두 나라 사이에 문화 교류가 이루어졌지만, 중계 무역에 치중하지는 않았다.

내신 1등급 문제 문제편 72p

17 정답 ② * 남북국의 대외 교류

| 문제 + 자료 분석 |

- 자료에 나타난 시기는 남북국 시대이다.
- 신라는 통일 이후 당을 비롯하여 일본, 동남아시아, 아라비아와 활발히 교류하였다.
- 발해 역시 여러 교통로를 두고 주변 국가와 교류하였다.

| 선택지 분석 |

① 통일 신라와 당나라와의 교류가 활발해지면서 신라인이 자주 드나들던 당의 산둥반도와 창장강 하류 지역에는 신라 사람들이 모여 사는 신라방과 신라촌이 형성되었고, 신라소, 신라원, 신라관 등도 들어섰다.
② 발해는 건국 초부터 일본과 활발히 교류하여 당과 신라를 견제하려고 하였다. 한편 당, 신라와는 대립하여 여러 차례 충돌하였다.
③ 신라와 발해는 서로 대립과 경쟁을 하기도 했지만, 신라도를 통해 꾸준히 교류하였다.
④ 발해는 당, 신라, 일본, 거란과 5개의 교통로를 통해 대외 교류를 활발히 진행하였다.
⑤ 당나라는 산둥반도의 등주에 발해인들의 숙소인 발해관을 설치하여 발해 사신을 접대하였다.

18 정답 ② * 고려의 대외 관계

| 문제 + 자료 분석 |

- 자료의 (가)는 거란의 1차 침입(993), (나)는 처인성 전투(1232)이다.
- 거란의 침입과 대몽 항쟁 사이에 여진이 성장하여 금을 건국하고 고려에 군신 관계를 요구하였다.

| 선택지 분석 |

① 인조가 청의 군신 관계 요구를 거절하자 청이 침입한 사건은 조선 시대의 병자호란(1636)이다. 병자호란 때 인조는 남한산성에서 항전하였으나 끝내 항복하고 말았다.

② 거란의 침입은 문벌 사회였던 10~11세기 발생하였으며, 처인성 전투는 대몽 항쟁이 진행되던 13세기 발생하였다. 윤관이 별무반을 편성하여 여진을 격퇴하고 동북 9성을 축조한 것은 그 사이인 12세기 초반이다.

③ 이성계가 황산에서 왜구를 크게 격퇴한 황산 전투는 고려 말인 14세기 후반의 사건이다.

④ 고구려의 을지문덕이 살수 대첩에서 승리를 거둔 것은 7세기였다.

⑤ 김좌진의 북로군정서를 비롯한 독립군은 1920년 청산리 대첩에서 일본군을 크게 물리쳤다.

19 정답 ② * 고려 ~ 조선 시대 여진과의 관계

다음 학습 노트의 (가)와의 관계에 대한 탐구 활동으로 가장 적절한 것은?

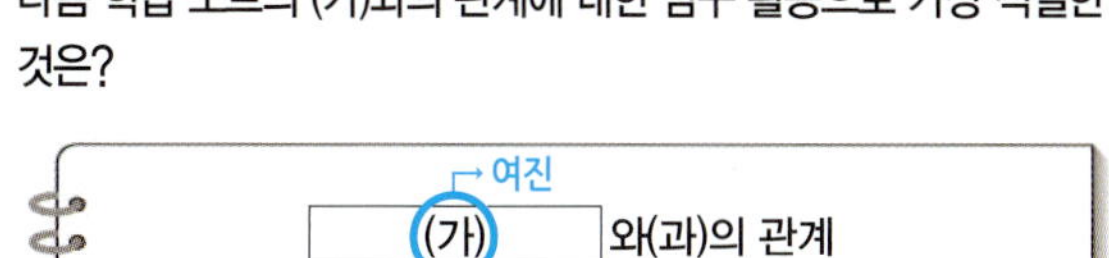

→ 여진

(가) 와(과)의 관계

1. △△ 시대 → 고려
 - 동북 9성 설치
 윤관이 별무반을 이끌고 여진을 몰아낸 후 동북 9성 축조
 - 사대 요구 수용
 이자겸이 금의 사대 요구 수용
2. ○○ 시대 → 조선
 - 4군 6진 실시
 세종이 최윤덕과 김종서를 파견하여 4군 6진 개척
 - 중립 외교 추진
 광해군이 명과 후금 사이에서 중립 외교 추진

| 문제 + 자료 분석 |

- 자료의 (가)는 여진이다.
- 여진은 윤관의 동북 9성 축조, 이자겸의 사대 요구 수용 등으로 고려와 관계를 형성하였다.
- 여진은 세종의 4군 6진 개척, 광해군의 중립 외교 추진 등으로 조선과 관계를 형성하였다.

| 선택지 분석 |

① 초조대장경은 고려 초 거란의 침입을 물리치려는 염원을 담아 만들어졌다.

② 비변사는 16세기 초에 여진족과 왜구의 침입에 대비하기 위하여 설치되었는데, 이때에는 임시 회의 기구였다. 이후 임진왜란을 거치면서 비변사의 구성원이 확대되고 기능이 강화되었다.

③ 고려 말 최무선이 진포 대첩에서 왜구를 격퇴하였다.

④ 김윤후와 처인 부곡민들이 처인성에서 몽골군에 항전하여 적장 살리타를 사살하였다.

⑤ 고려 말 최영, 이성계 등의 신흥 무인 세력이 왜구와 홍건적을 토벌하며 성장하였다.

20 정답 ② * 조선 후기 북벌론과 북학론

| 문제 + 자료 분석 |

- 자료의 (가)는 북벌론, (나)는 북학론이다.
- 병자호란 때 당한 치욕을 씻기 위해 무기를 개량하고 군대를 양성해야 한다는 북벌론이 제기되었다.
- 조선 후기 상공업 중심 개혁론자들인 북학파를 중심으로 청의 선진 문물을 받아들이자는 북학론이 제기되었다.

| 선택지 분석 |

① 북벌론의 핵심 내용은 병자호란 때 당한 치욕을 씻자는 것이었다.

② 북벌 운동은 효종 때 효종과 송시열을 필두로 한 서인 세력에 의해 추진되었다.

③ 북학론은 박규수 등 통상 개화론자들을 거쳐 19세기 후반의 개화 사상으로 이어졌다.

④ 청에 사신으로 다녀온 연행사와 수행원들을 통해 청의 발전된 문물이 전해졌고, 이것이 북학론이 확산되는 계기가 되었다.

⑤ (가)는 송시열 등의 서인 세력이, (나)는 박지원, 박제가 등의 북학파가 주장한 내용이다.

수능 대비 기출 문제

문제편 73p

21 정답 ⑤ * 발해의 대외 교류

(가)에 들어갈 내용으로 가장 적절한 것은?

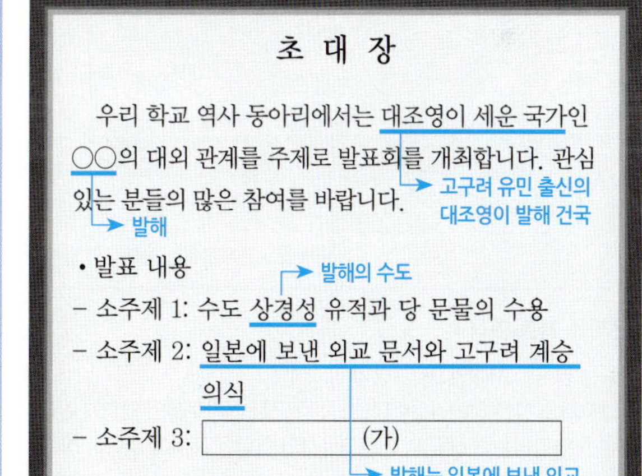

초 대 장

우리 학교 역사 동아리에서는 대조영이 세운 국가인 ○○의 대외 관계를 주제로 발표회를 개최합니다. 관심 있는 분들의 많은 참여를 바랍니다.

- 발표 내용
 - 소주제 1: 수도 상경성 유적과 당 문물의 수용
 - 소주제 2: 일본에 보낸 외교 문서와 고구려 계승 의식
 - 소주제 3: (가)
- 일자: 2017년 △△월 △△일
- 장소: □□ 고등학교 강당

| 문제 + 자료 분석 |

- 발해는 고구려 유민 출신인 대조영이 세운 국가로 고구려 계승 의식을 가졌다. 이는 발해가 일본에 보낸 외교 문서에서 "고구려의 옛 땅을 수복하고 부여의 전통을 이어받았다."라는 내용과 발해 왕을 '고(구)려 국왕'이라 칭한 사실 등으로 알 수 있다.

| 선택지 분석 |

① 삼별초는 고려 정부의 개경 환도에 저항하며 봉기하였고, 대몽 항쟁을 지속하였다. 이들은 강화도에서 진도, 제주도로 옮겨가며 항전하였지만 결국 몽골·고려 연합군에게 진압되었다.
② 임진왜란으로 명나라가 쇠퇴하고 후금이 성장하였다. 그리하여 명과 후금 사이에서 군사적 대결이 벌어졌다. 이때 광해군은 명과 후금 사이에서 중립 외교를 추진하여 국가의 안정을 도모하였다.
③ 벽란도는 고려 시대에 번성했던 국제 무역항이다. 벽란도에는 송, 일본, 아라비아 상인 등이 드나들어 활발한 무역이 이루어졌다.
④ 병자호란 이후 청에 대한 복수를 하고 명에 대한 의리를 지키자는 북벌 운동이 벌어졌다. 북벌 운동은 효종 시기에 활발하게 전개되었지만 실천에 옮겨지지는 못했다.
⑤ 발해는 건국 초에 고구려를 멸망시킨 당과 대결하였으나 문왕 이후 친선 관계를 맺고 당의 문물을 수용하였다. 또한 신라와도 '신라도'라는 대외 교통로를 두고 교류하였다.

＊ 발해의 대외 교류

당과의 교류	• 건국 초에는 대립(무왕이 당의 산둥반도 공격) • 문왕 이후 조공·책봉 관계를 맺고 문물 수용 → 3성 6부 설치, 상경성 건설 등 • 당은 산둥반도에 발해관을 설치하여 발해 사신 접대
일본과의 교류	• 건국 초부터 외교적 고립을 피하기 위해 활발히 교류 • 일본도를 통해 여러 차례 사신을 보냄
신라와의 교류	신라도를 통해 교류

22 정답 ② ＊장보고의 활동

다음 지도를 활용한 탐구 주제로 가장 적절한 것은? [3점]

| 문제 + 자료 분석 |

• 자료는 남북국 시대인 9세기경의 지도이다.
• 장보고가 설치한 청해진은 해적 소탕 등 군사 기지로서의 역할과 신라, 당, 일본을 연결하는 해상 무역 거점으로서의 역할을 동시에 수행하였다.

| 선택지 분석 |

① 고려 정부가 몽골과 강화를 맺고 개경 환도를 결정하자, 대몽 항쟁에 적극적이었던 삼별초는 반기를 들었다. 삼별초는 진도, 제주도로 근거지를 옮기며 몽골군과 정부군에 저항하였지만 결국 진압당하였다.
② 9세기 전반 당에서 활동하던 장보고는 신라로 돌아와 지금의 완도에 청해진을 설치하였다. 이후 해적을 소탕하고 청해진을 무역 기지로 삼아 동아시아의 해상 무역을 주도하였다.
③ 조선은 통신사를 일본에 파견하였다. 통신사는 외교 사절의 역할을 담당하며 일본 문화의 발전에도 영향을 끼쳤다.
④ 세종 때 이종무가 왜구의 소굴인 대마도를 정벌하였다. 이후 일본이 다시 교역을 요청해 오자 조선은 3포를 개항하여 교역을 허용하였다.
⑤ 1592년 일본이 임진왜란을 일으키자 이순신이 이끄는 수군은 일본의 수군을 연이어 격파하였다.

23 정답 ③ ＊서희의 외교 담판

| 문제 + 자료 분석 |

• 거란, 서희를 통해 거란의 1차 침입 때 있었던 서희의 외교 담판에 대한 내용임을 알 수 있다.
• 거란의 소손녕은 고려와 송의 외교 관계를 구실로 고려를 침입하였다 (거란의 1차 침입, 993).
• 서희는 거란의 1차 침입 당시 소손녕과 외교 담판을 벌여 송과 관계를 끊기로 약속하고 거란군을 철수하도록 하였으며 강동 6주를 확보하였다.

| 선택지 분석 |

① 별기군(1881)은 개항 이후에 창설되었다. 개항 이후 조선 정부는 신식 군대를 양성하기 위해 별기군을 창설하고 일본인 교관을 초빙하여 군사 훈련을 실시하였다.
② 훈련도감(1593)은 임진왜란 중에 조직되었다. 임진왜란 중 조선은 일본군의 조총 부대에 맞서기 위해 직업 군인으로 구성된 훈련도감을 설치하였다.
③ 서희의 외교 담판의 영향이다. 고려의 서희는 거란의 소손녕과 담판을 벌여 송과 관계를 끊고 거란과 교류하기로 약속하였다. 그리고 압록강 동쪽에 위치한 강동 6주를 확보하였다.
④ 금관가야는 신라에 항복하여 멸망하였다. 백제와 신라의 압박으로 가야 연맹은 점차 약화되었으며, 결국 금관가야의 왕이 신라 법흥왕에 항복하였다. 이후 대가야는 신라 진흥왕의 공격으로 멸망하였다.
⑤ 9서당 10정은 통일 신라 때 편성되었다. 신라는 삼국 통일 이후 군사 조직을 9서당 10정으로 정비하였는데, 중앙군인 9서당에는 신라인뿐 아니라 옛 고구려인, 백제인, 말갈인을 포함하여 민족 융합을 꾀하였다. 지방군인 10정은 각 주에 1정씩 두되, 북쪽 국경 지역인 한주에는 2개의 정을 두었다.

＊ 거란의 침입

1차 침입	• 배경: 고려와 송의 관계를 끊기 위함 • 내용: 서희의 외교 담판 → 강동 6주 획득
2차 침입	• 배경: 강조의 정변 • 내용: 개경 함락, 현종이 나주까지 피란, 양규의 활약, 거란과 강화
3차 침입	• 배경: 거란이 강동 6주의 반환 요구 → 고려가 거부 • 내용: 강감찬이 귀주에서 거란군 격파(귀주 대첩)
영향	• 고려, 송, 거란 사이에 세력 균형 유지 • 고려가 개경에 나성, 국경 지대에 천리장성 축조

수취 체제와 경제생활

내신 대비 필수 문제

문제편 80~83p

01 정답 ① * 삼국 시대 농업 생산력 향상

| 문제 + 자료 분석 |

- 자료는 삼국 시대에 소가 농경에 이용(우경)된 상황을 나타내고 있다.
- 삼국은 농업 생산력을 증대하기 위해 철제 농기구를 사용하고 소를 농경에 이용하려고 하였다.

| 선택지 분석 |

① 삼국은 농업 생산력 향상에 힘을 기울였다. 이를 위해 철제 농기구를 보급하고 우경을 장려했으며 경작지를 확대했다.
② 모내기법은 고려 말에 남부 지방 일부에 보급되기 시작하였고, 조선 후기에 들어서 전국적으로 확대되었다. 모내기법이 보급되면서 벼와 보리의 이모작이 가능해졌다.
③ 고려 시대에 밭농사에서 2년 3작의 돌려짓기(윤작)가 시작되었고, 조선 전기에 널리 보급되면서 일반화되었다.
④ 시비법이 발달하여 휴경지가 소멸된 것은 조선 전기이다.
⑤ 조선 후기에 모내기법이 전국으로 확산되면서 1인당 경작 면적이 확대되고 광작이 나타나기 시작하였다.

02 정답 ① * 통일 신라의 토지 제도 변화

| 문제 + 자료 분석 |

- 자료의 (가)는 신문왕 때에 관료전이 지급되고 녹읍이 폐지된 사실을, (나)는 경덕왕 때 녹읍이 부활한 사실을 보여주고 있다.
- 신문왕은 왕권의 전제화를 꾀하면서 관료전을 지급하고 녹읍을 폐지하였다.
- 그러나 8세기 중반 이후 왕권이 약화되고 귀족 세력이 강화되면서 녹읍이 부활하였다.

| 보기 분석 |

ㄱ, ㄴ. 통일 신라의 신문왕은 관료전(수조권만 부여)을 지급하고 녹읍(수조권과 노동력 징발권 등 부여)을 폐지하였다. 그리하여 귀족의 경제적 기반은 약화되었고, 왕권은 강화되었다. 또한 귀족은 농민의 노동력을 징발할 수 없게 되어 농민 지배력이 약화되었다.
ㄷ. 녹읍이 부활하면서 귀족들은 녹읍에서 농민들에게 조세와 공물을 거두어들일 수 있게 되었다. 또한, 노동력도 징발할 수 있게 되면서 국가의 백성에 대한 지배력은 약화되었다.
ㄹ. 왕권이 약화되면서 귀족 연합 정치가 운영되었고, 화백 회의의 수장인 상대등의 권력이 다시 커졌다.

03 정답 신라 촌락 문서

| 문제 + 자료 분석 |

- 밑줄 친 '이 문서'는 신라 촌락 문서이다.
- 신라는 촌락의 경제 상황을 조사하여 3년 마다 문서를 만들었다.

04 정답 ① * 통일 신라의 경제 운영

| 문제 + 자료 분석 |

- 자료의 (가)에는 신라 촌락 문서 작성의 목적이 들어가야 한다.
- 신라 촌락 문서에 각 촌락의 인구, 논과 밭의 면적, 가축의 수, 나무의 수 등을 기록하여 조세 징수와 노동력 동원에 이용하였다.

| 선택지 분석 |

① 신라는 신라 촌락 문서를 만들고, 이를 바탕으로 세금을 징수하고 노동력을 동원하였다.
② 고려 시대 이후의 사실이다. 우리나라에서 화폐가 발행된 것은 고려 시대 이후이다. 신라에서는 화폐가 발행되지 않았다.
③ 조선의 흥선 대원군 집권 시기에 있었던 사실이다. 흥선 대원군은 환곡의 문란을 개혁하고자 리(里) 단위로 사창을 두어, 향촌 내에서 자치적으로 운영하도록 하여 탐관오리의 수탈을 막았다.
④ 고려 시대에 있었던 사실이다. 고려는 관리, 군인 등에게 그 지위에 따라 차등을 두어 전지(논밭)와 시지(땔감을 얻을 수 있는 땅)에 대한 수조권을 지급하였다. 이를 전시과 제도라고 한다.
⑤ 조선 영조에 대한 설명이다. 조선 후기 직업 군인이 본격적으로 등장하면서 대부분의 농민은 1년에 군포 2필을 납부함으로써 군역을 대신하였다. 영조는 군포를 1년에 1필로 줄이는 균역법을 시행하여 농민의 부담을 줄였다.

05 핵심 키워드: 귀족의 경제적 기반 약화, 왕권 강화

모범 답안 관료전 지급과 녹읍의 폐지는 귀족의 경제적 기반을 약화시킴과 동시에 왕권을 강화하였다는 의미를 가진다.

| 문제 + 자료 분석 |

- 신라는 왕권을 전제화하는 과정에서 관료전을 지급하고 녹읍을 폐지하였다.
- 그러나 8세기 중반에 왕권이 약화되고 귀족 세력이 다시 강성해지면서 녹읍이 부활하였다.

＊채점 기준

제도의 변화를 왕권과 귀족 세력과의 관계를 바탕으로 서술한 경우	100%
귀족의 경제적 기반 약화나 왕권 강화 중 한 가지만 서술한 경우	50%
위 내용을 서술하지 못한 경우	0%

06 정답 ⑤ * 고려 시대의 경제

| 문제 + 자료 분석 |

- 자료는 고려 시대의 화폐인 은병(활구)이다.
- 고려는 상품의 원활한 유통을 위해 화폐를 발행하였다.
- 성종 때는 처음으로 철전인 건원중보를 만들었고, 숙종 때에는 삼한통보, 해동통보 등의 동전과 활구라는 은병을 만들어 유통하려 하였다.

| 선택지 분석 |

① 고려 말에 남부 일부 지방에만 모내기법이 보급되었다. 조선 후기에는 모내기법이 전국적으로 보급되었다.
② 신라 지증왕 때 동시를 설치하고 동시전을 두어 상행위를 감독하게 하였다.
③ 고려 시대에는 화폐가 널리 유통되지 못하고, 일반 거래에서는 주로 곡식이나 삼베가 활용되었다.
④ 청해진은 신라 말 장보고가 설치한 해상 기지이다. 장보고는 해적을 소탕하고 동아시아 해상 무역권을 장악하였다.
⑤ 고려 전기에는 관청 수공업과 특수 행정 구역인 소의 주민들이 공물을 납부하는 소 수공업이 중심이었다. 후기로 가면서 농촌에서 가내 수공업으로 삼베, 모시, 명주 등을 활발히 생산하였고, 사원에서도 승려와 노비가 베, 모시, 소금 등을 활발히 생산하였다.

07 정답 ⑤ * 고려의 토지 제도

| 문제 + 자료 분석 |

- 자료의 (가)는 구분전, (나)는 공음전이다.
- 고려는 문무 관리로부터 군인, 한인에 이르기까지 18등급으로 나누어 곡물을 수취할 수 있는 전지와 땔감을 얻을 수 있는 시지를 지급했다.

| 선택지 분석 |

① 하급 관료와 군인의 유가족에게는 구분전을 지급하여 생활 대책을 마련해주었다.
② 조선 시대에 실시된 과전법에서도 죽은 관료의 가족들이 생계를 유지할 수 있도록 하기 위해 관료가 생전에 받았던 토지 중 일부를 수신전, 휼양전 등으로 다시 지급했다.
③, ④ 공음전은 5품 이상의 관료가 되어야 받을 수 있는데, 이는 자손에게 세습할 수 있었다. 따라서 공음전은 고려 전기 문벌의 경제적 기반이 되었다.
⑤ 음서의 혜택은 5품 이상 관료의 자손들이 받았으므로 음서의 혜택을 받은 자에게 지급된 것은 (나) 공음전이다.

08 정답 전시과

| 문제 + 자료 분석 |

- 자료의 '○○○'은 전시과이다.
- 고려는 전시과 제도를 바탕으로 관료 등에게 전지(토지)와 시지(땔감을 구할 수 있는 임야)를 나누어주었다.

09 정답 ③ * 고려의 토지 제도

| 문제 + 자료 분석 |

- 경종 때 처음 전시과가 제정되었고, 문종 때 이르러 제도가 완비되었는데, 이를 경정 전시과라고 한다.
- 관료에게 지급할 토지가 부족해지자 목종 때에는 지급량을 줄이고, 문종 때에는 현직 관리에게만 지급하였다.

| 보기 분석 |

ㄱ. 신진 사대부는 고려 후기에 등장한 정치 세력이다. 위화도 회군 후에 신진 사대부들은 자신들의 경제 기반을 확보할 목적으로 과전법을 실시하였다.
ㄴ. 전시과에 따라 지급된 토지는 토지세를 거둘 수 있는 수조권만 갖는 토지였다. 즉, 관료들은 받은 토지에서 토지세만 거둘 수 있었을 뿐, 그 땅을 소유한 것은 아니었다.
ㄷ. 처음 경종 때 마련된 전시과에서는 관품과 함께 인품을 반영하였고, 목종 때에는 관품만을 고려하여 지급하였다. 그리고 문종 때에는 현직 관료에게만 지급하게 되었다. 즉, 전시과는 점차 현직 관료만을 대상으로 실시되는 방향으로 개편되었다.
ㄹ. 역분전은 고려 태조가 후삼국을 통일한 후 공을 세운 사람들에게 공로와 인품을 고려하여 지급한 토지를 지칭한다.

10 핵심 키워드: 전시과, 과전법, 수조권

모범 답안 (가): 전시과, (나): 과전법, 전시과와 과전법은 모두 토지에서 세금을 거둘 수 있는 권리(수조권)를 관리 등에게 나누어 준 토지 제도이다.

| 문제 + 자료 분석 |

- '문종', '전지', '시지' 등의 용어를 통해 자료의 (가)가 전시과임을 알 수 있다.
- 공양왕 때 경기 지방의 토지를 대상으로 과전을 지급했다는 부분에서 자료의 (나)가 과전법임을 알 수 있다.

*** 채점 기준**

전시과와 과전법 용어를 정확히 쓰고 공통점도 옳게 서술한 경우	100 %
전시과와 과전법 용어만 정확히 쓴 경우	50 %

11 정답 ③ * 조선 전기의 중농 정책과 농업 기술 발달

| 문제 + 자료 분석 |

- 자료의 ㉠과 ㉡에는 각각 조선 전기의 중농 정책과 농업 기술 발달에 대한 내용이 들어가야 한다.
- 조선은 건국 초부터 농업을 장려하여 경작지를 확대하고 수리 시설을 확충하였다.
- 조선 전기 밭농사에서는 조, 보리, 콩의 2년 3작이 확대되었고, 논농사에서는 남부 일부 지역에서 모내기가 확대되었다.

| 선택지 분석 |

① 조선 세종 때에는 우리 풍토에 맞는 농사법을 정리하여 『농사직설』을 편찬하였다.
② 조선은 건국 초부터 개간을 권장하여 경작지를 확대하고, 저수지와 보 등 수리 시설을 확충하였다.
③ 모내기가 전국적으로 확산된 것은 조선 후기이다. 조선 전기에는 남부 일부 지역에서 모내기가 실시되었다.
④ 조선 전기에는 시비법이 발달하여 경작지를 묵히지 않고 매년 농사를 지을 수 있게 되었다.
⑤ 조선 전기 밭농사에서는 조, 보리, 콩의 2년 3작이 확산되었다.

12 정답 ③ * 조선 전기의 수취 체제

(가), (나) 규정에 대한 옳은 설명을 〈보기〉에서 고른 것은?

(가) 매년 9월 보름 이전에 수령이 농사의 형편을 살펴 그해의 등급을 매긴다. 상상년이면 1결당 20두, 상중년이면 18두, … (중략) … 하하년이면 4두씩 전세를 거둔다. → 연분9등법
풍흉을 고려하여 연도별 등급을 9개로 나눔
전세 액수가 1결당 20~4두로 조절됨

(나) 토지는 6등급으로 나누어 양전한다. 1등전 척(尺)은 4척 7촌 7분 5리이고, … (중략) … 6등전 척은 9척 5촌 5분이다. → 전분6등법
토지의 비옥도를 고려하여 토지의 등급을 6개로 나눔

| 문제 + 자료 분석 |

- 자료의 (가)는 연분9등법, (나)는 전분6등법이다. 이를 합쳐서 공법이라고 한다.
- 조선 초의 과전법 체제에서는 수확량의 10분의 1을 전세로 거두었다(1결당 최대 30두).
- 세종 때에는 토지의 비옥도와 풍흉의 정도에 따라 전세를 차등적으로 거두어들이는 전분6등법과 연분9등법이 시행되었다.
- 전분6등법과 연분9등법이 실시되면서 전세 액수가 1결당 최고 20두에서 최하 4두로 조절되었다.

| 보기 분석 |

ㄱ. 임진왜란 이후인 인조 때에 풍흉에 관계없이 전세를 토지 1결당 미곡 4~6두로 고정시킨 영정법이 시행되었다.
ㄴ. 전분6등법에 따라 토지의 비옥도를 기준으로 토지를 1등전~6등전으로 나누고, 이를 감안하여 차등적으로 양전 및 과세를 실시하였다.
ㄷ. 세종 때에 전세를 합리적으로 부과하기 위한 방안이 모색되어 연분9등법과 전분6등법이 실시되었다.
ㄹ. 전지와 시지는 고려 때 관리에게 나누어 주던 전시과 제도하의 토지로, 전지에서는 곡물을 수취하고, 시지에서는 땔감을 얻을 수 있었다.

13 정답 ① ＊조선 시대 장시의 출현

| 문제 + 자료 분석 |

- 자료는 정기 시장이 개설되는 과정을 나타내고 있다.
- 조선 초기에는 국가의 상업에 대한 통제로 인해 시전을 중심으로 상업 행위가 이루어졌다.
- 그러나 이후 상공업에 대한 통제가 약화되면서 지방에서 장시가 등장하였다.

| 선택지 분석 |

① 15세기 말 남부 지방에서 처음 장시가 등장하였다. 정부는 장시에 대한 금지령을 내렸지만, 16세기 중반 전국으로 확산되면서 점차 정기 시장으로 자리 잡았다.
② 도고는 특정 물품을 대규모로 취급하는 독점적 도매상인을 의미한다. 조선 후기에 상품 화폐 경제가 발달하면서 등장하였다.
③ 조선 후기 한성의 시전 상인들이 금난전권을 획득하여 도성 내에서의 난전의 활동을 억제하였다. 이로 인해 폐단이 나타나자 정조가 통공 정책을 펴 금난전권을 폐지하였다.
④ 시전 상인은 국가나 왕실의 수요품을 공급하고 특정 상품에 대한 독점 판매권을 행사하였다. 주로 서울 종로에서 활동하였다.
⑤ 개시 무역은 공무역, 후시 무역은 사무역이다. 조선 후기에 청·일본과의 개시 무역 및 후시 무역이 활발하게 전개되었다.

14 정답 관수관급제

| 문제 + 자료 분석 |

- 자료의 (가)에 알맞은 용어는 관수관급제이다.
- 고려 말의 과전법, 세조 때의 직전법에 이어 성종 때 관수관급제가 실시되었다.

15 핵심 키워드: 지방 관청, 조세 수취

모범 답안 지방 관청에서 수확량을 조사하여 조세를 수취하고 이를 관리에게 지급하였다.

| 문제 + 자료 분석 |

- 직전법이 시행되던 시기에 수조권을 가진 양반 관리가 과도하게 수취하여 농민의 불만이 고조되었다.
- 이에 지방 관청에서 조세를 수취하여 거둔 후 관리에게 전달하는 관수관급제가 실시되었다.

＊채점 기준

지방 관청에서 조세를 수취하여 관리에게 지급했다는 것을 서술한 경우	100 %
지방 관청에서 조세를 수취한 것만 서술한 경우	50 %

16 정답 ④ ＊조선 후기의 수취 체제

| 문제 + 자료 분석 |

- 자료에 나타난 폐단은 방납의 폐단이다.
- 공납에서 중앙 관청의 서리가 공물을 대신 내고 그 대가를 많이 챙기는 방납의 폐단이 심화되자 이를 개선하려는 목적으로 대동법이 실시되었다.
- 대동법은 토산물을 징수하던 공납을 토지 결수에 따라 쌀, 동전 등으로 납부하게 하는 제도이다.

| 선택지 분석 |

① 17세기 전반에 풍흉의 정도에 따라 전세를 징수하는 연분9등법을 고쳐 실시한 영정법에 대한 내용이다.
② 토지를 비옥도에 따라 6등급으로 나눈 것은 전분6등법인데, 세종 때에 실시되었다.
③ 결작은 균역법의 시행으로 감소된 재정을 보충하고자 시행된 것으로, 지주에게 토지 1결당 미곡 2두를 부담시켰다. 이외에도 일부 상류층에게 선무군관이라는 칭호를 주고 군포 1필을 납부하게 하였다.
④ 대동법의 실시로 왕실이나 관청의 수요품을 조달하는 공인이라는 상인이 출현하였다.
⑤ 죽은 사람과 어린아이에게도 군포를 부과하는 문제는 군역의 폐단과 관련이 있다. 조선 후기 군적이 문란해지면서 위와 같은 문제가 발생하자 정부는 균역법을 실시하였다.

17 핵심 키워드: 균역법, 결작, 선무군관포

모범 답안 지주에게 토지 1결당 2두의 결작을 부과하였다. 일부 부유한 상민에게 선무군관의 칭호를 주고, 선무군관포를 수취하였다.

| 문제 + 자료 분석 |

- 밑줄 친 '방안'으로 결작 부과, 선무군관포 수취 등을 들 수 있다.
- 균역법의 시행으로 감소된 재정을 보충하고자 지주에게 토지 1결당 미곡 2두를 부담시키는 결작, 일부 부유한 상민에게 선무군관이라는 칭호를 주고 군포 1필을 납부하게 하는 선무군관포 수취 등이 시행되었다.

＊채점 기준

결작, 선무군관포 징수를 모두 서술한 경우	100 %
위에 제시된 내용 중 한 가지만 서술한 경우	50 %

18 정답 ② ＊조선 후기의 수취 체제

| 문제 + 자료 분석 |

- 임진왜란 이후 농민의 어려움이 지속되어 토지의 비옥도와 풍흉에 따라 세액을 달리하여 거두는 전분6등법과 연분9등법이 적용되기 어려웠다.
- 이에 인조 때인 1635년에 풍흉에 관계없이 일정액의 토지세를 거두는 영정법이 실시되었다.

| 선택지 분석 |

① 대동법의 시행으로 등장한 공인은 국가로부터 공가라는 대금을 지급받아 상품을 구매하여 납품하였다.
② 영정법은 풍흉에 관계없이 전세를 1결당 4~6두로 고정하여 수취하는 제도이다.
③ 고려 시대 개경과 서경, 12목에 설치된 상평창은 풍년에 곡가가 떨어지면 곡물을 사들이고, 흉년에 곡가가 올라가면 싸게 내다 팔아 물가를 조절하였다.
④ 조선 전기에는 양반 관리에게 과전을 지급하는(수조권 지급) 과전법과 직전법이 시행되었다. 16세기 중반에 직전법이 폐지되면서 수조권 지급 제도가 사라졌다.
⑤ 환곡은 춘궁기에 곡식을 빌려주고 가을에 약간의 이자를 더하여 갚도록 하는 구휼 정책이었다. 하지만 조선 후기에 수령과 향리가 정해진 이자를 초과하여 수취한 후 사적으로 사용하는 폐단이 나타났다. 특히 19세기 세도 정치 시기에는 환곡의 문란이 극심하였다.

19 정답 ④ * 조선 후기의 특징

| 문제 + 자료 분석 |

- 밑줄 친 '이 시기'는 조선 후기이다.
- 조선 후기에는 금난전권 폐지 등의 조치로 상업이 발전하면서 상평통보가 널리 유통되었다.

| 선택지 분석 |

① 모내기법은 조선 후기에 널리 확산되었으며, 그 영향으로 벼와 보리의 이모작과 광작이 행해졌다.
② 조선 후기에는 민영 광산이 증가하면서 광산 전문 경영인인 덕대가 등장하였다.
③ 국왕의 친위 부대인 장용영은 조선 후기인 정조 때에 설치되었으며, 왕권 강화를 뒷받침하였다.
④ 세종 때 학술 연구 기관으로 설치된 집현전은 세조 때 철폐되었다. 세조 때는 조선 전기에 해당된다.
⑤ 대동법의 시행으로 등장한 공인은 조선 후기 상업 발전에 큰 영향을 주었다.

20 정답 ② * 조선 후기의 경제적 특징

| 문제 + 자료 분석 |

- 자료와 관련된 시기는 조선 후기이다.
- 조선 후기에는 국경 지대에서 개시와 후시 무역이 이루어졌고, 만상, 유상, 내상 등 사상이 성장하였다.

| 보기 분석 |

ㄱ. 조선 후기 대동법의 시행으로 관청에서 사용할 물품을 납품하는 상인인 공인이 등장하였다.
ㄴ. 조선 후기에는 관영 수공업이 쇠퇴하고 민영 수공업이 발달하였다. 이 시기의 민영 수공업은 선대제 방식(상인이 자본과 원료를 수공업자에게 제공하고 물건을 생산하게 하는 방식)으로 많이 이루어졌다.
ㄷ. 조선 후기에는 관청에 세금을 납부하는 조건으로 민간에서 운영하는 민영 광산의 개발이 이루어졌으며, 수익성이 좋은 광산을 몰래 채굴하는 잠채도 성행하였다.
ㄹ. 조선 후기에 모내기법이 전국으로 확산되면서 벼와 보리의 이모작도 활발해졌다.

내신 1등급 문제 문제편 84p

21 정답 ② * 토지 제도의 변천

| 문제 + 자료 분석 |

- 통일 신라 신문왕 때 폐지되었던 녹읍은 진골 귀족 세력의 반발로 8세기 중반에 부활하여 귀족 세력의 경제적 기반이 되었다.
- 고려 경종 때 관리에게 전지와 시지를 나누어 주는 전시과 제도가 처음 만들어졌다. 그러나 점차 문벌이 토지를 독점하여 세습하는 경향이 커지면서 전시과 제도가 원칙대로 운영되지 못했다.
- 고려 말에는 권문세족들의 대토지 소유 확대를 막기 위해 전제 개혁을 단행하여 과전법을 마련했다.
- 조선 전기 과전법은 수신전, 휼양전 등의 명목으로 토지 세습이 인정되면서 점차 신진 관리에게 나누어 줄 토지가 부족해졌다.
- 이에 세조 때 현직 관료에게만 토지를 지급하는 직전법으로 개편되었는데, 현직 관료의 수조권 남용으로 16세기 중엽에는 이마저도 폐지되었다.

| 선택지 분석 |

① 녹읍의 혁파는 신문왕의 전제 왕권 강화에서 비롯된 것인데, 귀족 세력의 반발이 심했다. 결국 경덕왕 때 전제 왕권이 흔들리면서 녹읍이 부활하였다.
② 수조권과 노동력 징발권까지 있었던 녹읍에서 수조권만 가지는 전시과로 변화하면서 관료들의 토지 지배권이 약화되었다.
③ 고려 말 신진 사대부들이 권문세족의 경제적 기반을 빼앗고 국가 재정과 자신들의 경제 기반 확보를 위해 토지 제도를 개혁하였는데, 이것이 바로 과전법이다.
④ 과전법에서는 전·현직 관료에게 수조권이 지급되었는데 수신전·휼양전 등 세습 가능한 토지로 인해 신진 관료에게 지급할 과전이 부족해졌다. 결국, 수신전·휼양전을 폐지하고 현직 관료에게만 과전을 지급하는 직전법으로 개편되었다.
⑤ 직전법으로 인해 퇴직 관료의 경제적 기반이 없어졌기 때문에 관료들은 현직 때 경제력을 쌓아놓으려 했다. 이 때문에 수조권이 남용되는 문제가 발생하여 성종 때 관에서 수조권을 대신 행사하는 관수관급제가 실시되었다.

22 정답 ④ * 조선 전기 수취 체제의 문란

학습 계획안의 (가), (나)에 해당하는 내용으로 적절한 것은?

> 학습 주제: 조선의 수취 제도 변화
>
> 1주차: 조선 전기의 수취 제도
> - 과전법의 확립과 변화 모습
> - 조세, 공납, 역의 부과 대상과 운영 방식
>
> 2주차: 조선 전기 수취 제도의 문란 → 16세기 이후
> - 공납: (가) 방납의 폐단
> - 군역: (나) 대립과 방군수포 성행
> - 농민의 저항: 임꺽정 등 도적의 출현

| 문제 + 자료 분석 |

- 자료의 (가)에는 방납의 폐단, (나)에는 대립과 방군수포의 성행이 들어갈 수 있다.
- 조선 전기에 공납에서 중앙 관청의 서리가 공물을 대신 내고 그 대가를 많이 챙기는 방납의 폐단이 나타났다.
- 조선 전기에 군역에서 다른 사람을 사서 역을 대신하게 하는 대립과 포를 내고 군역을 면제받는 방군수포가 나타났다.

| 선택지 분석 |

① 방군수포는 포를 거두고 군역을 면제해주는 불법적 현상이다.
② 조선 초 과전법 체제에서는 수확량의 10분의 1을 전세로 거두었는데, 1결당 최대 30두를 징수하였다.
③ 조선 후기 환곡제의 문란과 관련된 내용이다. 수령과 향리들이 봄에 빌려간 곡물의 이자를 법률상 정해진 1/10 이상으로 거두어들여 사적으로 사용하는 폐단이 나타나기도 하였다.
④ 16세기에 이르러 다른 사람을 사서 대신 군역을 부담하게 하는 대립 현상이 점차 확대되었다.
⑤ 대동법은 공납에서 발생한 폐단인 방납의 폐단을 개선하기 위해 조선 후기에 시행되었다.

23 정답 ② *조선 후기 수취 체제의 개편

| 문제 + 자료 분석 |

- 밑줄 친 '폐단'은 방납의 폐단이다.
- 토산물을 현물로 납부하는 공납제를 운영하는 과정에서 나타난 방납의 폐단을 해결하기 위해 대동법이 실시되었다.
- 대동법은 광해군 때 경기도에서 시범적으로 실시되었으며, 전국적으로 확대 실시되기까지 약 100년이 걸렸다.

| 선택지 분석 |

① 정조는 상업 발전에 저해가 되었던 시전 상인의 금난전권을 폐지하였다(육의전 제외).
② 대동법은 집집마다 부과되었던 토산물을 없애고 토지 1결당 쌀 12두씩 납부하도록 규정하였으며, 포나 동전으로도 납부하였다. 관청에서 고용한 상인인 공인은 이렇게 수취한 쌀, 포, 동전 등으로 장시에서 관청 수요품을 구입하여 공급하였다.
③ 토지세를 풍흉에 따라 9등급으로 나누어 수취하는 연분9등법이 점차 실효성을 상실하자, 정부는 영정법을 실시하여 토지세를 풍흉에 관계없이 고정시켰다.
④ 영조는 균역법을 실시하여 16~60세 미만 양인 남성 1인당 1년에 2필씩 걷던 군포를 1필로 줄였다. 이로써 농민들의 부담이 감소하였다.
⑤ 균역법 실시로 줄어든 수입을 보충하기 위해 지주에게 토지 1결당 쌀 2두의 결작을 징수하였다. 이 외에도 선무군관포 등을 추가로 수취하였다.

24 정답 ② *조선 후기 모내기법의 보급

밑줄 친 이 농법(모내기법)이 전국적으로 보급된 결과로 적절하지 않은 것은?

> 논농사가 특히 한해를 입는 것은 파종하는 방법을 버리고 오직 이 농법만 숭상하기 때문입니다. 이것은 옛날에는 없던 방법으로 우리나라에서는 중고(中古) 이후에 남도에서 시작되어 다른 도가 모두 본받아 이제는 보편적인 방법이 되었습니다.(조선 후기에 모내기법이 전국적으로 보급됨) … 때맞추어 비가 내리기를 기대하기 힘드니(모내기법이 가뭄 피해를 입기 쉽다고 지적) 이것을 해서 요행히 수확이 되기를 바라는 것보다 차라리 완전무결해서 걱정할 것이 없는 파종법을 택하는 것이 낫지 않겠습니까?

| 문제 + 자료 분석 |

- 밑줄 친 '이 농법'은 모내기법이다.
- 고려 말 남부 지방에서 시작된 모내기법은 조선 후기에 보편적인 파종법으로 자리매김하였다.
- 이는 모내기법이 노동력 절감과 생산량 증대에 도움을 주었고, 벼와 보리의 이모작을 가능하게 하였기 때문이다.

| 선택지 분석 |

①, ⑤ 모내기법으로 잡초를 제거하는 데 드는 노동력이 크게 절감되었다. 이에 일부 농민은 절감된 노동력을 활용하여 더 많은 농지를 경작하는 광작에 나섰다.
② 휴경지 감소는 시비법 발달과 관련이 있다. 이미 조선 전기에는 시비법이 발달하여 대부분의 농경지를 묵히지 않고 해마다 농사를 지을 수 있게 되었다.
③ 모내기법의 실시로 단위 면적당 수확량이 이전보다 증대되었다.
④ 모내기를 하면서 논에서 벼의 생육 기간을 단축시켜 벼와 보리의 이모작이 가능해졌다. 모내기법이 전국적으로 확대 보급되면서 벼와 보리의 이모작이 확대되었다.

수능 대비 기출 문제

문제편 85p

25 정답 ③ *조선 후기 상품 화폐 경제의 발달

| 문제 + 자료 분석 |

- 자료는 조선 후기의 상품 화폐 경제 발달에 대한 내용이다.
- 조선 후기에는 모내기법이 전국적으로 확산되어 농업 생산량이 크게 늘어났고, 인삼·담배·면화·채소 등 상품 작물 재배가 확대되었다.
- 조선 후기에는 사상이 성장하였다. 경강상인, 개성의 송상, 의주의 만상, 동래의 내상이 대표적이다.
- 조선 후기에는 민영 수공업이 발달하였다. 민영 수공업은 수공업자가 상인에게 자금과 원료를 미리 받고 생산된 제품을 넘겨주는 선대제 방식으로 이루어졌다.
- 조선 후기에는 상업이 발전하고 세금과 지대를 동전으로 낼 수 있게 되면서 상평통보가 전국적으로 사용되었다.

| 선택지 분석 |

① 신라 말 왕위 쟁탈전이 치열하게 전개되어 지방에 대한 통제력이 약해지자 지방 각지에서 스스로 장군, 성주라 칭하는 호족이 성장하였다.
② 원 간섭기에는 새로운 지배층인 권문세족이 등장하였다. 친원적 성향의 권문세족은 고위 관직을 독점하고 도평의사사를 장악하였다.
③ 조선 후기에는 상품 화폐 경제가 발달하였다. 농업에서는 상품 작물 재배가 확대되었고, 상업에서는 사상이 성장하였으며, 수공업에서는 민영 수공업이 발달하였다. 또한 상평통보가 전국적으로 유통되었다.
④ 개항 이후 열강의 이권 침탈이 이루어졌다. 러시아는 삼림 채벌권과 광산 채굴권을 가져갔고, 미국은 광산 채굴권과 경인선 철도 부설권을 가져갔다. 한편, 일본은 미국으로부터 경인선 부설권을 사들였고, 경부선과 경의선 부설권도 획득하였다.
⑤ 일제는 1910년 대한 제국을 강제 병합한 이후, 패망하는 1945년까지 식민 통치와 경제 수탈을 자행하였다.

26 정답 ② *고려 시대의 경제 정책

(가) 국가의 경제 정책으로 옳은 것은? (2점)

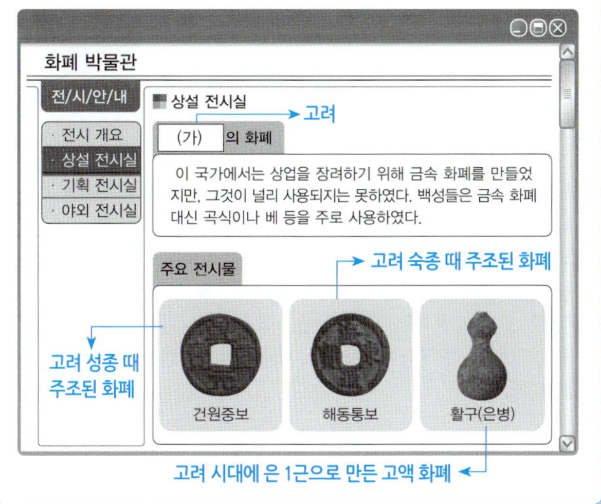

| 문제 + 자료 분석 |

- 자료의 (가) 국가는 고려이다.
- 고려는 상업을 활성화하기 위해 금속 화폐를 주조하였으나, 널리 유통되지는 못하였다.
- 성종 때 철전인 건원중보가 만들어지고, 숙종 때 동전인 해동통보와 은으로 활구가 만들어졌다.

| 선택지 분석 |

① 지계는 대한 제국이 광무개혁을 추진하는 과정에서 발급한 문서로 개인의 토지 소유를 증명하는 내용을 담고 있다.
② 고려 시대에는 문무 관리와 군인, 한인 등을 18등급으로 나누어 조세를 거둘 수 있는 전지와 땔감을 얻을 수 있는 시지를 지급하였다. 이를 전시과 제도라고 하는데 전시과 제도는 경종 때 처음 마련되었고 목종과 문종 대에 수정되었다.
③ 영정법은 조선 인조 때 마련된 수취 제도이다. 기존에 연분9등법에 따라 차등 있게 거두던 조세를 토지 1결당 쌀 4~6두로 고정하여 거두도록 한 것이다.
④ 수신전과 휼양전의 명목으로 과전이 세습되어 신진 관리에게 지급할 땅이 부족해지자 세조는 직전법을 실시하여 현직 관리에게만 토지를 지급하였다.
⑤ 호포제는 흥선 대원군이 군역의 폐단을 바로잡기 위해 제정하였는데, 양반에게도 군포를 징수한 것이 특징이다.

＊ 우리나라의 화폐

고려	건원중보, 해동통보, 은병(활구) 등 주조
조선 후기	상평통보가 널리 사용됨
근대	• 상평통보, 백동화 등 사용 • 당백전: 흥선 대원군이 경복궁 중건 비용 마련을 위해 발행한 고액 화폐 • 화폐 정리 사업: 일본인 재정 고문 메가타가 백동화, 상평통보 등을 일본 제일은행권으로 바꾸도록 함

27 정답 ⑤ ＊세종의 업적

| 문제 + 자료 분석 |

- 자료의 (가) 왕은 조선 세종이다.
- 세종은 우리 풍토에 맞는 독자적 농법을 정리하여 『농사직설』을 편찬하였다.
- 또한, 과학 기술을 장려하여 측우기, 자격루 등이 제작될 수 있도록 하였다.

| 선택지 분석 |

① 통일 신라의 신문왕은 귀족 세력을 약화시키기 위해 관료전을 지급하고 녹읍을 폐지하였다.
② 조선 후기에 광해군은 방납의 폐단을 해결하기 위해 경기도 지역에서 대동법을 시행하였다. 이후 대동법은 점차 확대 실시되어, 숙종 때 전국적으로 실시되었다.
③ 조선 후기에 영조는 백성의 군역 부담을 줄여주기 위해 균역법을 제정하였다. 이로써 1년에 2필씩 내던 군포가 1필로 줄어들었다.
④ 고구려의 고국천왕은 봄에 농민에게 곡식을 빌려주고 추수가 끝난 가을에 돌려받는 진대법을 처음 만들었다.
⑤ 세종은 그 해의 풍흉에 따라 차등을 두어 세금을 거두는 연분9등법과 토지의 비옥도에 따라 차등을 두어 세금을 거두는 전분6등법을 실시하였다.

＊ 세종의 업적

정치	집현전 설치, 의정부 서사제 실시, 경연 활성화
경제	공법(전분6등법, 연분9등법) 시행
문화	• 훈민정음 창제·반포 • 편찬 사업: 『농사직설』(농서), 『삼강행실도』(윤리서), 『칠정산』(역법서), 『향약집성방』(의학서) 등 • 과학 기술의 발전: 측우기, 앙부일구, 자격루 등 제작

07 신분제와 사회 구조

내신 대비 필수 문제

문제편 93~95p

01 핵심 키워드: 화랑도, 화랑, 낭도, 대립과 갈등 조절

모범 답안 화랑도는 진골 귀족인 화랑과 진골에서 평민의 낭도로 구성되어 계층 간 대립과 갈등을 조절하는 역할을 하였다.

| 문제 + 자료 분석 |

- (가)는 신라의 화랑도이다.
- 신라의 화랑도는 화랑과 낭도로 구성되었고, 계층 간 대립과 갈등을 조절하는 역할을 하였다.
- 6세기 신라의 진흥왕은 화랑도를 국가적인 조직으로 개편하였다.

＊ 채점 기준

화랑도의 구성과 역할을 서술한 경우	100%
화랑도의 구성과 역할 중 한 가지만 서술한 경우	50%

02 정답 6두품

| 문제 + 자료 분석 |

- 자료의 (가)는 신라의 신분 계층인 6두품이다.
- 6두품은 6관등인 아찬까지만 오를 수 있었다.

03 정답 ⑤ ＊골품제와 신라 사회

| 문제 + 자료 분석 |

- 6두품은 삼국 통일 이후 국왕의 조언자 역할을 하면서 사회적 진출을 활발히 하였다.
- 하지만 골품제의 폐쇄성으로 인하여 능력만큼 대우를 받지 못하였다.

| 선택지 분석 |

① 화백 회의는 귀족들의 회의 기구로 진골들만 참여할 수 있었다.
② 신라가 삼국을 통일한 이후 골품제에 변동이 일어나 3~1두품은 평민과 동등하게 간주되었다.
③ 고려 전기의 지배층인 문벌은 왕실이나 다른 문벌과 혼인 관계를 맺고, 과거와 음서로 관직에 진출해 권력을 유지했다.
④ 신라에서는 골품제가 일상생활 전반을 규제하였다. 이는 6두품도 진골에 비해 차별을 받았음을 의미한다.
⑤ 6두품은 신라 말기 사회 개혁을 위한 정치 이념을 제시하며 신라 사회를 개혁하고자 하였다.

04 정답 ① ＊고려의 신분 제도

| 문제 + 자료 분석 |

- 자료의 (가)는 양인 피지배층이다.
- 고려의 신분 제도는 양천제를 기본으로 구성되었다.
- 양인은 지배층, 중간 계층(서리, 하급 향리 등), 피지배층으로 구분되었다.

| 선택지 분석 |

① 양인 피지배층은 인구의 대다수를 차지하였으며, 대부분은 일반 농민이었는데, 이들은 백정이라 불렸다. 양인 피지배층에는 백정 외에도 상인, 수공업자, 특수 행정 구역(향·소·부곡)의 주민이 포함되었다.
② 향·부곡·소의 주민은 양인 피지배층에 포함된다. 이들은 과거 응시, 거주지 이전, 세금 납부 등에서 차별 대우를 받았다.

③ 양인 중간 계층(향리·서리·남반 등)은 국가의 직역을 담당하며 그 대가로 토지를 받았다.
④ 고려는 신분제 사회였으나 신라와 달리 과거·군공 등을 통한 신분 상승이 가능하였다.
⑤ 천인인 노비는 재산으로 간주되어 매매·상속·증여의 대상이 되었다.

05 정답 ② * 고려의 신분 제도

| 문제 + 자료 분석 |

- 고위 관료라는 표현을 통해 자료의 (가)가 양인 지배층임을 알 수 있다.
- 서리, 남반, 향리를 통해 자료의 (나)가 양인 중간 계층임을 알 수 있다.
- 백정, 상인 등을 통해 자료의 (다)가 양인 피지배층임을 알 수 있다.
- 공노비, 사노비를 통해 자료의 (라)가 천인임을 알 수 있다.

| 선택지 분석 |

① 음서와 공음전은 5품 이상의 고위 관료에게 주어진 특권이었다.
② 무신 집권기에는 하층민에서 권력자가 된 경우가 많았고, 지배 체제의 붕괴로 백성에 대한 통제력이 약화되고 수탈이 강화되었다. 이러한 상황을 배경으로 (다)의 양인 피지배층과 (라)의 천인, 즉 주로 피지배 계층이 신분 해방 운동을 벌였다.
③ 양인 피지배층은 농업이나 상공업에 종사하며 생산 활동을 하였다.
④ 고려 시대 천인의 대부분은 노비로, 고려 사회에서 가장 천시되었다.
⑤ 고려는 양인 지배층과 양인 중간 계층의 경제적 기반을 마련해 주기 위하여 전시과 제도를 운영하였다. 양인 지배층의 고위 관료는 과전과 더불어 공음전을 지급받았다. 한편, 군인에게는 군인전이, 향리에게는 외역전이 지급되는 등 양인 중간 계층에게는 그 직역에 해당하는 경제적 기반이 제공되었다.

06 정답 ③ * 고려 시대 여성의 지위

| 문제 + 자료 분석 |

- 고려 시대에 일상생활에서 남녀의 지위는 대등하였다.

| 선택지 분석 |

① 고려 시대에는 일부일처제가 일반적이었다.
② 고위 관료에게 부여된 음서의 특권은 외손자에게도 행사되었다.
③ 고려 시대 여성은 가정 생활이나 경제 운영 등 일상생활에서는 남성과 거의 대등한 위치에 있었다. 하지만 정치면에서는 남녀의 차별이 뚜렷하여 여성들이 관직이나 공적인 기구에 취임할 수는 없었다.
④ 고려 시대에는 딸이 부모의 제사를 지내기도 했다.
⑤ 고려 시대에는 부모를 봉양하는 것도 아들과 딸의 구분이 없었다.

07 정답 ① * 고려의 신분 제도

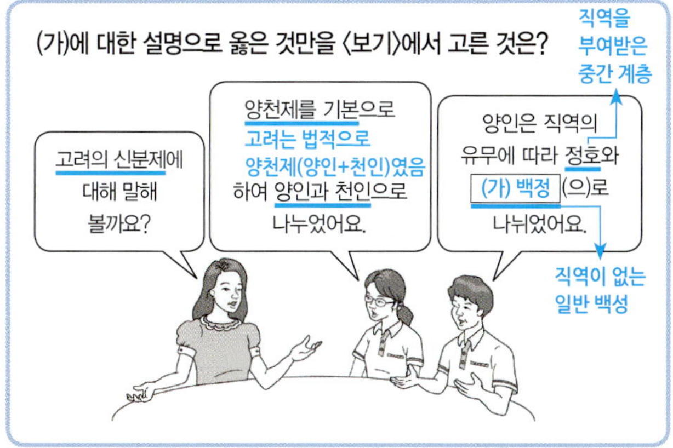

| 문제 + 자료 분석 |

- 자료의 (가)는 백정이다.
- 고려의 신분 제도는 법적으로 양인과 천인으로 나뉘었다(양천제).
- 고려 시대에 양인은 직역을 맡은 정호와 직역이 없는 백정으로 구분할 수 있다.

| 보기 분석 |

ㄱ, ㄴ. 고려 시대 백정의 대다수는 농민이었다. 이들은 국가 재정의 기본이 되는 조세, 공납, 역을 부담하였다. 백정은 법적으로 과거에 응시할 수 있었지만, 실제적으로 과거에 합격해 신분을 상승하는 것은 어려운 일이었다.
ㄷ. 고려 시대에 사회의 최하층인 천인은 대다수가 노비였다. 노비는 재산으로 간주되어 매매, 증여, 상속의 대상이 되었다. 부모 중 한 명이 노비이면 그 자녀도 노비가 되는 일천즉천의 원칙이 적용되었다.
ㄹ. 고려 시대에 중간 계층(정호)은 중앙과 지방 통치 기구의 말단 행정 실무를 주로 담당하였는데, 중앙 관청에 속한 서리, 지방 행정을 담당한 하급 향리, 하급 장교 등이 있었다. 이들은 대대로 직역을 세습하였고, 직역의 대가로 토지를 받았다.

08 정답 ④ * 고려 시대 여성의 지위

| 문제 + 자료 분석 |

- 자료는 일부다처제의 시행을 주장한 박유와 관련된 내용이다.
- 고려 시대에는 조선 후기에 비해 여성의 지위가 높았다.

| 선택지 분석 |

①, ②, ③, ⑤ 고려 시대 가정에서 여성의 지위는 남성과 큰 차이가 없었다. 남녀 구분 없이 출생 순서대로 호적에 올렸던 점, 재산에 대한 균분 상속이 이루어진 점, 여성이 호주가 되는 것이 가능했던 점, 외가도 중시하여 사위나 외손자도 음서의 혜택을 누렸던 점, 결혼 후 친정에서 남편과 함께 사는 경우가 많았던 점, 아들이 없으면 대체로 양자를 들이지 않고 딸이 부모의 제사를 지냈던 점 등이 그 사례이다. 그러나 정치·사회 활동에서는 남성에 비해 많은 제약을 받았다.
④ 양자 제도는 아들이 없는 집에서 대를 잇기 위하여 새롭게 아들을 들이는 것이다. 고려 시대에도 양자를 들이는 경우가 있었으나, 보편적인 현상은 아니었다. 양자를 들이는 일은 조선 후기에 보편화되었다.

09 핵심 키워드: 양인, 도축업자, 천민

모범 답안 고려 시대의 백정은 조세·공납·역을 부담하던 양인 계층으로 대부분이 농민이었다. 하지만 조선 시대의 백정은 도축업자를 가리키며 사회적으로 천민의 대우를 받는 등 차별당하던 계층이었다.

| 문제 + 자료 분석 |

- 고려 시대에 '백정'은 조세·공납·역을 부담하던 양인 계층이었다.
- 화척은 고려 시대의 도축업자를 이르는 말로, 조선 시대에는 이 화척을 백정으로 고쳐 부르게 하였다.
- 당시 천시를 받던 화척을 양인 피지배층을 가리키는 백정으로 바꾸어 부름으로써 이들에 대한 차별을 없애려 하였으나, 오히려 백정이 도축업자를 가리키는 말로 변화하였다.

*** 채점 기준**

고려와 조선 시대 백정의 역할과 사회적 위치를 각각 서술한 경우	100 %
고려와 조선 시대 백정의 역할만 각각 서술한 경우	50 %

10 정답 ④ *조선의 신분 제도

| 문제 + 자료 분석 |

- 자료의 (가)는 상민이다.
- 상민에는 농민, 수공업자, 상인 등이 포함되었고, 조세와 국역 등의 의무를 부담하였다.

| 선택지 분석 |

① 문무 고위 관직을 독점한 계층은 양반이다.
② 평생 관청이나 주인에게 신공을 바쳐야 하는 노비는 천민이다.
③ 사신 수행과 통역을 담당한 역관은 중인이다.
④ 전세와 공납, 부역까지 부담해야 하는 농민은 상민이다.
⑤ 내의원과 혜민서 등에서 의료 활동을 한 의관은 중인이다.

11 정답 ⑤ *조선 후기 신분제의 동요

| 문제 + 자료 분석 |

- 자료는 조선 후기 신분제의 동요로 양반의 권위가 떨어진 상황을 보여주고 있다.
- 조선 후기 농업 생산력의 증대와 상품 화폐 경제의 발달로 부를 축적한 농민과 상인들이 등장하였다.
- 또한, 붕당 정치의 변질과 권력 쟁탈의 결과로 양반층이 분화되고 몰락 양반이 출현하면서 양반 중심의 신분 질서가 동요하였다.

| 보기 분석 |

ㄱ. 조선 전기인 16세기에 풍기 군수 주세붕이 우리나라 최초의 서원인 백운동 서원을 설립하였다. 백운동 서원은 명종 때 이황의 건의로 '소수 서원'이라는 현판을 내려받아 최초의 사액 서원이 되었다.
ㄴ. 고려 무신 집권기에 만적은 신분 해방을 꿈꾸며 봉기를 계획하였으나, 사전에 발각되어 실패하였다.
ㄷ. 노비종모법은 어머니가 노비인 경우에만 그 자식이 노비가 되도록 규정한 제도이다. 조선 후기 노비의 수 감소에 영향을 주었다.
ㄹ. 조선 후기 환국이 발생하여 특정 붕당이 정권을 독점하는 일당 전제화의 추세가 대두되었다. 이에 따라 권력에서 밀려난 양반들은 정치·경제적으로 몰락하게 되었다.

12 정답 ② *조선 후기 신분제의 동요

| 문제 + 자료 분석 |

- 자료는 북학파 실학자 박지원이 저술한 『양반전』의 일부로, 조선 후기 양반 중심의 신분제가 동요하는 모습을 보여주고 있다.
- 조선 후기 농업 기술의 발달과 이로 인한 농업 경영의 변화, 상공업의 발달은 양반 중심의 신분제가 동요하는 중요한 원인이 되었다.

| 선택지 분석 |

① 고려 시대 5품 이상 고위 관료의 사위와 외손자도 음서의 혜택을 받을 수 있었다.
② 조선 후기 중앙의 권력 투쟁에서 밀려나거나 벼슬길에 오르지 못한 양반들은 지방의 향반이 되거나 상민과 유사한 처지가 되는 잔반으로 몰락하였다.
③ 조선 후기 농업 기술의 발달로 생산력이 증가하면서 부농이 출현하게 되었다. 하지만 대다수의 농민은 경제적 변동에 제대로 대처하지 못해 몰락하였다. 이들은 임노동자나 영세 상인이 되기도 하였다.
④ 임진왜란 이후 재정이 부족했던 정부는 납속책을 통해 재정을 확보하고자 했다. 신분 상승의 합법적 통로가 마련되면서 조선 후기의 신분제가 변동하게 되었다.
⑤ 고려 시대에는 향·부곡·소의 특수 행정 구역이 존재하여 일반 군현민보다 큰 세금 부담을 졌다. 하지만 조선에서는 이 같은 특수 행정 구역이 사라졌다.

13 정답 ③ *조선 시대의 신분 제도

| 문제 + 자료 분석 |

- 자료에서 설명하고 있는 신분층은 서얼이다.
- 양반의 자손 가운데 첩의 소생이고 중인층에 해당하는 이들은 서얼이다.
- 서얼은 문과 응시가 제한되는 등 사회적으로 각종 차별을 받았다.

| 선택지 분석 |

① 군역 면제의 특권을 보유한 계층은 양반이다.
② 향회는 지방 양반들의 이익을 대변하던 기구였다. 이들은 향회에서 여론을 수렴하고 결속을 다졌다.
③ 정조 때 서얼 출신인 박제가, 유득공, 이덕무 등이 규장각 검서관으로 기용되는 등 차별이 완화되었다.
④ 조선 후기에 노비들은 주로 도망, 군공, 납속 등으로 신분을 상승시켰다.
⑤ 고려 시대의 남반은 양인 중간 계층으로, 궁궐에서 숙직하고 국왕을 시종하며 왕명을 전달하는 역할을 하였다.

14 핵심 키워드: 붕당 정치의 변질, 세도 정치, 양반층 분화

모범 답안 붕당 정치의 변질과 세도 정치로 인해 특정 붕당 혹은 가문에 권력이 집중되면서 양반층이 분화되었다.

> 양반은 조선 사회의 지배층으로, 주요 관직을 독점하고 많은 토지와 노비를 소유하였다. 그러나 양난(왜란과 호란) 이후로 양반 중심 신분 질서가 동요(군공, 납속책, 공명첩 등으로 신분 상승)하였고, ㉠ 양반층 내부에서 분화가 일어나 몰락 양반(향반, 잔반)이 등장하였다.(일부 양반이 권력 독점, 많은 양반이 몰락)

| 문제 + 자료 분석 |

- 조선 후기에 상품 화폐 경제가 발달하여 신흥 부농층, 상업 자본가 등이 등장하고, 부유해진 상민들이 납속책과 공명첩으로 신분을 상승시키는 등 양반 신분제 사회가 동요하였다.
- 이러한 상황에서 붕당 정치의 변질과 세도 정치로 인해 중앙 권력에서 밀려난 양반들이 향반 또는 잔반으로 몰락하였다.

*** 채점 기준**

채점 기준	배점
붕당 정치의 변질과 세도 정치를 모두 서술한 경우	100%
제시된 내용 중 한 가지만 서술한 경우	50%

15 정답 ② *조선 후기 신분제의 동요

| 문제 + 자료 분석 |

- 조선 후기에 정부는 국가 재정을 보충하기 위해 납속책을 실시하고, 공명첩을 발행하였다.
- 공명첩은 '이름이 비어 있는 관직 임명장'으로, 정부가 재물을 받고 형식상의 관직을 부여해 준 증명서이다.

| 선택지 분석 |

① 조선 전기에 여러 차례의 사화가 발생하였다. 성종 때 본격적으로 중앙 정계에 진출한 사림은 훈구의 비리를 비판하여 두 세력의 갈등이 깊어졌다. 연산군 때부터 여러 차례의 사화가 발생하여 많은 사림이 피해를 입었다.
② 조선 후기에 부를 축적한 상민은 공명첩을 사서 양반이 되거나, 몰락한 양반의 족보를 구입·위조하여 양반으로 행세하기도 하였다. 그 결과 상민의 수는 줄어들고 양반의 수는 크게 늘어났다.
③ 고려 말에 공민왕이 개혁 정치를 추진하는 과정에서 신진 사대부가 성장하였다.

④ 신라 말에는 중앙에서 진골 귀족들의 왕위 쟁탈전이 치열하게 전개되어 왕권이 약화되고 중앙 정부의 지방 통제력이 약해졌다. 이를 틈 타 지방에서는 자신의 근거지에 성을 쌓고 군대를 기르며 스스로를 성주, 장군이라고 칭하는 호족 세력이 등장하였다.
⑤ 초기의 삼국(고구려, 백제, 신라)은 연맹체를 중심으로 성장하였다. 이후 관등제 정비, 율령 반포, 불교 수용 등을 통해 중앙 집권적 고대 국가로 성장해 나갔다. 그에 따라 부족의 지배층은 독자성을 잃고 중앙 귀족으로 편입되었다.

내신 1등급 문제 문제편 96p

16 정답 ③ * 골품제

| 문제 + 자료 분석 |

- 자료의 (가)는 진골, (나)는 6두품, (다)는 4두품이다.
- 신라는 귀족들을 골품으로 구분하고, 골품에 따라 정치적·사회적 활동 범위와 일상생활까지 규제하였다.

| 선택지 분석 |

① 진골은 ㉠ 관등을 독점했을 뿐만 아니라 성골이 완전히 소멸하고 난 이후인 무열왕 때부터는 왕위에 오르기도 하였다.
② 6두품은 삼국 통일 이후 학문적 식견과 행정 능력을 바탕으로 국왕을 보좌하면서 정치적 진출을 활발히 하였다.
③ 표를 보면 4두품은 12관등까지 진출할 수 있었고, 6두품은 그보다 높은 6관등까지 진출할 수 있었다. 따라서 6두품(비색, 청색, 황색)이 4두품(황색)보다 다양한 색깔의 공복을 입을 수 있었다.
④ 진골만이 중앙 관청의 장관이 될 수 있었다.
⑤ 골품제에 따르면, 4두품은 12 관등인 대사를 초과하여 승진할 수 없었다.

17 정답 ③ * 고려의 사회 모습

| 문제 + 자료 분석 |

- 자료는 향·소·부곡이 일반 군현으로 승격하는 내용을 담고 있으므로, 고려 시대 임을 알 수 있다.
- 망이·망소이의 난이 일어나자 고려 정부는 명학소를 승격하여 일반 군현인 충순현으로 삼아 회유하였다.
- 원 간섭기에는 몽골어를 익혀 원과의 교류 과정에서 공을 세워 신분을 상승시키는 경우가 있었다.

| 선택지 분석 |

① 일제 강점기의 모습이다. 갑오개혁으로 신분제가 폐지되었지만 백정은 여전히 차별 대우를 받았다. 일제 강점기에 백정은 사회적 차별을 폐지하여 저울처럼 평등한 세상을 만들겠다는 신념 아래, 진주에서 조선 형평사를 창립하고 형평 운동을 전개하였다.
② 신라에 대한 설명이다. 신라의 6두품은 당에 유학하여 빈공과에 급제하였고, 귀국하여 골품제 사회의 문제점을 비판하고 개혁을 주장하였다. 그러나 뜻대로 되지 않자 반신라적인 태도를 보이기도 하였다.
③ 고려에 대한 설명이다. 고려는 5도를 두고 그 아래에 군현과 특수 행정 구역인 향·부곡·소를 두었다. 군현은 지방관이 파견된 주현과 지방관이 파견되지 않은 속현으로 구분되었고 향리가 행정 업무를 담당하였다.
④ 조선에 대한 설명이다. 조선 후기에는 상업이 발달하면서 화폐인 상평통보가 주조되어 전국적으로 유통되었다.
⑤ 조선에 대한 설명이다. 세도 정치 시기에 홍경래는 평안도 지방에 대한 차별과 지배층의 수탈에 항거하여 봉기하였다(홍경래의 난). 여기에는 광산 노동자, 빈농, 신흥 상공업 세력 등 다양한 세력이 참여하였다.

18 정답 ① * 조선 전기 양반 중심의 신분 질서

| 문제 + 자료 분석 |

- 밑줄 친 '이 시기'는 조선 전기인 16세기로, 당시의 최고 지배층은 양반이었다.
- 15세기 후반에 등장한 장시는 16세기 중반 전국으로 확대되었다.
- 16세기 중엽에는 직전법이 폐지되어 수조권 지급 제도가 사라지고 관리에게 녹봉만 지급하게 되었다.

| 선택지 분석 |

① 조선 시대에는 신분이 양인이었으나, 천한 일에 종사하여 차별받았던 신량역천 계층이 있었다. 수군, 조례, 나장, 일수, 봉수군, 역졸, 조졸 등이 해당하였다.
② 양반은 각종 신분적 특권을 제도화하여 국역을 면제받았다.
③ 양반은 본래 문반과 무반 관리를 의미하였는데, 점차 그 가족과 가문까지 포함하는 개념으로 확대되었다.
④ 조선 시대에는 양인 계층이면 누구나 과거에 응시할 수 있었지만 현실적으로 양반 이외에는 과거에 응시하기가 힘들었다. 양반은 과거로 관직에 진출해 고위 관직을 독점하였다.
⑤ 양반은 경제적으로 지주층이며, 정치적으로는 관료층이었다. 이들은 생산에 종사하지 않고 현직 또는 예비 관료로 활동하거나 유학자로서의 자질을 수양하였다.

19 정답 ③ * 기술직 중인

밑줄 친 이들(중인(기술관))에 대한 설명으로 가장 적절한 것은?

> 이들은 본시 모두 사대부였는데 또는 의료직(의관)에 들어가고 또는 통역(역관)에 들어가 그 역할을 7~8대나 10여 대로 전하니(직역을 세습하는 기술직 중인) 사람들이 서울 중촌(中村)의 오래된 집안이라고 불렀다. 문장과 대대로 쌓아 내려오는 비녁은 비록 사대부에 비길 수 없으나 유명한 재상, 지체 높고 번창한 집안 외에 이들보다 나은 자는 없다.
>
> –『상원과방』

| 문제 + 자료 분석 |

- 밑줄 친 '이들'은 조선 시대의 중인(기술관)이다.
- 조선 시대의 중인(기술관)은 의관 또는 역관 등이 있었고, 그 직역을 대대로 세습하였다.

| 선택지 분석 |

① 고려 전기의 지배층인 문벌은 음서를 통해 정치적 특권을, 공음전을 통해 경제적 특권을 누렸다.
② 노비에 대한 설명이다. 노비는 재산으로 취급받으며 매매·증여·상속의 대상이 되었다.
③ 조선 후기에 기술직 중인들은 대규모의 소청 운동을 통해 고위 관직 진출에서 받는 차별을 없애고자 하였지만 큰 성과를 거두지는 못하였다.
④ 붕당 정치와 세도 정치로 인해 특정 붕당이나 가문에게 권력이 집중되는 현상이 나타났다. 이로 인해 양반층이 분화되어 몰락 양반이 등장하기도 하였다.
⑤ 양반과 첩의 자식인 서얼들은 차별 철폐를 요구하는 집단 상소 운동을 전개하였다. 그 결과 박제가, 이덕무, 유득공 등 서얼 출신 인물들이 정조 때 규장각 검서관으로 기용되기도 하였다. 서얼은 넓게 보면 중인층에 포함되지만, 기술직 중인들과는 그 출신이 구분된다.

수능 대비 기출 문제 문제편 97p

20 정답 ④ * 조선 후기 신분 질서의 동요

(가)에 들어갈 내용으로 가장 적절한 것은? [3점]

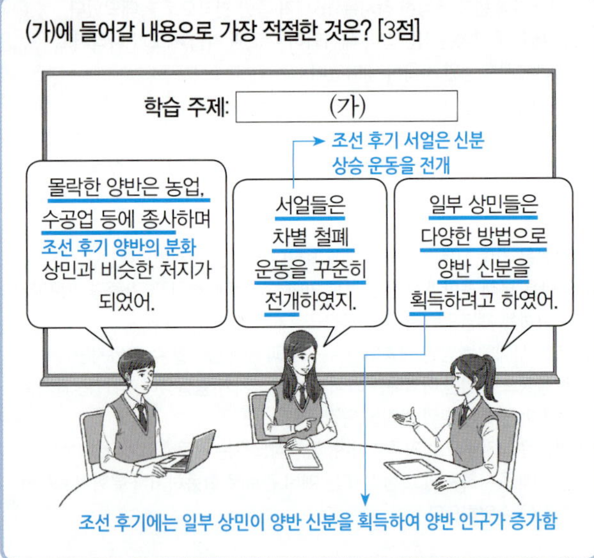

| 문제 + 자료 분석 |

- 자료는 조선 후기 신분 질서의 동요에 대한 것이다.
- 조선 후기 권력에서 밀려난 양반은 향촌 사회에서 영향력을 행사하는 향반이 되거나 상민과 다를 바 없는 잔반이 되었다.
- 조선 후기 서얼은 여러 차례 집단 상소를 올리는 등 차별 철폐 운동을 전개하였다.
- 조선 후기에는 재산을 모은 일부 상민들이 공명첩을 구매하여 양반이 되거나, 몰락한 양반의 족보를 매입하여 양반으로 행세하기도 하였다.

| 선택지 분석 |

① 신라에서는 골품에 따라 정치 활동의 범위가 결정되었고, 가옥과 수레의 크기 등 일상생활도 규제되었다.
② 고려 시대에 문벌은 과거와 음서를 통해 관직에 진출하여 요직을 독차지하였으며, 넓은 토지를 차지하고 풍요로운 생활을 누렸다. 그리고 왕실이나 다른 문벌과 중첩된 혼인 관계를 맺어 권력을 공고히 하였다.
③ 고려 시대에 발생한 무신 정변으로 문벌 사회가 무너지고 신분제가 동요하였다. 이런 가운데 삶이 피폐해진 하층민은 대규모 봉기를 일으키기도 하였는데, 공주 명학소에서 일어난 망이·망소이의 난이 대표적이다.
④ 양난 이후 양반 중심의 신분 질서에 큰 동요가 일어났다. 양반층이 분화하면서 향반, 잔반 등이 늘어났고, 일부 상민은 공명첩 구매, 족보 위조 등 다양한 방법으로 양반 신분을 획득하였다.
⑤ 일제 강점기에 백정들은 저울처럼 평등한 사회를 만들겠다는 목표 아래 진주에서 조선 형평사를 창립하고 형평 운동을 전개하였다.

21 정답 ① * 고려 시대 향·부곡·소

| 문제 + 자료 분석 |

- (가)에는 향, 부곡, 소에 대한 내용이 들어가야 한다.
- 향·부곡·소는 고려 시대의 특수 행정 구역으로 이곳에 거주하는 주민은 일반 군현민에 비해 여러 가지 차별 대우를 받았다.
- 무신 집권기에 공주 명학소의 망이와 망소이는 과도한 부역과 차별에 맞서 봉기를 일으켰다.

| 선택지 분석 |

① 향·부곡·소의 거주민은 일반 군현민에 비해 세금 부담이 컸으며, 거주 이전의 자유도 없었고 과거 응시에도 제한을 받았다.
② 일제 강점기인 1920년대에 백정 출신들은 사회적 차별 철폐를 주장하며 형평 운동을 전개했다.
③ 조선 시대에 이미 향, 부곡, 소가 소멸되어 그 지역 주민에 대한 차별도 사라졌다. 반면 1894년에 있었던 갑오개혁을 통해 공·사 노비 제도가 폐지되었다.
④ 조선 시대에 의관, 역관 등 기술관직 중인들은 직역을 세습하였고 전문 기술이나 행정 실무를 담당하였다.
⑤ 고려 전기의 지배 계층인 문벌 등에 해당한다. 고려 시대 5품 이상의 고위 관리에게는 세습이 가능한 공음전이 지급되었다. 정치적으로는 음서(5품 이상 고위 관리의 자손 등이 과거를 보지 않고 관직에 나아가는 것)의 혜택이 있었다.

22 정답 ⑤ * 조선 시대 중인

밑줄 친 '그들'에 대한 설명으로 옳은 것은?

> 대사헌 채수가 아뢰기를 "지금 전하께서 의관과 역관 중에 그 기술이 훌륭한 자를 발탁하여 문무 관직에 쓰려고 하시는데, 저는 그 이유를 알 수 없습니다. 그들은 모두 보잘것없는 무리로 본래 양반 사족이 아닌데도 외람되게 조정의 은혜를 많이 받아왔으며, 국가에서 장려함도 이미 지극했습니다."라고 하였다.

→ 기술관(중인에 속함)
→ 중인
KEY 조선 전기에 성종이 중인 계층을 문무 관직에 등용하려 하자 이에 반대하여 올린 상소의 내용

| 문제 + 자료 분석 |

- 밑줄 친 '그들'은 중인(기술관)이다.
- 중인 계층은 주로 잡과를 통해 의관, 역관 등의 기술직으로 등용되었다. 양반 출신이 아니었기 때문에 고위 관직으로 진출하는 데에는 한계가 존재하였다.

| 선택지 분석 |

① 부여에는 왕 아래 가축의 이름을 딴 마가, 우가, 저가, 구가가 있었는데, 이들 가(加)는 별도로 사출도를 다스렸다.
② 공음전은 고려 시대 5품 이상의 관리에게 지급한 토지로, 자손에게 세습이 가능하였다. 고려의 문벌은 공음전을 지급받아 경제적 지위를 유지하였다.
③ 화백 회의는 신라 진골 귀족들이 참여하는 회의로 여러 부족의 대표가 함께 나라를 이끌어 가던 전통을 반영하고 있다. 화백 회의는 만장일치제로 운영되었다는 특징을 가지고 있다.
④ 신량역천은 천한 일에 종사하지만, 신분은 양인인 부류를 말한다. 조선 시대의 신량역천으로는 수군, 조례, 나장 등이 있었다.
⑤ 중인은 넓은 의미로 양반과 상민의 중간 신분을 말하지만, 좁은 의미로는 역관과 의관 등 기술관을 말한다. 중인은 잡과를 통해 선발되었고, 대를 이어 직역을 세습하였으며 같은 신분끼리 혼인하였다.

＊ 조선 시대의 중인

구분	내용
의미	• 넓은 의미: 양반과 상민의 중간 신분 • 좁은 의미: 잡과를 통해 선발된 기술관
구성	역관, 의관, 서리, 향리, 서얼 등
특징	하급 지배층으로 직역 세습, 같은 신분끼리 혼인

08 사상과 문화

내신 대비 필수 문제

문제편 106~109p

01 정답 ④ * 유학의 도입과 발전

| 문제 + 자료 분석 |

- 밑줄 친 '이 사상'은 유학이다.
- 임신서기석에는 신라의 두 청년이 유교 경전을 3년 동안 습득하기로 맹세한다는 내용이 담겨 있다.

| 선택지 분석 |

① 신라 말 도선이 도입한 사상은 풍수지리설이다.
② 『왕오천축국전』은 통일 신라의 승려 혜초가 지은 인도 여행기이다.
③ 교종과 선종은 모두 불교의 종파이다. 교종은 기존의 불교로 경전 이해를 강조하며, 지배층의 권위를 뒷받침하였다. 반면 선종은 신라 말 새롭게 유행한 종파로 참선 수행을 통한 깨달음을 강조하며 누구나 부처가 될 수 있다고 주장하였다.
④ 오경박사는 유학 교육을 담당하던 백제의 관리였다.
⑤ 사신도는 도교의 방위신을 그린 것으로 고구려 고분 벽화에 많이 등장한다.

02 정답 ⑤ * 삼국 문화의 일본 전파

| 문제 + 자료 분석 |

- 삼국 문화의 일본 전파는 일본 고대 국가 성립 및 아스카 문화 발전에 영향을 주었다.
- 특히 백제가 일본으로의 문화 전파에 크게 기여하였다.

| 선택지 분석 |

① 고구려의 승려인 담징은 일본에 종이와 먹의 제조법을 전해주었다.
② 백제는 『천자문』과 『논어』 등 유교 경전뿐 아니라 천문, 역법, 의술 등을 일본에 전해주었다.
③ 신라는 조선술(배 만드는 기술)과 축제술(제방 쌓는 기술)을 전해주었다.
④ 가야의 토기 제작 기술은 일본에 전해져 스에키('질 좋은 토기'라는 뜻을 지닌 일본의 토기)에 영향을 주었다.
⑤ 삼국과 가야의 문화는 일본에 전해져 일본 아스카 문화 발전에 큰 영향을 주었다. 통일 신라의 유교와 불교문화가 일본에 전해져 하쿠호 문화 발전에 영향을 주었다.

03 정답 ⑤ * 최치원

| 문제 + 자료 분석 |

- 자료와 관련된 인물은 최치원이다.
- 최치원은 신라 말기 당에 유학하고 빈공과에 합격하는 등 능력을 발휘하였다.
- 이후 신라로 돌아왔으나, 능력만큼 대우를 받지 못하자 지방에서 은둔 생활을 하였다.

| 선택지 분석 |

① 4세기 말 내물왕 때 신라는 고구려의 도움을 받아 가야·왜 연합 세력을 물리쳤다.
② 신라의 정복 활동은 삼국 통일이 이루어지면서 끝났다.
③ 7세기 신라는 백제의 잦은 공격으로 세력이 약화되었으며, 이를 극복하기 위해 당에 동맹을 요청하였다.
④ 신라는 과거제를 도입하지 않았다. 고려 광종이 처음으로 과거제를 도입하였다.
⑤ 최치원이 활동하던 시기는 신라 말기로 사회가 혼란하던 때이다. 8세기 후반 이후 왕위 쟁탈전이 치열하게 전개되면서 중앙 정부의 지방에 대한 통제가 약화되었다. 이에 지방에서는 스스로 성주, 장군이라 칭하는 호족이 성장하였으며, 이들에 의해 신라는 점차 해체되어 갔다.

04 정답 ③ * 고대의 문화

| 문제 + 자료 분석 |

- (가)에 들어갈 문화유산은 불국사 3층 석탑(석가탑)이다.
- 불국사 3층 석탑은 다보탑과 나란히 불국사 경내에 세워져 있으며, 보수 과정에서 무구정광대다라니경이 발견되기도 하였다.

| 선택지 분석 |

① 관촉사 석조 미륵보살 입상은 고려 초기에 제작된 대형 석불이다.
② 광개토 대왕릉비는 고구려의 장수왕이 아버지인 광개토 대왕을 기리며 세운 비석으로 광개토 대왕의 업적이 기록되어 있다.
③ 불국사 3층 석탑은 일명 석가탑이라고도 불린다. 통일 신라 석탑의 전형을 보여주는 것으로 다보탑과 함께 불국사 경내에 배치되어 있다. 석가탑을 보수하는 과정에서 무구정광대다라니경이 발견되었는데 이는 현존하는 세계에서 가장 오래된 목판 인쇄물이다.
④ 금동 대향로는 불교 사상과 도교적 이상 세계가 함께 반영되어 있는 백제의 유물이다.
⑤ 금동 미륵보살 반가 사유상은 삼국 시대에 만들어진 불상이다.

05 정답 ⑤ * 발해의 문화

| 문제 + 자료 분석 |

- 자료의 (가) 국가는 발해이다.
- 이불병좌상은 발해의 불상이다.

| 보기 분석 |

ㄱ. 소수림왕은 고구려의 왕이다.
ㄴ. 최치원은 통일 신라의 인물로 6두품이었으며, 당에 유학하여 빈공과에 급제하였다
ㄷ. 당의 6부는 이부·호부·예부·병부·형부·공부였으나 발해는 6부의 명칭을 충부·인부·의부·지부·예부·신부와 같이 유교식 명칭으로 변경하여 운영하였다.
ㄹ. 발해는 고구려 불교를 이어받았는데, 현재 남아 있는 석등과 이불병좌상 등에서 고구려 불교의 영향을 확인할 수 있다.

06 정답 ② * 고려청자

| 문제 + 자료 분석 |

- 문벌 사회가 확립되면서 고려에서는 정교하고 세련된 문화가 발달하였다.
- 특히 자기 공예 분야에서 두드러졌는데, 고려 시대의 자기 공예는 지배층의 생활 도구와 불교 의식에 사용되는 의례용구 등을 중심으로 발전하였다.

| 선택지 분석 |

① 삼국 시대에 백제에서 제작된 금동 대향로이다.
② 고려는 신라와 발해의 전통과 기술을 토대로 송의 자기 기술을 받아들여 11세기에 독자적인 자기 제작법을 개척하였다. 12세기에는 고려의 독특한 기술인 상감법이 개발되어 황금기를 맞게 되었다. 대표적인 상감 청자로는 청자 상감 운학문 매병이 있다.
③ 통일 신라 시대에 만들어진 불국사 3층 석탑(석가탑)이다.
④ 조선 전기 세종 때 만들어진 앙부일구이다.
⑤ 조선 후기 정선이 남긴 <인왕제색도>이다. <인왕제색도>는 진경산수화를 대표하는 작품이다.

07 정답 ⑤ * 고려의 문화

| 문제 + 자료 분석 |

- 고려는 중앙의 권력을 장악한 세력과 지방에서 성장한 세력이 어우러져 정치 상황이 역동적으로 전개되었다.
- 이러한 경향은 문화 분야에서도 중앙과 지방 문화의 성격을 구분 짓게 하였다.

| 선택지 분석 |

① 고구려의 불상인 금동 연가 7년명 여래 입상이다.
② 신라의 수도인 경주에서 출토된 서역의 유리 제품이다. 신라와 서역의 교류를 짐작할 수 있다.
③ 조선 전기에 만들어진 분청사기이다. 조선 초기에는 청자에 백토 가루를 칠한 분청사기가 발달하였다.
④ 원 간섭기에 원의 영향을 받아 개경에 만들어진 개성 경천사지 10층 석탑이다. 조선 시대 때 만들어진 서울 원각사지 10층 석탑에 영향을 주었다.
⑤ 고려 전기에 만들어진 논산 관촉사 석조 미륵보살 입상이다. 조형미는 다소 떨어지지만, 소박한 지방 문화를 잘 보여준다.

08 정답 ③ * 고려의 역사서

| 문제 + 자료 분석 |

- 자료의 (가)는『삼국사기』, (나)는『삼국유사』이다.
- 『삼국사기』는 유학자이자 문벌인 김부식이 인종의 명을 받들어 집필하였다. 현존하는 우리나라의 가장 오래된 역사서이며, 유교적 합리주의 사관이 반영되어 있다.
- 『삼국유사』는 원 간섭기에 승려인 일연이 저술하였기 때문에 불교적이고 설화적인 내용이 많이 수록되어 있다.

| 보기 분석 |

ㄱ. 이승휴는 원 간섭기에『제왕운기』를 저술하였다.『제왕운기』에도 단군이 기록되어 있다.
ㄴ. 기전체는 본기, 세가, 열전 등의 항목으로 나누어 역사를 편찬하는 형식이다. 김부식의『삼국사기』는 기전체 형식으로 서술되었다.
ㄷ. 『삼국유사』는 단군을 우리 민족의 시조로 내세워 단군에 대해 기록하였다.
ㄹ. 성리학적 사관에 기초하여 서술된 대표적인 역사서는 이제현의『사략』이다.

* 고려 시대 역사서

초기	실록 편찬 → 현재 전하지 않음
중기	『삼국사기』: 김부식, 유교적 합리주의 사관, 기전체, 신라 계승 의식 반영, 현존하는 가장 오래된 역사서
무신 집권기	『동명왕편』: 이규보, 고구려 계승 의식 반영
원 간섭기 이후	•『삼국유사』: 일연, 단군을 우리 민족의 시조로 내세움, 불교사 중심 •『제왕운기』: 이승휴, 우리 역사를 단군에서부터 서술 •『사략』: 이제현, 성리학적 사관

09 정답 ⑤ * 고려 유학의 발전

| 문제 + 자료 분석 |

- 자료의 (가) 사상은 유학이다.
- 최승로는 성종에게 시무 28조를 올리면서 유학을 근본으로 두고 나라를 통치할 것을 간언하였다.

| 보기 분석 |

ㄱ. 미래의 길흉화복을 예언하는 도참사상과 결합하여 고려 시대 유행한 사상은 풍수지리설이다.
ㄴ. 서경 천도 운동의 핵심 사상은 풍수지리설이다. 묘청은 풍수지리설을 근거로 서경 천도를 주장하였다.
ㄷ. 고려 시대에는 불교의 영향력이 강했지만 성종이 최승로 등의 유학자를 등용하고 유교 사상을 바탕으로 국가를 정비한 것처럼 유교는 정치 이념으로 중시되었다.
ㄹ. 고려는 중앙 교육 기관인 국자감과 지방 교육 기관인 향교에서 유학 교육을 실시하였다.

10 핵심 키워드: 의천, 지눌, 교종과 선종의 통합

모범 답안 (가)는 의천, (나)는 지눌이다. 의천과 지눌은 모두 고려 시대의 승려로, 교종과 선종의 통합을 위해 노력하였다.

| 문제 + 자료 분석 |

- (가)는 고려의 의천이다. 의천은 이론(교리)과 실천(참선)을 모두 강조하는 교관겸수를 제창하였다. 의천은 해동 천태종을 창시하였고, 교종의 입장에서 선종을 통합하였다. 그러나 의천이 죽은 뒤 교단은 다시 분열되었다.
- (나)는 고려의 지눌이다. 지눌은 정혜쌍수와 돈오점수를 주장하였고, 선종을 중심으로 교종을 포용하려고 하였다.

*** 채점 기준**

(가), (나) 승려의 이름과 두 승려의 공통점을 모두 서술한 경우	100 %
(가), (나) 승려의 이름만 쓰거나, 두 승려의 공통점만 서술한 경우	50 %

11 정답 ② * 이황과 이이

| 문제 + 자료 분석 |

- 자료의 (가)는 이황, (나)는 이이이다.
- 이황은 인간 심성의 근원인 '이(理)'를 강조하였고, 근본적이며 이상주의적인 경향이 강하였다. 이이는 상대적으로 '기(氣)'를 중시하여 현실적이고 개혁적인 성향이 강하였다.
- 이황과 조식의 학문을 계승한 사람들은 동인을 형성하였고, 이이와 성혼의 학문을 계승한 사람들은 서인을 형성하였다.

| 보기 분석 |

ㄱ. 이황의 사상은 일본에 전해져 일본 성리학 발전에 큰 영향을 주었다.
ㄴ. 중종 때 백운동 서원을 건립한 인물은 주세붕이다. 백운동 서원은 명종 때 이황의 건의에 따라 사액을 받아 소수 서원이 되었다.
ㄷ. 이황은『성학십도』,『주자서절요』등을 저술하였고, 이이는『성학집요』,『동호문답』등을 저술하였다.
ㄹ. 조선 후기에 윤휴, 박세당 등은 유교 경전의 재해석을 시도하였고, 그로 인해 서인으로부터 사문난적으로 몰려 배척당하였다.

12 정답 ① * 조선 전기의 편찬 사업

| 문제 + 자료 분석 |

- 조선 전기에는 역사서, 법전, 윤리서와 의례서, 지도와 지리서 등 활발한 편찬 사업이 이루어져 민족 문화가 융성하였다.

| 선택지 분석 |

① 조선 후기에 안정복이『동사강목』을 편찬하였다. 조선 전기에 편찬된 역사서로는『고려사』,『고려사절요』,『동국통감』등이 있다.
② 조선 전기인 세조 때 편찬되기 시작한『경국대전』은 성종 때 완성·반포되었다.
③ 조선 전기인 성종 때 국가 행사에 필요한 다섯 가지 의례를 유교적 예법에 맞게 정리한『국조오례의』를 편찬하였다.

④ 조선 전기인 태종 때 세계 지도인 혼일강리역대국도지도를 제작하였다. 이는 현재 남아 있는 세계 지도 중 동양에서 가장 오래된 것이다.
⑤ 조선 전기인 성종 때 각 지역의 연혁, 풍속 등을 정리한 지리서인 『동국여지승람』을 편찬하였다.

13 핵심 키워드: 억불 정책, 토지와 노비 회수, 승려의 수 제한

모범 답안 조선 초에는 불교 사원이 소유한 토지와 노비를 회수하였고, 승려의 수를 제한하는 등 억불 정책을 추진하였다.

| 문제 + 자료 분석 |

- 조선 시대에는 성리학이 주도 이념이 되면서 불교, 도교 등 다른 사상은 크게 위축되었다.
- 조선은 건국 초부터 불교를 억압하는 정책(억불 정책)을 폈지만, 불교는 명맥을 이어 나갔다.
- 특히 불교를 믿었던 세조는 간경도감을 설치하여 불교 경전을 번역하였다.

＊채점 기준

불교 사원의 토지와 노비 회수, 승려의 수 제한 중에서 한 가지를 서술한 경우	100 %
위의 내용을 서술하지 못한 경우	0 %

14 정답 ④ ＊조선 전기의 문화

| 문제 + 자료 분석 |

- 자료의 그림은 강희안의 「고사관수도」와 안견의 「몽유도원도」이다.
- 강희안은 관리 출신이고, 안견은 도화서의 전문 화원으로 모두 조선 전기인 15세기에 활동하였다.

| 선택지 분석 |

① 실학은 조선 후기 사회·경제적 변동에 따른 해결책을 구상하는 과정에서 등장하였다.
② 16세기 말에서 17세기 초에 활동한 허균은 최초의 한글 소설인 『홍길동전』을 저술하였다.
③ 통일 신라의 원성왕은 독서삼품과를 실시하여 유교 경전을 이해한 정도에 따라 관리를 등용하고자 하였다.
④ 조선 전기인 15세기 세종 때 충신, 효자, 열녀의 이야기를 그림으로 그리고 설명을 덧붙인 『삼강행실도』를 편찬하였다.
⑤ 조선 후기인 19세기에 김정호가 「대동여지도」를 제작하였다.

15 핵심 키워드: 중국의 역법, 한양, 천체 운동

모범 답안 칠정산은 중국의 역법을 그대로 받아쓰던 것에서 벗어나 우리나라 최초로 한양을 기준으로 천체 운동을 정확하게 계산하였다는 점에서 역사적 의의를 가진다.

| 문제 + 자료 분석 |

- 밑줄 친 '역법서'는 『칠정산』이다.
- 세종 때의 과학 기술의 발달은 안정된 내치를 바탕으로 세종의 의지와 신하들의 노력이 결합되어 만들어진 업적이었다.
- 『칠정산』의 편찬은 우리 스스로 역법을 제작할 수 있었던 당시의 과학 기술 수준을 보여주는 것이다.

＊채점 기준

중국의 역법을 받아쓰던 것에서 벗어났다는 점, 한양을 기준으로 천체 운동을 계산하였다는 점을 모두 서술한 경우	100 %
중국의 역법을 받아쓰던 것에서 벗어났다는 점, 한양을 기준으로 천체 운동을 계산하였다는 점 중 한 가지만 서술한 경우	50 %

16 정답 ④ ＊조선 후기 실학의 발달

| 문제 + 자료 분석 |

- 자료의 (가)는 박제가, (나)는 정약용이다.
- 박제가는 상공업 진흥을 주장하였던 실학자로, 『북학의』를 저술하여 생산과 소비의 관계를 우물에 비유(우물론)하며 소비를 권장하였다.
- 정약용은 농업 중심의 개혁을 주장한 실학자로, 토지 개혁론으로 공동 소유와 공동 경작의 내용을 담은 여전제를 제시하였다. 한편, 그는 과학 기술과 상공업 발달에도 많은 관심을 기울였다.

| 선택지 분석 |

① 농업 중심의 개혁을 주장한 유형원은 신분에 따라 토지를 차등 분배하자는 균전론을 주장하였다.
② 영업전의 지급을 통해 농민 생활을 안정시켜야 한다는 한전론을 주장한 실학자는 이익이다.
③ 유수원이 『우서』에서 상공업의 진흥을 위해 사농공상의 직업적 평등을 주장하였다.
④ 정약용은 농촌 사회의 안정을 위해 토지 제도의 개혁을 주장하였지만, 상공업의 진흥과 과학 기술의 발달에도 많은 관심을 기울였다. 이에 거중기와 배다리를 설계하였다.
⑤ 조선 후기 지전설을 주장하였던 대표적인 학자는 홍대용 등이다.

17 정답 (가) 천주교, (나) 동학

| 문제 + 자료 분석 |

- 자료의 (가)는 천주교, (나)는 동학이다.
- 천주교는 조상의 영혼을 받드는 유교 제사 의식을 거부하였다.
- 동학은 '사람이 곧 하늘'이라는 인내천 사상을 바탕으로 신분에 관계없이 모든 사람이 평등하다고 주장하였다.

18 핵심 키워드: 평등 사회

모범 답안 천주교와 동학은 모두 평등 사회를 지향하여 민중에 크게 확산되었다.

| 문제 + 자료 분석 |

- 천주교와 동학은 모두 평등 사회를 지향하였다는 공통점이 있다.
- 천주교는 하느님(천주) 앞에서의 인간 평등, 이웃 사랑과 박애 정신의 실천을 강조하였는데, 이것이 신분제 사회에서 억압받던 민중들에게 위안을 주어 빠르게 전파되었다.
- 동학은 인내천 사상을 바탕으로 인간의 존엄성과 평등을 강조하며 양반과 상민을 차별하지 않고 여성과 어린아이를 존중하는 사회를 추구하였다. 그리하여 폭정에 시달리던 하층민을 중심으로 빠르게 확산되었다.

＊채점 기준

천주교와 동학 모두 평등 사회를 지향하였음을 서술한 경우	100 %
위의 내용을 서술하지 못한 경우	0 %

19 정답 ③ ＊조선 후기의 서민 문화

| 문제 + 자료 분석 |

- 자료의 공연은 봉산 탈춤이다.
- 여기에 등장하는 말뚝이는 하층 서민을 대표하는 배역으로 극 중 양반의 허구를 폭로하여 민중들에게 대리만족을 주었다.
- 조선 후기에는 판소리, 탈춤과 같은 공연이 유행하였다.

| 선택지 분석 |

① 조선 후기에는 상품 유통이 활발해지면서 일부 농민이 인삼, 담배, 목화, 약초, 마늘 등 상품 작물을 재배하여 높은 수익을 올렸다.

8

② 조선 후기에는 구체적인 이야기를 창과 사설로 엮어내어 직설적으로 감정을 표현하는 판소리가 유행하였다.
③ 조선 후기에는 부계 중심의 가족 제도가 강화되어 장자를 중심으로 재산 상속과 제사가 이루어졌다.
④ 덕대는 광산 주인과 계약을 맺고 광물을 채굴하는 광산 경영 전문가로, 조선 후기에 광산 개발이 활기를 띠면서 등장하였다.
⑤ 1791년 전라도 진산에서 천주교 신자 윤지충이 제사를 거부하고 조상의 신주를 불태우는 사건이 발생하였다. 이처럼 천주교는 조상의 제사를 거부하였고, 그 때문에 정부의 탄압을 받았다.

20 정답 ④ * 조선 후기 서양 문물의 전래

| 문제 + 자료 분석 |

- 조선 후기에는 청에 파견한 연행사 등에 의해 서양의 역법, 의술, 과학 기술 등이 전래되었다.
- 자명종과 천리경은 조선 후기에 전래된 서양 물품이다.
- 정약용은 서양 기술을 소개한 『기기도설』이라는 책을 참고하여 무거운 것을 들어 올리는 거중기를 제작하였다.
- 시헌력은 서양식 역법으로 조선 후기에 전래되었다.

| 선택지 분석 |

① 조선 전기에는 강희안의 「고사관수도」, 안견의 「몽유도원도」 등이 그려졌고, 분청사기와 순백자가 유행하였다.
② 조선 전기에는 천문학, 인쇄술, 의학, 농업 등 다양한 분야에서 과학 기술이 발달하였다.
③ 조선 후기에는 송시열 등 서인 세력이 성리학을 절대화하였다.
④ 자명종, 천리경, 거중기, 시헌력 등은 모두 조선 후기에 전래된 서양 문물과 관련이 있다.
⑤ 조선 후기에는 서민의 경제력 향상과 서당 교육 확대 등을 배경으로 한글 소설, 사설시조, 판소리, 탈춤, 민화 등 서민 문화가 발달하였다.

내신 1등급 문제 문제편 110p

21 정답 ⑤ * 통일 신라 시대의 불교

밑줄 친 '그'에 대한 설명으로 옳은 것은?
원효

> 그는 설총을 낳은 후로는 속인의 옷을 바꾸어 입고 스스로 소성거사(小姓居士)라 일컬었다. 우연히 광대들이 놀리는 큰 박을 얻었는데 그 모양대로 도구를 만들고 화엄경의 문구를 따서 무애(無碍)라 이름 짓고 노래를 지어 세상에 퍼뜨렸다. 이것을 가지고 곳곳에서 노래하고 춤추며 교화하니 가난하고 무지몽매한 사람들까지도 부처의 이름을 알게 되었고 '나무아미타불(南無阿彌陀佛)'을 부르게 되었다.

원효와 요석 공주가 설총을 낳음
'나무아미타불'을 외우면 누구나 극락왕생할 수 있다는 아미타 신앙 전파

| 문제 + 자료 분석 |

- 밑줄 친 '그'는 통일 신라의 승려인 원효이다.
- 원효는 무애가를 지어 백성들에게 불교를 전파하였고, 신분과 보유한 재산을 막론하고 '나무아미타불'만 외우면 극락왕생할 수 있다고 주장하였다(아미타 신앙).

| 선택지 분석 |

① 신라의 의상은 당에 건너가 유학하였고, 신라에 돌아온 뒤 화엄종을 열었다.
② 『왕오천축국전』은 통일 신라의 승려 혜초가 지은 인도 여행기이다.
③ 빈공과는 당에서 외국인을 대상으로 시행한 과거 시험으로 최치원을 비롯한 통일 신라와 발해 유학생들이 합격하여 당의 관리가 되기도 하였다.
④ 정혜쌍수(참선과 교리 연구를 나란히 해야 한다)와 돈오점수(진리를 단번에 깨달은 후에도 꾸준한 수행을 해야 한다)는 고려 시대 승려 지눌이 제시한 내용이다.
⑤ 원효는 '나무아미타불'을 외우면 누구나 극락왕생할 수 있다는 아미타 신앙을 바탕으로 불교 대중화에 기여하였다.

22 정답 ② * 고려 불교의 발전

(가), (나) 인물에 대한 설명으로 옳은 것을 〈보기〉에서 고른 것은?

| 문제 + 자료 분석 |

- 자료의 (가)는 고려의 의천, (나)는 고려의 지눌이다.
- 의천은 교종을 중심으로 선종을 포섭하기 위해 해동 천태종을 창시하였고, '교관겸수'를 제시하였다.
- 지눌은 선종을 중심으로 교종을 통합하였고 돈오점수와 정혜쌍수를 주장하였다.

| 보기 분석 |

ㄱ. 교관겸수는 교리 탐구와 수행을 함께 해야 한다는 의천의 주장이다.
ㄴ. 9산선문은 신라 말부터 성립된 선종의 대표적인 9개 문파로 의천과는 관련이 없다.
ㄷ. 수선사 결사는 지눌이 주도한 불교 개혁 운동이다. 무신 집권기에 활동한 지눌은 불교의 세속화와 타락을 비판하며 승려 본연의 자세로 돌아갈 것을 촉구하였다.
ㄹ. 통일 신라의 원효는 모든 것이 한마음에서 나온다는 일심(一心) 사상을 내세웠으며 여러 종파의 대립을 극복하고자 하였다.

23 정답 ② * 조선 전기 과학 기술의 발달

| 문제 + 자료 분석 |

- 자료와 관련된 국왕은 세종이다.
- 『칠정산』은 조선 전기인 세종 때 만들어졌다.

| 보기 분석 |

ㄱ. 앙부일구는 조선 세종 때 만들어진 대표적인 해시계이다.
ㄴ. 태조 때 고구려의 천문도를 바탕으로 「천상열차분야지도」를 만들고 이를 돌에 새겼다.
ㄷ. 측우기는 조선 세종 때 세계 최초로 만들어진 강수량 측정 기구로 서양보다 약 200년 앞섰다.
ㄹ. 정조 때 정약용이 거중기를 만들었다. 거중기는 수원 화성 공사에 이용되어 공사 시간과 비용 단축에 기여하였다.

24 정답 ④ ＊조선의 미술

(가), (나)가 제작된 시기에 대한 설명으로 가장 적절한 것은?

(가) 강희안의 「고사관수도」

→ 조선 전기

→ 조선 후기

| 문제 + 자료 분석 |

- 그림 (가)는 강희안의 「고사관수도」, 그림 (나)는 김홍도의 풍속화 「무동」이다.
- 강희안의 「고사관수도」는 조선 전기 미술을 대표하는 작품으로, 당시의 미술 작품은 사군자 등 양반의 예술적 기호를 반영한 경우가 많았다.
- 김홍도의 풍속화 「무동」은 조선 후기 미술을 대표하는 작품으로, 당시의 미술 작품은 서민 문화의 발달에 따라 민중의 생활을 표현한 풍속화와 민중들의 그림인 민화가 주를 이루었다.

| 선택지 분석 |

① 백성의 일상생활을 생동감 있게 표현하는 문예 경향은 조선 후기의 경향이다.
② 조선 후기의 문학은 양반의 위선을 비판하고 사회의 부정과 비리를 고발하는 경향을 나타냈다.
③ 조선 전기의 미술 작품이 사군자 등 양반의 기호에 부합하도록 그려지는 경우가 많았다.
④ (나)가 그려진 조선 후기에는 우리 자연과 풍속에 맞춘 진경산수화가 창안되었다. 대표적인 작품으로 정선의 「인왕제색도」가 있다.
⑤ 조선 전기에는 고려의 역사를 정리한 『고려사』, 『고려사절요』와 고조선부터 고려 말까지의 역사를 정리한 『동국통감』 등이 편찬되었다.

수능 대비 기출 문제

문제편 111p

25 정답 ① ＊신라의 불교

| 문제 + 자료 분석 |

- (가)에는 신라 불교에 대한 내용이 들어가야 한다.
- 자장은 신라의 승려로 선덕 여왕에게 황룡사 9층 목탑 건립을 건의하였다.
- 원효는 불교 교리를 잘 몰라도 '나무아미타불'을 염불하면 극락으로 갈 수 있다(아미타 신앙)고 주장하여 불교 대중화에 기여하였다.

| 선택지 분석 |

① 신라 불교에 해당한다. 의상은 당에서 화엄학을 배우고 돌아와 모든 것은 서로 연관되어 조화를 이룬다는 화엄 사상을 정립하였다.
② 고려 시대 불교에 해당한다. 고려의 승려 지눌은 수선사 결사를 결성하고 독경과 참선, 노동에 고루 힘써야 한다는 불교 개혁 운동을 벌였다.
③ 고려 시대 불교에 해당한다. 의천은 해동 천태종을 창시하여 교종을 중심으로 선종을 통합하고자 하였다.
④ 고려 시대 공민왕의 개혁에 해당한다. 공민왕은 승려 신돈을 등용하고 전민변정도감을 설치하여 권문세족의 기반을 약화시키고, 국가 재정을 강화하고자 하였다.
⑤ 고려 시대 묘청의 서경 천도 운동에 해당한다. 묘청 등 서경 세력은 칭제건원, 금국 정벌 등을 주장하며 서경 천도를 추진하였다.

26 정답 ① ＊고려 후기의 역사서

| 문제 + 자료 분석 |

- (가)에는 고려 후기의 역사서에 대한 내용이 들어가야 한다.
- 고려 후기에는 몽골의 침략과 원의 간섭을 겪으면서 자주의식이 높아져 우리 역사의 독자성과 유구함을 강조하는 경향이 확산되었다.
- 『제왕운기』는 원 간섭기에 이승휴가 저술한 책으로 단군을 민족의 시조로 내세웠다.

| 선택지 분석 |

① 고려 후기인 충렬왕 때 일연이 쓴 『삼국유사』는 불교사를 중심으로 고대의 민간 설화나 전래 기록을 수록하는 등 우리의 고유문화와 전통을 중시하였다. 또 단군을 우리 민족의 시조로 여겨 고조선 건국 이야기를 수록하였다.
② 『삼국사기』는 원 간섭기 전인 고려 전기에 김부식이 주도하여 편찬한 역사서이다. 『삼국사기』는 유교적 합리주의 사관에 바탕을 두고 서술되었다.
③ 『고려사』는 조선 세종 때 편찬되기 시작해 문종 때 완성된 역사서이다. 고려의 역사를 기전체 형식으로 정리하였다.
④ 일제 강점기 때 신채호는 『조선상고사』와 『조선사 연구초』를 지어 우리 고대 문화의 우수성과 독자성을 강조하였다.
⑤ 『동국통감』은 조선 전기인 성종 때 서거정 등에 의해 편찬되었다. 고조선부터 고려 말까지의 역사를 편년체로 정리하였다.

27 정답 ⑤ ＊조선 후기 서민 문화의 발달

(가)에 들어갈 내용으로 가장 적절한 것은? [3점]

> **역사 다큐멘터리 제작 기획서**
>
> ■ 제목: (가)
>
> ■ 방영 시간: ○○월 ○○일 (수) 22시
>
> ■ 기획 의도
>
> 민화, 한글 소설, 판소리 분야의 대표 작품을 소개하여 문화의 새로운 경향을 살펴봄.
>
> ■ 대표 작품
>
> 「까치 호랑이」, 홍길동전, 심청가

(민화 → 조선 후기에 유행, 민중의 소박한 소망과 기원을 표현 / 한글 소설 → 조선 후기에 유행, 『홍길동전』, 『춘향전』 등이 대표적 / 판소리 → 조선 후기에 유행한 공연 예술 / 「까치 호랑이」 → 민화, 홍길동전 → 한글 소설, 심청가 → 판소리)

| 문제 + 자료 분석 |

- (가)에는 조선 후기 서민 문화의 발달 내용이 들어가야 한다.
- 조선 후기에는 서민의 경제적 지위 향상과 서당 교육의 보급 등으로 서민 문화가 발전하였다.

| 선택지 분석 |

① 고구려의 굴식 돌방무덤에는 사신도와 같은 고분 벽화가 많이 남아 있다.
② 통일 신라 때는 원효와 의상 등의 고승이 활동하였다. 그리고 불국사와 석굴암, 불국사 3층 석탑 등 많은 불교 문화재가 만들어졌다.
③ 고려는 신라와 발해의 전통 위에 송의 자기 기술을 수용하여 자기 공예가 발달하였다. 특히 12세기에는 상감 청자가 개발되어 청자의 새로운 경지를 열었다.
④ 조선 전기의 양반 문화와 관련된 것으로는 공예에서의 백자와 그림에서의 사군자, 문학에서의 시조 등이 있다.
⑤ 민화(까치 호랑이), 한글 소설(홍길동전), 판소리(심청가)는 조선 후기에 발달한 서민 문화의 대표적인 사례이다.

대단원 마무리 문제

문제편 112~116p

01 핵심 키워드: 백제 의자왕, 신라의 동맹 제의, 고구려의 거절

모범 답안 7세기 중반 백제 의자왕이 신라를 공격하여 수십 개의 성을 빼앗았던 것, 고구려가 신라의 동맹 제의를 거절했던 것을 배경으로 나·당 동맹이 결성되었다.

| 문제 + 자료 분석 |

- 7세기 중반 백제 의자왕이 신라를 공격하여 수십 개의 성을 빼앗았다.
- 신라의 김춘추는 본래 고구려에 지원을 요청하면서 동맹을 맺으려 하였다.
- 그러나 고구려가 이를 거부하자 당으로 건너가 나·당 동맹을 성사시켰다.

＊채점 기준

백제 의자왕이 신라를 공격한 것과 신라의 동맹 제의를 고구려가 거절한 점을 모두 서술한 경우	100%
위의 내용 중 한 가지만 서술한 경우	50%

02 정답 ⑤ ＊장보고의 해상 활동

| 문제 + 자료 분석 |

- 자료의 (가) 인물은 장보고이다.
- 통일 신라 시대에는 당과의 관계가 호전되면서 대외 무역이 활성화되었다.
- 그러나 해적들에게 강제로 끌려가 노예로 생활하는 사람들이 증가하기도 하였는데, 이를 알게 된 장보고가 청해진을 설치하고 해적들을 소탕하면서 동아시아의 해상 무역을 장악하였다.

| 선택지 분석 |

① 백강 전투(663)는 나·당 연합군이 백제 부흥군과 왜의 연합군을 격파한 전투이다. 장보고는 신라 말에 활동하였으므로 백강 전투에 참여할 수 없다.
② 신라는 6세기 중반 한강 유역을 차지한 후 당항성을 통해 중국과 직접 교류하기 시작하였다.
③ 벽란도는 예성강 어귀에 있는 지역으로 고려 시대의 대표적인 대외 무역항이었다.
④ 발해는 문왕 때인 8세기에 신라도를 통하여 신라와 교류하기 시작하였다.
⑤ 장보고는 9세기 전반에 청해진을 설치하였다. 장보고는 청해진을 중심으로 해적들을 소탕하면서 동아시아의 해상 무역을 장악하였다.

03 정답 ⑤ ＊고려의 대외 관계

| 문제 + 자료 분석 |

- 자료의 (가)에는 대몽 항쟁 시기의 역사적 사실이 들어가야 한다.
- 13세기 초 동아시아에서는 몽골의 세력이 강해졌다. 몽골은 고려에 방문했던 사신이 귀국 길에 피살되자 이를 구실로 고려를 침공했다.
- 고려의 집권 무신이었던 최우는 강화를 요청하여 몽골군을 물러나게 한 뒤, 몽골에 저항하기 위해 강화도로 천도하였다.
- 이후 고려는 수십 년 동안 몽골에 항전하였다.

| 선택지 분석 |

① 귀주 대첩은 거란의 3차 침입 당시 강감찬이 지휘하는 고려군이 거란군을 귀주에서 크게 무찌른 전투이다.
② 신진 사대부는 고려 말의 지배층으로, 친원적 성향의 권문세족을 비판하였으며 친명적 외교 정책을 주장하였다.
③ 여진은 고려에게 동북 9성을 돌려줄 것을 요청하였다. 고려는 관리가 쉽지 않아 1년 만에 돌려주었는데, 이후 여진은 급격히 성장하여 금을 건국하였다.
④ 윤관은 별무반을 이끌고 여진 세력을 북쪽으로 몰아냈으며, 동북 9성을 쌓았다.
⑤ 최씨 무신 정권은 몽골과의 장기 항전을 위해 강화도로 천도하였다.

04 정답 ⑤ ＊몽골의 침입과 항전

| 문제 + 자료 분석 |

- 밑줄 친 '적군'은 몽골군이다.
- 대몽 항쟁 시기 김윤후는 처인성에서 몽골 장수 살리타를 사살하였다(처인성 전투, 1232).

| 보기 분석 |

ㄱ. 조선은 병자호란 때 청에 항복하였다. 이후 청을 정벌하고 명에 대한 의리를 지키자는 북벌 운동이 일어났다.
ㄴ. 고려 시대에 윤관이 이끄는 별무반은 여진을 정벌하고 동북 9성을 축조하였다.
ㄷ. 고려 시대에 거란의 침입을 부처님의 힘으로 물리치고자 제작한 초조대장경은 몽골의 침입 과정에서 소실되었다. 이후 고려는 부처님의 힘으로 몽골을 물리치기 위해 재조대장경(팔만대장경)을 제작하였다.
ㄹ. 최우가 이끄는 고려 조정은 몽골에 대한 항전을 준비하며 강화도로 수도를 옮겼다.

05 정답 ① ＊조선 전기의 대외 관계

| 문제 + 자료 분석 |

- 자료의 (가)는 명, (나)는 여진, (다)는 일본, (라)는 류큐이다.
- 조선 전기에는 명과 사대 관계를 유지하였고, 여진, 일본과는 교린 관계를 유지하였다.

| 보기 분석 |

ㄱ. 조선은 왕이 교체될 때마다 명(가)의 책봉을 받아 왕의 지위를 국제적으로 인정받았다.
ㄴ. 조선은 여진(나)에 대하여 회유와 토벌의 양면 정책을 취하였다. 여진족의 귀순을 장려하기 위해 관직, 토지, 주택을 주었고, 국경 지방인 경성과 경원에 무역소를 두어 국경 무역을 허락하였다. 하지만 여진족이 국경을 넘어 약탈을 하면 군대를 동원하여 이들을 물리쳤다.
ㄷ. 조선이 쓰시마섬을 토벌한 이후 조선과 일본(다)의 왕래가 중단되었으나, 곧 일본이 교역을 청하여 3포를 개항하고 무역을 허용하였다.
ㄹ. 쓰시마 섬 토벌 이후 조선은 일본(다)의 교역 요청을 받아들여 부산포, 제포, 염포의 3포를 개항하였으나, 무역량을 제한하였다.

06 정답 ② ＊6세기 삼국의 생활 모습

| 문제 + 자료 분석 |

- 자료의 (가)는 고구려, (나)는 백제, (다)는 신라이다.
- 신라는 6세기 진흥왕 때에 한강 유역을 장악하고 중국과 직접 교류하였다.

| 선택지 분석 |

① 고구려에서는 고국천왕 때부터 빈민 구제 제도인 진대법이 시행되고 있었다. 따라서 관청에서 곡식을 빌리는 고구려 백성의 모습은 얼마든지 볼 수 있었을 것이다.
② 정전은 신라에 의한 삼국 통일이 달성되고 난 이후인 722년 성덕왕 때 백성들에게 지급되었다.
③ 고구려, 백제, 신라의 삼국은 15세 이상의 남성을 각종 토목 공사에 동원하였다. 따라서 6세기 백제에서 성을 수리하는 데 동원된 16세의 남성을 볼 수 있었을 것이다.
④ 신라는 6세기 초인 지증왕 때에 경주에 시장(동시)을 열었다. 따라서 동시에서 물건을 파는 상인들의 모습도 볼 수 있었을 것이다.
⑤ 신라는 한강 유역을 장악한 이후 당항성을 통해 중국과 직접 교역하였다. 따라서 중국으로 출항할 준비를 하는 선원의 모습도 볼 수 있었을 것이다.

07 정답 ② * 남북국의 경제

| 문제 + 자료 분석 |

- 자료의 (가)는 발해, (나)는 통일 신라이다.
- 698년 대조영이 동모산에 발해를 건국하여 남쪽의 통일 신라와 북쪽의 발해가 공존하는 남북국의 형세를 이루게 되었다.

| 선택지 분석 |

① 발해는 기후 조건의 한계로 콩, 조, 보리 등을 재배하는 밭농사를 주로 실시하였고, 목축이 발달하였다.
② 고구려에 해당한다. 중국의 남북조는 이미 6세기 말에 수나라에 의해 통일되었고, 발해는 중국의 당과 교류하였다.
③ 통일 신라 시기에는 국제 무역이 발달하면서 이슬람 상인이 울산까지 와서 무역하였다.
④ 통일 후 신라는 경제력이 비약적으로 성장하면서 이전에 설치된 동시만으로는 상품 수요를 감당할 수 없어 추가로 서시와 남시를 설치하였다.
⑤ 발해는 문왕 때 당과 친선 관계를 맺으면서 당의 문물을 받아들여 체제를 정비하였고, 신라와도 동해안을 따라 이어진 상설 교통로(신라도)를 개설하여 대립 관계를 해소하려 하였다.

08 정답 ① * 고려 시대의 토지 제도

| 문제 + 자료 분석 |

- 자료에 나타난 토지 제도는 고려 시대의 전시과이다.
- 고려 시대에는 전시과를 제정하여 관리나 직역 담당자에게 전지(곡식을 거둘 수 있는 토지)와 시지(땔감을 얻을 수 있는 토지)를 지급하였다.

| 보기 분석 |

ㄱ, ㄴ. 전시과는 관직 복무와 직역의 대가로 토지의 소유권이 아닌 조세를 거둘 수 있는 수조권을 지급한 것이다. 문무 관리, 군인, 한인 등을 18등급으로 구분하여 전지와 시지를 지급하였다.
ㄷ. 토지에 딸린 노동력을 징발할 수 있었던 것은 신라 시대의 식읍과 녹읍이다.
ㄹ. 고려 말 위화도 회군 이후 신진 사대부의 주도로 과전법이 시행되었다. 과전법은 경기 지방에 한해 관리의 등급에 따라 새로 수조권을 지급한 제도이다.

09 핵심 키워드: 직전법, 관수관급제, 수조권 남용

모범 답안 현직 관리들이 자신들의 은퇴 후를 보장받기 위해 수조권을 남용하여 조세를 과다하게 거두었기 때문이다.

| 문제 + 자료 분석 |

- 자료의 (가)는 직전법, (나)는 관수관급제이다.
- 점차 세습되는 과전이 늘어나면서 신진 관리에게 지급할 수 있는 토지의 수가 서서히 줄어들었다. 이에 세조는 현직 관리에게만 토지를 지급하는 직전법을 실시하여 이와 같은 문제를 해결하고자 하였다.
- 관리들이 수조권을 남용하여 조세를 과다하게 거두자 성종은 관청이 직접 수조액을 거두어들이는 관수관급제를 시행하여 백성들을 보호하고자 하였다.

*** 채점 기준**

현직 관리들이 수조권을 남용하여 조세를 과다하게 거두었다는 점을 서술한 경우	100 %
위의 내용을 서술하지 못한 경우	0 %

10 정답 ④ * 신해통공

다음 조치가 단행된 시기를 연표에서 옳게 고른 것은?

> 좌의정 채제공이 아뢰기를, "마땅히 평시서로 하여금 30년 이내에 새로 개설된 시전을 조사하여 모두 혁파하도록 하고, 형조와 한성부에 분부하여 육의전 이외의 시전은 난전을 한 자들을 붙잡아 처벌하지 못하도록 하십시오."라고 하니, 왕이 그에 따랐다.
> → 시전 상인의 금난전권 폐지
> 정조

1392		1519		1592		1680		1811		1894
	(가)		(나)		(다)		(라)		(마)	
조선 건국		기묘사화		임진왜란 발발		경신환국		홍경래의 난		갑오개혁

① (가) ② (나) ③ (다) ④ (라) ⑤ (마)

| 문제 + 자료 분석 |

- 자료는 정조 때 시전 상인들의 금난전권을 폐지한 신해통공(1791)에 대한 내용을 담고 있다.
- 정조는 시전 상인들이 난전을 단속하면서 생기는 각종 부작용을 해결하고 상업의 자유로운 발전을 장려하고자 육의전을 제외한 시전 상인들의 금난전권을 폐지하였다.

| 선택지 분석 |

① 조선은 1392년에 건국되었다.
② 기묘사화는 중종 때 사림이 훈구 세력의 반격으로 숙청된 사건으로 1519년에 해당한다.
③ 임진왜란은 1592년에 발발하였다.
④ 경신환국은 숙종 초 남인이 실각하고 서인이 권력을 장악한 사건이다. 숙종은 국왕이 주도적으로 집권 붕당을 교체하는 환국을 여러 차례 행함으로써 왕권을 강화하고자 하였다. 그 결과 붕당 정치가 변질됨으로써 상대 붕당을 인정하지 않는 일당 전제화 현상이 나타났다. 붕당 정치가 변질되어 왕권이 약해지자 영조와 정조는 탕평 정치를 실시하였다.
⑤ 홍경래의 난은 세도 정치 시기인 1811년에 발생한 농민 봉기이다. 갑오개혁은 1894년에 추진되었다.

11 정답 ② * 수취 체제의 개편

| 문제 + 자료 분석 |

- 방납의 폐단을 해결하기 위한 대책으로 대동법이 실시되었다.
- 대동법은 집집마다 토산물을 현물로 내던 것을 토지 1결당 쌀 12두씩 납부하는 것으로 바꾼 것이다. 쌀 대신 포나 동전 등으로 납부하는 것도 가능하였다.
- 대동법 실시로 공인이라는 상인이 등장하였다.

| 선택지 분석 |

① 과전법 체제에서는 수신전(과전을 지급받은 관리가 죽은 후 아내에게 지급)과 휼양전(과전을 지급받은 관리가 죽은 후 어린아이만 남았을 때 지급)을 지급하였다.
② 공인이 장시에 파견되어 대동법으로 걷힌 쌀이나 돈 등으로 관청 수요품을 구입하여 공급하였다. 이러한 과정을 거치며 상공업이 더욱 활성화되었다.

③ 균역법 실시로 인한 부족분을 보충하기 위해 토지 1결당 2두의 결작이 신설되었으며, 선무군관이라는 명예 호칭을 주는 대가로 선무군관포를 수취하였다.
④ 기존의 전세 제도인 연분9등법이 번거롭고, 실천하기 어려워 인조 때 풍흉에 관계없이 고정된 토지세를 부과하는 영정법이 시행되었다.
⑤ 영조는 농민들의 부담을 덜어주기 위해 균역법을 실시하여 양인 남성이 1년에 2필씩 내던 군포를 1필로 감소시켰다.

12 정답 ⑤ ＊조선 후기 사회·경제적 변화

| 문제 + 자료 분석 |

- 자료에 나타난 시기는 조선 후기이다.
- 고려 말에는 남부 일부 지방에 모내기법이 보급되었다.
- 조선 후기에는 모내기법이 널리 보급되어 농사에 필요한 노동력이 줄어들고 벼와 보리의 이모작이 확산되었다.

| 선택지 분석 |

① 조선 후기에는 일정액의 장인세만 납부하고 자유롭게 생산 활동에 종사하는 민영 수공업의 비중이 증가하였다.
② 모내기법의 영향으로 벼와 보리의 이모작이 확산되어 농업 생산량이 크게 증가하였다.
③ 조선 후기 장시가 발달하고 상품 화폐 경제가 발전하면서 판매를 목적으로 하는 담배, 인삼, 채소, 목화 등의 상품 작물들도 널리 재배되었다.
④ 조선 후기에는 송상, 만상 등 사상이 등장하였다. 송상은 개성을 거점으로 전국에 송방을 설치하여 인삼을 유통하였고, 만상은 의주를 거점으로 청과의 무역을 행하였다. 경강상인은 한강을 중심으로 운송업에 종사하였고, 동래의 내상은 일본과의 무역을 전문적으로 하였다.
⑤ 조선 후기에는 경제적으로 부유해진 상민들이 납속책, 공명첩, 족보 위조 등의 방법으로 신분을 상승시켜 양반이 되었다. 이러한 현상이 지속되면서 양반의 수가 지속적으로 증가하였으며, 양반 중심 지배 체제가 동요하였다.

13 정답 ② ＊화랑도

| 문제 + 자료 분석 |

- 자료의 내용은 세속 5계이고, 관련된 단체는 화랑도이다.
- 신라의 승려인 원광은 유교와 불교를 융합한 세속 5계를 지어 화랑에게 지키도록 하였다.

| 선택지 분석 |

① 신라의 청소년들은 화랑도에 합류하여 산천을 순례하면서 전통을 배우고 신체와 무예를 훈련하였다.
② 화랑도와 왕권 견제는 아무런 관련이 없다. 신라의 귀족 회의 기구인 화백 회의가 왕권을 견제하는 역할을 하였다.
③ 청소년 집단이었던 화랑도는 진흥왕 때 국가적 조직으로 확대되면서 신라의 영토 확장에 이바지하였다.
④ 화랑도는 씨족 사회의 청소년 집단에서 비롯된 것으로 진흥왕 때 국가적 조직으로 발전하였다.
⑤ 화랑도에는 진골뿐만 아니라 평민의 자제들도 가입할 수 있었다. 이로 인해 여러 신분층이 서로 어울려 생활하면서 계급 간의 갈등을 완화하는 역할을 하였다.

14 정답 ① ＊발해의 사회 모습

| 문제 + 자료 분석 |

- 자료는 발해의 교통로에 대한 내용이다.
- 발해는 일본과 연결되는 일본도, 신라와 연결되는 신라도, 당과 연결되는 조공도 및 영주도, 거란과 연결되는 거란도를 두고 대외 교류를 활발히 전개하였다.

| 선택지 분석 |

① 발해의 주민은 고구려 유민과 말갈인으로 구성되었다. 지배층의 핵심을 이룬 것은 고구려 유민이었으나, 주민 중 다수를 이룬 것은 말갈인이었다.
② 고구려에 대한 내용이다. 발해의 지배층은 왕족인 대씨와 귀족인 고씨 등 고구려 유민이 다수를 이루었다.
③ 조선에 대한 내용이다. 조선 시대인 16세기부터 서원과 향약이 만들어졌고, 이를 통해 향촌 사회에 성리학이 확산되었다.
④ 신라 말의 사실이다. 신라 말에는 정부의 강압적인 수취 등에 반발하여 농민 봉기가 빈번하게 일어났다. 원종과 애노의 난, 적고적의 난이 대표적이다.
⑤ 고려 시대의 사실이다. 고려 시대에 호장, 부호장과 같은 상급 향리는 양인 지배층에 속했다. 이들은 지방 행정을 총괄하고 지방군을 지휘하였으며 향도의 활동을 주도하였다. 과거에 응시해 중앙 관직에 진출하기도 하였다.

15 정답 ① ＊고려 시대의 사회 모습

| 문제 + 자료 분석 |

- 자료의 (가) 국가는 고려이다.
- 거란의 1차 침입 당시, 서희가 외교 담판을 벌여 거란으로부터 강동 6주를 확보하였다.
- 고려 시대에는 가족 제도에서 여성에 대한 차별이 거의 없었다. 따라서 여성이 호주가 되는 경우도 있었다.

| 선택지 분석 |

① 고려의 신분제는 양천제를 기본으로 하였다. 양인은 자유민으로 과거 응시 및 관직 진출이 가능한 계층이었다. 양인은 정호와 백정으로 구분할 수 있는데, 백정은 직역이 없는 일반 농민으로서 인구의 대다수를 차지하고 있었다.
② 부여는 왕이 중앙을 통치하고, 마가·우가·저가·구가가 사출도라 불리는 지역을 관할하는 부족 연맹 국가였다.
③ 양난 이후 조선에서는 상품 화폐 경제의 발달과 함께 부를 축적한 부유한 상민층이 등장하였다. 이들은 관직을 받는 사람의 이름이 비어 있는 공명첩을 활용하여 양반이 되기도 하였다.
④ 을미사변 이후 친일 관료 위주로 구성된 김홍집 내각이 단발령을 실시하였다. 을미사변과 단발령에 반대하여 전국 각지에서 의병(을미의병)이 일어나기도 하였다.
⑤ 대동법 실시 이후 조선 정부는 국가에 필요한 물건을 조달하는 일을 공인에게 맡겼다. 공인의 활동은 상품 화폐 경제의 발달에 기여하였다.

16 핵심 키워드: 더 많은 세금 납부, 과거 응시 불가, 이주 금지

모범 답안 향·부곡·소의 주민은 일반 군현 주민보다 더 많은 세금을 납부하였고, 과거 응시가 불가능하였다. 또한, 다른 지역으로의 이주도 금지되었다.

| 문제 + 자료 분석 |

- 고려 시대에는 향·부곡·소라는 특수 행정 구역이 존재하였다.
- 향·부곡·소의 주민들은 법제상으로는 양인이었지만, 일반 군현 주민들에 비해 여러 가지 차별을 받았다.

＊채점 기준

채점 기준	배점
일반 군현 주민보다 더 많은 세금 납부, 과거 응시 불가, 다른 지역으로의 이주 금지 중 두 가지를 서술한 경우	100 %
위의 내용 중 한 가지만 서술한 경우	50 %

17 정답 ② * 조선 시대의 신분 제도

| 문제 + 자료 분석 |

- 밑줄 친 '그의 신분'은 조선 시대의 노비이다.
- 15○○년은 16세기로, 조선 시대에 해당한다.
- 조선 시대의 노비는 관청에 소속된 공노비와 개인이 소유한 사노비로 구분되었다. 옥석의 아버지는 공노비, 어미는 사노비임을 알 수 있다.
- 조선 전기에는 부모 중 한쪽이 노비일 경우 그 자녀도 노비가 되었다. 부모가 모두 노비이므로 옥석도 노비이고, 개인이 소유한 사노비이다.

| 선택지 분석 |

① 조선 시대의 중인은 서리, 향리, 기술관을 포함한다. 이들은 직역이 세습되었고, 같은 신분끼리 혼인하였다. 조선 시대에는 양반의 첩에게서 태어난 서얼도 중인으로 취급받았다.
② 조선 시대의 최하층 신분인 천민은 대부분이 노비였다. 노비는 재산으로 취급되어 매매·상속·증여의 대상이 되었고, 부모 중 한쪽이 노비이면 그 자녀도 노비가 되었다. 노비는 공노비와 사노비가 있었다.
③, ④ 조선 시대의 상민은 농민, 상인, 수공업자 등이 해당한다. 상민의 대부분은 농민으로 조세·공납·역의 부담을 졌다. 상민은 법적으로 과거를 볼 수 있었지만 실제로 과거를 보는 것은 쉽지 않았다.
⑤ 조선 시대의 양반은 군역 면제의 특권을 누리고, 고위 관직을 독점하였다. 경제적으로는 많은 토지와 노비를 소유하고, 관직에 복무하는 대가로 과전과 녹봉을 받아 풍요로운 생활을 누렸다.

18 정답 ③ * 조선 후기 신분제와 사회 변동

| 문제 + 자료 분석 |

- 조선 후기 신분제의 동요로 양반의 수는 늘어난 반면, 조세를 부담하는 상민의 수는 점차 감소하였다.
- 이에 정부에서는 상민 계층을 확보하기 위해 노비종모법을 시행하였다.

| 선택지 분석 |

① 영조 때에 납부할 군포를 2필에서 1필로 줄여주는 균역법이 시행되어 세금 수입이 줄어들자, 정부에서는 이를 보충하기 위해 결작을 거두고 선무군관포를 수취하는 등의 조치를 취하였다.
② 동학은 1860년에 창시된 종교로, 18세기(영조 때)에 본격적으로 시행된 노비종모법보다 늦게 등장하였다.
③ 조선 후기의 양반 증가 및 상민·노비 감소는 국가 재정의 악화로 이어졌다. 이는 조세와 신공 납부를 통해 국가 재정을 부담할 인구가 감소하였기 때문이었다. 이에 조선 정부는 노비종모법의 시행을 통해 상민의 수를 늘려 조세 부담층을 늘리고자 하였다.
④ 순조 때인 19세기 초에 중앙 관서에 소속된 공노비가 해방되었다. 이는 노비종모법 실시 이후에 해당한다.
⑤ 하극상 풍조에 영향을 받은 하층민의 반란은 고려 무신 집권기에 활발히 나타났다.

19 핵심 키워드: 고구려, 서역, 교류

모범 답안 고구려와 서역 국가 간의 교류가 이루어졌음을 추측할 수 있다.

| 문제 + 자료 분석 |

- 제시된 자료는 우즈베키스탄의 사마르칸트에 있는 아프라시아브 궁전 벽화이다.
- 맨 오른쪽에 깃털이 꽂힌 조우관을 쓰고 있는 사람들은 고구려 사신들로 추정된다.

＊ 채점 기준

고구려와 서역 국가 간의 교류가 이루어졌음을 추측할 수 있다고 서술한 경우	100 %
위의 내용을 서술하지 못한 경우	0 %

20 정답 ③ * 원효

| 문제 + 자료 분석 |

- 자료의 (가)는 원효이다.
- 신라의 승려 원효는 '나무아미타불'을 외우면 누구나 극락왕생할 수 있다는 아미타 신앙을 전파하여 신라 사회에서 불교가 대중화되는 데에 큰 영향을 끼쳤다.

| 선택지 분석 |

① 대장경은 고려 시대에 제작되었다. 고려는 부처의 힘으로 거란을 물리치기 위해 초조대장경을, 몽골의 침입을 물리치기 위해 재조대장경(팔만대장경)을 제작하였다.
② 신라의 승려 원광은 화랑이 지켜야 할 다섯 가지 계율인 세속 5계를 제시하였다.
③ 원효는 모든 것이 한마음에서 나온다는 일심 사상을 바탕으로 종파 간 사상적 대립을 완화하고자 화쟁 사상을 주장하였다.
④ 당 유학을 마치고 귀국한 신라의 의상은 모든 존재가 상호 의존적인 관계에 있으면서 조화를 이루고 있다는 내용의 화엄 사상을 정립하였다. 또한 신라 화엄종을 개창하여 많은 제자를 양성하였고 부석사 등의 사찰을 창건하였다.
⑤ 신라의 혜초는 인도를 순례한 후 『왕오천축국전』이라는 기행문을 남겼다.

21 정답 ③ * 삼국사기

| 문제 + 자료 분석 |

- 밑줄 친 '이 서적'은 『삼국사기』이다.
- 고려 시대에 김부식 등은 왕의 명에 따라 기전체 형식의 역사서인 『삼국사기』를 편찬하였다.
- 『삼국사기』는 현존하는 우리나라의 가장 오래된 역사서로, 유학자인 김부식은 유교적 합리주의 사관에 따라 편찬하였다.

| 선택지 분석 |

① 고려 후기에 승려 일연이 『삼국유사』를 편찬하였다. 일연은 『삼국유사』에서 단군을 우리 민족의 시조로 내세웠고, 『삼국사기』에서 빠졌던 신화, 설화 등을 수록하였다.
② 조선 시대에 흥선 대원군이 『대전회통』을 편찬하였다. 흥선 대원군은 『대전회통』과 『육전조례』 등의 법전을 편찬하여 통치 체제를 재정비하였다.
③ 고려 중기에 김부식이 『삼국사기』를 편찬하였다. 김부식은 인종의 명을 받아 기전체 역사서인 『삼국사기』를 편찬하였다. 『삼국사기』는 유교적 합리주의 사관에 따라 편찬되었고, 현존하는 가장 오래된 역사서이다.
④ 통일 신라의 승려 혜초가 『왕오천축국전』을 편찬하였다. 혜초는 인도와 중앙아시아 등을 돌아보고 여행기인 『왕오천축국전』을 편찬하였다.
⑤ 고려 말에는 금속 활자로 선종의 수행서인 『직지심체요절』을 간행하였는데, 이는 현존하는 세계에서 가장 오래된 금속 활자본이다.

22 정답 ④ * 성리학의 도입

| 문제 + 자료 분석 |

- 밑줄 친 '신유학'은 성리학이다.
- 안향이 원에서 신유학이라고 불리는 성리학을 가져와 고려에 전파하였다.

| 선택지 분석 |

① 고려 시대에 풍수지리설은 미래의 길흉화복을 예언하는 도참사상과 결합하여 유행하였다.
② 성리학은 신진 사대부의 사상적 기반이 되었다.
③ 교관겸수는 승려 의천이 주장한 수행 방법으로 교리 탐구와 참선 수행을 동시에 진행해야 한다는 것이다.
④ 고려 후기 이제현의 『사략』은 명분을 중시하는 성리학적 사관을 바탕으로 저술되었다.
⑤ 9재 학당을 설립한 최충은 성리학 도입 이전인 고려 중기에 활동한 인물이다.

Ⅱ

23 정답 ⑤ * 조선 전기 향약의 보급

| 문제 + 자료 분석 |

- 자료에 나타난 규약은 이이가 1571년에 만든 「서원향약」이다.
- 향약은 16세기 후반 사림이 정계를 주도하면서 향촌 사회에 널리 확산되어 풍속 교화에 많은 영향을 끼쳤다.

| 선택지 분석 |

① 향약은 16세기부터 보급된 향촌 사회의 자치 규약이었다.
② 향약의 보급에 앞장선 것은 사림 세력이다. 향약은 사림의 사회적 기반이 되어 거듭되는 사화를 통해 타격을 받은 사림이 중앙 정계에 재진출하는 기반이 되었다.
③ 향약은 향촌 사회에 성리학적 윤리를 보급하면서 향촌의 농민들을 교화하는 역할을 하였다.
④ 향약이 보급되면서 상부상조의 향촌 질서가 더욱 강화되었다.
⑤ 서원에 대한 설명이다. 서원은 선현에 대한 제사와 지방 양반의 자제를 교육하는 기능을 가졌다.

24 정답 ④ * 조선 후기의 국학 연구

| 문제 + 자료 분석 |

- 자료의 서적들은 우리 국토와 역사에 대한 관심을 바탕으로 만들어진 국학 관련 서적들이다.
- 조선 후기에는 우리 문화에 대한 새로운 이해를 바탕으로 국학이 연구되었다.

| 선택지 분석 |

① 조선 후기에는 서민의 경제력 상승, 서당 교육의 보급 등을 배경으로 서민층이 새로운 문화의 주체로 성장하였고, 서민 문화가 발달하였다.
② 실학은 조선 후기의 새로운 학문 경향으로 농업 중심 개혁론, 상공업 중심 개혁론 등을 중심으로 확산되었다.
③ 성리학에 대한 이해가 깊어지면서 인간의 본성에 관한 논쟁인 이기 논쟁이 벌어졌다.
④ 실학의 발달과 함께 민족의 전통과 현실에 대한 관심이 깊어지면서 우리 역사, 지리, 국어 등을 연구하는 국학이 발달하였다.
⑤ 고려 말에는 절이 대농장을 소유하고 고리대를 통해 백성을 괴롭히는 등 불교계의 폐단이 심하였다. 이에 성리학을 수용한 신진 사대부는 불교계의 폐단과 권문세족의 비리를 비판하였다.

25 정답 ⑤ * 조선 후기의 사회 모습

| 문제 + 자료 분석 |

- 자료는 민화로, 조선 후기에 유행하였다.
- 조선 후기에 민중들은 해, 달, 동물, 물고기 등을 소재로 삼아 소원을 기원하고 생활 공간을 장식하는 민화를 그렸다.

| 선택지 분석 |

① 조선 후기에 송시열 등 서인 세력은 성리학을 절대적 가치로 내세웠다.
② 정조는 지방 양반들의 횡포를 막기 위해 수령이 직접 향약을 주관하게 하였는데, 이를 통해 수령의 권한이 강화되었다. 또한 구향과 신향의 향전이 진행되어 관권이 강화되기도 하였다.
③ 19세기에는 세도 정치가 전개되면서 매관매직 현상이 만연하였다. 특히 수령직을 사고파는 경우가 많았는데, 돈을 주고 관직을 산 수령들이 그 비용을 충당하기 위해 농민을 과도하게 수탈하면서 삼정의 문란이 극심해졌다.
④ 정조가 사망한 후에 전개된 세도 정치는 흥선 대원군이 집권하기 전까지 계속되었다. 순조 때에는 안동 김씨, 헌종 때에는 풍양 조씨, 철종 때에는 다시 안동 김씨 가문이 권력을 독점하였다.
⑤ 매향은 향나무를 묻는 활동을 말한다. 이것은 위기가 닥쳤을 때를 대비하여 향나무를 바닷가에 묻었다가, 이를 통해 미륵을 만나 구원받고자 하는 불교 신앙의 하나였다. 고려 시대에 매향 활동을 하는 농민 공동체를 향도라고 하였다.

26 정답 ⑤ * 조선 후기 동학의 발생

다음 내용과 관련된 종교(동학)에 대한 설명으로 옳지 않은 것은?

> 긴 조사 기간 동안 거의 어느 하루도 그들에 대한 이야기가 귀에 들어오지 않는 날이 없었으며 여자에서 아이까지 그 글을 외우지 못하는 자가 없었습니다.(민중에게 전파된 동학) 그리고 '시천주'(동학의 교리인 '시천주')라고 명명하면서 조금도 부끄러워하지 않고 또한 숨기려고도 하지 않았습니다. 그러니 얼마나 오염되고 번성한지를 이를 통해서 알 만합니다. 그것을 전파시킨 자를 염탐해 보니, 모두 말하기를 "최 선생(동학의 창시자 최제우)이 혼자서 깨달은 것이며 그의 집은 경주에 있다."라고 하였는데 ….
>
> -『고종실록』

| 문제 + 자료 분석 |

- 자료는 동학에 대한 당시 관리의 조사 보고서이다.
- 경주의 몰락 양반 최제우는 새로운 종교를 창시하고 서학인 천주교에 대항한다는 의미로 동학이라고 이름붙였다.
- 동학은 '시천주'와 '인내천'의 교리를 바탕으로 평등사상을 내세워 민중들에게 빠르게 전파될 수 있었다.

| 선택지 분석 |

① 동학은 '사람이 곧 하늘(인내천)'이라는 사상을 내세워 인간의 존엄성과 평등성을 강조하였다.
② 동학은 외적의 침입을 막고 백성들의 고통의 근원인 사회 모순을 해결하기 위한 개혁책 마련을 주장하였다.
③ 동학의 시천주와 인내천 사상은 평등 사상으로, 신분 제도를 부정하고 평등한 사회를 건설할 것을 주장하였다.
④ 동학의 교조 최제우는 유·불·도의 교리와 민간 신앙의 요소를 결합하여 동학을 창시하였다.
⑤ 조상에 대한 제사 의식을 거부하여 유교 질서를 어지럽힌다는 죄로 탄압받은 것은 천주교이다.

Ⅲ. 근대 국가 수립의 노력

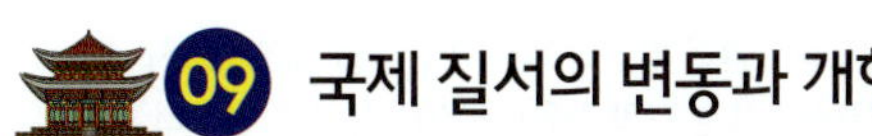

09 국제 질서의 변동과 개항

내신 대비 필수 문제

문제편 122~123p

01 정답 ① *제국주의

| 문제 + 자료 분석 |

- 제국주의는 강대국이 약소국을 정치·군사·경제적으로 지배하려는 정책 또는 사상을 일컫는 용어이다.
- 제국주의 국가들은 군사력을 앞세워 약소민족을 식민지로 점령하였다.

| 보기 분석 |

ㄱ, ㄴ. 제국주의는 서구 열강이 산업 혁명 이후 상품 시장 확보, 값싼 원료 공급지 확보, 잉여 자본 투자 등을 목적으로 하여 등장하였다. 서구 열강은 백인 우월주의와 사회 진화론을 내세워 약소국 침략 및 식민지 지배를 정당화하였다.

ㄷ. 인도로 가는 새로운 항로를 개척하게 된 계기는 오스만 제국이 지중해를 장악하자 새로운 항로가 필요해서였다.

ㄹ. 제국주의는 식민 지배에 대한 투쟁 이론이 아니라 식민지 지배를 추구하는 정책 또는 사상이다.

02 정답 ① *병인양요

| 문제 + 자료 분석 |

- (가)에 들어갈 사건은 병인양요이다.
- 1866년 병인양요 당시 프랑스군이 물러나면서 의궤를 포함한 외규장각 도서와 각종 문화재를 약탈하였다.

| 선택지 분석 |

① 프랑스군은 1866년 병인박해 때 프랑스 선교사가 처형된 것을 빌미로 강화도를 침략하였다. 그리고 약 1개월 만에 철수하였는데, 물러가면서 외규장각 도서와 많은 보물 등을 약탈하였다. 외규장각 도서는 2011년 영구 대여 형식으로 국내에 돌아왔다.

② 1871년에 제너럴 셔먼호 사건(1866)을 빌미로 미국이 강화도를 침략한 신미양요가 일어났다.

③ 영국은 1885년, 러시아의 남하를 견제한다는 명분으로 거문도를 불법 점령하였다(거문도 사건).

④ 1866년 미국의 상선인 제너럴 셔먼호가 대동강을 거슬러 평양까지 올라와 통상을 요구하며 난동을 부렸다. 이에 분노한 평양 관민이 제너럴 셔먼호를 불태웠는데 이를 제너럴 셔먼호 사건이라고 한다.

⑤ 1868년 독일 상인 오페르트는 조선에 통상을 요구하였다가 거절당하자 흥선 대원군의 아버지인 남연군의 무덤을 도굴하려다 실패하였다. 이후 조선에서는 서양 세력에 대한 반감이 더욱 커졌다.

03 정답 (다), (나), (라), (가)

| 문제 + 자료 분석 |

- (가)는 흥선 대원군의 척화비 건립, (나)는 오페르트 도굴 미수 사건, (다)는 병인양요, (라)는 신미양요이다. 모두 흥선 대원군의 통상 수교 거부 정책과 관련이 있다.
- (다) 병인양요(1866), (나) 오페르트 도굴 미수 사건(1868), (라) 신미양요(1871), (가) 척화비 건립(1871) 순으로 발생하였다.

04 정답 ④ *신미양요

| 문제 + 자료 분석 |

- 밑줄 친 '이 사건'은 신미양요이다.
- 미국은 1871년 강화도를 침입하였다(신미양요). 미군은 강화도에 상륙하여 초지진을 함락하고 광성보를 공격하였다. 어재연이 이끄는 조선군은 광성보에서 격렬하게 항전하였지만 결국 패배하였다.

| 선택지 분석 |

① 간도 협약은 1909년에 일본과 청이 간도의 영유권 등에 합의하여 맺은 조약이다. 일본은 만주의 철도 부설권, 탄광 채굴권 등을 얻는 대신 간도를 청의 영토로 인정하였다.

② 993년에 거란이 고려를 침입하자, 서희는 거란과 담판을 하였다. 그리하여 송과 관계를 끊고 거란과 외교 관계를 맺을 것을 약속하였고, 강동 6주를 확보하였다.

③ 조선 후기에 정조가 장용영을 설치하였다. 정조는 친위 부대인 장용영을 설치하여 왕권을 뒷받침하게 하였다.

④ 1866년 7월 미국 상선 제너럴 셔먼호가 대동강을 거슬러 올라와 통상을 요구하며 횡포를 부렸다. 이에 평안도 관찰사 박규수의 주도로 관군과 주민들이 제너럴 셔먼호를 불태워 버렸다(제너럴 셔먼호 사건). 미국은 이를 구실로 1871년 강화도를 침입하였다(신미양요).

⑤ 서간도 지역에 신흥 강습소가 설립되었다. 신민회의 일부 회원들은 국권 피탈을 전후하여 서간도 지역으로 이주하였다. 이들은 삼원보에 자치 기관인 경학사와 군사 학교인 신흥 강습소를 설립하였다.

05 핵심 키워드: 흥선 대원군, 척화비, 통상 수교 거부 정책

모범 답안 흥선 대원군, 흥선 대원군은 신미양요 이후 통상 수교 거부 정책을 널리 알리기 위해 전국 각지에 척화비를 건립하였다.

| 문제 + 자료 분석 |

- 자료는 흥선 대원군이 건립한 척화비이다.
- 통상 수교 거부 정책을 추진한 흥선 대원군은 신미양요 이후 전국 각지에 척화비를 건립하였다.

*채점 기준

비석을 세운 사람과 비석을 세운 의도를 모두 서술한 경우	100%
비석을 세운 사람과 비석을 세운 의도 중 한 가지만 서술한 경우	50%

06 정답 ⑤ *척화비 건립

| 문제 + 자료 분석 |

- 척화비는 신미양요 직후인 1871년에 세워졌다.

| 선택지 분석 |

① 1863년 고종 즉위 이후 실권을 장악한 흥선 대원군은 1866년부터 천주교에 대한 대대적인 박해를 가하여 프랑스 신부와 천주교 신자를 처형하였다(병인박해).

② 1866년 프랑스는 병인박해를 구실로 강화도를 침략하였다(병인양요).

③ 1868년 독일인 오페르트는 통상 요구가 거절당하자 충남 덕산에 있는 남연군의 묘를 도굴하려고 하였으나 실패하였다.

④ 제너럴 셔먼호 사건을 구실로 1871년 미군이 강화도를 공격하였다(신미양요).

⑤ 신미양요를 겪은 직후 흥선 대원군은 전국 각지에 척화비를 세워 통상 수교 거부 의지를 대내외에 알렸다.

9

07 정답 ③ *운요호 사건과 강화도 조약

| 문제 + 자료 분석 |

- 자료의 사건은 운요호 사건(1875)이다.
- 1875년 일본이 군함 운요호를 보내 무력시위를 하면서 조선에 개항을 요구하였다.

| 선택지 분석 |

① 갑신정변 이후 조선은 일본과 배상금을 지불한다는 내용과 일본 공사관 신축 비용을 부담한다는 내용이 담긴 한성 조약을 체결하였다(1884).
② 갑신정변 이후 청과 일본은 어느 한 나라가 조선에 군대를 파견할 때 상대국에 미리 알리도록 하는 톈진 조약을 체결하였다(1885).
③ 조선은 운요호 사건을 계기로 최초의 근대적 조약이자 불평등 조약인 강화도 조약을 일본과 체결하였다(1876). 강화도 조약은 일본에 전적으로 유리한 불평등 조약이었다.
④ 임오군란 이후 조선은 일본과 제물포 조약을 체결하여(1882) 배상금을 지불하고 일본 공사관 경비를 위한 일본군의 주둔을 인정하였다.
⑤ 1882년 조선은 서구 열강 중 최초로 미국과 조·미 수호 통상 조약을 체결하였다. 조·미 수호 통상 조약에는 거중 조정과 수출입 상품에 대한 관세 부과 등이 명시되어 있지만, 영사 재판권과 최혜국 대우 등이 포함된 불평등한 조약이었다.

08 정답 ① *강화도 조약

| 문제 + 자료 분석 |

- 1875년 일본의 운요호는 강화도의 초지진을 격파하고, 영종도에 상륙하여 살인 등의 만행을 저지르고 돌아갔다(운요호 사건).
- 운요호 사건을 계기로 강화도에서 체결된 조약은 강화도 조약(조·일 수호 조규, 1876)이다.

| 선택지 분석 |

① 강화도 조약(조·일 수호 조규)은 영사 재판권(치외 법권)과 해안 측량권을 포함한 불평등 조약이었다.
② 임오군란 이후 조·청 상민 수륙 무역 장정(1882)이 체결되었다. 이 장정에 의거하여 청 상인은 허가를 받으면 거류지 이외의 장소에서 활동할 수 있게 되었다.
③ 거란의 1차 침입 때 고려의 서희가 외교 담판을 벌인 결과, 거란과 교류하고 송과 단교할 것을 약속하는 대신 강동 6주를 획득할 수 있었다.
④ 조·일 무역 규칙(1876)의 체결 이후 조선은 일본 상품에 관세를 부과할 수 없는 무관세 상황이 이어졌다. 이에 조선은 일본에 조약 개정을 요구하여 조·일 무역 규칙을 개정한 조·일 통상 장정(1883)을 체결하였다. 이로써 조선은 관세권을 인정받을 수 있었다.
⑤ 갑신정변 이후 청과 일본은 조선에서 양국 군대를 철수하고, 추후 조선에 군대를 파병할 경우 미리 통지한다는 내용이 포함된 톈진 조약(1885)을 체결하였다.

09 핵심 키워드: 『조선책략』, 러시아, 중국, 일본, 미국

모범 답안 『조선책략』, 조선이 러시아를 막기 위해 중국, 일본, 미국과 연대해야 한다.

| 문제 + 자료 분석 |

- 밑줄 친 '책자'는 제2차 수신사 김홍집이 일본에서 가져온 『조선책략』이다.
- 『조선책략』은 청의 외교관 황준헌이 쓴 책으로, 조선이 러시아를 막기 위해 중국, 일본, 미국과 연대해야 한다는 내용이 있었다.
- 조선 정부는 이에 근거해 미국과 수교를 추진하였고, 영남 유생들은 반발하며 만인소를 올렸다.

*** 채점 기준**

기준	비율
『조선책략』의 명칭과 『조선책략』의 핵심 내용을 모두 서술한 경우	100 %
『조선책략』의 명칭과 『조선책략』의 핵심 내용 중 한 가지만 서술한 경우	50 %

10 핵심 키워드: 청의 종주권 부인, 해안 측량권, 치외 법권

모범 답안 제1관 - 청의 종주권을 부인하여 청의 간섭을 배제하고자 하였다. 제4관 - 항구의 개항과 일본인의 자유로운 활동을 보장받으려 하였다. 제7관 - 일본이 조선 해안의 지리적 정보를 파악하여 효과적으로 군사 작전을 수행하려고 하였다. 제10관 - 영사 재판권(치외 법권)을 규정하여 조선의 개항장에서 일본인의 활동을 지원하려고 하였다.

| 문제 + 자료 분석 |

- 일본은 미국의 포함 외교 방식을 본떠 운요호를 조선에 보내 통상 수교를 요구하였다.
- 당시 통상 개화론이 대두하고 있던 조선은 일본과 강화도 조약(1876)을 체결하여 문호를 개방하였다.
- 강화도 조약은 조선이 체결한 최초의 근대적 조약인 동시에 불평등 조약이었다.

*** 채점 기준**

기준	비율
조항의 의미 중 네 가지를 모두 바르게 서술한 경우	100 %
조항의 의미 중 세 가지를 바르게 서술한 경우	75 %
조항의 의미 중 두 가지를 바르게 서술한 경우	50 %
조항의 의미 중 한 가지만 바르게 서술한 경우	25 %

11 정답 조·미 수호 통상 조약

| 문제 + 자료 분석 |

- 밑줄 친 '조약'은 조·미 수호 통상 조약(1882)이다.
- 조·미 수호 통상 조약 체결 이후 민영익, 홍영식 등을 중심으로 한 보빙사(1883)를 미국에 파견하였다.

12 정답 ③ *조·미 수호 통상 조약의 체결

| 문제 + 자료 분석 |

- 밑줄 친 '조약'은 조·미 수호 통상 조약(1882)이다.
- 1880년대 『조선책략』의 유포로 미국과의 수교를 긍정적으로 보는 분위기가 확산되었다. 그 결과 조선은 미국과 조·미 수호 통상 조약을 체결하였다.

| 선택지 분석 |

① 당 태종이 군대를 이끌고 고구려를 공격하여 여러 성이 함락되었으나, 고구려는 안시성 싸움에서 승리를 거두어 당의 한반도 침략을 막아냈다.
② 원이 일본 원정을 목적으로 설치한 기구인 정동행성은 원정이 종료된 이후에도 남아 고려의 내정에 간섭하였다.
③ 최혜국 대우란 한 국가가 제3국과의 조약에서 허용한 가장 유리한 조건을, 해당 조약 상대국에도 자동으로 적용하는 것을 지칭한다. 조·미 수호 통상 조약은 최혜국 대우가 포함된 불평등 조약이었다.
④ 동양 척식 주식회사는 일본이 농업 경영과 일본인 이주를 목적으로 1908년에 설립하였다. 일본은 동양 척식 주식회사를 통해 빼앗은 땅을 일본인에게 싼값에 나누어 주었다.
⑤ 백두산정계비는 조선과 청이 국경선을 확정하기 위해 1712년에 건립한 비석이다. 비문에 나오는 토문강에 대한 해석을 조선 측에서는 쑹화강의 지류(상류)로, 청 측에서는 두만강으로 해석하여 간도 귀속 문제가 발생하였다.

내신 1등급 문제 문제편 124p

13 정답 ④ * 병인양요

| 문제 + 자료 분석 |

- 밑줄 친 '이 사건'은 병인양요이다.
- 병인양요 때 강화도를 침략한 프랑스군은 의궤를 비롯한 외규장각 도서와 각종 문화재를 약탈하였다.

| 선택지 분석 |

① 1627년 후금이 조선을 침략하였다(정묘호란). 이때 인조는 강화도로 피란했고 관군과 의병이 끝까지 항전했다.
② 평안도 관찰사 박규수와 백성들이 제너럴 셔먼호를 불태웠다(1866).
③ 신미양요(1871)에 해당한다.
④ 의궤는 병인양요 때 프랑스군에게 약탈당한 외규장각 도서 가운데 일부이다. 병인양요(1866)는 같은 해 발생한 병인박해를 구실로 프랑스군이 강화도에 침략한 사건이다.
⑤ 운요호 사건(1875)에 대한 내용으로, 강화도 조약 체결에 영향을 끼쳤다.

14 정답 ⑤ * 흥선 대원군의 통상 수교 거부 정책

(가)에 들어갈 사건으로 옳은 것을 〈보기〉에서 모두 고른 것은?

> • 병인년에 프랑스 배들이 강화도를 향해 돌진하여 포를 터트리니 소리가 천지를 진동시켰다. 여러 진(鎭)이 공격을 받아 불꽃이 하늘로 치솟았다.
> 병인양요(1866)
> – 『근세조선정감』
>
> 
>
> (가)
>
> ↓
>
> • 서양 오랑캐가 침범하는데도 싸우지 않음은 곧 화친하는 것이요, 화친을 주장함은 곧 나라를 파는 것이다. …(중략)… 신미년에 비(碑)를 세우다.
> 흥선 대원군의 척화비 건립(1871)

| 문제 + 자료 분석 |

- (가)에는 병인양요(1866)와 척화비 건립(1871) 사이에 일어난 사건이 들어가야 한다.

| 보기 분석 |

ㄱ. 갑신정변(1884) 이후 청의 내정 간섭이 더욱 심해지자, 조선은 러시아를 끌어들여 청을 견제하려고 하였다. 러시아와 대립하고 있던 영국은 러시아의 남하를 견제한다는 구실로 1885년에 거문도를 불법으로 점령하였다(거문도 사건).
ㄴ. 조선 정부는 강화도 조약 체결 이후 개화 정책을 추진하여 1880년에 통리기무아문을 설치하고, 그 아래에 실무를 담당하는 12사를 두었다.
ㄷ. 독일 상인 오페르트가 두 차례나 조선에 통상을 요구하였으나, 거절당했다. 1868년 오페르트는 흥선 대원군의 아버지인 남연군의 묘를 도굴하려 하였고, 이 사건으로 인해 조선에서는 서양인들을 배척하는 분위기가 더욱 거세졌다.
ㄹ. 1866년 미국 상선 제너럴 셔먼호가 평양 관민들에 의해 소각된 사건(제너럴 셔먼호 사건)이 있었다. 1871년 미군은 이를 구실로 통상 수교를 요구하며 강화도에 침입하였는데, 이 사건이 바로 신미양요이다.

15 정답 ① * 강화도 조약

다음 조약이 체결된 이전의 상황으로 옳지 않은 것은?
강화도 조약(1876)

> 제1관 조선은 자주국이며 일본국과 동등한 권리를 갖는다. → 청의 종주권 부인
> 제10관 일본 인민이 조선이 지정한 각 항구에서 죄를 범하고 조선 인민에게 관계된 사건은 모두 일본 관원이 재판한다. → 영사 재판권 인정

| 문제 + 자료 분석 |

- 자료의 조항을 담고 있는 조약은 강화도 조약(1876)이다.
- 강화도 조약은 일본에 일방적으로 유리한 내용을 담은 불평등 조약으로, 제1관에서는 청의 종주권을 부인하기 위해 조선을 자주국으로 명시하였고, 제10관에서는 영사 재판권(치외 법권)을 명시하였다.

| 선택지 분석 |

① 『조선책략』은 1880년 제2차 수신사로 일본에 파견되었던 김홍집이 국내에 가져왔다. 『조선책략』의 유포는 조·미 수호 통상 조약 체결의 배경이 되었다.
②, ③ 통상 수교 거부 정책을 추진한 흥선 대원군이 정치에서 물러나고 고종이 직접 정치를 하면서 대외 정책에도 변화가 나타나 문호 개방을 주장하는 세력이 점차 힘을 얻었다.
④, ⑤ 강화도 조약 체결 이전 일본은 외교 관계의 개선을 요구하는 외교 문서(서계)를 조선에 보냈다. 조선은 문서의 형식이 예전과 다르다는 이유로 서계를 접수하지 않았다. 이에 일본에서는 조선을 무력으로 침략하자는 정한론이 대두하였다.

* 강화도 조약

배경	운요호 사건
내용	조선이 자주국임을 규정, 부산 외 2개 항구 개항, 해안 측량권 허용, 영사 재판권(치외 법권) 허용 등
의의	조선이 외국과 맺은 최초의 근대적 조약
한계	일본에 유리한 불평등 조약

16 정답 ③ * 강화도 조약

(가) 조약에 대한 설명으로 옳은 것은? [3점]
강화도 조약(1876)

> 화면에 보이는 장소는 연무당의 옛터로, 연무당은 조선과 일본이 (가) 을/를 체결한 곳입니다. (가) 은/는 조선이 외국과 맺은 최초의 근대적 조약이었으나, 해안 측량권과 영사 재판권을 허용하는 등 조선에 불리한 내용이 담겨 있습니다.
> 강화도 조약의 의의 / 강화도 조약으로 일본에 허용함

| 문제 + 자료 분석 |

- 자료의 (가) 조약은 강화도 조약(1876)이다.
- 강화도 조약은 조선이 외국과 맺은 최초의 근대적 조약이었으나, 일본에 해안 측량권과 영사 재판권을 허용한 불평등 조약이었다.

| 선택지 분석 |

① 조선은『조선책략』유포, 청의 알선 등을 배경으로 미국과 조·미 수호 통상 조약(1882)을 체결하였다. 조·미 수호 통상 조약에서는 영사 재판권, 최혜국 대우, 거중 조정, 관세 부과 등을 규정하였다.
② 러·일 전쟁에서 승리한 일본은 대한 제국을 무력으로 위협하여 을사늑약을 강제로 체결하였다. 을사늑약으로 대한 제국은 일본에 외교권을 빼앗겼고, 일본은 통감부를 설치하여 한국의 외교 업무 등에 간섭하였다.
③ 1875년 일본은 무력시위를 통해 조선을 개항시키기 위해 운요호를 강화도에 파견하였다. 운요호가 허가 없이 강화도에 접근하자, 강화도의 수비대가 경고 포격을 하였다. 운요호는 이를 구실로 초지진을 포격하고 군대를 영종도에 상륙시켜 살인과 약탈을 저질렀다. 이후 일본은 조선에 문호 개방을 요구하였고, 조선에서도 찬성하는 사람들이 있어 일본과 강화도 조약을 체결하였다.
④ 조선 후기 정조는 친위 부대인 장용영을 설치하여 군사적 기반을 강화하였다.
⑤ 세도 정치 시기에는 지방관의 과도한 수탈로 인한 삼정의 문란으로 농민들이 큰 고통을 겪었다. 1862년 단성 농민 봉기와 진주 농민 봉기를 비롯해 전국에서 수많은 농민 봉기가 일어났다(임술 농민 봉기).

17 정답 ⑤ * 조·일 수호 조규 부록

| 문제 + 자료 분석 |

- 자료는 강화도 조약(조·일 수호 조규)의 부속 조약인 조·일 수호 조규 부록(1876. 7.)이다.
- 조·일 수호 조규 부록에는 개항장에서 일본인 거류지 설정, 일본 화폐 유통 허용 등에 대한 내용이 포함되었다.

| 선택지 분석 |

① 조·미 수호 통상 조약(1882)에 거중 조정에 대한 내용이 포함되었다. 거중 조정은 조약을 맺은 나라가 제3국과 분쟁이 생길 경우, 조약 상대국이 분쟁을 원만히 해결할 수 있도록 주선한다는 것이다.
② 조선은 프랑스와 수교하면서 천주교 선교 활동을 인정하였다.
③ 강화도 조약(1876)의 내용이다. 강화도 조약에 따라 부산, 원산, 인천이 차례로 개항되었다.
④ 조·일 통상 장정(1883)의 내용이다. 조·일 통상 장정에는 일본 상품에 대한 관세 부과, 방곡령 선포, 최혜국 대우 등의 내용이 포함되었다.
⑤ 조·일 수호 조규 부록에는 개항장에서 일본인의 거류지 설정(10리)에 대한 내용이 포함되었다.

* 강화도 조약(조·일 수호 조규)과 부속 조약

강화도 조약 (1876. 2.)	• 조선은 자주국임을 규정 • 부산 외 2개 항구 개항 • 일본에 해안 측량권 허용 • 일본에 영사 재판권(치외 법권) 허용
조·일 수호 조규 부록(1876. 7.)	• 개항장에서 일본인 거류지 설정(10리) • 개항장에서 일본 화폐의 유통 허용
조·일 무역 규칙 (1876. 7.)	• 양곡의 무제한 유출이 가능해짐 • 일본 상품에 관세를 부과하는 규정이 없음

수능 대비 기출 문제

문제편 125p

18 정답 ③ * 강화도 조약

| 문제 + 자료 분석 |

- 운요호 사건의 영향으로 조일 수호 조규(강화도 조약)가 체결되었다.
- 1875년 일본의 운요호가 예고 없이 강화도에 접근하였고, 강화도 수비대가 포격을 가하였다. 이에 일본군은 초지진을 파괴하고 영종도에 상륙하여 살상을 저질렀다(운요호 사건).

| 선택지 분석 |

① 흥선 대원군이 집권하던 1866년에 제너럴 셔먼호 사건이 발생하였다. 미국 상선 제너럴 셔먼호는 대동강을 거슬러 평양까지 들어와 통상을 요구하였다. 조선 측이 거절하였으나, 제너럴 셔먼호는 계속 난동을 부렸다. 이에 평양 관민이 제너럴 셔먼호를 불태워 침몰시켰다.
② 원 간섭기에 원이 일본 원정을 위해 고려에 정동행성을 설치하였다. 14세기 후반 공민왕이 반원 자주 정책을 추진하면서 정동행성이문소를 폐지하였다.
③ 운요호 사건 이후 조선은 통상 개화론자의 주장을 받아들여 일본과 조일 수호 조규(1876)를 체결하였다. 조일 수호 조규는 강화도에서 체결되었기 때문에 강화도 조약이라고도 한다.
④ 흥선 대원군 집권 시기인 1866년에 병인박해가 일어나 프랑스 선교사와 수천 명의 천주교 신자가 처형되었다. 프랑스는 이를 구실로 강화도를 침략하고 통상을 요구하였다(병인양요,1866).
⑤ 광해군과 북인 정권은 명과 후금 사이에서 중립 외교를 추진하였고, 폐모살제(계모인 인목대비를 유폐하고, 이복 동생인 영창대군을 죽임)를 하여 비판을 받았다. 1623년 서인 세력은 광해군을 몰아내고 인조를 왕위에 앉혔다(인조반정).

19 정답 ④ * 강화도

| 문제 + 자료 분석 |

- 고려 시대에 최우가 몽골의 재침입에 대비하여 새로운 도읍으로 삼은 (가)는 강화도이다.
- 몽골이 사신의 피살 사건을 구실로 고려를 침략하자, 당시 집권자였던 최우는 몽골과 강화를 체결하였다. 이후 수도를 강화도로 옮겨 몽골의 재침입에 대비하였다.

| 선택지 분석 |

① 완도에 해당한다. 당에서 벼슬을 하던 장보고는 신라로 돌아와 완도에 청해진을 설치하였다. 이후 해적을 소탕하였으며, 동아시아 해상 무역을 주도하였다.
② 귀주에 해당한다. 거란의 3차 침입 당시 강감찬이 이끄는 고려군은 귀주에서 거란군을 크게 격파하였다(귀주 대첩).
③ 황토현과 황룡촌에 해당한다. 제1차 봉기를 일으킨 동학 농민군은 황토현(전북 정읍)과 황룡촌(전남 장성)에서 관군을 격파하며 기세를 높였고, 이어 전주성을 점령하였다.
④ 강화도에 해당한다. 프랑스가 병인박해를 구실로 강화도를 침략하자 양헌수 부대가 정족산성에서 프랑스군을 격파하였다. 프랑스군은 퇴각하면서 외규장각 도서 등 문화유산과 재물을 약탈해 갔다. 외규장각 도서는 2011년 대여 방식으로 우리나라에 반환되었다.
⑤ 금강 하류에 해당한다. 고려 말에 왜구가 해안가를 침략하자 최무선은 화포를 사용하여 왜구의 선박을 금강 하류에서 격파하였다(진포 대첩).

20 정답 ② *조·미 수호 통상 조약

밑줄 친 '이 조약' 체결의 배경으로 가장 적절한 것은? [3점]

한국사 신문

보빙 사절단, 미국 대통령을 만나다

미국을 방문한 조선의 보빙 사절단이 미국 대통령을 만나 큰절로 예를 표하였다. 이 조약 체결 후, 미국의 공사가 부임해 온 것에 대한 답례로 (조·미 수호 통상 조약 체결(1882) → 미국 공사 부임 → 미국에 보빙사 파견(1883)) 파견된 사절단은 이 자리에서 고종의 국서를 전달하였다. 거중 조정, 관세 부과, 영사 재판권 등에 관한 조항이 포함된 이 조약은 (조·미 수호 통상 조약(1882)) 조선이 서양과 처음으로 체결한 조약이었다.

| 문제 + 자료 분석 |

- 거중 조정, 관세 부과, 영사 재판권 등에 관한 조항이 포함된 것은 조·미 수호 통상 조약(1882)이다.
- 조선은 서양 국가 중 최초로 미국과 조약을 체결하였다(조·미 수호 통상 조약). 조선이 외국과 체결한 최초의 근대적 조약은 강화도 조약(1876)이고, 서양과 체결한 최초의 조약은 조·미 수호 통상 조약(1882)이다.

| 선택지 분석 |

① 조선 시대인 1592년에 임진왜란이 발발하였다. 임진왜란 이후 에도 막부의 요청으로 국교를 재개하였고, 1609년에는 기유약조를 체결하여 제한된 범위 내에서 무역을 허용하였다.

② 『조선책략』의 영향으로 조·미 수호 통상 조약이 체결되었다. 제2차 수신사로 일본에 파견된 김홍집은 귀국할 때 『조선책략』을 들여왔다. 『조선책략』에는 조선이 러시아의 남하를 막기 위해 중국, 일본, 미국과 손을 잡아야 한다는 내용이 담겨 있었다. 이에 조선은 미국과의 수교를 추진하였고, 그 결과 조·미 수호 통상 조약이 체결되었다.

③ 일제 강점기인 1921년에 자유시 참변이 발생하였다. 간도 참변 이후 대한 독립군단은 약소민족의 독립운동을 지원하겠다는 러시아 적군의 약속을 믿고 러시아 영토인 자유시로 이동하였다. 그러나 지휘권을 둘러싸고 갈등이 발생하여 수백 명의 독립군이 희생되었다(자유시 참변, 1921).

④ 일제 강점기에는 문자 보급 운동과 브나로드 운동 등 문맹 퇴치 운동이 전개되었다. 동아일보사가 주도한 브나로드 운동은 '배우자, 가르치자, 다 함께 브나로드'라는 구호를 내세웠고, 많은 학생들이 참여하였다.

⑤ 고려 말의 공민왕이 정동행성이문소를 폐지하였다. 공민왕은 중국에서 원이 쇠퇴하자 반원 자주 정책을 추진하였다. 몽골풍을 금지하고 기철 등 친원 세력을 제거하였으며, 고려의 내정을 간섭하던 정동행성이문소를 폐지하였다.

10 근대 사회로의 변혁

내신 대비 필수 문제

문제편 131~133p

01 핵심 키워드: 통리기무아문, 조사 시찰단, 영선사, 별기군

모범 답안 (가)는 통리기무아문이다. 통리기무아문은 일본에 조사 시찰단을 파견하였으며, 청에 영선사를 파견하였다. 또한, 신식 군대인 별기군을 창설하였다.

| 문제 + 자료 분석 |

- 조선은 일본과 강화도 조약을 체결한 이후 개화 정책을 추진하기 위해 통리기무아문을 설치하였고, 청, 일본 등에 사절단을 파견하였으며, 신식 군대인 별기군을 창설하였다.

＊채점 기준

(가)의 명칭과 추진된 개화 정책의 내용을 두 가지 이상 서술한 경우	100 %
(가)의 명칭만 서술한 경우	30 %

02 정답 별기군

| 문제 + 자료 분석 |

- 자료의 군대는 별기군이다.
- 별기군은 우리나라 최초의 신식 군대로, 일본인 교관에 의해 근대식 군사 훈련을 받았으며, 구식 군인보다 나은 대우를 받았다.

03 정답 ④ *별기군 창설 시기의 모습

| 문제 + 자료 분석 |

- 조선 정부는 개화 정책을 추진하기 위해 1880년에 통리기무아문을 설치하였고, 1881년에 신식 군대인 별기군을 창설하였다.

| 선택지 분석 |

① 고종 즉위 후 집권한 흥선 대원군은 호포제를 시행하여 양반에게도 군포를 징수하였다.

② 1866년 미국 상선 제너럴 셔먼호가 대동강을 거슬러 올라와 통상을 요구하다가 평양 관민에 의해 소각되었다.

③ 1866년 병인박해를 구실로 프랑스군이 강화도를 침입하였다(병인양요). 이때 한성근이 이끄는 부대가 문수산성에서 프랑스군을 격퇴하였다.

④ 1876년 강화도 조약으로 개항을 한 조선은 신식 군대인 별기군을 설치(1881)하고 기존의 5군영을 무위영과 장어영의 2영으로 축소하였다. 이보다 앞서 개화 정책을 총괄하는 기구로 통리기무아문을 설치(1880)하였다.

⑤ 일본은 조선의 문호를 개방하기 위해 1875년 운요호 사건을 일으켜 강화도 일대에서 무력시위를 벌였다.

04 정답 ③ *해외 사절단 파견

| 문제 + 자료 분석 |

- 자료의 (가)는 영선사, (나)는 조사 시찰단, (다)는 보빙사이다.
- (가) 영선사는 1881년 김윤식을 대표로 하여 청의 근대 무기 제조 기술을 배우기 위해 톈진으로 파견되었다.
- (나) 조사 시찰단(1881)은 일본의 근대적 개화 상황을 시찰하고 오는 것을 목적으로 파견되었다.
- (다) 보빙사는 1883년 미국의 선진 문물을 시찰하기 위해 파견되었다.

| 선택지 분석 |

① 영선사는 청에서 근대 무기 제조 기술을 배워왔다. 정부는 이를 바탕으로 근대적 무기 제조 공장인 기기창(1883)을 설치하였다.

② 조사 시찰단이 파견된 1881년은 통리기무아문이 설치된 후 근대적 개혁이 추진되는 한편,『조선책략』유포에 따른 반발로 위정척사 운동이 전개되고 있을 때이다.

③ 보빙사는 조·미 수호 통상 조약 체결 이후 미국 공사가 조선에 부임해 온 것에 대한 답례로 파견되었다.

④ 영선사(1881), 조사 시찰단(1881), 보빙사(1883) 모두 갑신정변(1884) 이전에 파견되었다.

⑤ 조사 시찰단과 보빙사는 개화 정책에 필요한 정보를 얻기 위해 각각 일본과 미국에 파견되었다.

05 정답 (가) 통상 수교 거부 운동, (나) 개항 반대 운동

| 문제 + 자료 분석 |

- 자료는 위정척사 운동의 시기별 전개 상황에 대해 보여주고 있다.
- 1860년대에는 이항로, 기정진 등을 중심으로 통상 수교 거부 운동이, 1870년대에는 최익현을 중심으로 개항 반대 운동이, 1880년대에는 이만손 등을 중심으로 개화 반대 운동이 전개되었다.

06 정답 ③ * 최익현의 활동

| 문제 + 자료 분석 |

- 밑줄 친 '이 분'은 최익현이다.
- 최익현은 1870년대 강화도 조약 체결 무렵에 왜양일체론을 주장하는 등 개항 반대 운동을 이끌었다.

| 선택지 분석 |

① 1884년 급진 개화파인 김옥균과 박영효 등이 우정총국 개국 축하연을 계기로 갑신정변을 일으켰으나 청군의 개입으로 실패하였다.

② 온건 개화파는 전통적인 유교적 가치관과 질서를 유지하면서 서양의 기술과 기기만을 수용하자는 동도서기론을 주장하였다.

③ 운요호 사건을 빌미로 일본이 조선에 개항을 요구하자 최익현은 일본이 서양 세력과 다를 것이 없다는 왜양일체론을 주장하며 강화도 조약 체결에 반대하였다. 이후 최익현은 1905년 을사늑약이 체결되자 전라북도 태인에서 의병을 일으켰으나 관군과 대치한 후 자진 해산하였고, 일제에 의해 체포되어 쓰시마섬으로 끌려가 순국하였다.

④ 1880년대에 개화 정책이 추진되고『조선책략』이 유포되자 이만손을 중심으로 한 영남 유생들이 정부의 개화 정책과 미국과의 수교에 반대하는 집단 상소인 만인소를 올렸다.

⑤ 1880년 일본에 파견되었던 2차 수신사 김홍집이『조선책략』을 국내에 가져왔다.『조선책략』은 일본에 있던 청의 외교관인 황준헌이 지은 것으로, 러시아의 남하를 막기 위해서 조선이 중국, 미국, 일본과 손을 잡아야 한다는 내용이 담겨 있었다.

07 정답 ③ * 위정척사 운동

| 문제 + 자료 분석 |

- 1870년대 일본이 조선에 개항을 요구하자 최익현 등이 일본과의 수교를 반대하는 개항 반대 운동을 전개하였다.
- 1880년대 정부가 개화 정책을 추진하고『조선책략』이 유포되면서 미국과 통상 조약을 체결하려 하자 이만손을 중심으로 한 영남 유생들이 만인소를 올려 이에 반대하였다.

| 선택지 분석 |

① 병인양요는 프랑스군이 1866년에 강화도를 침략한 사건을 말한다. 프랑스군은 같은 해에 프랑스 천주교 선교사가 처형된 병인박해를 빌미로 강화도를 침략하였다.

② 일본은 1905년에 이완용 등 을사오적을 앞세워 을사늑약을 강압적으로 체결하였다. 을사늑약이 체결된 이후 최익현과 평민 의병장 신돌석 등이 의병을 일으켰다.

③『조선책략』은 청의 외교관 황준헌이 쓴 것으로, 조선이 러시아의 남하를 막기 위해서는 중국, 일본, 미국과 손을 잡아야 한다는 내용이 담겨 있었다.『조선책략』유포에 반발하여 이만손을 중심으로 한 영남 유생들이 만인소를 제출하였다.

④ 청·일 전쟁은 동학 농민 운동 진압을 위해 파견된 청군과 일본군이 1894년 6월부터 1895년 3월까지 한반도와 랴오둥반도 등에서 벌인 전쟁이다.

⑤ 제너럴 셔먼호 사건은 흥선 대원군이 집권하고 있던 1866년에 발생한 사건이다. 이후 미국이 이를 빌미로 강화도를 침략하였다(신미양요, 1871).

08 정답 ④ * 임오군란

다음 사건이 일어난 시기를 연표에서 옳게 고른 것은?
임오군란(1882)

> 6월 10일에 난병들이 대궐에 침입하니, 왕비는 밖으로 달아나고 이최응, 민겸호, 김보현은 모두 살해되었으며 …(중략)… 임금이 대원군에게 군국사무를 처리하라고 명했다. 이에 대원군이 대궐 안에 머물면서 명령을 내려 통리기무아문과 무위영, 장어영을 폐지하고 5영을 되살렸다. 그리고 군인의 급료를 지급하게 하고 난병을 물러가게 한 뒤 대사령을 내렸다.
>
> 구식 군인들이 난을 일으켜 대궐에 침입
> 구식 군인들이 정부 고위 관료들을 살해함
> 임오군란 때 권력을 장악한 흥선 대원군이 개화 정책을 중단시킴

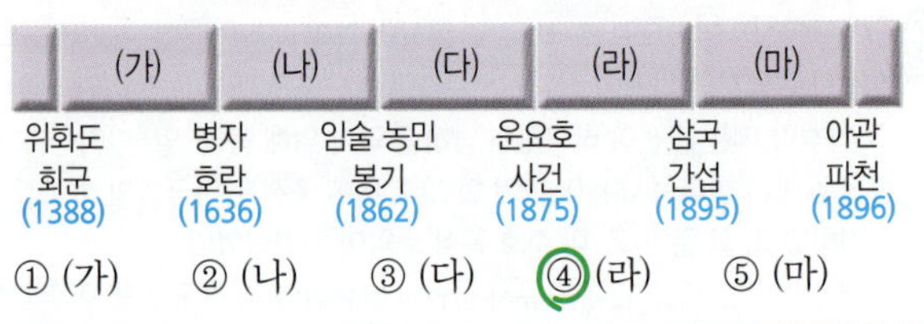

① (가) ② (나) ③ (다) ④ (라) ⑤ (마)

| 문제 + 자료 분석 |

- 별기군에 비해 차별 대우를 받던 구식 군인들은 1882년 난을 일으켜 정부 고관의 집과 궁궐, 일본 공사관 등을 습격하였다(임오군란).
- 임오군란이 일어나자 고종은 사태를 수습하기 위해 흥선 대원군에게 정권을 맡겼다.
- 흥선 대원군은 통리기무아문과 별기군을 폐지하는 등 개화 정책을 중단시켰다.

| 선택지 분석 |

① 위화도 회군은 고려 말인 1388년에 요동 정벌을 떠났던 이성계가 위화도에서 군사를 돌려 권력을 장악한 사건이다. 병자호란은 1636년에 청이 조선을 침입한 사건이다.

② 임술 농민 봉기는 세도 정치 시기인 1862년에 삼정의 문란 등에 항거하여 전국적으로 발생한 농민 봉기이다.

③ 운요호 사건(1875)은 일본이 조선을 개항시키기 위해 일으킨 사건이다.

④ 삼국 간섭(1895)은 청·일 전쟁에서 승리한 일본이 랴오둥반도를 넘겨받자, 러시아·프랑스·독일이 일본에 압력을 가하여 이를 반환하게 한 사건이다. (라) 시기에는 신식 군대인 별기군이 설치(1881)되었고, 구식 군인들이 임오군란을 일으켰다.

⑤ 아관 파천(1896)은 을미사변 이후 신변에 위협을 느끼던 고종이 러시아 공사관으로 처소를 옮긴 사건이다.

09 핵심 키워드: 임오군란, 조·청 상민 수륙 무역 장정, 속국, 내지통상

모범 답안 조·청 상민 수륙 무역 장정, 조·청 상민 수륙 무역 장정에는 조선이 청의 속국이라는 내용과 허가를 받으면 청 상인이 개항장 밖에서도 활동할 수 있다(내지통상)는 내용이 포함되었다.

| 문제 + 자료 분석 |

- 자료의 사건은 구식 군인들이 일으킨 임오군란(1882)이다.
- 청은 군대를 보내 임오군란을 진압했고, 흥선 대원군을 납치해 갔다.
- 임오군란 이후 청은 조선의 내정과 외교에 간섭하였다. 그리고 조·청 상민 수륙 무역 장정(1882)의 체결을 강요하여 조선을 청의 속국으로 명시하고 경제적 침투를 강화하였다.

＊ 채점 기준

조·청 상민 수륙 무역 장정의 명칭과 그 내용을 두 가지 서술한 경우	100 %
조·청 상민 수륙 무역 장정의 명칭과 그 내용을 한 가지만 서술한 경우	60 %
조·청 상민 수륙 무역 장정의 명칭만 쓴 경우	30 %

10 정답 ④ ＊임오군란

| 문제 + 자료 분석 |

- 밑줄 친 '이 사건'은 임오군란(1882)이다.
- 임오군란을 일으킨 구식 군인들은 별기군의 일본인 교관을 죽이고 일본 공사관을 공격하였다.
- 이후 일본은 자국 공사관이 공격받은 일을 구실로 군대를 파견하여 피해 배상을 강요하였다. 이에 조선은 일본과 제물포 조약을 체결하였다.

| 선택지 분석 |

① 고려 인종 때 서경 출신 관료들은 서경 천도를 주장하며 개경 세력에 맞섰다. 개경 세력의 반대로 서경 천도가 무산되자 묘청, 정지상 등이 서경에서 난을 일으켰다(1135).
② 고려 시대인 12세기 초에 윤관은 별무반을 이끌고 여진을 정벌한 이후 동북 지역에 9성을 축조하였다.
③ 오랑캐로 여겼던 만주족에게 패배한 병자호란(1636)은 조선인에게 치욕스러운 기억이었다. 병자호란 이후 청에 복수하고 명에 대한 의리를 지키자는 북벌론이 나타났다.
④ 구식 군인들은 신식 군대인 별기군에 비해 낮은 처우에 불만이 많았다. 이런 상황에서 13개월 만에 급료로 나눠준 쌀에 모래가 섞여 있자, 폭발한 구식 군인들이 난을 일으켰다(임오군란, 1882).
⑤ 제1차 세계 대전이 종결될 무렵, 미국 대통령 윌슨이 민족 자결주의를 제창하였다. 이는 한국을 비롯한 식민지 약소민족의 독립 의식을 고취하여 3·1 운동의 발생에 영향을 주었다.

11 정답 ㄴ, ㄷ, ㄹ

| 문제 + 자료 분석 |

- 박규수, 오경석, 유홍기 등의 영향을 받은 김옥균, 박영효, 김윤식 등이 개화파를 형성하였다.
- 개화파는 임오군란 이후 개화 정책의 추진 방법과 청·일에 대한 인식을 둘러싸고 온건 개화파와 급진 개화파로 분화되었다.
- 온건 개화파는 청의 양무운동을 모델로 동도서기론의 입장에서 서양의 과학 기술만을 수용하여 점진적인 개혁을 추진할 것을 주장하였다. 주요 인물로 김홍집, 김윤식 등이 있다.
- 급진 개화파는 일본의 메이지 유신에 영향을 받아 문명개화론을 지향하며, 서양의 기술뿐 아니라 사상과 제도까지 도입할 것을 주장하면서 급진적인 개혁을 추구하였다. 주요 인물로 김옥균, 박영효 등이 있다.

12 정답 ② ＊갑신정변

| 문제 + 자료 분석 |

- 밑줄 친 '우리'가 일으킨 사건은 갑신정변(1884)이다.
- 임오군란 이후 청의 간섭이 심화되자 김옥균을 비롯한 급진 개화파는 정변을 일으켜 청의 속박에서 벗어난 근대 국가를 수립하고자 하였다.

| 선택지 분석 |

① 일본은 경복궁을 점령하고 청·일 전쟁을 일으킨 후 김홍집을 중심으로 한 정권을 세워 개혁을 강요하였다. 김홍집 내각은 군국기무처를 설치하고 갑신정변 때의 개혁안과 동학 농민군의 개혁 요구를 수용하여 갑오개혁을 추진하였다(1894~1896).
② 갑신정변은 1884년 김옥균, 박영효, 홍영식 등 급진 개화파가 주도한 사건이다. 이들은 청의 내정 간섭과 정부의 온건한 개화 정책 추진에 불만을 갖고 있었다. 개화 정책을 추진하기 위해 일본으로부터의 차관 도입을 추진하였으나 실패하자, 정치적으로 궁지에 몰린 급진 개화파는 이를 타개하기 위해 일본 공사의 지원을 약속받고 정변을 계획하였다.
③ 홍경래의 난은 19세기 초 세도 정치기에 평안도민들이 일으킨 난이다.
④ 서울 진공 작전은 정미의병 시기에 13도 창의군이 주도하였다.
⑤ 서경 천도 운동은 고려 시대 묘청이 주도한 운동이다.

13 정답 ④ ＊갑신정변

| 문제 + 자료 분석 |

- 밑줄 친 '정변'은 갑신정변(1884)이다.
- 급진 개화파는 우정총국 개국 축하연에서 민씨 정권의 핵심 인물들을 처단하고 정권을 잡았다(갑신정변).
- 이후 개화당 정부를 수립하고 14개조 개혁 정강을 발표하였으나, 청군의 개입으로 3일 만에 정부가 붕괴되었다.

| 선택지 분석 |

① 고려 말 급진파 신진 사대부들은 조선 건국의 경제적 기반을 마련하기 위해 과전법을 시행하였다.
② 임진왜란으로 위기에 처한 조선 정부는 사수, 포수, 살수의 삼수병으로 이루어진 훈련도감을 설치하였다.
③ 물산 장려 운동은 1920년대 조만식 등 국내의 민족주의 계열이 주도한 대표적인 경제 운동이다.
④ 갑신정변을 일으킨 급진 개화파들은 청과의 사대 관계 청산, 신분제 폐지, 호조로의 재정 일원화 등의 14개조 개혁 정강을 발표하였다. 그러나 청의 개입으로 3일 만에 실패로 끝났고, 김옥균 등 주도 세력은 일본으로 망명하였다.
⑤ 망이·망소이는 고려의 특수 행정 구역인 공주 명학소의 주민으로, 무신 정권 시기에 봉기를 일으켰다.

＊ 갑신정변과 이후의 정세

구분	내용
개화파의 분화	임오군란 이후 온건 개화파(동도서기론 주장)와 급진 개화파(문명개화론 주장)로 분화
갑신정변	급진 개화파가 우정총국 개국 축하연에서 정변 → 개화당 정부 수립 → 14개조 개혁 정강 발표 → 청군의 출동으로 진압
갑신정변 이후의 정세	청·일본·영국·러시아의 대립 격화, 조선 중립화론 대두(독일 부영사 부들러, 유길준 등)

14 핵심 키워드: 청의 내정 간섭 심화, 조·러 비밀 협약, 영국의 거문도 점령

모범 답안 갑신정변 이후 청의 내정 간섭이 심화되고 조선이 조·러 비밀 협약을 추진하자 영국은 러시아를 견제하고자 거문도를 불법으로 점령하였다.

> 1. 청에 대하여 행하던 조공의 허례를 폐지한다. → 청과의 사대 관계 청산
> 2. 문벌을 폐지하고, 인민 평등권을 제정하여 능력에 따라 관리를 등용한다. → 평등 사회 지향
> 3. 지조법을 개혁하여 부정을 막고 백성을 보호하며 재정을 넉넉히 한다. → 조세 제도 개혁
> 12. 모든 재정은 호조에서 관할한다. → 재정의 일원화
>
> KEY 급진 개화파가 갑신정변 때 제시한 14개조 개혁 정강

| 문제 + 자료 분석 |

- 자료의 개혁 정책은 14개조 개혁 정강으로, 갑신정변 때 급진 개화파에 의해 제시되었다.
- 갑신정변 이후 조선에 대한 청의 내정 간섭은 더욱 심화되었고, 조선은 이를 견제하고자 러시아와 비밀 협약을 추진하였다. 그러자 영국은 러시아의 남하를 저지한다는 구실로 거문도를 불법 점령하였다.
- 이처럼 조선을 둘러싼 열강들의 대립이 격화되자 유길준과 조선 주재 독일 부영사 부들러는 한반도 중립화론을 제기하였다.

＊채점 기준

청의 내정 간섭 심화, 조·러 비밀 협약 추진, 영국의 거문도 점령을 모두 서술한 경우	100%
제시된 내용 중 두 가지를 서술한 경우	60%
제시된 내용 중 한 가지만 서술한 경우	30%

15 정답 ① ＊갑신정변

| 문제 + 자료 분석 |

- 자료의 (가) 사건은 갑신정변(1884)이다.
- 급진 개화파는 서양의 과학 기술뿐만 아니라, 사상·제도를 포함한 총체적이고 급진적인 개혁을 추진하였다. 급진 개화파의 대표적인 인물이 김옥균과 박영효이다.
- 갑신정변을 통해 수립된 급진 개화파 정부(개화당 정부)는 인민 평등권 제정 등을 담은 14개조 개혁 정강을 발표하였다.

| 선택지 분석 |

① 1884년 김옥균, 박영효, 홍영식 등 급진 개화파가 주도하여 갑신정변을 일으켰다.
② 대한 제국은 "옛것을 근본으로 삼고 새것을 참고한다."라는 구본신참의 원칙에 따라 점진적인 개혁(광무개혁)을 실시하였다.
③ 16세기 무렵 여진과 왜가 국경을 약탈하자, 조선은 국방을 논의하는 기구인 비변사를 설치하였다. 비변사는 임진왜란을 계기로 국정을 총괄하는 최고 정치 기구 역할을 하게 되었다.
④ 고려 시대 이자겸의 난 이후 서경 출신의 묘청과 정지상 등은 서경 천도, 금국 정벌 등을 주장하였다(서경 천도 운동). 개경 세력의 반대로 서경 천도가 무산되자 묘청 등이 서경에서 난을 일으켰으나, 김부식의 관군에 의해 1년 만에 진압되었다.
⑤ 제1차 세계 대전이 종결될 무렵, 미국 대통령 윌슨이 민족 자결주의(각 민족은 정치 운명을 스스로 결정할 권리가 있다는 내용)를 제창하였다. 이는 한국을 비롯한 식민지 약소민족의 독립 의식을 고취하여 3·1 운동의 발발에 영향을 주었다.

16 정답 ⑤ ＊갑신정변

| 문제 + 자료 분석 |

- 지도에 나타난 사건은 갑신정변(1884)이다.
- 우정총국에서 정변을 일으킨 급진 개화파는 국왕과 왕비를 경우궁으로 옮기고 개화당 정부를 수립하여 14개조 개혁 정강을 발표했다.
- 하지만 청군이 신속히 개입하였고, 일본이 지원 약속을 철회하면서 정변은 실패로 끝나게 되었다.

| 보기 분석 |

ㄱ. 군국기무처는 1894년에 설치되어 제1차 갑오개혁을 주도하였다.
ㄴ. 일본 공사관에 경비병이 주둔하는 계기가 된 것은 임오군란이다. 임오군란 이후 일본은 조선과 제물포 조약을 맺어 일본 공사관의 경비를 구실로 일본군을 조선에 주둔하게 하였다.
ㄷ. 임오군란 이후 민씨 정권은 친청 사대화가 심화되었고 청은 조선에 군대를 주둔시키고 고문을 파견하여 내정을 간섭하였다. 이런 상황에서 재정 위기 극복을 위한 차관 도입의 실패로 입지가 약화된 급진 개화파는 정변을 일으켜 세력을 만회하려 하였다.
ㄹ. 갑신정변을 일으킨 급진 개화파는 14개조 개혁 정강을 발표하여 정치면에서 내각 중심의 근대적인 입헌 군주제를 실시하고자 하였다. 사회면에서는 문벌을 폐지하여 인민 평등권을 제정함으로써 신분제를 폐지하고자 하였다.

내신 1등급 문제 문제편 134p

17 정답 ① ＊조선 정부의 초기 개화 정책

> 다음 조치가 발표된 시기(→ 1880년대 초기 개화 정책 추진 시기)에 볼 수 있었던 모습으로 옳은 것은?
>
> - 여러 군영을 모두 합하여 두 개의 영으로 만든다. (중앙군인 5군영을 비롯한 여러 군대를 축소 개편)
> - 무위소·훈련도감·용호영·호위청을 합하여 하나의 영으로 삼아 무위영이라 칭하고, 금위영·어영청·총융청을 합하여 하나의 영으로 삼아 장어영이라 칭한다. (개항 이후 초기 개화 정책의 일환으로 개편된 새로운 부대(2영))
> - 순찰은 양영(兩營)이 차례로 수행한다.

| 문제 + 자료 분석 |

- 자료의 조치는 초기 개화 정책을 추진하던 조선 정부의 군제 개혁이다.
- 조선 정부는 1880년에 통리기무아문을 설치하였다. 이후 기존의 5군영을 2영(무위영, 장어영)으로 개편하고, 별기군을 설치하는 등 군제 개혁을 단행하였다.

| 선택지 분석 |

① 조선 정부는 통리기무아문을 설치하여 군제 개편을 비롯한 초기 개화 정책을 추진하였다.
② 집강소는 1894년 전주 화약 체결 이후 동학 농민군이 전라도 지역에 설치한 자치 기구였다.
③ 시위대는 1895년 제2차 갑오개혁 시기에 설치된 군대로 1907년 군대 해산에 저항하여 일본군과 전투를 벌였다.
④ 1897년 대한 제국이 수립되면서 황제에 즉위한 고종이 1907년 헤이그 특사 사건을 계기로 일제에 의해 강제 퇴위되었다.
⑤ 1896년에 창립한 독립 협회는 독립문을 세우는 데에 보조금만 내면 회원이 될 수 있도록 하였다. 독립 협회의 회원들은 강연회와 토론회 등에 참석하여 자유롭게 자신의 정치적 의견을 내세웠다.

18 정답 ⑤ *위정척사 운동

다음과 같이 주장한 세력들이 전개한 운동에 대한 설명으로 옳지 않은 것은?

> 양이의 화가 금일에 이르러 홍수나 맹수의 해로움보다도 더 심합니다. 전하께서는 부지런히 힘쓰시고 외물(外物)에 견제당하거나 흔들림을 경계하시어 안으로는 관리들로 하여금 사학의 무리를 잡아 베게 하시고 밖으로는 장병들로 하여금 바다를 건너오는 적을 정벌하게 하소서.
> 천주교 등 서양 문물의 확산을 경계하는 통상 수교 거부 운동(척화 주전론)
> – 이항로, 『화서집』
> 1860년대에 위정척사 운동 주도

| 문제 + 자료 분석 |

- 자료의 내용을 주장한 세력은 위정척사파이다.
- 이항로는 1860년대 위정척사 운동을 주도한 인물로, 통상 수교 거부 운동을 전개하며 흥선 대원군의 통상 수교 거부 정책을 뒷받침하였다.

| 선택지 분석 |

① 위정척사 운동은 서양과 일본의 경제적·군사적 침략에 반대하는 반외세·반침략 민족 운동이었다.
② 위정척사 운동은 1890년대 이후 일본의 침략이 차츰 노골화되면서 유인석, 이소응 등이 주도한 항일 의병 운동으로 계승되었다.
③ 1860년대에 이항로, 기정진 등 양반 유생들이 위정척사 운동을 전개하고, 흥선 대원군의 통상 수교 거부 정책을 지지하였다.
④ 1870년대에 최익현을 비롯한 유생은 일본이 서양 오랑캐와 같다는 왜양일체론을 내세우며 개항 반대 운동을 전개하였다.
⑤ 동도서기론은 서양의 과학 기술을 수용하자는 것으로 온건 개화파의 주장이었다.

19 정답 ③ *임오군란

밑줄 친 '변란'에 대한 탐구 활동으로 가장 적절한 것은? [3점]

> 한성 곳곳에 "황제께서 변란의 진상을 알아보기 위해 흥선 대원군을 톈진으로 불러들였다. 이는 과거 원에서 고려의 충선왕 등을 불러들인 것과는 다른 조치다."라는 내용의 방이 붙었다. 이를 본 백성들이 놀라움을 금치 못하였다.
> 임오군란(1882)
> 청은 임오군란의 책임을 물어 흥선 대원군을 청으로 납치해 감

| 문제 + 자료 분석 |

- 밑줄 친 '변란'은 임오군란(1882)이다.
- 임오군란 당시 민씨 세력의 요청을 받은 청은 군대를 파견하였고, 임오군란의 책임을 물어 흥선 대원군을 청으로 납치해 갔다.

| 선택지 분석 |

① 고려 정부가 몽골과 강화를 맺고 개경 환도를 결정하자, 삼별초는 이에 반발하여 강화도에서 봉기하였다. 삼별초는 진도, 제주도로 옮겨가며 항쟁을 이어 나갔지만 고려와 몽골 연합군에게 진압되었다.
② 조선 세도 정치 시기에는 지방관의 과도한 수탈과 삼정의 문란 등이 원인이 되어 임술 농민 봉기가 일어났다. 이에 조선 정부는 삼정이정청을 설치하여 삼정의 문란을 바로 잡고자 하였으나 별다른 성과를 거두지 못하였다.
③ 임오군란에 대한 내용이다. 개항 이후 창설된 별기군에 비해 차별 대우를 받던 구식 군인은 밀린 급료로 모래와 겨가 섞인 쌀이 지급되자 분노가 폭발하여 임오군란을 일으켰다(1882).
④ 고종은 을사늑약의 부당함을 호소하고자 네덜란드 헤이그에서 열린 만국 평화 회의에 이준, 이상설, 이위종을 특사로 파견하였다.
⑤ 우금치 전투는 동학 농민 운동 과정에서 일어났다. 일본의 침략을 규탄하며 다시 봉기한 동학 농민군은 공주 우금치에서 일본군과 정부군을 상대로 치열한 전투를 펼쳤지만 패하였다.

20 정답 ⑤ *급진 개화파와 갑신정변

| 문제 + 자료 분석 |

- 자료의 인물들이 속한 정치 세력은 급진 개화파이다.
- 박영효, 서광범, 서재필, 김옥균은 급진 개화파의 중심 인물로, 청의 내정 간섭을 반대하고, 서양의 과학 기술뿐만 아니라 사상과 제도까지 적극적으로 수용할 것을 주장하였다.

| 선택지 분석 |

① 급진 개화파는 청과의 사대 관계 청산을 주장하였다.
② 급진 개화파는 성리학적 전통 질서를 타파하고자 하였다.
③ 1880년대에 정부가 개화 정책을 추진하고 『조선책략』이 유포되자 이만손 등은 만인소를 올려 개화 정책 및 미국과의 수교에 반대하였다. 홍재학은 척사 상소를 올려 고종을 직접적으로 비판하였다.
④ 급진 개화파는 일본의 메이지 유신을 모델로 삼아 문명개화론의 입장에서 전면적이고 급진적인 개혁을 추진하였다.
⑤ 제시된 사진은 급진 개화파의 주요 인물들로, 이들은 갑신정변을 일으키고 청과의 사대 관계 폐지, 인민 평등권 확립, 내각 중심의 정치 등을 주요 내용으로 하는 14개조 개혁 정강을 발표하였다.

10

수능 대비 기출 문제

문제편 135p

21 정답 ① *임오군란

| 문제 + 자료 분석 |

- 임오군란(1882)의 결과 제물포 조약이 체결되었다.
- 개항 이후 설치된 별기군에 비해 차별 대우를 받던 구식 군인들은 밀린 급료가 겨와 모래가 섞인 쌀로 지급되자 분노가 폭발하여 임오군란을 일으켰다.
- 임오군란으로 인해 조선은 일본과 제물포 조약을 체결하여 배상금을 지급하고, 일본 공사관의 경비를 위한 일본군 주둔을 허용하였다.

| 선택지 분석 |

① 임오군란에 대한 설명이다. 임오군란이 일어나자 고종은 사태 수습을 위해 흥선 대원군에게 정권을 맡겼다. 하지만 민씨 세력의 요청으로 파견된 청군이 흥선 대원군에게 군란의 책임을 물어 청으로 납치하였고 임오군란을 진압하였다.
② 동학교도들은 정부의 탄압으로 처형당한 교조 최제우의 누명을 벗기고, 포교의 자유를 보장받고자 교조 신원 운동을 전개하였다.
③ 을미사변과 단발령을 계기로 전국 각지에서 양반 유생층의 주도 하에 의병이 일어났다(을미의병).
④ 헤이그 특사 사건에 대한 설명이다. 고종은 1907년 네덜란드 헤이그에서 열린 만국 평화 회의에 이준, 이상설, 이위종을 파견하여 을사늑약의 부당함을 호소하고자 하였다. 일제는 이를 빌미로 고종을 강제 퇴위시켰다(1907).
⑤ 5·16 군사 정변(1961)을 일으킨 박정희 등은 헌정 질서를 중단시키고 국가 재건 최고 회의를 설치하여 군정을 실시하였다.

22 정답 ② *위정척사 운동

| 문제 + 자료 분석 |

- 자료는 위정척사 운동에 대한 내용이다.
- 1860년대에 이항로는 서양과의 통상에 반대하고, 서양에 맞서 싸우자는 척화 주전론을 주장하였다.
- 1870년대에 최익현은 왜양일체론을 주장하며 개항 반대 운동을 전개하였다.
- 1880년대에 『조선책략』이 유포되고 미국과의 수교가 추진되자, 이만손 등 영남의 유생들은 「만인소」를 올려 거세게 반발하였다.

| 선택지 분석 |

① 박정희 정부는 경제 성장 과정에서 도시와 농촌의 소득·문화 격차가 벌어지자 농촌의 환경 개선과 농촌과 도시의 균형 발전을 목적으로 새마을 운동을 실시하였다.

② 성리학을 신봉하던 보수적 유생들은 성리학에 기반한 조선의 전통 질서를 지키고 서양 세력을 배척하자는 위정척사 운동을 전개하였다.

③ 물산 장려 운동은 1920년대에 전개된 실력 양성 운동이다. 대중에게 토산품 애용 의식을 심어주는 성과를 거두기도 하였지만, 사회주의자들로부터 자본가와 상인의 이익을 추구하는 이기적인 운동이라고 비판을 받기도 하였다.

④ 1926년 순종의 서거를 계기로 6·10 만세 운동이 일어났다. 6·10 만세 운동 이후 민족 운동 전선을 통일하려는 노력의 성과로 신간회가 결성되었다.

⑤ 을사늑약 전후로 조직된 여러 애국 계몽 운동 단체는 회사를 설립하고 민족 교육을 실시하는 등 국권 회복을 위한 다양한 활동을 전개하였다.

23 정답 ① *갑신정변

| 문제 + 자료 분석 |

- 김옥균 등 급진 개화파가 우정총국 개국 축하연에서 일으킨 사건은 갑신정변(1884)이다.
- 급진 개화파는 일본으로부터 차관 도입에 실패하여 정치적 입지가 더욱 좁아졌다. 그리하여 우정총국 개국 축하연에서 정변을 일으켜 민씨 일파를 제거하고 개화당 정부를 수립하여 정권을 장악하였다.

| 선택지 분석 |

① 갑신정변에 대한 내용이다. 급진 개화파는 일본의 지원 약속을 받고 우정총국 개국 축하연에서 갑신정변을 일으켰다. 이후 조선에 주둔하고 있던 청군이 출동하자, 지원을 약속했던 일본군이 약속을 어기고 철수했고, 정변은 3일 만에 실패로 끝났다.

② 조선 후기에 실시한 대동법으로 정부에 물품을 조달하는 상인인 공인이 성장하였다. 공인의 활동으로 상업과 수공업이 발달하였다.

③ 고려 무신 정권 시기에는 불교가 타락하여 여러 폐단이 발생하였다. 이에 지눌은 수선사 결사를 제창하고 승려 본연의 자세로 돌아가 독경, 참선, 노동에 고루 힘써야 한다고 주장하였다.

④ 1947년 11월 유엔 총회는 인구 비례에 따른 남북한 총선거 실시를 결의하였다. 하지만 소련이 유엔 한국 임시 위원단의 입북을 거부하여 실행되지 못하였다. 이후 유엔 소총회는 선거가 가능한 지역만의 총선거 실시를 결정하였고, 그에 따라 남한에서 5·10 총선거가 실시되었다.

⑤ 5·16 군사 정변을 일으킨 군인들이 국가 재건 최고 회의를 설치하였다. 1961년에 박정희 등 일부 군인들은 국가 재건 최고 회의를 설치하여 입법권·행정권·사법권을 장악하고 군정을 실시하였다.

11 근대 국가 수립을 위한 노력

내신 대비 필수 문제

문제편 143~147p

01 정답 ⑤ *고부 농민 봉기

| 문제 + 자료 분석 |

- 자료와 관련된 농민 봉기는 고부 농민 봉기이다.
- 전봉준은 고부 군수 조병갑의 비리와 수탈에 맞서 사발통문을 돌리고 농민들과 함께 고부 관아를 습격하였다.

| 선택지 분석 |

① 청의 군대가 아산만에 상륙하자 동학 농민군은 정부와 전주 화약을 맺고 자진 해산하였다.

② 일본이 청·일 전쟁을 일으키자, 동학 농민군은 다시 봉기하여 일본의 침략을 물리치고자 하였다.

③ 안핵사 이용태가 동학교도와 농민들을 가혹하게 탄압하자, 농민군은 무장(전북 고창)에서 다시 봉기하였다.

④ 보은 집회는 종교적 요구뿐 아니라, 탐관오리의 횡포와 외세의 간섭에 항거하는 정치 운동의 성격으로 확장되었다.

⑤ 고부 군수 조병갑의 비리와 학정에 항거하여 전봉준 등은 농민 봉기를 일으켰고, 고부 관아를 점령하였다.

02 정답 ② *동학 농민 운동

다음 자료와 관련된 농민 운동에 대한 설명으로 옳은 것은?

동학 농민 운동

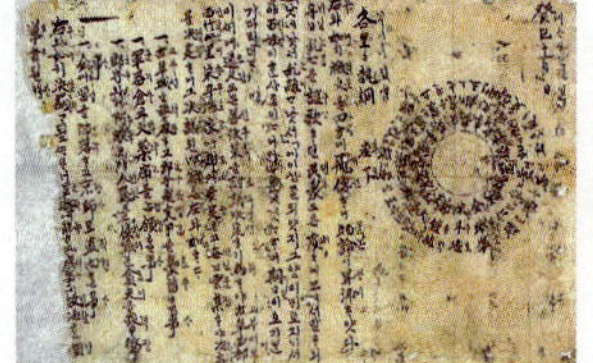

장태: 동학 농민군이 사용한 무기

사발통문: 주모자가 누구인지 알 수 없도록 둥글게 이름을 적은 통문

| 문제 + 자료 분석 |

- 자료와 관련된 농민 운동은 동학 농민 운동이다.
- 고부 농민 봉기 당시, 사발통문을 활용하여 봉기에 참여할 사람들을 모았다.
- 동학 농민군은 공격 시에 볏짚과 솜을 채워 넣어 만든 장태를 굴리며 전진하였다.

| 선택지 분석 |

① 세도 정치 시기에는 삼정의 문란 등을 배경으로 하여 홍경래의 난(1811), 임술 농민 봉기(1862) 등이 발생하였다.

② 동학 농민군은 정부와 전주 화약을 맺고 전라도 일대에 농민 자치 기구인 집강소를 설치하여 폐정 개혁안을 실천해 나갔다.

③ 일본이 황무지 개간권을 요구하자 보안회가 반대 운동을 전개하였고, 일부 관리 등은 직접 황무지를 개간하기 위해 농광 회사를 설립하였다.

④ 독립 협회는 입헌 군주제를 추구하였는데, 중추원을 서양식 의회로 개편하고자 하였다.

⑤ 1880년대 개화 정책이 추진되고 『조선책략』이 유포되자 이에 반대하는 위정척사 운동이 전개되었다. 대표적인 것이 이만손 등을 중심으로 한 영남 만인소이다.

03 정답 ③ * 동학 농민 운동의 전개

| 문제 + 자료 분석 |

- (가)에는 전주 화약(1894. 5.)과 우금치 전투(1894. 11.) 사이의 역사적 사실이 들어가야 한다.
- 전주 화약 체결 이후, 조선에서 청·일 전쟁이 발발하자 동학 농민군은 제2차 봉기를 일으켜 서울로 향했으나, 공주 우금치에서 관군과 일본군에 패하였다.

| 선택지 분석 |

① 전주 화약 이후 조선 정부는 청과 일본에 군대의 철수를 요구하였으나, 오히려 일본은 경복궁을 습격하여 점령하였다.
② 일본이 경복궁을 점령하고 청·일 전쟁을 일으키자, 농민군은 일본의 침략을 저지하고자 다시 봉기하였다. 이때 남접과 북접이 논산에서 연합 부대를 형성하였고 한성을 향해 북상하였다.
③ 황토현 전투와 황룡촌 전투에서 승리한 동학 농민군이 전주성을 점령하자 정부는 청에 원군을 요청하였다. 청이 조선에 군대를 보내자 일본도 톈진 조약을 구실로 군대를 파견하였다. 이에 동학 농민군은 정부와 전주 화약을 맺었다.
④ 일본은 경복궁을 무력 점령한 이후 청군을 기습 공격하여 청·일 전쟁을 일으켰다.
⑤ 전주 화약 이후 조선 정부는 교정청을 설치하여 자주적 개혁을 추진하였다.

04 정답 ② * 청·일 전쟁의 결과

| 문제 + 자료 분석 |

- 일본이 청·일 전쟁에서 승리하였고, 청·일 양국은 시모노세키 조약을 체결하였다.
- 시모노세키 조약은 청이 조선의 자주독립을 인정하고, 일본에 랴오둥반도, 타이완을 할양하며, 배상금으로 2억 냥을 지불한다는 내용을 담고 있다.

| 선택지 분석 |

① 1904년 제1차 한·일 협약이 체결되어 재정 고문으로는 일본의 메가타, 외교 고문으로는 미국의 스티븐스가 파견되었다.
② 청·일 전쟁의 결과, 조선은 청의 종주권에서 벗어나게 되었다. 하지만 이와 동시에 일본의 더 적극적인 간섭을 받게 되었다.
③ 러·일 전쟁의 결과, 일본은 러시아와 포츠머스 조약을 체결하여 한반도에 대한 독점적 지배권을 승인받았다.
④ 임오군란 이후 체결된 제물포 조약에서 조선이 일본 공사관의 경비병 주둔을 허용하였다.
⑤ 헤이그 특사 사건 이후 일본은 고종을 강제로 퇴위시키고 한·일 신협약을 강요하였다.

05 정답 (나)-(다)-(라)-(가)-(마)

| 문제 + 자료 분석 |

- (나) 고부 군수 조병갑이 학정을 일삼자 고부 군민들이 봉기를 일으켰다(고부 농민 봉기).
- (다) 고부 농민 봉기를 일으킨 농민군은 신임 고부 군수의 회유에 따라 자진 해산하였다. 그러나 이후 안핵사 이용태의 횡포를 참지 못하고 다시 봉기하였다.
- (라) 황토현·황룡촌 전투에서 승리하고 전주성까지 점령한 농민군은 청군과 일본군이 개입하자 정부와 전주 화약을 맺고 자진 해산하였다.
- (가) 일본군이 조선의 철병 요구를 무시하고 경복궁을 점령하였고, 청·일 전쟁까지 일으키자 농민군은 일본을 물리치기 위해 다시 봉기하였다.
- (마) 농민군은 신식 무기로 무장한 일본군과 관군에게 공주의 우금치에서 크게 패배하였다.

06 핵심 키워드: 반봉건, 반침략

모범 답안 동학 농민 운동은 신분제의 폐지를 주장하는 등 전근대적 사회 질서를 바꾸려 한 반봉건 운동이었으며, 일본의 침략에 적극적으로 맞선 반침략(반외세적) 운동이었다.

| 문제 + 자료 분석 |

- (가)는 동학 농민 운동 과정에서 발표된 폐정 개혁안이고, (나)는 동학 농민 운동을 이끈 전봉준의 심문 기록이다.
- 동학 농민 운동은 비록 관군과 일본군의 진압으로 실패하였으나, 봉건적 지배 질서를 타파하려는 운동이었고(반봉건), 외세의 침략을 물리쳐 나라를 지키려 했던 운동이었다(반침략).

＊ 채점 기준

반봉건·반침략 운동을 모두 서술한 경우	100 %
반봉건·반침략 운동 중 한 가지만 서술한 경우	50 %

07 핵심 키워드: 군국기무처, 제1차 갑오개혁, 개국 기년, 궁내부, 8아문, 과거제 폐지

모범 답안 중국의 연호 대신 개국 기년을 사용하였다. 궁내부를 설치하여 왕실과 정부 사무를 분리하였다. 6조를 8아문으로 개편하였다. 과거제를 폐지하였다. 등

| 문제 + 자료 분석 |

- (가)는 제1차 갑오개혁을 주도한 군국기무처이다. 군국기무처는 약 3개월 동안 200건이 넘는 법령을 의결하였다.
- 제1차 갑오개혁으로 정치적인 면에서는 개국 기년 사용, 궁내부 설치, 6조를 8아문으로 개편, 과거제 폐지 등이 이루어졌다.

＊ 채점 기준

개국 기년 사용, 궁내부 설치, 6조를 8아문으로 개편, 과거제 폐지 등에서 세 가지 이상을 서술한 경우	100 %
개국 기년 사용, 궁내부 설치, 6조를 8아문으로 개편, 과거제 폐지 등에서 두 가지만 서술한 경우	60 %
개국 기년 사용, 궁내부 설치, 6조를 8아문으로 개편, 과거제 폐지 등에서 한 가지만 서술한 경우	30 %

08 정답 ⑤ * 제2차 갑오개혁

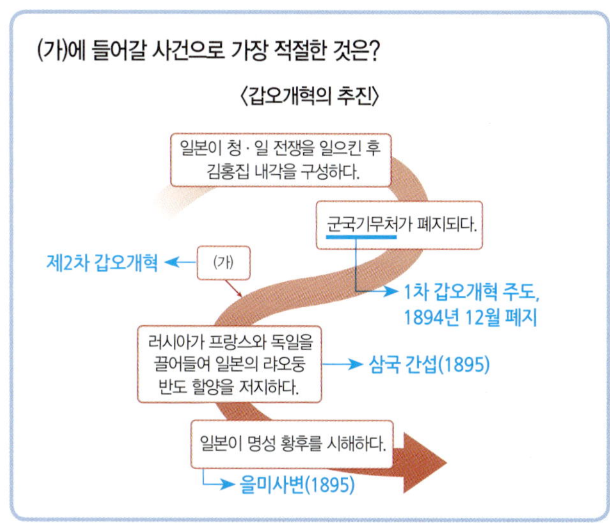

| 문제 + 자료 분석 |

- (가)에는 군국기무처 폐지와 삼국 간섭 사이의 역사적 사실이 들어가야 한다.
- 청·일 전쟁에서 우세해진 일본이 김홍집·박영효의 연립 내각을 구성하고 군국기무처를 폐지한 뒤 제2차 갑오개혁을 단행하였다.

| 선택지 분석 |

① 교정청은 조선 정부가 1894년 동학 농민군과 전주 화약을 체결한 후에 개혁을 추진하기 위해 설치한 기구이다. 군국기무처 폐지도 1894년의 사실이기 때문에 두 사건 사이의 선후 관계를 헷갈리기 쉽다. 그러나 1차 갑오개혁 때 교정청을 대신해 군국기무처가 설치되었다는 사실을 기억한다면 선후 관계를 쉽게 알 수 있을 것이다.

② 독립신문은 1896년 4월 서재필 등이 정부의 지원을 받아 창간한 우리나라 최초의 민간 신문이다. 한글판과 영문판의 두 종류로 발행되었다.

③ 을미사변 이후 신변에 위협을 느낀 고종은 러시아 공사관으로 처소를 옮기는 아관 파천을 단행하였다(1896).

④ 고종은 1899년 대한국 국제를 반포하여 대한 제국이 자주독립 제국임을 널리 알리고 황제가 무한한 권력을 지닌 전제 군주제 국가임을 분명히 하였다.

⑤ 제2차 갑오개혁 때 교육 입국 조서를 반포하고 한성 사범 학교를 세우는 등 근대적 교육 제도를 마련하였다.

09 정답 ④ *갑오개혁

| 문제 + 자료 분석 |

- 자료의 (가) 개혁은 제1차 갑오개혁, (나) 개혁은 제2차 갑오개혁이다.
- 제1차 갑오개혁 때에는 군국기무처에서 개혁을 추진하였으며, 제2차 갑오개혁 때에는 김홍집·박영효 연립 내각이 개혁을 주도하였다.

| 보기 분석 |

ㄱ. 갑신정변을 일으킨 급진 개화파는 14개조 개혁 정강에서 호조로의 재정 일원화를 주장하였다. 반면 제1차 갑오개혁 때는 탁지아문으로 재정이 일원화되었다.

ㄴ. 제1차 갑오개혁 때 경제면에서는 재정의 일원화(탁지아문), 은 본위 화폐 제도 채택, 조세의 금납화, 도량형의 통일 등이 이루어졌다.

ㄷ. 단발령 실시와 태양력 사용은 을미개혁(제3차 갑오개혁)의 내용이다. 당시에는 특히 상투를 자르라는 단발령에 대한 반발이 심했다.

ㄹ. 제2차 갑오개혁에서는 행정권과 사법권을 분리하여 지방관은 행정권만 갖도록 하였고 사법권을 담당하는 재판소를 설치하였다.

10 정답 ① *갑오개혁의 의의와 한계

| 문제 + 자료 분석 |

- 자료의 상황을 가능하게 한 개혁은 갑오개혁이다.
- 갑오개혁을 통해 과거제 폐지, 과부의 재가 허용, 조혼 금지, 신분제 폐지가 이루어져 근대 사회의 기틀이 마련되었다.

| 선택지 분석 |

① 대한 제국이 추진한 광무개혁에 대한 내용이다. 갑오개혁은 국왕의 권한을 축소하는 방향으로 진행되었다.

② 갑오개혁을 통해 신분제 철폐, 조혼 금지, 과부의 재가 허용 등이 이루어져 봉건적 폐습이 타파되었다.

③, ④ 갑오개혁에는 일본의 침략 의도가 일정 부분 반영되어 군사적 측면의 개혁은 소홀하였다.

⑤ 재정 기관 일원화, 문벌 타파 등 갑오개혁의 내용에는 갑신정변과 동학 농민 운동의 개혁안이 반영되었다.

11 정답 ④ *갑오개혁의 의의와 한계

| 문제 + 자료 분석 |

- 제시된 자료와 같이 평가되는 근대 개혁은 갑오개혁이다.
- 갑오개혁은 일본의 강요 속에 지배층의 입장에서 추진되어 농민층의 요구를 제대로 반영하지 못하였고, 상공업 진흥에 소홀하였다는 한계가 존재한다.
- 그러나 갑신정변과 동학 농민 운동의 요구를 일부 반영하였다는 점에서 의의를 가진다.

| 보기 분석 |

ㄱ. 조선을 둘러싼 일본과 러시아의 세력이 균형을 이루자 고종은 대한 제국을 수립하였고 이후 황제권 강화를 목표로 광무개혁을 추진하였다.

ㄴ. 갑오개혁으로 차별적 신분제와 노비제가 폐지되어 평등 사회의 기틀이 마련되었다.

ㄷ. 흥선 대원군의 통상 수교 거부 정책은 열강의 침략을 일시적으로 저지하였다는 의의가 있지만, 근대화를 지연시켰다는 평가를 받기도 한다.

ㄹ. 동학 농민 운동에서 제기된 신분제 폐지는 갑오개혁에 반영되었다.

12 정답 을미사변

| 문제 + 자료 분석 |

- 자료는 한 일본인의 글로 ㉠과 관련된 사건은 을미사변이다.
- 삼국 간섭 이후 조선은 일본의 세력 확대를 견제하기 위해 친러 정책을 추진하였고, 이에 위기감을 느끼던 일본이 친러 정책 추진의 중심 인물이던 명성 황후를 시해하였다.

13 정답 ④ *을미개혁

다음 가상 일기가 작성된 시기를 연표에서 옳게 고른 것은?

> → 을미개혁 때 제정한 연호
>
> 건양 원년 1월 31일, 바람 불고 추움
>
> 지난 달 15일에 왕께서 명하시길, "짐이 신민보다 먼저 머리를 단발하였다. 너희들은 짐의 뜻을 본받도록
> 을미개혁 때 시행된 단발령
> 하라. 다만 왕비의 국상으로 현재 상복을 입고 있는
> 명성 황후가 시해(을미사변)된 이후 임을 알 수 있음
> 중이니, 의관은 그대로 흰색을 착용하라."라고 하셨다.

① (가) ② (나) ③ (다) ④ (라) ⑤ (마)

| 문제 + 자료 분석 |

- 자료의 가상 일기는 을미개혁 시기에 작성되었다.
- 을미사변(1895) 직후 친일 내각이 구성되고 을미개혁이 시행되었다.
- 을미개혁 때에는 '건양' 연호 제정, 태양력 사용, 단발령 실시 등이 이루어졌다.

| 선택지 분석 |

① (가) 시기에는 고종이 즉위한 후 흥선 대원군이 권력을 잡고 대내적인 개혁, 통상 수교 거부 정책 등을 실시하였다.

② (나) 시기에는 강화도 조약이 체결되고, 별기군 창설 등 정부 주도의 개화 정책이 실시되었다.

③ (다) 시기에는 갑신정변이 일어났으나 실패하였고, 이후 동학 농민 운동이 전개되었다. 이 과정에서 청·일 전쟁이 일어났으며, 갑오개혁이 추진되었다.

④ 조선은 러시아를 끌어들여 일본을 견제하려 하였고, 일본은 그 배후에 명성 황후가 있다고 판단하여 을미사변을 일으켰다. 을미사변 직후 일본의 주도로 친일 내각이 구성되고 을미개혁이 진행되었다.

⑤ (마) 시기에는 을사늑약 이후 1910년 국권이 피탈될 때까지 통감부가 내정을 간섭하였다. 이때 고종이 강제 퇴위되었으며 정미의병이 일어났다.

14 핵심 키워드: 을미사변, 아관 파천, 을미개혁 중단, 러시아의 영향력 강화, 이권 침탈 심화

모범 답안 배경: 을미사변으로 신변의 위협을 느낀 고종이 아관 파천을 단행하였다. 영향: 개혁 주도 세력이 제거되어 을미개혁이 중단되었다. 러시아의 영향력이 강화되고 열강의 이권 침탈이 심화되었다.

| 문제 + 자료 분석 |

- 자료의 사건은 아관 파천(1896. 2.)이다.
- 을미사변 이후 신변에 위협을 느낀 고종은 의병 진압으로 궁궐의 경비가 허술해진 틈을 노려 러시아 공사관으로 처소를 옮겼다(아관 파천).
- 이후 을미개혁을 주도하던 내각이 붕괴되고 개혁이 중단되었다. 그리고 러시아의 영향력이 강화되고, 서구 열강의 이권 침탈이 가속화되었다.

＊채점 기준

아관 파천의 배경과 영향을 모두 서술한 경우	100 %
아관 파천의 배경과 영향 중 한 가지만 서술한 경우	50 %

15 정답 ① ＊만민 공동회

| 문제 + 자료 분석 |

- 자료의 편지는 독립 협회가 자주 국권 운동을 전개하던 시기에 작성되었다.
- 독립 협회는 러시아가 절영도 조차 등 여러 가지 이권을 요구하자 만민 공동회를 개최하여 이를 규탄하였다.

| 선택지 분석 |

① 독립 협회는 만민 공동회를 열어(1898) 러시아의 내정 간섭과 이권 요구를 규탄하는 자주 국권 운동을 전개하였다. 그리하여 러시아는 절영도 조차 요구를 철회하고 한러 은행을 폐쇄하였다.

② 1894년 설치된 군국기무처는 제1차 갑오개혁을 주도하였다. 당시 일본은 청과 전쟁 중이었기 때문에, 자주적인 개혁을 추진할 수 있었다.

③ 동학 농민군이 전주성을 점령하자 정부는 청에 원군을 요청하였다. 이에 청은 조선에 군사를 파견하였고, 일본도 조선에 군사를 파견하였다. 이러한 상황에서 정부와 동학 농민군 사이에 전주 화약이 이루어졌다(1894. 5.).

④ 별기군은 개항 이후 설치된 신식 군대로, 임오군란(1882)을 계기로 폐지되었다.

⑤ 동학교도들은 정부의 탄압으로 처형된 교조 최제우의 누명을 벗기고 포교의 자유를 얻기 위한 교조 신원 운동(1892~1893)을 전개하였다.

16 정답 ② ＊독립 협회의 활동

| 문제 + 자료 분석 |

- 밑줄 친 '집회'를 주도한 단체는 독립 협회이다.
- 독립 협회는 만민 공동회를 정부 대신들까지 참석하는 관민 공동회로 확대하여 민중의 의사가 정부의 정책 결정에 반영될 수 있도록 하였다.
- 백정 출신 박성춘은 관민 공동회의 연설자로 나서 관민이 합심한 후에 국가가 발전할 수 있다는 취지의 연설을 하였다.

| 선택지 분석 |

① 독립 협회는 의회 설립 운동을 전개하여 정부와 합의를 통해 새로운 중추원 관제를 반포하기에 이르렀지만 보수 세력의 방해로 결국 실패하고 말았다.

② 국채 보상 운동은 대한 제국의 국채를 국민의 힘으로 갚아 국권을 회복하자는 운동으로 1907년에 시작되었다. 독립 협회는 1896년에 설립되어 1898년에 해산되었으므로 시기상 국채 보상 운동을 주도할 수 없다.

③ 독립 협회는 자주독립 의식을 높이기 위해 중국의 사신을 맞이하던 영은문을 헌 자리에 국민의 성금을 모아 독립문을 건립하였다.

④ 독립 협회는 만민 공동회를 개최하여 러시아의 이권 침탈 행위를 강력히 비판하였다. 그리하여 러시아의 절영도 조차 요구를 저지시켰고 한러 은행을 폐쇄하게 하였다. 또한 러시아의 군사 교관과 재정 고문단도 철수하게 되었다.

⑤ 독립 협회는 토론회와 강연회를 개최하여 민중을 계몽하고 자주 의식을 고취해 나갔다.

17 핵심 키워드: 중추원, 의회 기능, 입헌 군주제

모범 답안 중추원을 의회와 같은 기구로 만들어 국민의 의사를 국정에 반영하고, 입헌 군주제를 도입하려 하였다.

| 문제 + 자료 분석 |

- 자료와 관련된 기구는 중추원이다.
- 독립 협회는 관민 공동회를 개최하여 헌의 6조를 결의하는 한편, 박정양 내각과 협의를 통해 중추원을 근대식 의회로 개편하여 황제권 남용을 견제하고 국민의 의사를 정치에 반영하고자 하였다.
- 그 결과, 관선 의원과 민선 의원을 같은 숫자로 하는 새로운 중추원 관제가 반포되었다.

＊채점 기준

국민의 의사를 국정에 반영, 입헌 군주제 도입을 모두 서술한 경우	100 %
둘 중 하나만 서술한 경우	50 %

18 정답 ② ＊독립 협회

다음 자료와 관련된 단체의 활동으로 옳은 것은?
독립 협회

독립문: 중국 사신을 맞이하던 영은문 자리에 세움

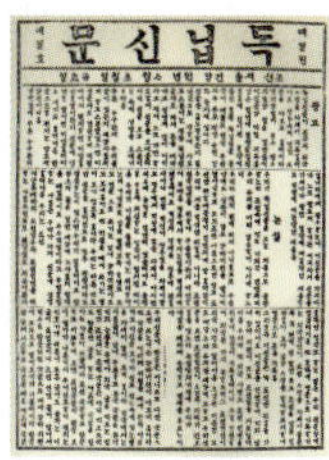

독립신문: 최초의 민간 신문

| 문제 + 자료 분석 |

- 자료와 관련된 단체는 독립 협회이다.
- 독립 협회는 청의 사신을 맞이하던 영은문을 헐고 그 자리에 독립문을 건립하였으며, 우리나라 최초의 민간 신문인 독립신문을 한글판과 영문판으로 발행하였다.

| 선택지 분석 |

① 홍범 14조는 제2차 갑오개혁의 추진 과정에서 고종이 반포하였는데, 국정 개혁의 기본 방향을 담은 강령에 해당한다.
② 독립 협회는 토론회와 강연회를 개최하여 민중을 계몽하였고, 높아진 민중 의식을 바탕으로 만민 공동회와 관민 공동회를 열어 근대 민중 운동을 주도하였다. 특히 만민 공동회에서는 러시아 등 열강의 이권 침탈에 반대하는 자주 국권 운동을 전개하였다.
③ 고종은 1899년 '대한국 국제'를 반포하여 '대한국이 세계 만국이 공인한 자주독립 제국'이고 '대한국의 정치는 만세 불변의 전제 정치'임을 밝혔다.
④ 1907년 결성된 신민회는 국내에서 실력 양성 운동을 전개하는 한편, 무장 독립 전쟁을 위한 국외 독립운동 기지 건설을 주도하였다.
⑤ 보안회는 토지 약탈을 목적으로 한 일제의 황무지 개간권 요구에 반대하는 운동을 벌여 성공을 거두었다.

19 정답 ③ * 독립 협회의 활동

| 문제 + 자료 분석 |

- 자료의 (가) 단체는 독립 협회이다.
- 독립 협회는 독립문을 건립하고 국문판과 영문판으로 독립신문을 발간하였으며, 자주 국권 운동과 민중 계몽 운동을 전개하였다.

| 선택지 분석 |

① 국채 보상 운동은 1907년에 대구에서 서상돈, 김광제 등을 중심으로 시작되어 전국적으로 확대되었던 운동이다.
② 집강소는 전주 화약 체결 이후 동학 농민군이 내정을 개혁할 목적으로 전라도 각지에 설치한 민정 기관이다.
③ 독립 협회는 특히 러시아의 이권 침탈에 강력하게 맞섰다. 러시아의 절영도 조차 요구 저지, 한·러 은행 폐쇄 등의 성과는 곧 독립 협회의 자주 국권 운동의 결과였다고 볼 수 있다.
④ 고종 황제 강제 퇴위 반대 운동과 관련된 단체는 대한 자강회이다. 대한 자강회는 헌정 연구회를 계승한 애국 계몽 운동 단체이다. 일제가 고종을 강제 퇴위시키자 이에 반대하는 운동을 전개하다가 통감부의 탄압으로 해산되었다.
⑤ 일제의 황무지 개간권 요구에 대해 적극적으로 맞서면서 이를 저지시켰던 단체는 1904년에 조직된 보안회이다.

20 정답 ③ * 대한국 국제

| 문제 + 자료 분석 |

- 밑줄 친 '이 법규'는 대한국 국제(1899)이다.
- 고종은 국호를 조선에서 대한 제국으로 변경하고 황제로 즉위하였다.
- 이후 대한국 국제를 제정하였는데, 대한국 국제는 대한 제국이 황제에게 모든 권한이 집중되는 전제 군주국임을 명시하고 있다.

| 선택지 분석 |

① 독립 협회가 관민 공동회에서 결의한 헌의 6조의 내용이다.
② 동학 농민군이 내세운 폐정 개혁안의 내용이다. 비슷한 내용이 제2차 갑오개혁 때의 홍범 14조에도 포함되어 있다.
③ 대한 제국은 광무개혁을 추진하면서 정치면에서는 전제 황권을 강화하였다. 대한국 국제의 제1조에는 "대한국은 세계 만국에 공인된 자주독립 제국이다."라는 내용이 포함되어 있다.
④ 제2차 갑오개혁 때 발표된 홍범 14조의 내용이다.
⑤ 갑신정변 당시 14개조 개혁 정강의 내용이다.

21 정답 지계

| 문제 + 자료 분석 |

- (가)에 알맞은 용어는 지계이다.
- 대한 제국은 양전 사업을 실시하였고 토지 면적과 소유자를 명시한 문서인 지계를 발급하였다.

22 핵심 키워드: 국가 재정 수입, 근대적 토지 소유권 제도

모범 답안 대한 제국은 양전 사업을 실시하여 국가의 재정 수입을 늘리고, 지계를 발행하여 근대적 토지 소유권 제도를 확립하고자 하였다.

| 문제 + 자료 분석 |

- 대한 제국은 국가 재정을 확보하기 위해 양전 사업을 실시하였고, 실제 경작 농지의 면적을 파악하여 국가의 재정 수입을 늘렸다.
- 일부 지역에서는 근대적 토지 소유권을 증명하는 문서인 지계를 발급하였다.

* 채점 기준

국가 재정 수입 증가와 근대적 토지 소유권 제도 확립을 모두 서술한 경우	100 %
제시된 내용 중 한 가지만 서술한 경우	50 %

23 정답 ② * 광무개혁

| 문제 + 자료 분석 |

- 자료의 규정을 마련한 정부는 대한 제국이다.
- 대한 제국은 지계아문을 설치하고(1901) 토지 소유권을 증명하는 문서인 지계를 발급하였다.

| 선택지 분석 |

① 조선의 영조는 탕평파(영조의 탕평책에 동의하는 온건한 인물)를 중심으로 인재를 골고루 등용하여 붕당을 근절시키려 하였다. 영조의 뒤를 이은 정조도 노론뿐 아니라 남인과 소론 등을 고루 등용하는 적극적인 탕평책을 실시하였다.
② 대한 제국은 구본신참의 원칙하에 광무개혁을 추진하였다. 고종은 그 과정에서 황제 직할의 원수부를 두어 모든 군사권을 황제에게 집중시켰다.
③ 고려 말, 위화도 회군을 통해 집권한 이성계와 신진 사대부는 관리의 등급에 따라 토지를 지급하는 과전법을 실시하였다(1391).
④ 고려는 군사, 국방 문제 등을 논의하는 회의 기구인 도병마사를 두었다.
⑤ 신라는 삼국 통일 이후 확대된 영토를 효율적으로 통치하기 위하여 지방을 9주 5소경 체제로 정비하였다.

24 정답 ③ * 광무개혁

| 문제 + 자료 분석 |

- 밑줄 친 '이 개혁'은 광무개혁이다.
- 광무개혁 때 원수부를 설치하여 황제가 군대를 통솔하게 하였다.
- 광무개혁 때 국가 재정을 확보하기 위해 양전 사업을 실시하였다. 그리고 토지 소유자에게는 소유 증명서인 지계를 발급하였다.
- 광무개혁 때 전차와 철도를 설치하는 등 근대적인 교통·통신 시설을 도입하였다.

| 선택지 분석 |

① 고려 시대에 최승로가 성종에게 「시무 28조」를 올렸다. 성종은 이를 받아들여 유교 정치 이념을 바탕으로 중앙과 지방의 통치 체제를 정비하였다.
② 조선 후기에는 방납의 폐단을 해결하기 위해 공납을 토지 결수를 기준으로 하여 쌀, 무명, 베, 동전 등으로 걷는 대동법을 실시하였다. 대동법의 실시로 국가에 필요한 물품을 조달하는 상인인 공인이 등장하였다.
③ 대한 제국은 "옛것을 근본으로 삼고 새로운 것을 참고한다."라는 구본신참(舊本新參)의 원칙 아래 점진적으로 개혁을 추진하였다. 이를 광무개혁이라고 한다.
④ 흥선 대원군은 왕실의 권위를 높이기 위해 임진왜란 때 불탄 경복궁을 중건하였다. 공사비를 마련하기 위해 원납전을 강제로 걷고, 고액 화폐인 당백전을 발행하였다.

⑤ 원 간섭기에 지배 세력으로 성장한 권문세족은 도평의사사를 장악하였고, 불법적으로 토지와 노비를 늘려 농장을 확대하였다. 이에 공민왕은 신돈을 등용하고 전민변정도감을 설치하여 권문세족이 불법으로 빼앗은 토지와 억울하게 노비로 삼은 양민을 되돌려 놓고자 하였다.

내신 1등급 문제

문제편 148p

25 정답 ① * 제2차 갑오개혁

(가) 개혁에 대한 설명으로 옳지 않은 것은?
제2차 갑오개혁

> 청·일 전쟁에서 승기를 잡은 일본은 더욱 더 조선의 내정에 간섭하기 시작하였다. 흥선 대원군이 축출되었고, 군국기무처가 폐지되었으며, 김홍집, 박영효 등을 중심으로 (가) 을/를 단행되었다.
>
> 제1차 갑오개혁 중단
> 김홍집, 박영효 연립 내각 구성 → 제2차 갑오개혁 추진

| 문제 + 자료 분석 |

- 자료의 (가) 개혁은 제2차 갑오개혁이다.
- 청·일 전쟁에서 우위를 점한 일본은 새롭게 김홍집·박영효 연립 내각을 구성하여 제2차 갑오개혁을 단행하였다.

| 선택지 분석 |

① 친위대가 설치된 것은 을미개혁 때이다. 을미개혁 때는 군제를 개혁하여 한성에 친위대, 지방에 진위대를 설치하였다.
② 제2차 갑오개혁 때는 재판소를 설치하여 지방관이 가지고 있던 사법권을 분리하였다.
③, ⑤ 제2차 갑오개혁 때는 전국 8도를 23부로 개편하였고, 지방 행정 구역의 명칭을 '군'으로 통일하였다.
④ 제2차 갑오개혁 때는 의정부를 내각으로 개편하였다.

26 정답 ② * 독립 협회

(가) 단체에 대한 설명으로 옳은 것은? [3점]

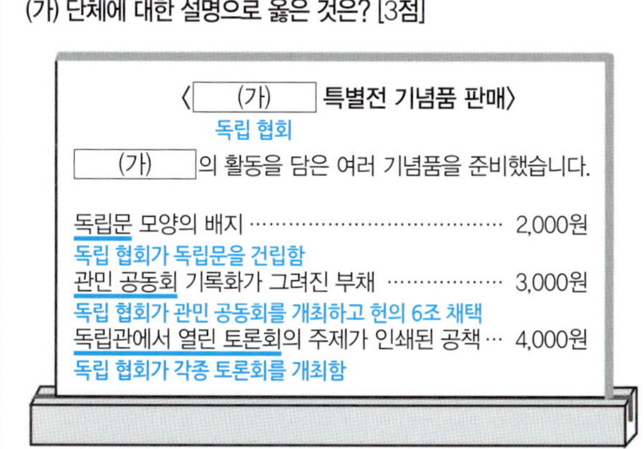
〈 (가) 특별전 기념품 판매〉
독립 협회
(가) 의 활동을 담은 여러 기념품을 준비했습니다.
독립문 모양의 배지 2,000원
독립 협회가 독립문을 건립함
관민 공동회 기록화가 그려진 부채 3,000원
독립 협회가 관민 공동회를 개최하고 헌의 6조 채택
독립관에서 열린 토론회의 주제가 인쇄된 공책 ··· 4,000원
독립 협회가 각종 토론회를 개최함

| 문제 + 자료 분석 |

- 자료의 (가) 단체는 독립 협회이다.
- 독립 협회는 청의 사신을 맞이하던 영은문을 헐고, 국민의 성금을 모아 독립문을 건립하였다.
- 독립 협회는 정부 대신과 학생, 시민 등이 참석한 관민 공동회를 개최하였다.
- 독립 협회는 자주 국권과 부국강병을 위한 국민의 지지와 참여를 이끌어 내고자 독립관에서 각종 주제로 토론회를 개최하였다.

| 선택지 분석 |

① 신민회는 안창호, 양기탁 등을 중심으로 결성된 비밀 결사로 실력 양성 운동을 전개하였고, 남만주 삼원보에 독립운동 기지 건설을 추진하였다. 하지만 국권 피탈 이후 일제가 조작한 105인 사건으로 와해되었다(1911).
② 독립 협회에 대한 설명이다. 열강의 이권 침탈이 심해지는 상황에서 독립 협회는 최초의 근대적 민중 집회인 만민 공동회를 열어 러시아의 이권 요구를 규탄하는 이권 수호 운동을 전개하였다. 그 결과 러시아의 절영도 조차 요구를 좌절시켰고 한러 은행을 폐쇄하는 성과를 거두었다.
③ 1919년 만주 지린성에서 김원봉을 중심으로 결성된 의열단은 「조선 혁명 선언」을 활동 지침으로 삼아 의거 활동을 전개하였다.
④ 조선어 학회는 우리말 큰사전을 편찬하려 하였지만, 일제가 날조한 조선어 학회 사건(1942)으로 다수의 회원이 체포되며 좌절되었다.
⑤ 광주 학생 항일 운동(1929)이 일어나자 신간회는 광주에 진상 조사단을 파견하고 민중 대회를 열어 이를 전국적인 항일 운동으로 확산시키려고 하였다.

27 정답 ② * 동학 농민 운동

자료와 관련된 사건에 대한 설명으로 옳은 것은?
폐정 개혁안 → 동학 농민 운동

> 2. 탐관오리는 그 죄상을 조사하여 엄중히 징벌한다.
> → 부패 관리 처벌
> 6. 7종의 천인 차별을 개선하고, 백정이 쓰는 평량갓은 없앤다. → 신분 차별, 악습 폐지
> 9. 관리 채용에는 지벌을 타파하고 인재를 등용한다.
> 10. 왜와 통하는 자는 엄중히 징벌한다.
> 12. 토지는 균등히 나누어 경작하게 한다.

| 문제 + 자료 분석 |

- 자료는 폐정 개혁안으로, 동학 농민 운동 당시에 제시되었다.
- 동학 농민군은 전주 화약 체결 이후 집강소를 설치하고 부패 관리 처벌, 신분 차별 및 악습 폐지, 사회적·정치적 개혁 등의 내용을 담은 폐정 개혁안을 실천해 나갔다.

| 선택지 분석 |

① 임오군란(1882)과 관련된 내용이다.
② 제1차 농민 봉기 당시 동학 농민군은 백산에 집결하여 격문을 발표하였는데, 폭정을 없애고 백성을 구한다는 뜻의 '제폭구민'과 나라를 돕고 백성을 편안하게 한다는 뜻의 '보국안민'을 주장하였다.
③ 을미사변 이후 신변에 위협을 느낀 고종이 러시아 공사관으로 거처를 옮긴 사건을 아관 파천(1896)이라고 한다. 이후 조직된 독립 협회는 고종의 환궁을 요구하였다.
④ 갑신정변(1884)과 관련된 내용이다. 우정총국 개국 축하연에서 정변을 일으킨 김옥균, 박영효 등의 급진 개화파는 국왕과 왕비를 경우궁으로 옮기고 개화당 정부를 수립하여 14개조 개혁 정강을 발표하였다. 하지만 청군이 신속히 개입하였고, 일본이 지원 약속을 철회하면서 정변은 실패로 끝나게 되었다.
⑤ 청·일 전쟁에서 승리한 일본이 시모노세키 조약을 통해 청으로부터 랴오둥반도를 차지하였다. 이에 러시아, 독일, 프랑스는 일본에 랴오둥반도를 돌려줄 것을 요구하였는데, 이를 삼국 간섭이라 한다.

28 정답 ② *광무개혁

| 문제 + 자료 분석 |

- 자료는 대한국 국제(1899)로, 대한 제국 시기에 발표되었다.
- 대한 제국은 구본신참(舊本新參)의 원칙에 따라 점진적인 개혁(광무개혁)을 추진하였다.

| 보기 분석 |

ㄱ, ㄴ. 대한 제국은 상공업을 장려하는 식산흥업 정책을 추진하여 여러 공장과 회사가 설립되었다. 또한 원수부를 설치하여 황제가 군사 지휘권을 장악하였다.

ㄷ. 대한 제국이 발표한 대한국 국제는 황제에게 국가의 모든 권력이 집중되는 전제 군주국을 표방하였다.

수능 대비 기출 문제

문제편 149p

29 정답 ② *동학 농민 운동

| 문제 + 자료 분석 |

- 자료는 동학 농민 운동 기록물이 세계 기록 유산에 등재된 내용에 대한 것이다.
- 1894년에 동학 농민군이 봉기를 일으켰다.
- 전봉준은 동학 농민 운동을 이끈 지도자이다. 농민군이 우금치 전투에서 패배한 이후 체포되었고, 재판을 거쳐 처형되었다.

| 선택지 분석 |

① 1979년 경찰이 YH 무역 노동자들의 농성을 강경 진압하는 과정에서 여성 노동자 한 명이 추락하여 사망하였다(YH 무역 사건). 신민당 총재였던 김영삼은 이를 강력히 비판하였고, 여당은 김영삼을 국회 의원직에서 제명하였다. 이에 부산과 마산에서 유신 체제를 비판하는 대규모 시위가 격렬하게 전개되었다(부·마 민주 항쟁, 1979).

② 동학 농민군은 전주성을 점령한 이후 폐정 개혁을 조건으로 정부와 전주 화약을 체결하고 해산하였다. 이후 전라도 각지에 농민 자치 기구인 집강소를 설치하여 폐정 개혁안을 실천해 나갔다.

③ 일제 강점기 원산의 한 석유 회사에서 일본인 감독이 한국인 노동자를 구타한 사건이 일어났다. 이를 계기로 노동자들은 감독 파면과 근무 조건 개선을 요구하면서 장기간 파업하였다(원산 총파업, 1929).

④ 1929년 광주에서는 한·일 학생의 충돌과 경찰의 편파적 대응에 반발한 광주 학생 항일 운동이 일어났다. 신간회는 광주에 진상 조사단을 파견하고 민중 대회를 개최하여 운동을 확산시키려 했다.

⑤ 2·8 독립 선언과 민족 자결주의, 고종의 독살설, 일제의 무단 통치 등이 배경이 되어 3·1 운동이 발생하였다.

30 정답 ④ *독립 협회의 활동

| 문제 + 자료 분석 |

- 독립문을 건립하고 러시아의 이권 침탈을 규탄한 단체는 독립 협회이다.
- 독립 협회는 모금 운동을 벌여 청의 사신을 맞이하던 영은문 터 근처에 독립문을 건립하였다.
- 독립 협회는 만민 공동회를 개최하여 러시아의 이권 침탈을 규탄하였다. 그에 따라 러시아는 한러 은행을 폐쇄하고, 군사 교관과 재정 고문을 철수하였으며, 절영도 조차 요구를 철회하였다.

| 선택지 분석 |

① 1929년 광주 학생 항일 운동이 일어나자 신간회는 광주에 진상 조사단을 파견하고 민중 대회를 계획하는 등 광주 학생 항일 운동을 지원하였다.

② 조선어 학회는 한글 맞춤법 통일안을 마련하고 외래어 표기법 통일안을 제정하였다. 그리고 우리말(조선말) 큰 사전 편찬을 추진하였으나 일제가 조선어 학회 사건(1942)으로 회원들을 대거 체포·투옥하면서 완성하지는 못하였다.

③ 정미의병 때는 의병 간의 연합 전선이 만들어져 이인영을 총대장으로 하는 13도 창의군이 조직되었다. 13도 창의군은 서울 진공 작전을 추진하여 허위가 이끄는 선발대가 동대문 밖 30리까지 진격하였으나, 일본군의 우세한 화력에 밀려 후퇴하였다.

④ 독립 협회의 활동이다. 독립 협회는 1898년 3월 종로에서 근대적 대중 집회인 만민 공동회를 개최하여 러시아의 이권 침탈과 내정 간섭을 규탄하였다.

⑤ 1921년 방정환이 조직한 천도교 소년회는 1922년 5월 1일을 어린이날로 정하고 잡지『어린이』를 간행하는 등 활발한 소년 운동을 전개하였다.

31 정답 ① *대한 제국

밑줄 친 '황제국'에 대한 설명으로 옳은 것은?

> 광무 원년 10월 12일은 우리 역사에서 제일 빛나고 영화로운 날이 되었다. 폐하께서 조선 역사상 처음으로 황제의 자리에 오르시어 조선이 자주독립한 황제국이 되었으니 백성으로서 어찌 감격한 생각이 아니 나겠는가. … (중략) … 이날 오전 환구단에 가서 하늘에 제사하고 황제의 자리에 올랐음을 고하였다. 정오에 만조백관이 예복을 갖추고 경운궁에 나아가 황제 폐하께 크게 하례를 올렸다.
>
> (광무 원년: 1897년 고종은 광무를 연호로 정함 / 폐하께서 … 오르시어: 고종이 대한 제국을 수립하고 황제에 오름(1897) / 황제국: 대한 제국 / 환구단에 … 고하였다: 고종이 대한 제국을 수립하고 황제에 오름(1897))

| 문제 + 자료 분석 |

- 고종은 1897년 연호를 바꾸어 광무라 하였다.
- 고종은 1897년에 환구단에서 황제에 오르고 대한 제국 수립을 선포하였다.

| 선택지 분석 |

① 대한 제국에 대한 설명이다. 대한 제국을 설립한 고종은 부국강병을 이루고자 광무개혁을 추진하였다. 국가 재정을 확보하고자 양전 사업을 실시하여 실제 농지 면적을 파악하였으며, 일부 지역에서는 근대적 토지 소유 증명서인 지계를 발급하였다.

② 신라는 신분 제도로 골품제를 운영하였다. 신라에서는 골품에 따라 정치 활동의 범위가 결정되었으며, 가옥과 수레의 크기 등 일상생활도 규제되었다.

③ 송악의 호족 출신인 왕건은 민심을 잃은 궁예를 몰아내고 고려를 건국하였다. 이후 송악(개경)으로 천도하여 수도로 삼았다.

④ 인조반정은 조선에서 광해군이 폐위되고 인조가 즉위한 사건이다. 서인 세력은 광해군의 중립 외교와 폐모살제(인목 대비를 폐위하고 영창 대군을 죽임)를 명분으로 광해군을 폐위시키고 인조를 즉위시키며 정권을 장악하였다.

⑤ 연통제와 교통국이 일제에 발각되는 등 대한민국 임시 정부의 활동이 어려워진 상황에서 독립운동 지도자들은 국민 대표 회의(1923)를 개최하여 독립운동의 새로운 방향을 모색하였다.

12 사회·경제 변화와 문화 변동

내신 대비 필수 문제 문제편 157~161p

01 정답 ③ * 열강의 경제 침탈

| 문제 + 자료 분석 |

- 밑줄 친 '이 나라 상인'은 일본 상인이다.
- 일본 상인은 강화도 조약 체결 직후 조선 상권에 침투하였으며, 영사 재판권과 개항장 내 자국 화폐 사용권 등 각종 특권을 바탕으로 빠르게 세력을 확대하였다.
- 이들은 주로 조선에 영국산 면제품을 수출하고 조선의 쌀과 콩 등을 대량으로 구매하였다.

| 선택지 분석 |

① 일본 상인은 조·일 무역 규칙 체결 이후 관세를 내지 않고 무역을 하였다. 하지만 1883년에 관세권이 설정된 조·일 통상 장정이 체결된 이후 관세를 내게 되었다.
② 일본은 강화도 조약을 통해 영사 재판권(치외 법권)을 획득하였다.
③ 1882년 조·청 상민 수륙 무역 장정이 체결되고 청 상인의 조선 진출이 본격화되면서 청·일 상인 간 상권 경쟁이 치열해졌다. 청·일 전쟁에서 일본이 승리하면서 조선에서 청 상인의 세력이 약화되었다.
④ 강화도 조약 체결 직후 일본 상인들은 거류지 내에서 무역을 전개하였다.
⑤ 일본 상인은 조·일 수호 조규 부록을 통해 개항장에서 거래 시 일본 화폐를 사용할 수 있었다.

02 정답 ③ * 조·청 상민 수륙 무역 장정

| 문제 + 자료 분석 |

- (가)는 조·청 상민 수륙 무역 장정(1882)이다.
- 임오군란 이후 청과 맺은 조·청 상민 수륙 무역 장정에서 청 상인의 내지 통상을 허용하였으며, 이를 계기로 청 상인에 의한 경제 침탈이 본격화되었다.

| 보기 분석 |

ㄱ. 조·일 통상 장정이 체결되면서(1883) 조선은 곡물 유출이 심각하다고 판단될 경우 방곡령 선포가 가능해졌다.
ㄴ. 청 상인의 내지 통상이 가능해지자, 최혜국 대우 조항에 의해 다른 외국 상인들의 내륙 진출도 이루어졌다.
ㄷ. 외국 상인들이 직접 내륙에 진출하자, 거류지의 외국 상인과 내륙을 중개하며 이익을 얻던 객주와 여각 등 중개 상인들이 몰락하였다.
ㄹ. 조·청 상민 수륙 무역 장정이 체결된 이후 조선에서 청 상인과 일본 상인의 무역 및 상권 경쟁이 심화되었다.

03 핵심 키워드: 화폐 정리 사업, 한국 상인 및 은행의 파산

모범 답안 화폐 정리 사업의 결과 일본 제일은행 조선 지점이 대한 제국의 중앙은행 역할을 하게 되었고, 한국의 상인과 은행들이 파산하였다.

| 문제 + 자료 분석 |

- 밑줄 친 '이 사업'은 화폐 정리 사업이다.
- 화폐 정리 사업은 제1차 한·일 협약을 계기로 조선에 파견된 재정 고문 메가타가 추진하였다.
- 화폐 정리 사업의 목적은 대한 제국의 금융과 재정을 장악하는 데에 있었으며, 백동화의 교환이 제대로 이루어지지 않아 많은 사람들이 피해를 입었다.

* 채점 기준

일본 제일은행 조선 지점이 대한 제국의 중앙은행 역할을 하게 됨, 한국의 상인 및 은행 파산을 모두 서술한 경우	100 %
제시된 내용 중 한 가지만 서술한 경우	50 %

04 정답 ④ * 경제 침탈에 대한 대응

| 문제 + 자료 분석 |

- (가)에는 황국 중앙 총상회 조직 또는 철시 투쟁 전개가 들어가야 한다.
- 조·청 상민 수륙 무역 장정(1882) 체결 이후 청을 비롯한 외국 상인들이 서울에 상점을 개설하였다.
- 이에 시전 상인들은 철시 투쟁을 전개하고 황국 중앙 총상회를 조직하여 외국 상인들의 경제 침탈에 대응하였다.

| 선택지 분석 |

① 일본으로의 곡물 유출이 심해져 곡물 값이 폭등하자 함경도, 황해도의 지방관이 조·일 통상 장정에 따라 방곡령을 선포하였다.
② 일본에 대한 경제적 예속이 심해지자 1907년 서상돈, 김광제 등이 대구에서 국채 보상 운동을 시작하였다. 이후 언론의 홍보에 힘입어 전국으로 확산되었다.
③ 동양 척식 주식회사는 일제가 대한 제국의 토지와 자원을 수탈할 목적으로 설치한 착취 기관이다.
④ 시전 상인은 청·일 상인들의 국내 철수를 요구하며 철시 투쟁을 벌였고, 황국 중앙 총상회를 조직(1898)하여 상권 수호 운동을 전개하기도 하였다.
⑤ 일본의 황무지 개간권 요구를 좌절시킨 단체는 보안회이다.

05 정답 ① * 국채 보상 운동

| 문제 + 자료 분석 |

- 자료는 국채 보상 취지서로 국채 보상 운동에 해당한다.
- 국채 보상 운동은 국채 1,300만 원을 국민의 힘으로 갚아 일본의 재정적 예속으로부터 벗어나자는 취지에서 전개되었다.

| 선택지 분석 |

① 보안회는 일본의 황무지 개간권 요구 반대 운동을 전개한 단체이다.
② 국채 보상 운동은 1907년 대구에서 서상돈, 김광제 등을 중심으로 시작되었다.
③ 국채 보상 운동을 홍보하던 대한매일신보 사장 양기탁을 구속하는 등 일제의 탄압으로 국채 보상 운동이 중단되었다.
④ 서울에서 조직된 국채 보상 기성회와 대한매일신보 등의 언론 기관이 모금 운동을 전개하였고 국민의 호응을 얻어 국채 보상 운동이 전국으로 확산되었다.
⑤ 대한매일신보는 국채 보상 운동을 홍보하고 모금 운동을 전개하는 등 적극적으로 참여하였다.

06 정답 ⑤ * 조·청 상민 수륙 무역 장정

| 문제 + 자료 분석 |

- 밑줄 친 '장정'은 조·청 상민 수륙 무역 장정(1882)이다.
- 임오군란 이후 조·청 상민 수륙 무역 장정이 맺어졌다. 이 장정에 의거하여 청 상인은 양화진과 한성에서 상점을 개설할 권리를 갖게 되었다.
- 또한 지방관의 허가를 받으면 내륙에서도 활동할 수 있게 되었다.

| 선택지 분석 |

① 이성계가 조선을 건국한 시기는 1392년이고, 인조반정은 1623년 서인 세력이 광해군을 몰아내고 인조를 왕으로 옹립한 사건이다.
② (나) 시기에는 인조반정을 통해 정권을 잡은 서인 세력이 친명 배금 정책을 펼쳤다. 이에 1627년 후금이 조선을 침략한 사건이 바로 정묘호란이다.
③ 임술 농민 봉기(1862)는 탐관오리의 폭정에 의해 촉발된 진주 농민 봉기를 계기로 하여, 전국 70여 개 고을에 봉기가 확산된 사건이다.
④ 임오군란은 1882년 별기군에 비해 열악한 처우에 있던 구식 군인들이 급료 지급 문제를 계기로 봉기한 사건이다.
⑤ 시모노세키 조약은 1895년 청·일 전쟁의 결과로 체결된 조약이다. 이 조약을 통해 일본은 청으로부터 랴오둥반도와 타이완을 할양받기로 하였다. (마) 시기에 청은 조선에 대한 영향력을 확대해 나가는 한편, 조선을 청의 속방(속국)으로 규정한 조·청 상민 수륙 무역 장정을 체결하였다.

07 정답 국채 보상 운동

| 문제 + 자료 분석 |

- 밑줄 친 '이 운동'은 국채 보상 운동이다.
- 국채 보상 운동은 1907년 서상돈 등이 국채 1,300만 원을 국민의 힘으로 갚기 위해 대구에서 시작하였다.

08 정답 ③ ＊국채 보상 운동

| 문제 + 자료 분석 |

- 국채 보상 운동이 시작되자 남자들은 담배를 끊고, 부녀자들은 패물을 내놓음으로써 의연금을 모았다.

| 선택지 분석 |

① 갑오개혁(1894~1896)은 국채 보상 운동(1907) 이전에 추진되었다. 1894년에 수립된 김홍집 내각은 군국기무처를 설치하고 제1차 갑오개혁을 추진하였다. 일본이 청일 전쟁에서 승기를 잡은 이후에는 제2차 갑오개혁이 추진되었고, 을미사변 이후에는 제3차 갑오개혁(을미개혁)이 추진되었다.
② 동학을 창시한 최제우는 세상을 현혹하고 백성을 속인다는 죄로 처형되었다. 이후 동학교도들은 교조 최제우의 억울함을 풀고 포교의 자유를 얻기 위해 교조 신원 운동을 전개하였다.
③ 국채 보상 운동에 대한 내용이다. 국채 보상 운동이 일어나자 대한매일신보 등의 언론사와 애국 계몽 운동 단체는 적극적으로 후원하였고, 운동은 전국으로 확산되었다. 그러자 통감부는 이 운동을 주도하던 대한매일신보의 양기탁을 성금 횡령이라는 누명을 씌워 구속하는 등 탄압을 가하였다.
④ 1919년 2월 8일, 일본 도쿄에서는 조선 청년 독립단이 기독교 청년 회관에서 2·8 독립 선언을 발표하였다. 이에 영향을 받아 국내에서는 3·1 운동(1919)이 일어났다.
⑤ 조선 선조 때 정치의 주도권을 장악한 사림은 외척 정치의 청산과 이조 전랑의 임명 문제를 둘러싸고 갈등이 심해져 동인과 서인으로 나누어졌다.

09 정답 (1) 방곡령 (2) 조·일 통상 장정

| 문제 + 자료 분석 |

- 자료에 제시된 조치는 방곡령이다.
- 일본 상인들이 무제한으로 곡물을 유출해 가 곡물 가격이 폭등하고 식량난이 가중되었다.
- 조선 정부는 이 문제를 해결하기 위해 1883년 조·일 통상 장정을 체결하여 곡물 유출을 금지할 수 있는 방곡령 조항을 추가하였다.
- 이후 함경도와 황해도 등지에서 방곡령을 선포하였으나, 일본의 항의에 따라 철회하였고 오히려 일본에 배상금을 지불하였다.

10 정답 ② ＊화폐 정리 사업

| 문제 + 자료 분석 |

- 자료에 나타난 정책은 화폐 정리 사업(1905)이다.
- 제1차 한·일 협약을 통해 파견된 재정 고문 메가타는 기존의 백동화 등을 일본 제일은행이 발행한 화폐로 교환하게 하였다(화폐 정리 사업).

| 선택지 분석 |

① 1904년 제1차 한·일 협약이 체결되면서 파견된 재정 고문 메가타의 주도로 화폐 정리 사업이 추진되었다.
② 동양 척식 주식회사는 일제가 토지 등을 수탈할 목적으로 1908년에 설치한 식민지 착취 기관이다. 화폐 정리 사업은 1905년에 진행된 것이므로 이를 담당하기 위해 동양 척식 주식회사를 세웠다고 볼 수 없다.
③ 일본은 화폐 정리 사업에 드는 비용을 충당한다는 명목으로 대한 제국에 대규모 차관을 제공하였다.
④ 갑작스러운 화폐 정리 사업으로 상태가 좋지 못한 백동화를 다수 가지고 있던 한국의 중소 상공업자들은 큰 타격을 입게 되었다.
⑤ 화폐 정리 사업은 일본 제일은행이 대한 제국의 금융을 장악하여 경제적으로 예속화하려는 의도를 가지고 진행되었다.

11 정답 ② ＊근대 시설의 도입

| 문제 + 자료 분석 |

- 조선은 개항 이후 근대 문물과 시설을 도입하였다.

| 선택지 분석 |

① 우정총국을 통한 근대적 우편 제도의 실시는 갑신정변으로 중단되었으며 을미개혁 이후 재개되었다.
② 경복궁에 처음으로 전등이 가설된 것은 1887년으로 한성 전기 회사 설립 이전에 해당한다. 1898년에 설립된 한성 전기 회사는 서대문과 청량리를 연결하는 전차를 운영하였다.
③ 서대문과 청량리 사이에 전차가 운행된 것과 서울과 인천을 연결하는 경인선이 개통된 것은 모두 1899년이다.
④ 경인선은 본래 미국이, 경의선은 프랑스가 부설권을 갖고 있었으나 일본이 이를 모두 넘겨받았다. 일본은 경인선, 경부선, 경의선을 모두 부설하였다.
⑤ 광혜원(제중원)은 우리나라 최초의 근대적인 국립 의료 기관으로, 미국인 선교사 알렌의 건의로 세워졌다.

12 정답 ⑤ ＊개항 이후 일상생활의 변화

| 문제 + 자료 분석 |

- 가상 일기가 서술된 시기는 대한 제국 시기이다.
- 황제, 손탁 호텔 등은 모두 대한 제국 시기에 볼 수 있던 모습이다.

| 선택지 분석 |

① 단발이 점차 확산되면서 머리를 짧게 자르는 사람들이 늘었다.
② 전차는 1898년에 설립된 한성 전기 회사가 부설하여 한성에서 운영되었다.
③ 명동 성당은 한국의 천주교를 대표하는 서양식 건물로, 1898년에 완공되었다.
④ 근대 문물 유입의 영향으로 여성의 장옷과 쓰개치마가 점차 사라지고 양복 및 양장 차림이 유행하였다.
⑤ 개항 이전에 발생한 병인양요(1866)에 해당한다.

13 핵심 키워드: 근대적 시간 관념, 제국주의 열강의 침략

모범 답안 근대적 시간 관념이 확산되었다. 일본 등 제국주의 열강의 침략에 이용되었다.

| 문제 + 자료 분석 |

- 정해진 시간에 맞춰 운행하는 철도로 인해 시간에 대한 사람들의 생각이 크게 바뀌었다.
- 근대 시설은 일본 등 제국주의 열강이 정치적·경제적·군사적 침략을 목적으로 설치한 것이 많았다.

＊채점 기준

제시된 내용 두 가지를 모두 서술한 경우	100 %
제시된 내용 중 한 가지만 서술한 경우	50 %

14 정답 ② ＊근대 문물의 수용

| 문제 + 자료 분석 |

- 개항 이후 철도, 전신, 전차 등의 근대 시설 및 문물이 우리나라에 유입되었다.

| 선택지 분석 |

① 천문 관측 기구인 혼천의는 조선 세종 때 장영실 등이 제작하였다.
② 한성 전기 회사는 1898년 설립된 회사로 한성의 전차 운행을 담당하였다. 광무개혁 시기에는 한성 전기 회사 외에도 전기, 철도, 해운, 광업, 금융 등 다양한 분야에서 근대적인 회사와 은행들이 세워졌다.
③ 신라 말에는 선종 불교가 유행하였고, 그에 따라 승려의 사리나 유골 등을 봉안한 승탑이 많이 제작되었다.
④ 화통도감은 고려 말 최무선의 건의로 설치되었으며, 화포와 화약의 개발을 담당하였다.
⑤ 서원은 교육과 제사를 담당하는 한편 사림의 근거지 역할을 하기도 하였다. 조선 후기에는 붕당의 근거지로 지목받기도 하였다.

15 정답 ④ ＊근대 문학

| 문제 + 자료 분석 |

- 개항 이후 근대 문물이 유입되며 문학과 예술에도 변화가 나타났다.
- 문학에서는 신소설, 신체시 등이 등장하였고, 개화와 신교육, 자주독립 등 계몽적 성격을 띠는 경향을 보였다.
- 대표적인 신체시로 최남선의 「해에게서 소년에게」를 들 수 있다.

| 선택지 분석 |

① 개항 이후 조선 정부는 근대 무기 제조 공장인 기기창(1883)을 설립하였다.
② 『금수회의록』은 안국선이 지은 신소설이다.
③ 원각사는 서울에 설립된 우리나라 최초의 서양식 극장으로, 『은세계』와 『치악산』 등의 연극을 공연하였다.
④ 「해에게서 소년에게」는 대표적인 신체시로, 최남선의 작품이다.
⑤ 이인직은 신소설인 『혈의 누』 등을 저술한 소설가이다.

16 정답 ② ＊대종교의 무장 투쟁

| 문제 + 자료 분석 |

- 밑줄 친 '이 종교'는 대종교이다.
- 나철과 오기호가 단군 신앙을 기반으로 창시한 대종교는 특히 만주에서 활발하게 포교 활동을 전개하였다.

| 선택지 분석 |

① 박은식은 『유교 구신론』을 통해 유교의 개혁을 주장하였다.
② 대종교는 민족의식을 고취시키고 항일 무장 독립 투쟁에 기여하였다. 많은 애국지사들이 대종교에 가담하여 활발한 독립운동을 전개하였다.
③ 개신교 선교사들은 배재 학당과 이화 학당 등의 사립 학교를 설립하였다.
④ 19세기 후반에 최제우가 창시한 동학은 인내천(사람이 곧 하늘이다)과 후천개벽(현재의 세상이 끝나고 살기 좋은 새로운 세상이 열림)을 주장하여 많은 호응을 얻었다.
⑤ 만세보는 천도교의 기관지이다. 동학은 3대 교주 손병희에 의해 천도교로 개칭되었다. 천도교는 학교를 설립하고 기관지인 만세보를 발행하여 애국 계몽 운동을 전개하였다.

17 정답 ① ＊개항 이후 교육과 언론 활동

| 문제 + 자료 분석 |

- 개항 이후 개화 정책을 뒷받침할 인재를 양성하기 위해 교육의 필요성이 강조되었다.
- 또한, 국민 계몽 등을 위해 다양한 신문들이 발간되었다.

| 보기 분석 |

ㄱ. 원산 학사는 최초의 근대 학교로, 근대 학문과 외국어를 교육하여 인재를 양성하고자 하였다.
ㄴ. 독립신문은 서재필 등이 창간한 최초의 민간 신문으로 한글판과 영문판으로 발행되었다. 국가의 자주독립을 역설하면서 근대적 민권 사상 확산에 주력하였다.
ㄷ. 「시일야방성대곡」을 실은 것은 황성신문이다. 황성신문은 국한문 혼용체의 일간지로 주로 유림층을 대상으로 삼았다.
ㄹ. 대성 학교와 오산 학교는 민족 지도자들이 세웠다. 개신교 계통의 학교로는 배재 학당, 이화 학당 등이 있다.

18 정답 ② ＊대한매일신보

| 문제 + 자료 분석 |

- 밑줄 친 '이 신문'은 대한매일신보이다.
- 영국인 베델은 1904년 러일 전쟁이 발발하자 한국을 방문하였다. 이후 베델은 양기탁과 함께 대한매일신보를 창간하였다.

| 선택지 분석 |

① 일제 강점기의 동아일보에 대한 내용이다. 동아일보는 농촌 계몽 운동인 브나로드 운동을 전개하였다.
② 대한매일신보 등에 대한 내용이다. 1907년 국민의 힘으로 일본에 진 나랏빚을 갚고 국권을 회복하자는 국채 보상 운동이 전개되었다. 대한매일신보 등의 언론 기관은 이를 지원하였고, 그에 힘입어 국채 보상 운동이 전국으로 확산되었다.
③ 만세보에 대한 내용이다. 1905년 손병희는 동학을 천도교로 개편하였다. 천도교는 여러 학교를 설립하고, 기관지로 만세보를 발행하였다.
④ 치안 유지법은 일제 강점기인 1925년에 제정되었다. 대한매일신보는 국권 피탈(1910) 때까지 발행되었기 때문에 치안 유지법에 의해 탄압을 받을 수 없다.
⑤ 1883년 박문국에서는 우리나라 최초의 근대적 신문인 한성순보를 발행하였다.

19 핵심 키워드: 영국인, 일본의 검열

모범 답안 대한매일신보는 영국인 베델을 발행인으로 내세워 일제의 간섭에서 비교적 자유로웠다. 그리하여 일본의 국권 침탈과 친일 정권의 부패·무능 등을 신랄하게 비판할 수 있었다.

| 문제 + 자료 분석 |

- 영국인 베델이 양기탁과 함께 대한매일신보를 창간하였다.
- 대한매일신보는 일본과 동맹 관계에 있던 영국 국적의 베델을 발행인으로 내세워 일본의 간섭에서 비교적 자유로웠다.

＊채점 기준

영국인, 일본의 간섭에서 비교적 자유로웠다는 점을 모두 서술한 경우	100%
제시된 내용 중 한 가지만 서술한 경우	50%

20 정답 ⑤ ＊대한 제국 시기 언론의 활동

| 문제 + 자료 분석 |

- 자료의 (가) 신문은 제국신문, (나) 신문은 황성신문이다.
- 제국신문은 순한글 신문으로 부녀자와 하층민을 주요 독자층으로 삼았다.
- 황성신문은 국한문을 사용하여 양반 유생들을 주요 독자층으로 삼았다.

| 보기 분석 |

ㄱ. 1883년에 발행된 최초의 신문인 한성순보는 갑신정변으로 간행이 중단되었다.
ㄴ. 영국인 베델이 사장이었던 신문은 1904년에 발행된 대한매일신보이다.
ㄷ. 장지연은 을사늑약 체결의 부당함을 알리고자 황성신문에 「시일야방성대곡」을 게재하였다.
ㄹ. 두 신문 모두 1907년에 일제가 제정한 신문지법의 적용을 받아 언론 통제를 받게 되었다.

21 정답 ① ＊한성순보와 독립신문

| 문제 + 자료 분석 |

- 자료의 (가) 신문은 한성순보, (나) 신문은 독립신문이다.
- 한성순보는 박문국에서 발행한 우리나라 최초의 신문이며, 정부의 개화 정책을 알리는 관보적 성격을 지녔다.
- 독립신문은 서재필이 창간하였으며, 한글판과 영문판으로 간행되어 일반 민중과 외국인에게 국내 정세, 근대 문물 등을 알렸다.

| 선택지 분석 |

① 한성순보는 우리나라 최초의 신문으로, 관보적 성격을 띠고 있었다.
② 제국신문은 순한글로 발행되어 서민과 부녀자를 주요 독자층으로 삼았다.
③ 대한매일신보는 국채 보상 운동을 적극적으로 홍보하였다.
④ 황성신문은 을사늑약 이후 장지연의 「시일야방성대곡」을 처음 게재하였다.
⑤ 신문지법이 제정된 1907년에 한성순보와 독립신문은 이미 폐간된 상태였다.

22 정답 ② ＊교육 입국 조서

| 문제 + 자료 분석 |

- 자료의 조서는 교육 입국 조서이다.
- 고종은 1895년에 교육이 국가 보존의 근본임을 밝힌 교육 입국 조서를 반포하였다.
- 교육 입국 조서가 반포된 후, 각종 관립 학교가 설립되었다.

| 선택지 분석 |

① 육영 공원은 우리나라 최초의 근대적 공립 교육 기관으로, 교육 입국 조서 반포 이전인 1886년에 설립되었다.
② 조선 정부는 교육 입국 조서를 반포한 이후 소학교, 외국어 학교, 한성 사범 학교 등 많은 관립 학교를 설립하였다.
③ 교과서 검정 제도는 일제가 한국인들의 교육을 통제하기 위해 실시하였다.
④ 애국 계몽 운동가들이 1900년대에 사립 학교를 다수 설립하자, 일제는 이를 통제하기 위해 사립학교령(1908)을 제정하였다.
⑤ 동문학은 1883년에 정부가 세운 외국어 교육 기관이다.

23 정답 육영 공원

| 문제 + 자료 분석 |

- 1886년 조선 정부는 최초의 근대식 공립 교육 기관인 육영 공원을 설립하였다.
- 정부는 헐버트 등 미국인 교사를 초빙하고 상류층 자제들을 대상으로 근대 학문을 교육하였다.

24 정답 ④ ＊대한매일신보

| 문제 + 자료 분석 |

- 자료의 (가) 신문은 대한매일신보이다.
- 영국인 베델과 양기탁이 1904년에 창간한 대한매일신보는 의병 운동을 호의적으로 보도하고, 국채 보상 운동을 적극적으로 홍보하는 등 항일의 색채가 강하였다.

| 선택지 분석 |

① 서재필의 주도로 창간된 신문은 독립신문이다.
② 우리나라 최초의 신문은 박문국에서 발행한 한성순보이다.
③ 장지연의 「시일야방성대곡」은 황성신문에서 처음 발표되었다.
④ 대한매일신보는 항일 의병 운동을 호의적으로 보도함으로써 일제의 한반도 식민화 정책을 비판하였다.
⑤ 대한매일신보 이전에 발행된 독립신문은 최초로 순한글을 사용하여 독자를 늘렸다.

25 핵심 키워드: 국학 연구, 민족 문화 수호

모범 답안 을사늑약 체결 이후 국권 상실의 위기감이 커지는 가운데, 민족의식을 고취시키고 민족 문화를 수호하기 위해 역사와 국어 연구가 활발히 이루어졌다.

| 문제 + 자료 분석 |

- 자료의 활동들은 민족 문화를 수호하기 위한 국학 연구와 관련이 있다.
- 열강의 침략이 거세지면서 국권 상실의 위기감이 높아지자 신채호, 박은식 등은 국학 연구를 통해 민족 문화를 지키고 민족의식과 민족정신을 높여 국권을 수호하고자 하였다.

＊채점 기준

국학 연구의 배경과 목적을 모두 서술한 경우	100%
제시된 내용 중 한 가지만 서술한 경우	50%

26 정답 ② ＊민권 의식의 성장

| 문제 + 자료 분석 |

- 조선 후기 이래로 평등 의식이 성장하였고, 이것이 갑오개혁을 통해 법제화되었다.
- 독립 협회의 활동으로 민권 의식이 확산되었고, 그 결과 사회에서 소외되었던 여성들의 권리를 신장하기 위한 노력이 이루어졌다.

| 선택지 분석 |

① 조선 후기의 일부 실학자들은 양반 중심 신분제를 비판하였다.
② 과부의 재혼을 허용하라는 주장은 동학 농민 운동 때 제기되어 갑오개혁 때 제도적으로 인정되었다. 갑신정변 때 급진 개화파들은 인민 평등권의 확립을 시도하였다.
③ 동학 농민 운동에 참여한 농민들은 신분제의 폐지를 요구하였다.
④ 갑오개혁을 통해 신분제, 과부의 재혼 금지, 고문, 연좌제 등이 폐지되었다.
⑤ 우리나라 최초의 여성 인권 선언문인 〈여권 통문〉이 발표된 이후 찬양회가 조직되어 여학교 설립 운동을 전개하였다.

27 정답 ⑤ * 근대적 교육 제도의 도입

| 문제 + 자료 분석 |

- 자료의 교육 기관은 육영 공원이다.
- 정부는 헐버트 등 미국인 교사를 초빙하고 상류층 자제들을 대상으로 근대 학문을 교육하였다.

| 선택지 분석 |

① 최초의 근대식 학교는 1883년 세워진 원산 학사이다.
② 배재 학당, 이화 학당 등이 개신교 선교사들이 세운 대표적인 학교이다.
③ 1883년 정부에서 세운 동문학에 해당한다.
④ 교육 입국 조서는 1895년 2차 갑오개혁 때 고종이 반포한 것으로, 이에 따라 소학교·사범 학교·외국어 학교 등이 세워졌다.
⑤ 1886년 정부에서 설립한 육영 공원은 주로 양반 자제와 선비들을 뽑아 영어·수학 등 근대 학문을 가르쳤다.

내신 1등급 문제 문제편 162p

28 정답 ② * 상권 수호 운동의 배경

다음 요구가 나오게 된 배경으로 가장 적절한 것은?

> 몇 년 전부터 청과 일본 상인이 상점을 한성에 개설하므로, 우리는 영업 이익을 잃게 되어 생업이 어려워지게 되었다. 이에 우리 시전 상인들은 가게 문을 닫고 시위에 나서며 정부에 다음을 요구한다.
> 외국 상인들을 인천 개항장으로 물러나게 하고, 한성은 우리 상인들만 영업하게 하라. 그러면 양측이 모두 생업을 보전할 수 있을 것이다.

외국 상인이 한성(서울)에 진출한 상황
시전 상인들은 상권을 지키기 위해 철시 투쟁을 벌임

| 문제 + 자료 분석 |

- 조·청 상민 수륙 무역 장정 체결 이후, 청을 비롯한 외국 상인들이 한성에 상점을 개설하고 내륙까지 진출하였다.
- 시전 상인들은 상권을 지키기 위해 철시 투쟁을 전개하고 황국 중앙 총상회를 조직하였다.

| 선택지 분석 |

① 제1차 한·일 협약으로 파견된 일본인 재정 고문 메가타는 대한 제국의 재정을 장악하고자 화폐 정리 사업을 실시하였다. 이로 인해 국내 상인과 은행은 큰 타격을 입었다.
② 조선 정부의 요청으로 군대를 보내 임오군란을 진압한 청은 조선에 대한 내정 간섭을 시작하였다. 그리고 확대된 영향력을 바탕으로 조·청 상민 수륙 무역 장정을 체결하였다. 조·청 상민 수륙 무역 장정으로 청 상인의 내지 통상이 이루어지고, 다른 나라들도 최혜국 대우를 내세워 내지 통상을 하였다. 이에 서울의 시전 상인들은 외국 상인의 퇴거를 요구하고, 철시 운동을 벌이는 등 상권 수호 운동을 전개하였다.
③ 토지 조사 사업은 1910년에 시작되었다. 일제는 우리 땅을 빼앗고 세금 징수를 확대할 목적으로 전국 토지의 소유권을 조사하는 토지 조사 사업을 벌였다.
④ 대한 제국은 재정 확보, 근대적 토지 소유권 확립 등을 목적으로 양전 사업을 실시하고, 지계를 발급하였다.

⑤ 흥선 대원군은 왕실의 권위를 세우기 위해 경복궁을 중건하였다. 그리고 공사비 마련을 위해 당백전이라는 고액 화폐를 발행하였는데, 이로 인해 물가가 폭등하여 백성들의 원성을 샀다. 또한 원납전이라는 기부금을 강제로 거두어 불만이 높아졌다.

29 정답 ③ * 청·일의 경제적 침탈

다음은 19세기 조선의 수입액 비중을 나타낸 것이다. (가), (나) 국가에 대한 설명으로 옳은 것을 〈보기〉에서 고른 것은?

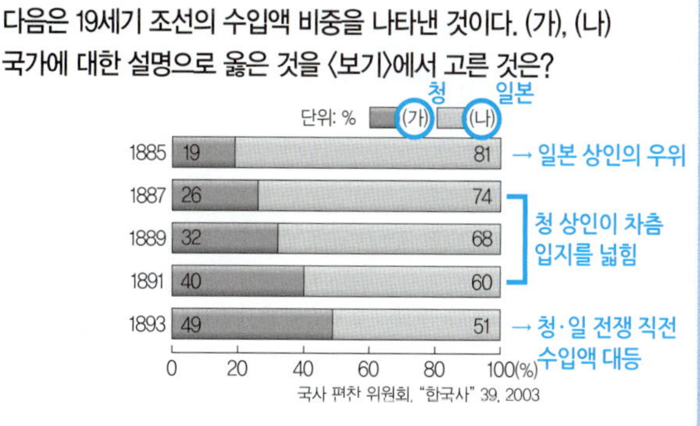

| 문제 + 자료 분석 |

- 자료의 (가) 국가는 청, (나) 국가는 일본이다.
- 임오군란 이후 조선에 본격적으로 진출한 청 상인들은 강화된 정치적 영향력과 막대한 자금을 앞세워 조선 상권에서 차츰 입지를 넓혀갔고, 청·일 전쟁 직전 일본과 대등한 무역 성과를 달성하였다.
- 그러나 청·일 전쟁에서 청이 패배하면서 일본의 무역 독점이 이루어졌다.

| 보기 분석 |

ㄱ. 일본의 이권 침탈에 대한 설명이다.
ㄴ. 임오군란을 제압한 청은 조·청 상민 수륙 무역 장정을 체결하고, 조선에서의 경제적 영향력을 확대하였다.
ㄷ. 일본은 조선에서 주로 쌀, 콩 등 곡물을 수입하였다.
ㄹ. 임오군란 이후 외국 상인들의 내지 통상권이 허용되자, 외국 상인의 침탈에 대응하고 상권을 수호하기 위해 대동 상회, 장통 상회와 같은 상회사들이 설립되었다.

30 정답 ① * 근대 문물의 수용

밑줄 친 철도가 개통된 시기에 볼 수 있는 모습으로 옳지 않은 것은?

> 우렁차게 토하는 기적 소리에
> 남대문을 등지고 떠나 떠나서
> 빨리 부는 바람과 같은 형세니
> 날개 가진 새라도 못 따르겠네
>
> – 최남선 '경부 철도가'

서울역을 출발하여 부산까지 운행
경부선은 1905년 일제에 의해 개통

| 문제 + 자료 분석 |

- 자료는 최남선이 1908년 경부선 철도를 탑승한 소감을 가사로 표현한 '경부 철도가'이다.
- 경부선은 일제가 경제 침탈의 수단으로 이용하기 위해 건설하였으며, 러·일 전쟁이 진행되던 1905년에 개통되었다.

| 선택지 분석 |

① 척화비는 신미양요 직후인 1871년 흥선 대원군에 의해 전국 각지에 세워졌다. 이는 경부선이 개통되기 이전에 해당한다.

② 제국신문은 순한글로 되어 있어 주로 하층민과 부녀자들을 대상으로 하였으며, 1898년부터 1910년까지 발행되었다.
③ 전차는 1899년에 서대문과 청량리 노선이 개통되었고, 이후 점차 확대되었다.
④ 국제 우편 업무는 대한 제국이 만국 우편 연합에 가입한 1900년에 본격적으로 실시되었다.
⑤ 명동 성당은 1898년에 완공되었다. 개항 이후 명동 성당, 손탁 호텔, 덕수궁 석조전 등 서양식 건물이 건립되었다.

31 정답 ⑤ * 대한매일신보

| 문제 + 자료 분석 |

- 자료의 (가) 신문은 대한매일신보이다.
- 영국인 베델은 1904년 양기탁과 함께 대한매일신보를 창간하였고, 발행인이 되었다.
- 대한매일신보는 영국인 베델이 발행인이었기 때문에 일제의 침략 행위를 폭로할 수 있었다.

| 선택지 분석 |

① 조선은 개항 이후 개화 정책을 추진하면서 출판 업무를 담당하는 관청인 박문국(1883)을 설치하였다. 박문국에서는 최초의 근대 신문인 한성순보를 발간하였다.
② 1896년 서재필은 정부의 지원을 받아 최초의 민간 신문인 독립신문을 발간하였다. 독립신문은 최초의 순한글 신문이었는데, 영문판으로도 발간되어 국내의 사정을 외국인에게 알렸다.
③ 일제 강점기에 언론사의 주도로 농촌 계몽 운동이 전개되었다. 동아일보는 1931년부터 '배우자, 가르치자, 다 함께 브나로드'라는 구호 아래 농촌 계몽 운동을 전개하였다.
④ 이승만 정부는 국가 보안법을 개정하여(1958) 사회 통제를 강화하였고, 정부에 비판적이었던 경향신문을 폐간하는 등 언론을 탄압하였다.
⑤ 대한매일신보에 대한 내용이다. 국채 보상 운동은 대한매일신보 등 언론 기관의 적극적인 호응과 각종 단체의 활동에 힘입어 전국으로 확산되었다.

수능 대비 기출 문제

문제편 163p

32 정답 ④ * 국채 보상 운동

| 문제 + 자료 분석 |

- 국채 보상 운동 당시 서울에서 국채 보상 기성회가 조직되어 모금 운동을 전개하였다.
- 1907년 일본에 진 나랏빚 1,300만 원을 국민의 성금으로 갚고 국권을 지키려는 국채 보상 운동이 전개되었다.

| 선택지 분석 |

① 1987년 전두환 정부는 기존 헌법(대통령 간선제)을 유지한 채 대통령 선거를 치르겠다는 4·13 호헌 조치를 발표하였다. 이에 분노한 국민은 호헌 철폐와 대통령 직선제를 요구하며 6월 민주 항쟁을 전개하였다.
② 고려 인종 때 묘청 등 서경 세력은 금국 정벌과 칭제건원을 내세우며 서경으로 천도할 것을 주장하였다.
③ 동학교도들은 정부의 탄압으로 처형당한 교조 최제우의 신원과 포교의 자유 보장을 요구하며 삼례와 보은 등지에서 교조 신원 운동을 전개하였다.
④ 대구에서 시작된 국채 보상 운동은 대한매일신보 등 언론 기관의 호응으로 전국으로 확산되었다.
⑤ 러·일 전쟁 중 일제가 황무지 개간권을 요구하자 보안회를 중심으로 반대 운동을 전개하여 일제의 요구를 철회시켰다.

33 정답 ⑤ * 조·일 통상 장정

| 문제 + 자료 분석 |

- 일본에 최혜국 대우를 인정한 장정은 조·일 통상 장정(1883)이다.
- 조선은 강화도 조약에 이어 체결한 조·일 무역 규칙(1876)에서 일본 상품에 관세를 부과하는 규정을 포함시키지 못하였다. 이후 일본과 조·일 통상 장정을 체결하여 관세 조항을 포함시켰다.

| 선택지 분석 |

① 전주성을 점령한 동학 농민군은 청군과 일본군이 상륙하자 정부와 전주 화약을 체결하였다. 이어 각지에 자치적 민정 기구인 집강소를 설치하여 폐정 개혁을 추진하였다.
② 원산 지역에서 일본인 감독관의 한국인 노동자 구타 사건을 발단으로 일어난 원산 총파업(1929)은 일제 강점기 최대 규모의 노동 운동이었다.
③ 조·미 수호 통상 조약(1882)은 조선이 서양 국가와 최초로 체결한 조약이었다. 거중 조정 조항과 관세권 조항이 들어 있었지만, 미국에 최혜국 대우와 영사 재판권을 인정한 불평등 조약이었다.
④ 일제가 대한 제국에 강요한 을사늑약(1905)에는 외교를 관리하기 위해 통감을 둔다는 내용이 포함되었다. 이에 따라 통감부가 설치되고 이토 히로부미가 초대 통감으로 부임하였다.
⑤ 조·일 통상 장정에 대한 설명이다. 개항 이후 일본 상인들이 조선에서 쌀을 대량으로 수입해가면서 조선의 곡물 가격이 급등하였다. 이에 조·일 통상 장정에서는 방곡령 시행 규정을 마련하였으며, 조선이 방곡령을 시행할 때는 일본에 미리 통지할 것을 규정하였다. 이후 일부 지방관들이 방곡령을 시행하였으나, 일본 측의 항의로 번번이 해제되었다.

34 정답 ⑤ * 경제적 구국 운동

| 문제 + 자료 분석 |

- (가)에는 일본의 경제 침략에 맞선 우리 민족의 경제적 구국 운동이 들어가야 한다.
- 조·일 통상 장정(1883) 체결 이후 지방관이 곡물 유출을 막는 방곡령을 선포하였으나 통보를 늦게 받았다는 일본의 항의에 따라 철회하였고, 오히려 배상금을 지불해 주었다.
- 보안회(1904)는 일본의 황무지 개간권 요구에 대한 반대 운동을 전개하여 일본의 요구를 저지하는 데 성공하였다.
- 1907년 일본에 진 빚을 갚아 국권을 회복하자는 국채 보상 운동이 대구에서 시작되어 전국으로 확산되었다.

| 선택지 분석 |

① 통일 신라의 신문왕은 관리에게 관료전을 지급하고 녹읍을 폐지하여 귀족의 경제 기반을 약화시켰다.
② 조선 후기 영조는 1년에 2필씩 내던 군포를 1필로 줄여 주는 균역법을 시행하여 농민의 부담을 덜어 주었다.
③ 박정희 정부는 도시와 농어촌의 소득 및 문화 격차가 커지자, 1970년대부터 새마을 운동을 추진하였다. 새마을 운동은 농촌의 환경 개선과 소득 증대를 통한 도시와 농촌의 균형 있는 발전을 추구하였다.
④ 고려 말의 공민왕은 신돈을 등용하고 전민변정도감을 설치하여 권문세족이 불법으로 차지한 땅과 억울하게 노비가 된 양인을 원래대로 되돌려 놓았다. 이로써 권문세족의 힘이 약화되었다.
⑤ 개항 이후 외국 상인들이 내륙까지 진출하여 국내의 상권을 침탈하자 시전 상인들은 황국 중앙 총상회(1898)를 조직하고 외국 상인들의 불법적인 상업 활동을 중단시켜 달라고 요구하는 등 상권 수호 운동을 전개하였다.

13 일제의 국권 침탈과 국권 수호 운동

내신 대비 필수 문제

문제편 169~173p

01 정답 ③ *러·일 전쟁의 결과

| 문제 + 자료 분석 |

- 일본은 영국과 미국의 지지를 바탕으로 러시아와 전쟁을 일으켰고, 결국 승리하여 포츠머스 조약을 체결하였다.
- 일본은 러·일 전쟁 과정에서 서구 열강으로부터 대한 제국에 대한 독점적 권리를 보장받았다.

| 선택지 분석 |

① 갑신정변 이후 청의 내정 간섭에서 벗어나기 위해 조선이 친러 정책을 취하자, 영국은 러시아를 견제한다는 명분으로 거문도를 불법 점령하였다.
② 일본은 미국에 개항한 이후 메이지 유신이라는 근대적인 개혁을 추진하였다. 이는 러·일 전쟁 발발 이전에 해당한다.
③ 일본은 러·일 전쟁 과정에서 미국과 가쓰라·태프트 밀약을, 영국과 제2차 영·일 동맹을 체결하여 한반도에 대한 독점적 권리를 인정받았다. 그리고 러·일 전쟁에서 승리하여 러시아로부터 한반도에 대한 독점적 지배권을 인정받았다. 이러한 상황에서 일본은 대한 제국에 을사늑약을 강요하여 대한 제국의 외교권을 강탈하였다.
④ 청·일 전쟁의 결과 시모노세키 조약이 체결되어 청은 일본에 랴오둥반도와 타이완을 할양하게 되었다.
⑤ 동학 농민 운동 과정에서 조선에 파병된 일본군이 경복궁을 점령하고 내정을 간섭하며 청·일 전쟁을 일으켰다. 이에 동학 농민군이 일본군의 철수를 주장하며 제2차 봉기를 일으켰다.

02 정답 ④ *국권 피탈 과정

| 문제 + 자료 분석 |

- 한·일 의정서, 제1, 2차 한·일 협약, 한·일 신협약을 거쳐 1910년의 한국 병합 조약으로 대한 제국의 국권이 일본에게 완전히 강탈되었다.
- 한·일 신협약은 통감이 추천하는 일본인을 차관으로 임명한다는 것을 핵심 내용으로 한다.

| 선택지 분석 |

① 한반도와 만주를 둘러싼 러시아와 일본의 대립이 격화되자 대한 제국은 국외 중립을 선언(1904. 1.)하였으나 한·일 의정서의 체결로 무효화되었다.
② 제1차 한·일 협약으로 파견된 재정 고문 메가타에 의해 화폐 정리 사업이 시행되었다.
③ 일본은 을사늑약으로 대한 제국의 외교권을 강탈한 후 직접 청과 간도 협약을 체결하였다.
④ 고종의 헤이그 특사 파견은 제2차 한·일 협약(을사늑약)의 부당성을 국제 사회에 호소하려 한 것이었다. 이는 한·일 신협약 체결 전의 사실이다.
⑤ 한국 병합 조약의 체결 이후 일본은 식민 통치의 최고 기관으로 조선 총독부를 설치하였다.

03 정답 포츠머스 조약

| 문제 + 자료 분석 |

- 러·일 전쟁에서 일본이 승기를 잡자, 미국의 중재 하에 러시아와 일본이 포츠머스 조약을 체결하였다.
- 이 조약으로 한국에 대한 일본의 독점적 권리가 인정되었다.

04 정답 ① *을사늑약

| 문제 + 자료 분석 |

- 러·일 전쟁 과정에서 일본은 러시아를 포함한 서구 열강으로부터 대한 제국에 대한 우선권을 인정받았다.
- 이후 을사늑약을 체결하여 대한 제국의 외교권을 박탈하고 통감부를 설치하였다.

| 선택지 분석 |

① 일본은 미국·영국·러시아 등 열강으로부터 한국 지배를 승인받았다. 이에 강제적으로 을사늑약(1905)을 체결하여 대한 제국의 외교권을 박탈하고, 통감부를 설치하여 외교와 내정 전반에 대한 간섭에 나섰다.
② 일본의 차관 강요의 결과, 대한 제국의 재정이 일본에 예속되자 국채 보상 운동(1907)이 전국적으로 전개되었다.
③ 일본은 헤이그 특사 파견을 이유로 고종을 강제 퇴위시켰다(1907).
④ 고종의 강제 퇴위와 군대의 해산으로 의병이 전국적으로 전개되면서 의병 연합 부대인 13도 창의군(1907)이 결성되었다.
⑤ 1907년에 조직된 신민회는 무장 독립 투쟁의 필요성을 느끼고 남만주 삼원보에 독립운동 기지를 건설하였다.

05 정답 ② *헤이그 특사

| 문제 + 자료 분석 |

- 밑줄 친 '특사'는 헤이그 특사(1907)이다.
- 고종은 을사늑약의 부당성을 국제 사회에 호소하기 위해 1907년 헤이그에서 열린 만국 평화 회의에 이준, 이상설, 이위종을 특사로 파견하였다.
- 일본은 헤이그 특사 파견을 구실로 고종을 강제 퇴위시켰다.

| 선택지 분석 |

① 러·일 전쟁에서 승리의 주도권을 잡은 일본은 미국과 가쓰라·태프트 밀약(1905. 7.)을 체결하였다.
② 고종은 을사늑약의 부당성을 알리기 위해 헤이그에서 열린 만국 평화 회의에 이준, 이상설, 이위종을 특사로 파견하였다. 그러나 일본의 방해로 회의 참석을 거부당하였고, 일본은 이를 구실로 고종을 강제 퇴위시켰다.
③ 삼국 간섭 이후 러시아와 일본의 대립이 증폭되었고, 1904년 2월 러·일 전쟁이 발발하였다.
④ 을사늑약(1905)이 체결되자 이에 저항하여 을사의병이 일어났다. 이때 신돌석 등 평민 의병장이 등장하였다.
⑤ 1904년에 체결된 제1차 한·일 협약의 결과 일본이 외교(스티븐스)와 재정(메가타) 분야에 각각 고문을 파견하였다.

06 정답 ④ *국권 피탈 과정

| 문제 + 자료 분석 |

- 자료의 (가) 조약은 한·일 신협약, (나) 조약은 한국 병합 조약이다.
- (가)는 1907년에 체결되었고, (나)는 1910년에 체결되었으므로, 선택지에서 1907년과 1910년 사이의 역사적 사실을 골라야 한다.

| 선택지 분석 |

① 대한 제국 정부가 광무개혁을 추진하면서 1899년 대한국 국제를 반포하였다.
② 고종은 을사늑약에 항거하여 헤이그 특사를 파견하였으나, 일본은 이를 구실로 1907년 7월 고종을 강제 퇴위시켰다. 이후 한·일 신협약 체결을 강요하였다.
③ 톈진 조약을 구실로 조선에 출병한 일본은 1894년 6월 경복궁을 점령하고, 청·일 전쟁을 일으켰다.
④ 1909년 안중근이 하얼빈에서 초대 통감 이토 히로부미를 사살하였다.
⑤ 광무개혁의 일환으로 1899년 황제 직속의 군 통수 기관인 원수부가 설치되었다.

07 정답 ③ * 을사늑약

| 문제 + 자료 분석 |

- 밑줄 친 '이 조약'은 을사늑약(1905)이다.
- 을사늑약으로 대한 제국은 외교권을 박탈당하고 일본의 보호국이 되었다.

| 선택지 분석 |

① 한·일 신협약의 부수 비밀 각서(1907)로 인해 대한 제국의 군대가 해산되었다. 이때 해산된 군인들 중 다수가 의병 운동에 가담하였다.
② 한·일 신협약 체결로 정부 각 부에 일본인 차관이 배치되었다.
③ 을사늑약에는 대한 제국 황제 밑에 통감 1인을 둔다는 내용이 있다. 통감은 대한 제국의 외교와 내정 등에 간섭하면서 한반도를 강점할 준비를 해 나갔다.
④ 임오군란 과정에서 일본 공사관이 불에 탔다. 일본은 임오군란이 진압된 후인 1882년 조선과 제물포 조약을 체결하여 공사관 보호를 구실로 군대를 주둔시켰다.
⑤ 일본은 제1차 한·일 협약에 따라 외교 분야에 외국인 고문을 채용할 것을 강요하였다.

08 핵심 키워드: 을사늑약, 일본의 강압, 고종의 동의 없음, 정식 명칭 없음

모범 답안 일본이 군대를 동원해 강압적으로 체결하였다. 고종 황제가 동의하지 않았다. 조약의 정식 명칭이 없다. 위임-조인-비준이라는 절차를 하나도 지키지 않았다. 등

| 문제 + 자료 분석 |

- (가)는 일제의 강요로 체결된 을사늑약(1905)이다.
- 을사늑약은 불법적으로 체결된 조약으로 무효이다.

＊채점 기준

모범 답안의 내용 중 두 가지를 서술한 경우	100 %
모범 답안의 내용 중 한 가지만 서술한 경우	50 %

09 정답 ① * 을사늑약

| 문제 + 자료 분석 |

- 자료의 (가) 조약은 을사늑약이다.

| 선택지 분석 |

① 을사늑약으로 대한 제국은 외교권을 박탈당하였고, 통감부가 설치되었다. 이토 히로부미가 초대 통감으로 부임하였고, 외교뿐만 아니라 내정까지도 장악하였다.
② 흥선 대원군은 병인양요와 신미양요를 겪은 이후 통상 수교 거부 의지를 확고히 하고, 이를 널리 알리기 위해 전국에 척화비를 세웠다(1871). 척화비에는 "서양 오랑캐가 침범하는데 싸우지 않으면 화친하는 것이고, 화친을 주장하는 것은 나라를 파는 것이다."라고 새겨져 있다.
③ 조선은 19세기 초까지 일본에 통신사라는 사절단을 여러 차례 파견하였다. 통신사는 외교 사절이지만, 조선의 문물을 일본에 전파해 일본 문화 발전에도 기여하였다.
④ 조선은 1876년 일본과 강화도 조약(조일 수호 조규)을 체결하여 문호를 개방하였다. 강화도 조약에 따라 부산이 개항되었고, 이후에 원산과 인천이 추가로 개항되었다.
⑤ 조선은 청의 알선으로 서구 열강 가운데 최초로 미국과 조미 수호 통상 조약(1882)을 체결하였다. 이 조약은 미국에 최혜국 대우와 영사 재판권 등을 인정한 불평등 조약이었다.

10 정답 ④ * 국권 피탈 과정

| 문제 + 자료 분석 |

- 자료의 (가)는 대한 제국의 외교권을 박탈한 을사늑약, (나)는 차관 파견을 규정한 한·일 신협약, (다)는 고문의 파견을 규정한 제1차 한·일 협약, (라)는 대한 제국의 국권이 피탈된 한국 병합 조약이다.

| 선택지 분석 |

④ 러·일 전쟁 발발 후 한·일 의정서를 강요한 일본은 (다) 제1차 한·일 협약을 통해 재정과 외교 고문을 파견하여 대한 제국의 내정을 간섭하고, 러·일 전쟁에서 승리하자 (가) 을사늑약을 통해 대한 제국의 외교권을 박탈하였다. 이에 반발한 고종이 만국 평화 회의에 특사를 파견하자 이를 빌미로 고종을 강제 퇴위시키고 (나) 한·일 신협약을 체결하여 차관 정치를 시행하였고 군대를 강제로 해산하였다. 결국 1910년 (라) 한국 병합 조약이 체결되어 대한 제국은 국권을 빼앗기고 일본의 식민지로 전락하였다.

11 정답 ⑤ * 을사늑약

| 문제 + 자료 분석 |

- 자료의 (가) 조약은 을사늑약이다.
- 일본은 을사늑약으로 대한 제국의 외교권을 빼앗았다. 한성에는 통감부가 설치되었고 초대 통감으로 이토 히로부미가 부임하였다.
- 을사늑약 체결 이후 민영환은 후일을 부탁한다는 내용을 핵심으로 하는 유서를 남기고 자결하였다.

| 선택지 분석 |

① 조선의 세종은 부산포, 제포(창원), 염포(울산), 즉 3포를 개항해 일본과의 교역을 허락하였다.
② 『조선책략』의 유포로 미국과의 수교를 긍정적으로 보는 분위기가 확산되었다. 청도 러시아, 일본을 견제하기 위해 조선과 미국의 수교가 필요하다고 생각하여 조약 체결을 알선하였다. 그 결과 조·미 수호 통상 조약(1882)이 체결되었다.
③ 시모노세키 조약(1895)으로 일본이 타이완과 랴오둥반도를 차지하였다. 그러자 러시아가 프랑스, 독일과 함께 일본을 압박하여 랴오둥반도를 청에 돌려주도록 하였다(삼국 간섭).
④ 조선은 조·일 무역 규칙의 개정을 요구하여 조·일 통상 장정(1883)을 체결하였다. 조·일 통상 장정(1883)의 체결로 조선은 관세권을 인정받고, 방곡령 선포의 근거도 확보할 수 있었다.
⑤ 을사늑약을 근거로 일본은 대한 제국의 외교권을 강탈하고 통감부를 두었다.

12 정답 ① *정미의병

| 문제 + 자료 분석 |

- 제시된 자료는 항일 의병장의 출신과 의병 운동의 추이를 보여주고 있다.
- 을미의병 시기에는 주로 유생 의병장이 의병 부대를 이끌었으나, 시간이 지날수록 출신 계층이 다양해졌다.
- 해산 군인의 합류와 고종의 강제 퇴위로 1908년에 의병 운동이 최고조에 이르렀으나, 일본의 남한 대토벌 작전(1909)으로 의병 운동이 크게 약화되었다.

| 선택지 분석 |

① 정미의병 때 의병 지도자들은 13도 창의군을 편성하고 서울 진공 작전을 전개하였으나 실패하고 말았다.
② 정미의병에는 양반 유생, 농민, 해산 군인, 노동자, 상인 등 각계각층이 참여하였다.
③ 일본은 가장 강성했던 호남 지역의 의병을 진압하기 위해 1909년에 이른바 남한 대토벌 작전을 실시하여 호남 일대의 의병 근거지를 초토화시켰다.
④, ⑤ 1907년 고종이 강제 퇴위를 당하고 대한 제국의 군대가 해산되자 정미의병이 발생하였다. 이때에는 해산된 군인이 의병 부대에 합류하여 의병의 전술과 전투력이 크게 향상되었다.

13 정답 ④ *정미의병

| 문제 + 자료 분석 |

- 자료와 관련된 의병 운동은 정미의병이다.
- 고종의 강제 퇴위와 군대 해산을 계기로 발생한 정미의병은 해산 군인의 합류로 전투력과 조직력이 강화되었다.
- 이인영과 허위 등은 13도 창의군을 편성하고 1908년에 서울 진공 작전을 전개하였다.

| 선택지 분석 |

①, ②, ⑤ 을미사변과 단발령에 반발하여 일어난 을미의병은 최초로 일어난 항일 의병 항쟁이었다. 양반 유생층을 중심으로 동학 농민군의 잔여 세력과 일반 농민이 합세한 을미의병은 아관 파천 이후 고종이 단발령을 철회하고 해산을 권고하자 대부분 자진 해산하였다. 하지만 일부 농민을 중심으로 활빈당이 결성되어 반침략·반봉건 투쟁을 전개하였다.
③ 1880년대 수신사 김홍집이 가져온 『조선책략』을 고종이 전국에 유포하자 위정척사 세력은 이에 강하게 반발하였다. 특히 영남 유생 이만손 등은 영남 만인소를 올려 정부의 개화 정책 추진과 『조선책략』의 내용을 조목조목 비판하였다.
④ 1907년 대한 제국의 군대가 강제로 해산되자 해산 군인들은 의병에 합류하였다. 이로 인해 의병의 전투력이 강해졌고, 의병들의 항일 투쟁이 범국민적인 대일 전쟁의 성격을 띠게 되었다. 또한 정미의병 때는 유생, 농민, 해산 군인, 노동자, 상인 등 각계각층이 폭넓게 참여하였다.

14 핵심 키워드: 을미의병, 유생, 농민, 동학 농민군 잔여 세력

모범 답안 유인석, 이소응 등 유생들이 을미의병을 주도하였고, 농민과 동학 농민군 잔여 세력 등이 참여하였다.

| 문제 + 자료 분석 |

- 밑줄 친 '명령'은 을미개혁 때의 단발령이다.
- 을미사변과 단발령에 반발하여 을미의병이 일어났다.

*** 채점 기준**

을미의병의 주도 세력과 참여 세력을 모두 서술한 경우	100 %
을미의병의 주도 세력과 참여 세력 중 한 가지만 서술한 경우	50 %

15 정답 ③ *항일 의병 운동

| 문제 + 자료 분석 |

- (가)는 을사의병, (나)는 을미의병, (다)는 정미의병이다.
- 을사의병 때에 신돌석 등 평민 출신 의병장이 등장하였다.
- 을미의병은 양반 유생들이 주도하였다.
- 정미의병 때에 해산 군인들이 합류하며 의병 부대의 전투력과 조직력이 강화되었다.

| 선택지 분석 |

③ (가) 신돌석 등 평민 의병장이 등장한 것은 1905년의 을사의병이다.
(나) 유인석, 이소응 등 양반 유생이 주도한 항일 의병 운동은 1895년의 을미의병이다.
(다) 해산 군인이 합류한 것은 1907년의 정미의병이다.
따라서 일어난 순서대로 나열하면 (나)-(가)-(다)이다.

16 핵심 키워드: 안중근, 연해주, 의병, 하얼빈, 이토 히로부미 처단

모범 답안 안중근은 연해주에서 의병 활동을 전개하였다. 1909년 하얼빈에서 침략의 원흉인 이토 히로부미를 처단하였다.

| 문제 + 자료 분석 |

- 자료의 (가) 인물은 안중근이다.
- 안중근은 이토 히로부미를 처단한 이후, 의병 참모중장으로서 독립 전쟁 중에 적군인 이토 히로부미를 사살한 것이므로 자신의 신분이 전쟁 포로라고 주장하였다.

*** 채점 기준**

연해주에서의 의병 활동, 이토 히로부미 처단을 모두 서술한 경우	100 %
연해주에서의 의병 활동, 이토 히로부미 처단 중 한 가지만 서술한 경우	50 %

17 정답 ① *정미의병

다음 자료를 활용한 탐구 활동으로 가장 적절한 것은?

1907년 고종 황제가 일본에 의해 강제 퇴위당함(정미의병의 배경)

- 태황제(고종 황제)를 복위시켜라.
- 외교권을 돌려놓아라.
- 통감부를 철거하라.

… (중략) …

- 군대 시설의 자유를 회복하라.

1905년에 체결된 을사늑약으로 외교권 박탈

1907년에 결성된 의병 연합 부대로 서울 진공 작전 전개

13도 창의군의 군사장인 허위가 선발대를 이끌었다.
… (중략) …
그 목적은 통감부를 무너뜨리고 한·일 신협약 등을 파기하기 위함이었다.

| 문제 + 자료 분석 |

- 제시된 자료는 정미의병과 서울 진공 작전에 관한 것이다.
- 정미의병은 고종의 강제 퇴위와 군대 해산을 계기로 1907년에 발생하였다.
- 의병 세력은 이인영을 총대장으로, 허위를 군사장으로 추대하여 13도 창의군을 편성하였고, 1908년에 서울 진공 작전을 전개하였다.

13

| 선택지 분석 |

① 정미의병 때는 의병들 간에 연합이 모색되어 13도 창의군이 결성되었다. 이들은 서울 진공 작전에 나섰으나, 일본군에게 막히고 말았다.
② 삼정의 문란 등을 배경으로 1862년에 단성 농민 봉기와 진주 농민 봉기를 시작으로 전국적인 농민 봉기가 발생하였다(임술 농민 봉기).
③ 5적 암살단을 조직한 사람은 나철, 오기호이다. 이들은 을사오적을 처단하기 위해 '자신회(自新會)'라는 5적 암살단을 조직하였다.
④ 러·일 전쟁의 결과 일본은 러시아와 포츠머스 조약을 체결하여 한반도에 대한 독점적 지배권을 승인받았다.
⑤ 1866년 미국인 소유의 상선 제너럴 셔먼호가 대동강을 거슬러 올라와 통상을 요구하다 거절당하자, 사람을 납치하는 등 불법 행위를 저질렀다. 이에 평양 관민들이 제너럴 셔먼호를 불태웠는데 이를 구실로 미국이 신미양요(1871)를 일으켰다.

18 정답 ⑤ * 대한 자강회의 활동

| 문제 + 자료 분석 |

- 자료와 관련이 있는 단체는 대한 자강회이다.
- 1906년에 설립된 대한 자강회는 입헌 군주제 수립을 목표로 하였다. 그리고 교육 진흥과 산업 육성을 통한 실력 양성을 주장하였으며, 전국에 지회를 설치하고 월보를 간행하였다.

| 선택지 분석 |

① 보안회는 일제의 황무지 개간권 요구에 대한 반대 운동을 전개하여 이를 철회시켰다.
② 신민회는 안창호, 양기탁, 신채호 등이 1907년에 결성한 비밀 결사 조직으로, 실력 양성 운동과 더불어 국외 독립운동 기지 건설을 위해 노력하였다.
③ 서재필 등이 조직한 독립 협회는 국민 계몽에 앞장섰고, 자주 국권 운동과 국민 참정권 운동 등을 전개하였다.
④ 독립 협회를 계승한 헌정 연구회는 의회 설립을 통한 입헌 정치 체제 수립을 목표로 활동하였다.
⑤ 대한 자강회는 을사늑약 이후 헌정 연구회를 계승하여 결성되었다. 대한 자강회는 교육과 산업 진흥 등 실력 양성을 바탕으로 한 국권 수호 운동을 전개하였다. 그리고 월보를 간행하고 지회를 설치하였다. 이후 일제가 고종을 강제로 퇴위시키자(1907) 격렬히 저항하는 반대 운동을 펼쳤는데, 이를 계기로 일제의 탄압을 받아 해산되었다.

19 정답 ③ * 애국 계몽 운동 단체

| 문제 + 자료 분석 |

- 을사늑약 전후 시기에는 교육과 산업을 통한 실력 양성으로 국권을 회복하자는 애국 계몽 운동이 대두되었다.
- 애국 계몽 운동 단체로는 보안회, 헌정 연구회, 대한 자강회, 신민회 등이 있었다.

| 보기 분석 |

ㄱ. 보안회(1904)에 대한 설명이다. 보안회는 일제의 황무지 개간권 요구에 반대하는 운동을 전개하였으며 결국 일본은 요구를 철회하였다. 이후 보안회는 일본의 압력으로 강제 해산되었다.
ㄴ. 신민회(1907)는 공화정 체제의 국민 국가 수립을 목표로 국권을 회복하고자 하였다.
ㄷ. 대한 자강회(1906)는 일제가 고종을 강제로 퇴위시키자 이에 격렬히 저항하는 반대 운동을 펼쳤으며 이를 계기로 일제의 탄압을 받아 해산되었다.
ㄹ. 신민회(1907)에 대한 설명이다. 신민회는 자기 회사와 태극 서관을 설립하여 민족 자본 형성을 통한 경제적 실력 양성을 추구하였다.

20 정답 ③ * 신민회

| 문제 + 자료 분석 |

- 자료의 (가) 단체는 신민회이다.
- 신민회는 안창호, 이회영, 이승훈 등이 국권 회복을 위해 조직한 비밀 결사이다.
- 신민회는 정주에 오산 학교(이승훈), 평양에 대성 학교(안창호) 등을 설립하여 민족 교육을 실시하였으며, 태극 서관을 설립하여 민족정신을 고취하는 책을 출판하고 민중 계몽에 힘썼다.

| 선택지 분석 |

① 독립 협회는 관리와 백성이 함께 참석한 관민 공동회를 열고, 헌의 6조를 결의한 뒤 고종에게 건의하였다.
② 독립 협회는 종로에서 만민 공동회를 개최하여 러시아를 비롯한 열강의 이권 침탈을 막아내는 데 일조하였다.
③ 신민회는 일본이 조작한 105인 사건(1911)으로 조직이 와해되었다.
④ 대한민국 임시 정부는 연통제라는 비밀 행정 조직을 운영하여 정부의 명령을 전달하고 군자금을 조달하였다. 또한, 일종의 통신 기관인 교통국을 만들어 국내외의 연락 및 정보 수집 등의 역할을 하도록 하였다.
⑤ 러·일 전쟁 중 일본이 황무지 개간권을 요구해 오자, 보안회가 반대 집회를 열었다. 보안회의 활약으로 일본의 요구를 저지하였다.

21 정답 ④ * 학회의 활동

| 문제 + 자료 분석 |

- 자료의 호남학회, 서북학회, 기호흥학회 등은 애국 계몽 운동 세력이 설립한 교육 단체이다.
- 위와 같은 학회들은 월보를 발행하고 사립 학교를 설립하여 민족의 역량을 키우고자 하였다.

| 선택지 분석 |

① 학회 등 교육 관련 단체들은 무장 투쟁을 전개하는 항일 의병 운동에 대체로 비판적이었다.
② 서재필은 정부의 지원을 받아 독립신문(1896)을 창간하였다.
③ 대한 자강회가 고종 강제 퇴위 반대 운동을 펼쳤으며 이를 계기로 일제의 탄압을 받아 해산되었다.
④ 학회들은 신교육을 보급하고 인재를 양성하기 위해 사립 학교를 설립하는 등 교육 구국 운동을 전개하였다.
⑤ 보안회가 일제의 황무지 개간권 요구에 반대하는 운동을 전개하였으며 결국 일본은 요구를 철회하였다.

22 정답 ② * 105인 사건

| 문제 + 자료 분석 |

- 자료에 나타난 사건은 105인 사건이다.
- 1911년 조선 총독부는 데라우치 총독을 암살하려 했다는 이유로 윤치호, 양기탁, 이승훈 등을 검거하였고, 1심에서 105인에게 유죄를 선고하였다.

| 선택지 분석 |

① 치안 유지법은 1925년에 제정되었다.
② 105인 사건으로 신민회 회원들과 기독교 신자들이 일제의 탄압을 받았고, 결국 신민회 국내 조직이 와해되었다.
③ 1910년대의 비밀 결사 단체인 독립 의군부가 내세운 복벽주의와 관련이 있다.
④ 한인 애국단의 단원인 이봉창과 윤봉길의 의거가 침체된 대한민국 임시 정부에 활기를 불어넣었다.
⑤ 김익상은 의열단의 단원으로, 1921년에 조선 총독부에 폭탄을 투척하였다.

23 정답 ① * 신민회의 활동

(가)에 들어갈 내용으로 가장 적절한 것은?

1. 탐구 주제: ○○○의 활동
   신민회
2. 주요 인물: 안창호, 양기탁, 신채호 등
3. 활동:
   – 대성 학교와 오산 학교 등을 세워 민족 교육 실시
   신민회의 실력 양성 운동
   (가)
4. 와해: 105인 사건으로 와해
   일제가 데라우치 총독 암살 미수 사건을 조작해 독립 운동가를 탄압한 사건

| 문제 + 자료 분석 |

- 안창호, 양기탁, 신채호 등이 주요 인물이고 105인 사건으로 와해된 단체는 신민회이다. (가)에는 신민회의 활동 내용이 들어가야 한다.
- 신민회는 남만주 삼원보에 독립운동 기지를 건설하고 무장 독립 투쟁을 위해 신흥 강습소(신흥 무관 학교)를 설립하여 독립군을 양성하였다.

| 선택지 분석 |

① 신민회는 국내에서 실력 양성을 추진하였다. 그리고 장기적인 무장 투쟁의 기반을 마련하고자 남만주 삼원보에 한인촌을 건설하였다. 삼원보에는 경학사가 조직되고 신흥 강습소가 설립되기도 하였다.
② 신민회는 공화정에 바탕을 둔 근대 국민 국가 건설을 지향하였다.
③ 대한 자강회는 헌정 연구회를 계승한 단체로 교육과 산업 진흥 등 실력 양성을 통한 국권 수호 운동을 펼쳤다. 일본이 고종의 강제 퇴위를 시도하자 반대 운동을 전개하며 반발했지만, 이로 인해 결국 해산되었다.
④ 독립 협회는 만민 공동회를 개최하여 열강의 이권 침탈을 규탄하고 민권 신장을 주장하였다.
⑤ 보안회의 주도로 일본의 황무지 개간권 요구 반대 운동이 전개되었다. 그리하여 일본은 황무지 개간권 요구를 철회하였지만 보안회도 일본의 탄압을 받아 해산되고 말았다.

24 정답 신민회, 공화정

| 문제 + 자료 분석 |

- 자료의 활동을 전개한 단체는 신민회이고, 신민회는 공화정 체제를 추구하였다.
- 신민회는 남만주 삼원보에 한인 거주 지역인 신한민촌을 조성하고, 신흥 강습소를 설립하여 독립군을 양성하는 등 국외 독립운동 기지를 건설하였다.
- 신민회는 다른 애국 계몽 운동 단체들과 달리 공화정 체제의 근대 국민 국가 건설을 지향하였다.

25 핵심 키워드: 비밀 결사, 공화정 지향, 국외 독립운동 기지 건설

모범 답안 신민회는 다른 애국 계몽 운동 단체와 달리 비밀 결사 단체였고, 공화 정체의 근대 국민 국가 건설을 지향했으며, 국외 독립운동 기지 건설에도 적극 나섰다.

| 문제 + 자료 분석 |

- 신민회는 1907년 안창호, 양기탁 등이 조직한 비밀 결사 단체이다.
- 헌정 연구회, 대한 자강회 등의 애국 계몽 운동 단체가 입헌 군주제를 지향한 반면, 신민회는 공화정을 지향하였다.
- 신민회는 일제의 탄압이 심해지고 한국 병합 시도가 본격화되자 국내에서의 경제적·문화적 차원의 실력 양성 운동만으로는 국권을 회복하기 어렵다고 판단하였다.
- 이에 국외 무장 투쟁 노선에 기반한 장기적인 독립운동을 계획하였다.

＊ 채점 기준

비밀 결사 단체, 공화 정체 지향, 국외 독립운동 기지 건설 중 두 가지 이상을 서술한 경우	100 %
비밀 결사 단체, 공화 정체 지향, 국외 독립운동 기지 건설 중 한 가지만 서술한 경우	50 %

26 정답 ⑤ * 독도

| 문제 + 자료 분석 |

- 밑줄 친 '이곳'은 독도이다.
- 조선 숙종 때 안용복이 일본으로 건너가 울릉도와 독도가 조선의 영토임을 확인받았다.
- 또한, 일본의 태정관 문서(1877)와 대한 제국의 칙령 제41호(1900)를 바탕으로 독도가 우리 영토임을 확인할 수 있다.

| 보기 분석 |

① 간도 협약(1909)은 대한 제국의 외교권을 강탈한 일제가 청과 맺은 것으로, 간도를 청의 영토로 인정하였다. 대신에 일본은 청으로부터 남만주의 철도 부설권 등을 인정받았다.
② 우리나라에서 부설된 최초의 철도는 서울과 인천을 연결하는 경인선으로, 일본에 의해 부설되었다.
③ 고구려는 당의 침략에 대비하여 만주의 부여성에서 요동의 비사성에 이르는 지역에 천리장성을 쌓았다.
④ 통상 수교 거부 정책을 고수하던 흥선 대원군 집권기에 프랑스(병인양요)와 미국(신미양요)이 각각 강화도를 침략하였다.
⑤ 독도는 삼국 시대 이래 우리나라의 영토였다. 조선 시대에는 안용복이 일본에 건너가 독도와 울릉도가 우리나라의 영토임을 확인받고 돌아왔다. 이후 대한 제국은 칙령 제41호(1900)를 통해 울릉도를 울도군으로 승격시키고 독도까지 관할하도록 하였다. 그러나 일본은 러·일 전쟁 중인 1905년에 시마네현 고시를 발표하고 독도를 자국의 영토로 불법 편입하였다.

＊ 독도의 역사(개항기)

태정관 지령문(1877)	일본이 울릉도와 독도가 일본과 관계없는 땅임을 밝힘
대한 제국 칙령 제41호(1900)	대한 제국이 울릉도를 울도군으로 승격하고, 독도를 관할하게 함
시마네현 고시 제40호(1905)	일본이 독도를 불법으로 자국의 영토에 편입함

27 정답 ① * 간도

| 문제 + 자료 분석 |

- 밑줄 친 '이 지역'은 간도이다.
- 청과 조선은 1712년에 백두산정계비를 세워 양국 경계를 확정하였다. 백두산정계비에 따르면 양국의 국경은 서쪽으로 압록강, 동쪽으로 토문강이었다.
- 19세기 후반에 이르러 간도로 이주하는 조선인이 증가하자 백두산정계비의 해석을 둘러싸고 양국 사이에 간도 영유권 분쟁이 발생하였다.

13

| 보기 분석 |

ㄱ. 일본은 을사늑약으로 대한 제국의 외교권을 강탈한 이후, 1909년 청과 직접 간도 협약을 체결하여 간도를 청의 영토로 인정하였다. 그 대신 일본은 만주 지역에서의 철도 부설권 등을 확보하였다.

ㄴ. 대한 제국 정부는 간도 관리사로 이범윤을 파견하였고 간도를 함경도의 행정 구역으로 편입하였다.

ㄷ. 6세기 신라 지증왕 때 이사부가 우산국을 정복하여 독도가 우리 영토로 편입되었다.

ㄹ. 일본은 러·일 전쟁 중 시마네 현 고시 제40호(1905)를 통해 독도를 불법으로 자국의 영토에 편입하고 '다케시마'라고 불렀다.

내신 1등급 문제 문제편 174p

28 정답 ② * 일제의 국권 침탈 과정

(가)~(다) 조약에 대한 설명으로 옳지 않은 것은?

(가) 일본국 정부는 동경의 외무성을 경유하여 지금부터 한국의 외국에 대한 관계 및 사무를 감리, 지휘할 것이다.
→ 을사늑약(1905) / 대한 제국의 외교권 강탈

(나) 한국 정부는 시정 개선에 관하여 통감의 지도를 받아야 하며 통감이 추천한 일본인을 한국 관리로 임명해야 한다.
→ 한·일 신협약(1907) / 통감이 추천한 일본인 차관 임명

(다) 대일본 제국 정부는 대한 제국 황실의 안녕과 영토 보전을 위하여 군사 전략상 필요한 지점을 수시로 사용할 수 있다.
→ 한·일 의정서(1904) / 대한 제국의 영토 사용 가능

| 문제 + 자료 분석 |

- 자료의 (가)는 을사늑약, (나)는 한·일 신협약, (다)는 한·일 의정서이다.
- 일본은 러·일 전쟁 수행을 위해 한·일 의정서를 체결하였다.
- 러·일 전쟁에서 승리한 일본은 1905년에 을사늑약의 체결을 강요하였다.
- 고종을 강제로 퇴위시킨 일본은 한·일 신협약을 강요하여 차관 정치를 실시하였다.

| 선택지 분석 |

① 을사늑약을 강요한 일제는 통감부를 설치하고 대한 제국의 외교권을 강탈하였다.
② 일본인 재정 고문을 두게 한 것은 제1차 한·일 협약(1904. 8.)에 해당한다. 한·일 신협약은 차관 정치와 관련이 있다.
③ 1904년에 체결된 한·일 의정서는 일본이 러시아와의 전쟁 수행을 위해 강요하여 체결한 것이다.
④ (가)는 을사의병, (나)는 정미의병의 배경이 되었다.
⑤ (다)는 1904년, (가)는 1905년, (나)는 1907년에 체결되었다.

*** 대한 제국의 국권 피탈 과정**

한·일 의정서(1904. 2.)	일본이 한국 내에서 필요한 지역을 군사 기지로 사용할 수 있도록 함
제1차 한·일 협약(1904. 8.)	일본인 재정 고문과 외국인 외교 고문 파견
을사늑약(1905)	외교권 강탈, 통감부 설치
한·일 신협약(정미 7조약, 1907)	차관 정치, 통감의 권한 강화
기유각서(1909)	사법권 강탈
한국 병합 조약(1910)	국권 강탈

29 정답 ④ * 정미의병

밑줄 친 '의병 부대'에 대한 설명으로 옳은 것은? [3점]

한국사 인물 카드

- 성명: 허위
- 생몰 연도: 1855년~1908년
- 주요 활동

허위는 한·일 의정서 체결에 반발하여 일본의 침략을 규탄하는 격문을 배포하였으며, 대한 제국의 군대가 해산되자 연천 등지에서 의병 투쟁을 이끌었다. 또한 이인영을 총대장으로 하는 의병 부대의 군사장에 추대되어 일본군과 전투를 벌였다.
→ 대한 제국의 군대 해산 등을 배경으로 정미의병 발생 / 13도 창의군(총대장: 이인영, 군사장: 허위)

| 문제 + 자료 분석 |

- 밑줄 친 '의병 부대'는 정미의병 때의 13도 창의군이다.
- 1907년 고종의 강제 퇴위, 대한 제국의 군대 해산 등에 반발하여 정미의병이 발생하였다.
- 정미의병 때 여러 의병의 연합 전선이 만들어져 이인영을 총대장, 허위를 군사장으로 하는 13도 창의군이 결성되었다.

| 선택지 분석 |

① 김옥균, 박영효, 홍영식, 서재필 등의 급진 개화파가 갑신정변을 일으켰다. 급진 개화파는 일본의 메이지 유신을 모델로 서양의 사상과 제도까지 받아들이는 급진적인 개혁을 추진하였다.
② 고려 시대에 윤관이 별무반을 이끌고 여진을 정벌한 뒤 동북 9성을 축조하였다.
③ 홍범도가 이끈 대한 독립군 등이 봉오동에서 일본군과 싸워 승리하였다.
④ 정미의병 때 조직된 13도 창의군이 서울 진공 작전을 전개하였다. 그리하여 허위가 이끈 선발대가 동대문 밖 30리 지점까지 진격하였으나, 일본군의 우세한 화력에 밀려 작전은 실패로 끝났다.
⑤ 의열단에 대한 내용이다. 3·1 운동 이후 김원봉 등이 만주에서 조직한 의열단은 신채호가 작성한 「조선 혁명 선언」을 활동 지침으로 삼았다.

30 정답 ⑤ * 안중근 의거

| 문제 + 자료 분석 |

- 자료의 사건은 안중근 의거(1909)이다.
- 연해주 일대에서 의병 투쟁을 전개하던 안중근은 하얼빈역에서 초대 통감을 지낸 이토 히로부미를 저격하여 사살하였다.

| 선택지 분석 |

① 한인 애국단의 이봉창은 도쿄에서 일왕의 마차에 폭탄을 투척하는 의거를, 윤봉길은 상하이 훙커우 공원에서 일본군 장성을 향해 폭탄을 투척하는 의거를 단행하였다.
② 3·1 운동은 미국 대통령 윌슨의 민족 자결주의 제창, 고종 황제의 죽음(독살설), 2·8 독립 선언서 발표 등을 계기로 1919년에 발생하였다.
③ 러·일 전쟁은 영국과 미국의 지지에 힘입은 일본이 러시아를 몰아내고 대한 제국에서 배타적 권리를 보장받기 위해 1904년에 러시아를 선제공격하여 발발하였다.
④ 안중근 의거는 한국 병합 조약(1910) 이전에 발생하였다.
⑤ 통감부는 을사늑약으로 인해 설치되었고, 한국 병합 조약(1910)으로 조선 총독부가 설치될 때까지 존속하였다. 안중근 의거는 1909년에 일어났으므로 통감부가 한국을 통치하던 시기에 발생하였다고 볼 수 있다.

31 정답 ③ * 신민회

밑줄 친 '이 학교'를 설립한 단체에 대한 설명으로 옳지 않은 것은?
(이 학교: 오산 학교 / 단체: 신민회)

> 나라가 기울어 가는데 그저 앉아 있을 수는 없다. 이 (일본에 국권을 침탈당하고 있는 상황) 아름다운 강산, 조상이 지켜온 강토를 원수인 일본인에게 내맡길 수 있겠는가? 총을 드는 사람, 칼을 드는 사람도 있어야 할 것이다. 하지만 그보다도 더 중요한 것은 백성을 깨우치는 일이다. (교육 진흥을 강조) … 내가 오늘 이 학교를 세우는 것도 후손을 가르쳐 만분의 일이라도 나라의 도움이 되기를 원하기 때문이다. – 이승훈 (신민회 회원으로, 오산 학교를 설립하였음)

| 문제 + 자료 분석 |

- 제시된 자료는 이승훈의 오산 학교 개교식 기념사이며, 정주에 오산 학교를 설립한 단체는 신민회이다.
- 신민회는 안창호, 양기탁 등이 조직한 비밀 결사 단체로, 각계각층의 애국지사와 기독교계, 실업계 인사 등이 참여하였다.

| 선택지 분석 |

①, ⑤ 신민회는 국내에서 국권 회복을 위한 실력 양성 운동을 전개하였다. 대성 학교와 오산 학교를 세워 인재를 양성하였고, 태극 서관과 자기 회사를 운영하여 민족 산업을 키우려 하였다.
②, ④ 일제의 탄압이 심화되고 한국 병합이 본격화되자 신민회는 국외 무장 투쟁 노선을 채택하였다. 그리하여 남만주에 독립운동 기지를 건설하고, 신흥 강습소를 세워 독립군을 양성하는 데 힘을 기울였다.
③ 신민회는 공화정에 바탕을 둔 국민 국가 건설을 지향하였다.

수능 대비 기출 문제

문제편 175p

32 정답 ② * 을사늑약

| 문제 + 자료 분석 |

- 일본은 군대를 동원하여 고종 황제와 대신들을 위협하고, 강제로 을사늑약(1905)을 체결하였다.
- '오적'은 을사늑약에 찬성한 다섯 명의 대신(이완용, 박제순, 권중현, 이근택, 이지용)을 의미한다.
- 을사늑약이 체결되자 민영환과 조병세 등이 항의의 표시로 자결하였다.

| 보기 분석 |

ㄱ, ㄷ 일본은 을사늑약을 통해 대한 제국의 외교권을 박탈하고 통감부를 설치하였다. 초대 통감으로 이토 히로부미가 부임하여 대한 제국의 외교와 내정을 장악하였다.
ㄴ. 조선은 1876년 일본과 강화도 조약을 체결하였다. 강화도 조약에 따라 부산, 원산, 인천을 차례대로 개항하였다.
ㄹ. 갑신정변 이후 청과 일본은 톈진 조약(1885)을 체결하여 조선에서 양국의 군대를 철수하고, 이후 조선에 군대를 파견할 때 상대국에 미리 알리도록 규정하였다.

33 정답 ③ * 신민회

| 문제 + 자료 분석 |

- 자료의 (가) 단체는 신민회이다.
- 1907년 안창호, 양기탁, 신채호 등은 비밀 결사인 신민회를 창립하였다. 신민회는 입헌 군주제가 아닌 공화정 수립을 지향하였다.
- 신민회는 민족의 실력을 기르기 위해 태극 서관(출판)과 자기 회사를 운영하였다.

| 선택지 분석 |

① 도병마사는 고려의 회의 기구로 국방 문제를 논의하였다. 고려의 고위 관리인 재신과 추밀은 도병마사와 식목도감에 모여 회의를 통해 정책을 결정하였다.
② 제가 회의는 고구려의 귀족 회의이다. 5부 연맹으로 구성된 고구려는 왕 아래에 대가들이 있었고, 대가들은 제가 회의를 통해 국가의 중대사를 결정하였다.
③ 대성 학교는 신민회의 안창호가 평양에 설립한 학교이다. 신민회는 평안도에 오산 학교와 대성 학교를 설립하였고 민족 교육을 실시하였다.
④ 조선 후기의 영조와 정조가 탕평 정치를 추진하였다. 조선 후기 숙종 때에는 특정 붕당이 권력을 독점하는 일당 전제화 추세가 나타났다. 영조와 정조는 붕당 간 세력 균형을 도모하며 왕권을 강화하기 위해 탕평 정치를 추진하였다.
⑤ 조사 시찰단은 조선이 개항한 이후 일본에 파견한 사절단이다. 개항 이후 조선 정부는 국제 정세를 파악하고 개화 정책에 관한 정보를 얻기 위해 조사 시찰단(일본), 영선사(청), 보빙사(미국) 등을 파견하였다.

34 정답 ③ * 보안회

| 문제 + 자료 분석 |

- 일제가 대한 제국에 황무지 개간권을 요구하자 유생, 전직 관리 등의 주도로 설립된 보안회는 이에 반대하는 대중 집회를 개최하였다.

| 선택지 분석 |

① 일제는 자국의 쌀 부족 문제를 해결하기 위해 한국에서 쌀 생산을 늘리는 산미 증식 계획을 시행하였다. 일제는 증산량보다 더 많은 쌀을 일본으로 반출하여 한국인의 식량 사정은 더욱 악화되었다.
② 1923년 전라남도 신안 암태도에서는 지주가 소작료를 70% 이상 거두는 것에 반발한 농민들이 소작 쟁의를 일으켰다(암태도 소작 쟁의).
③ 일본은 러일 전쟁 중 대한 제국의 영토를 약탈할 목적으로 황무지 개간권을 요구하였다. 이에 대항하여 조직된 보안회(1904)는 대대적인 반대 운동을 전개하였고, 일본의 요구를 철회시키는 데 성공하였다.
④ 일제는 1910년대에 임시 토지 조사국을 설치하고 토지 조사령을 발표하여, 토지 조사 사업을 실시하였다.
⑤ 일제는 1910년에 회사를 설립할 때 조선 총독의 허가를 받게 하고, 조선 총독의 명령만으로도 회사를 해산할 수 있도록 한 회사령을 제정하였다.

대단원 마무리 문제

문제편 176~180p

01 정답 ⑤ * 신미양요

| 문제 + 자료 분석 |

- 밑줄 친 '이 사건'은 신미양요(1871)이다.
- 미국은 제너럴 셔먼호 사건을 구실로 로저스 제독 휘하의 군함 5척과 1,200여 명의 병력을 파견하여 강화도를 침공하였다(신미양요, 1871).
- 어재연 장군이 이끄는 조선군이 광성보에서 항쟁하였으나 결국 미군에 패하였다.

| 선택지 분석 |

① 몽골과의 전쟁이 장기화하면서 피해가 심해지자, 강화를 맺자는 주장이 대두하였다. 이에 고려는 몽골과 강화를 맺고 강화도에서 개경으로 환도하였다.
② 임진왜란과 관련된 내용이다. 권율은 임진왜란 중 행주산성에서 총력전을 펼쳐 왜적을 격퇴하였다(행주 대첩).
③ 16세기 무렵 여진과 왜가 국경을 약탈하자, 조선은 국방을 논의하는 기구인 비변사를 설치하였다.
④ 12세기 무렵 이자겸(경원 이씨)은 외척이 되어 왕권을 위협할 정도의 권력을 지니게 되었다. 이자겸은 인종 때 반란을 일으켜 스스로 국왕이 되고자 하였으나 실패하였다(이자겸의 난, 1126).
⑤ 미국은 제너럴 셔먼호 사건을 구실로 조선에 통상을 요구하였다. 그러나 조선이 거부하자 로저스 제독 휘하의 군함 5척과 1,200여 명의 병력을 파견하여 강화도를 침공하였다(신미양요, 1871).

02 정답 ③ * 강화도 조약

| 문제 + 자료 분석 |

- 밑줄 친 '조약'은 강화도 조약(1876)이다.
- 우리나라가 외국과 맺은 최초의 근대적 조약은 강화도 조약이다.
- 강화도 조약은 영사 재판권(치외 법권)과 해안 측량권을 포함한 불평등 조약이었다.

| 선택지 분석 |

① 청·일 전쟁의 결과로 시모노세키 조약이 체결되었다. 이 조약을 통해 일본은 청으로부터 랴오둥반도와 타이완을 할양받기로 하였다.
② 『조선책략』의 핵심 내용은 조선이 중국, 일본, 미국과 연대하여 러시아의 남하를 막아야 한다는 것이었다. 『조선책략』의 유포로 미국과의 수교를 긍정적으로 보는 분위기가 확산되어, 조선은 서양 국가와는 처음으로 조·미 수호 통상 조약을 체결하게 되었다.
③ 1875년 일본의 운요호는 초지진을 파괴하고, 영종도에 상륙하여 살인 등 만행을 저질렀다(운요호 사건). 이 사건을 계기로 강화도 조약이 체결되었다.
④ 최혜국 대우란 한 국가가 제3국과의 조약에서 허용한 가장 유리한 조건을, 해당 조약 상대국에도 자동으로 적용하는 것을 지칭한다. 강화도 조약에는 최혜국 대우가 포함되어 있지 않다. 조·미 수호 통상 조약은 최혜국 대우가 포함된 불평등 조약이었다.
⑤ 임오군란 이후 조선은 일본에 배상금을 지불하고 공사관 경비를 위한 일본군의 주둔을 허용하는 내용의 제물포 조약을 체결하였다.

03 정답 ③ * 온건 개화파의 활동

| 문제 + 자료 분석 |

- 자료의 주장을 펼친 세력은 온건 개화파이다.
- 온건 개화파는 전통적인 제도와 사상을 지키되 서구의 근대 기술은 받아들이자는 동도서기론을 주장하였다.

| 선택지 분석 |

① 이항로, 기정진 등은 위정척사파로 1860년대에 서양이 통상을 요구해 오자 통상 수교 거부 운동을 전개하였다.
② 온건 개화파는 청의 양무운동을 모델로 점진적인 개혁을 주장하였고 급진 개화파는 일본의 메이지 유신을 모델로 급진적인 개혁을 주장하였다.
③ 온건 개화파는 조선이 유교에 의해 개화되어 있기 때문에 서양의 사상과 제도를 받아들이지 않고 서양의 과학 기술만 받아들인다면 충분히 부국강병을 이룩할 수 있다고 주장하였다.
④ 온건 개화파는 청과의 관계를 중시하였다. 반면 급진 개화파는 청과의 사대 관계 청산을 주장하였다.
⑤ 급진 개화파가 갑신정변을 일으켜 정권을 장악하고 자신들이 생각하는 방향으로 개혁을 추진하려 하였다.

04 정답 ⑤ * 위정척사 운동

| 문제 + 자료 분석 |

- 이항로는 1860년대에 통상 수교 거부 운동을 주도하였던 위정척사파이다.
- 그는 척화 주전론을 바탕으로 흥선 대원군의 통상 수교 거부 정책을 지지하였다.

| 선택지 분석 |

① 1894년 동학 농민 운동을 구실로 군대를 파견한 일본이 경복궁을 점령하고 내정 개혁을 강요하였다.
② 조선은 1876년 일본과 강화도 조약을 체결하여 개항하였다. 이후 통리기무아문을 설치하고 개화 정책을 추진하였다.
③ 1880년 제2차 수신사로 일본에 다녀온 김홍집이 『조선책략』을 가져와 유포하였다. 『조선책략』이 유포되면서 미국과 조약을 맺어 근대적 제도와 문물을 받아들여야 한다는 여론이 형성되었다. 이에 이만손 등이 '영남 만인소'를 올려 『조선책략』의 유포 및 미국과의 수교를 반대하였다.
④ 1876년 일본의 강요로 강화도 조약이 체결되면서 개항이 이루어졌다. 당시 최익현은 왜양일체론을 내세우며 조약 체결에 반대하였다. 같은 위정척사 운동이지만, 제시된 자료가 1860년대의 것이므로 답이 될 수 없다.
⑤ 1860년대 프랑스가 병인양요를 일으키자 이항로가 상소문을 올려 서양의 통상 요구에 반대하고 맞서 싸울 것을 주장하였다.

05 정답 ② * 임오군란

| 문제 + 자료 분석 |

- 자료의 사건은 임오군란(1882)이다.
- 신식 군대인 별기군이 창설된 이후 구식 군인들은 각종 차별 대우를 당하였다.
- 설상가상으로 급료로 지급된 쌀에 겨와 모래가 섞인 사건이 발생하자, 구식 군인들이 불만을 참지 못하고 봉기를 일으켰다.

| 보기 분석 |

ㄱ. 임오군란 당시 군인들이 일본 공사관을 습격하고 별기군의 일본인 교관을 살해하였다. 일본은 이를 구실로 제물포 조약을 체결하여 배상금 지불과 일본 공사관의 경비를 명목으로 하는 일본군 주둔을 인정받았다.
ㄴ. 조선은 운요호 사건을 계기로 최초의 근대적 조약이자 불평등 조약인 강화도 조약을 일본과 체결하였다. 강화도 조약은 부산을 포함한 3개 항구의 개항과 일본 상인의 자유로운 무역 활동 보장, 일본에 조선 해안의 측량권 부여, 일본인에 대한 영사 재판권 인정 등을 내용으로 하였다.
ㄷ. 임오군란 이후 청은 마건상과 묄렌도르프를 고문으로 파견하여 조선의 내정을 간섭하였다.
ㄹ. 1880년대에 정부의 개화 정책이 추진되고, 『조선책략』이 유포되자 이만손 등 영남 유생들이 만인소를 올렸다.

06 핵심 키워드: 갑신정변, 중립화론, 정책에 반영되지 않음

모범 답안 갑신정변 이후 조선을 둘러싼 열강의 대립이 격화되자 유길준은 중립화론을 주장하였다. 그러나 정부 정책에 반영되지는 않았다.

| 문제 + 자료 분석 |

- 자료는 유길준이 주장한 중립화론에 대한 내용이다.
- 갑신정변(1884) 이후 청의 내정 간섭이 심해지자 조선은 러시아와 우호 관계를 강화하였다. 이에 영국이 러시아 견제를 명분으로 거문도를 불법 점령하였다(거문도 사건, 1885~1887).
- 이처럼 조선을 둘러싼 열강의 대립이 격화되는 상황에서 독일 외교관 부들러와 유길준은 조선의 중립화론을 주장하였다.

＊채점 기준

중립화론의 배경과 한계를 모두 서술한 경우	100 %
중립화론의 배경과 한계 중 한 가지만 서술한 경우	50 %

07 정답 ⑤ * 동학 농민 운동의 전개 과정

| 문제 + 자료 분석 |

- 제시된 자료는 동학 농민 운동을 보여주고 있다.
- 자료의 (가)에는 고부 농민 봉기(1894. 1.)와 전봉준 압송(1894. 12.) 사이의 역사적 사실이 들어가야 한다.

| 선택지 분석 |

① 동학 농민군이 전주성을 점령하자 놀란 정부는 청에 원병을 요청하였고, 청군이 파병되자 톈진 조약을 구실로 일본도 조선에 군대를 파병하였다. 이 소식을 들은 농민군은 정치를 개혁할 것을 조건으로 정부와 합의하고 전주 화약을 맺었다(1894. 5.).
② 일본이 경복궁을 점령하고 내정 개혁을 강요하자 제2차 동학 농민 봉기가 일어났다. 논산에 집결한 농민군은 서울로 진격하던 중 공주 우금치에서 일본군에 맞서 싸웠지만 크게 패하였다(1894. 11.).
③ 무장에서 제1차 봉기를 단행한 농민군은 황토현과 황룡촌에서 관군에게 승리를 거두었고(1894. 4.), 여세를 몰아 전주성을 점령하였다.
④ 전주 화약 이후 농민군은 전라도 각지에 자치 기구인 집강소를 설치하여 행정과 치안을 담당하면서 자신들이 주장한 폐정 개혁안을 실천해 나갔다.
⑤ 교조 신원 운동은 동학 농민 운동이 일어나기 전에 전개되었다. 동학교도들은 정부의 탄압으로 처형된 교조 최제우의 누명을 풀고 포교의 자유를 얻기 위해 1892년 전라도 삼례에서, 1893년 충청도 보은에서 교조 신원 운동을 전개하였다.

08 정답 ③ * 갑신정변, 갑오개혁

(가), (나) 개혁안이 제기되던 시기의 상황으로 옳은 것은?

14개조 개혁 정강(갑신정변, 1884)

(가) 1. 홍선 대원군을 빨리 귀국시키고 종래 청에 행하던 조공의 허례를 폐지한다. 청과의 사대 관계 청산
2. 문벌을 폐지하고 인민 평등권을 제정하여 능력에 따라 관리를 임명한다. 평등 사회 지향
4. 내시부를 없애고 그중에서 우수한 인재를 등용한다.

1차 갑오개혁(1894)

(나) 1. 이후 국내외 공사 문서에 개국 기년을 사용한다. 중국 연호는 폐지함
2. 문벌과 양반, 상민 등의 계급을 타파하여 귀천에 구애됨이 없이 인재를 뽑아 쓴다. 신분제 폐지
7. 과부의 재혼은 귀천을 막론하고 자유에 맡긴다.

| 문제 + 자료 분석 |

- 자료의 (가)는 갑신정변(1884) 때 급진 개화파가 발표한 14개조 개혁 정강이다.
- 자료의 (나)는 제1차 갑오개혁(1894) 때의 개혁 내용이다.

| 선택지 분석 |

① 동학 농민 운동이 일어나던 시기에 (나)의 제1차 갑오개혁이 추진되었다. (가)를 폐정 개혁안이라고 생각했다면 틀렸을 수 있다. 이처럼 근대에는 여러 가지 개혁안이 나와 헷갈리기 쉬운데, 각 개혁안을 비교하여 정리해 두자.
② 1905년 일제의 강압에 의해 을사늑약이 체결되면서 대한 제국은 외교권을 박탈당하였다.
③ 제1차 갑오개혁은 일본의 내정 개혁 강요 속에서 시작되었다. 동학 농민 운동을 구실로 파병한 일본은 조선의 철군 요구를 받아들이지 않고 오히려 경복궁을 점령한 뒤 내정 개혁을 강요하였다. 하지만 당시 일본은 청·일 전쟁 중이었기 때문에 제대로 간섭할 수 없었다. 이러한 상황에서 군국기무처의 주도로 비교적 자주적으로 제1차 갑오개혁이 추진되었다.
④ 1884년 급진 개화파가 청의 간섭을 배제하고 자신들이 원하는 방향으로 개혁을 추진하기 위해 갑신정변을 일으켰다. 그리고 (가)의 14개조 개혁 정강을 발표하였다.
⑤ 1880년 정부가 개화 정책을 실시하기 위해 통리기무아문을 설치하였다. 통리기무아문은 임오군란(1882) 때 일시 재집권한 흥선 대원군에 의해 폐지되었다.

09 정답 ③ * 을미사변

| 문제 + 자료 분석 |

- 밑줄 친 '국모의 원수'와 관련된 사건은 을미사변이다.
- 삼국 간섭 이후 조선에서는 러시아의 영향력이 커지고 있었다.
- 일본은 이러한 상황을 타개하기 위해 친러 정책을 주도하던 명성 황후를 시해하였다(을미사변, 1895).

| 선택지 분석 |

① 갑신정변 이후 조선이 러시아를 끌어들여 청을 견제하려 하였고, 러시아의 남하 정책에 위기감을 느낀 영국이 거문도를 불법 점령하였다.
② 갑신정변 이후 청과 일본은 톈진 조약을 체결하여 조선에서 군대를 철수하였다. 이후 조선에 군대를 파병할 경우 사전에 통보할 것도 합의하였다.
③ 삼국 간섭 이후 고종은 친러 정책을 통해 일본을 견제하고자 하였다. 이에 위기감을 느낀 일본은 친러 정책의 배후로 명성 황후를 지목하고, 경복궁에 침입하여 명성 황후를 시해(을미사변, 1895)하였다.
④ 을미사변 이후 신변의 위협을 이유로 고종은 러시아 공사관으로 피신하였다(아관 파천, 1896).
⑤ 러시아와 일본의 전쟁 기미가 보이자 대한 제국은 1904년 1월에 국외 중립을 선언하였다. 그러나 일본은 이를 무시하고 한·일 의정서를 강제로 체결하였다.

10 핵심 키워드: '건양' 연호, 종두법, 소학교, 단발령, 우편 사무

모범 답안 을미개혁 때에는 '건양' 연호 제정, 종두법 시행, 소학교 설치, 단발령 실시, 우편 사무 개시, 친위대·진위대 설치 등의 정책이 추진되었다.

| 문제 + 자료 분석 |

- 밑줄 친 '개혁'은 을미개혁이다.
- 을미사변 이후에 성립된 친일적 성향의 김홍집 내각이 을미개혁을 추진하였다.
- 을미개혁 당시 기존의 음력 대신 태양력이 채택되었다.

＊채점 기준

'건양' 연호 제정, 종두법 시행, 소학교 설치, 단발령 실시, 우편 사무 개시, 친위대·진위대 설치 중 세 가지를 서술한 경우	100 %
위의 내용 중 두 가지만 서술한 경우	60 %
위의 내용 중 한 가지만 서술한 경우	30 %

11 정답 ② * 독립 협회

| 문제 + 자료 분석 |

- 자료는 의회 설립 운동을 전개하던 독립 협회의 주장이다.
- 독립 협회는 중추원을 근대식 의회로 개편하여 황제권의 남용을 견제하고 국민의 의사를 정치에 반영하고자 하였다.

Ⅲ

| 선택지 분석 |

① 흥선 대원군은 왕권의 강화와 국가 기강 확립을 위해 비변사의 기능을 축소하고 의정부와 삼군부의 기능을 부활시켰다.

② 독립 협회는 박정양 내각과 협상을 벌여 새로운 중추원 관제를 마련하게 하였다. 그에 따라 중추원이 의회와 같은 기능을 하게 되고 의원의 반수는 독립 협회에서 선출하게 되었다.

③ 대한 제국은 1899년 대한국 국제를 제정·반포하였다. 대한국 국제에서는 황제가 군 통수권, 입법권, 행정권, 사법권 등 모든 권한을 가진다고 규정하였고 민권을 보장하지는 않았다.

④ 동학 농민군과 전주 화약을 맺은 정부는 자율적 개혁을 위해 교정청을 설치하고 청과 일본에 철군을 요구하였다.

⑤ 1880년대 초 조선 정부가 개화 정책을 추진하기 위해 통리기무아문을 설치하였다.

12 정답 ⑤ * 대한국 국제

| 문제 + 자료 분석 |

- 자료는 대한 제국 시기에 제정된 대한국 국제이다.
- 대한 제국을 수립한 고종은 독립 협회를 해산한 후, 법규 교정소를 설치하여 지금의 헌법에 해당하는 대한국 국제를 제정하였다.
- 대한 제국은 구본신참의 원칙 아래 점진적 개혁을 추구하였는데, 군사력 강화, 국가 재정 확충, 상공업 육성 등에 주력하였다.

| 보기 분석 |

ㄱ. 박문국의 한성순보 발간은 1883년에 시작되었다가 갑신정변(1884)으로 중단되었다. 대한 제국 수립 전의 사실이다.

ㄴ. 교육입국 조서는 제2차 갑오개혁 때인 1895년에 반포되었다. 대한 제국 수립 전의 사실이다.

ㄷ. 대한 제국은 상공 학교와 광무 학교 등을 세워 인재를 양성하였다.

ㄹ. 대한 제국은 토지 소유권을 보장하는 지계를 발행하였는데, 이는 국가가 개인의 토지 소유권을 법적으로 인정한 것이다.

13 정답 ② * 외국 상인의 내륙 진출 허용

| 문제 + 자료 분석 |

- 자료는 청 상인이 내륙에서 활동하는 모습을 보여주고 있다.
- 임오군란 이후에 체결된 조·청 상민 수륙 무역 장정(1882)으로 청 상인들은 내지 통상권을 획득하였고, 조선의 내륙에 진출하여 상업을 활발히 전개하였다.

| 선택지 분석 |

① 1882년 구식 군인들이 개화 정책에 대한 반발과 신식 군대와의 차별 대우에 항거하여 임오군란을 일으켰다. 임오군란 이후 청의 내정 간섭이 이루어지는 상황 속에서 조·청 상민 수륙 무역 장정이 체결되었다.

② 개항 이후 일본 상인들은 조선에 영국산 면직물을 들여와 판매하고, 쌀과 콩 등의 곡물을 대량으로 구매해갔다.

③ 조·청 상민 수륙 무역 장정이 체결된 이후 외국 상인의 내지 통상이 이루어지면서 조선인 객주와 보부상 등 중개 상인이 큰 타격을 입었다.

④ 흥선 대원군이 전국의 서원을 47개소만 남기고 철폐하였다. 이 조치에 농민들은 환영하였지만, 양반 유생들은 강력히 반발하였다.

⑤ 경주 지방의 몰락 양반 출신인 최제우는 동학을 창시하였다. 이후 동학이 농촌 사회를 중심으로 확산되자 정부는 혹세무민(세상을 어지럽히고 백성을 현혹시킴)의 죄로 최제우를 처형하였다.

14 정답 ② * 방곡령

| 문제 + 자료 분석 |

- 밑줄 친 '금지령'은 방곡령이다.
- 조·일 통상 장정(1883)에 따라 1889년 함경도, 1890년 황해도 등에서 곡물의 유출을 금지하는 방곡령이 선포되었다.

| 선택지 분석 |

① 개항 이후 일부 상인들은 동업자를 모아 상회사를 세우고 외국 상인과 경쟁에 나섰다. 1883년 평안도 상인들이 설립한 대동 상회가 대표적이다.

② 일본은 방곡령을 실시하기 1개월 전에 알려야 한다는 조항을 지키지 않았다며 방곡령 취소와 배상금 지불을 요구하였다.

③ 방곡령의 선포는 1883년에 체결된 조·일 통상 장정에 따라 시행되었다.

④ 개항 초기에는 거류지 무역이 이루어졌으므로 개항장과 내륙을 연결하는 객주, 여각, 보부상의 활약이 두드러졌다.

⑤ 방곡령은 곡물의 유출을 방지하기 위한 조치이다.

15 정답 ④ * 근대 문물의 수용과 변화

| 문제 + 자료 분석 |

- 개항 이후 통신, 교통, 의료 등의 분야에서 근대 문물이 수용되어 생활에 편의를 가져다주었다.

| 선택지 분석 |

① 개항 이후 외세의 경제 침탈에 맞서 경제적 구국 운동이 전개되었다. 방곡령, 독립 협회의 이권 수호 운동, 상권 수호 운동, 국채 보상 운동 등이 대표적이다.

② 소련은 1937년 연해주의 한국인들을 중앙아시아로 강제 이주하는 정책을 실시하였다. 이로 인해 강제 이주당한 한국인들은 척박한 중앙아시아에서 많은 고난을 겪었다.

③ 3·1 운동 이후 만주 일대에서는 무장 독립 전쟁이 활발해졌다. 독립군은 봉오동 전투(1920)와 청산리 대첩(1920)에서 일본군을 격파하는 성과를 거두었다.

④ 개항 이후 철도, 전화, 의료, 교육 등 다양한 분야에서 근대 문물이 수용되었고, 이를 통해 생활 모습이 조금씩 변화하였다. 경인선은 우리나라에서 최초로 개통된 철도로 일본이 부설하였으며, 서울과 인천 사이에 운영되었다. 제중원은 갑신정변 때 부상당한 민영익을 치료한 미국 선교사 알렌의 건의로 설립된 최초의 서양식 의료 기관이다. 육영 공원은 정부가 근대 학문을 가르치기 위해 설립한 교육 기관이다.

⑤ 광복 이후 모스크바 3국 외상 회의에서 한국의 임시 정부 수립, 미·소 공동 위원회 설치, 최고 5년간의 신탁 통치가 정해졌다. 이에 우익은 반탁을, 좌익은 총체적 지지를 내세우며 갈등하였다.

16 정답 ③ * 경인선 개통 시기

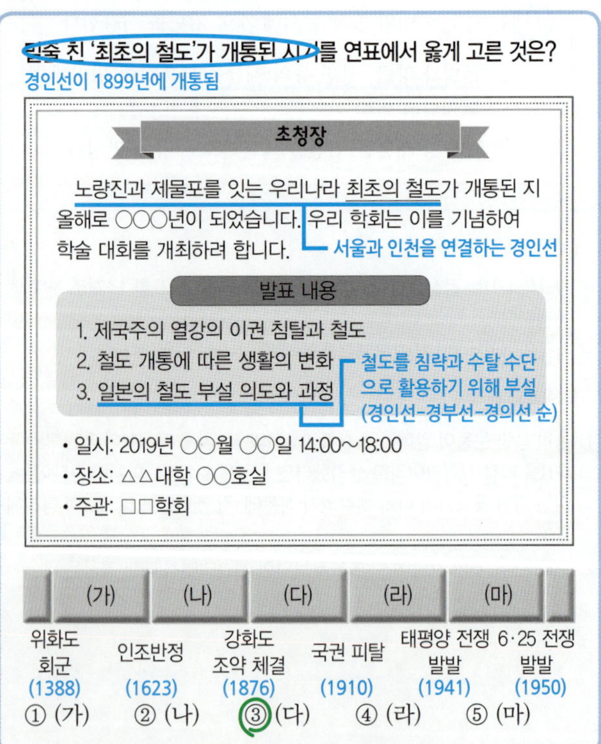

밑줄 친 '최초의 철도'가 개통된 시기를 연표에서 옳게 고른 것은?

경인선이 1899년에 개통됨

초청장

노량진과 제물포를 잇는 우리나라 최초의 철도가 개통된 지 올해로 ○○○년이 되었습니다. 우리 학회는 이를 기념하여 학술 대회를 개최하려 합니다.

서울과 인천을 연결하는 경인선

발표 내용

1. 제국주의 열강의 이권 침탈과 철도
2. 철도 개통에 따른 생활의 변화
3. 일본의 철도 부설 의도와 과정

철도를 침략과 수탈 수단으로 활용하기 위해 부설 (경인선-경부선-경의선 순)

- 일시: 2019년 ○○월 ○○일 14:00~18:00
- 장소: △△대학 ○○호실
- 주관: □□학회

	(가)		(나)		(다)		(라)		(마)	
위화도 회군 (1388)		인조반정 (1623)		강화도 조약 체결 (1876)		국권 피탈 (1910)		태평양 전쟁 발발 (1941)		6·25 전쟁 발발 (1950)

① (가) ② (나) ③ (다) ④ (라) ⑤ (마)

| 문제 + 자료 분석 |

- 밑줄 친 '최초의 철도'는 경인선이다.
- 1899년 서울의 노량진과 인천의 제물포를 잇는 우리나라 최초의 철도인 경인선이 개통되었다.
- 일본은 정치적·경제적·군사적 침략을 목적으로 한국에 많은 철도를 부설하였고, 부설 과정에서 많은 토지를 철도 부지로 편입하고 농민들을 공사에 동원하였다.

| 선택지 분석 |

① 위화도 회군은 고려 말에 요동 정벌에 나섰던 이성계가 압록강의 위화도에서 군대를 돌려 수도 개경으로 돌아가 최영을 비롯한 집권층을 제거하고 정권을 장악한 사건으로, 1388년에 발생하였다.
② 인조반정은 서인 세력이 광해군 정권을 붕괴시키고 새로이 인조를 즉위시킨 사건으로 1623년에 일어났다.
③ 강화도 조약은 1876년에 체결되었다. 강화도 조약 체결 이후 여러 근대 시설이 도입되었는데, 철도는 경인선(1899)이 최초로 개통되었다. 국권 피탈은 1910년 일제가 대한 제국을 식민지로 병합하면서 이루어졌다.
④ 태평양 전쟁은 일제가 1941년에 하와이 진주만 미 해군 기지를 폭격함으로써 발발하였다.
⑤ 6·25 전쟁은 1950년 6월 25일에 북한이 기습적으로 남침하면서 발생하였다.

17 정답 ② * 국채 보상 운동

| 문제 + 자료 분석 |

- 자료의 (가)는 국채 보상 운동이다.
- 일제는 막대한 차관을 제공하여 대한 제국을 경제적으로 예속시키고자 하였다.
- 이에 서상돈과 김광제 등은 국채를 갚아 경제적 자립을 이루자고 주장하며 대구에서 국채 보상 운동을 시작하였다.

| 선택지 분석 |

① 만민 공동회는 독립 협회가 주최하여 열린 대중 집회로, 자주 국권과 자유 민권 등을 주장하였다.
② 대한매일신보 등 언론사들은 국채 보상 운동을 적극적으로 홍보하였다. 이는 국채 보상 운동이 전국적으로 확산되는 원동력이 되었다.
③ 일본의 황무지 개간권 요구를 철회시킨 단체는 보안회이다.
④ 미국 대통령 윌슨은 제1차 세계 대전이 끝나갈 무렵에 각 민족이 스스로 정치적 운명을 결정지어야 한다는 민족 자결주의를 내세웠다. 이는 세계 각국의 식민 지배를 받던 민족들의 독립 의지를 고양시켰고, 3·1 운동이 발생하는 계기가 되었다.
⑤ 토산품 애용을 통한 민족 경제의 발전을 추구한 운동은 1920년대에 전개된 물산 장려 운동이다.

18 정답 ③ * 대한매일신보

| 문제 + 자료 분석 |

- 자료의 (가) 신문은 대한매일신보이다.
- 영국인 베델은 러·일 전쟁이 발발하자 특파원으로 한국에 왔는데, 얼마 뒤 양기탁과 함께 대한매일신보를 창간하였다.
- 대한매일신보는 일본의 침략 행위와 친일 정권의 부패를 비판하고 의병 항쟁에 우호적인 입장을 취하였다.

| 선택지 분석 |

① 1883년 박문국에서 최초의 신문인 한성순보를 발행하였다.
② 미국에서 귀국한 서재필이 정부의 지원으로 독립신문을 창간하였고, 독립문을 건립할 목적으로 독립 협회를 창립하였다.
③ 국채를 상환하여 일본의 경제적 속박에서 벗어나고 국권 회복을 도모할 목적으로 진행된 국채 보상 운동(1907)은 대한매일신보, 황성신문 등 각종 신문의 지원을 받아 전국으로 확산되었다.
④ 무신 정권 시기, 지눌은 수선사 결사를 결성하여 승려 본연의 자세로 돌아가 경전 읽기와 참선, 노동에 힘쓸 것 등을 주장하는 개혁 운동을 펼쳤다.
⑤ 러시아가 절영도의 조차를 요구하자, 독립 협회는 만민 공동회를 개최하여 러시아의 요구를 거절할 것을 주장하였다. 결국 러시아는 절영도 조차 요구를 철회하였다.

19 정답 ⑤ * 화폐 정리 사업

| 문제 + 자료 분석 |

- 자료의 법령은 화폐 정리 사업(1905) 때에 공포되었다.
- 제1차 한·일 협약 체결로 파견된 일본인 재정 고문 메가타는 1905년 기존의 상평통보와 백동화 등을 일본 제일은행권으로 교환하는 화폐 정리 사업을 실시하였다.

| 선택지 분석 |

① 은 본위 화폐 제도는 1894년 제1차 갑오개혁 시기에 채택되었다.
② 전환국은 1883년 설치된 화폐 주조 기관으로, 1904년에 폐지되기까지 백동화 등 각종 화폐를 발행하였다.
③ 황국 중앙 총상회(1898)는 시전 상인들이 중심이 되어 창립한 단체로 외국 상인의 상권 침투를 저지하기 위해 상권 수호 운동을 전개하였다.
④ 1889년 함경도 관찰사 조병식이 방곡령을 선포하자, 일본은 이를 미리 통지하지 않았다는 점 등을 들어 오히려 조선에 배상금을 요구하였다.
⑤ 일제의 차관 도입 강요로 대한 제국의 재정이 일본에 예속되자, 1907년 김광제, 서상돈 등이 중심이 되어 국채 보상 운동을 전개하였다.

20 정답 ③ * 한·일 의정서, 을사늑약

| 문제 + 자료 분석 |

- 자료의 (가) 조약은 일본이 대한 제국 내 필요한 지역을 군사 기지로 마음대로 사용할 수 있도록 한 한·일 의정서(1904)이다.
- 자료의 (나) 조약은 대한 제국의 외교권을 박탈하고 통감부를 설치한 을사늑약(1905)이다.

| 선택지 분석 |

① 한·일 의정서(1904)는 고종 시기에 체결되었다. 일제는 1907년 헤이그 특사 파견을 구실로 고종을 강제 퇴위시키고 순종을 즉위시켰다. 순종 시기에 일본의 강압에 의해 한·일 신협약(정미 7조약), 한국 병합 조약 등이 체결되었다.
② 제1차 한·일 협약(1904)은 일본인 재정 고문 파견을 규정하였고, 그에 따라 메가타가 파견되었다.
③ 을사늑약은 고종의 비준을 받지 못하였다. 고종은 을사늑약을 끝까지 거부하였고, 을사늑약이 강제로 체결되자 조약의 무효를 선언하였다.
④ 한·일 신협약의 부수 비밀 각서를 통해 일본은 대한 제국의 군대를 해산하였다. 해산된 군대의 일부는 정미의병에 가담하였다.
⑤ 러·일 전쟁 중에 체결된 것은 (가) 한·일 의정서이다. (나) 을사늑약은 러·일 전쟁 이후에 체결되었다.

* 일본의 국권 침탈 과정

> 한·일 의정서(군사 기지로 사용 가능) → 제1차 한·일 협약(재정과 외교 분야에 고문 파견) → 을사늑약(외교권 박탈, 통감 파견) → 한·일 신협약(정미 7조약)(차관 파견) → 한국 병합 조약(대한 제국 멸망)

21 정답 ② * 신민회

| 문제 + 자료 분석 |

- 자료의 활동 내용을 통해 유추할 수 있는 단체는 신민회이다.
- 신민회는 1907년 비밀 결사로 조직되어 공화정 체제의 근대 국민 국가 건설을 목표로 교육 진흥, 국민 계몽, 산업 진흥 등을 강조하였다.

| 선택지 분석 |

① 조선 정부는 제2차 갑오개혁을 추진하며 홍범 14조를 반포하였다. 홍범 14조의 내용으로는 청에 의존하는 생각을 끊고 자주독립의 기초를 세울 것, 왕실 사무와 국정 사무를 나누어 혼동하지 말 것, 재정은 모두 탁지아문에서 관할할 것 등이 있다.
② 신민회는 국권 상실의 위기감이 커지자 국외 독립운동 기지 건설에 적극적으로 나섰다. 그리하여 남만주 삼원보에 한인촌을 건설하고 신흥 강습소를 세워 독립군을 양성하였다.
③ 1930년대에는 조선일보가 주도한 문자 보급 운동, 동아일보가 주도한 브나로드 운동과 같은 언론 기관 중심의 농촌 계몽 운동이 전개되었다.
④ 제1차 국·공 합작(1924)의 영향으로 독립운동 단체들은 일제 축출을 목표로 이념과 노선을 초월한 민족 유일당 건설을 추구하였다. 그 결과 국내에서는 비타협적 민족주의자들과 사회주의자들이 협력하여 신간회(1927)를 결성하고 민족의 독립을 위한 다양한 활동을 전개하였다.
⑤ 연통제와 교통국이 마비되고 대한민국 임시 정부의 외교 활동 성과가 미미한 상황에서 독립운동의 새로운 방향을 모색하기 위하여 국민 대표 회의(1923)가 개최되었다. 그러나 신채호 등의 창조파와 안창호 등의 개조파의 대립으로 회의가 결렬되었고, 이후 임시 정부의 침체는 심화되었다.

22 정답 ⑤ *제1차 한·일 협약

| 문제 + 자료 분석 |

- 자료의 외국인 (가)는 메가타, (나)는 스티븐스이다.
- 메가타와 스티븐스는 제1차 한·일 협약 체결 이후 각각 재정 고문과 외교 고문으로 파견되어 대한 제국의 내정에 간섭하였다.

| 선택지 분석 |

① 갑신정변 때 호조로의 재정 일원화를 주장하였고, 제1차 갑오개혁 당시 탁지아문으로 재정이 일원화되었다.
② 대한 제국의 초대 통감은 이토 히로부미이다. 이토 히로부미는 1909년 하얼빈역에서 안중근에게 사살되었다.
③ 간도 협약이 체결된 것은 1909년으로 스티븐스는 간도 협약 체결 이전에 전명운과 장인환에 의하여 사살되었다.
④ 을사늑약 체결에 앞장선 5인을 을사오적이라 한다. 나철과 오기호는 이들을 제거하기 위해 자신회라는 5적 암살단을 조직하였다.
⑤ 제1차 한·일 협약(1904)에 따라 일본 정부가 추천한 외국인 고문이 파견되었다.

23 정답 ⑤ *정미의병

| 문제 + 자료 분석 |

- 밑줄 친 '의병'은 정미의병이다.
- 1907년 헤이그 특사 파견을 구실로 일제가 고종을 강제 퇴위시키고 대한 제국의 군대를 해산하자, 이에 반발하여 정미의병이 일어났다.
- 해산된 군인은 의병에 가담하였고, 그로 인해 정미의병 때는 전투력과 조직력이 강화되었다.

| 보기 분석 |

ㄱ. 대표적인 유생 출신 의병장인 최익현은 을사의병(1905) 당시 체포되어 정미의병 이전인 1906년 쓰시마섬에서 순국하였다.
ㄴ. 1895년에 일어난 을미의병에 대한 설명이다. 당시 의병장들은 대체로 양반 유생이었기 때문에 고종의 해산 권고 조칙에 따라 해산하는 모습을 보였다.
ㄷㄹ 정미의병 당시 의병들은 13도 창의군이라는 연합 부대를 결성하고 1908년 서울 진공 작전을 계획하였다. 총대장 이인영은 외국 공사관에 서신을 보내 그들을 국제법상의 교전 단체로 인정해 줄 것을 요구하였다. 그리고 군사장 허위가 이끄는 선발대가 동대문 밖 30리까지 진격하였으나 일본군의 공격으로 실패하였다.

24 정답 ④ *정미의병

| 문제 + 자료 분석 |

- 그래프는 의병장의 신분 및 직업이 다양하다는 점을 보여주고 있다.
- 정미의병 때는 양반 유생과 전직 관료 외에 농민, 상인, 포수 등 다양한 신분이 의병장으로 활약하였다.

| 보기 분석 |

ㄱ. 1905년 을사의병 당시 신돌석과 같은 평민 의병장이 등장하였다.
ㄴ. 정미의병 때는 전국 각지에서 유생, 농민, 학생, 포수, 상인 등 다양한 계층이 참여해 의병 투쟁이 전국적으로 확산하였다.
ㄷ. 1895년 을미사변과 단발령에 항거하여 을미의병이 일어났다. 정미의병은 고종의 강제 퇴위, 대한 제국의 군대 해산 등을 배경으로 일어났다.
ㄹ. 대한 제국의 군대가 해산된 이후 해산 군인들이 정미의병에 합류하면서 조직력과 화력이 강화되었다.

25 핵심 키워드: 지회, 월보, 고종 강제 퇴위 반대 운동

모범 답안 대한 자강회는 전국에 지회를 설치하고 월보를 간행하는 등 대중적 활동을 전개하였으며, 고종 강제 퇴위 반대 운동을 주도하였다.

| 문제 + 자료 분석 |

- 대한 자강회는 1906년 헌정 연구회를 계승하여 결성되었다.
- 교육 진흥과 산업 육성을 통한 실력 양성을 주장하였고, 지회를 설치하고 월보를 간행하는 등 대중적 활동을 전개하였다.
- 그러나 고종 강제 퇴위 반대 운동을 주도하여 통감부에 의해 해산되었다.

＊채점 기준

채점 기준	배점
지회 설치, 월보 간행, 고종 강제 퇴위 반대 운동 주도 중 두 가지를 서술한 경우	100 %
위의 내용 중 한 가지만 서술한 경우	50 %

26 정답 ① *독도

| 문제 + 자료 분석 |

- 밑줄 친 '이 섬'은 독도이다.
- 독도는 삼국 시대에 우리 영토로 편입되었고 울릉도의 부속 섬으로 인식되었다.
- 조선 시대의 기록인 『세종실록지리지』에는 독도가 강원도 울진현 소속이라고 기록되어 있다.

| 선택지 분석 |

① 숙종 때 안용복은 일본으로 건너가 에도 막부로부터 울릉도와 독도가 조선의 영토임을 확인받았다.
② 제물포 조약은 임오군란의 결과 체결되었으며, 조선은 일본에 배상금을 지불하고 일본의 공사관 경비를 위한 군대 주둔을 인정하였다.
③ 1875년 일본 군함 운요호가 조선의 허가 없이 강화도에 접근하여 강화 수비대가 경고 사격을 했다. 이후 운요호는 영종도에 상륙하여 약탈을 자행하고 돌아갔다.
④ 미국 상선 제너럴 셔먼호는 평양 부근에서 통상을 요구하다 거절당하자 횡포를 부렸다. 이에 평안도 관찰사 박규수의 지휘 아래 평양 관민들이 제너럴 셔먼호를 불태워 격침하였다.
⑤ 갑신정변 이후 조선은 러시아를 통해 청을 견제하려 하였고, 러시아의 남하를 견제한 영국은 거문도를 불법 점령하였다.

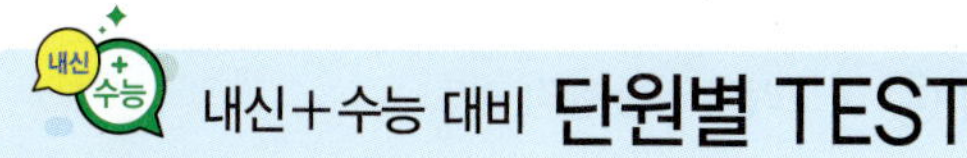

01 고대 국가의 성장

문제편 182~183p

01 정답 ③ * 신석기 시대

| 문제 + 자료 분석 |

- 밑줄 친 '이 시대'는 신석기 시대이다.
- 신석기 시대의 인류는 농경과 목축을 시작하였으며, 주로 움집에 거주하고 빗살무늬 토기 등을 사용하였다.

| 선택지 분석 |

① 고인돌은 청동기 시대에 등장한 지배층의 무덤이다.
② 반달 돌칼은 청동기 시대의 농기구로 곡식의 이삭을 따는 데 사용되었다.
③ 농경과 목축은 신석기 시대에 시작되었으며, 이는 정착 생활을 비롯한 다양한 사회 변화를 가져왔다.
④ 철기 시대에 철제 농기구를 사용하기 시작하여 농업 생산력이 크게 늘어났다.
⑤ 주먹 도끼 등 뗀석기는 구석기 시대에 등장하였다.

02 정답 ⑤ * 고조선

| 문제 + 자료 분석 |

- 자료의 (가) 국가는 고조선이다.
- 고조선은 우리 역사상 최초의 국가이며, 탁자식 고인돌과 비파형 동검의 분포 범위를 바탕으로 그 세력권을 짐작할 수 있다.

| 선택지 분석 |

① 불교는 삼국 시대에 전파되었다. 고구려는 4세기 소수림왕, 백제는 4세기 침류왕 때 불교를 수용하였고, 신라는 6세기 법흥왕 때 이차돈의 순교를 계기로 불교를 공인하였다.
② 진대법은 고구려의 고국천왕이 시행한 빈민 구제 제도로 봄에 곡식을 빌리고 가을에 약간의 이자를 붙여 갚는 방식으로 운영되었다.
③ 고조선은 8조법을 바탕으로 사회를 운영하였으나 고조선 멸망 이후 한 군현이 설치되고 법이 60여 개로 늘어났다.
④ 읍군·삼로는 옥저와 동예에서 군장을 지칭하는 용어이다.
⑤ 고조선의 건국 이야기는 고려 시대 일연이 저술한 『삼국유사』, 이승휴가 저술한 『제왕운기』 등에 기록되어 있다.

03 정답 ⑤ * 여러 나라의 풍속

| 문제 + 자료 분석 |

- 자료와 같은 특징을 가진 국가는 삼한이다.
- 삼한에는 제사장인 천군과 신성한 장소인 소도가 존재하였다.
- 자료의 (가)는 부여, (나)는 고구려, (다)는 옥저, (라)는 동예이다.

| 선택지 분석 |

⑤ 제사장인 천군과 제사를 거행하는 신성한 장소인 소도가 존재했던 지역은 삼한이며, 삼한의 위치는 지도상의 (마)이다.

04 정답 ⑤ * 백제의 발전

| 문제 + 자료 분석 |

- 자료는 백제의 전성기인 4세기의 지도이다.
- 백제의 전성기를 이끈 근초고왕은 고구려의 평양성을 공격하고, 요서 지방으로 진출하는 등 활발한 대외 활동을 전개하였다.

| 선택지 분석 |

① 22담로를 설치한 것은 6세기 백제 무령왕이었다.
② 나·당 동맹은 당의 고구려 침입 실패 이후인 7세기 중반에 체결되었다.
③ 성왕은 6세기에 백제 중흥을 위하여 웅진에서 사비로 천도하였다.
④ 신라가 금관가야를 병합한 것은 6세기 법흥왕 때이다.
⑤ 4세기 백제의 근초고왕은 고구려의 평양성을 공격하여 고국원왕을 전사시켰고, 마한 전 지역을 차지하는 등 영토를 크게 넓혔다.

05 정답 ② * 고구려의 발전

| 문제 + 자료 분석 |

- 밑줄 친 '왕'은 고구려의 장수왕이다.
- 5세기에 장수왕은 남진 정책을 추진하여 수도를 국내성에서 평양성으로 옮기고, 백제의 수도인 한성을 점령하였다.

| 선택지 분석 |

① 태학은 고구려의 교육 기관으로 소수림왕 때 설립되었다.
② 고구려의 장수왕은 평양으로 천도하고 남진 정책을 시행하였다. 이때 백제의 수도인 한성을 점령하고 개로왕을 죽였다.
③ 6세기 신라의 지증왕은 이사부를 보내 울릉도에 있던 우산국을 점령하였다.
④ 22담로를 설치한 것은 6세기 백제 무령왕이다.
⑤ 신라에 침입한 왜를 격퇴한 것은 고구려 광개토 대왕이다. 이 사건 이후 신라는 고구려의 간섭을 받았는데 이를 보여주는 유물이 호우명 그릇이다. 또한 이 과정에서 금관가야가 고구려군의 침입을 받아 쇠퇴하면서 가야 연맹의 맹주가 대가야로 바뀌게 되었다.

06 정답 ① * 백제 부흥 운동

| 문제 + 자료 분석 |

- 자료는 백제 부흥 운동에 관한 내용을 담고 있다.
- 백강 전투(663)는 백제 부흥 운동 당시, 백제 부흥군·왜 연합군이 나·당 연합군에 맞서 싸운 전투이다.
- 주류성과 임존성은 백제 부흥군의 주요 거점이었다.

| 선택지 분석 |

① 백강 전투는 백제 부흥군·왜 연합군과 나·당 연합군 사이에 벌어진 것으로 백제 부흥 운동의 대표적 전투였다. 또한, 자료에 언급된 임존성과 주류성은 백제 부흥 운동의 핵심 근거지였다.
② 나·당 전쟁(670~676)은 백강 전투 이후의 사건이다.
③ 고구려 멸망(668)은 백강 전투 이후의 사건이다.
④ 대조영이 발해를 건국한 것은 698년으로 백강 전투 이후의 사건이다.
⑤ 연개소문이 정변을 일으켜 고구려의 권력을 장악한 것은 642년으로 백강 전투 이전의 사건이다.

07 정답 ④ * 발해의 발전

| 문제 + 자료 분석 |

- 자료는 발해의 3성 6부제를 표현한 조직도이다.
- 정당성이 6부를 둘로 나누어 관할하였으며, 유교 덕목을 사용하여 6부의 명칭을 지었다.

| 보기 분석 |

ㄱ. 발해는 거란의 침입으로 멸망하였다(926).
ㄴ. 선왕 시기 발해가 융성하자 당나라에서는 발해를 해동성국이라 불렀는데, 이는 '바다 건너 동쪽의 세력이 융성한 나라'라는 뜻을 가지고 있다.
ㄷ. 9서당과 10정은 통일 신라의 군사 제도이다. 발해는 중앙군으로 10위를 두었다.
ㄹ. 발해는 당의 3성 6부제를 수용하였지만 명칭과 운영은 독자적으로 하였다.

단원 01

08 정답 (가) 동예, (나) 고구려

| 문제 + 자료 분석 |

- (가) 책화는 읍락의 경계를 중시하던 동예의 풍속이다.
- (나) 서옥을 짓고 신랑이 처가에서 일정 기간 거주하는 혼인 풍습은 고구려의 서옥제이다.

09 핵심 키워드: 6세기, 성왕, 백제의 중흥

모범 답안 성왕, 백제 중흥을 위해 웅진보다 넓은 평야가 있는 사비로 천도하였다.

| 문제 + 자료 분석 |

- 자료의 (가)는 백제의 마지막 수도인 사비(부여)이다.
- 성왕은 백제의 중흥을 위하여 웅진(공주)보다 넓은 평야가 있는 사비로 천도하였다.

*** 채점 기준**

성왕과 천도 이유를 모두 서술한 경우	100 %
성왕이나 천도 이유 중 한 가지만 서술한 경우	50 %

10 핵심 키워드: 금성, 지리적 단점, 5소경

모범 답안 수도인 금성이 동남쪽에 치우쳐 있다는 지리적 단점을 보완하고 각 지방의 균형 발전을 추구하였다.

| 문제 + 자료 분석 |

- 통일 신라는 삼국 통일 이후 넓어진 영토를 보다 효율적으로 관리하기 위하여 전국을 9주로 나누었다.
- 또한, 수도의 지리적 단점 보완, 각 지역의 균형 발전 등을 목적으로 지방의 요충지에 5소경을 설치하였다.

*** 채점 기준**

모범 답안과 같이 서술한 경우	100 %
수도의 지리적 단점 보완에 대한 언급 없이 균형 발전만 서술한 경우	50 %

02 고려의 통치 체제와 정치 변동 문제편 184~185p

01 정답 ② * 광종의 업적

| 문제 + 자료 분석 |

- 자료의 정책을 시행한 왕은 광종이다.
- 광종은 쌍기의 건의를 받아들여 과거제를 시행하였고, 왕권을 뒷받침할 신진 관료를 육성하였다.

| 선택지 분석 |

①, ③ 공민왕은 기철 등 친원 세력을 숙청하고 권문세족을 약화시키기 위해 전민변정도감을 설치하였다.
② 광종은 왕권 강화를 위해 노비안검법(억울하게 노비가 된 자를 조사하여 다시 양인이 되도록 한 제도)을 시행하였다.
④ 고려 성종은 유학 보급을 위하여 중앙에는 국자감을 세웠으며, 지방에는 향교를 설치하고 경학박사를 파견하였다.
⑤ 사심관 제도는 중앙의 고위 관료를 출신 지역의 사심관으로 임명하여 그 지역을 통제하도록 한 제도로 태조 왕건 때 처음 시행되었다.

02 정답 ④ * 고려의 지방 행정 제도

| 문제 + 자료 분석 |

- 자료의 지방 행정 제도를 운영한 국가는 고려이다.
- 고려는 행정 구역을 일반 행정 구역인 5도와 군사 행정 구역인 양계로 나누었다.

| 보기 분석 |

ㄱ. 안찰사는 5도 지역에 파견된 관리이다. 양계는 군사 행정 구역으로 병마사가 파견되었다.
ㄴ. 고려 시대에는 지방관이 파견된 주현보다 지방관이 파견되지 않은 속현의 수가 많았다. 속현은 지방관이 파견되지 않았기 때문에 주로 향리가 관할하였다.
ㄷ. 상수리 제도는 통일 신라 때 지방 세력을 견제하기 위하여 실시한 제도이다. 촌주 등 지방 세력을 일정 기간 동안 수도에 와서 근무하게 하였다.
ㄹ. 고려에는 특수 행정 구역인 향·부곡·소가 존재하였다. 향과 부곡은 농업 지역이었고, 소는 수공업 제품을 생산하는 곳이었다. 이곳 주민들은 과거 응시, 거주지 이전, 세금 납부 등에서 일반 군현민보다 차별받았다.

03 정답 ③ * 문벌 사회의 동요

| 문제 + 자료 분석 |

- 자료는 특정 문벌 가문의 지나친 권력 독점으로 인하여 정치적 갈등이 발생하였다는 내용을 담고 있다.

| 선택지 분석 |

① 과전법은 위화도 회군 이후 권력을 장악한 신진 사대부들이 시행한 토지 제도이다.
② 최충헌은 무신 정권 시기 활동한 인물이다.
③ 이자겸의 난(1126)은 지나친 권력 독점으로 인한 문벌 사회의 동요를 보여주는 사건이다.
④ 신돈은 고려 말 공민왕의 개혁 때 등용되었다.
⑤ 태조 왕건이 북진 정책을 추진하여 청천강에서 영흥만까지 고려의 영토가 확대되었다.

04 정답 ③ * 무신 집권 시기의 봉기

| 문제 + 자료 분석 |

- 자료의 사건은 무신 집권 시기에 일어난 만적의 난이다.
- 사노비인 만적은 신분 해방을 목표로 봉기를 계획하다가 사전에 발각되어 실패하였다.

| 선택지 분석 |

① 김부식에 의해 진압된 반란은 묘청의 난이다.
② 만적의 난은 무신 집권기의 봉기이므로 무신 정권 이후 등장한 지배층인 권문세족과는 관련이 없다.
③ 무신 정권 때는 지나친 수탈과 차별에 대한 저항으로 농민과 천민의 봉기가 다수 발생하였다. 망이·망소이는 공주 명학소에서 특수 행정 구역에 대한 차별과 가혹한 수탈에 반발하며 봉기하였고, 노비였던 만적은 신분 해방을 주장하며 봉기를 계획하였으나 실패하였다.
④ 만적의 난은 노비들이 중심이 되었다. 무신 정권 시기 특수 행정 구역 주민의 봉기로는 망이·망소이의 난이 있다.
⑤ 원종과 애노의 난은 신라 말기에 발생한 농민 봉기이다.

05 정답 ④ *무신 정권의 전개

| 문제 + 자료 분석 |

- 자료의 (가) 인물은 최충헌이다.
- 최충헌은 이의민을 제거하고 무신 집권자에 등극하였다. 이후 최씨 정권은 4대 60여 년간 이어졌다.

| 선택지 분석 |

① 정방은 최우 때 인사를 관리하기 위해 설치한 기구로 설치와 폐지가 반복되었다. 고려 말에 공민왕이 정방을 폐지하여 인사권을 회복하였다.
② 정동행성은 원이 일본 정벌을 위하여 설치했던 기구이다. 일본 원정 실패 이후에도 원은 이를 형식적인 내정 간섭 기구로 남겨 두었다.
③ 묘청의 서경 천도 운동은 문벌이 지배층이던 12세기 초에 일어났다.
④ 최충헌은 독자적 권력 기구인 교정도감을 설치하고 이를 중심으로 국정을 운영하였다. 또한 사병 집단인 도방을 확대하였다.
⑤ 홍건적과 왜구의 침입은 고려 말기에 발생하였는데, 이를 격퇴하면서 이성계, 최영 등 신흥 무인 세력이 성장하였다.

06 정답 ⑤ *공민왕의 업적

| 문제 + 자료 분석 |

- 밑줄 친 '왕'은 고려 공민왕이다.
- 공민왕은 신돈을 등용하고 전민변정도감을 설치하는 등 내정 개혁을 추진하였다.

| 보기 분석 |

ㄱ. 국자감은 고려 성종이 설립한 교육 기관이다.
ㄴ. 노비안검법은 광종이 시행한 것으로 억울하게 노비가 된 이들을 조사하여 양인으로 해방시켜 주었다. 전민변정도감은 노비가 된 자뿐만 아니라 토지에 대한 것도 다루었다. 노비안검법과 전민변정도감은 잘 구분해 두어야 한다.
ㄷ. 공민왕은 원래 고려의 영토였으나 몽골(원)이 빼앗아간 쌍성총관부 지역을 공격하여 되찾았다.
ㄹ. 정동행성은 원이 일본 정벌을 위하여 설치했던 기구이다. 일본 원정 실패 이후에도 원은 이를 형식적인 내정 간섭 기구로 남겨두었는데 특히 이문소의 횡포가 심했다. 공민왕이 개혁을 추진하며 정동행성이문소를 폐지하였다.

07 정답 시무 28조

| 문제 + 자료 분석 |

- 자료의 (가)는 시무 28조이다.
- 시무 28조는 고려 성종 시기 유학자인 최승로가 제시한 것으로 유교적 통치 체제 정비의 기초가 되었다.

08 핵심 키워드: 원 간섭기 지배층, 친원적, 신진 세력의 비판

모범 답안 권문세족의 경제적 기반은 불법적으로 확대한 대토지(농장)와 노비였다.

| 문제 + 자료 분석 |

- 자료의 (가) 세력은 권문세족이다.
- 친원적 세력인 권문세족은 성리학을 받아들인 신진 사대부의 비판을 받았다.
- 권문세족은 불법적으로 대토지(농장)를 차지하고 양민을 노비로 삼았는데, 이것이 그들의 경제적 기반이 되었다.

*** 채점 기준**

대토지(농장)와 노비 두 가지를 모두 서술한 경우	100 %
대토지(농장)와 노비 중 한 가지만 서술한 경우	50 %

09 핵심 키워드: 변발과 호복 폐지

모범 답안 공민왕은 대내적으로는 권문세족의 횡포와 그로 인한 사회 문제를 해결하여 왕권을 강화하고, 대외적으로는 반원 자주를 실현하고자 하였다.

| 문제 + 자료 분석 |

- 밑줄 친 '왕'은 공민왕이다.
- 공민왕은 전민변정도감 설치, 쌍성총관부 수복, 정방 폐지, 몽골풍(변발, 호복 등) 금지, 권문세족 숙청 등 다양한 개혁 활동을 수행하였다.
- 이러한 개혁은 대외적으로는 원의 간섭으로부터 벗어나 자주성을 회복하기 위해 시행되었고, 대내적으로는 권문세족의 세력을 약화시키고 그들의 횡포로 인한 사회 문제를 바로잡기 위하여 진행되었다.

*** 채점 기준**

대내적, 대외적 목적을 모두 서술한 경우	100 %
대내적, 대외적 목적 중 한 가지만 서술한 경우	50 %

10 정답 신진 사대부

| 문제 + 자료 분석 |

- 밑줄 친 '이들'은 신진 사대부이다.
- 신진 사대부는 성리학을 바탕으로 권문세족의 횡포와 불교의 폐단을 비판하였다.
- 이들은 고려 왕조를 유지하며 개혁을 진행하자는 온건파와 새로운 왕조를 세우자는 급진파로 분화하였다.

03 조선 사회의 성립과 발전

문제편 186~187p

01 정답 ④ *태종의 정책

| 문제 + 자료 분석 |

- 태종은 두 차례에 걸친 왕자의 난을 통하여 공신 세력을 몰아내고 왕위에 올랐다.
- 집권 이후 6조 직계제를 채택하고, 사병을 혁파하는 등 국왕 중심의 통치 체제를 정비하였다.

| 선택지 분석 |

① 성종의 업적이다. 성종은 집현전을 계승한 홍문관을 설치하고 경연을 활성화하였다.
② 유교 정치의 이상을 추구한 세종은 궁중 안에 집현전을 설치하여 학문과 정책 연구를 담당하게 하였다. 그리고 이곳의 학자들을 우대하였다.
③ 성종은 『경국대전』의 편찬을 마무리하고 반포함으로써 조선 사회의 기본 통치 방향과 이념을 제시하였다.
④ 태종은 사병을 없앴고, 왕이 군사 지휘권을 갖도록 하여 왕권을 강화하였다.
⑤ 중종은 반정 공신 등으로 이루어진 훈구 세력을 견제하기 위해 조광조를 비롯한 신진 사림 세력을 등용하였다.

02 정답 ① *조선 전기의 정치 제도

| 문제 + 자료 분석 |

- 자료의 (가)는 의정부 서사제, (나)는 6조 직계제이다.
- 의정부 서사제는 6조에서 올린 사안을 의정부가 검토한 후 왕에게 올리도록 한 제도이다.
- 6조 직계제는 6조에서 왕에게 곧바로 사안을 보고하도록 한 제도로, 의정부가 약화되고 왕의 영향력이 강화되었다.

| 선택지 분석 |

① 의정부 서사제는 왕의 권한을 의정부에 많이 넘겨주고 훌륭한 재상을 등용하여 정치를 맡기는 방식을 통해 왕권과 신권의 조화를 추구하고자 한 제도이다.
② 태종과 세조가 왕권 강화를 위해 시행한 것은 6조 직계제이다.
③ 세종은 의정부 서사제를 시행하였지만, 인사와 군사 업무는 이전처럼 왕에게 직접 보고하도록 하였다.
④ 의정부가 6조의 보고를 받아 정책을 논의한 다음, 합의된 사항을 국왕에게 올려 결재를 받는 형식을 통해 국가 중대사를 결정한 것은 의정부 서사제의 특징이다.
⑤ 6조 직계제와 관련 없는 내용이다. 16세기에 조선은 여진과 왜구의 침입에 대비하기 위해 비변사를 설치하였다.

03 정답 ④ * 조선의 중앙 통치 제도

| 문제 + 자료 분석 |

- 자료의 중앙 정치 조직을 운영한 국가는 조선이다.
- 조선의 중앙 정치 조직은 최고 정무 기구인 의정부, 정책 집행 기구인 6조, 언론 기능을 담당하는 3사 등으로 구성되었다.

| 보기 분석 |

ㄱ. 독서삼품과는 신라 원성왕 때 실시된 관리 등용 제도이다. 그러나 골품제의 영향으로 본래 취지에 걸맞게 시행되지는 못하였다.
ㄴ. 조선 시대에는 모든 군현에 수령을 파견하였다. 이는 수령이 파견된 주현과 그렇지 않은 속현이 구분되었던 고려와의 차별점이다.
ㄷ. 5도 양계는 고려의 지방 행정 제도이다.
ㄹ. 조선 시대에는 지방 사족이 자치 기구인 유향소를 통해 수령을 보좌하거나 수령과 향리의 비리를 감시하였으며 백성을 교화하였다.

04 정답 ① * 임진왜란

| 문제 + 자료 분석 |

- 자료의 (가) 전쟁은 임진왜란이다.
- 일본의 전국 시대를 통일한 도요토미 히데요시는 대륙 침략을 도모하며 조선을 공격하였다(임진왜란, 1592).
- 임진왜란 당시 이순신의 수군과 각지의 의병들이 활약하여 일본군에 타격을 입혔다.

| 선택지 분석 |

① 강화도는 몽골의 고려 침입 시기와 정묘호란 때 국왕의 피신처가 되었다. 임진왜란 당시 선조는 압록강 유역의 의주까지 피신하였다.
② 임진왜란 이후 도쿠가와 이에야스가 에도 막부를 수립하면서 일본에서 정권이 교체되었다.
③ 일본은 도공 이삼평, 유학자 강항 등을 포로로 데려가 도자기와 성리학 등 문화를 발전시킬 수 있었다.
④ 임진왜란 참전으로 명이 쇠약해진 틈을 타 만주의 누르하치를 중심으로 한 여진의 세력이 성장하였다. 이는 후금의 건국으로 이어졌다.
⑤ 조선에서는 임진왜란 이후 원군을 파견한 명을 숭배하는 숭명 의식이 강화되었다.

* 임진왜란의 영향

조선	• 인구 감소, 농토 황폐화 → 국가 재정 감소 • 문화재 피해 • 숭명 의식 강화
중국	• 명의 국력 약화 • 만주에서 여진족이 성장하여 후금 건국
일본	• 도쿠가와 이에야스가 에도 막부 수립 • 성리학과 도자기 문화 발달

05 정답 ③ * 광해군의 정책

밑줄 친 '그'(광해군)와 관련된 설명으로 옳은 것은?

> 내(선조의 계비인 인목 대비)가 비록 부덕하더라도 일국의 국모 노릇을 한 지 여러 해가 되었다. 그는 선왕(선조)의 아들이니 나를 어미로 여기지 않을 수 없는데도 내 부모를 죽이고 품 속의 어린 자식을 빼앗아 죽였으며(이복동생인 영창 대군을 죽인 광해군), 나를 유폐하여(인목 대비를 유폐한 광해군) 곤욕을 치르게 했다. 어디 그뿐인가. 중국이 우리나라를 다시 일으켜 준 은혜를 저버리고, 속으로 다른 뜻을 품고 오랑캐에게 성의를 베풀었다.(광해군의 중립 외교 정책을 비판하는 내용)

| 문제 + 자료 분석 |

- 밑줄 친 '그'는 광해군이다.
- 광해군과 북인 정권은 왕권의 안정을 이루고자 영창 대군을 죽이고 인목 대비를 유폐시키는 등 유교 윤리에 어긋나는 정치를 폈다.
- 한편, 광해군은 후금과의 충돌을 피하기 위해 중립 외교 정책을 추진하였다.

| 선택지 분석 |

① 연산군 때 무오사화와 갑자사화를 겪으면서 사림이 큰 타격을 입었다.
② 명종 때 외척인 윤원형과 윤임의 다툼에 휩쓸려 사림 세력이 정계에서 밀려나는 을사사화가 일어났다.
③ 광해군은 임진왜란의 뒷수습을 위해 노력하였다. 토지 대장과 호적을 정비하여 국가 재정 수입을 늘렸고, 전쟁으로 피폐해진 산업을 일으켰다. 또한, 성곽과 무기를 수리하고 군사 훈련을 실시하는 등 국방에 힘을 기울였다.
④ 숙종 때에는 정국을 주도한 붕당과 이를 견제하는 붕당이 서로 교체되어 정국이 급격하게 바뀌는 환국이 나타났다.
⑤ 임진왜란 중이던 선조 때 삼수병(포수, 사수, 살수)으로 구성된 중앙군인 훈련도감을 설치하였다.

06 정답 ② * 병자호란의 영향

| 문제 + 자료 분석 |

- 자료와 관련된 전쟁은 병자호란이다.
- 병자호란(1636) 당시 인조와 소현세자는 남한산성으로 피난하고 봉림대군은 강화도로 피신하였다.
- 조선의 대신들은 항전을 해야 한다고 주장하는 척화론과 화의를 해야 한다고 주장하는 주화론으로 나뉘었다.

| 선택지 분석 |

① 천리장성은 고구려가 당의 침입에 대비하기 위해, 고려가 북방 유목 민족의 침입에 대비하기 위해 각각 축조하였다.
② 병자호란으로 삼전도의 굴욕을 겪은 조선은 표면적으로는 청의 군신 관계 강요를 받아들였으나, 청에 대한 적개심과 소중화 의식을 배경으로 내부에서는 북벌론이 제기되었다.
③ 조선 초 세종은 북방을 안정시키기 위해 여진족을 정벌하고 4군과 6진을 설치하였다.
④ 조선은 임진왜란 이후 에도 막부의 요청에 따라 통신사라는 이름으로 사절단을 파견하였다.
⑤ 고려 시대의 삼별초는 정부의 개경 환도 이후에도 몽골에 대항하여 항쟁을 벌였지만 결국 진압되었다.

07 핵심 키워드: 왕권과 신권의 조화

모범 답안 의정부에 왕의 권한을 넘겨주면서도 인사와 군사에 관한 일을 국왕이 직접 처리함으로써 왕권과 신권의 조화를 이루고자 하였다.

| 문제 + 자료 분석 |

- 자료와 관련된 제도는 의정부 서사제이다.
- 세종은 6조 직계제에서 의정부 서사제로 정치 체제를 바꾸어 왕의 권한을 의정부에 많이 넘겨주고, 훌륭한 재상을 등용하여 정치를 맡기고자 하였다.
- 그러면서도 인사와 군사에 관한 일은 자신이 직접 처리함으로써 왕권과 신권의 조화를 이루도록 하였다.

*** 채점 기준**

왕의 권한을 의정부에 많이 넘겨주었다는 점과 왕권과 신권의 조화를 추구하였다는 점을 모두 서술한 경우	100 %
왕권과 신권의 조화 추구를 서술한 경우	50 %
왕의 권한을 의정부에 많이 넘겨주었다는 점만 서술한 경우	25 %

08 핵심 키워드: 이조 전랑, 동인과 서인

모범 답안 사림은 이조 전랑의 임명 문제와 척신 정치의 청산을 둘러싸고 대립하여 동인과 서인으로 분화되었다.

| 문제 + 자료 분석 |

- 자료는 사림이 나뉘게 된 이조 전랑의 임명 문제에 대한 것이다. 사림은 김효원을 지지하는 파와 심충겸·심의겸을 지지하는 파로 나뉘게 되었다.
- 척신 정치는 외척 출신의 관리들이 정치를 주도한 것을 의미하는데, 선조 때 정권을 장악한 사림이 이를 어떻게 청산할 것인지를 두고 대립하였다.

*** 채점 기준**

척신 정치의 청산 및 이조 전랑의 임명 문제를 모두 서술한 경우	100 %
위의 내용 중 한 가지만 서술한 경우	50 %

09 핵심 키워드: 청 태종, 인조, 남한산성, 삼전도, 항복

모범 답안 청의 군신 관계 요구를 조선이 거절하였기 때문이다.

| 문제 + 자료 분석 |

- 밑줄 친 '이 전쟁'은 병자호란이다.
- 병자호란은 조선이 청 태종 홍타이지의 군신 관계 요구를 거절한 것이 배경으로 작용하여 발발하였다.

*** 채점 기준**

청의 군신 관계 요구를 조선이 거절하였다고 서술한 경우	100 %
조선의 친명 정책 때문이라고 서술한 경우	50 %

04 조선 후기 새로운 흐름과 변화 문제편 188~189p

01 정답 ⑤ * 붕당 정치의 전개

| 문제 + 자료 분석 |

- 자료의 (가)는 인조반정(1623), (나)는 숙종 때의 환국이다.
- 인조~숙종 시기에 서인과 남인이 국정의 주도권을 두고 다투는 상황이 발생하였다.

| 선택지 분석 |

① 홍문관은 15세기 성종 때 설치되었다.
② 조광조는 중종 때 활동한 사림으로, 현량과 실시와 소격서 폐지 등의 개혁을 전개하였다. 위훈 삭제를 주장하다가 훈구의 반격으로 제거되었는데, 이를 기묘사화(1519)라 한다.
③ 이조 전랑은 실권이 커 이 자리를 차지하기 위해 갈등이 잦았다. 영조는 이를 막기 위해 이조 전랑의 3사 관리 추천권 등을 폐지하여 권한을 축소시켰다.
④ 안동 김씨와 풍양 조씨 등의 외척 세력이 권력을 장악한 시기는 세도 정치 시기로, 순조 이후에 해당된다.
⑤ 인조반정으로 북인이 축출된 후 서인과 남인이 공존하는 형세가 당분간 유지되었다. 이들은 현종 때 자의대비의 상복 착용 기간을 두고 두 차례의 논쟁을 벌였는데, 이를 예송이라 한다. 예송을 거치며 붕당 간의 대립이 심화되었고 숙종 때 환국이 일어나면서 다른 붕당의 존재를 인정하지 않는 일당 전제화 현상이 나타났다.

02 정답 ① * 영조의 정책

| 문제 + 자료 분석 |

- 밑줄 친 '왕'은 영조이다.
- 영조는 각 붕당의 인재를 고르게 등용하는 탕평책을 알리기 위해 성균관 앞에 탕평비를 건립하였다.

| 선택지 분석 |

① 영조는 서원을 붕당의 근거지로 보고 전국적으로 대폭 정리하여 그 수를 줄였다.
② 환국은 집권 붕당이 급격히 변화하는 현상을 말한다. 숙종은 환국을 주도하면서 왕권을 강화하려 하였다.
③ 장용영은 정조가 설치한 국왕 친위 부대로 정조의 왕권 강화를 뒷받침하였다.
④ 초계문신제는 정조가 관리들을 재교육하여 자신의 개혁 정치를 뒷받침할 세력으로 육성하기 위해 실시하였다.
⑤ 『조선경국전』은 태조 때 정도전이 편찬하였다.

03 정답 ⑤ * 정조의 정책

| 문제 + 자료 분석 |

- 밑줄 친 '왕'은 정조이다.
- 정조는 1791년에 육의전을 제외한 시전 상인들의 금난전권을 철폐하여 조선 후기 상업 발전의 토대를 마련하였다.

| 보기 분석 |

ㄱ. 탕평비는 영조가 탕평 정치의 의지를 표현하기 위해 성균관 내에 건립한 비석이다.
ㄴ. 현량과는 조광조의 건의로 중종 때에 실시되었다.
ㄷ. 정조는 자신의 개혁 정치를 실현할 수 있는 이상적인 도시로 삼기 위해 수원 화성을 건설하였다.
ㄹ. 정조는 관리를 재교육시켜 자신의 정책을 뒷받침하는 인재로 육성하기 위해 초계문신제를 실시하였다.

04 정답 ① * 세도 정치 시기의 사회 모습

| 문제 + 자료 분석 |

- 자료에 나타난 사건은 홍경래의 난(1811)이다.
- 조선 후기 삼정의 문란, 세도 정치로 인한 정치 기강의 문란 등으로 인해 사회 불안이 가중되어 전국 각지에서 농민 봉기가 빈발하였다. 홍경래의 난도 그중 하나였다.

| 선택지 분석 |

① 세도 정치 시기에는 전정, 군정, 환곡 등 삼정의 문란이 극에 달하여 백성들의 삶이 어려워졌다.
② 고려 무신 정권기에 대한 설명이다.
③ 고려 말에 홍건적과 왜구의 침입이 잦았다. 이들을 격퇴하는 과정에서 최영과 이성계 등 신흥 무인 세력이 성장하였다.
④ 신라 말기에 대한 설명이다. 신라 말 지방에서는 독자적인 경제력과 군사력을 갖춘 호족 세력이 대두하였다.
⑤ 신진 사대부는 고려 말에 권문세족의 비리를 비판하고 개혁을 주장하였다.

05 정답 ① *흥선 대원군의 개혁 정치

| 문제 + 자료 분석 |

- 자료의 (가) 인물은 흥선 대원군이다.
- 흥선 대원군은 집권 이후 인사 개혁을 단행하여 세도 정치의 폐해를 시정하려 하였다.

| 보기 분석 |

ㄱ. 흥선 대원군의 경복궁 중건 사업은 왕실의 위엄 회복을 목적으로 한 것이었다. 흥선 대원군은 경복궁 중건 공사에 필요한 비용을 마련하기 위해 원납전이라는 기부금을 강제로 걷었으며, 고액 화폐인 당백전을 남발하였다. 또한 중건 과정에서 양반의 묘지림을 벌목하고, 백성들을 강제로 동원하여 양반과 백성들의 불만이 고조되었다.
ㄴ. 흥선 대원군은 군정의 문란을 해결하기 위해 군포 부과 단위를 호(戶)에 두는 호포제를 실시하였다. 이로써 양반도 군포를 내게 되었다.
ㄷ. 흥선 대원군은 붕당의 근거지이자 농민을 수탈하던 서원을 대폭 정리하여, 민생 안정을 도모하고 국가 재정을 확충하려 하였다.
ㄹ. 흥선 대원군은 안동 김씨 등 세도 가문이 국가의 정치를 주도하던 정치 폐단을 개혁하기 위해 능력에 따른 인재 등용을 추구하였다.

06 정답 ① *당백전

| 문제 + 자료 분석 |

- 자료의 화폐는 당백전이다.
- 흥선 대원군은 경복궁 중건 공사에 필요한 비용을 마련하기 위해 고액 화폐인 당백전을 발행하였다.

| 선택지 분석 |

① 당백전의 명목 가치는 당시 통용되던 상평통보의 100배였으나, 실제 가치는 5~6배에 불과하였다. 당백전의 남발은 물가 폭등과 유통 질서의 혼란을 가져왔다.
② 조선 후기에는 새롭게 양반 신분을 얻은 부유한 농민(신향)이 등장하였다. 이들은 전통 사족(구향)과 향촌의 지배권을 둘러싸고 경쟁하였는데, 이를 향전이라 한다.
③ 화폐 정리 사업으로 일본 제일은행권이 발행되었다.
④ 고종 황제는 헤이그 특사 파견을 구실로 일본에 의해 강제 퇴위되었다.
⑤ 화성 축조와 당백전은 관련이 없다.

07 정답 ① *흥선 대원군의 개혁 정치

| 문제 + 자료 분석 |

- 자료는 흥선 대원군이 단행한 수취 체제 개편 내용이다.
- 흥선 대원군은 민생을 안정시키고 국가 재정을 확충할 목적으로 삼정의 문란을 개혁하였다.

| 선택지 분석 |

① 흥선 대원군은 전정에서는 양전을 실시하여 세금 징수의 기준을 확보하였으며, 군정에서는 호포제를 실시하여 양반에게도 군포를 징수하였다. 또한 환곡 부분에서는 지역민들이 자치적으로 운영하게 하는 사창제를 실시하였다.
② 대부분의 양반들은 호포제에 반대하였다.
③ 집강소 개혁의 일부로 시행된 것은 동학 농민 운동 때의 '폐정 개혁안'이다.
④ 삼정의 문란 등으로 조선 후기 농민 봉기가 확산되었다.
⑤ 조선 후기 영조와 정조는 탕평책을 시행하여 붕당 정치의 문제를 해결하려 하였다.

08 핵심 키워드: 속오군, 양반에서부터 노비

모범 답안 조선 후기의 지방군인 속오군은 양반에서부터 노비에 이르는 모든 신분의 사람들로 구성되었다.

| 문제 + 자료 분석 |

- 조선 후기의 중앙군은 5군영, 지방군은 속오군으로 정비되었다.
- 속오군은 양반에서부터 노비에 이르는 모든 신분의 사람들로 구성되었다.

*채점 기준

채점 기준	배점
양반에서부터 노비에 이르는 모든 신분의 사람들로 구성되었다고 서술한 경우	100 %
단순히 모든 신분의 사람들로 구성되었다고 서술한 경우	30 %

09 핵심 키워드: 숙종, 환국, 일당 전제화

모범 답안 (1) 환국
(2) 특정 붕당이 권력을 독점하는 일당 전제화 현상이 나타났고 상대 붕당에 대한 가혹한 탄압이 이어졌다.

| 문제 + 자료 분석 |

- 자료의 (가)는 환국이다.
- 환국을 거치면서 집권 붕당의 상대 붕당에 대한 탄압이 공공연하게 행해졌고, 일당 전제화 현상이 나타났다.

*채점 기준

채점 기준	배점
일당 전제화 현상이 나타났고 상대 붕당에 대한 가혹한 탄압이 이루어졌다는 점을 명확히 서술한 경우	100 %
붕당 정치의 변질만 언급한 경우	50 %

10 정답 비변사

| 문제 + 자료 분석 |

- 자료의 (가) 기구의 명칭은 비변사이다.
- 비변사는 본래 왜구와 여진 등에 의한 변방의 침입에 대비하던 임시 기구였으나, 양난을 거치며 국정 총괄 기구로 성장하였다.
- 비변사는 조선 후기에 의정부와 6조를 누르고 국가 최고 기구가 되어 국정 전반을 담당하였다.

11 정답 비변사 축소 및 폐지, 의정부 기능 회복, 삼군부 부활

| 문제 + 자료 분석 |

- 흥선 대원군은 왕권을 강화하기 위해 비변사를 축소·폐지하였다. 그리고 의정부의 기능을 회복하고, 삼군부를 부활시키는(정치와 군사 기능 분리) 등 정치 기구를 정비하였다.

05 국제 관계와 대외 교류

문제편 190~191p

01 정답 ③ ＊6세기 말~7세기 동아시아

| 문제 + 자료 분석 |

- 자료는 6세기 말~7세기의 동아시아 국제 관계를 보여주는 지도이다.
- 6세기 말 수가 고구려를 압박하자 고구려는 돌궐, 백제, 왜와 남북 연합을 형성하였고, 신라는 이에 맞서 수·당과 동서 연합을 결성하였다.

| 선택지 분석 |

① 살수 대첩은 7세기 수의 고구려 침입 과정에서 발생하였다.
② 백제는 7세기 중반 나·당 연합군의 공격으로 멸망하였다.
③ 김헌창의 난은 신라 말기인 9세기에 발생한 왕위 쟁탈전이다.
④ 백제는 의자왕이 즉위한 641년부터 신라에 대한 공세를 강화하여 대야성 등 신라 변경의 40여 성을 함락시켰다.
⑤ 김춘추는 나·당 동맹 결성에 중요한 역할을 담당한 인물이다. 나·당 동맹은 당의 고구려 침입 실패 이후인 7세기 중반에 체결되었다.

02 정답 ③ ＊신라의 삼국 통일 과정

| 문제 + 자료 분석 |

- 자료의 (가)는 안시성 전투(645), (나)는 백제 멸망(660)에 관한 내용이다.
- 고구려 정복에 실패한 당은 신라와 나·당 동맹을 결성한 후, 신라와 함께 백제와 고구려를 공격하여 차례로 멸망시켰다.

| 선택지 분석 |

①, ②, ④, ⑤는 모두 백제 멸망 이후의 사건이며 제시된 사건들은 ② 백강 전투(663) → ① 고구려 멸망(668) → ⑤ 매소성 전투(675) → ④ 발해 건국(698) 순서로 전개되었다.
③ 안시성 전투(645)와 백제 멸망(660) 사이에 나·당 동맹(648)이 결성되었다.

03 정답 ③ ＊나·당 전쟁의 전개

| 문제 + 자료 분석 |

- 자료의 전투는 나·당 전쟁 시기에 벌어졌던 기벌포 전투와 매소성 전투이다.
- 당은 백제를 멸망시킨 후 백제의 옛 땅에 웅진 도독부(660)를, 신라의 수도인 경주에 계림 도독부(663)를 두었다. 고구려를 멸망시킨 후에는 고구려의 옛 땅에 안동 도호부(668)를 두어 한반도 전체를 지배하고자 하였다.

| 선택지 분석 |

① 김흠돌의 난은 삼국 통일 완수 후인 신문왕 때의 사건으로, 전제 왕권이 성립되는 계기로 작용하였다.
② 6세기 신라 지증왕 때 이사부가 우산국을 정벌하였다.
③ 당이 한반도 전체를 장악하려는 야욕을 드러내자, 신라는 당과 전쟁을 벌여 당을 몰아내고 삼국 통일을 완성하였다(676).
④ 흑치상지 등이 전개한 백제 부흥 운동은 663년 백강 전투의 패배, 지도부 간 내분으로 실패하였다.
⑤ 대가야를 중심으로 한 후기 가야 연맹은 5세기 후반에 성립되었다. 6세기 후반에는 대가야가 신라에 병합되었다.

04 정답 ① ＊고려 전기의 대외 관계

| 문제 + 자료 분석 |

- 자료의 (가) 지역은 강동 6주이다.
- 거란의 1차 침입 당시 거란 장수 소손녕과 회담에 나선 서희가 외교 담판을 벌여 거란으로부터 강동 6주를 얻어냈다.

| 선택지 분석 |

① 고려는 거란의 1차 침입 때 서희의 외교 담판으로 거란군을 철수시켰으며 이후 강동 6주를 획득하였다.
② 윤관이 별무반을 이끌고 축조한 것은 동북 9성이다. 강동 6주는 거란족, 동북 9성은 여진족과 관련된 곳으로 위치를 잘 구분해 두어야 한다.
③ 공민왕 때 무력으로 되찾은 곳은 쌍성총관부 일대이다.
④ 조선 세종 때 여진을 몰아내고 개척한 곳은 4군 6진이다.
⑤ 태조 왕건 시기에는 북진 정책을 추진하여 청천강에서 영흥만까지 영토를 확대하였다.

05 정답 ④ ＊삼별초의 항쟁

| 문제 + 자료 분석 |

- 자료는 삼별초의 항쟁에 관한 내용을 담고 있다.
- 삼별초는 무신 집권자 최우가 설치한 군사 기구로 좌별초, 우별초, 신의군으로 구성되었다.
- 삼별초는 고려 정부가 몽골과 강화를 맺고 개경으로 환도하자 배중손 등을 중심으로 항쟁을 벌였다.

| 선택지 분석 |

④ 삼별초는 배중손, 김통정 등을 중심으로 몽골과의 강화 및 개경 환도에 반대하며 약 3년간 항쟁을 전개하였으나, 고려와 몽골 연합군에 의하여 진압되었다.

06 정답 ⑤ ＊조선과 여진의 관계

| 문제 + 자료 분석 |

- (가)에는 조선이 여진에 펼쳤던 강경책이 들어가야 한다.

| 선택지 분석 |

① 동북 9성은 고려의 윤관이 별무반을 이끌고 여진을 몰아낸 후 동북 지역에 쌓은 성이다.
② 요동 정벌은 고려 말의 최영, 조선 초의 정도전 등이 명을 상대로 추진하였다.
③ 3포의 일본인들이 조선의 무역 통제 강화에 반발하여 3포 왜란(1510)을 일으키자, 조선은 이를 진압한 후 3포를 폐쇄하였다. 이는 일본에 대한 강경책에 해당된다.
④ 조선 초 왜구가 기승을 부리자, 세종은 이종무를 파견하여 왜구의 근거지인 쓰시마섬을 토벌하였다. 이는 일본에 대한 강경책에 해당된다.
⑤ 조선 세종은 여진에 대한 강경책의 일환으로 압록강과 두만강 유역에 최윤덕과 김종서를 파견하여 각각 4군과 6진을 개척하도록 하였다.

07 정답 ③ ＊북벌론과 북학론

| 문제 + 자료 분석 |

- 자료의 (가)는 북벌론, (나)는 북학론이다.
- 병자호란 이후 무기를 개량하고 군대를 증설하여 청을 정복하자는 북벌론과 발달된 청의 문물을 받아들여야 한다는 북학론이 대두되었다.

| 선택지 분석 |

① 북벌론은 병자호란 때 조선이 굴욕적으로 항복하고 명과의 관계가 단절된 이후 대두되었다.
② 북벌론을 주장한 서인들은 광해군의 중립 외교 정책을 비판하였으며, 인조반정을 일으킨 후 친명배금의 외교 정책을 전개하였다.
③ 북학파 실학자들은 청의 발달된 문물을 수용하고 상공업을 발전시킴으로써 국가가 부강해질 수 있다고 보았다.
④ 북벌론에 대한 설명이다. 북학파 실학자들은 기존의 한족 중심 중화사상에 한계를 느끼고 청의 문물을 수용할 것을 주장하였다.
⑤ 북벌론을 내세운 세력이 강조하였다.

08 핵심 키워드: 고구려, 독자적 천하관, 영락, 태왕

모범 답안 '영락'이라는 독자적인 연호를 사용하였고, 지배자의 칭호를 '태왕'이라 하였다. 신라와 백제를 고구려의 속국으로 인식했다.

| 문제 + 자료 분석 |

- 고구려는 광개토 대왕과 장수왕 때 영토를 크게 확장하고 국력을 신장시켰다.
- 이 무렵 고구려는 중국이 아닌 자국을 천하의 중심이라고 생각하는 독자적인 천하관을 내세웠다.

＊채점 기준

영락 연호 사용, 태왕 칭호 사용, 신라와 백제를 속국으로 인식 중 두 가지를 서술한 경우	100%
위의 내용 중 한 가지만 서술한 경우	50%

09 정답 (가) 강동 6주, (나) 별무반

| 문제 + 자료 분석 |

- 자료의 (가)는 강동 6주로, 거란의 1차 침입 때 서희가 획득한 영토이다.
- 자료의 (나)는 별무반으로, 12세기 초반 여진 정벌을 위해 윤관의 건의에 따라 설치되었다.

10 핵심 키워드: 쓰시마섬, 무력 진압

모범 답안 왜구의 근거지인 쓰시마섬을 정벌하였다. 일본인들이 일으킨 3포 왜란과 을묘왜변을 무력으로 진압하였다.

| 문제 + 자료 분석 |

- 조선 초 왜구들이 끊이지 않자 세종은 왜구의 근거지인 쓰시마섬을 정벌하였다.
- 16세기에는 일본인들이 무역 통제 강화에 반발하여 난(3포 왜란, 을묘왜변)을 일으키자 이를 무력으로 진압하였다.

＊채점 기준

조선의 강경책을 두 가지 모두 서술한 경우	100%
조선의 강경책을 한 가지만 서술한 경우	50%

06 수취 체제와 경제생활

문제편 192~193p

01 정답 ② ＊발해의 경제

| 문제 + 자료 분석 |

- 자료의 (가) 국가는 발해이다.
- 발해는 9세기에 이르러 사회가 안정되면서 농업, 수공업, 상업이 발달하였고, 당, 신라, 거란, 일본 등과 무역하였다.

| 선택지 분석 |

① 모내기법은 고려 말에 남부 지방 일부에 보급되었고, 일반화된 것은 조선 후기에 이르러서였다.
② 발해는 당과 활발히 교류하였다. 당에 모피, 철, 인삼, 말 등을 수출하였고, 비단과 서적 등을 수입하였다.
③ 시비법이 발달하여 휴경지가 소멸된 것은 조선 전기이다.
④ 벽란도는 고려 시대를 대표하는 국제 무역항이었다.
⑤ 완도에 청해진을 설치한 것은 통일 신라의 장보고이며, 그는 동아시아 해상 무역을 주도하였다.

02 정답 ③ ＊전시과 제도의 실시

| 문제 + 자료 분석 |

- 자료는 고려 시대에 5품 이상의 관리에게 지급한 공음전에 대한 내용이다.
- 공음전은 자손에게 세습이 가능하여 문벌의 경제적 기반이 되었다.

| 선택지 분석 |

① 19세기 조선 시대에 세도 정치가 전개되어 삼정이 문란해졌다.
② 조선 전기에 사림 세력이 중앙 정계에 진출하여 훈구 세력의 부정과 비리를 비판하면서 사화가 발생하였다.
③ 공음전은 고려 시대 5품 이상의 고위 관리에게 지급한 토지로 문벌의 경제적 기반이 되었다. 문벌은 과거와 음서를 통해 정치적 기반을 강화하고, 과전과 공음전의 혜택을 통해 경제적 기반을 강화할 수 있었다.
④ 17세기 후반 숙종 때 환국이 발생하여 붕당 정치가 변질되고 일당 전제화의 추세가 나타났다.
⑤ 신라 말기에 왕위 쟁탈전으로 중앙 정부의 지방 통제가 약화되면서 지방에서 반독립적인 세력인 호족이 성장하였다.

03 정답 ⑤ ＊과전법

| 문제 + 자료 분석 |

- 자료는 고려 후기 권문세족들이 대토지를 소유하고 있는 상황을 비판하고 있다.
- 고려 말에는 권문세족이 넓은 토지를 차지하여 백성들의 생활이 어려워졌고, 국가의 조세 수입이 줄어들었다.
- 이에 신진 사대부는 권력을 장악한 뒤 과전법을 실시하였다.

| 선택지 분석 |

① 조선 세조가 시행한 직전법에 해당한다.
② 전시과 제도 아래에서 군역이 세습됨에 따라 군인전 역시 자손에게 세습되었다.
③ 통일 신라의 신문왕이 왕권 강화를 위해 추진한 정책이다.
④ 흑창은 고려 태조가 빈민 구제를 목적으로 설치하였다.
⑤ 신진 사대부들은 자신들의 경제 기반을 마련하기 위해 과전법을 시행하였다. 과전은 경기 지방의 토지로 지급하였고, 받은 사람이 죽거나 반역하면 국가에 반환하도록 하였다. 과전법을 통해 국가 재정을 확보하고, 관료들에게는 관직 복무에 대한 경제적 기반을 보장하였다.

04 정답 ① ＊고려와 조선의 토지 제도

| 문제 + 자료 분석 |

- 자료의 (가)는 고려의 경정 전시과, (나)는 조선의 직전법이다.
- 고려 문종 때에 관료에게 줄 토지가 부족하게 되자 현직 관료에게만 토지를 지급하도록 규정을 바꾸고 지급량도 줄였다(경정 전시과).
- 조선은 관료들에게 과전을 지급하였는데, 수신전, 휼양전 등의 명목으로 일부 토지가 세습되면서 새로운 관료에게 줄 토지가 부족해지자 세조 때 직전법을 실시하였다.

| 보기 분석 |

ㄱ. ㄴ. 경정 전시과와 직전법은 모두 관료에게 줄 토지가 부족해지자 현직 관료만을 대상으로 수조권을 행사할 수 있는 토지를 지급하였다는 공통점이 있다.
ㄷ. 전시과에만 해당하는 설명이다. 고려의 전시과 제도는 문무 관리로부터 군인, 한인에 이르기까지 18등급으로 나누어 곡물을 수취할 수 있는 전지와 땔감을 얻을 수 있는 시지를 지급한 토지 제도이다.
ㄹ. 경정 전시과와 직전법은 모두 토지의 소유권이 아닌 수조권(세금을 거둘 수 있는 권리)을 지급한 제도였다.

05 정답 ③ * 관수관급제

| 문제 + 자료 분석 |

- 자료는 성종 때의 관수관급제 시행에 관한 내용을 담고 있다.
- 조선 시대에 수조권을 받은 자는 스스로 그해의 생산량을 조사하여 1/10을 세금으로 거두었는데, 수조권을 가진 관료가 이를 남용하여 과다하게 수취하는 일이 잦았다.
- 이에 성종 때 지방 관청에서 그해의 생산량을 조사하여 거두고, 이를 관리에게 나누어 주는 방식으로 바꾸었다(관수관급제).

| 선택지 분석 |

① 인조 때 연분9등법을 대신하여 풍흉에 관계없이 토지 1결당 쌀 4~6두를 거두는 영정법을 시행하였다.
② 과전법은 전직 관리와 현직 관리에게 등급에 따라 과전을 지급한 제도였다.
③ 관수관급제의 실시로 관청에서 직접 조세를 거두어 관리들에게 나누어 주면서 국가의 토지 지배권이 강화되었다.
④ 관수관급제의 시행 배경에 해당하는 내용이다.
⑤ 과전법 실시 이후 수신전과 휼양전 등의 이름으로 토지가 세습되면서 새로 관직에 임명된 관리에게 지급할 토지가 부족해졌다. 이에 세조는 현직 관리에게만 과전을 지급하는 직전법을 실시하였다.

06 정답 ② * 조선 후기 상품 화폐 경제의 발달

| 문제 + 자료 분석 |

- 밑줄 친 '이 시기'는 조선 후기이다.
- 조선 후기에는 모내기법이 널리 확산되고, 송상과 만상 등 사상이 성장하여 상품 화폐 경제가 발달하였다.

| 선택지 분석 |

① 조선 후기 국경 지역에서는 공무역인 개시와 사무역인 후시가 전개되었다.
② 훈구와 사림의 대립은 조선 전기에 나타났으며, 조선 후기에는 붕당 정치가 전개되었다.
③ 양난 이후 비변사가 국가 최고 기관으로 떠오르면서 의정부와 6조를 대신하여 주요 정무들을 처리하였다.
④ 조선 후기 부를 축적한 일부 상민들은 신분 상승을 위해 납속책과 공명첩, 족보 구입 및 위조 등의 수단을 동원하였다.
⑤ 조선 후기에는 화폐인 상평통보가 널리 유통되었다.

07 정답 ② * 대동법

다음과 같은 주장이 제기된 배경을 이해하기 위한 탐구 활동으로 가장 적절한 것은?

> 지방에서 온 사람이 "백성이 모두 한꺼번에 납부하는 것을 고통스럽게 여긴다."라고 하였습니다. 대체로 먼 지방은 경기와 달라 부자들이 가진 땅이 많습니다. 10결을 소유한 자는 10석을 내고 20결을 소유한 자는 20석을 내야 합니다. 이렇게 하면 땅이 많으면 많을수록 더욱 고통스럽게 여길 것은 당연합니다. … 대가(大家)와 거족(巨族)이 불편하게 여기며 원망을 한다면, 어려운 시기에 심히 걱정스러운 일이라 할 것입니다.
> – 『인조실록』
>
> (대동법은 토지 면적을 단위로 세금을 납부해야 하므로 보유 토지가 많을수록 납부해야 할 세금의 양이 늘어남)
> (대동법 시행으로 토호나 대지주가 부담이 늘어나 불만을 제기함)
> (조선 후기)

| 문제 + 자료 분석 |

- 자료는 대동법의 시행에 대해 토호나 부유한 지주층이 불만을 제기하는 내용을 담고 있다.
- 대동법은 토산물로 내던 공납을 쌀, 무명, 삼베 등으로 수취한 제도이다. 보유 토지 면적을 기준으로 납부량이 결정되었기 때문에 토호나 부유한 지주층이 반대하였다.

| 선택지 분석 |

① 조선 초의 세종은 전세에서 공법(전분6등법, 연분9등법)을 마련하여 토지의 비옥도와 풍흉에 따라 차등적으로 수취하였다.
② 16세기에 공납 징수와 운반의 어려움으로 방납의 폐단이 생겨났다. 17세기에 이르러 정부는 대동법을 실시하여 토지 면적을 기준으로 쌀, 삼베나 무명, 동전 등을 거두었다.
③ 과전법 실시 이후 수신전과 휼양전 등의 이름으로 토지가 세습되면서 새로 관직에 임명된 관리에게 지급할 토지가 부족해졌다. 이에 세조는 현직 관리에게만 과전을 지급하는 직전법을 실시하였다.
④ 흥선 대원군이 호포제를 실시하면서 양반도 군포를 납부하게 되었다.
⑤ 균역법에서 농민의 군포 부담을 1필로 줄여주면서 감소된 재정은 결작, 선무군관포 등을 통해 보충하도록 하였다.

08 핵심 키워드: 대동법, 공인

모범 답안 (1) 대동법
(2) 공납에서 집집마다 토산물을 내던 것을 없애고 토지 면적을 기준으로 쌀, 무명, 동전, 삼베 등을 거두었다. 대동법의 시행으로 등장한 공인이 관청 수요품을 구입하여 공급하는 과정에서 상품 화폐 경제가 발달하였다.

| 문제 + 자료 분석 |

- 자료의 (가) 제도는 대동법이다.
- 대동법은 가구당 현물로 걷던 공납을 토지 단위로 쌀, 무명, 동전 등을 거둔 제도이다. 이를 통해 토지를 많이 가진 부유층의 세금 납부량을 늘리는 동시에 농민들의 부담을 감소시켰다.
- 또한, 국가에서 고용한 상인인 공인이 활동하는 과정에서 거래가 활성화되고 상품 화폐 경제가 발달하였다.

∗ 채점 기준

대동법의 구체적인 내용과 이 법이 조선 후기 경제에 끼친 영향을 모두 서술한 경우	100 %
대동법의 구체적인 내용만 서술한 경우	50 %
대동법이 조선 후기 경제에 끼친 영향만 서술한 경우	50 %

09 핵심 키워드: 결작, 선무군관포

모범 답안 균역법의 시행으로 감소된 재정은 결작, 선무군관포 등을 통해 보충하였다.

| 문제 + 자료 분석 |

- 자료의 (가) 제도는 균역법이다.
- 양난 이후 군적이 제대로 정비되지 않고 징수 기관도 통일되지 않아 이중 삼중으로 군포를 부담하는 경우가 많았다.
- 이에 따라 군포 부담을 피하는 사람들이 더욱 늘어나게 되었고, 군포 수입 또한 감소하게 되었다.
- 영조는 부담할 군포를 2필에서 1필로 감경하는 균역법을 통해 농민들의 부담을 줄이고자 하였다.

∗ 채점 기준

결작, 선무군관포를 모두 서술한 경우	100 %
결작, 선무군관포 중 한 가지만 서술한 경우	50 %

10 핵심 키워드: 모내기법, 이모작, 노동력 절감, 광작

모범 답안 모내기법의 실시로 벼와 보리의 이모작이 가능해져 농업 생산력이 크게 향상되었다. 잡초 제거에 드는 노동력이 절감되어 일부 농민은 경작지 규모를 크게 늘렸다(광작).

| 문제 + 자료 분석 |

- 자료의 (가) 농법은 모내기법이다.
- 모내기법은 씨앗을 땅에 직접 뿌리는 것이 아니라 모판에 일정한 간격을 두고 심은 후 일정 크기로 자라는 동안 키우다가 옮겨 심는 방법이다. 모가 자라는 동안 논은 비어 있게 되고 여기에 보리를 심어 이모작을 할 수 있었다.
- 모내기법은 물이 많이 필요한 농법으로 수리 시설의 정비 등이 필수적이었기 때문에 처음에는 남부 일부 지방에서만 행해지다가 점차 전국으로 확산되었다.

＊채점 기준

채점 기준	배점
이모작 등으로 인한 농업 생산력 향상, 광작의 출현 등 두 가지 이상을 서술한 경우	100 %
위의 내용 중 한 가지만 서술한 경우	50 %

07 신분제와 사회 구조

문제편 194~195p

01 정답 ② ＊화랑도

| 문제 + 자료 분석 |

- 자료의 단체는 신라의 화랑도이다.
- 신라의 화랑도는 원시 사회의 청소년 집단에서 기원하였으며, 원광의 세속 5계를 규범으로 하였다.

| 선택지 분석 |

① 경당은 고구려의 지방 교육 기관으로 유교 경전과 무술 등을 가르쳤다.
② 6세기 신라의 진흥왕은 화랑도를 국가적 조직으로 개편하여 인재를 양성하였다.
③ 백제는 유교 경전인 오경에 능통한 오경박사를 두어 학문을 연구하고 학생들을 가르치게 하였다.
④ 신라의 화백 회의에 관한 설명이다. 신라의 귀족 회의인 화백 회의는 만장일치로 국가 주요 정책을 결정하였다.
⑤ 고려의 향도에 해당한다. 향도는 불교 신앙 조직에서 유래하는데, 매향 활동을 포함한 불상과 석탑 조성 등의 불교 행사에 적극적으로 참여하여 주도적인 역할을 하였다.

02 정답 ④ ＊골품제

| 문제 + 자료 분석 |

- 자료와 관련된 제도는 골품제이다.
- 신라는 고유한 신분 제도인 골품제를 운영하였다. 골품은 개인의 정치·사회 활동 및 일상생활까지 제한하였다.

| 보기 분석 |

ㄱ. 신라의 화랑도는 귀족에서 평민까지 구성되어 계층 간 대립과 갈등을 조절하는 역할을 하였다.
ㄴ. 골품에 따라 관등 승진의 제한이 가해졌기 때문에 개인의 정치·사회 활동을 제약하였다.
ㄷ. 골품제는 신분의 한계를 능력으로 극복할 수 없도록 운영되었다. 그리하여 6두품 등이 골품제에 큰 불만을 가졌다.
ㄹ. 골품제는 신라의 삼국 통일 이후에도 유지되었다. 다만 삼국 통일 이후 3~1두품의 구분이 약화되어 평민과 동등하게 간주되었다.

03 정답 ① ＊고려의 가족 제도

| 문제 + 자료 분석 |

- 자료는 고려 시대의 호적에 해당한다.
- 자료를 토대로 나이순으로 호적에 기록되었다는 점과 여성도 호주(戶主)가 될 수 있었다는 점을 알 수 있다.

| 선택지 분석 |

① 고려 시대 여성은 사회적 진출에는 제한이 있었지만, 가족 내의 지위가 남성과 거의 대등하였다. 그러므로 여자의 재가에도 별다른 제한 조치가 없어 비교적 자유롭게 재가를 할 수 있었다.
② 고려 시대에는 일부일처제가 일반적이었다.
③ 제시된 '여주 이씨 호적'을 토대로 남편이 죽으면 여자도 호주가 될 수 있었음을 알 수 있다.
④ 고려 시대에는 남녀의 차별이 없이 호적에 나이순으로 기록하였다.
⑤ 고려 시대에는 자녀들이 돌아가면서 제사를 지냈고 재산도 자녀에게 골고루 상속되었다.

04 정답 ④ ＊고려의 신분 제도

| 문제 + 자료 분석 |

- 자료는 고려의 신분 제도를 나타내고 있다.
- 고려 사회는 4개의 신분으로 구성되어 있었다.
- 지배층과 중간 계층은 지배 계급으로서 정치·경제적 특권을 독점하였고, 양인 피지배층과 천인이 피지배 계급을 구성하였다.

| 보기 분석 |

ㄱ. 고려는 엄격한 신분제 사회였지만 제한적이나마 신분 상승의 가능성이 열려 있었다. 지방의 하급 향리가 과거에 급제하여 고위 관리가 되면 지배층에 편입될 수 있었던 것이 대표적인 예이다.
ㄴ. 중간 계층에 포함되는 남반은 궁중 실무를 담당하였다. 이들은 지배 계급에 속하였지만 높은 관직으로 진출하기는 어려웠다.
ㄷ. 고려 시대에는 백정 농민 이상이면 과거 응시 자격이 있었다. 즉 하급 향리도 과거에 응시할 수 있었다.
ㄹ. 특수 행정 구역인 향·부곡·소의 주민은 양인 신분이었으나 일반 군현민에 비해 차별을 받았다. 이들은 더 많은 세금을 납부하고 국자감 입학과 과거 응시가 불가능하였으며, 거주 이전에도 제한을 받았다.

05 정답 ④ ＊조선 시대의 양반

| 문제 + 자료 분석 |

- 조선의 양반은 각지에 서원을 건립하였다.
- 서원은 이름난 선비나 공신을 숭배하였고, 학문을 닦고 연구하는 역할을 하였다. 후학을 양성하고 여론을 형성하는 기능도 하였다.

| 선택지 분석 |

① 향리는 지방 관청의 실무를 담당하던 중인층으로, 직역이 대대로 세습되었다.
② 양반의 첩에게서 태어난 서얼은 문과에 응시할 수 없었다.
③ 기술직 중인에 대한 설명이다.
④ 양반은 경제적으로는 지주였으며, 정치적으로는 관료 혹은 예비 관료층으로서 유학적 소양과 자질을 닦는 데에 힘썼다. 조선은 각종 법률과 제도로 이들의 특권을 보장하였고, 그 결과 이들은 각종 국역을 면제받을 수 있었다.
⑤ 노비에 해당한다.

06 정답 ② * 조선 전기의 사회 모습

| 문제 + 자료 분석 |

- 자료는 율곡 이이가 조선 전기인 16세기에 만든 해주 향약의 내용이다.
- 향약은 전통적 공동 조직을 계승하면서 유교 윤리를 가미하여 향촌 교화와 질서 유지에 적합하게 구성한 규약이다. 중종 때 조광조 일파가 처음 시행한 후 전국적으로 확산되었다.
- 지방 사족은 향약을 조직하여 향촌 사회를 장악할 수 있었다.

| 선택지 분석 |

① 조선 시대 중인 신분인 의관은 여러 의료 기관에서 환자를 진찰하였다.
② 부유한 농민이 향회에 참여하게 된 시기는 조선 후기이다.
③ 양반의 첩의 자손인 서얼은 법적으로 문과 응시가 불가능하였다. 따라서 서얼들은 지속적으로 차별에 대한 시정을 요구하였고, 조선 후기에 규장각 검서관으로 기용되기도 하였다.
④ 서원은 선현에 제사하고 인재를 양성하는 교육 기관이었다. 16세기에 백운동 서원이 최초로 설립된 이후 점차 확산되어 갔다.
⑤ 외거 노비는 주인과 따로 떨어져 살면서 신공을 바치던 노비였다.

07 정답 ⑤ * 조선 후기 신분 질서의 변동

| 문제 + 자료 분석 |

- 자료는 조선 후기 신분 질서의 동요를 나타내고 있다.
- 조선 후기 경제 구조의 변동 속에서 부를 축적한 일부 서민층은 납속이나 공명첩, 족보 매매·위조 등의 방법을 이용하여 양반 신분을 획득하였다.
- 이러한 상황에서 양반의 수가 증가하였고 양반 중심의 신분 질서가 동요하였다.

| 선택지 분석 |

① 조선 후기 모내기법이 전국적으로 확산되면서 모내기 터에서 모를 기른 후에 논으로 옮겨 심는 것이 일반적인 모습이 되었다.
② 조선 후기 서민의 경제 수준이 향상되면서 서민들의 교육 기관인 서당이 널리 확산되었다.
③ 신분 구조의 변동 속에서 노비들도 도망 등의 방법을 통해 노비 신분에서 벗어나고자 하였다.
④ 조선 후기 중인들은 전문직으로서 자신들의 활동 영역을 확대하였다. 특히 역관은 청에 사신의 수행원으로 따라가 무역을 통해 부를 축적하기도 하였다.
⑤ 조선 후기 성리학적 윤리가 생활 규범으로 자리 잡으면서 남성 중심의 가부장적 가족 제도가 확립되었다. 그리하여 맏아들이 제사를 모시게 되었다.

08 핵심 키워드: 골품제, 신분 상승, 개방적

모범 답안 고려 사회는 제한적이나마 신분 상승이 가능한 보다 개방적인 사회였다.

| 문제 + 자료 분석 |

- 신라의 골품제는 폐쇄적인 신분 제도로 신분 상승이 불가능하였다. 고려도 엄격한 신분제 사회였다는 점은 신라와 동일하다.
- 그러나 고려에서는 두 번째 자료와 같이 신분 상승이 가능하였다.
- 이를 통하여 고려 사회가 신라 사회보다 개방적인 사회였다는 것을 알 수 있다.

＊채점 기준

신분 상승 가능, 개방적 사회를 모두 서술한 경우	100 %
신분 상승 가능만 서술한 경우	50 %

09 핵심 키워드: 하급 향리, 서리, 하급 장교

모범 답안 (가) 계층은 중간 계층으로 대체로 직역을 세습하였으며, 직역 수행의 대가로 국가로부터 토지(수조지)를 지급받았다.

| 문제 + 자료 분석 |

- 자료의 (가) 계층은 고려 시대의 중간 계층이다.
- 주로 하급 향리, 서리, 하급 장교 등이 여기에 해당한다. 이들은 대체로 직역을 세습하였고, 직역 수행의 대가로 국가로부터 토지(수조지)를 지급받았다.

＊채점 기준

모범 답안에 제시된 내용 두 가지를 모두 서술한 경우	100 %
모범 답안에 제시된 내용 중 한 가지만 서술한 경우	50 %

10 핵심 키워드: 몰락 양반, 신분 상승, 향촌 지배 체제

모범 답안 구향(기존 양반)과 신향(새롭게 양반이 된 신흥 부농층) 사이에 향촌 주도권 다툼인 향전이 발생하였다. 이 과정에서 구향의 향촌 사회에 대한 영향력이 약화되었고 중앙에서 파견된 수령의 권한이 강화되었다. 향회는 수령의 세금 부과 자문 기구가 되었다.

| 문제 + 자료 분석 |

- 조선 후기 양반 중심 신분 질서의 동요는 구향과 신향 간의 향촌 주도권 다툼인 향전을 야기하였다.
- 또한, 향촌에서 영향력을 갖고 있던 양반들의 세력이 약해지면서 중앙에서 파견된 수령의 영향력이 커졌다.
- 기존에 지방 양반들의 결속을 다지는 모임이었던 향회는 점차 수령의 세금 부과 자문 기구로 변모해 갔다.

＊채점 기준

조선 후기 향촌 지배 체제의 변화를 두 가지 서술한 경우	100 %
조선 후기 향촌 지배 체제의 변화를 한 가지만 서술한 경우	50 %

단원 08

08 사상과 문화

문제편 196~197p

01 정답 ② * 삼국 시대 도교 문화의 발전

| 문제 + 자료 분석 |

- 고구려의 사신도와 백제의 산수무늬 벽돌은 삼국 시대 도교 문화의 영향을 보여주는 문화유산이다.

| 선택지 분석 |

① 임신서기석은 신라의 두 청년이 유교 경전을 공부하기로 약속한 내용을 담고 있다.
② 백제의 금동 대향로에는 불교뿐만 아니라 신선과 같은 도교 문화 요소도 표현되어 있다.
③ 이불병좌상은 발해의 불교 문화유산이다.
④ 발해 석등은 발해 절터에서 발견된 불교 문화유산이다.
⑤ 석굴암 본존불은 통일 신라의 불교 문화유산이다.

02 정답 ① *신라 말기의 선종

선종

밑줄 친 이것에 대한 설명으로 옳은 것을 〈보기〉에서 고른 것은?

> 이것은 교종의 기성 사상 체계에 의존하지 않고,
> 경전의 이해를 통하여 깨달음을 얻는 것을 추구하는 불교 종파
> 스스로 사색하여 진리를 깨닫는 것을 중시하고,
> 선종은 참선을 통하여 깨달음을 얻는 것을 중시함
> 개인적인 정신세계를 찾는 경향이 강하였다.

| 문제 + 자료 분석 |

- 밑줄 친 '이것'은 선종이다.
- 신라 말에는 중앙 귀족과 함께 성장한 교종의 권위를 부정하고 참선을 통한 깨달음을 중시하는 선종 불교가 널리 유행하였다.
- 지방의 호족들은 선종을 후원하였다.

| 보기 분석 |

ㄱ. 선종은 중앙 귀족들이 후원하는 교종의 권위를 부정했기 때문에 지방에서 독자적인 세력을 구축하려는 호족의 이념적 지주가 되었다.
ㄴ. 선종은 지방 호족의 지원을 받아 지방에서 크게 유행하였다. 그리하여 지방 문화가 발전하는 데 이바지하였다.
ㄷ. 교종 불교에 대한 설명이다. 원효는 여러 종파의 사상적 대립을 조화시키려 하였고, 의상은 화엄 사상을 바탕으로 교단을 형성하였다.
ㄹ. 도교에 대한 설명이다. 삼국 시대에는 도교가 전래되어 산천 숭배나 신선 사상과 결합하였고, 귀족 사회를 중심으로 환영을 받았다.

03 정답 ③ *고려 시대의 교육 기관

| 문제 + 자료 분석 |

- 고려는 일상생활에서는 불교와 토속 신앙의 영향이 강하였지만, 정치에서는 유교를 통치 이념으로 채택하였다.
- 중앙에는 국자감, 지방에는 향교가 고려 시대의 대표적인 유학 교육 기관이었다.

| 보기 분석 |

ㄱ. 서당 교육이 확산된 것은 조선 후기이다. 조선 후기에는 서민들의 경제력 향상, 서당 교육의 확산 등을 배경으로 서민 문화가 발달하였다.
ㄴ. 고려는 유학 교육의 진흥에 힘써 중앙에 최고 교육 기관인 국자감을 설립하였다.
ㄷ. 지방의 향교에서는 지방 관리와 서민 자제를 교육하였다.
ㄹ. 고려 중기에는 최충의 문헌공도를 비롯한 사학 12도가 융성하였다. 학생들이 국자감보다 사학에 몰리자 정부에서는 관학 진흥을 위한 여러 정책을 실시하였다.

04 정답 ③ *팔만대장경

| 문제 + 자료 분석 |

- 자료의 (가)는 고려의 팔만대장경이다.
- 팔만대장경은 8만 개가 넘는 불경판으로 구성되어 있으며, 현재 합천 해인사 장경판전에 보관되어 있다.

| 선택지 분석 |

① 상감 기법은 물체의 표면을 파내고 다른 물질을 채워 넣는 공예 기법으로 상감 기법이 적용된 대표적인 사례로는 상감 청자가 있다.
② 팔만대장경은 영토 확장을 기념하는 것과는 무관하다.
③ 고려 전기에는 부처님의 힘으로 거란의 침입을 극복하기 위하여 초조대장경을 제작하였으나, 몽골의 침입 때 소실되었다. 이후에 고려 정부는 부처님의 힘으로 몽골을 물리치기 위하여 팔만대장경을 새로 만들었다.
④ 성리학은 대몽 항쟁 이후인 원 간섭기에 안향에 의해서 고려에 도입되었다. 성리학적 유교 사관에 영향을 받아 제작된 역사서로는 이제현의 『사략』이 있다.
⑤ 주몽(고구려 시조)의 일대기를 찬양하기 위하여 제작된 것은 고려 후기 이규보가 저술한 『동명왕편』이다.

05 정답 ③ *조선 전기 과학 기술의 발달

| 문제 + 자료 분석 |

- 자료는 자격루와 측우기이다.
- 자격루와 측우기는 세종 때 제작된 과학 발명품이다.

| 선택지 분석 |

① 정조 때 정약용이 화성 축조에 사용하기 위해 『기기도설』을 참고하여 거중기를 설계하였다.
② 중종 때 조광조 등 사림 세력의 주장에 따라 도교 관련 행사를 주관하던 소격서가 폐지되었다.
③ 세종은 민생 안정을 위해 다방면으로 노력하였다. 백성들에게도 문자 생활이 필요하다고 느끼면서 한글을 창제하여 반포하였는데, 당시에는 이를 훈민정음이라 불렀다.
④ 조선 후기 김정호가 산줄기, 하천, 포구, 도로망 등을 체계적으로 표시한 대동여지도를 제작하였다.
⑤ 성종 때 각 지역의 문화, 인심, 풍속 등을 기록한 『동국여지승람』이 편찬되었다.

06 정답 ④ *조선 후기 서민 문화의 발달

| 문제 + 자료 분석 |

- 자료는 조선 후기에 제작된 민화이다.

| 선택지 분석 |

① 탈놀이가 조선 후기의 사회 변화와 함께 성행하였다.
② 조선 후기에 한글 소설이 보급되고 유행하였다.
③ 조선 후기 중인층은 시사를 조직하고 문학 활동을 전개하였다.
④ 분청사기는 고려 말에 나타났으며 조선 초기에 유행하다 백자가 본격적으로 생산되면서 점차 그 생산이 줄었다.
⑤ 조선 후기 실학의 발달과 민족의 전통에 대한 관심이 깊어지면서 국학 연구가 발달하였다.

07 정답 ③ *조선 후기 실학의 발달

| 문제 + 자료 분석 |

- 자료와 같이 주장한 실학자는 박제가이다.
- 박제가는 생산과 소비의 관계를 우물물에 비유하면서 절약보다 소비를 권장해야 한다고 주장하였으며, 상공업 진흥도 강조하였다.

| 선택지 분석 |

① 『동사강목』을 저술한 사람은 조선 후기의 안정복이다.
② 조선 후기의 실학자인 유수원은 사농공상의 직업 평등과 전문화를 주장하였다.
③ 박제가는 청의 발전상을 목격하고 청 문물을 수용하자고 주장하였다.
④ 정약용은 토지를 공동 소유·공동 경작하는 여전제를 주장하였다.
⑤ 유형원은 사·농·공·상의 신분에 따라 토지를 차등적으로 분배하자는 균전론을 주장하였다.

08 핵심 키워드: 주자감, 6부의 명칭, 빈공과

모범 답안 주자감에서 유학 교육이 시행되었다. 6부의 명칭이 유교적 덕목으로 구성되었다. 당의 빈공과에 급제한 인물이 다수 존재하였다.

| 문제 + 자료 분석 |

- 밑줄 친 '이 사상'은 유학이다.
- 유학은 삼국 시대에 중국과 교류하는 과정에서 수용하였다.
- 발해에서도 6부의 명칭을 유교적 덕목으로 구성하고, 주자감에서 유학 교육을 시행하는 등의 사례가 나타났다.

*** 채점 기준**

모범 답안에 제시된 내용 중 두 가지를 서술한 경우	100 %
모범 답안에 제시된 내용 중 한 가지만 서술한 경우	50 %

09 핵심 키워드: 『삼국유사』, 『제왕운기』, 단군

모범 답안 『삼국유사』와 『제왕운기』는 모두 단군을 우리 민족의 시조로 내세웠다.

| 문제 + 자료 분석 |

- (가)는 일연이 편찬한 『삼국유사』, (나)는 이승휴가 편찬한 『제왕운기』이다.
- 『삼국유사』는 현존하는 역사서 중 최초로 단군을 민족의 시조로 내세웠다. 『제왕운기』도 단군을 민족의 시조로 내세웠고, 우리 역사를 단군부터 정리하였다.

*** 채점 기준**

단군을 우리 민족의 시조로 내세웠다고 서술한 경우	100 %
단순히 단군에 대한 내용을 담고 있다고 서술한 경우	30 %

10 정답 조선왕조실록

| 문제 + 자료 분석 |

- 밑줄 친 '사서'는 《조선왕조실록》이다.
- 조선은 역사서 편찬을 위해 춘추관을 설치하였다. 춘추관의 관리들은 사초를 정리하였는데, 왕이 죽고 난 뒤에 실록청을 설치하고 실록을 편찬하였다.

09 국제 질서의 변동과 개항

문제편 198~199p

01 정답 ② * 중국과 일본의 개항

| 문제 + 자료 분석 |

- 자료의 (가)는 난징 조약(1842)이다. 청은 제1차 아편 전쟁에서 영국에 패배하여 난징 조약을 맺고 개항하였다.
- 자료의 (나)는 미·일 화친 조약(1854)이다. 일본은 미국 페리 제독의 무력시위에 굴복하여 미·일 화친 조약을 체결하고 개항하였다.

| 선택지 분석 |

② 청이 영국과 체결한 난징 조약은 5개 항구의 개항, 영국에 홍콩 할양, 공행 폐지 등을 내용으로 한다. 일본이 미국과 체결한 미·일 화친 조약은 2개 항구 개항, 미국에 최혜국 대우 인정 등을 내용으로 한다.
베이징 조약(1860)은 청과 영국·프랑스 등이 제2차 아편 전쟁의 결과 체결한 조약이다. 조·일 수호 조규(1876)는 조선과 일본이 체결한 강화도 조약의 다른 이름이다. 시모노세키 조약(1895)은 청·일 전쟁의 강화 조약이고, 포츠머스 조약(1905)은 러·일 전쟁의 강화 조약이다.

02 정답 ④ * 동아시아의 근대화 운동

| 문제 + 자료 분석 |

- 일본은 1868년 메이지 유신을 단행하여 부국강병과 문명개화를 목표로 근대적 개혁을 추진하였다.
- 청은 19세기 후반에 한인 관료들의 주도로 양무운동을 전개하여 서양 기술의 도입을 통해 부국강병을 이루려 하였다.

| 보기 분석 |

ㄱ. 태평천국 운동을 주도하던 세력은 청 왕조를 타도하고 한족의 국가를 일으키자는 멸만흥한을 구호로 내세웠다.
ㄴ 일본은 문명개화론을 바탕으로 메이지 유신을 단행하여 입헌 군주제를 수립하고 신분제를 폐지하였으며 의무 교육을 실시하였다.
ㄷ. 입헌 군주제의 도입을 주장한 것은 캉유웨이 등이 주도한 변법자강 운동이다.
ㄹ 청의 양무운동은 서양 군사력의 우수성을 인식한 한인 관료에 의해 추진되었으며 중체서용을 통한 부국강병을 추진하였다.

03 정답 ② * 병인양요, 신미양요

| 문제 + 자료 분석 |

- 자료에 나타난 사건은 병인양요와 신미양요이다.
- 병인양요와 신미양요는 모두 서양 세력이 강화도를 침범하였다는 공통점이 있다.

| 선택지 분석 |

① 프랑스군은 강화도를 공격하였고 정족산성에서 전투를 벌인 이후 퇴각하였다.
② 병인양요는 1866년에 프랑스가 강화도를 침범한 사건으로, 당시 한성근 부대가 문수산성에서, 양헌수 부대가 정족산성에서 프랑스군을 물리쳤다. 신미양요는 1871년 미군이 강화도를 침범한 사건으로, 이때 어재연이 이끄는 조선 수비대가 광성보에서 결사적으로 항전하였다.
③ 병인양요와 신미양요 이후 흥선 대원군의 통상 수교 거부 정책이 더욱더 강화되었다.
④ 프랑스군은 강화도 외규장각에 보관되어 있던 많은 서적과 문화유산을 약탈하였다.
⑤ 미국의 침입인 신미양요는 제너럴 셔먼호 사건을 구실로 일어났다.

04 정답 ② * 병인양요

| 문제 + 자료 분석 |

- 자료의 (가) 사건은 병인양요(1866)이다.
- 프랑스군은 병인양요 당시 외규장각 도서를 약탈해 갔다.

| 선택지 분석 |

① 고종의 즉위는 1863년의 일이다.
② 병인양요는 같은 해 발생한 병인박해(1866)를 구실로 프랑스군이 조선의 강화도를 침공하였다가 실패한 사건이다.
③ 오페르트 도굴 미수 사건(1868)은 독일 상인 오페르트가 흥선 대원군의 아버지인 남연군의 묘를 도굴하려다 실패한 사건이다. 이 사건을 계기로 서양에 대한 반감이 더욱 높아졌다.
④ 신미양요는 1871년의 일로 제너럴 셔먼호 사건(1866)을 구실로 미군이 강화도를 침략하였다가 조선군의 저항에 결국 퇴각한 사건이다. 신미양요 이후 흥선 대원군은 전국 각지에 척화비를 세웠다.
⑤ 흥선 대원군은 1873년에 하야하였다. 운요호 사건(1875)은 강화도 조약(1876) 체결의 계기가 되었다.

05 정답 ⑤ * 척화비

| 문제 + 자료 분석 |

- 자료의 비석은 척화비이다.
- 흥선 대원군은 신미양요 이후 전국 각지에 척화비를 건립하여 통상 수교 거부 의지를 천명하였다.

| 선택지 분석 |

① 척화비는 두 차례의 양요를 치른 후 설립되었다. 삼국 시대의 신라 진흥왕 순수비, 충주 고구려비 등이 영토 확장을 기념하여 세워졌다.
② 영조는 탕평비를 세워 탕평 정책의 의지를 밝혔다.
③ 조선 숙종 때 세워진 백두산정계비에 조선과 청 양국 간 국경을 정한 내용이 새겨져 있다.
④ 신라의 임신서기석에는 유교 경전 공부를 맹세한 내용이 기록되어 있다.
⑤ 흥선 대원군은 병인양요(프랑스의 강화도 침입)와 신미양요(미국의 강화도 침입)를 겪은 후 전국 각지에 척화비를 세워 통상 수교 거부 의지를 널리 알렸다.

06 정답 ⑤ * 강화도 조약

| 문제 + 자료 분석 |

- 자료의 조약은 1876년 조선과 일본 간에 체결된 강화도 조약(조·일 수호 조규)이다.
- 강화도 조약은 조선이 맺은 최초의 근대적 조약이지만, 해안 측량권과 영사 재판권(치외법권) 등이 포함된 불평등 조약이다.

| 선택지 분석 |

① 강화도 조약은 해안 측량권, 영사 재판권을 규정한 불평등 조약이다.
② 조선이 타국과 맺은 최초의 근대적 조약이지만, 서양이 아닌 동양의 일본과 체결한 것이다. 조선이 서양과 체결한 최초의 조약은 조·미 수호 통상 조약(1882)이다.
③ 위정척사 운동을 이끈 유생층은 '왜양일체론' 등을 주장하며 개항에 반대하였다.
④ 거중 조정, 최혜국 대우는 조·미 수호 통상 조약에서 규정되었다.
⑤ 강화도 조약은 1875년의 운요호 사건을 계기로 체결되었다. 운요호 사건은 일본이 군함 운요호를 보내 무력시위를 하면서 조선의 개항을 요구한 사건이다.

07 정답 ② * 조·미 수호 통상 조약

| 문제 + 자료 분석 |

- 자료의 (가) 조약은 조·미 수호 통상 조약(1882)이다.
- 조·미 수호 통상 조약은 조선이 서양과 맺은 최초의 근대적 조약으로, 『조선책략』의 유포와 청의 알선을 배경으로 체결되었다.

| 선택지 분석 |

① 조·청 상민 수륙 무역 장정(1882)에 대한 설명이다. 임오군란(1882) 이후 청과 체결한 조·청 상민 수륙 무역 장정에서 조선은 청 상인의 내지 통상을 허용하였다.
② 최혜국 대우는 통상 조약에서 한 나라가 제3국에게 부여한 유리한 대우를 조약의 상대국에도 자동적으로 부여하는 것을 말한다. 미국은 조선 정부로부터 최혜국 대우를 최초로 인정받았다.
③ 강화도 조약에서 조선을 자주국이라 명시하여 일본은 청의 종주권 주장을 차단하려고 하였다. 조·미 수호 통상 조약은 청이 권유하고 알선하여 체결된 조약이다. 이를 통해 청은 일본과 러시아를 견제하려고 하였다.
④ 1886년에 프랑스와 체결한 수호 통상 조약과 관련된 내용이다. 천주교 포교 문제로 프랑스와의 수교가 지연되다가 1886년에 수교가 이루어져 천주교 포교의 자유가 인정되었다.
⑤ 1876년에 체결된 강화도 조약에 대한 설명이다. 조선은 일본에 부산 외에 두 개의 항구를 개항할 것을 약속하였다.

08 정답 ① * 강화도 조약과 조·미 수호 통상 조약

| 문제 + 자료 분석 |

- 자료의 (가) 조약은 강화도 조약(1876), (나) 조약은 조·미 수호 통상 조약(1882)이다.
- 강화도 조약에서 조선은 일본에 부산 외에 두 개의 항구(이후 원산과 인천으로 정해짐)를 개항할 것을 약속하였다.
- 미국은 조·미 수호 통상 조약을 통해 한 나라가 제3국에게 부여한 유리한 대우를 조약의 상대국에도 부여하는 최혜국 대우를 인정받았다.

| 선택지 분석 |

① 강화도 조약은 조선이 외국과 맺은 최초의 근대적 조약이지만, 영사 재판권(치외 법권)과 해안 측량권 등을 인정한 불평등 조약이었다. 조선은 1882년에 서양 국가와는 처음으로 미국과 수호 통상 조약을 맺었는데, 이 조약 역시 영사 재판권(치외 법권) 등을 인정한 불평등한 조약이었다.
② 강화도 조약의 부속 조약으로 맺은 조·일 무역 규칙을 통해 일본의 수출입 상품에 대한 무관세 무역이 이루어졌다. 그러나 조·미 수호 통상 조약에서는 비록 낮은 비율이기는 하지만, 관세 조항을 명시하였다.
③ 해안 측량권은 강화도 조약에만 해당된다.
④ 최혜국 대우 조항은 조·미 수호 통상 조약에서 처음으로 명시되었다. 일본은 1883년 조·일 통상 장정을 통해 최혜국 대우를 인정받았다.
⑤ 거중 조정 조항은 조·미 수호 통상 조약에만 해당된다.

09 정답 (라)-(가)-(나)-(다)

(가)~(라)를 일어난 순서대로 바르게 나열하시오.

(가) 적군이 정족산성 아래로 몰려오니 양공이 사기를 돋우어 전투를 독려하였다. → 병인양요(1866. 9.)
(적군: 프랑스군 / 정족산성 … 사기를: 양헌수의 정족산성 전투)

(나) 너희 나라와 우리나라 사이에는 왕래도 없었고, 은혜나 원수도 없는데, 이번 덕산 묘지에서 저지른 사건은 사람으로서 차마 할 수 있는 일이겠는가? → 오페르트 도굴 미수 사건(1868)
(너희 나라: 독일 / 덕산 묘지에서 저지른: 독일 상인 오페르트가 남연군 묘를 도굴하려다 실패함)

(다) "서양 오랑캐가 침범했을 때 싸우지 않음은 화친하는 것이고, 화친을 주장함은 나라를 파는 것이다."라고 새겨진 비석이 전국에 세워졌다.
(신미양요 이후 전국에 척화비가 건립됨 → 척화비 건립(1871))

(라) 평안 감사가 "오랑캐들이 처음에는 교역을 요청하다가 … 대동강에서 다른 상선도 약탈하며 날뛰었습니다."라고 아뢰었다. → 제너럴 셔먼호 사건(1866. 7.)
(평안 감사: 박규수 / 대동강에서 … 약탈하며: 약탈을 자행한 제너럴 셔먼호)

| 문제 + 자료 분석 |

- 자료의 (가)는 병인양요, (나)는 오페르트 도굴 미수 사건, (다)는 척화비 건립, (라)는 제너럴 셔먼호 사건이다.
- 제너럴 셔먼호 사건(1866. 7.)-병인양요(1866. 9.)-오페르트 도굴 미수 사건(1868)-척화비 건립(1871) 순으로 발생하였다.

10 핵심 키워드: 통상 수교 거부 정책

모범 답안 (가)는 통상 수교 거부 정책이다. 흥선 대원군의 통상 수교 거부 정책은 일시적으로 서양 세력을 저지하는 긍정적인 결과를 가져왔으나, 조선의 근대화를 지연시키기도 하였다.

| 문제 + 자료 분석 |

- 자료의 (가)에 알맞은 흥선 대원군의 외교 정책은 통상 수교 거부 정책이다.
- 두 차례의 양요 이후 흥선 대원군은 전국 각지에 척화비를 세워 서양과의 통상 수교 거부 정책을 널리 알렸다.

＊ 채점 기준

통상 수교 거부 정책을 쓰고, 긍정적인 면과 부정적인 면을 모두 서술한 경우	100 %
통상 수교 거부 정책을 쓰고, 긍정적인 면과 부정적인 면 중 한 가지만 서술한 경우	50 %

11 핵심 키워드: 해안 측량권, 영사 재판권

모범 답안 일방적으로 일본에 해안 측량권과 영사 재판권을 인정해 주었기 때문이다.

| 문제 + 자료 분석 |

- 자료의 조약은 강화도 조약(1876)이다.
- 강화도 조약은 조선이 외국과 맺은 최초의 근대적 조약이며 동시에 불평등 조약으로 평가할 수 있다.
- 조약의 제7관에서 해안 측량권과 제10관에서 영사 재판권이 인정되는 등 불평등한 내용을 찾아볼 수 있다.

＊ 채점 기준

일본에 해안 측량권과 영사 재판권 인정을 모두 서술한 경우	100 %
위의 두 가지 중 한 가지만 서술한 경우	50 %

10 근대 사회로의 변혁

문제편 200~201p

01 정답 ④ ＊위정척사 운동

| 문제 + 자료 분석 |

- 자료는 1870년대 위정척사 운동을 주도했던 최익현의 주장으로 왜양일체론이 나타나 있다.
- 최익현은 일본이 서양과 다름없다는 왜양일체론을 바탕으로 조선의 개항을 반대하였다.

| 선택지 분석 |

① 이만손과 영남 유생들의 영남 만인소는 1880년대 위정척사 운동에 포함된다. 이들은 만인소를 통해 서양 열강과의 수교에 반대한다는 점을 밝혔다.
② 박규수, 오경석 등은 통상 개화론자이고, 개화파가 이들의 사상을 계승했다.
③ 박규수는 열강의 군사적 침략을 피하고, 일본을 통해 서구의 정보를 얻기 위해서는 개항이 불가피하다고 주장하였다.
④ 최익현은 이항로, 기정진 등의 사상을 계승하여 양반 중심의 성리학적 질서를 지키려 하였다. 1870년대에 일본이 개항을 요구해 오자 최익현을 비롯한 유생들은 개항 반대 운동을 전개했다.
⑤ 이항로와 기정진의 척화 주전론에 기반한 1860년대 통상 수교 거부 운동에 대한 내용이다.

02 정답 ⑤ ＊임오군란

| 문제 + 자료 분석 |

- 자료의 사건은 임오군란(1882)이다.
- 임오군란은 때 구식 군인과 도시 하층민들은 선혜청, 민씨 정부의 고관, 일본 공사관 등을 습격하였다. 임오군란은 흥선 대원군의 일시적 재집권을 초래하였으며, 청군의 개입으로 진압되었다.

| 보기 분석 |

ㄱ, ㄴ. 급진 개화파는 갑신정변(1884)을 일으켰다. 이들은 국왕의 권력을 제한하고 내각을 중심으로 정치를 실시하는 입헌 군주제를 목표로 하였다.
ㄷ 청은 임오군란 이후 조선에 군대를 주둔시키고, 고문인 마건상과 묄렌도르프를 파견하여 조선에 대한 내정 간섭을 본격화하였다.
ㄹ 임오군란은 신식 군대인 별기군에 비해 열악한 처우에 놓여 있던 구식 군대가 봉기하여 일어났다.

03 정답 ④ ＊임오군란

| 문제 + 자료 분석 |

- 밑줄 친 '이 사건'은 임오군란(1882)이다.
- 임오군란 당시 일시적으로 권력을 잡게 된 흥선 대원군은 통리기무아문과 별기군을 폐지하여 정부의 개화 정책을 중단시켰다.

| 선택지 분석 |

① 을미의병은 을미사변과 단발령을 계기로 일어났다.
② 임오군란을 일으킨 세력은 민씨 정권의 개화 정책을 반대하였다.
③ 김홍집, 어윤중, 김윤식 등은 온건 개화파를 이끈 인물들이다.
④ 임오군란 당시 민씨 정권의 요청으로 청의 군대가 개입하였다. 이들이 임오군란을 진압한 이후 고문이 파견되었으며, 조·청 상민 수륙 무역 장정이 체결되는 등 청의 내정 간섭이 심화되었다.
⑤ 위정척사 운동은 양반 중심의 성리학적 질서를 유지하려 하였다.

04 정답 ④ ＊중국과 일본의 근대화 운동

| 문제 + 자료 분석 |

- 자료의 (가)는 중국의 근대화 운동인 양무운동의 중심 사상이라고 할 수 있는 '중체서용' 사상이다.
- 자료의 (나)는 일본의 근대화 운동인 메이지 유신의 중심 사상이라고 할 수 있는 '문명개화' 사상이다.

| 선택지 분석 |

① 동학은 인간의 존엄성과 평등을 강조하고 후천 개벽(현재의 세상이 끝나고 새로운 세상이 열림)을 내세워 급속히 확산되었다.
② 중체서용 사상은 중국의 유교 문화를 바탕으로 하여, 서양의 과학과 기술의 도입만을 추구하였다.
③ (가)의 중체서용이 온건 개화파가 주장한 동도서기론과 유사하다. (나)의 문명개화 사상은 급진 개화파가 수용하였다.
④ 문명개화 사상은 서양 문화를 뒷받침하는 근대적인 사상과 제도 전반을 수용해야 한다는 주장으로, 메이지 유신의 핵심 사상으로 볼 수 있다.
⑤ 조선에서 전개된 위정척사 운동은 반외세·반침략의 민족 운동으로 1890년대 이후 항일 의병 운동으로 계승되었다.

05 정답 ② ＊개화파의 형성과 분화

| 문제 + 자료 분석 |

- 자료는 급진 개화파의 중심 인물인 김옥균이 저술한 『치도약론』으로, 급진 개화파의 주장이 잘 서술되어 있다.
- 이들은 일본의 메이지 유신을 개혁 모델로 삼아 서양의 과학 기술뿐 아니라 사상과 제도까지 도입하는 급진적인 개혁을 추구하였다.

| 선택지 분석 |

①, ③, ⑤ 모두 온건 개화파에 대한 설명이다. 그들은 민씨 정권과 결탁하여 청과 우호 관계를 유지하였으며, 청의 양무운동을 개혁 모델로 하여 서양의 과학 기술만을 수용하자고 주장하였다(동도서기론).
② 급진 개화파는 청과 우호 관계에 있었던 온건 개화파와는 다르게 청의 내정 간섭을 반대하는 입장이었다.
④ 흥선 대원군은 통상 수교 거부 정책을 실시하였으므로, 급진 개화파의 주장과 반대된다.

06 정답 ⑤ * 갑신정변

| 문제 + 자료 분석 |

- 자료는 갑신정변(1884) 당시 급진 개화파가 제시한 14개조 개혁 정강이다.
- 이 개혁안에는 입헌 군주제 실시, 인민 평등권 확립 등의 내용이 포함되어 있어 이후 근대화 운동에 영향을 주었으나, 토지 제도 개혁은 포함되지 않았다.

| 선택지 분석 |

① 임오군란(1882)은 갑신정변 이전에 일어난 사건이다.
② 급진 개화파의 주도로 전개되었다.
③ 동학 농민 운동에 대한 설명이다.
④ 조선 후기의 실학자인 이익에 대한 내용이다. 갑신정변을 일으킨 급진 개화파는 토지 제도의 개혁에 소홀하였다.
⑤ 갑신정변은 청군의 개입으로 3일 만에 실패했으며, 이후 조선과 일본 간의 한성 조약, 청과 일본 간의 톈진 조약 체결로 이어졌다.

* 급진 개화파가 추구한 개혁 내용

정치	청과의 사대 관계 청산, 내각 제도 수립, 내시부·규장각 폐지
경제	재정 일원화(호조), 지조법(조세 제도) 개혁, 혜상공국 혁파
사회	문벌 폐지, 인민 평등권 확립, 능력에 따른 인재 등용

07 정답 ② * 조선 중립화론

| 문제 + 자료 분석 |

- 자료는 유길준이 제시한 조선 중립화론이다.
- 유길준은 조선을 두고 청, 일본, 영국, 러시아가 각축을 벌이고 있는 상황에서 조선을 중립국으로 만들어 국가적 지위를 보전하고자 하였다.

| 보기 분석 |

ㄱ, ㄷ 갑신정변 이후 청의 내정 간섭이 심화되고, 러시아의 남하 정책에 대응하여 영국이 거문도를 불법 점령하게 되면서 한반도를 둘러싼 열강의 각축이 본격화되었다. 이러한 상황에서 유길준이 조선의 안정을 보장받기 위해 『중립론』을 집필하였다.
ㄴ. 고종이 러시아 공사관으로 피신한 사건은 아관 파천(1896)이다.
ㄹ. 청·일 전쟁은 1894년에 발발한 전쟁으로 일본이 청에 승리하였다.

08 정답 (가) 강화도 조약, (나) 통리기무아문, (다) 별기군

| 문제 + 자료 분석 |

- 조선은 일본과 강화도 조약(1876)을 체결한 이후 개화 정책을 추진하기 위해 통리기무아문을 설치하고 개화파 인사들을 등용하였다.
- 또한, 5군영을 2영(무위영, 장어영)으로 개편하고 신식 군대인 별기군을 창설하였다.

09 핵심 키워드: 위정척사 운동, 반외세·반침략, 의병

모범 답안 의의: 반외세·반침략을 주장한 민족 운동이었으며, 향후 항일 의병 운동으로 계승되었다.
한계: 양반 중심의 성리학적 질서를 고수하려 하였다. 개화 정책 추진에 걸림돌로 작용하였다.

| 문제 + 자료 분석 |

- 자료와 같이 전개된 운동은 위정척사 운동이다.
- 위정척사 운동은 1860, 70, 80년대에 각각 통상 수교 거부, 개항 반대, 개화 반대 운동으로 진행되었다.

* 채점 기준

반외세·반침략 성격과 의병 운동으로 계승된 점을 설명하였으며, 양반 중심의 성리학적 질서 고수와 개화 정책 걸림돌이라는 한계점을 서술한 경우	100 %
의의만 서술하거나 한계점만 서술한 경우	50 %

10 핵심 키워드: 갑신정변, 일본에 의존, 민중의 지지 부족

모범 답안 (1) 갑신정변
(2) 갑신정변은 일본의 군사적 지원에 지나치게 의존하였다. 소수가 중심이 된 위로부터의 개혁 운동으로 민중의 지지를 이끌어 내지 못하였다.

| 문제 + 자료 분석 |

- 자료의 (가)는 갑신정변(1884)이다.
- 급진 개화파가 제시한 개혁 정강에는 청과의 사대 관계 청산, 문벌 폐지와 인민 평등권 확립, 호조로의 재정 일원화 등의 내용이 담겨 있다.
- 갑신정변은 자주적 근대 국가를 건설하기 위한 정치 개혁 운동이었다.
- 그러나 소수의 지식인이 급진적인 방식으로 근대화를 추진한 위로부터의 개혁이었고, 일본의 군사적 지원에 지나치게 의존한 한계가 있었다.

* 채점 기준

갑신정변의 한계를 두 가지 서술한 경우	100 %
갑신정변의 한계를 한 가지만 서술한 경우	50 %

11 근대 국가 수립을 위한 노력 문제편 202~203p

01 정답 ④ * 제2차 갑오개혁

| 문제 + 자료 분석 |

- 자료의 (가)는 제2차 갑오개혁이다.
- 청·일 전쟁에서 우세해진 일본은 조선에 영향력을 행사하여 제1차 갑오개혁을 주도하던 군국기무처를 폐지하고, 김홍집·박영효 등을 중심으로 제2차 갑오개혁을 단행하였다.

| 선택지 분석 |

①, ②, ③ 제1차 갑오개혁과 관련된 설명이다. 제1차 갑오개혁 때는 궁내부 설치, 왕실과 정부 사무 분리, 8아문제 실시, 과거제 폐지, 탁지아문의 재정 일원화, 조세의 금납화, 은 본위 화폐 제도 채택, 신분제와 공·사 노비제 폐지, 과부의 재가 허용, 조혼 금지, 연좌제 폐지 등이 실시되었다.
④ 제2차 갑오개혁으로 의정부가 내각으로 개편되었다.
⑤ 대한 제국은 청과 대등한 입장에서 한·청 통상 조약(1899)을 체결하였다.

02 정답 ① *폐정 개혁안

| 문제 + 자료 분석 |

- 자료는 동학 농민 운동 당시에 농민군이 발표한 폐정 개혁안이다.
- 폐정 개혁안에는 탐관오리 숙청, 인재 등용, 봉건적 신분 차별 폐지, 일본 세력 축출, 토지 제도 개혁 등의 내용이 담겨 있다.

| 보기 분석 |

ㄱ. 동학 농민군은 제폭구민(폭정을 없애고 백성을 구한다), 보국안민(나라를 돕고 백성을 편안하게 한다)을 주장하였다.
ㄴ. 동학 농민군은 전주 화약 이후 전라도 각지에 자치적 민정 기구인 집강소를 설치하여 폐정 개혁안을 실천해 나갔다.
ㄷ. 급진 개화파는 일본의 문명개화론의 영향을 받아 서양의 제도와 문화를 적극적으로 받아들이자고 주장하였다.
ㄹ. 청·일 전쟁의 결과 양국이 체결한 시모노세키 조약에 따라 일본이 청의 랴오둥반도를 할양받은 것이 삼국 간섭의 주요한 원인이었다.

03 정답 ② *을미사변

| 문제 + 자료 분석 |

- 밑줄 친 사건은 을미사변(1895)이다.
- 청·일 전쟁 이후 일본의 영향력이 더욱 확대되어 가는 상황에서 조선은 일본을 견제하기 위해 친러 정책을 추진하였다.

| 선택지 분석 |

① 병인양요(1866)에 관련된 설명이다.
② 조선은 일본의 세력 확대를 견제하기 위해 친러 정책을 추진하였으며, 이에 불만을 가진 일본은 러시아를 끌어들여 일본을 배척하려는 세력의 핵심이 명성 황후라고 생각하였다. 이에 경복궁에 침범하여 명성 황후를 시해하는 을미사변을 일으켰다(1895).
③ 흥선 대원군은 1863~1873년까지 집권하였다.
④ 단발령은 을미사변 이후에 단행된 을미개혁(1895)의 내용이다.
⑤ 독립 협회는 1896~1898년까지 활동하였다.

04 정답 ④ *아관 파천

| 문제 + 자료 분석 |

- 밑줄 친 '이 사건'은 고종이 러시아 공사관으로 피신한 아관 파천(1896)이다.
- 아관 파천으로 친일 내각이 붕괴되어 을미개혁이 중단되고, 조선에서 러시아의 영향력이 더욱 커지게 되었다.

| 선택지 분석 |

① 고종은 1863년에 즉위하였다.
② 운요호 사건은 1875년에 일어났다.
③ 임오군란은 1882년의 사건이다.
④ 을미사변(1895) 이후 신변에 위협을 느낀 고종은 조선 정부 내 친러 세력의 주장에 따라 러시아 공사관으로 처소를 옮겼다(아관 파천, 1896).
⑤ 을사늑약은 1905년, 국권 피탈은 1910년의 일이다.

05 정답 ② *을미개혁

| 문제 + 자료 분석 |

- 자료는 을미개혁 당시 실시된 단발령에 대한 기록이다.

| 선택지 분석 |

을미개혁으로 인해 ① 소학교가 설치되었으며, ③ 종두법이 시행되었고, ④ 태양력이 사용되었다. 또한 ⑤ 갑신정변 이후 중단되었던 우편 사무가 개시되었다. 이 외에도 '건양' 연호 사용, 태양력 사용, 친위대·진위대 설치 등을 주요 내용으로 하였다.
② 신분제의 폐지는 제1차 갑오개혁의 내용이다.

06 정답 ④ *독립 협회

자료와 관련된 단체의 활동으로 옳은 것을 〈보기〉에서 고른 것은?

▲ 독립문

▲ 독립신문

| 문제 + 자료 분석 |

- 독립문, 독립신문과 관련된 단체는 독립 협회이다.
- 1896년 서재필이 정부의 지원을 받아 독립신문을 발간하였고, 독립문을 건립한다는 명목으로 독립 협회를 창립하였다.
- 독립 협회에는 시민층, 학생, 노동자, 여성 등 다양한 계층이 참여하였다.

| 보기 분석 |

ㄱ. 대한 제국의 광무개혁과 관련된 설명이다.
ㄴ. 만민 공동회는 독립 협회가 주도한 우리나라 최초의 근대적 민중 집회이다. 각계각층이 참석하여 정부의 외세 의존과 이권 양도를 비판하였다.
ㄷ. 황국 협회는 1898년 황제 측근 보수파 관료들이 보부상과 연합하여 만든 단체로 독립 협회 해산에 동원되었다.
ㄹ. 독립 협회는 민중 계몽을 위해 기관지로 대조선 독립 협회 회보를 간행하고 매주 독립관에서 토론회를 개최하였다.

07 정답 ⑤ *광무개혁

| 문제 + 자료 분석 |

- 자료는 대한 제국에서 발표한 대한국 국제이다.
- 대한 제국을 수립한 고종은 독립 협회를 해산한 다음, 황제 직속으로 법규 교정소를 설치하여 지금의 헌법에 해당하는 대한국 국제를 제정하였다.

| 선택지 분석 |

① 대한국 국제는 전제 군주국을 표방하였다.
② 아관 파천은 1896년의 사건이다.
③ 대한 제국의 광무개혁은 구본신참의 원칙 아래 점진적으로 추진되었는데, 군사력 강화, 국가 재정 확충, 상공업 육성에 주력하였다. 특히 토지 소유권을 보장하는 지계를 발행하였는데, 이는 국가가 개인의 토지 소유권을 법적으로 인정한 것이다.
④ 독립 협회의 의회 설립 운동과는 거리가 멀다.
⑤ 대한국 국제는 황제에게 모든 권한이 집중되는 전제 군주제를 추구하였다.

08 정답 군국기무처

| 문제 + 자료 분석 |

- 밑줄 친 '기구'는 군국기무처이다.
- 군국기무처는 제1차 갑오개혁 추진 기구로, 일본이 청·일 전쟁 중이었기 때문에 조선 정부는 군국기무처를 중심으로 독자적인 개혁을 추진할 수 있었다.

09 핵심 키워드: 삼국 간섭, 친러 정책, 을미사변

모범 답안 삼국 간섭 이후 고종과 명성 황후는 러시아를 끌어들여 일본을 견제하려고 했다. 이에 위기를 느낀 일본은 경복궁을 습격해 명성 황후를 살해하였다(을미사변).

| 문제 + 자료 분석 |

- (가)는 러시아가 주도한 삼국 간섭(1895)이다.
- 고종과 명성 황후는 일본이 굴복한 삼국 간섭을 목격한 후, 친러 정책을 추진하여 일본을 견제하려고 하였다.
- 이에 일본은 친러 정책을 주도하던 명성 황후를 무참히 살해하였다(을미사변, 1895).

＊채점 기준

친러 정책 추진과 을미사변을 모두 서술한 경우	100 %
친러 정책 추진과 을미사변 중 한 가지만 서술한 경우	50 %

10 정답 (가)-(나)-(라)-(다)

| 문제 + 자료 분석 |

- (가) 청·일 전쟁의 강화 조약인 시모노세키 조약이 체결된 것은 1895년 3월의 일이다.
- (나) 일본이 명성 황후를 시해한 을미사변은 1895년 8월의 일이다.
- (라) 고종이 러시아 공사관으로 피신한 아관 파천은 1896년의 일이다.
- (다) 고종이 황제로 즉위하고 대한 제국이 수립된 것은 1897년의 일이다.

11 핵심 키워드: 대한 제국, 광무개혁

모범 답안 의의: 자주적으로 추진된 개혁이며, 국방력의 강화, 상공업 진흥과 근대적 토지 소유 제도를 확립하려 노력하였다.
한계: 황제권 강화에 주력하여 민권 보장에 소홀하였으며, 열강의 간섭으로 큰 성과를 거두지 못하였다.

| 문제 + 자료 분석 |

- 대한국 국제 제정, 원수부 설치, 양전 사업 시행, 지계 발급 등이 이루어진 개혁은 광무개혁이다.

＊채점 기준

광무개혁의 의의와 한계를 모두 서술한 경우	100 %
광무개혁의 의의와 한계 중 한 가지만 서술한 경우	50 %

＊ 광무개혁

원칙	구본신참의 원칙 아래 점진적 개혁 실시
정치	대한국 국제 반포
군사	원수부 설치(황제가 군사권 장악), 친위대와 진위대 증강
경제	• 양전 사업 실시, 일부 지역에서 지계 발급 • 공장과 회사 설립(상공업 육성)
교육	실업 학교 설립, 외국에 유학생 파견

12 사회·경제 변화와 문화 변동 문제편 204~205p

01 정답 ⑤ ＊화폐 정리 사업

| 문제 + 자료 분석 |

- 자료는 화폐 정리 사업(1905)과 관련된 내용을 담고 있다.
- 제1차 한·일 협약으로 파견된 일본인 재정 고문 메가타는 대한 제국 경제의 문제는 백동화 남발로 인한 화폐 유통의 혼란과 물가 폭등에 있다고 하며 화폐 정리 사업을 추진하였다.
- 화폐 정리 사업으로 시중에 유통되던 화폐량이 줄어들고, 국내 상공업자와 은행이 몰락하기도 하였다.

| 선택지 분석 |

① 군국기무처는 제1차 갑오개혁을 추진하였다.
② 흥선 대원군은 경복궁 중건을 위해 당백전을 발행하였다.
③ 임오군란은 1882년에 일어난 사건이다.
④ 대한 제국의 광무개혁과 관련된 설명이다.
⑤ 메가타는 제1차 한·일 협약(1904)에 따라 일본이 파견한 재정 고문으로, 일본 제일은행이 한국의 화폐 발행권을 장악하여 금융 지배를 할 목적으로 화폐 정리 사업(1905)을 추진하였다.

02 정답 ② ＊방곡령

| 문제 + 자료 분석 |

- 자료는 방곡령과 관련된 사료이다.
- 조·일 통상 장정은 방곡령 실시 1개월 전에 지방관이 일본 영사관에 통보할 것을 규정하고 있다.

| 보기 분석 |

①, ③ 흥선 대원군은 환곡 제도를 폐지하고 사창제를 운영하였다.
② 개항 이후 일본으로의 곡물 유출이 급증하면서 곡물 가격이 급등하여 대다수 농민과 도시 하층민의 생활은 더욱 어려워졌다. 이에 조·일 통상 장정(1883)의 내용을 근거로 함경도, 황해도 등에서 방곡령이 선포되었다. 하지만 사전 통보가 늦었다는 구실로 방곡령이 철회되었고, 일본은 막대한 배상금을 요구하였다.
④ 일제는 1910년대에 토지 조사령을 통해 한반도의 토지를 약탈하려 하였다.
⑤ 일본과의 무역은 여러 사전 조약을 통하여 중단될 수 없었다.

03 정답 ② ＊철도 부설

| 문제 + 자료 분석 |

- 자료는 경인선(1899)에 관한 설명이다.
- 경인선은 서울과 인천을 오가는 우리나라 최초의 철도로 일본에 의해 부설되었다.

| 선택지 분석 |

① 경의선(1906)은 서울과 신의주를 잇는 철도이다.
② 경인선(서울~인천)은 우리나라 최초의 철도로 일본에 의해 부설되었고 운영권도 일본이 소유하였다. 일본은 우리나라에서 철도 부설 공사를 진행하면서 수많은 토지를 약탈하였고, 농민들을 강제로 동원하였다.
③ 호남선(1914)은 대전과 목포를 잇는 철도이다.
④ 경부선(1905)은 서울과 부산을 잇는 철도이다.
⑤ 경원선(1914)은 서울과 원산을 잇는 철도이다.

04 정답 ③ ＊국채 보상 운동

| 문제 + 자료 분석 |

- 자료는 국채 보상 운동과 관련된 사료이다.
- 국채 보상 운동은 일본이 차관을 제공하면서 대한 제국의 경제적 예속이 심화되자 이를 극복하기 위해 추진된 경제적 구국 운동이다.

| 보기 분석 |

ㄱ. 독립 협회와 관련된 설명이다. 아관 파천 이후 열강의 이권 침탈이 극심해지자 독립 협회는 만민 공동회를 개최하고 이권 수호 운동을 전개하였다.
ㄴ. 국채 보상 운동은 서상돈 등을 중심으로 1907년에 대구에서 시작되어 대한매일신보 등 각종 신문을 통해 전국으로 확산되었다.
ㄷ. 대한매일신보 등 언론 기관이 모금 운동을 홍보하였고, 부녀자, 어린이, 기생에 이르기까지 각계각층의 사람들이 참여하였다.
ㄹ. 국채 보상 운동은 통감부의 탄압으로 중단되었다. 조선 총독부는 일제가 대한 제국을 강점한 1910년에 설치되었다.

05 정답 ③ * 개항 이후 종교계의 변화

| 문제 + 자료 분석 |

- 자료의 (가)에 들어갈 종교는 대종교이다.
- 을사늑약 체결 이후 '자신회'라는 이름의 5적 암살단을 조직하였던 나철은 단군 신앙을 기반으로 1909년에 대종교를 창시하였다.

| 선택지 분석 |

①, ② 천도교와 관련된 설명이다. 손병희는 일진회에 대항하여 동학의 이름을 천도교로 바꾸고, 『만세보』라는 기관지를 발행하였다.
③ 대종교 인사들은 일제의 종교 탄압이 심해지자 만주와 연해주에서 포교 활동을 전개하여 민족의식과 항일 의식 고취에 기여하였다. 또한, 대종교 계통의 중광단은 북로 군정서로 확대 개편되어 청산리 전투의 주축 부대가 되었으며, 항일 무장 독립 투쟁에 기여하였다.
④ 개신교와 관련된 설명이다.
⑤ 천주교와 관련된 설명이다.

06 정답 ① * 개항 이후 종교계의 변화

| 문제 + 자료 분석 |

- 자료의 글을 남긴 인물은 박은식이다.
- 박은식은 『유교 구신론』에서 유교가 갖고 있는 여러 문제를 지적하였으며, 개혁을 통해 이를 제대로 시정하지 않으면 새로운 시대에 유교의 전승이 끊어질 수 있다고 주장하였다.

| 선택지 분석 |

① 박은식은 유학자로서 1909년 『유교 구신론』을 저술하여 유학자 중심의 유학을 비판하고 유교 개혁을 주장하였다.
② 손병희는 동학을 천도교로 개칭한 인물이다.
③ 신채호는 위인전을 저술하여 민족의식을 고취하였으며, 『독사신론』을 저술하여 민족주의 사학의 방향을 제시하였다.
④ 안중근은 1909년 이토 히로부미를 사살한 후 옥중에서 『동양평화론』을 집필하였다.
⑤ 한용운은 『조선 불교 유신론』을 저술하여 불교계가 인습을 타파하고 혁신해야 한다고 주장하였다.

07 정답 ② * 신채호의 독사신론

| 문제 + 자료 분석 |

- 자료에서 설명하는 글은 신채호의 『독사신론』이다.
- 신채호는 『독사신론』을 저술하여 민족주의 역사학의 방향을 제시하였다.

| 선택지 분석 |

① 유길준이 저술한 국어 연구서이다.
② 신채호는 1908년 대한매일신보에 『독사신론』을 연재하여 식민 사관을 비판하였으며, 민족 중심의 역사 서술을 강조하여 민족주의 역사학의 연구 방향을 제시하였다.
③ 박은식의 저서이다.
④ 안국선이 지은 신소설로, 동물을 주인공으로 등장시켜 인간 사회의 모습을 비판하였다.
⑤ 신채호는 일제의 침략으로 인한 국난을 극복하기 위해 외적의 침략에 맞서 싸운 영웅들의 전기(『이순신전』, 『을지문덕전』 등)를 펴내 애국심을 고취하려 하였다.

* 개항기의 역사 연구

신채호	• 『이순신전』, 『을지문덕전』 등을 편찬해 민족의식 고취 • 「독사신론」을 저술하여 민족주의 역사학의 방향 제시
박은식	『동명왕실기』, 『천개소문전』 등을 편찬해 고구려를 높이 평가

08 핵심 키워드: 조·청 상민 수륙 무역 장정

모범 답안 (1) 조·청 상민 수륙 무역 장정
(2) 청 상인의 내지 통상이 허용됨으로써 객주·보부상 등 조선의 중개 상인이 큰 타격을 입었다. 또한 조선 내에서 청 상인과 일본 상인의 상권 경쟁이 심화되었다.

| 문제 + 자료 분석 |

- 자료의 조약은 조·청 상민 수륙 무역 장정(1882)이다.
- 조·청 상민 수륙 무역 장정으로 청 상인의 내지 통상이 허용됨으로써 청 상인에 의한 경제 침탈이 본격화되었다.

* 채점 기준

조선의 경제에 미친 영향을 두 가지 서술한 경우	100 %
조선의 경제에 미친 영향을 한 가지만 서술한 경우	50 %

09 핵심 키워드: 교육 입국 조서, 갑오개혁, 근대 학교 법규 제정

모범 답안 (1) 교육 입국 조서
(2) 소학교, 외국어 학교, 사범 학교 등 각종 관립 학교를 설립하였다.

| 문제 + 자료 분석 |

- 자료는 1895년 고종이 반포한 교육 입국 조서의 내용 중 일부이다.
- 고종은 교육 입국 조서를 통해 국가 교육이 국가 보존의 근본임을 밝히고, 지·덕·체의 중요성을 강조하였다.

* 채점 기준

소학교, 외국어 학교, 사범 학교 등 각종 관립 학교 설립을 서술한 경우	100 %
위의 내용을 서술하지 못한 경우	0 %

10 정답 (가) 한성순보, (나) 황성신문

| 문제 + 자료 분석 |

- (가) 한성순보는 박문국에서 발행하였고, 순 한문으로 간행된 우리나라 최초의 신문이다. 1884년 갑신정변으로 발행이 중단되었다.
- (나) 황성신문은 국한문 혼용으로 지식인 계층과 유림을 주 대상으로 하였다. 을사늑약 이후 국권 침탈을 비판한 장지연의 「시일야방성대곡」이 처음 발표되었다.

* 대한 제국 시기의 신문

제국신문(1898)	순한글, 주로 서민·부녀자층 대상, 국민 계몽에 주력
황성신문(1898)	국한문 혼용, 주로 유생층 대상, 「시일야방성대곡」 게재
대한매일신보(1904)	순한글·국한문·영문, 일제의 국권 침탈 비판, 국채 보상 운동 홍보
만세보(1906)	천도교 기관지

13 일제의 국권 침탈과 국권 수호 운동 문제편 206 ~ 207p

01 정답 ⑤ *러·일 전쟁

| 문제 + 자료 분석 |

- 자료는 러·일 전쟁(1904~1905)을 풍자한 그림이다.
- 영국과 미국은 러시아의 독주를 막기 위해 일본을 지지하였고, 일본은 대한 제국에서 러시아의 영향력을 약화시키기 위해 러·일 전쟁을 일으켰다.

| 선택지 분석 |

① 을미사변은 1895년의 사건이다.
② 운요호 사건은 1875년의 사건이다.
③ 갑오개혁은 1894년부터 1896년까지 진행되었다.
④ 갑신정변은 1884년의 사건이다. 이후 청의 간섭이 심화되었다.
⑤ 일본은 러·일 전쟁 중에 시마네현 고시 제40호(1905)를 발표하여 독도를 자국 영토로 강제 편입하였다.

02 정답 ③ *을사늑약

| 문제 + 자료 분석 |

- 자료는 일제의 국권 침탈 과정을 나타낸 도표이다.
- 일제는 제2차 한·일 협약(을사늑약)을 강제로 체결하여 통감부를 설치하고 대한 제국의 외교권을 박탈하였다.

| 선택지 분석 |

① 고종의 강제 퇴위는 1907년의 일이다. 고종은 을사늑약의 부당성을 알리기 위하여 헤이그 만국 평화 회의에 특사를 파견하였는데, 일제는 이를 빌미로 고종을 강제 퇴위시켰다.
② 대한 제국의 군대 해산은 1907년의 일이다.
③ 일본은 제2차 한·일 협약(을사늑약, 1905)을 체결하도록 강요하였으며, 대한 제국의 외교권을 박탈하고 통감부를 설치하여 내정과 외교를 장악하였다. 그 결과 대한 제국은 일본의 보호국으로 전락하였다.
④ 외교 고문인 스티븐스의 파견은 1904년 체결된 제1차 한·일 협약과 관련된 내용이다.
⑤ 일본은 청과 체결한 간도 협약(1909)을 통해 간도를 청의 영토로 인정하였고, 남만주 철도 부설권과 탄광 채굴권 등을 인정받았다.

03 정답 ① *한·일 신협약

| 문제 + 자료 분석 |

- 자료는 한·일 신협약(1907)이다. 일본은 헤이그 특사 파견을 구실로 고종을 강제 퇴위시킨 후 한·일 신협약을 강요하였다.
- 한·일 신협약으로 통감의 권한이 강화되었고, 각 부서에 일본인 차관이 임명되었다.

| 선택지 분석 |

① 일본은 한·일 신협약을 통해 법령 제정, 고등 관리 임면 등에서 통감의 권한을 강화하였다.
② 한·일 신협약으로 대한 제국의 각 부서에 일본인 차관이 파견되었다. 하지만 (가)에 들어갈 내용은 차관이 아니라 통감이다.
③ 제1차 한일 협약(1904)으로 재정과 외교 분야에 고문이 파견되었다.
④ 을사오적은 을사늑약 체결에 앞장선 다섯 명의 대신(박제순, 이완용, 이지용, 권중현, 이근택)이다.
⑤ 조선 총독은 일제가 대한 제국을 강점한 이후, 식민 통치를 하기 위해 파견한 최고 통치자였다.

04 정답 ④ *안중근 의거

다음 사건이 일어난 시기를 연표에서 고른 것은?

> 거사일 며칠 전 하얼빈에 도착하여, 마침내 10월 26일 아침 9시 30분경 하얼빈 철도역에 내려 러시아 의장대를 사열하는 이토 히로부미를 향해 3발의 총을 쏘았다. 이어서 총성이 더 울렸지만, 첫 3발이 이토의 복부에 명중하여 열차 안으로 옮겨진 이토는 30여 분 뒤 숨을 거두었다. 대한 제국 보호국화의 주범을 약관 31세의 대한국인 청년이 쓰러뜨린 순간이었다.
>
> 하얼빈에서 안중근이 통감을 지낸 이토 히로부미를 저격함
> 을사늑약의 결과

① (가) ② (나) ③ (다) ④ (라) ⑤ (마)

| 문제 + 자료 분석 |

- 자료의 사건은 안중근 의거(1909)이다.
- 안중근이 1909년 하얼빈에서 이토 히로부미를 저격하였다.
- 이토 히로부미는 을사늑약 이후 대한 제국에 초대 통감으로 파견된 인물이었다.

| 선택지 분석 |

④ 안중근 의거는 정미 7조약(한·일 신협약, 1907)과 한국 병합 조약(1910) 사이에 일어난 사건이다.

05 정답 ③ *을미의병

| 문제 + 자료 분석 |

- 자료에서 밑줄 친 '의병'은 을미의병(1895)이다.
- 을미사변과 단발령이 계기가 되어 을미의병이 발생하였다.

| 선택지 분석 |

① 을사의병(1905)에 해당하는 설명이다.
②, ⑤ 정미의병은 고종의 강제 퇴위와 대한 제국의 군대 해산이 원인이 되어 일어났다. 각계각층이 참가하였고, 각국의 영사관에 의병을 국제법상의 교전 단체로 인정해 줄 것을 요구하기도 하였다.
③ 을미의병(1895)은 같은 해 발생한 을미사변과 단발령에 반발하여 일어난 의병 운동이다.
④ 한국 병합 조약은 1910년에 체결되어 대한 제국이 멸망하고 일본의 식민지가 되었다. 의병 운동은 1910년 국권 상실 이후 독립군 활동으로 이어진다.

*** 항일 의병 운동의 전개**

을미의병	을미사변, 단발령 → 유생층 주도
을사의병	을사늑약 체결 → 최익현, 신돌석(평민 출신 의병장) 등이 활약
정미의병	고종의 강제 퇴위, 군대 해산 → 의병 전쟁으로 발전

06 정답 ⑤ * 을사늑약

| 문제 + 자료 분석 |

- 자료의 조약은 을사늑약(1905)이다.
- 대한 제국은 을사늑약으로 외교권이 박탈되어 독자적으로 외교 활동을 전개할 수 없게 되었다.

| 선택지 분석 |

을사늑약의 강제 체결에 따라 많은 저항이 나타났는데, ① 민영환·조병세 등 전·현직 관리는 자결했고, ② 이재명은 을사오적 중 하나인 이완용을 습격하였다. ③ 장지연은 「시일야방성대곡」을 황성신문에 발표하여 을사늑약의 부당함을 주장하였으며, ④ 헤이그 특사는 을사늑약의 부당함을 국제 사회에 알리기 위해 노력하였다.

⑤ 러시아와 일본이 전쟁을 벌일 조짐을 보이자, 고종은 국외 중립을 선언하였다. 그러나 일본은 이를 무시한 채 러·일 전쟁을 일으키고 한성에 군대를 주둔시켰다. 이는 을사늑약 체결 전의 사실이다.

07 정답 ② * 애국 계몽 운동

| 문제 + 자료 분석 |

- 자료에서 설명하는 단체는 대한 자강회이다.
- 대한 자강회는 국권 회복을 위해 교육과 산업의 진흥을 강조하였으며, 전국에 지회를 설치하고 월보를 간행하는 등 대중적 활동을 전개하였다.

| 선택지 분석 |

① 포접제는 동학의 교단 조직이다. 동학의 2대 교주 최시형은 포접제를 정비하고 경전을 간행하는 등 적극적인 포교 활동을 펼쳤다.
② 대한 자강회는 고종 강제 퇴위 반대 운동을 주도하여 통감부에 의해 해산되었다.
③ 일본의 황무지 개간권 요구를 저지한 단체는 보안회이다.
④ 우리나라 최초의 민간 신문은 독립 협회가 발행한 독립신문이다.
⑤ 안창호, 양기탁 등이 주도한 비밀 결사 조직은 신민회이다. 신민회는 국권 회복과 공화정에 바탕을 둔 근대 국민 국가를 수립하고자 하였다.

08 정답 ③ * 일제의 침략과 저항

| 문제 + 자료 분석 |

- (가) 을사의병은 1905년, (나) 한·일 의정서 체결은 1904년, (다) 13도 연합 부대 편성은 1907년에 일어났다.

| 선택지 분석 |

③ (나) 한·일 의정서(1904)는 일제의 군용지 임의 사용을 목적으로 강제 체결되었다.
(가) 을사의병(1905)은 을사늑약에 저항한 의병 운동이다.
(다) 13도 연합 부대(13도 창의군, 1907)는 이인영, 허위를 중심으로 서울 진공 작전을 전개하였지만, 일본의 반격으로 실패하였다.
따라서 발생한 순서대로 나열하면 (나) - (가) - (다)이다.

09 정답 (가) 가쓰라·태프트 밀약, (나) 제2차 영·일 동맹, (다) 포츠머스 조약

| 문제 + 자료 분석 |

- 러·일 전쟁에서 승기를 잡은 일본은 미국과 가쓰라·태프트 밀약을, 영국과 제2차 영·일 동맹을 맺어 두 나라로부터 대한 제국에 대한 지배권을 인정받았다.
- 또한, 미국의 중재로 러시아와 포츠머스 조약을 체결하여 러시아로부터 대한 제국에 대한 독점적 지배권을 승인받았다.

10 핵심 키워드: 을사의병, 정미의병

모범 답안 (가) 일제의 침략이 본격화된 것과 을사늑약의 체결을 계기로 을사의병이 일어났다.
(나) 고종의 강제 퇴위 및 대한 제국의 군대 해산을 계기로 정미의병이 일어났다.

| 문제 + 자료 분석 |

- 자료의 (가)는 을사의병(1905), (나)는 정미의병(1907)이다.
- 을사의병 당시 신돌석과 같은 평민 출신 의병장이 등장하였다.

＊ 채점 기준

(가)의 을사늑약, (나)의 고종의 강제 퇴위, 대한 제국의 군대 해산을 모두 서술한 경우	100 %
(가)의 을사늑약, (나)의 고종의 강제 퇴위만 서술한 경우	60 %

11 핵심 키워드: 신민회, 공화정, 무장 독립 투쟁

모범 답안 (1) 공화정
(2) 신민회는 국외 독립운동 기지 건설을 추진하였다. 그리하여 남만주 삼원보에 한인촌을 건설하고 신흥 강습소를 설립하였다.

| 문제 + 자료 분석 |

- 신민회는 교육 진흥, 국민 계몽, 산업 진흥을 강조하였으며, 다른 애국 계몽 운동 단체들과는 달리 공화정에 바탕을 둔 근대 국민 국가 건설을 지향하였다.

＊ 채점 기준

국외 독립운동 기지 건설을 추진하여, 남만주 삼원보에 한인촌을 건설하고 신흥 강습소를 설립하였다고 서술한 경우	100 %
국외 독립운동 기지 건설을 추진했다고만 서술한 경우	50 %

＊ 애국 계몽 운동 단체

보안회(1904)	일제의 황무지 개간권 요구 저지
헌정 연구회(1905)	• 독립 협회 계승 • 입헌 군주정 수립 지향 • 일진회 규탄
대한 자강회(1906)	• 헌정 연구회 계승 • 국권 회복을 위한 실력 양성 운동 전개 • 지회 설치, 월보 간행 • 고종의 강제 퇴위 반대 운동 전개
신민회(1907)	• 안창호, 양기탁 등이 조직한 비밀 결사 • 공화 정체의 근대 국민 국가 건설 지향 • 대성 학교, 오산 학교, 태극 서관, 자기 회사 등 설립 • 남만주 삼원보에 독립운동 기지 건설(한인촌 건설 등)

My Best friend
수경출판사 · 자이스토리

나만의 학습 계획표를 올려 주세요.

나만의 학습 계획표를 작성하고, 사진을 찍어
인스타그램 또는 블로그에 올려 주세요.

★ 필수 해시태그 - #수경출판사 #자이스토리 #수능기출문제집 #학습 계획표

★ 참여해 주신 분께: 바나나우유 기프티콘 증정

 QR코드를 스캔하여 개인 정보 및 작성한 게시물의 URL을 입력합니다.

수경 Mania가 되어 주세요.

인스타그램, 카페, 블로그 등에
수경출판사 교재로 공부하는 모습,
학습 후기, 교재 사진을 올려 주세요.

★ 참여해 주신 분께: 3,000원 편의점 기프티콘 증정

★ 우수 후기 작성자: 강남인강 1년 수강권 증정

 QR코드를 스캔하여 개인 정보 및 작성한 게시물의 URL을 입력합니다.

수험장 생생체험단 모집

자이스토리 교재에 실릴 수능 문제에 대한 나만의 풀이 비법을 전수해 주세요.

★ 대상: 수능을 지원한 고3 및 N수생 (성적 우수자 우선 선발)

★ 생생체험단 선정 수험생: 문항당 소정의 원고료 증정

QR코드를 스캔하여 해당 링크로 이동합니다. 

교재 평가 설문지를 작성해 주세요.

수경출판사 교재 학습 후기, 교재 평가 설문지를 작성해 주세요.
[학생, 선생님 모두 가능]

★ 참여해 주신 분께: 2,000원 편의점 기프티콘 증정

★ 우수 후기 작성자: 강남인강 1년 수강권 증정

선생님 전용 설문 조사

QR코드를 스캔하여 해당 링크에 들어가서 설문 조사를 진행합니다.

학생 전용 설문 조사

*자세한 사항은 해당 QR코드를 스캔하거나, 홈페이지 이벤트 공지글을 참고해 주세요.
*이벤트의 내용이나 상품이 변경될 수 있으며, 변경 시 홈페이지에 공지됩니다.